Praktische Theologie der Bestattung

Praktische Theologie im Wissenschaftsdiskurs

Practical Theology in the Discourse of the Humanities

―

Herausgegeben von
Bernhard Dressler, Maureen Junker-Kenny,
Thomas Klie, Martina Kumlehn und Ralph Kunz

Band 17

Praktische Theologie der Bestattung

Herausgegeben von
Thomas Klie, Martina Kumlehn,
Ralph Kunz und Thomas Schlag

DE GRUYTER

ISBN 978-3-11-064564-4
e-ISBN (PDF) 978-3-11-034728-9
e-ISBN (EPUB) 978-3-11-038396-6
ISSN 1865-1658

Library of Congress Cataloging-in-Publication Data
A CIP catalog record for this book has been applied for at the Library of Congress.

Bibliografische Information der Deutschen Nationalbibliothek
Die Deutsche Nationalbibliothek verzeichnet diese Publikation in der Deutschen Nationalbibliografie; detaillierte bibliografische Daten sind im Internet über http://dnb.dnb.de abrufbar.

© 2019 Walter de Gruyter GmbH, Berlin/München/Boston
Dieser Band ist text- und seitenidentisch mit der 2015 erschienenen gebundenen Ausgabe.
Druck und Bindung: Hubert & Co. GmbH & Co. KG, Göttingen
♾ Gedruckt auf säurefreiem Papier
Printed in Germany

www.degruyter.com

Vorwort

Die Universität Rostock hat im Rahmen ihrer Interdisziplinären Fakultät ein Department „Altern des Individuums und der Gesellschaft" eingerichtet, in dem im Horizont des demographischen Wandels Möglichkeiten zukunftsweisender Gestaltung des Alter(n)s erforscht werden. In der Multi-Optionsgesellschaft stehen auch am Ende des Lebens diverse Formen der Begehung des Abschieds zur Wahl, die die etablierten Pragmatiken und Liturgien der Bestattung herausfordern. Von daher hat sich an der Theologischen Fakultät Rostock im Kontext des Departments ein Forschungsschwerpunkt zur plural verfassten spätmodernen Bestattungskultur herausgebildet. Seit 2012 haben diesbezüglich drei wissenschaftliche Tagungen die Problemstellung phänomenologisch und theologisch erschlossen: „Funerale1: Ritualität, Bildlichkeit und Performanz in der spätmodernen Sepukralkultur", „Funerale2: In Kirchen begraben – Kolumbarien" und „Funerale3: Nachrede. Werkstatt zu Theorie und Praxis gegenwärtiger Reden zur Bestattung". Die vorliegende Publikation „Praktische Theologie der Bestattung" ist aus diesem Forschungsschwerpunkt erwachsen und bündelt im interdisziplinären Dialog mit den Kulturwissenschaften die Diskurse auf diesem hochdynamischen und soziokulturell bedeutsamen Feld. Dabei hat sich im Herausgeberteam in besonderer Weise die enge Kooperation mit der Theologischen Fakultät der Universität Zürich bewährt, wo ebenfalls im Bereich der Praktischen Theologie und in einem interdisziplinären „Zentrum für Gerontologie" intensiv zum Altern im Zusammenhang theologischer und kirchlicher Zukunftsaufgaben geforscht wird.

Die Herausgeber danken Herrn Frank Hamburger für die komplizierte Vereinheitlichung der Manuskripte und die sorgfältige Erstellung der umfänglichen Druckvorlage. Darüber hinaus gilt ein besonderer Dank der Interdisziplinären Fakultät der Universität Rostock sowie der Theologischen Fakultät Zürich für die Gewährung eines großzügigen Druckkostenzuschusses!

Rostock, im September 2014
Thomas Klie/Martina Kumlehn/Ralph Kunz/Thomas Schlag

Inhalt

Thomas Klie/Ralph Kunz/Martina Kumlehn/Thomas Schlag
Einleitung: Praktische Theologie der Bestattung – eine Einführung —— 1

I. Bestattungskultur

Ronald Uden
Spätmoderne Bestattungskultur —— 15

Reiner Sörries
Die Kirche: Alternative Bestattungsformen und innovative Konzepte —— 29

Kristian Fechtner
Der Lebensraum der Toten als praktisch-theologische Herausforderung gegenwärtiger Bestattungskultur —— 47

II. Liturgie

Lutz Friedrichs
Die kirchliche Bestattung: Tradition im Wandel —— 63

Christian Binder
Dass er über Lebende und Tote Herr sei
    Gottes Handeln an den Lebenden und an den Toten in den liturgischen Texten der Bestattungsagenden —— **87**

Thomas Klie
Liturgien zwischen Fürsorge und Entsorgung —— 105

III. Predigt

Birgit Weyel
Lebensdeutung. Die Bestattungspredigt in empirischer Perspektive —— 121

Ralph Kunz
Ritus und Rede(n) am Grab —— 141

IV. Pastoraltheologie

Thomas Schlag
Vom Ethos des Kasualakteurs
   Pastoraltheologische Überlegungen zum evangelischen Umgang mit den Ambivalenzen des Bestattungs-Falls —— 171

Christian Grethlein
Das kirchliche Bestattungshandeln im kybernetischen Kontext —— 187

V. Neue Rituale

Dorothea Lüddeckens
Trauerrituale in der alternativen Trauer- und Bestattungskultur —— 207

Christian Brouwer
Abschied von Dir
   Die persönliche Anrede von Verstorbenen in protestantischen Trauer- und Begräbnisritualen —— 229

VI. Friedhof

Barbara Happe
Die Geschichte des Friedhofes —— 253

Johannes Stückelberger
Orte für die Hinterbliebenen
   Zeitgenössische Kunst für Trauerrituale am Beispiel von Grabfeldern und Gedenkstätten für stillgeborene Kinder —— 273

Sieglinde Sparre
Kirchen-Kolumbarien —— 287

Ilona Nord/Swantje Luthe
Räume, die Selbstvergewisserung ermöglichen
   Virtuelle Bestattungs- und Gedenkräume und ihre Bedeutung für die Diskussion um den Wandel in der Friedhofskultur —— 307

VII. Seelsorge

Hans-Martin Gutmann
Tod und Subjekt —— 331

Antje Mickan
Bestattungswünsche älterer Menschen
Zeichen von Erinnerung, Würdigung, Identität – typologisiert und gedeutet —— 343

VIII. Kasualmusik

Andreas Marti
Instrumental oder vokal. Was funeral erklingen kann —— 373

Cäcilie Blume
The final Countdown. Populäre Musik bei evangelischen Bestattungen —— 395

IX. Bestattungen von Frühgeborenen

Andrea Morgenstern
Perinataler Tod. Bestattungen von Frühgeborenen
Ein Abschied unter besonderen Bedingungen —— 413

X. Bestatter

Dagmar Hänel
Ein ganz spezieller Beruf – Zur Rolle des Bestatters im Übergangsritual —— 429

Simone Ripke
Der Bestatterberuf als Profession —— 439

XI. Bildung

Martina Kumlehn
Wahrnehmung, Deutung und Gestaltung der „Zeichen des Todes":
Die Optionenvielfalt spätmoderner Sepukralkultur als Herausforderung religiöser Bildung —— 459

Frank M. Lütze
Lehre uns bedenken, dass wir sterben müssen
　　Überlegungen zur didaktischen Dimension der Bestattungsrede —— 473

XII. Bestattungen in der Gegenwartsliteratur

Lutz Hagestedt
Ein Zentralfriedhof für den Planeten: Bestattungskultur als Lebensthema im Werke Ernst Jüngers —— 485

Oliver Sill
Todesbilder in der Literatur der Gegenwart —— 507

XIII. Bild

Jens Wolff
Public Viewing – Fragmente einer Bildsprache des Todes —— 521

Matthias Marks
Trost im Angesicht des Toten?
　　Zur Bedeutung der Kasualfotografie in der heutigen christlichen Trauer- und Bestattungskultur —— 543

Christoph Klimmt
Du bist tot, nur noch zwei Leben übrig! Sterben im Computerspiel —— 575

Die Autorinnen und Autoren —— 593

Thomas Klie/Ralph Kunz/Martina Kumlehn/Thomas Schlag
Einleitung: Praktische Theologie der Bestattung – eine Einführung

1 Was der Fall ist

In der Bestattung kultiviert die christliche Kirche seit jeher ihren Umgang mit der Unumkehrbarkeit von Lebenswegen. Sie tut dies, indem sie die Osterbotschaft in Ritus und Rede zur Darstellung bringt. Die Kirche setzt hierbei religiöse Zeichen, die an der Grenze der Artikulierbarkeit begrenztes als geschenktes Leben umcodieren. In den verschiedenen Handlungsvollzügen vor, bei und nach der Bestattung wird in verdichteter Form das Zeitliche gesegnet und gedeutet. Anders als im Ordinarium der traditionell vom Kirchenjahr vorgesehenen Anlässe wird hier der Ritus durch einen individuellen Kasus veranlasst, bestimmt und thematisch gebunden. Die Bestattung zählt in der Praktischen Theologie zu den Kasualien. Als solche ist sie in erster Linie sowohl biografisch-familiär wie kirchlich codiert. Im Kontext der pastoralen Praxis wird auf die Bestattung vor allem in homiletischer und poimenischer, jüngst auch vermehrt in liturgischer und kybernetischer Hinsicht reflektiert. Was bleibt in einer pluraler werdenden Gesellschaft zu verkündigen, wie kann der Trost des Evangeliums Gestalt annehmen?

In der gesellschaftlichen Wahrnehmung markieren Bestattungsriten überaus prägnante Vollzüge. Sie haben eine allgemeine Geltung erlangt, die kulturell weit über den parochialen und biographischen Rahmen hinausragt. In allen Städten und Dörfern gibt es Friedhöfe, vielfach in kirchlicher Trägerschaft. Das Kreuz ist *das* Todeszeichen schlechthin, und bei kaum einer anderen Passage erscheint das kirchliche Handeln plausibler. Die schwarze Farbe des Talars ist in Mitteleuropa zugleich die Farbe des Todes. Insofern erweist sich die christliche Bestattungskultur nach wie vor als stilbildend – sowohl für ihre säkularen Konkurrenzkasualien wie auch für die kulturellen Resonanzen, die sich in Literatur, Kunst und Medien abbilden.

Auf Grund ihrer nahezu selbstverständlichen kulturellen Einbettung gerät die funerale Praxis der Kirchen im Zuge moderngesellschaftlicher Orientierungen selber zunehmend unter Druck. Die Subjektivierung eröffnet neue Entscheidungsmöglichkeiten im Umgang mit den sterblichen Überresten. Traditionsabbrüche führen zu Verhaltensunsicherheiten und offenen Szenarien. Es bleibt nicht ohne Auswirkungen auf Trauer und Trauerbewältigung, wenn sich das Subjekt institutionell distanzieren kann. Die Beziehung zum Tod und seinen Folgen ist erfasst von der allgemeinen kulturellen Beschleunigung.

Eine wichtige Bedingung der Möglichkeit für alle neuen Ausformungen der Sepulkralkultur ist die technische Kremierung der Leiche. Sie nahm in Deutschland 1878 im thüringischen Gotha ihren Anfang. Mit der Kremierung setzte eine Dynamik ein, die die Wahrnehmung des toten Körpers nachhaltig veränderte. Die schnelle Beseitigung des Körpers in der Brennkammer stellte das Hantieren mit den sterblichen Überresten auf eine andere materielle Basis und beschleunigte letztlich auch die Bestattungskultur insgesamt. Die Formen des Umgangs mit dem Leichnam in Gestalt der Kremierungsasche gerieten mehr und mehr zu fakultativen Gestaltungsvarianten. Man kann wählen. Und so wird auch das „Objekt Leiche"[1] zu einem authentischen Medium der eigenen Weltanschauung. Was seit alters her die psychologisch und rituell wichtige Distanznahme zwischen den Angehörigen und dem Leichnam absicherte, kann gegenwärtig von (Todes-)Fall zu (Todes-)Fall relativ frei ausgehandelt werden. Der unmittelbare Umgang mit dem toten Körper ist der privaten Sphäre fast komplett entzogen und wurde an professionelle Instanzen delegiert. Neue Professionen bilden sich heraus, die wichtige Teilfunktionen aus der lange Zeit integralen Amtspraxis selektieren und neu besetzen.

2 Bestattungskultur

Eine theoretische Sichtung der spätmodernen Bestattungskultur erfolgt also auf der Basis einer wohl unhintergehbaren Vielfalt. Kulturelle Pluralisierung und die Pluralisierung der Bestattungskultur korrelieren – die fortschreitende Ausfächerung führt auf ihrer Rückseite zu immer neuen kasuellen Hybridbildungen. Die aktuell wahrnehmbaren Formen der Sepukralkultur finden sich in einem breit ausdifferenzierten Umfeld wieder, das eine Angebotskultur kultiviert, die eine „Verabschiedung zwischen Event und Entsorgung oder zwischen Luxus- und Discountbestattung" zu organisieren verheißt (*Ronald Uden*). Religiöse Deutungen können hier in fast allen Tonarten die Beisetzung orchestrieren.

---

[1] Dominik Groß/Jasmin Grande (Hg.), Objekt Leiche. Technisierung, Ökonomisierung und Inszenierung toter Körper (Frankfurt: 2010).

3 Raum

Tote beanspruchen einen besonderen Raum in der Lebenswelt der Lebenden. Dies gilt zunächst einmal ganz konkret für die Topologie der letzten Ruhestätte. Von seiner Geschichte her war der mittelalterliche Kirchhof „als heiliger Ort sinnbildlicher Ausdruck einer religiösen und geistigen Gemeinschaft Verbindung von Lebenden und Toten" (*Barbara Happe*). Da heute nur noch in Ausnahmefällen zuhause gestorben wird, ist die Beisetzung auf einem Friedhof fast der einzige Anlass, an dem der tote Körper – in welcher Gestalt und Verhüllung auch immer – noch öffentlich in Erscheinung tritt. In keiner anderen Räumlichkeit wird die Erfahrung, dass ein lebendiger Mensch zur Leiche geworden ist, eindrucksvoller ins Bewusstsein gehoben. Die Konvention sieht vor, dass Tote im Normalfall auf einem Friedhof beizusetzen sind. Diese finale Verortung der Toten ist zugleich eine „Verörtlichung der Weiterlebenden" (*Kristian Fechtner*). Die Grenzziehung zwischen beiden Sphären ist kulturell codiert. Mit der partiellen Aufhebung des Friedhofszwangs, der sogenannten „Diamantbestattung" und der sich halblegal etablierenden Praxis, Urnen zuhause zu lagern, beginnen sich die beiden Sphären zu überlappen.

Mit der Eröffnung des ersten deutschen Friedwaldes 2001 im Reinhardswald bei Kassel ergab sich für die Kirchen eine neue Lage. Innerhalb weniger Jahre entstanden über 100 Bestattungswälder, die von kommerziellen Anbietern betrieben werden. Auch viele öffentliche Friedhöfe weisen mittlerweile Friedhofsbezirke für „naturnahe Bestattungen" aus. Die Kirchen beginnen sich hier „zu arrangieren, nicht zuletzt aus seelsorgerlichen Erwägungen gegenüber den Trauernden und Hinterbliebenen" (*Reiner Sörries*).

In jüngster Zeit bieten die Kirchen auf dem Markt alternativer Bestattungsformen neben den kirchlichen Friedhöfen vereinzelt auch ihre Sakralräume als Bestattungsorte an. In Kirchgebäuden, die nicht mehr oder nur noch teilweise liturgisch genutzt werden, entstehen Kolumbarien. Vordergründig knüpft man hier an mittelalterliche bzw. antike Formen an, aber den kulturellen Kontext bestimmen heute die pluralen Darstellungsoptionen einer spätmodernen Religionskultur. Seit 2006 in Marl in der ehemaligen Pfarrkirche St. Konrad und in Aachen in der ehemaligen Pfarrkirche St. Josef Kolumbarien eingerichtet wurden, begann in der Sepulkralkultur gewissermaßen ein neues Zeitalter. Etwa vier Jahrhunderte wurde man in Deutschland nicht mehr in Kirchen begraben. „Kirchen-Kolumbarien sind architektonische und funktionale Zwittergestalten. In die geordnete Symbolwelt eines Kirchraums wird das Ordnungssystem eines Friedhofs mit seinen Todes- und Erinnerungszeichen architektonisch eingezeichnet" (*Sieglinde Sparre*). Nach wie vor offen sind die Fragen, welche Deutungsmöglichkeiten die Kirchen auch und gerade mit ihren Kirchengebäuden haben, wenn es um Bestattungen geht. Dabei können sie an religionskulturell Bekanntes anknüpfen – vieles muss aber auch ganz neu gedacht werden. Was bieten diese besonderen Orte für die Predigt, für die Seelsorge und natürlich auch für die Liturgie? Dies gilt insbesondere für die noch kaum erforschten Grabfelder und Gedenkstätten für stillgeborene Kinder. Sie erfüllen eine wichtige Funktion im Trauerprozess der betroffenen Eltern.

„Nur wenn die Eltern eine Beziehung zum Kind aufgebaut haben, können sie auch den Abschied durchleben. Die Herausforderung für die Seelsorgerinnen besteht darin, den Eltern zu helfen, die beiden Gefühlspole des Aufeinandertreffens von Geburt und Tod zu durchleben und die Widersprüchlichkeit ihrer Gefühle auszuhalten. Wo Taufe und Beerdigung gleichsam zusammenfallen, ist eine kreative Liturgie gefragt. Zunächst geht es aber darum, überhaupt Raum zu schaffen für die vielfältigen emotionalen Reaktionen der Eltern" (*Johannes Stückelberger*). Das Zusammenspiel von Kunst und Liturgie, von Lokalisierung und Seelsorge, von Erinnerungsarbeit und (architektonischer) Inszenierung muss bedacht werden. In der jüngeren Vergangenheit war es für viele Eltern schmerzhaft, dass sie ihre Kinder nicht bestatten durften oder sie in der Klinik nicht auf die Möglichkeit einer Bestattung hingewiesen wurden, während sie selbst in Unkenntnis der gesetzlichen Bestimmungen waren. „Die alltägliche Erfahrung versagt, die erlernte Dogmatik schweigt, zu fällende ethische Entscheidungen haben keine Vorbilder, hilfreiche oder gar tröstende Worte scheinen zu fehlen" (*Andrea Morgenstern*). Der besondere Ort fordert den besonderen Ritus. Und der besondere Ritus fordert eine Praktische Theologie für diesen Ernstfall.

4 Gottesdienst und Predigt

In der evangelischen Praxis ist die Bestattung „in erster Linie ein Wortritual" (*Ralph Kunz*), wenn sich auch mit der neuen Aufmerksamkeit für liturgische Vollzüge die Akzente verschieben und die Relation von Rede und Ritus pastoralästhetisch neu vermessen wird. Mit der Praxis ändern sich auch die Agenden. Die eingehende Analyse zeigt, dass sie „sehr unterschiedlich vom Erleben der Menschen und vom Handeln Gottes im Angesicht des Todes" sprechen und durchaus verschiedene Auffassungen davon, wie Gottes Handeln an den Lebenden und an den Toten gedeutet wird, zu finden sind (*Christian Binder*). Die meisten Pfarrerinnen und Pfarrer haben zudem längst aus dem Material verschiedener Agenden und weiterer Gebetssammlungen eigene Bestattungsagenden geschaffen, „die sie je nach Kasus variieren und die ihrer theologischen Position und ihrem seelsorglichen Gespür entspricht". Ritualtheoretisch lässt sich hier von einer Perspektivendifferenz sprechen: „Folgen Rituale der Lebenskrise primär der Logik des Falls und der damit verbundenen primärreligiösen Themen, so Kultrituale primär der Logik der Tradition und der damit verbundenen sekundärreligiösen Themen, beispielsweise der biblischen Lesung als symbolisch-rituelle, der Logik des Kirchenjahrs folgende Ursprungsvergewisserung der christlichen Gemeinde" (*Lutz Friedrichs*).

Im Zentrum der pastoralen Deutung des Todes steht die Predigt, die im Falle einer Kasualie auf einen sich aus dem Kasualgespräch ergebenden biblischen Text und auf einen biographischen Kontext Bezug nimmt. Es ist diese spezifische Bewegung, die im protestantischen Christentum ein hohes spezifisches Gewicht bekommt: „Im Kontakt mit einer übernatürlichen Macht – ‚coram Deo' – wird negativ Zerstörerisches und Heilloses verbannt und Heilsames und Lebensförderndes herbeigerufen" (*Hans-Martin Gutmann*). Dazu kommt, dass der Tod von vielen Menschen als ein explizit religiöses Thema verstanden wird. Auch wenn sonst vielfach unscharf bleibt, was Religion ist und wo Religion als Thema aufbricht – für den Tod gilt das nicht. Die Bestattungspredigt deutet die Endlichkeit des Lebens *modo religioso* und versucht gerade darin Trost zu spenden. Dass dies in postsäkularer Zeit keineswegs obsolet geworden ist, zeigen die empirischen Untersuchungen. Der analytische Blick auf die Leichenrede „verweist noch einmal eindrücklich auf die Aufgabe der Lebensdeutung durch Pfarrerinnen und Pfarrer am Grab, in der sich konkret veranschaulicht, wie vom Leben gesprochen werden kann, so dass das kreative Potential des christlichen Glaubens für die Sinnerheblichkeit der Lebensgeschichte zur Geltung gebracht werden kann" (*Birgit Weyel*). Am Gesamtvollzug einer kirchlichen Bestattung steht also pastoraltheologisch viel auf dem Spiel. Die Herausforderung besteht darin, dass sich im individuell gestaltbaren Kompositum aus Wort und Ritus die Legitimation des Pfarramts und dessen öffentlicher Rolle spiegelt. „Wenn nicht in diesem Fall sich selbst und der Gemeinde gegenüber deutlich gemacht werden kann, wozu es den pastoralen Kasualakteur braucht, wird sich dies auf anderen Feldern erst recht nicht mehr erläutern lassen" (*Thomas Schlag*). Die Problemzonen treten heute – nicht nur in Ostdeutschland – offen zu Tage: Wie verhält sich der pastorale Protagonist neben den vielen zeremonialen Optionen hinsichtlich der nicht zuletzt auch kirchenrechtlich relevanten Frage nach der kirchlichen Bestattung von Nicht-Getauften bzw. zum Problem der nicht-kirchlichen Bestattung Evangelischer? Welche Verhältnisbestimmungen erweisen sich handlungsleitend im Blick auf die freien Bestattungsredner und Ritualdesigner? Nicht alle Gemeinden vermögen die Zeichen der Zeit zu deuten und den „Übergang der Kirche von einer staatsanalogen Institution zu einer zivilgesellschaftlichen Organisation" adäquat zu gestalten. Die Reaktionen reichen von Rufen nach entschiedenem „Durchgreifen" angesichts von scheinbarem „Wildwuchs" bis hin zu einer kritiklosen

Anpassung an das „zeremoniale Wunschkonzert", das viele Angehörige selbstbewusst einfordern. Beides ist nicht unbedingt zielführend. Es geht vielmehr um die kontextsensible und traditionsbewusste liturgische Arbeit mit den Beteiligten. „Sie erfordert hinsichtlich der zu treffenden Entscheidungen eine symmetrische Form der Kommunikation" zwischen dem Pfarrer bzw. der Pfarrerin und den Angehörigen. „Die noch im früheren Begriff der ‚Amts-Handlung' zum Ausdruck kommende Attitüde obrigkeitlichen Handelns entspricht nicht mehr den Kommunikationsanforderungen einer pluralistischen Gesellschaft, in der die freie Religionspraxis nicht nur grundgesetzlich verankert, sondern in der Einstellung und im Handeln der Menschen präsent ist" (*Christian Grethlein*).

5 Funeralmusik

Einer dieser Konfliktpunkte ist der Streit am Sarg um die Musik – in der Regel ausgetragen als „Dreieckskampfzone" zwischen Kirchenmusikern, Pfarrern und Angehörigen. Längst sind vor allen in den urbanen Zentren und in Ostdeutschland Wünsche aus dem Bereich der populären Musik bei evangelischen Bestattungen keine Einzelfälle mehr. Neben seelsorgerlichen stehen hier vor allem auch liturgische und pastoralästhetische Entscheidungen an. Viele Kirchenlieder werden nicht mehr gekannt, und selbst wenn, ist die Neigung, diese dann auch bei der Trauerfeier zu singen, eher gering. Empirische Untersuchungen zeigen, dass der sich derzeit neu herausbildende Kanon der Bestattungsmusik erstaunlich konventionell ist. Man kennt nicht nur keine kirchlichen Gesänge mehr, auch die Kenntnis populärer Funeralmusik ist sehr überschaubar. Zwar steht die „Individualität" hoch im Kurs, aber im konkreten Fall dominieren die (musikalischen) Klischees. Die symbolisch und psychologisch hoch aufgeladene Handlung tendiert zur unkritisch-regressiven Verdoppelung von „Kundenwünschen" ohne theologische Signifikanz. „Musik ist ein besonders nachhaltig wirkendes Gestaltungselement der Trauerfeier und kann der längerfristigen Trauerbewältigung dienen" (*Cäcilie Blume*). Indem ein Lied in die Trauerfeier integriert wird, wird dessen Bedeutung von den Angehörigen gewissermaßen umcodiert. Aber können die harmonischen und textlichen „Simplifikationen" des Harmoniemilieus umstandslos zur liturgischen Norm erhoben werden? Die gewissermaßen intermediäre Gegenposition formuliert *Andreas Marti*: „Das Evangelium ist Angebot und Zumutung einer Existenzinterpretation sui generis, die sich nicht auf Aussagen und ‚Inhalte' beschränkt, sondern die Erkenntnisprozesse selbst einschließt. Seine Kommunikation wird sich daher zwar der Formen und Gestalten jeglicher Spielart bedienen, letztlich aber eine eigene Form schaffen, ein eigenes ‚Milieu', das vielleicht besser als ‚Meta-Milieu' bezeichnet werden müsste." Handlungsleitend müsste dementsprechend ein Konzept der ‚Kontrakulturalität' oder ‚Metakulturalität' sein, „das gegebene Ausdrucks- und Kommunikationsformen nicht leugnet und übergeht, sie aber transformiert."

6 Alternatives Ritendesign

Zwar werden nach wie vor die meisten Kirchenmitglieder kirchlich bestattet, doch nimmt aufs Ganze gesehen die Zahl der kirchlichen Bestattungen ab. Dies hängt nicht nur mit den rückläufigen Kirchenmitgliedszahlen zusammen – zunehmend wünschen auch Kirchenmitglieder und ihre Angehörigen keine kirchliche Begleitung am Lebensende mehr. Die Alternative besteht dann in einer „weltlichen Bestattung" mit „säkularen" oder „freien Grabrednern". Diese Profession versteht ihre Aufgabe traditionell vor allem im Halten einer Ansprache. Der rituelle Ablauf orientiert sich hier erstaunlicherweise relativ eng an den traditionellen kirchlichen Liturgien, allerdings ohne die explizit religiösen Semantiken. Darüber hinaus hat sich jedoch auch eine alternative Trauer- und Bestattungskultur etabliert, die sich postmodern zur (kirchlichen) Religion verhält: Semantiken und Praktiken verschiedener Konfessionen und Religionen werden zitiert, transformiert, neu arrangiert und gekoppelt. „Die Relevanz dieser Zusammenhänge besteht u.a. darin, dass die betreffenden Akteure sich selbst in diesem historischen Kontext als Gegenbewegung verstehen. Für ihr Selbstverständnis ist das Narrativ einer positiven Vergangenheit, deren Verlust und nun kreative Revitalisierung entscheidend" (*Dorothea Lüddeckens*). In diesem Zusammenhang hat sich die Rolle des Bestatters verändert. Waren es früher die Sargtischler, versteht sich der kreative Teil dieser Berufsgruppe heute eher als (Sarg-)Verkäufer, Dienstleister und Therapeut. In Deutschland ist diese professionelle Spezialisierung überhaupt erst möglich geworden durch die Einführung der Gewerbefreiheit 1810. Heute wird der Durchführung einer Beisetzung selbstverständlich eine therapeutische Funktion zugeschrieben. Gleiches gilt für die Aufbahrung, die als notwendig angesehen wird zur Realisierung des Todes und zur gezielten Trauerarbeit. „Der Bestatter erhält in seiner Rolle eine neue Qualität: er wird zum Betreuer und Begleiter im Trauerprozess; Aspekte von Seelsorge und Trauerbegleitung, die in früheren Zeiten die Religion und ihre Repräsentanten übernommen haben, werden auf den Bestatter übertragen" (*Dagmar Hänel*). Die Bestatter erfüllen über diese Selbstzuschreibungen hinaus eine für die Gesellschaft bedeutsame Funktion, beanspruchen sie damit doch „eine quasi religiöse Dienstleistung zu erbringen, die nahe an die kirchliche Seelsorge heranreicht" und sich in vielen

Fällen fast zu einer „Bestatter-Religion" verdichtet. „Der Bestatter begleitet die Hinterbliebenen durch die Bestattung des Verstorbenen, ist Ansprechpartner bei allen – auch zeremoniellen – Fragen, die in diesem Zusammenhang entschieden werden müssen [...] bietet Hilfe bei existentieller und religiöser Selbstklärung" (*Simone Ripke*).

Diese tektonischen Verwerfungen im Gefüge professioneller Selbstverständnisse gehen an den „Rezipienten" nicht spurlos vorüber. Vor dem Hintergrund des demographischen Wandels werden auch für die Gruppe der Hochbetagten plurale Lebensführungskonzepte attraktiv, die sich wie selbstverständlich auch in ihren Bestattungswünschen spiegeln. Für die postmortale Aufführung von Identität steht ein wachsender Vorrat kulturell bedeutsamer Zeichen zur Verfügung. Allerdings geht das Wissen um die Optionenvielfalt empirisch (noch) nicht einher mit deren Realisierung. Man will mehrheitlich „schlicht" und „unter dem grünen Rasen" beigesetzt werden. Es ist mehr als wahrscheinlich, dass die gestiegene Lebenserwartung diesen Trend mit bedingt, da nach langjährigem Abschied von Eltern, Groß- und Urgroßeltern, vielleicht auch nach längerer Pflege am Lebensende, die Notwendigkeit einer kostenintensiven Installation eines öffentlichen Erinnerungsortes nicht mehr plausibel erscheint – weder den Hinterbliebenen noch den Hochbetagten selbst. In poimenischer Perspektive hebt die Frage nach der gewünschten Bestattungsform lebensweltlichen Sinn ins Bewusstsein. „Darin liegt auch für die Kirchen eine Chance. Nicht bei einer passiven Öffnung für alles, was möglich ist, aber beim aktiven Eruieren und Reflektieren von heute angemessenen Zeichen für die alte Botschaft des Evangeliums in neuer Deutlichkeit und aktueller Interpretation können sich die Kirchen ihres eigenen Grundes bewusst werden" (*Antje Mickan*).

7 Leiblichkeit

Die reformatorische Vermeidung meritorischer Missverständnisse bewirkte im Kontext des Ablassstreites eine theologisch plausible Umcodierung und Umdeutung des funeralen Handelns. Doch in seiner dogmatischen Ausschließlichkeit hat die evangelische Konzentration auf den Trost für die Hinterbliebenen verhindert, auch jenseits der Predigt ein protestantisch erkennbares Umgehen mit den sterblichen Überresten auszubilden. Dass die schlichte Urnenbeisetzung gerade in den ehedem geschlossenen protestantischen Gebieten Nord- und Ostdeutschlands die Erdbestattung fast schon völlig abgelöst hat, hat direkt mit der evangelisch-theologisch konsequenten Diesseitigkeit zu tun. Religionspsychologisch ist dies natürlich ein überaus kritischer Befund. Denn der gestaltete Abschied, die

Aufbahrung, das Berühren des Toten durch die Angehörigen, der offene Sarg bis hin zur Grabpflege bewirken eine sukzessive Trennung – eine rituell gestreckte Separation. Auch noch lange Zeit nach der Bestattung werden Tote von den Angehörigen nicht als tot empfunden.

Die neue kulturelle Aufmerksamkeit für die „Körperwelten" des Lebens bzw. die leiblichen Aspekte gesellschaftlichen Seins bringt die evangelische Theologie bei der Bestattung in eine gewisse Verlegenheit, denn der Kasus ist zwar durch einen Tod veranlasst und bestimmt, die kirchliche Zuwendung gilt jedoch allein den Hinterbliebenen. Das hat dazu geführt, dass evangelische Christen bis in die unmittelbare Gegenwart hinein konfessionell keine ausgeprägte Beziehung zum toten Körper entwickelt haben. Dass die Trauerfeier den Hinterbliebenen und nicht dem Toten dient, erscheint auch heute dem evangelischen Milieu hoch plausibel. „Kulturell wirksam ist anscheinend nicht nur die viel beklagte Verdrängung des Todes, sondern auch und gerade eine Verdrängung der Toten. Evangelische stellen sich nicht auf Tote ein, sie stellen sie eher weg" (*Thomas Klie*). Es spricht jedoch viel dafür, dass diese starke Codierung derzeit allmählich aufbricht. Bei Bestattungen werden mitunter auch schon die Verstorbenen persönlich angeredet, wie es z.B. auch der traditionelle Valet-Segen vorsieht. Der Segen ist der ursprüngliche Ort gottesdienstlicher Toten-Anrede. Er ist nicht selbstmächtig, sondern wortmächtig. Zwar wird er nach dem biblischen Zeugnis in der Regel durch Menschen an Menschen weitergegeben. Aber der von Menschen gespendete Segen ist immer ein Zweitwort, nie ein Erstwort: „Segen richtet sich gegen die lebensfeindlichen Gewalten und macht vor der Schwelle des Todes nicht halt. Er richtet sich dagegen auf, dass die Welt so bleibt, wie sie ist, d.h. auch gegen die Überzeugung der Welt, dass mit dem Tode ‚alles aus' sei. Eine Segnung Verstorbener scheint vor diesem Hintergrund geradezu geboten" (*Christian Brouwer*).

8 Bildlichkeit

Darf man sich ein Bild vom Toten machen? Welche Bilder machen was sichtbar? Diese Fragen richten sich zunächst ganz vordergründig an die Kasualfotografie: Zumindest für die protestantische Wahrnehmung gegenwärtiger Trauer- und Bestattungskultur handelt es sich dabei um ein neues Phänomen. Während es früher hauptsächlich in katholisch geprägten Regionen üblich war, Gräber oder Grabsteine mit einem Foto der Verstorbenen auszustatten, findet sich diese Praxis zunehmend auch auf evangelischen Friedhöfen. Das Portraitbild, auf dem Grabstein oder während der Trauerfeier vor dem Sarg aufgestellt, korrespondiert mit dem neu erwachenden Interesse am Toten- bzw. Leichenbild, der sog. Postmortem-Fotografie. Theologisch konkurriert diese Form der Verbildlichung mit dem Bilde des gekreuzigten Christus, „in dem die menschliche ‚Urteilung' im ‚Riss der Präsenz', das Fragmentarische, Brüchige und Widersprüchliche, auch Zweifelhafte und Abgründige einer Person, kurz: ‚die tödliche Bedeutung des Todes' aufgehoben (bewahrt, erhöht, überwunden) ist" (*Matthias Marks*).

Im konkreten liturgischen Vollzug ist der Blick dessen, den das Portraitfoto in der Trauerfeier bzw. am Grab zeigt, insofern ein überaus starker und wirkmächtiger Blick, als er den Gegenblick der betrachtenden und betrachteten Hinterbliebenen stimuliert. Das Hin und Her von Projektion und Introjektion ist also keinesfalls nur eine Frage des religionsästhetischen Stils; der Tod wird im Bild kommunikabel. Dies gilt umso mehr für seine vielfältigen Repräsentationen im Internet und in audiovisuellen Medien. Virtuelle Bestattungs- und Gedenkräume verbreiten sich mit der Entwicklung computergestützter Kommunikationen über den Globus und werden immer schneller und einfacher zugänglich. Während medienaffine Menschen diese Kommunikationsräume für ihre individuellen Abschiede nutzen, stoßen sie bei anderen auf Ablehnung. Virtuelle Realitäten sowie die Realität des Todes, des Abschieds und der Trauer scheinen sich (noch) auszuschließen. Aber ist möglicherweise der, der klickt und schaut, auch der, der stirbt? Der Wechsel vom ‚observer' des Todes zu seinem ‚user' verwischt in den Medien. „Eine Kulturtheorie, die sich nicht auf einen epistemisch idealisierten Raum einer ‚Lebenswissenschaft' beschränken will, bedarf einer Hermeneutik des Todes" (*Jens Wolff*). In semiotischer Perspektive verschmilzt ohnehin die Differenz zwischen „virtuellen" und „realen" Bildern des Todes, wie sie z.B. bei Bestattungen inszeniert werden. Beides sind zeichengestützte Kommunikationen. In ihnen muss man den Körper der verstorbenen Person, sofern er nicht selbst auch virtuell war, gewissermaßen an einem anderen Ort hinter sich lassen. Das Kennzeichen virtueller Kommunikationen ist es, dass sie trotz räumlicher Distanz der Körper Kommunikation stiften: „Räume für virtuelle Bestattungen und Gedenkseiten für Verstorbene existieren im Internet, seitdem und weil Menschen sie nutzen" (*Ilona Nord/Swantje Luthe*).

Die Menge von Todesereignissen, die heutige Generationen tagtäglich in den medialen Unterhaltungsangeboten rezipieren können, steht in einem starken Gegensatz zur Expositionswahrscheinlichkeit der gleichen Menschen, wenn es um das Dabeisein bei realem Sterben geht. Eines der beliebtesten Unterhaltungsgenres, der Kriminalfilm zeigt mit Vorliebe Tötungsdelikte. Attraktiv sind hierbei der Skandal der Tötung, wie auch die darauf – in aller Regel folgende – Wiederherstellung von Moral und Gerechtigkeit. Der vielfache Medientod bietet eine Form der Thematisierung des Todes, der in der realen Lebenswelt sozial nahezu unsichtbar geworden ist. Zum fiktiven Kosmos der TV- und Computerspielmedien zählt auch das ganze Arsenal von „Untoten", „Scheintoten" und „Geistern". „Besonders wichtig erscheint die Loslösung des Todes von seiner Einmaligkeit, Absolutheit und terminierenden Qualität: Nach dem Tod im Computerspiel geht es dennoch weiter [...] Einen Tod kann der Spieler in Kauf nehmen [...] das Versprechen des Mediums ist es, dass das Spiel danach fortfährt, der Spaß kein Ende hat" (*Christoph Klimmt*). Nach dem Krimi ist vor dem Krimi.

9 Narrationen

Fiktionen zählen zum Grundbestand menschlichen Daseins. Kulturanthropologisch spricht viel dafür, jede Fiktion als eine historisch konditionierte Antwort auf eine Lebensfrage zu sehen. Analog zu den Kriminalfilmen und PC-Spielen, die den Tod medial repräsentieren, finden auch und gerade literarische Prosatexte ein breites Publikum, in denen das Thema Tod in thematischer und struktureller Hinsicht im Mittelpunkt steht – „und dies, obwohl diese Texte literarisch anspruchsvoll sind und keine verbindlichen Antworten vorzugeben versuchen" (*Oliver Sill*). Auch im Blick auf die Literatur scheint die alte These von der gesellschaftlichen Verdrängung des Todes zumindest ergänzungsbedürftig. Bei kaum einem anderen Autor tritt dieser Zusammenhang stärker hervor als bei Ernst Jünger: „Als Teilnehmer zweier Weltkriege ist der Verfasser bedeutender Tagebücher [...] und Essays [...] oft mit dem Tod konfrontiert worden – und hat selbst auch getötet. Die Frage, was vom Einzelnen bleibt, wenn etwas bleibt, das sich bestatten lässt, hatte er sich schon auf den Schlachtfeldern des Ersten Weltkrieges gestellt" (*Lutz Hagestedt*).

10 Bildung

Dass eine Bestattungsrede nicht belehren darf, ist ein stillschweigender Konsens gegenwärtiger Überlegungen zur Predigt am Grab. Die lehrende Vermittlung von Wissen oder Einsichten scheint der Situation der Trauernden unangemessen. Gleichwohl geben der Tod und der christliche Umgang mit Toten den Überlebenden zu lernen. Das gilt nicht zuletzt für den konkreten Todesfall. Die Trauernden müssen lernen, den Toten herzugeben und mit dem unwiderruflichen Ende dieses Lebens zurechtzukommen. Und sie müssen lernen, Erfahrungen in Erinnerung zu überführen. Das heißt, „Spannungen als unter den Bedingungen dieser Welt unlösbare Spannungen wahrzunehmen und zu akzeptieren" und „damit zurechtzukommen, dass im Tod ein Leben partiell abgeschlossen" wird.

Es heißt, „dass der Verstorbene mit seinen Ambivalenzen im Gedächtnis bleibt". Und es heißt „schließlich, dass alle eschatologischen Hoffnungen nicht von dem bitteren Umstand absolvieren können, dass dieser Mensch für die in dieser Welt Bleibenden unwiderruflich tot ist" (*Frank Lütze*). Wendet man diese Einsicht auf das Terrain religionspädagogischer Überlegungen an, dann lässt sich nach den allgemeinen und religiösen Bildungsanforderungen im Bereich der Sepukralkultur sowie nach korrespondierenden religionshermeneutischen, performativen und jugendtheologischen Zugängen zu der Thematik am Lernort Schule fragen. Sieht man in der Selbstreflexivität und in der Urteilsbildung das Grundanliegen aller Bildungsprozesse, dann muss gesteigerte Individualität zwangsläufig auch gesteigerte Bildungsanstrengungen aus sich heraus setzen. Bei kaum einem anderen Thema sind die Fragen radikaler als im Kontext der gegenwärtigen Sepukralkultur. „Denn Bildung ereignet sich letztlich unverfügbar, wenn sich der angeregte, geöffnete Sinn in der Begegnung mit Darstellungen von Erfahrungen anderer neue Möglichkeiten des Selbst- und Weltverstehens zuspielen lässt und sie sich selbsttätig aneignen kann, d.h. wenn er die Bedeutsamkeit und den Bezug des anderen zum eigenen Leben entdecken und adaptieren kann" (*Martina Kumlehn*). In der bildenden Auseinandersetzung mit der spätmodernen Bestattungskultur fallen kulturelle und religiös-ethische Bildung paradigmatisch ineinander. Zudem zeigt sich gerade an der Nahtstelle zwischen Sterben und Trauern die Relevanz aktuell verlautender Bibelworte. An den die Bestattung rahmenden Deutungshandlungen tritt nicht nur ein fassbares Stück Religion in Erscheinung, sondern hier werden auch zentrale theologische Reflexionsgestalten in Anspruch genommen.

Das in die Kultur eingelagerte kirchliche Handeln im Resonanzbereich von Sarg und Urne kann sich nicht auf überzeitliche Normen berufen, sondern es richtet sich aus an der mahnenden und tröstenden Vergegenwärtigung der Auferstehungsbotschaft.

Über diese Semantik deutungsoffen einen je konkreten Todesfall zu deuten, ist der praktisch-theologische Ort des Funeralen. Es spricht darum nichts dagegen, sich der Pluralisierung auch und gerade auf dem Terrain der Sepulkralkultur zu stellen – im Gegenteil. Nicht alles, was hier in zunehmend fluiden Formen zum Ausdruck kommt, ist darum auch schon religionskulturell zu verdammen. Oft verhindern theologische Einfallslosigkeit und mangelnde Kontextsensibilität ein angemessenes kirchliches Handeln bei sepulkralen Anlässen. Je mehr aber der kulturelle Kontext der Bestattung durch Verunsicherungen bestimmt ist, desto mehr ist die Kirche den Christenmenschen wie der kulturellen Mitwelt ihre Sicht der Dinge schuldig.

I. Bestattungskultur

Ronald Uden
Spätmoderne Bestattungskultur

Der kulturelle Umgang mit Tod, Abschied und Begräbnis wurde in den letzten Jahren von starken Umbruchsbewegungen erfasst, die in vielen Bereichen Jahrhunderte alte Traditionen relativiert haben. Die gegenwärtige Bestattungskultur findet sich nun in einem neuen, breit ausdifferenzierten Umfeld wieder, in dem sich eine Angebotskultur der Bestattung etabliert hat, bei der alle Beteiligten ihre individuelle Auswahl treffen, um eine Verabschiedung zwischen Event und Entsorgung oder zwischen Luxus- und Discountbestattung zu organisieren. Portionierbare Religiosität kann dabei je nach Wunsch und biographischem Muster mit traditionellen Konfessionsbezügen, anderweitig religiös, esoterisch oder weltanschaulich ungebunden eingewebt werden. Trotz regionaler Unterschiede ist der selbstverständliche Rückgriff auf religiöse Standards und dauerhafte, lokale oder konfessionell verankerte Traditionen einem hoch professionalisierten System bestattungskultureller Abläufe mit individualisierten Umgangsformen gewichen.

Ein ähnlich breit ausgestaltetes Umfeld pluraler Angebote spiegelt sich im Friedhofswesen wider. Neben den weniger gefragten, traditionellen Grabstätten für Sarg- und Urnenbegräbnisse gibt es neue Ruheeinheiten in Urnenfeldern, Streuwiesen oder neuen Gemeinschaftsgrabformen. Entstanden sind Gruppen- oder Themengräber, Paar-Anlagen, Ruhegemeinschaften und Friedhofs- oder Grab-WGs. Die kulturelle Vielfalt moderner Gesellschaften mit unterschiedlichen Migrationsimpulsen findet seine thanatokulturelle Entsprechung in der Einrichtung verschiedener Grabfelder für nicht lokal beheimatete Religionen. Kolumbarien in privater, öffentlicher oder kirchlicher Trägerschaft, auch in nicht mehr liturgisch genutzten, ehemaligen Kirchengebäuden, gehören zur Angebotspalette wie Urnenwände, Stelenanlagen oder unterirdische Grabkammern. Waldfriedhöfe und Bestattungswälder sind ebenso etabliert wie die Integration naturbezogener Bestattungsorte in traditionelle Friedhöfe durch Ruhebäume, Baumgräber oder Lebens- und Bestattungsgärten. Gewählt wird zwischen anonymen, halbanonymen oder namentlich gekennzeichneten Ruheorten, neuerdings auch mit Links zum Internet bei Grabsteinen mit QR-Codes. Abschiedsorte können auch zu Erlebnisorten mit entsprechend würdevollen, stillen Events werden, mit Musikveranstaltungen, Vorträgen oder Friedhofscafes.

Der gesellschaftliche Umgang mit Tod und Bestattung in der Spätmoderne ist entsprechend dem allgemeinen Lebensgefühl nicht ohne den bestimmenden Einfluss ökonomischer Gesichtspunkte zu verstehen. Ein umkämpfter Bestattungsmarkt mit Umsatzschätzungen zwischen 10 und 18 Milliarden Euro gehört ebenso in diese ökonomisierte Lebenswelt wie die Rede von Markt, Konkurrenz,

Preis-Leistungsverhältnis oder freiem Wettbewerb. In Trauerfällen verhalten sich Angehörige nicht nur passiv und vertrauen blind den ortsansässigen Bestattern, sondern sie prüfen wie Marktteilnehmer jede Dienstleistung auf Einsparmöglichkeiten, Preisvorteile oder Angebotsvarianten. Nicht nur Bestattungsunternehmen verfolgen mehr oder weniger diskret wirtschaftliche Interessen, sondern viele Menschen verstehen sich selbst als homo oeconomicus, der seine Entscheidungen vorrangig nach Kriterien des persönlichen Nutzens und der eigenen Lebensgestaltung fällt. Der Preis von Discount-Begräbnissen hat sich in den letzten zehn Jahren halbiert, und im Internet kann man Grabsteine oder Deko-Engel ab einem Euro ersteigern. Rahmenbedingungen wie der Wegfall des Sterbegeldes, die Erhöhung kommunaler Abgaben, eine abnehmende Sterberate und eine wachsende Zahl von Bestattungsunternehmen haben den Kostendruck erhöht. Auch vor Religionsgemeinschaften macht die Ökonomisierung des kulturellen Lebens nicht halt. Kirchen haben nach einem EKD-Papier als Friedhofsträger darauf zu achten, dass sie in Konkurrenz zu örtlichen Genehmigungsbehörden „keine Wettbewerbsnachteile erleiden".[1]

Thanatokultur in der Spätmoderne – das ist das Ende der Verdrängungshypothese und das Konstatieren einer neuen Sichtbarkeit des Todes[2] vor allem in den Medien. Die Ubiquität des Todes findet ihren spätmodernen, medialen Ausdruck in der Nachrichtendokumentation und im Unterhaltungsfernsehen. Dabei kommen unterschiedliche Inszenierungsarten zur Geltung, die das mediale Bild des kulturellen Umgangs mit Abschied, Tod und Bestattung dominieren. Die Inszenierungsvariablen der dokumentarischen Kommunikation verbinden aktuelle Todesbilder des Nachrichtenalltags mit Gewalt, Krieg, Katastrophen und Unglücksfällen. Die persönlich nicht mehr fassbaren Opferzahlen, die Brutalität oder das bis ins Extreme potenzierte Unglück benötigen in der Berichterstattung den Filter der sachlich nüchternen Darstellung, der wissenschaftlichen und technischen Begutachtung durch Experten und der beruhigenden Interpretationsarbeit der Moderatoren und Journalisten. Auf diese Weise wird das Unfassbare kommunizierbar, so dass die aus den Fugen geratene Welt dem Rezipienten geordnet, interpretiert und erklärbar erscheint. Auch Abschiedsereignisse prominenter Persönlichkeiten, die in den Medien vor einem Milliardenpublikum inszeniert werden, haben den kulturellen Umgang mit Tod und Begräbnis beeinflusst und in die Öffentlichkeit transportiert wie die Abschiede von Prinzessin Diana Spencer 1997, von Papst Johannes Paul II. im Frühjahr 2005 oder von Popstar Michael Jackson im Sommer 2009. Mediale Distanz tritt dabei in ein spannungs-

---

[1] EKD Kirchenamt (Hg.), *Herausforderungen evangelischer Bestattungskultur* (Hannover: 2004), 5.
[2] Thomas Macho (Hg.), *Die neue Sichtbarkeit des Todes* (München: 2007), 9.

volles Gegenüber zu emotionaler Betroffenheit, stummer Teilhabe und echten Tränen.

In der Unterhaltungskommunikation gelten für die Darstellung des Themenkreises Abschied, Tod und Bestattung andere Inszenierungsvariablen, insbesondere in einem ihrer ältesten und erfolgreichsten Genres, dem Kriminalfilm. Wenn nicht Grausamkeit und Ekel durch das Genre wie beim Horrorfilm gefordert sind, werden Sterben und Tod ästhetisch ansehnlich stilisiert. Die Fernsehleiche ist geschminkt, gut ausgeleuchtet und als weibliche Tote überaus attraktiv, das macht den Tod begreifbar und unterstreicht für den Zuschauer die Gewissheit, dass alles nur gespielt ist. Auch der sachlich-professionelle Tonfall, der bei Untersuchungen von Leichen durch die Kommissare, die Spurensicherung oder den Gerichtsmediziner gewählt wird, zeigt, dass man den Tod vermessen, rekonstruieren, aufklären und somit beherrschen kann. Die häufige Verwendung von Stereotypen verschafft dem Zuschauer Sicherheit, er weiß eigentlich schon vorher, was passiert und wie die Handlungsstränge verlaufen. Jedes Verbrechen wird aufgeklärt, die Guten siegen und die Bösen werden überführt, die Welt ist geordnet und gerecht. Durch die parasoziale Identifizierung mit den Hauptdarstellern verinnerlichen Rezipienten die Leitbilder ihrer Helden. Das Ideal eines Lebens in Gerechtigkeit und Ordnung wird bestätigt und trägt zur Vergewisserung der eigenen Werteskala bei. Unterhaltungskommunikation trägt den thanatologischen Themenkreis in eine mediale Öffentlichkeit, die diese Inhalte als festen Bestandteil ihrer Lebenswahrnehmung aufnimmt, als konstruierte und inszenierte Realität, die aber in Distanz und Betroffenheit vielen Menschen zur Anregung werden kann, eigene Wertvorstellungen und Lebensentwürfe in einem dosierten Maß an persönlicher Betroffenheit zu reflektieren und zu überprüfen.

Spätmoderne Bestattungskultur tritt ohne einen selbstverständlichen, festen Bezug zur angestammten Religiosität des institutionalisierten Christentums in Erscheinung. Die großen Kirchen zeigen nach wie vor eine starke Präsenz in einem ihrer traditionellen Kompetenzbereiche, der Deutung und Verarbeitung thanatokultureller Kontingenzerfahrungen. Doch der christliche Referenzrahmen gerät zunehmend unter Legitimationszwänge. Nach einer aktuellen Umfrage ist der Pfarrer nur noch für jeden fünften ein Gesprächspartner zum Thema Tod und Sterben.[3] Die Kirche befindet sich auf dem Rückzug, obwohl die Bestattung wie wenig anderes zu den kirchlichen Hauptaufgaben gerechnet wird. Darum werden Pfarrerinnen und Pfarrer vor dem großen Imageschaden unaufmerksam

---

[3] https://www.bestatter.de/bdb2/pages/meta/download.php/emnid_umfrage_2011_kurz.pdf?fileid=232&filename=emnid_umfrage_2011_kurz.pdf (1.4.2014).

durchgeführter Trauerfeiern gewarnt[4] und zu Wachsamkeit im Umgang mit trauernden Angehörigen sowie zu Einfühlungsvermögen in kulturell unterschiedliche Milieus aufgefordert.[5] „Abschmelzungsprozesse" beim Rückgang der Inanspruchnahme von kirchlichen Amtshandlungen können jedoch zur Zeit nicht aufgehalten werden.[6]

Der Diskurs zur spätmodernen Bestattungskultur umfasst nicht nur diese wenigen, einleitend aufgeführten Anmerkungen, sondern weist weit darüber hinaus auf Forschungsfragen, die historisch, soziologisch, anthropologisch, kunst-, literatur- und medienwissenschaftlich gestellt werden müssen, wie es zur Zeit interdisziplinäre, groß angelegte Forschungsprojekte zu den Themen Tod und Transmortalität umzusetzen versuchen.[7] Darüber hinaus müssen Impulse aus der Medizinethik, dem Medizinrecht, Fragen der Volkswirtschaft und Volksgesundheit, der Theologie sowie der Kultur- und Religionswissenschaft eingebracht werden, eine Mammutaufgabe für den noch jungen Forschungszweig der Thanatologie.

In dieser Flut von Veränderungswahrnehmungen zur Bestattungskultur aus den unterschiedlichsten Fachrichtungen soll im Folgenden der Versuch unternommen werden, mit Hilfe kultur- und religionswissenschaftlicher Erkenntnisse nach Fixpunkten in den sich verändernden Entwicklungsschüben zu suchen, nach kulturellen Konstanten und Parametern, die mit rituellen Mustern, heiligen Orten und der Gestaltung von Erinnerung zu tun haben. Diese Beobachtungen können einen Beitrag zur kulturellen Signatur einer post-säkularen Spätmoderne liefern, die in ihrer anwendungsbezogenen Umsetzung als Vorlage einer Gestaltung thanatologischer Praxis in Religion und Kirche dienen kann.

1 Die Konstanz der Riten

Ohne Riten findet kein Begräbnis statt. Diese Feststellung erstaunt nicht so sehr bei der Betrachtung der traditionellen Bestattungsriten der christlichen, jüdischen oder islamischen Tradition. Auch bei sogenannten nichtreligiösen oder

---

[4] EKD Kirchenamt (Hg.), *Kirche der Freiheit. Perspektiven für die evangelische Kirche im 21. Jahrhundert* (Hannover: 2006), 50.
[5] EKD Kirchenamt (Hg.), *Herausforderungen evangelischer Bestattungskultur* (Hannover: 2004), 2.
[6] EKD Kirchenamt (Hg.), *Engagement und Indifferenz. Kirchenmitgliedschaft als soziale Praxis* (Hannover: 2014), 18.
[7] Dominik Groß/Christoph Schweikardt (Hg.), *Die Realität des Todes. Zum gegenwärtigen Wandel von Totenbildern und Erinnerungskulturen* (Frankfurt am Main/New York: 2010), 14.

freien Bestattungen sind Verbindungen zu traditionellen Riten zu belegen. Viele freien Redner wählen eine Form ihrer Bestattungsfeiern, die einer christlichen Bestattung ähneln, jedoch mit anderen Deutungen und Textbeiträgen.[8]

Eine Konstanz der Riten bleibt auch erhalten trotz des zunehmenden Bedürfnisses, Trauerfeiern und Abschiede immer persönlicher und individueller zu gestalten. Trotz dutzender Sargvarianten, extremer Variabilität im Musikprogramm, trotz großer Unterschiede in der optischen Darstellung der Feier oder Abweichungen von herkömmlichen Programmabläufen durch die Mitwirkung von Freunden, Bekannten oder Künstlern, kurz: trotz dieser schier unerschöpflichen Vielfalt an Gestaltungsvarianten mit selbstgefertigten Programmzetteln oder dem Einsatz von Fotomaterial oder Filmeinspielungen gibt es einen Kernbestand der Abschiedsinszenierung, der an die Beschreibung der bereits 1909 von van Gennep entdeckten Übergangsriten erinnert.[9]

Bestimmte rituelle Elemente bleiben offensichtlich auch in unserer gegenwärtigen Trauer- und Abschiedskultur unverzichtbar. Abschied hat einen sozialen Bezug, der sich in der rituellen Feier einer Trauergemeinschaft darstellt. Er ist Teil eines menschlichen Beziehungsgeflechts, aus dem der Verstorbene langsam rituell entlassen wird. Das rituelle Element der Begleitung eines Verstorbenen, meist mit einer Prozession verbunden, scheint ebenfalls unverzichtbar zu sein. Man begleitet den Sarg bei einer Erdbestattung auf seinem letzten Weg zum Grab oder bei einer Einäscherung bis zum Leichenwagen, der zum Krematorium fährt. Angehörige fahren zur Seebestattung mit und sogar bei den seltenen Weltraumbestattungen werden für Trauernde Reisen zum Raketenstart angeboten.

Ein weiterer grundlegender Bestandteil des Verabschiedens, der ebenfalls rituell begangen wird, ist die Übergabe an ein anderes Element, die Erde, das Feuer, das Wasser oder die Luft. Die Übergabemomente sind meistens die entscheidenden emotionalen Höhepunkte einer Abschiedsfeier. Bei der Erdbestattung ist es der Augenblick, in dem sich der Sarg ins Erdreich senkt, bei der Feuerbestattung die Einfahrt in den Verbrennungsofen, bei dem je nach Örtlichkeit Angehörige dabei sein dürfen. Bei der Seebestattung erfolgt die rituelle Übergabe an ein anderes Element in dem Augenblick, in dem die Urne ins Wasser gelassen wird. Bei der nicht überall erlaubten Verstreuung von Asche findet die rituelle Übergabe an die Luft statt, über Wasser, Bergen oder auf einer Streuwiese. Das Weiterleben der Gemeinschaft wird im Totenmahl ebenfalls rituell begangen. Zu

---

8 Andreas Fincke, *Freie Theologen, freie Redner, freie Ritendesigner. Der neue Markt kirchenferner Riten*, Materialdienst der EZW, 67. Jg. H. 4 (April 2004), 123–133, 126.
9 Arnold van Gennep, *The rites of Passage (1908)*, orig. Les rites de passage, translated by Monika B. Vizedom and Gabrielle L. Caffee (Chicago: 1960).

den rituellen Elementen gruppieren sich Ansammlungen von Sinnbildern oder symbolischen Handlungen: Erdwurf, Kerzen, Blumen, bestimmte Lieder, Zitate oder Formeln.

Wenn die angeführten Beobachtungen auch nicht auf jeden Einzelfall zutreffen mögen, bestätigen sie doch die Regel, dass rituelle Elemente ein konstanter Grundbaustein der Abschieds- und Trauerkultur sind. Persönliche stille Abschiedsfeiern, Prominenten- oder Staatsbegräbnisse, Abschiede im westlichen oder östlichen Kulturkreis, bei anderen Religionen oder nichtreligiösen Gemeinschaften – überall ist eine Häufung ritueller Elemente festzustellen, die zur Bewältigung der Trauer- und Abschiedsereignisse notwendig sind.

Warum ist eine derartige Konstanz von Riten bei Bestattungen und Übergangssituationen so wichtig?

Eine Antwort bietet der aktuelle Diskurs zum Ritualverständnis, in dem Unterscheidungsmerkmale gewonnen werden, die Rituale von gewohnheitsmäßigem, repetitivem Alltagsverhalten, profanen Zeremonien oder neurotischen Wiederholungszwängen abgrenzen. In der Fülle gegenwärtiger Ritualdefinitionen lassen sich vier wichtige Dimensionen im Verständnis von Ritualen herausheben:

1. eine emotionale Dimension: Rituale sind körperlich ausgeführte Handlungen, die nicht durchs Wort ersetzt werden können. Sie haben die Fähigkeit, komplexe Problemstellungen in ein vorgegebenes Handlungsmuster übersetzen zu können.
2. eine heilende Dimension: Rituale sind aufgrund ihrer Tradition über alle sozialen Grenzen hinweg anerkannt und helfen, Problemsituationen auf symbolischer Ebene zu überwinden und einen entstandenen Riss in einer Gemeinschaft zu kitten.
3. eine kommunikative Dimension: Rituale sind symbolische Kommunikationsereignisse zur Überwindung von Sprachlosigkeit und damit Sprache in entsprachlichter Form. Sie sind Prozesse feierlicher, wichtiger Kommunikation, die über die Grenzen von Sprache hinweg Verständigung ermöglichen.
4. eine sozial-integrative Dimension: Rituale überwinden individuelle Isolierungen und stellen Gemeinschaft her. Sie kommen zur Anwendung, wenn seitens der Gesellschaft ein konkretes Bedürfnis dazu besteht.

Es gibt auch Wissenschaftler, die zusätzlich eine religiöse Dimension von Ritualen favorisieren und dies mit dem Verweis auf einen alten Kernbestand dieser Handlungen begründen, die ein mythisches Urgeschehen oder eine religiöse Basishandlung wiederholten. Der bekannte schottische Ethnologe Victor W. Turner versteht Rituale als überwiegend religiöse Handlungen bzw. eine Verhaltensform mit Referenz zu Religionen oder mystischen Wesen und Kräften. Der britische Kulturanthropologe Edward Evan Evans-Pritchard dagegen zieht die

Definitionen von Religion und Ritual weiter auseinander, wenn er konstatiert, dass nicht jedes Ritual schon eine religiöse Handlung sei.[10]

Trotz gegenwärtiger oder kommender möglicher Veränderungen in der Trauer- und Bestattungskultur bleiben Riten als kulturelle Konstanten bestehen. Rituelles Handeln ermöglicht als eine Form theatralischen Agierens einen gesellschaftlich sanktionierten Ausbruch aus dem alltäglichen Dasein. Dieser Ausbruch wird kognitiv und emotional in verlässliche und bewährte Bahnen gelenkt. Diese Art von Kommunikation ermöglicht mit einer besonderen Sprache die Ausnahmesituation der Trauer zu bewältigen. In sozialer Hinsicht stärken Rituale die gefährdete Kohäsion einer Gruppe oder der Gesellschaft durch die Freilegung und Ausformulierung von Konflikten. Symbole und Rituale stehen damit in engem Zusammenhang mit soziopolitischen Prozessen und Wirkungen, indem sie nicht nur als Element der Gestaltungskontinuität oder als Steuerungsinstanz fungieren, sondern indem sie auch notwendige soziale und emotionale Grenzüberschreitungen in gesellschaftlich tolerierbarem Rahmen ermöglichen.

2 Heilige Orte

Neben der Konstanz der Riten gibt es in der spätmodernen Trauerkultur eine Würdigung besonderer Orte zu beobachten. Trotz gesteigerter Mobilität moderner Gesellschaften besitzt die Realität des Lokalen bei Todesfällen eine längerfristige Bedeutung. Begräbnisse, Bestattungen oder Abschiedsfeiern brauchen besondere, ausgesonderte und damit heilige Orte. Die Wichtigkeit dieser Orte steigt additiv mit der Besonderheit der Todesereignisse nach den Merkmalen: plötzlicher Unfalltod, Tod junger Menschen oder Kinder, Tod einer großen Anzahl Menschen bei Katastrophen. Dazu einige Beispiele:

Beim größten Schiffsunglück in Europa seit dem Zweiten Weltkrieg kamen am 28. September 1994 beim Untergang des Fährschiffs Estonia in der nördlichen Ostsee über neun hundert Menschen ums Leben. Die Angehörigen feierten am 27. November zwei Monate später an Bord des Fährschiffs „Georg Ots" direkt am Ort des Untergangs auf hoher See ihren Abschied mit Blumen, Kränzen und Gebinden, die ins Meer geworfen wurden oder die man auf einem Rettungsboot ablegte. Der Erzbischof der lutherischen Kirche von Estland Jaan Kiivit segnete bei der Trauerfeier das in neunzig Meter Tiefe liegende Wrack.

---

10 Edward Evan Evans-Pritchard, *Nuer Religion* (New York: 1956).

Am 11. Dezember 1998 wird die vierjährige Sara H. in einer Kleinstadt bei Hannover von einem Müllwagen überrollt. Noch heute finden sich viele Jahre später am Straßenrand: ein weißes Kreuz, Blumen, oft eine Kerze mit Windschutz, ein Engel und ein großer Teddybär. Der Ort, an dem das Unbegreifliche geschah, wird zu einem wichtigen, dauerhaften Ort des Gedenkens, Erinnerns und Innehaltens. Genau die Stelle, an der das Leben aus der sichtbaren Welt entwichen ist, wird zu einem besonderen Ort für die betroffene Familie, die spielenden Kinder und die Nachbarschaft. Viele Straßenkreuze weisen auf ähnliche Unglücksfälle besonders bei Kindern und Jugendlichen hin.

Am 1. Juli 2002 kollidieren über dem nordwestlichen Ufer des Bodensees zwei Flugzeuge. Die meisten der 71 Absturzopfer sind Schulkinder. Trauerfeiern mit Namenstafeln, Kerzen und Blumen, orthodoxen und islamischen Geistlichen finden zwei Wochen später am Ort des Geschehens statt.

Auch bei den ersten Todesfällen im Weltraum findet eine Trauerfeier an einem besonderen, für dieses Ereignis symbolträchtigen Ort statt. Am 1. Februar 2003 bricht die Raumfähre Columbia im Hitzeschild der Erde über Texas auseinander und verglüht. Wenige Tage später treffen sich Trauernde und Angehörige zu einer großen Feier in Texas auf einem freien Feld neben dem Houston Space Center, dem Weltraumzentrum, in dem die NASA die letzten Funksprüche der sieben Astronauten und damit die letzten Lebenszeichen empfangen hatte.

Diese Beispiele sind keine Einzelfälle und lassen sich jedes Jahr weiter ergänzen. Immer wieder besuchen Angehörige Orte, die mit den letzten Lebensstunden eines Verstorbenen zusammenhängen oder die zu Orten des Abschieds von einem Toten oder seinen Überresten geworden sind. Auch bei den sogenannten Weltraumbestattungen fahren Angehörige oft zum letzten Ort, an dem die Asche in den Weltraum reist. Eine extravagante Variante dieses Bedürfnisses ist eine Firma, die Angehörigen durch Funksignale des Global Positioning Systems GPS den jeweiligen Standort des antriebslosen Satelliten mit der Urne anzeigt, bevor dieser wie eine Sternschnuppe verglüht. Die geschilderten Beispiele sind darum bemerkenswert, weil immer wieder auch mit großem Aufwand wie auf dem Meer die Orte des Abschieds lokalisiert und aufgesucht werden. Und besonders bei Katastrophen ist es den Angehörigen wichtig, wenigstens die toten Freunde oder Verwandten zu finden, zu identifizieren und zu bestatten. Trauer und Tod müssen lokalisiert werden. Sie brauchen gewissermaßen einen Halt am heiligen Ort.

Diese Würdigung besonderer Orte bis hin zur Prädikation „heilig" ist ein in den Kultur- und Religionswissenschaften bekanntes Phänomen. Heilige Orte gibt es zunächst in Verbindung mit besonderen Naturerscheinungen wie Bergen, Quellen, Flüssen, Seen oder Hainen. Aber auch Friedhöfe sind seit alters Orte besonderer Heiligkeit, italienisch „camposanto", Orte der Pietät, der Totenwürde, der Kultausübung und der Begegnung mit den Ahnengeistern.[11] Zu den größten und berühmtesten dieser heiligen Orte zählen die Nekropolen des altägyptischen Abydos und des japanischen Koyasan. Bereits für die Zeit des Mesolithikums 7000–8000 Jahre v. Chr. sind heilige Orte nachweisbar. Grabungen in Stonehenge und andere Funde belegen sogar die Annahme einer Kultkontinuität über mehrere Zeitalter hinweg. So besitzen heilige Orte oft auch, so der Religionswissenschaftler Günter Lanczkowski, eine „neutrale Heiligkeit", die den Religionswechsel überdauert, so dass nachfolgende Kulte die Stätte anerkennen und mit einer neuen Sinngebung versehen.[12] Bestes Beispiel einer sakralen Kontinuität in neuerer Zeit ist die Übernahme der vorislamischen Kaaba in Mekka durch Mohammed und die Erhebung dieses Ortes zum religiösen Mittelpunkt des Islam.

Der Blick in die Religions- und Kulturwissenschaft zeigt, dass es weltweit und zu allen Zeiten besondere, Heilige Orte gibt. Diese Stätten haben eine Nähe zu Kult und Religion, aber seit Beginn der Menschheit ebenso zu Bestattungen und der Begegnung mit den Geistern Verstorbener. Heilige Orte werden als Begegnungsplätze von Transzendenz und Immanenz und als Besuchs- oder Aufenthaltsort des Heiligen verstanden.

Was steuern diese Erörterungen zum Verständnis gegenwärtiger Bestattungskultur bei? Welche Gründe kann es für das Bedürfnis nach Lokalisierbarkeit geben? Warum wird auf diese Weise Trauer am besten verarbeitet? Ich komme zu vier Antworten:

1. Die Bindung an den besonderen, heiligen Ort macht das Unbegreifliche des Todesereignisses kommunizierbar. Es kann anschaulich beschrieben, fotografiert, eingefasst und damit begrenzt werden.
2. Der Heilige Ort schafft eine wichtige Distanz zum Alltagsleben. Er lokalisiert den Tod und bindet ihn an eine feste Stätte. Der Besuch des Heiligen Ortes dient zur Vergewisserung, der Tod ist dort und nicht bei mir.
3. Heilige Orte haben eine besondere Würde und Ausstrahlung. Sie sind mehr als ein Ort der Ruhe oder des Abschieds. Sie sind analog zu den Knotenpunkten der Zeit – Jahre, in denen sich geschichtsträchtige Ereignisse häufen – Knotenpunkte des Raumes, an denen sich verdichtetes Erleben so wie an Orten der Heimat, der ersten Liebe oder der Rettung ereignet.
4. Der Heilige Ort ist eine Stelle des Gedenkens und Erinnerns, an der sich Menschen mit den Verstorbenen verbinden und sich ihnen nahe fühlen.

---

11 Günter Lanczkowski, Art. *Heilige Stätten I*, TRE 14 (1985), 672–677, 673.
12 Günter Lanczkowski, a.a.O., 674.

Noch viele Jahre nach der Zugkatastrophe in Eschede in der Lüneburger Heide, als im Sommer 1998 ein Hochgeschwindigkeitszug entgleiste und über einhundert Menschen starben, zieht es Angehörige immer wieder zum Ort des Geschehens, weil sie sich genau hier ihren verstorbenen Freunden und Verwandten besonders nahe fühlen, ein Ort, der auf der ganzen Welt einzigartig ist, weil der Verstorbene dort die letzten Atemzüge gemacht, die letzten Gedanken gefasst und noch kurz vorher gelebt hat. Diese Orte werden zu Stätten verdichteter Anziehungskraft ähnlich wie die in den letzten Jahren gestiegene Anzahl von Kreuzen am Straßenrand.

3 Gedenken und Erinnern

Nach den Beobachtungen zur Beständigkeit von Riten und Heiligen Orten in der Bestattungskultur drängt sich noch ein weiteres konstantes Charakteristikum im Umgang mit Tod, Abschied und Bestattung auf. Gelebtes Leben soll festgehalten und nicht vergessen werden. Das Gedenken und Erinnern bleibt bestehen, auch wenn sich die Medien der Erinnerung in der spätmodernen Thanatokultur wandeln. Anstelle von Pyramiden, Grabsteinen oder Denkmälern gibt es Anzeigen in Printmedien oder Webspace im Internet in Trauerblogs oder bei Facebook. Die primäre Wahrnehmung bleibt allerdings widersprüchlich, weil es gleichfalls Tendenzen zu beobachten gibt, die dem Verdrängen, Anonymisieren und Vergessen-Wollen Vorschub leisten. Da sind die anonymen Rasenbestattungen zu nennen, eine „Entsorgungsmentalität", die Abschiede ohne Aufwand, Emotionen und Kosten schnell erledigt wissen möchte, und vor allem ein Rückgang öffentlicher ritueller Ausgestaltungen bei Abschiednahmen wie Aufbahrung, Totenwache oder Vorbeischreiten am offenen Sarg, Trauerprozession, einheitliche Trauerkleidung oder Leichenschmaus.

Andererseits ist gegenläufig zu dieser Reduzierungstendenz öffentlichen Trauerns eine generelle, bewusste Aufarbeitung von Trauer und Abschied festzustellen. Das belegen eindrucksvoll die Hospizbewegungen, die Würdigung von Todesorten durch Unfallkreuze, lokale auf den Todesort bezogene Feiern bei Unfällen und Katastrophen und die Vergegenwärtigung des Todes in den Print-, Unterhaltungs- und Online-Medien.

Entscheidend für die Gestaltung des Erinnerns ist die Erinnerungsqualität: Wenn es um Personen geht, die von anderen für erinnernswert befunden wurden, findet eine Ausgestaltung des Erinnerns und Gedenkens statt. Der Erinnerungswille und die Erinnerungsdichte sind abhängig von der individuellen Beliebtheit und der daraus resultierenden emotionalen Verbindung eines Verstorbenen. Es gibt eben auch Menschen, an die sich keiner gerne erinnert. Die Intensität des Erinnerns wird bestimmt durch die Position des Verstorbenen in der Familie oder in der Gesellschaft. Erinnerungsqualität wird dann durch Gedenkmedien hergestellt, die der durch Zeiterleben abnehmenden Erinnerungsintensität entgegenwirken.

Ein wegweisender Hinweis auf die wichtigsten Bestandteile von Erinnerungsqualität findet sich in einer Proklamation des siebten deutschen Bundespräsidenten, des Juristen und früheren Präsidenten des Bundesverfassungsgerichts Roman Herzog, in seiner Erklärung zum Gedenktag an die Opfer des Nationalsozialismus 1996: „Erinnerung darf nicht enden; sie muss auch künftige Generationen zur Wachsamkeit mahnen. Es ist deshalb wichtig, nun eine Form des Erinnerns zu finden, die in die Zukunft wirkt. Sie soll Trauer über Leid und Verlust ausdrücken, dem Gedenken an die Opfer gewidmet sein und jeder Gefahr der Wiederholung entgegenwirken. Ich erkläre den 27. Januar zum Gedenktag an die Opfer des Nationalsozialismus."[13]

Roman Herzog hat in dieser Kurzdefinition mit der Formulierung „in die Zukunft wirken" einen entscheidenden Aspekt des Erinnerns hervorgehoben. Erinnern, das in die Gegenwart und in die Zukunft hineinwirken soll, ist mehr als nur die gedankliche Vergewisserung historischer Ereignisse. Erinnern ist auch mehr als die Überbrückung eines historischen Grabens, sondern ein Herbeirufen der Vergangenheit, ein gegenwärtiges Nahesein der geschichtlichen Wurzeln, ein Kommunizieren und beständiges Leben eingedenk der Geschichte und – in Bezug auf unser Thema zugespitzt – eingedenk der Toten. Diese Art lebendiger Erinnerung ist es, die Tragfähigkeit für die Zukunft entwickeln kann. Lebendige Erinnerung besteht nicht aus einem ständigen, verkrampften Mahnen und Wachsamsein, die Vergangenheit nicht zu vergessen, sondern aus dem Bewusstsein, das die Vergangenheit und insbesondere die lieben Menschen, mit denen ich gelebt, kommuniziert und vieles ausgetauscht habe, in mir gegenwärtig sind. Würde man Erinnerungen und Kommunikationsanteile, die ich mit anderen Menschen ausgetauscht habe, gleichsam materialisiert als dauerhafte Bilder und Informationen verstehen, wäre alles noch bei mir und in mir vorhanden. Lebendige Erinnerungen sind keine flüchtigen Informationsbausteine, sondern bleibende Sinneseindrücke, deren Löschresistenz in Kombination mit emotionalen Lebensereignissen höher ist als eine bloße Ansammlung von Jahreszahlen oder eine Flut von unnützen und nichtssagenden Informationsmengen. Der Religionswissenschaftler Hans-Peter Hasenfratz hat bereits 1998 darauf hingewiesen, dass das „Leben mit den Toten" ein bewusster Umgang mit Toten sei, die nach dem

---

[13] Proklamation des Bundespräsidenten vom 3. Januar 1996 (BGBl. I S. 17).

Vorbild naturvolklicher Gesellschaften, antiker Hochkulturen und Hochreligionen auch nach dem Sterben als Personen wahrgenommen werden müssten.[14]

Hier besteht Nachhol- und Reflexionsbedarf auch im Bereich von Theologie und Kirche, zumal im dritten Artikel des christlichen Credos seit Jahrhunderten rezitiert wird: „Ich glaube an die Gemeinschaft der Heiligen". Schließt diese die Toten nicht selbstverständlich mit ein?

4 Ars moriendi et memorandi – Thesen zur Zukunft christlicher Erinnerungskultur

Aus den soeben gewonnenen Erkenntnissen, aus der Einsicht in die Konstanz der Riten und die Besonderheit der Orte, leite ich zum Schluss fünf Thesen ab, die für die Zukunft christlicher Erinnerungskultur konstitutiv sind. Die wissenschaftliche Kenntnis von der Wichtigkeit der Rituale und Heiligen Orte kann im christlichen Rahmen dazu genutzt werden, in der Praxis diese Elemente stärker zu betonen und auszubauen.

4.1 These 1

Zur Zukunft Christlicher Erinnerungskultur gehört die vorbehaltlose Anerkennung des Rituals als Grundbaustein der Bestattung. Eine gezielte Ausweitung der praktischen Ausgestaltung ritueller Handlungen bei Abschied und Begräbnis ist anzubieten. – Dringend erforderlich ist dabei das Angebot üppig ausgestalteter Trauergottesdienste mit allem, was die christliche Tradition zu bieten hat, wenn sie denn von den Angehörigen gewollt werden. Der High-Speed-Trauerfeier im 20-Minuten-Takt sollte der christliche Abschiedsgottesdienst als wählbare Alternative entgegengesetzt werden: Gottesdienst, Lieder, Chöre, Prozession, weitere Musikdarbietungen, Lesungen, Predigt, evtl. Abendmahl. Das christliche Begräbnis kann dabei ähnlich der christlichen Trauung zu einem besonderen Markenzeichen werden: festlich und würdevoll als Bekenntnis zu einer Religion mit menschlichem Antlitz in einer Gemeinschaft echter Solidarität der Lachenden und Weinenden (Röm 12,15).

---

14 Hans-Peter Hasenfratz, *Leben mit den Toten. Eine Kultur- und Religionsgeschichte der anderen Art* (Freiburg: 1998).

4.2 These 2

Christliche Erinnerungskultur braucht heilige Orte, an denen die Gemeinschaft der Heiligen unter Einschluss der Toten erfahrbar und die Nähe zur Gottgegenwart gestaltet wird. – Kein Ort ist dafür besser geeignet als die Kirchen. Im Angebot der Kirchen sollten Aufbahrung, Abschiednehmen und Trauergottesdienst im Kirchenschiff einen festen Platz bekommen. Wenige werden abgeschreckt, wenn Kirchen auch zu Orten des Gedenkens, Trauerns und Erinnerns werden, aber viele Menschen werden sich zu diesen Orten des Gedenkens neu hingezogen fühlen.

4.3 These 3

Christliche Erinnerungskultur gestaltet kirchliche Friedhöfe. – Gestalt, Ästhetik und Prägung christlicher Friedhöfe und der dazugehörenden Verwaltungs- und Personalkompetenzen (geschultes freundliches Personal) muss zu einem neuen, anerkannten Qualitätsmerkmal werden – ähnlich wie das „Gütesiegel" „kirchlicher Kindergarten" oder „kirchliches Krankenhaus" oder manch anderer diakonischer Einrichtungen. Die Nachfrage nach kirchlichen Einrichtungen ist oft ein Resultat bewusster Entscheidungen der betroffenen Menschen.

4.4 These 4

Christliche Erinnerungskultur feiert die Persönlichkeit und Individualität der erinnerten Menschen. – Es bedarf dabei professionellen Geschicks und theologischen Gespürs, diese Individualität in das Ganze eines Rituals, eines Friedhofs oder der jeweiligen gesellschaftlichen Bezugsgrößen einzufügen und zu gestalten. Nicht immer passen popkulturelle und klassische Elemente von selbst zusammen. Es kommt dabei auf Inhalte, thematische Verbindungen und Aussagen an, um den schmalen Grat des christlichen Rituals zwischen Kitsch und Kommerz zu beschreiten. Es nützt nichts, sich grundsätzlich gegen anonyme Bestattungen oder Neuerungen wie Friedwälder auszusprechen. Neue Entwicklung sollten in die christliche Erinnerungskultur eingebunden werden, und zu anonymen Bestattungen sollten behutsam Alternativen angeboten werden.

4.5 These 5

Zur Schärfung des kirchlichen Profils in einer christlichen Erinnerungskultur gehören die glaubwürdige und überzeugende Kommunikation ihrer Inhalte. – Es ist die Kirche, die sich oft nicht traut, ihre essentiellen religiösen Inhalte ohne Scham zu kommunizieren: die Rede von der Auferstehung der Toten, von der Kreuzigung und Auferstehung Jesu Christi, von der Gemeinschaft der Heiligen, dem ewigen Leben und der zukünftigen Herrlichkeit. Freilich muss alle Mühe darauf verwandt werden, diese Inhalte nicht dogmatisch, formelhaft zu rezitieren, sondern sie mit Sinn und Spiritualität in moderner Sprache zu füllen. Diakonische, soziale oder kulturhermeneutische Akzente in der Erinnerungskultur dürfen nicht auf Kosten religiöser Inhalte umgesetzt werden. Religiöse Kommunikation muss verständlich sein, auch wenn Rückgriffe in kindliche Bilderwelten wie die „Engel" oder den „Himmel" gelegentlich nötig sind. Die letzten Worte des Bürgerrechtlers Martin-Luther-King am 3. April 1968 in einer Rede am Abend vor seiner Ermordung greifen auf einen symbolischen Sprachgebrauch zurück, der weder leer noch formelhaft klingt, sondern glaubwürdig und überzeugend: Gott „hat mir erlaubt, auf den Berg zu steigen … Ich habe das gelobte Land gesehen. … Und deshalb bin ich glücklich heute abend. Ich mache mir keine Sorgen … Ich fürchte niemanden. Meine Augen haben die Herrlichkeit des kommenden Herrn gesehen"[15] – mine eyes have seen the glory of the coming of the Lord.

---

15 Martin-Luther King, *Testament der Hoffnung. Letzte Reden, Aufsätze und Predigten* (1974), (Gütersloh: ⁶1989), 117.

Reiner Sörries
Die Kirche: Alternative Bestattungsformen und innovative Konzepte

Lange Jahrzehnte mussten sich die Kirchen um die Bestattung keine Gedanken machen, galt sie doch noch in den 1970er und 1980er Jahren als ihre stabilste Amtshandlung. Sei es aus Überzeugung oder Konvention verlangte ein Großteil der Bevölkerung am Ende des Lebens eine kirchliche Amtshandlung, und der politische Rahmen verhinderte mit dem sog. Friedhofszwang alternative Beisetzungen. Dies hat sich spätestens seit den 1990er Jahren geändert, als die deutliche Zunahme der anonymen Beisetzungen unter dem grünen Rasen Anlass zur Sorge gab.

Obwohl sich die Veränderungen bereits seit den 1980er Jahren mit einem raschen Anstieg der anonymen Beisetzungen abzuzeichnen begannen, hielten es die Friedhofsverwalter und die politisch Verantwortlichen in den Kommunen für ratsam, die daraus resultierende Problematik für die Ökonomie der Friedhöfe zu verschweigen: zu viele Urnen- und anonyme Gräber ließen die Einnahmen sinken und hatten immer mehr Freiflächen auf den Friedhöfen zur Folge. Allerdings stiegen kontinuierlich die Friedhofsgebühren, doch sorgte dies jeweils nur regional für Aufregung.

Die namenlose Beisetzung erschütterte jedoch das kirchliche Selbstverständnis bei der Bestattung, hielt man doch den Namen für ein wesentliches Merkmal der Gotteskindschaft und des Menschseins. In der Argumentation gegen die Anonymität bemühte man deshalb den Vers aus Jesaja 43,1: „Ich habe dich bei deinem Namen gerufen, du bist mein." Selbst Steinmetzen und Friedhofsgärtner, die um den Verkauf von Grabsteinen und Wechselbepflanzungen fürchten mussten, erwiesen sich nun als bibelfeste Christen.

1 1994

So sahen sich 1994 die deutschen Bischöfe veranlasst, ihrer *Sorge um die Toten und die Hinterbliebenen* in einer Stellungnahme Ausdruck zu verleihen: „Zuerst fast unbemerkt, aber nun immer offenkundiger zeigt sich, daß die veränderte Einstellung zu Sterben und Tod sich auch auf die Bestattungs- und Trauerkultur auswirkt. Seit Jahrhunderten bestehende Formen der Bestattung und der Begleitung der Angehörigen werden vielen fremd. Ein Zeichen für diese Entwicklung ist die Zunahme der sogenannten anonymen Bestattungen." Freilich galt ihnen die anonyme Beisetzung nur als eine unter verschiedenen Erscheinungen, die Anlass zur Sorge gaben: „Die neueste Entwicklung der Grabmalgestaltung, die inzwischen fast perfekte Kommerzialisierung der Grablegung insgesamt, die wachsenden Zahlen der anonymen Bestattungen einschließlich der Urnen-Seebestattungen, all dies deutet darauf hin, daß der Mensch unserer Tage Gefahr läuft, sich selbst in einen Zustand der Hoffnungslosigkeit und der Trostlosigkeit zu begeben."

Die Bischöfe würdigten dabei durchaus die Beweggründe der Menschen für eine namenlose Bestattung und empfahlen deshalb zumindest für katholische Friedhöfe die Anlagen von sog. halbanonymen Rasengräbern, auf denen zumindest der Name des Verstorbenen festgehalten wird.

2 2004/2005

Mit der Eröffnung des ersten deutschen Friedwaldes 2001 im Reinhardswald bei Kassel hatte sich die Situation deutlich zugespitzt. Innerhalb weniger Jahre waren deutlich über 100 Bestattungswälder entstanden, die von den kommerziellen Anbietern Friedwald® und Ruheforst® angeboten werden, und auch öffentliche Friedhöfe wiesen naturbelassene Friedhofsbezirke für naturnahe Bestattungen aus. Nun waren aber nicht nur Beisetzungen in der Natur möglich geworden, sondern in ihrem Gefolge fingen weitere alternative Beisetzungsformen an, sich zu etablieren, die zwar bis dato keinen entscheidenden Marktanteil erringen konnten, aber die Aufmerksamkeit der Medien und der Öffentlichkeit fanden. Sie gaben den Anstoß, dass die Menschen immer stärker nach einer individuellen Bestattungsart verlangten. Besonders stark entwickelte sich der Wunsch, die Urne zuhause aufbewahren zu können. Ist dies de jure nach den deutschen Friedhofsgesetzen immer noch verboten, so lassen sich de facto Wege finden, diesem Wunsch zu entsprechen.

Nicht verwunderlich war es deshalb, dass die deutschen Bischöfe bereits 2005 eine weitere Handreichung unter dem Titel *Tote begraben und Trauernde trösten. Bestattungskultur im Wandel aus katholischer Sicht* folgen ließen.[1] Hier kamen die Bischöfe zu einer klar formulierten Ablehnung der Naturbestattung: „Weil Art und Ort dieser Baum- bzw. Strauchbestattung eine privatreligiöse oder pantheistische Einstellung nahe legen, hat die katholische Kirche grundlegende

---

1 Die deutschen Bischöfe 81, *Tote begraben und Trauernde trösten. Bestattungskultur im Wandel aus katholischer Sicht* (20. Juni 2005).

Vorbehalte gegen diese Bestattungsform. Sofern diese Form aus Gründen gewählt wird, die der christlichen Glaubenslehre widersprechen, ist ein kirchliches Begräbnis nicht möglich." An dieser grundsätzlichen Absage an die Naturbestattung hat sich im Prinzip bis heute nichts geändert, wenngleich katholische Geistliche aus seelsorgerlichen Gründen durchaus auch Waldbeisetzungen begleiten.

Ein Jahr zuvor hatte sich auch die Evangelische Kirche Deutschlands (EKD) in einem Diskussionspapier zu den *Herausforderungen evangelischer Bestattungskultur* geäußert.[2] Darin wird ein tiefgreifender Unterschied zur katholischen Position deutlich, denn das EKD-Papier analysiert zwar sehr eingehend die Gründe der veränderten Situation, bleibt aber im Ergebnis sehr moderat und verzichtet auf eine generelle Ablehnung der Naturbestattungen. So sei unter Beachtung bestimmter Bedingungen *die Friedwald-Konzeption mit den christlichen Grundüberzeugungen zur Würde des Toten(-Gedenkens) jedenfalls nicht vollkommen inkompatibel.* Als Bedingungen wurden genannt, dass das ausgewiesene Flurstück als Friedhofsbezirk erkennbar und öffentlich zugänglich ist, dass die Anbringung einer Namenstafel am Baum möglich ist und christliche Symbole angebracht werden können.

3 2007

Während einzelne katholische Diözesen die bischöfliche Ablehnung der Naturbestattung noch verschärften, begann man sich in der evangelischen Kirche zunehmend mit dem Friedwaldgedanken zu arrangieren. So ließ die Diözese Würzburg verlauten, dass sie keine kirchliche Bestattung in einem Friedwald erlauben kann, wenn damit ideologisch die Rückkehr des menschlichen Lebens in den Kreislauf der Natur, pantheistische Vorstellungen und das Verschwinden des Lebens in die Anonymität verbunden sind.[3]

Unweit von Würzburg wurde im Mai desselben Jahres unter großem Medieninteresse der erste kirchliche Friedwald auf dem Schwanberg in Unterfranken eingeweiht. Und es muss hinzugefügt werden, dass der Friedwald®-Betreiber dies als Durchbruch feierte, denn dies war gewissermaßen der kirchenamtliche Segen für diese neue Beisetzungsform, gespendet durch den Landesbischof der Evangelisch-Lutherischen Kirche in Bayern, Johannes Friedrich, der selbst die

---

[2] Evangelische Kirche in Deutschland (EKD), *Herausforderungen evangelischer Bestattungskultur. Ein Diskussionspapier* (Hannover: 2004).
[3] Friedhelm Hofmann, *Handreichung – Friedwälder und Ruheforste im Bistum Würzburg* (Würzburg: 23.11.2007).

Einweihung vornahm. Die Öffnung der Kirche gegenüber der offenbar unaufhaltsam vordringenden Idee des Naturbestattungskonzeptes sei möglich, wenn der Friedwald deutlich christlich geprägt sei, wie dies auf dem Schwanberg durch ein Hochkreuz, durch die Möglichkeit der Anbringung von Namen und christlichen Symbolen sowie durch die seelsorgerliche Begleitung der Schwestern der Kommunität Casteller Ring gewährleistet ist. „Kirche gibt ihren Segen zu Naturbestattungen" lauteten dann auch die entsprechenden Headlines in deutschen Tageszeitungen.[4]

Der 2009 auf Waldflächen der Mitteldeutschen Kirche nahe der Stadt Falkenhain in Sachsen-Anhalt eingerichtete erste kirchliche Ruheforst® erregte weit weniger Aufsehen, und in vielen deutschen Bestattungswäldern gibt es Andachtsstätten mit Hochkreuzen, und auch die Kennzeichnungen der Bäume mit Namenstafeln und religiösen Symbolen sind fast überall gewährleistet. Zumindest auf evangelischer Seite stößt der Gedanke der Naturbestattung kaum mehr auf Bedenken. In seinem Grußwort zur Eröffnung des Friedwalds in der Uetzer Herrschaft am 28. Juni 2007 erklärte Pastor Friedemann Pannen in Übereinstimmung mit dem Diskussionspapier der EKD: „Es gibt keine theologischen und kirchlichen Argumente, die zur Ablehnung von Friedwäldern zwingen."[5] Ähnlich äußerte sich Pastorin Heike Vierling-Ihrig in einem Aufsatz im Deutschen Pfarrerblatt 2008: „Naturbestattungen im Friedwald kann ich aus kirchlicher und theologischer Sicht nicht verneinen ... Darf sich das Christentum mit seiner hoffnungbringenden Botschaft nicht zeitgemäß oder anschlussfähig zeigen? – Ich denke: Doch! Also: Die Kirche versteht etwas von Leben und Tod, von Sterbe- und Trauerbegleitung; beweisen wir dies in den Umbrüchen der Bestattungskultur!"[6]

4 Luther

Je nach eigener theologischer Position mag die liberale Haltung der EKD und evangelischer Geistlicher im Gegensatz zur strengen katholischen Haltung begrüßt oder skeptisch beurteilt werden. Systematisch theologisch betrachtet fußt sie jedoch auf dem reformatorischen Grundsatz, dass Bestattungs- und Friedhofsfragen nicht heilsrelevant und deshalb zu den Adiaphora zu rechnen seien. Seit Ende des 15. Jahrhunderts mehrten sich die Stimmen, die vor den gesund-

---

4 Z.B. Welt Online (19.05.2007) von Julia Weber.
5 http://www.kirche-uetze.de/Dokumente/GrusswortFriedwald.pdf (13.02.2012).
6 Heike Vierling-Ihrig, *FriedWald-Bestattungen. Herausforderungen für eine evangelische Kasualie*, in: Deutsches Pfarrerblatt 108, H. 11 (2008), S.591–592, 599–603.

heitlichen Gefahren warnten, die von den Kirchhöfen inmitten von Städten und Dörfern ausgingen. In dieser Angelegenheit konnte Martin Luther frei von allen dogmatischen Festlegungen sagen, er überlasse es den „Doktoren der Arznei und allen, die darin bessere Erfahrung haben, darüber urteilen, ob es gefährlich sei, dass man mitten in den Städten Kirchhöfe hat. Denn ich weiß nicht und verstehe mich nicht darauf, ob aus den Gräbern Dunst oder Dampf ausgeht, der die Luft verpestet. Wenn dem aber so wäre, so hätte man gemäß den oben erwähnten Warnungen Grund genug, den Kirchhof außerhalb der Stadt zu haben."[7] Galt ihm und den Reformatoren die Art und Weise der Bestattung nicht mehr als heilsnotwendig, so konnte er den vernünftigen und pragmatischen Erwägungen den Vorzug geben. Er fand auch genügend Beispiele in der Bibel, wo Menschen vor der Stadt bestattet wurden: „Darum wäre auch mein Rat, diesen Beispielen gemäß das Begräbnis draußen vor der Stadt einzurichten."[8]

Mit dieser reformatorischen Grundhaltung kann man sich auch den pragmatischen Bedürfnissen eines zeitgemäßen Friedhofswesens öffnen. Man fragt sich dann allerdings, warum die Kirchen und Theologen doch bestimmte „Bedingungen" an Friedwald und Co. knüpfen, um ihn mit den *christlichen Grundüberzeugungen zur Würde des Toten(-Gedenkens)* kompatibel zu machen. Dies hängt wohl damit zusammen, dass die Art und Weise der Bestattung doch eine gewisse Wirkung zeigt, die nicht zu vernachlässigen ist. Immerhin forderte Luther für einen Friedhof: „Denn ein Begräbnis sollte angemessenerweise ein feiner, stiller Ort sein, der von allen anderen Orten abgesondert ist, wohin man mit Andacht gehen und stehen kann, um dort den Tod, das Jüngste Gericht und die Auferstehung zu betrachten und zu beten."[9] Auch könnte man da, fuhr er fort, ringsherum an den Wänden derartige andachterweckende Bilder und Gemälde malen lassen. Es sei an dieser Stelle nur kurz erwähnt, dass es einige historische Beispiele gibt, die davon zeugen, wie solch ein früher reformatorischer Friedhof ausgesehen hat. Für den alten St. Lazarus-Friedhof in Regensburg ist ein umfangreiches heilsgeschichtliches Bildprogramm überliefert[10] und gemalte Totentafeln mit biblisch-

---

7 Martin Luther, *Ob man vor dem Sterben fliehen möge* (1527), (WA 23, 338–372).
8 Ebd.
9 Ebd.
10 Carolin Schmuck, *Der Friedhof St. Lazarus in Regensburg und sein geplantes reformatorisches Bildprogramm* (Kassel: 1999).

christlicher Ikonographie haben sich vom Aeschacher Friedhof in Lindau[11] und vom Kronenfriedhof in Eisleben[12] erhalten.

Trotz der reformatorischen Gelassenheit im Umgang mit dem Friedhof hatte die reformatorische Zeit bestimmte Kriterien für einen evangelischen Friedhof entwickelt. Und man kann natürlich fragen, ob irgendein heutiger Friedhof geschweige denn ein Bestattungswald diesen Kriterien gerecht werden würde.

5 Theologische Auseinandersetzung

Für alle Beteiligten von den Friedhofsträgern und den beteiligten Gewerken, die durch die Naturbestattungen ökonomisch stark betroffen sind, bis zu den Kirchenleitungen und den einzelnen Theologinnen und Theologen verlief die Entwicklung so rasch, dass kaum Zeit für eine systematische Auseinandersetzung mit den Phänomenen der neuen Bestattungskultur blieb. Vielmehr blieb nur die Möglichkeit, sich zu arrangieren, nicht zuletzt aus seelsorgerlichen Erwägungen gegenüber den Trauernden und Hinterbliebenen. Die Pastorin, die sich – wie zitiert – durchaus mit dem Friedwald anfreunden kann, beklagt weniger seine weltanschaulich diffuse Konzeption, sondern eher die Gefahr, dass der Talar durch Dornen und Unterholz leicht zerrissen werden kann, oder die weiten Wege, die viel Zeit erfordern. Mit Recht konstatiert die Tübinger Praktische Theologin Birgit Weyel eine fehlende innerkirchliche Diskussion. Die Kirche könne hier vielfach nur noch reagieren: „Während bei der Einführung der Krematorien im Zeitalter der Industrialisierung, im ausgehenden 19. Jh., die theologische Diskussion über die Frage nach einer möglichen Auferstehung des Leibes trotz Verbrennung der Leiche ausgiebig und kontrovers geführt wurde, hat der Austausch darüber, ob eine Friedwaldbestattung zum christlichen Glauben passt oder nicht, nach meiner Wahrnehmung kaum stattgefunden."[13]

---

[11] Vier Totentafeln des 17. Jahrhunderts befinden sich im Stadtmuseum Lindau. Als seltene Zeugnisse protestantischer Friedhofskultur haben sie bislang zu wenig Beachtung gefunden. Vgl. dazu in Hans Georg Wehrens, *Der Totentanz im alemannischen Sprachraum. „Muos ich doch dran – und weis nit wan"* (Regensburg: 2012), 208ff.
[12] Anja A. Tietz, *Der frühneuzeitliche Gottesacker. Entstehung und Entwicklung unter besonderer Berücksichtigung des Architekturtypus Camposanto in Mitteldeutschland* (Halle: 2012).
[13] Birgit Weyel, *Theologische Grundlegungen und praktische Konsequenzen*. Ein Beitrag aus der Tagung: Bestattungskultur – Abschied gestalten, Tagung der AltenPflegeHeimSeelsorgenden in Württemberg Bad Boll, 2.–4. Mai 2011 = Online-Texte der Evangelischen Akademie Bad Boll. http://www.ev-akademie-boll.de/typo3conf/ext/naw_securedl/secure.php?u=0&file=fileadmin/

In Ermangelung besserer Argumente, hat sich die evangelische Kirche stark auf die Notwendigkeit der namentlichen Kennzeichnung des Grabes konzentriert, die bereits in der Ablehnung der anonymen Beisetzungen bemüht worden war. Sobald aber die Anbieter der Naturbestattungen auf diese kirchliche Forderung durch die Erlaubnis der Anbringung von Namenstafeln reagiert hatten, erlahmte der kirchliche Widerstand gegen diese Beisetzungsform. Man sah zwar durchaus die Nähe zu naturreligiösen und esoterischen Vorstellungen, glaubte jedoch, sie durch die kirchliche Begleitung und die Errichtung von Kreuzen neutralisieren zu können.

Man sähe diese Nähe zwar, erläutert der Mainzer Praktische Theologe Kristian Fechtner, und man müsse sie durchaus kritisch sehen, aber die anfänglich harsche Kritik und Ablehnung von kirchlicher Seite sei zurecht einer sensibleren und differenzierteren Betrachtung gewichen: „Sicherlich: Im Konzept des Friedwaldes artikuliert sich auch eine Form der ‚Naturreligiosität', die durchaus kritisch betrachtet werden kann. Gleichwohl ist solche Naturreligiosität der Geschichte des Christentums keineswegs fremd. Außerdem ist gelebtes Christentum nie frei von Synkretismen und eigensinnigen religiösen Vorstellungen gewesen, die sich der kirchlichen Theologie nicht ohne weiteres fügen."[14]

Während also die evangelischen praktischen Theologen ein Arrangement mit den Naturbestattungen durchaus für möglich und sinnvoll halten, wiederholte die Liturgiekommission der Deutschen Bischofskonferenz 2008 die Grundsätze der bischöflichen Handreichung von 2005 und präzisierte sie in einigen Punkten. „Auch wenn nicht allen, die eine Urnenbeisetzung im Wald wünschen oder derartige Anlagen betreiben oder befürworten, Motive unterstellt werden dürfen, die der christlichen Glaubenslehre widersprechen, bleiben grundlegende Bedenken gegen diese Bestattungsform. Sie fördert privatreligiöse, naturreligiöse oder pantheistische Vorstellungen und verbannt die Verstorbenen noch mehr aus dem alltäglichen Lebensraum der Lebenden in einen oft weit entfernten Wald. Eine Mitwirkung katholischer Amtsträger (Geistlicher und beauftragter Laien) bei der Errichtung oder Eröffnung entsprechender Anlagen ist daher nicht möglich."[15] Auch nahm die Liturgiekommission die Verstreuung der Asche, die mittlerweile in mehreren Bundesländern zulässig ist, in den Blick: „Die Mitwirkung an einer

---

res/otg/doku/410411-Weyel.pdf&t=1317427252&hash=f89872401497d444813c7e0553d09a2e (13.02.2012).

14 Kristian Fechtner, *Den Toten Raum geben. Theologische Bemerkungen zur gegenwärtigen Bestattungskultur* (Vortrag auf dem Pfälzischen Pfarrerinnen- und Pfarrertag am 18. Mai 2009 in Homburg/Saar), in: Lebendige Seelsorge 59 (2008), 316–320 sowie Abdruck: Pfälzisches Pfarrerblatt 99 (2009), 329–336.

15 Deutsche Bischofskonferenz, *Liturgiekommission* (Februar 2008).

Bestattungsfeier, bei der die Totenasche verstreut wird, ist Geistlichen und beauftragten Laien untersagt."[16] Auch der Seebestattung steht die katholische Kirche skeptisch gegenüber: „Da die Urnenbeisetzung auf See eine pantheistische oder naturreligiöse Deutung nahe legt, hat die katholische Kirche grundlegende Vorbehalte gegen diese Bestattungsform. Sofern die Seebestattung aus Gründen gewählt wird, die der christlichen Glaubenslehre widersprechen, ist ein kirchliches Begräbnis nicht möglich."[17] Die Mitwirkung von evangelischen Geistlichen sowohl bei Seebestattungen wie bei Erinnerungsfahrten und Gedenkgottesdiensten für Seebestattete ist inzwischen üblich.

Andere alternative Beisetzungsformen wie etwa die Herstellung eines Erinnerungsdiamanten aus der Totenasche oder die Weltraumbestattung spielen derzeit statistisch eine so geringe Rolle, dass sie in diesem Kontext nahezu zu vernachlässigen sind. Gleichwohl stellt sich zukünftig möglicherweise auch hier die Frage nach der Mitwirkung von Geistlichen, wenn sie bspw. um die Segnung eines solchen Erinnerungsdiamanten gebeten werden.

Deutlich wird, dass sich beide Kirchen seit etwa 15 bis 20 Jahren intensiv mit den Fragen der Bestattungskultur befassen, ihre Ursachen analysieren und je nach Konfession strengere oder liberale Positionen beziehen. Gleichzeitig ist jedoch feststellbar, dass beide Kirchen auch nach pragmatischen Lösungen suchen.

6 Praktisches Handeln

Beide Kirchen wissen außerdem, dass sie in einer säkular gewordenen Gesellschaft bestimmte Trends nicht aufhalten können, auch nicht in der Bestattungskultur. Sie wissen, dass ihre Empfehlungen oder Richtlinien ohnehin allenfalls für die kleiner werdende Zahl von Christen Gültigkeit haben können. Doch auch sie halten verschiedene alternative Beisetzungsformen mit ihrem christlichen Glauben für vereinbar.

Dieses Wissen verhindert jedoch nicht, dass die Kirchen versuchen, in den Gesetzgebungsverfahren zur Novellierung von Friedhofsgesetzen ihren Einfluss geltend zu machen. So verhinderten sie etwa bei der Novellierung des Bestattungs- und Friedhofsgesetzes 2003 in Nordrhein-Westfalen die völlige Preisgabe

---

16 Ebd.
17 Die deutschen Bischöfe 81, *Tote begraben und Trauernde trösten. Bestattungskultur im Wandel aus katholischer Sicht* (20. Juni 2005), 29.

des Friedhofszwanges. Hatten sie dabei auch ihre kircheneigenen Friedhöfe und deren ökonomische Situation im Blick, so übten sie hier einen Schulterschluss mit den Trägern kommunaler Friedhöfe und den am Friedhof beteiligten Gewerken. Trotzdem entstand in NRW das bislang liberalste Friedhofsgesetz, und es ist absehbar, dass die gesetzlichen Bastionen zugunsten der Friedhöfe fallen werden. Während der Abfassung dieses Beitrages wird im Bundesland Bremen die Novellierung des Friedhofsgesetzes vorbereitet, das die Aufgabe des Friedhofszwanges umfasst.

Exemplarisch anders agierte in Erfurt die katholische Domgemeinde unter Federführung des ehemaligen Domkapitulars und heutigen Weihbischofs Reinhard Hauke, dessen pastoral-liturgische Projekte weit über die Grenzen der Stadt ausstrahlen. Er entwickelte in einer ausgesprochenen Diasporasituation Segensfeiern[18], die sich auch an Menschen richten, die keiner christlichen Kirche angehören, wie die Feier der Lebenswende für ungetaufte Jugendliche als Alternativangebot zur Jugendweihe oder den Segnungsgottesdienst am Valentinstag für Menschen, die partnerschaftlich verbunden sind.[19] Im Wissen darum, dass einer wachsenden Zahl von Menschen die Trauer um verstorbene Angehörige schwer gelingt, u. a. auch in Ermangelung eines Grabortes bei einer anonymen Bestattung, initiierte Hauke 2003 das monatliche Totengedenken. Es findet immer am ersten Freitag des Monats um 15 Uhr, der Todesstunde Jesu, statt. Im Rahmen einer liturgischen, aber offenen Feier können Christen wie Nichtchristen den Namen ihres Verstorbenen in ein kostbares Buch eintragen. Dieses Totenbuch wird zwischen den Gottesdiensten in einer Vitrine aufbewahrt und ist so öffentlich zugänglich.

2007 folgte das zweite Projekt, als die innerstädtische, gotische Allerheiligenkirche zur Begräbniskirche umgestaltet wurde.[20] Im linken Kirchenschiff der zweischiffigen Kirche befinden sich 630 Plätze für Urnenbestattungen in 15 modernen Stelen aus Stahl, Glas und Muschelkalk. Das rechte Schiff wird weiterhin für Gottesdienste genutzt. In einer Stadt mit etwa 75 % Nichtchristen ist es bemerkenswert, dass binnen acht Wochen nach der Eröffnung alle Urnenplätze belegt bzw. reserviert waren. Inzwischen gibt es Pläne, auch die mittelalterliche

---

18 Reinhard Hauke, *Herzlich eingeladen zum Fest des Glaubens ... Projekte für Christen und Nichtchristen* (Leipzig: 2009).
19 Stephan Schatzler, *Riten und Rituale der Postmoderne: Am Beispiel des Bistums Erfurt* (München: 2011).
20 Reinhard Hauke, *Eine Bestattungskirche in post-sozialistischer Zeit als Ort der Erstverkündigung*, in: Lebendige Seelsorge 61, H. 5 (2010), 358–365.

Magdalenenkapelle in der Kleinen Arche künftig als Begräbnisstätte für Urnen zu nutzen.

Doch zuvor entstand noch ein drittes Projekt gegen den Trend zur anonymen Beisetzung. Auf dem Erfurter Hauptfriedhof erwarb die Domgemeinde 88 Urnenbegräbnis- und einige Erdgrabstätten, bei denen sie auch für die Grabpflege sorgt. Das Interesse für diese Gräber ist ebenfalls groß. Als positiver Nebeneffekt entsteht eine Gebetsgemeinschaft, denn immer wenn dort eine Beisetzung stattfindet, werden alle, die sich für einen solchen Grabplatz angemeldet haben, darüber informiert.

Eingebettet in ein pastoral-liturgisches Konzept ist die Erfurter Urnenkirche frei vom Verdacht, das Begräbniskirchenkonzept sei allein der Suche nach einer finanziellen Rettung einer nicht mehr benötigten Kirche geschuldet, wie man dies vielleicht noch für die ersten Urnenkirchen in Marl oder Aachen, die 2005/6 eingerichtet wurden, vermuten konnte.[21] Mittlerweile entwickelt sich das Konzept der Urnenkirche zu einem theologisch fundierten Alternativentwurf zu anderen alternativen Beisetzungen. Wollen sie als Zeugnisse des Auferstehungsglaubens[22] verstanden werden, so rät die evangelische Theologin Insa Meyer-Rohrschneider, Kolumbarien in regulär gemeindlich genutzten Kirchen einzurichten.[23]

Waren die ersten Urnenkirchen von katholischen Gemeinden eingerichtet worden, so stößt dieses Konzept mittlerweile auch in evangelischen Kreisen auf Zuspruch, und die ersten evangelischen Urnenkirchen sind u. a. in Soest, St. Pauli-Kirche, oder in Leverkusen, Hoffnungskirche, entstanden.[24] Das Leverkusener Konzept ist insofern neu, als man hier das Kolumbarium bereits bei einem Kirchenneubau berücksichtigte. Zu diesem Zweck richtete man im Untergeschoss des Kirchturms einen schlicht gehaltenen Feier- und Andachtsraum ein, in dem die Urnen zunächst für ein Jahr aufbewahrt werden. Nach Ablauf des Trauerjahres werden sie in Urnenkammern im Kirchturm verbracht. Eine Kirchturmlösung realisierte auch die Gemeinde in der evangelischen Kirche im niedersächsischen Hoheneggelsen. Dabei handelt es sich um die erste Urnenkirchenlösung im ländlichen Raum, wobei hier nicht die Frage nach einer sinnvollen Verwendung einer

---

21 Reiner Sörries, *Neue Heimat Kirche. Pastorales Anliegen oder kommerzielle Nische*, in: Friedhof und Denkmal 53, H. 1 (2008), 26–28.
22 Monika Schmelzer, *Zeugnisse des Auferstehungsglaubens. Zwei Kolumbariumsentwürfe für Hannover und Osnabrück*, in: Das Münster 63, H. 11 (2010), 26–31.
23 Insa Meyer-Rohrschneider, *Ein neues Konzept zur Erhaltung von Kirchengebäuden? Theologische Erwägungen zur Einrichtung von Kolumbarien in Kirchen*, in: Kunst und Kirche 2011, H. 3, 12–17.
24 Helge Adolphsen, *Überlegungen zu den Kolumbarien aus theologischer und architektonischer Sicht*, in: Kunst und Kirche, H. 3 (2011), 5–11.

leerstehenden Kirche ausschlaggebend war, sondern man fand die Idee der kirchlichen Begräbnisstätte überzeugend. Innerhalb weniger Jahre hatte sich aus einer ursprünglichen Notlösung für nicht mehr benötigte Pfarrkirchen ein überzeugendes, theologisch fundiertes Alternativangebot zu den alternativen Beisetzungen entwickelt.

Auf dem 27. Evangelischen Kirchbautag 2011 in Rostock, auf dem schwerpunktmäßig die erweiterte Nutzung von Gotteshäusern Thema war, standen die Urnenkirchen im Focus der Diskussion. U. a. boten Professoren und Studierende der Hochschule für angewandte Wissenschaft und Kunst aus Holzminden Workshops über die Möglichkeit der Umwidmung oder Funktionserweiterung zur Urnenkirche an. Dabei wurde bereits auf die zu berücksichtigenden Unterschiede zwischen solchen Kirchen im städtischen und im ländlichen Raum aufmerksam gemacht.[25]

7 Modellfälle der alt-katholischen Gemeinden

Die erste Urnenkirche war 2004 in Krefeld in der alt-katholischen Liebfrauenkirche eingerichtet worden. Vor allem der 2006 verstorbene alt-katholische Pfarrer Wolfgang Kestermann gilt schließlich als treibende Kraft, die Idee des kirchlichen Kolumbariums mit Hilfe privater Bestattungsunternehmer zu verwirklichen. Kestermann wollte damit ein deutliches Zeichen gegen den Trend zu anonymen und alternativen Beisetzungen setzen und dieses Angebot mit sozial verträglichen Kosten attraktiv gestalten. Die Kosten für ein Urnenfach in einem alt-katholischen Kolumbarium belaufen sich auf jährlich 75 EUR bei einer regulären Ruhefrist von zwölf Jahren, die aber verlängert werden kann.

Die alt-katholischen Kolumbarien wurden, von Krefeld abgesehen, in den Räumlichkeiten von Bestattungsinstituten eingerichtet, so in Düsseldorf, Duisburg, Gelsenkirchen und Schwerte. In Saarlouis plant Jean-Marie Schug, der Inhaber von My Way GmbH Bestattungen den Ankauf der Canisianum genannten ehemaligen Kapelle der Jesuiten, um sie dann in Trägerschaft der alt-katholischen Gemeinde als Kolumbarium zu nutzen. Diese Nähe von Kirche und kommerziellen Bestattungsinstituten muss nicht grundsätzlich problematisiert werden, bedarf aber doch einer erhöhten Aufmerksamkeit.

---

[25] Birgit Franz/Georg Maybaum/Walter Krings, *Gotteshäuser als letzte Ruhestätte? Kolumbarien in Kirchen und Kapellen* (Holzminden: 2011).

Noch einmal anders gelagert sind die Verhältnisse in Augsburg, wo die altkatholische Gemeinde einen Neubau plant, in dem Kirche, Gemeindezentrum, Pfarrwohnung und Kolumbarium eine Einheit bilden: „Der Umgang mit Leben und Tod ist ein wesentlicher Teil der sozialen Gemeindearbeit. Ein Kolumbarium schließt sich im Norden als offener Hof an den Kirchenbau an und bietet Raum für einen würdevollen Abschied in einer angemessenen Atmosphäre." heißt es in den veröffentlichten Planungsunterlagen.[26]

8 Kritik an den Urnenkirchen?

Mit den Urnenkirchen scheinen die Kirchen beider Konfessionen ein Modell gefunden zu haben, das ihnen hilft, verschiedene Probleme zu lösen. Vordergründig ist hier an den durch die erzielten Gebühreneinnahmen ermöglichten Erhalt von Kirchen zu denken, denen ansonsten eine nicht adäquate Nutzung oder sogar die Abrissbirne drohen würde. Andererseits sehen manche Theologen darin eine echte Alternative kirchlicher Bestattungskultur. Kritik an den Urnenkirchen scheinen sie nicht zu üben. Die evangelische Theologin Insa Meyer-Rohrschneider hält deshalb zunächst fest, „... dass systematisch-theologisch betrachtet keine grundsätzlichen Einwände gegen die Einrichtung von Kolumbarien in Kirchen bestehen."[27]

Wie aber steht es mit den katholischen Theologen? Immerhin setzt die Beisetzung in einer Urnenkirche die Feuerbestattung zwingend voraus, die bis zum Zweiten Vatikanischen Konzil für Katholiken untersagt war. Doch diesen Konflikt lassen heutige katholische Theologen nicht mehr gelten und weisen darauf hin, dass die Kremation mittlerweile gänzlich von antikirchlichen Motiven frei und in der Gesellschaft völlig gleichberechtigt sei.

Gibt es demnach überhaupt keine Vorbehalte gegen die Beisetzung von Urnen in Kirchen? Insa Meyer-Rohrschneider, die keine systematisch-theologischen Einwände vorbringt, macht indes auf mögliche praktisch-theologische Einwände aufmerksam. So könne nicht ausgeschlossen werden, dass mit einer zunehmenden Zahl von Urnenkirchen Kirchen generell mit Friedhöfen gleichgesetzt werden, was zur Botschaft von der lebendigen Gottesgemeinde im Widerspruch stünde. Die Kirche könne dadurch selbst wie tot erscheinen. Diesem Ein-

---

[26] Alt-Katholisches Gemeindezentrum Augsburg. Entwurf April 2010 = http://www.kirchebaut.de/wp-content/uploads/2010/05/100505_Booklet_Web.pdf (14.2.2012).
[27] Meyer-Rohrschneider, a.a.O., 15.

druck sei nur dadurch zu wehren, dass in den Urnenkirchen auch regelmäßig Gottesdienste gehalten würden. Oder besteht nicht die Gefahr, dass die Kirche als Grabort für Trauernde zum Tabuort wird?[28] Ohne diese Gefahren klein zu reden, sieht Meyer-Rohrschneider aber auch positive Auswirkungen: „Die Repräsentanz der Toten [kann] einen Kommunikationsprozess über das Verhältnis der Toten zu den Lebenden und ihrer Lebensgestaltung anregen und damit eine Dynamik in die Bilder der Lebenden von den Toten bringen."[29]

Daraus ergibt sich allerdings die Konsequenz, dass Kolumbarien nur „in regulär gemeindlich genutzten Kirchen" theologisch Sinn machen. Und dies „widerspricht der Idee, mit Hilfe der Kolumbarien leer stehende Kirchengebäude zu erhalten."[30] Stand dieser Gedanke wohl ursprünglich bei der Erfindung der Urnenkirche Pate, so erweist er sich nach gründlicher theologischer Reflexion als untauglich. So muss vor einer Kirchennutzung als Begräbnisstätte aus rein ökonomischen Gründen dringlich gewarnt werden. Nur ein pastoral-liturgisches Gesamtkonzept lässt die Urnenkirche zu einem wertvollen Bestandteil kirchlichen Gemeindelebens werden. Beteiligt sich die Kirche lediglich als Marktteilnehmer an einem Bestattungswesen, das von kommerziellen Interessen geleitet ist, dann verliert sie ihre Glaubwürdigkeit.

9 Christliche Gemeinschaftsgräber

Etwa zur selben Zeit, als die ersten Urnenkirchen entstanden, begann sich die Idee christlicher Gemeinschaftsgräber auf kommunalen wie auf kirchlichen Friedhöfen zu verbreiten. Sind Gemeinschaftsgrabanlagen ohnehin das gegenwärtig favorisierte Zukunftsmodell für Friedhöfe, weil sie den Bedürfnissen der Menschen durch den Wegfall der Grabpflege besonders entgegenkommen, so haben sich zudem die Wünsche artikuliert, solche Gemeinschaftsgrabanlagen für definierte Personengruppen zu schaffen. Sie entsprechen dem Anliegen, das die Hamburger Michaelisgemeinde bereits auf ihrer Gemeinschaftsgrabstätte 1997 formuliert hat: „Gemeinsam wollen wir leben, im Sterben einander beistehen und im Tod beieinander bleiben."[31] Dieser Gedanke hat inzwischen weite Gesell-

---

28 Ebd., 15f.
29 Ebd., 17.
30 Ebd., 17.
31 Reiner Sörries, *Lass sie ruhen in Frieden. Begräbnisorte heute*, in: Unsere Seelsorge. Das Themenheft der Hauptabteilung Seelsorge im Bischöflichen Generalvikariat Münster (September 2010), 11.

schaftskreise unterschiedlicher Couleur von den Humanisten in Berlin bis zu den Fußballfans in Hamburg ergriffen, die ihrerseits eigene Gemeinschaftsgrabstätten angelegt haben.[32]

Das Projekt evangelischer Urnenfriedhof in der Klosterkirche Seebach in Bad Dürkheim beschreibt Dekanin Ulla Hoffmann mit folgenden Worten: „Wir machen Ernst mit der Tatsache, dass Abschied und Trauer einen Raum braucht, der Trost und Hoffnung verheißt, und der die Menschen nicht allein lässt." Die Künstlerin Madeleine Dietz hat diesen Urnenfriedhof gestaltet, in dem eine Tafel formuliert *Bewahrt in Ewigkeit,* und diese Tafel liegt unter einer triptychonartigen Stahlwand, deren Mittelteil die beiden Buchstaben A und Ω trägt, während in den wabenartigen Flügeln die Namenstäfelchen der Bestatteten angebracht werden können. Dies kann ein modernes evangelisches Friedhofsbild sein, das in zeitgenössischem Gewand an die Tradition evangelischer Friedhofsikonographie anknüpft. Auf dem evangelischen Friedhof Neumünster ist eine Gemeinschaftsgrabstätte entstanden, die mit dem Namen „Ichthys-Garten" den Gedanken an das uralte christliche Symbol des Fisches thematisiert.[33] Und während die mit dem Fischsymbol versehenen Namensstelen um einen runden Teich angeordnet sind, wird eine symbolische Verbindung zwischen Tod und Taufe hergestellt. Diese kirchlichen Gemeinschaftsgrabanlagen sind ebenfalls als eine Alternative zu den alternativen Beisetzungen zu werten.[34]

10 Gemeinschaftsgräber für Schicksalsgemeinschaften und Unbedachte

Der Gedanke des Gemeinschaftsgrabes eröffnet jedoch nicht nur die Perspektive für ein christlich konnotiertes Bestattungsangebot, sondern kann den Weg weisen, dass ein Kollektiv Verantwortung für die Beisetzung von Menschen in besonderen Notlagen übernimmt. So entstanden seit Mitte der 1990er Jahre die ersten AIDS-Gemeinschaftsgrabstätten zumindest teilweise wie in Berlin mit kirchlichem Hintergrund. Unter dem Vorzeichen KIRCHE PositHIV richtete der

---

[32] Reiner Sörries, ebd.; ders., *Ruhe sanft. Kulturgeschichte des Friedhofs* (Kevelaer: 2009), 227–233.
[33] Auf dem evangelischen Friedhof Neumünster gibt es noch weitere christlich konnotierte Gemeinschaftsgräber: http://www.friedhof-neumuenster.de/1lutherrose.htm (14.02.2012).
[34] Reiner Sörries, *Urnenkirche oder Kirchenwald. Kirchliche Friedhofskultur heute* (Frankfurt a. M.: 2009), 125–145.

Verein Denk mal positHIV 2002 eine AIDS-Grabstätte auf dem Alten St. Matthäus-Kirchhof in Berlin ein.[35] Etwa seit Ende der 1980er, verstärkt seit den 1990er Jahren richtete man auf deutschen Friedhöfen Gemeinschaftsgräber für totgeborene Kinder ein, die nicht der Bestattungspflicht unterliegen.[36] Es entstanden besondere Orte für Menschen, die in der Schicksalsgemeinschaft trauernder Eltern miteinander verbunden waren. Kirchengemeinden waren vielfach entweder die Initiatoren oder zumindest Kooperationspartner solcher Projekte, die mittlerweile eine hohe gesellschaftliche Akzeptanz erfahren haben.

Eine weitere Gruppe, die in den Blick rücken muss, bilden die Unbedachten, die, soweit keine Bestattungspflichtigen ausgemacht werden können, vom Ordnungsamt im Zuge der Ersatzvornahme meist kostengünstigst, anonym und ohne Trauerfeier beigesetzt werden. Wenn sich die Kommunen aus finanziellen Gründen für die billigste Beisetzungsart ohne jegliche Verabschiedung entscheiden, dann kann es zur kirchlichen Aufgabe werden, sich um diesen Personenkreis zu sorgen und sich dabei an das 7. Werk der Barmherzigkeit zu erinnern, Tote zu bestatten. Vertreter beider Kirchen sowie verschiedene soziale Hilfsorganisationen haben 1997 die Interessengemeinschaft „Bestattung obdachloser Menschen" gegründet und eine Gemeinschaftsgrabstätte für namentlich bekannte Obdachlose auf dem Kölner Südfriedhof angelegt. Die Initiative kümmert sich um würdevolle Beisetzungen, die beschrifteten Grabsteine und eine gärtnerische Instandhaltung der Grabstätten. Mittlerweile wurden auf dem Grabfeld, das 2005 und 2008 erweitert werden musste, 200 Verstorbene beigesetzt. In Göttingen gründete sich 2009 die evangelisch-lutherische Tobiasbruderschaft, die in der Regel alle zwei Monate zu einem öffentlichen Trauergottesdienst für Unbedachte einlädt. Das sind nur Beispiele einer Sinn stiftenden Bewegung, deren ehrenamtliches Engagement das christliche Menschenbild erkennen lässt.

Gemeinschaftliche Trauerfeiern für Unbedachte legen durchaus den Gedanken nahe, diese Form der Verabschiedung auch über diesen Personenkreis hinaus anzubieten. Angesichts der demographischen und familiären Entwicklungen neigen viele Trauerfeiern dazu, nur noch von wenigen Angehörigen besucht zu werden. Aus Sorge um eine zu geringe Zahl an Trauergästen, verzichten manche Angehörige auf eine Trauerfeier, oder sie tun es aus finanziellen Erwägungen.

---

35 Barbara Leisner, *Identität durch Krankheit? Aids-Grabstätten in Deutschland*, in: Reiner Sörries (Hg.), *Creating Identities. Die Funktion von Grabmalen und öffentlichen Denkmalen in Gruppenbildungsprozessen* (Kassel: 2007), 205–215.
36 Dagmar Kuhle, *Gedenkzeichen auf Gräberfeldern und auf Gedenkstätten für totgeborene, nicht der Bestattungspflicht unterliegende Kinder*, in: Arbeitsgemeinschaft Friedhof und Denkmal, Hrsg., *Grabkultur in Deutschland. Geschichte der Grabmäler* (Berlin: 2009), 335–346.

Auch wenn wir es gewohnt sind, dass Abschiednahmen sehr individuelle und familienbezogene Feiern sind, lohnt die Überlegung, für diese Fälle Gemeinschaftstrauergottesdienste anzubieten. Auch bei Taufen ist man weitgehend zu Taufgottesdiensten übergegangen, in denen mehrere Täuflinge das Sakrament der Taufe erhalten. Die Form der kollektiven Verabschiedung kann zudem den Gedanken fördern, dass der Gottesdienst anlässlich der Beerdigung eines Menschen ein öffentlicher Gottesdienst ist. Man sollte sich bei diesen Überlegungen auch nicht dadurch irritieren lassen, dass Urnengemeinschaftsfeiern auf freidenkerische Konzepte der 1920er Jahre zurückgehen und in der DDR propagiert wurden. In manchen ostdeutschen Großstädten wie in Dresden oder Gera hat die Urnengemeinschaftsfeier die Wende überlebt und wird heute praktiziert.

11 Begegnungsstätten auf Friedhöfen

Es wird in der Weiterentwicklung der kirchlichen Friedhofskultur darum gehen, sich an den Bedürfnissen der Menschen, der Sterbenden und der Hinterbliebenen zu orientieren und gleichzeitig das christliche Profil zu bewahren oder zu stärken. Wird vielfach eine Kirche gefordert, die nicht allein zum Kommen zu Wort und Sakrament einlädt, sondern aktiv auf die Menschen zugeht, so liegt es nahe, mit kirchlichen Angeboten auf die Friedhöfe zu gehen. Es gab schon immer das Angebot, in einem seelsorgerlichen Anliegen zum Pfarrer zu kommen, künftig wird auch der Pfarrer auf den Friedhof gehen, um dort als Gesprächspartner präsent zu sein. Oder er delegiert dieses Angebot an kompetente, hauptoder ehrenamtliche MitarbeiterInnen, wie es mittlerweile auf einigen Friedhöfen in Form von Begegnungsstätten oder Friedhofscafés geschieht. Damit wird die Schwelle, das Gespräch zu suchen, wesentlich herabgesetzt. Kaffee und Kuchen, Mineralwasser oder Knabbersachen schaffen zudem eine Atmosphäre, in der sich die Friedhofsbesucher, in welcher Situation sie sich auch immer befinden, willkommen fühlen.

Der Gedanke, auf dem Friedhof ein Café einzurichten, galt lange als pietätlos, doch die Meinungen dazu ändern sich, auch wenn man eine solche Einrichtung vor diesem Hintergrund manchmal lieber Begegnungsstätte nennt. Zu den ersten Friedhöfen, die sich zu diesem Angebot einer niederschwelligen bis besinnlichheiteren Einrichtung bekannten, zählt der evangelische Friedhof in Ahrensburg, der bereits 2000 mit einem transparenten hellen Glasbau dafür die bauliche Voraussetzung schuf. Klagen darüber gab es keine, nur enthusiastische Stimmen der Friedhofsbesucher und der ehrenamtlichen Betreiber. Manchmal sitzen die BesucherInnen auch nur da und genießen den Kaffee und die Ruhe, manchmal kommt es zu ernsthaften Gesprächen. Seit November 2011 betreiben die kirchlichen Friedhöfe in Neumünster auf dem Südfriedhof das Gezeiten-Café, und hier gibt es sogar Bier, Wein und auch was Hochprozentiges – wie bei einem echten Leichenschmaus. Mit Ausnahme des Mittwochs ist es täglich geöffnet.

In seinem Grußwort zur Eröffnung des Gezeiten-Cafes beantwortete Probst Stefan Block seine rhetorische Frage, ob ein Friedhof auch ein Ort zum Wohlfühlen sein kann, mit folgenden Worten: „Wenn ein Friedhof eben auch ein Ort der Lebensdeutung und des Gespräches über das, was uns alle unmittelbar angeht, sein kann und sollte – was liegt da näher, dass wir dazu auch einen kommunikativen Ort schaffen? Also ein Café, verbunden mit verschiedenen Möglichkeiten der Beratung, ja sogar der Seelsorge? Ein Ort, wie ich finde wunderbar integriert in die Gartenlandschaft, von archetektonischer Harmonie und doch Schlichtheit, wo spürbar wird, dass wir an einen Gott glauben, der Tote und Lebende miteinander gnädig umfängt?" Immerhin investierten die Friedhöfe Neumünster 620.000 EUR in das Café mit 30 Sitzplätzen und unterstreichen damit, wie ernsthaft sie ihr Anliegen nehmen.

Nicht überall können die Kirchengemeinden oder die Friedhöfe soviel Geld für einen eigenen Neubau in die Hand nehmen, aber die Kreativität erlaubt viele Zwischenlösungen. Für wenig Geld erwarb der Friedhof Reuschenberg im Kirchenkreis Leverkusen ein Holzhaus vom finnischen Dorf auf der Landesgartenschau NRW 2005 für 42.000 EUR und betreibt es jetzt als Begegnungsstätte mehrmals wöchentlich mit ehrenamtlichen Kräften, die Kaffee kochen und selbstgebackenen Kuchen offerieren. Sie sind da, wenn jemand reden will, und wenn jemand nur in Gesellschaft schweigen will, dafür liegen Zeitschriften aus. Dass der Friedhof ein Ort der Kommunikation sei, das proklamieren die Friedhofsverantwortlichen zur Verteidigung der Friedhöfe seit Jahrzehnten wie ein Mantra; dass man Voraussetzungen für die Kommunikation schaffen oder verbessern kann, das ist eine relativ neue Einsicht.

12 Zusammenfassung und Ausblick

Die Kirchen haben in den vergangenen zwei Jahrzehnten den Wandel der Bestattungskultur erlebt und kommentiert. Der kirchlichen Kritik besonders ausgesetzt waren und sind die anonymen, namenlosen Beisetzungen. In der theologischen Reflexion gilt vor allem die Bewahrung des Namens als ein Zeichen christlicher Bestattungskultur. Mit den Naturbestattungen, die es in Deutschland seit 2001 gibt, entwickelte sich im Friedhofswesen eine weitere Alternative, die von der katholischen und der evangelischen Kirche kontrovers beurteilt wird. Während sie von der katholischen Kirche aufgrund ihrer Nähe zu naturreligiösen und esoterischen Vorstellungen grundsätzlich abgelehnt wird, hält sie die evangelische Kirche bei der Möglichkeit der Namensnennung und der Anbringung religiöser Symbole mit dem christlichen Glauben für kompatibel. Exotische Alternativen wie Diamant- oder Weltraumbestattung werden aufgrund ihrer Seltenheit noch kaum kommentiert.

Es ist festzustellen, dass die Diskussion um die alternativen Beisetzungen vorrangig von der Praktischen Theologie geführt wird, die sich um die Kasualie Bestattung sorgt. Aber es sind vor allem Praktiker, darunter auch Laien, Friedhofsverwalter und engagierte Pastoren, die innovative Konzepte wie Urnenkirchen, Gemeinschaftsgräber oder Begegnungsstätten entwickeln, die in der Lage sind, eine eigene kirchliche Bestattungskultur zu implantieren.

Kristian Fechtner
Der Lebensraum der Toten als praktisch-theologische Herausforderung gegenwärtiger Bestattungskultur

1 Umbrüche gegenwärtiger Bestattungskultur

Zu Beginn des 21. Jahrhunderts ist die Bestattung hierzulande statistisch und empirisch gesehen noch immer die stärkste kirchliche Handlung innerhalb der Kasualpraxis; sie ist – was die Teilhabe und lebensweltliche Situation betrifft – so etwas wie der „Hauptgottesdienst" der evangelischen Christenheit. Nahezu zwei Drittel aller Beerdigungen sind derzeit kirchliche Bestattungen. Anders als innerkirchliche Debatten vermuten lassen, ist der Anteil von evangelisch bestatteten Nichtkirchenmitgliedern nur leicht angestiegen, er liegt bei gut 4 %. Deutlich hingegen wächst der Prozentsatz von Menschen, die zu Lebzeiten der evangelischen Kirche angehörten, aber nicht kirchlich beerdigt werden; mittlerweile liegt er bei annähernd 20 %.

Aber nicht nur die Statistik verzeichnet Veränderungen. Mindestens drei Aspekte lassen sich ausmachen, die Wandlungen und Umbrüche der Bestattungskultur markieren. Wir erleben erstens eine *Subjektivierung* der Bestattungspraxis, die zunehmend Entscheidungsmöglichkeiten, aber auch Entscheidungszwänge in sich birgt: Erd- oder Urnenbestattung, an welchem Ort, in welcher Form, mit welcher Beteiligung, öffentlich oder privat etc.? Verstärkt werden individuelle Gestaltungswünsche im Blick auf die Trauerfeiern artikuliert, dies betrifft häufiger die Musikauswahl und gelegentlich eine persönliche Abschiedsgeste der Hinterbliebenen. Entsprechend sind auch Todesanzeigen oder die Inschriften von Grabsteinen „einem Wandel in Richtung Individualisierung bzw. ‚De-Uniformisierung' unterworfen"[1]. Wir befinden uns zweitens in einer *ambivalenten Situation von Traditionsabbrüchen und Neugestaltungen*, die sich in vergleichsweise kurzen Zeiträumen einleben. Auf der einen Seite verschleifen und verlieren sich ererbte Trauerrituale, dies reicht von der Trauerkleidung bis zu Kondolenzordnungen. Auf der anderen Seite zeigen sich Momente einer sich gegenwärtig neu ausprägenden Abschiedskultur, in der sich neue Örtlichkeiten auf den und jenseits der Friedhöfe ebenso wie verschiedene Bestattungsformen etablieren. Dazu gehören

---

[1] Thorsten Benkel, *Die Verwaltung des Todes. Annäherungen an eine Soziologie des Friedhofs* (Berlin: 2012), 38.

Abschiedsräume, die in Krankenhäusern oder Heimen neu eingerichtet werden, ebenso wie Friedwälder, die gang und gäbe geworden sind, aber auch Grabstätten für fehl- und totgeborene Kinder, die auf vielen Friedhöfen eigens gestaltet wurden. Schließlich ist drittens das kirchliche „Ritenmonopol" im Bereich von Sterben und Tod verloren gegangen und einem *Mit- und Gegeneinander unterschiedlicher Akteure* gewichen. Mittlerweile haben sich nichtkirchliche Beerdigungsredner etabliert und freie Ritualgestalterinnen bieten zum Teil sehr persönlich gestaltete Trauerfeiern an. Hinzu kommt, dass sich Bestattungsunternehmen als integrale Trauerinstitute verstehen können, die in eigenen Abschiedsräumen selbst Feiern ausrichten und seelsorgliche Aufgaben der Trauerbegleitung übernehmen. Sie schaffen Konkurrenzen in einem Feld, in dem der Kirche bislang – unisono von sog. Kirchentreuen wie Kirchenfremden – eine besondere religiöse und soziale Kompetenz zugetraut sowie die pastorale Zuständigkeit zugeschrieben worden ist. In der Konstellation mit konkurrierenden Anbietern wird kirchliches Bestattungshandeln nun auch zu einer Art „Dienstleistung", ohne es dem eigenen Selbstverständnis nach in einem marktförmigen Sinne sein zu können (und zu wollen).

Alle drei Aspekte berühren räumliche Fragen, so etwa nach den Orten, an denen von den Verstorbenen Abschied genommen wird, oder nach den Orten, an denen Menschen bestattet und als Tote ihren Platz finden. Vor dem Hintergrund der hier nur skizzierten Veränderungen zeitgenössischer Bestattungskultur ist jedoch zunächst danach zu fragen, was eine kirchliche Bestattung als religiöses Geschehen ausmacht und wie sich dieses theologisch bestimmen lässt.

2 Liturgische Grundzüge und theologische Perspektiven einer christlichen Bestattung[2]

Die christliche Gemeinde gibt – so sollen die kasualtheologischen Überlegungen im Folgenden justiert werden – ihre Toten in einer *gottesdienstlichen* Feier den Abschied. Die Mitte einer christlichen Bestattungskultur bildet demnach ein gemeinschaftlicher liturgischer Akt, das Begräbnis ist keine Privatangelegenheit. Von alters her gehört die Bestattung der Toten zu den Werken der Barmherzigkeit, sie ist ein Liebesdienst, mithin im elementaren Sinne diakonia. Bereits Augustin betont, dass der Tote als Glied der *christiana et catholica societas* (als Glied

---

[2] Die Ausführungen erweitern Kristian Fechtner, *Kirche von Fall zu Fall. Kasualpraxis in der Gegenwart – eine Orientierung* (Gütersloh: 2003), 67ff.

der christlichen Gemeinschaft) verstirbt.³ Dies gilt unbeschadet dessen, dass in der Geschichte des Christentums beileibe nicht jeder Verstorbene ein individuelles Begräbnis erhalten hat und dass bis ins 19. Jahrhundert hinein hierzulande viele Verstorbene nächtens ohne kirchliche Begleitung „still" beigesetzt wurden.⁴ Das hier vorgetragene Verständnis einer kirchlichen Bestattungsfeier, die auch die Beisetzung umfasst, die auf den Verstorbenen als Person bezogen ist und in der sich die Trauergemeinde als öffentlicher Raum privater Empfindungen und christlich-religiöser Deutungen konstituiert⁵, ist folglich eine moderne Betrachtungsweise; in ihm spiegelt sich neuzeitliches Christentum. Die gottesdienstliche Feier und der liturgische Akt der Bestattung stehen in diesem Horizont für drei Kennzeichen eines christlichen Umgangs mit dem Tod und mit den Toten. Sie markieren wesentliche theologische Momente:

(1) Jede Bestattung begeht und gestaltet einen Übergang aus der Sphäre des Lebens in den Bereich des Todes. Weil ein Mensch, der stirbt, in seiner körperlichen Existenz nicht verschwindet, sondern als Leichnam „bleibt", geht es in der Bestattung nicht nur darum, von einer Person, deren Leben vergangen ist, Abschied zu nehmen. Sie ist zugleich ein Akt, dem Verstorbenen seinen Abschied zu geben, um ihn – so der Wortsinn der Handlung „bestatten" – an seinen Ort, seine Ruhestätte, zu bringen. Die liturgisch-rituelle Praxis impliziert, man denke an den traditionellen Erdwurf, im handgreiflichen Sinne den Umgang mit den Toten, sie werden beerdigt oder beigesetzt. Bestattungen sind, in welcher Gestalt auch immer, Übergangsrituale, im kulturanthropologischen Sinne *rites de passage*.⁶ In der rituellen Dramaturgie geht es um drei Schritte: um Trennung, um einen Akt der Umwandlung und um Eingliederung in einen neuen Zustand. Das Übergangsgeschehen der christlichen Bestattung ist ein religiös qualifizier-

---

3 Zitiert nach Thomas Klie, *Todeszeichen. Topologie der Bestattung*, BThZ 1 (2003), 57–68, 62.
4 Vgl. dazu Franziska Rehlinghaus, *Die Verkirchlichung der protestantischen Bestattung im bürgerlichen Zeitalter*, Kasseler Manuskripte zur Sepulkralkultur (Kassel: 2010), 34ff.
5 Wenn heute im trauergottesdienstlichen Zusammenhang von Öffentlichkeit gesprochen werden kann, dann weniger im Sinne „repräsentativer Öffentlichkeit". Diese mag gelegentlich noch in dörflichen Zusammenhängen zur Geltung kommen oder dort, wo ein Todesfall in seiner gesellschaftlichen Bedeutung und ein Verstorbener in seiner öffentlichen Funktion wahrgenommen wird. Die spezifische Öffentlichkeit heutiger Trauergemeinden beruht vorrangig auf einem Geflecht personaler Beziehungen; es handelt sich, mit Jürgen Habermas gesprochen, um eine Form „publikumsbezogener Privatheit" innerhalb der öffentlichen Sphäre. Jürgen Habermas, *Strukturwandel der Öffentlichkeit. Untersuchungen zu einer Kategorie der bürgerlichen Gesellschaft* (Frankfurt a. M.: ²1991), 107.
6 Vgl. noch immer die klassische Arbeit von Arnold van Gennep, *Übergangsriten* (Frankfurt a. M.: 1986/franz.: Paris: 1909).

tes Ritual. Es gründet biblisch im Wort Jesu: „Ich bin die Auferstehung und das Leben. Wer an mich glaubt, der wird leben, auch wenn er stirbt." (Joh 11,25). Der Tod ist hier in eine besondere Perspektive gerückt, er wird gleichsam als ein „Tor zum Leben" (Eberhard Winkler) verstanden – in welchen religiösen Sinnbildern und Metaphern sich dieser Glaube dann auch immer auszusprechen vermag. Der Übergang vom Leben in den Tod erscheint hier auch als ein *Übergang vom Leben ins Leben*. Dies gilt im Blick auf den Toten, der „überführt" wird, und dies gilt zugleich für die Gemeinde, die – so Gott will – als Trauergemeinde zur tröstenden und getrösteten Gemeinde wird.[7]

(2) Daraus resultiert ein zweites Signum. Die kirchliche Bestattung gestaltet einen liturgischen Weg, der begangen, das heißt von den Lebenden mitgegangen wird. Das „Mitgehen", das *Weggeleit* also, ist das zweite Kennzeichen. Die Bestattung ist eine Prozession in Gestalt eines gemeinschaftlichen Stationenweges. In diesem Weggeleit kommen mehrere Momente zum Ausdruck: Der liturgische Weg führt den Verstorbenen aus der Gemeinschaft der Lebenden heraus, der Weg ist ein Akt der Trennung. Dass die Hinterbliebenen dem Sarg oder der Urne auf diesem letzten Gang folgen, macht sinnenfällig, dass jede/r über kurz oder lang dem Verstorbenen in den Tod folgen wird.[8] Leben ist Frist. Der Weg führt aber nicht in ein Nichts, sondern zu einem konkreten Ort, der künftigen Ruhestätte des Toten. Dies gilt theologisch zugleich auch auf einer zweiten Ebene. Der Weg führt in eine Gemeinschaft Gottes hinein, die Lebende und Tote umgreift.[9] Er hält in Beziehung. „Leben wir, so leben wir dem Herrn; sterben wir, so sterben wir dem Herrn. Darum: Wir leben oder sterben, so sind wir des Herrn." (Rm 14,8). „Dieser gegenüber alltäglichen Lebenswelten und Systemen anderen Sozialität des Leibes Christi gehören Lebende und Tote an."[10] Vor diesem Hintergrund ist die im 19. Jahrhundert auf evangelischer Seite eingeführte und bis heute höchst

---

7 Der Kulturanthropologe Victor Turner macht geltend, dass die „Communitaserfahrung" der Beteiligten ein wesentliches Kennzeichen einer übergangsrituellen Praxis darstellt. Victor Turner, *Das Liminale und das Liminoide in Spiel, „Fluß" und Ritual*, in: Vom Ritual zum Theater. Der Ernst des menschlichen Spiels, Victor Turner (Frankfurt/Main: 1995/engl.: New York: 1982), 28–94, 73.
8 Klie, *Todeszeichen*, a.a.O., 57.
9 *Sanctorum communio* – so nimmt Sabine Bobert Überlegungen Bonhoeffers im Blick auf die kirchliche Bestattung auf – umfasst die „Gemeinschaft zwischen Lebenden und Toten". Sabine Bobert, *Wir blicken jetzt in einen Spiegel ... Begräbnisliturgie und neue Bestattungskultur*, ThBeitr 23 (2001), 199–210, 202.
10 Hans-Martin Gutmann, *Mit den Toten leben – eine evangelische Perspektive* (Hamburg: ²2011), 135.

kontrovers diskutierte Segnung des Verstorbenen, in der diese Beziehung zur Geltung gebracht wird, theologisch zutreffend und angemessen: Der Tote soll „nicht ungesegnet aus der Gemeinschaft der pilgernden Kirche verabschiedet werden"[11].

(3) Ein drittes Moment kommt hinzu. Die christliche Bestattung ist nicht nur ein Übergangsritual. Sie ist auch ein *Übergabe-Ritual*. Dies hängt unmittelbar mit dem zusammen, was zuvor schon kulturanthropologisch angesprochen wurde: Es geht nicht nur darum, Abschied zu nehmen, sondern auch und wesentlich darum, Abschied zu geben. Wohin geben wir unsere Toten? Das religiöse Leitmotiv einer kirchlichen Bestattung verdichtet sich homiletisch und liturgisch in den Worten: „Wir legen N.N. in die Hände Gottes." Die Wendung steht in der alten Tradition der *commendatio animae*, die Seele, mithin die Person des Verstorbenen, wird Gott anvertraut. Leben wird als gelebtes Leben zurückgegeben. In der kirchlichen Bestattung übergeben wir unsere Toten in Bitte, in Klage und in Dank. In diesem Übergabe-Akt handelt die christliche Gemeinde an der Grenze, über die hinaus keine menschliche Handlung reicht. Sie nimmt die Toten fürbittend ins Gebet des Psalmisten: „In deine Hände befehle ich meinen Geist; du hast mich erlöst, Herr, du treuer Gott." (Ps 31,6)

Übergang – Weggeleit – Übergabe: In diesen drei Momenten erschließt sich substantiell der spezifisch theologische Charakter einer kirchlich verantworteten Bestattung.[12] Sie markieren die Deutungsperspektiven eines christlichen Abschieds am Ende eines Lebens. Diese Deutungsperspektiven sind allerdings nicht etwas, was man sich gleichsam von außen zur Praxis hinzudenken muss. Die theologischen Deutungen sind den Grundformen unserer ererbten und unserer gegenwärtigen Bestattungspraxis inhärent. Sie kommen in ihnen zur

---

11 Ottfried Jordahn, *Die Bestattung*, in: *Handbuch der Liturgik. Liturgiewissenschaft in Theologie und Praxis der Kirche*, Hans-Christoph Schmidt-Lauber/Karl-Heinrich Bieritz (Hg.), (Leipzig/Göttingen: ²1995), 415–431, 427.

12 Vor diesem Hintergrund ist – darauf macht Dieter Becker zu Recht aufmerksam – noch einmal danach zu fragen, wie die wachsende Zahl von Bestattungen ohne Angehörige und Gemeinde (insbesondere im Feld der Sozialbestattungen) praktisch-theologisch wahrzunehmen ist. Lassen sich solche „Solitarbestattungen" mit einem nachfolgenden Gedenken in gemeindlichen Gottesdiensten verbinden? So Dieter Becker, *Solitarbestattung. Evangelische Bestattungen ohne Angehörige als theologische Herausforderung*, PTh 102 (2013), 355–370, 367ff. In manchen Städten wie in Lübeck werden im festen Rhythmus gottesdienstliche „Kollektivtrauerfeiern" von Seiten der evangelischen Kirche gestaltet für Verstorbene, für deren Bestattung die Kommune zuständig ist.

Geltung: durch die rituellen Formen; durch die Worte, die gesprochen werden; durch die liturgischen Gesten; durch die Zeichen, die gesetzt werden; durch die Art und Weise der Beteiligung; durch die Orte, die aufgesucht werden. Es sind die symbolischen Dimensionen konkreter Verhaltensweisen, die eine Bestattungskultur ausmachen. Auch wenn sich die theologischen Deutungsperspektiven aus bestimmten symbolischen und rituellen Praktiken erschließen, begründen diese jedoch nicht autoritativ eine verbindliche Form der christlichen Bestattung. Bereits die Bestattungsagenden verzeichnen unterschiedliche Formen. Und die gegenwärtige Praxis zeigt, wie sich auch das kirchliche Bestattungshandeln weiter ausfächert. Im Folgenden konzentrieren sich in diesem weitgespannten Horizont die Überlegungen auf die Frage nach der Örtlichkeit und dem Raum der Toten als eine zentrale praktisch-theologische Herausforderung.

3 Bestattung als Verortung der Toten

Im Tod, der einem Menschen widerfährt, endet gelebtes Leben. Es ist als endliches Leben zeitlich begrenzt und erscheint als Lebensgeschichte, die mit Tod und Bestattung zu einer vergangenen wird. Im Bewusstsein des Todes und in den Erfahrungen mit dem Tod des anderen steht die zeitliche Dimension im Vordergrund. Zugleich hat der Tod eine leibhaft räumliche Dimension; er reißt eine Lücke im Lebensgefüge der Hinterbliebenen. Und im Blick auf die Verstorbenen geht es um den Platz, der ihnen von den Lebenden eingeräumt wird: Wohin mit den Toten?[13] Die drei Bestimmungsmomente der kirchlichen Bestattung verorten sie in besonderer Weise, indem für sie ein eigener Raum als Ruhestätte geschaffen und bei Gott erbeten wird. Die Kultur christlicher Beerdigungen gründet in der Überzeugung, dass Dasein bedeutet, einen Ort zu haben. Menschen ihren Raum zu verweigern, ist gleichsam Existenzverweigerung. Die christliche Bestattungskultur hat eine Verortung der Toten beinhaltet, ob in antiken Katakomben, auf mittelalterlichen Kirchhöfen oder modernen Friedhöfen. Wo Bestattung als Weg gestaltet und begriffen ist, da führt sie unabweisbar zu einem konkreten Ort – wo immer dieser auch gelegen sein mag.

Die Verortung der Toten speist sich aus zwei elementaren Motiven: Erstens gilt, dass Tote einen Raum beanspruchen. Kulturpsychologisch ist von alters

---

13 Vgl. Inken Mädler, *Die Urne als ‚Mobilie'. Überlegungen zur gegenwärtigen Bestattungskultur*, in: *Performanzen des Todes. Neue Bestattungskultur und kirchliche Wahrnehmung*, Thomas Klie (Hg.), (Stuttgart: 2008), 57–75, 59.

her die Ortlosigkeit des Toten eine beängstigende Vorstellung gewesen. Eine De-Lokalisierung der Toten wird heute jedoch zum Teil anders erlebt – man denke an die Zunahme von Seebestattungen oder das Ausstreuen der Asche. Noch die anonyme Bestattung in einem Urnenfeld aber schafft einen konkreten Ort, wobei nicht von ungefähr die genaue Totenstätte auch der anonymen Urne in den Büchern präzise festgehalten wird. Gleichwohl: Die definitive Ortsbindung der Toten wird heute gelockert. Am weitesten gehen dabei die etwas spektakulär anmutenden Weltraumbestattungen, die es ja tatsächlich gibt. Man kann sie auch als Versuch lesen, die Toten und damit den Tod gänzlich aus unserem menschlich zugänglichen Lebensraum auszuschließen. Erinnerung bedarf außerdem, so das zweite Motiv der Verortung, Orte der Erinnerung. Die christlich-bürgerliche Bestattungstradition hat Abschied und Erinnerung eng miteinander verflochten. Dass dieser Zusammenhang wichtig ist, ist in den vergangenen Jahren noch einmal besonders zu Bewusstsein gekommen. Für früh- und totgeborene Kinder sind eigene Ruhestätten auf vielen Friedhöfen angelegt worden, damit Eltern einen Ort der Trauer und der Erinnerung haben. Und manche Angehörige, die zunächst in eine anonyme Bestattung eingewilligt haben, spüren erst im Nachhinein, wie ihnen ein konkreter Erinnerungsort fehlt. Insgesamt: Die Toten brauchen einen Ort, der Tod braucht eine Ortsangabe.

Vor diesem Hintergrund lassen sich Veränderungen und Auseinandersetzungen zeitgenössischer Bestattungskultur als *Raumkonflikte* interpretieren. Vielfach ist beklagt worden, dass die Praxis der Aussegnung im Sterbehaus (der Familie), traditionell die erste Station des Bestattungsweges, in der Moderne zurückgegangen und zumindest im urbanen Kontext weitgehend verlorengegangen ist. Die Toten haben keinen Platz mehr in der lebensweltlichen Sphäre des Alltags, sie werden aus dem Raum der Lebenden rasch ausgesondert. Auch der Ort der Trauerfeier kann sich verändern; es entstehen mancherorts unterschiedliche Optionen. Während die Friedhofskapellen oder Friedhofshallen funktionaler Teil des öffentlichen Friedhofsgeschehens sind, erscheinen die Abschiedsräume, die in Bestattungsunternehmen eingerichtet und zunehmend für Trauerfeiern genutzt werden, gleichsam als „Privatunterkünfte" der Verstorbenen und „Privatkapellen" der Familie. Im Gegenzug gibt es Gemeinden, die ihre Kirchen für Trauerfeiern öffnen und sie damit gottesdienstlich noch einmal anders verorten. Am stärksten verändert sich derzeit der Bestattungsort selbst, klassisch die letzte Station des Bestattungsweges. Dies gilt in mehrfacher Hinsicht: Die Bestattungsörtlichkeiten, die im spätmodernen Friedhof eingefasst sind, vervielfältigen sich. Neben Einzel-, Urnen- oder Familiengräbern finden sich Rasenflächen, Urnenwände, Gemeinschaftsgrabanlagen und etliches mehr. Zugleich hat sich das Bestattungsmonopol des Friedhofs verloren; neben den zahlreich entstandenen

Friedwäldern finden sich Urnenkirchen und gelegentlich Bestattungsstätten in privater Hand.

Und schließlich zeigt sich in prinzipieller Weise, dass die Praxis der Kremation den Zusammenhang von Person, Tod und Örtlichkeit, der traditionell durch die Bestattung konstituiert wird, grundlegend verändert. Dies bleibt solange verborgen, wie die sog. Feuerbestattung auf die Logik der Beerdigungspraxis verpflichtet ist. Ihrer eigenen Handlungslogik nach bricht sie diesen inneren Zusammenhang jedoch auf und dies an zwei entscheidenden Stellen. Zum einen wird im Prozess der Kremierung das, was bleibt, von der verstorbenen Person körperlich vollständig gelöst. Während der Leichnam, der beerdigt wird, die konkrete leibliche Existenz darstellt, die der Verstorbene gewesen ist, ist die Asche, die verbleibt, nicht mehr individuell zu identifizieren, die „materiale Transformation des Individuums ist total"[14]. Dies ist ein wesentlicher Grund für Irritationen bei Trauerfeiern im Nachgang zur bereits erfolgten Kremation: In welchem Sinne ist die Person des Verstorbenen in der Feier gegenwärtig? Wie setze ich mich als Angehöriger zur Urne ins Verhältnis? Wie lässt sich – nicht selten bekunden Pfarrerinnen oder Pfarrer ihre liturgische Unsicherheit an dieser Stelle – ein Aussegnungsakt gestalten? Zum anderen wird durch die Kremation auch der zweite Konnex der Bestattung gelöst, weil zu jener – ihrer inneren Handlungslogik nach – eben nicht eine definitive Verortung gehört. Mit dem Aschenrest kann man sehr unterschiedlich verfahren. Während es keine Beerdigung ohne Grablegung gibt, erscheint demgegenüber die Urnenbeisetzung als äußerlich auferlegte Pflicht oder Konvention, über die man streiten und die man bestreiten kann. Die Urne ist potentiell eine „Mobilie" (Inken Mädler) und kann als solche beispielsweise – warum auch nicht? – mit den Angehörigen umziehen. Wo der Bestattungszwang rechtlich gelockert wird, wächst der Radius privater Verfügungsmacht über die Verstorbenen; insbesondere obliegt es dann den Angehörigen, die Örtlichkeit der Toten (je neu) zu bestimmen.

4 Den Toten einen eigenen Raum geben

Der zentrale Bestattungsort der Moderne ist bis in die jüngste Zeit der Friedhof, der seit Ende des 15. Jahrhunderts aus der Mitte des Gemeinwesens an dessen Rand verlagert worden ist.[15] Topologisch bildet sich im Friedhof – so Thomas

---

[14] A.a.O., 61.
[15] Vgl. Reiner Sörries, *Ruhe sanft. Kulturgeschichte des Friedhofs* (Kevelaer: 2009).

Klie – das Prinzip des „umfriedeten Raumes"[16] ab. Der Friedhof zieht eine Grenze nach außen wie nach innen. Nach außen unterscheidet er die Welt der Lebenden und die Sphäre der Toten. Beides wird bewusst nicht in eins gesetzt. Es geht um die Begrenzung des Todes und um ein bewusst wahrgenommenes Distanzbedürfnis. Zugleich betreten die Lebenden auch die Sphäre der Toten, die Grenze ist (in diese Richtung) nicht verschlossen. Die Lebenden sind Gäste, Besucherinnen derjenigen, die verstorben sind. Im Inneren dieser Begrenzung gibt es eigene Beziehungsformen und eigene Themen – eine besondere Atmosphäre des Gestimmtseins. Auch dies gehört zur Innenseite dieser Grenzziehung. Der Friedhof liegt – das kennzeichnet ihn topographisch – außen vor und zugleich in lebensweltlicher Nähe. In diesem Sinne ist er nicht nur ein geographischer Ort, sondern ein sozial hervorgebrachter und gelebter Raum. Räume gewinnen Gestalt, indem soziale Güter materiell platziert sowie symbolisch angeordnet werden und damit zugleich ein Beziehungsgefüge zwischen Menschen entsteht.[17] Mindestens drei Aspekte geben dem Friedhof als „Lebensraum des Todes"[18] eine spezifische Signatur:

(1) Der soziokulturelle Raum des Friedhofs gibt den Toten in zweifacher Weise ihren Platz: Die (einzelne) Grab- oder Beisetzungsstätte birgt einen verstorbenen Menschen und repräsentiert das *individuelle Leben*, das ihm eigen gewesen ist.[19] Das einzelne Leben und der Tod des Einzelnen sind zugleich eingefasst in das Gesamtgefüge des Friedhofes als einem *kollektiven Ort*, der eine „symbolische Vergemeinschaftung post mortem"[20] bewirkt. Er bringt eine Gemeinschaftlichkeit als Dimension des Lebens zur Darstellung und Geltung, die nicht an der Grenze des Todes endet – eine Gedankenempfindung, die auch im Blick auf einen säkularen Friedhof sich kaum ihrer religiösen Herkunft entledigen kann. Nun stehen die traditionell strengen Ordnungen des modernen Friedhofswesens, welche die Individualität der Grabstätten reglementiert und deren Gestaltungsweisen in hohem Maße vereinheitlicht haben, heute nicht selten in Spannung zu sich spätmodern verstärkenden Ansprüchen, dass die Ruhestätte die Besonderheit eines Lebens und einer Person wiedergeben soll. Reiner Sörries und andere Kulturwissenschaftler prognostizieren aus diesem Grund das Ende des kollektiven Friedhofs oder zumindest forcierte Ausweichbewegungen. Denn es zeige sich, „dass

---

16 Klie, *Todeszeichen*, a.a.O., 64.
17 Vgl. Martina Löw, *Raumsoziologie* (Frankfurt a. M.: 2001), 152ff.
18 Benkel, *Die Verwaltung des Todes*, a.a.O., 141.
19 A.a.O., 127.
20 A.a.O., 86.

der allgemeine Begräbnisplatz den Bedürfnissen der Menschen nicht mehr entspricht, die im Leben gelernt haben, sich ihre privaten und individuellen Nischen zu suchen, und diese Suche noch über den Tod hinaus fortsetzen wollen"[21]. Ob in dieser Hinsicht aber nicht auch eine heilsame Grenze zu ziehen wäre? Dann gälte im Gegenzug: Die posthume Friedhofsgemeinschaft der Verstorbenen muss – entgegen der Anmutung mancher Reihen(haus)grabsiedlungen – das je konkrete, besondere Leben nicht dementieren; sie ist ihrem Grundprinzip nach vielmehr eine „»Rückverortung« des individuellen Toten"[22] in einen ihn umgreifenden Raum des gemeinsamen Daseins. Diese Rückverortung, die ihnen einen Platz gibt, schützt und bewahrt gerade die personale Integrität und Identität der Verstorbenen, insofern sie dem Zugriff von Individualisierungszwängen und ihren eigenen Selbstdarstellungswünschen entzogen werden. Der gesellschaftliche Imperativ, sich selbst zeigen und sein Leben stilisieren zu müssen, findet am Tod eine Grenze.[23] Das klassische Grab gibt aus guten Gründen wenig von der Person preis.

(2) Die Verstorbenen auf einem Friedhof zu beerdigen oder beizusetzen, stellt zweitens nicht nur eine Verortung der Toten dar, es ist zugleich eine ‚*Verörtlichung*' *der Weiterlebenden*.[24] Die Grenzziehung zwischen beiden Sphären gibt nicht nur dem Tod einen eigenen Raum, sondern konstituiert auch den davon bewusst unterschiedenen Bereich der Lebenden. Anders als die Urne, wenn man sie zu Hause aufbewahren oder im privaten Garten beisetzen könnte, oder das aus der Totenasche gefertigte Schmuckstück, das man bei sich tragen könnte, ist der Verstorbene auf dem Friedhof nicht all(tags)gegenwärtig. Die Toten sind damit für die Lebenden in deren eigener Lebenssphäre nicht mehr zu Händen; sie werden als Abwesende erfahren, erinnert und gelegentlich aufgesucht. Topologisch kann man sagen: Auf dem Friedhof bleiben die Toten als diejenigen präsent, die nicht mehr anwesend sind. In dieser Dopplung – dass die Nicht-

---

21 Sörries, *Ruhe sanft*, a.a.O., 225.
22 Benkel, *Die Verwaltung des Todes*, a.a.O., 76.
23 Vgl. die Sammlung zeitgenössischer Grabstätten mit gewollt persönlich-originellen Insignien, die – so zeigt der Band selbst – ironische Kommentare provozieren: Thorsten Benkel/Matthias Meitzler, *Gestatten sie, dass ich liegen bleibe. Ungewöhnliche Grabsteine – Eine Reise über die Friedhöfe heute* (Köln: 2014).
24 Löw, *Raumsoziologie*, a.a.O., 202, macht geltend, dass im „Prozess der Raumkonstitution" nicht nur das oder der „Platzierte" – hier die Toten, die bestattet werden – ihren Ort bekommen, sondern dass auch diejenigen, die diesen Akt gestalten – mithin die Weiterlebenden – sich selbst lokalisieren. Dies geschieht signifikant etwa, wenn die Angehörigen und die Trauergesellschaft nach der Bestattung den Friedhof verlassen und „zurückkehren".

mehr-Lebenden außen vor bleiben und zugleich einen gesellschaftlich ausgewiesenen, gemeinschaftlichen Ort haben – liegt die Möglichkeit, dass die Lebenden ihr Verhältnis und ihre Beziehung zu den Toten neu bestimmen. Insofern werden die Verstorbenen, indem sie auf dem Friedhof zur Ruhe gebettet werden, aus dem sozialen Leben ausgesondert, um sie damit diesem „auf andere Weise ‚zurück zu geben'"[25]. Dies unterscheidet auch das Prinzip des Friedhofs konzeptionell von den neu entstandenen Friedwäldern, deren Zahl gegenwärtig rasch wächst und die breite Resonanz finden. An die Stelle der Differenz zwischen der Sphäre der Lebenden und derjenigen der Toten tritt hier die implizite Entgegensetzung von Kultur und Natur. Der Tod wird gleichsam in die „reine" Natur ausgegliedert, der Tote also nicht sozial zurückgegeben, sondern dem als natürlich verstandenen Kreislauf übergeben. In seiner ursprünglich gedachten Form kennt der Friedwald keinen Unterschied zwischen Waldspaziergang und Besuch der Toten; er räumt den Verstorbenen keinen eigenen, distinkten Ort ein. Mittlerweile hat sich allerdings die Friedwaldkonzeption zu einer ganzen Bandbreite naturorientierter Bestattungsformen und -orte pluralisiert; von der Aufforstung traditioneller Friedhofsanlagen bis zu gestalteten und umgrenzten Waldfriedstätten mit Insignien alter und neuer Erinnerungskultur. Aus der hier gewählten Perspektive wird man fragen, welche Konzepte von Örtlichkeit jeweils zugrunde liegen.

(3) Der Friedhof erscheint drittens als ein kultureller *Andersort*, als eine „Heterotopie" im Sinne Michel Foucaults.[26] Heterotopien sind „wirkliche Orte, wirksame Orte, die in die Einrichtung der Gesellschaft hineingezeichnet sind, sozusagen Gegenplatzierungen oder Widerlager" und in dieser Weise, paradox gesprochen, „Orte außerhalb aller Orte".[27] Man könnte auch sagen: Sie spiegeln einen gesellschaftlichen Grundzug menschlicher Existenz, indem sie dem Anderen des sozialen Daseins einen Ort geben. Als Lebensraum des Todes gilt dies in besonderer Weise für den Friedhof. Dabei sind es vor allem zwei Kennzeichen, die ihn als Heterotopie charakterisieren: Zum einen beruht er auf einem „System von Öffnungen und Schließungen"[28] gegenüber dem übrigen sozialen Leben. Schließung meint, dass der Friedhof – durch explizite Verbote wie durch implizite Konventionen – von anderen gesellschaftlichen Räumen „isoliert" wird: Er ist gleichsam eine Bannmeile für Festivitäten, laute Musik, Bebauungspläne und vieles

---

[25] Benkel, *Die Verwaltung des Todes*, a.a.O., 142.
[26] Michel Foucault, *Andere Räume*, in: Aisthesis. Wahrnehmung heute oder Perspektiven einer anderen Ästhetik, Karlheinz Barck u.a. (Hg.), (Leipzig: 1992/franz.: 1967), 34–46.
[27] A.a.O., 39.
[28] A.a.O., 44.

mehr. Im Gegenzug wird durch Öffnungen die Grenze zwischen Lebenden und Toten in spezifischer Weise „durchlässig": In besonderen Gesten der Erinnerung, der Grabgestaltung oder auch der Kommunikation pflegen die Weiterlebenden Kontakt zu den Verstorbenen. Zum anderen gewinnen Heterotopien ihre besondere Bedeutung dadurch, dass an diesen Orten eine andere Form der Zeitlichkeit herrscht als im gewöhnlichen Leben; sie sind mit „Heterochronien"[29], *Anderszeiten* verbunden. Auch dies gilt für Friedhöfe in doppelter Weise: Für die Verstorbenen beginnt ihre Friedhofszeit nach dem Verlust des Lebens und damit mit der Verendgültigung der bemessenen Lebenszeit.[30] Für die Hinterbliebenen markiert die Abschiedssituation der Bestattung den Bruch mit der gemeinschaftlichen Zeit, die sie vom nun vergangenen Leben mit dem Verstorbenen trennt.[31] Beides, die Zeit der Toten wie die abschiedliche Zeit, sind örtlich bestimmte Heterochronien, die den temporären Ereignissen der Lebensgeschichte und den temporalen Mustern der Lebenswelt einen anderen Zeithorizont geben.

5 Schluss: Öffentlicher Friedhof als Anschauungsort

Verbindet man liturgisch-theologische Grundzüge der christlichen Bestattung mit raumtheoretischen Überlegungen zur Örtlichkeit, dann ergibt sich eine veritable Fürsprache für die Topologie des öffentlichen Friedhofs. Damit handelt man sich allerdings praktisch-theologisch erhebliche Probleme ein. Kulturgeschichtlich ist heute immer häufiger davon die Rede, dass der Friedhof als kollektiver Ort moderner Prägung keinen Bestand mehr haben wird, weil Zeitgenossinnen und Zeitgenossen zunehmend Alternativen suchen und finden. Es scheint, als gehöre der traditionelle Friedhof angesichts von Individualitätsansprüchen und Naturbedürfnissen zu einer vergehenden Epoche und verliert als Ort seine Plausibilität. Schon wird vorgeschlagen, ihn durch „Sekundärzwecke" auszuweisen; er

---

29 A.a.O., 43.
30 Hier zeigt sich die Problematik der sog. begrenzten „Liegezeiten" auf Friedhöfen, weil durch sie die Heterochronie der „letzten Ruhe" durch die Zeitökonomie des gesellschaftlichen Lebens überformt wird. Liegezeiten auf zwei oder drei Jahrzehnte zu beschränken, mag gute pragmatische Gründe haben. Aber: Wäre dies dann die Zeitspanne einer „halben Ewigkeit"?
31 Das Heterochrone von Abschieds- und Trauerprozessen tritt in den entsprechenden psychologischen und seelsorglichen Theorien zutage. Nicht zufällig werden sie heute nicht mehr in einer zeitlichen Phasenfolge strukturiert. Vgl. Kerstin Lammer, *Den Tod begreifen. Neue Wege in der Trauerbegleitung* (Neukirchen-Vluyn: ⁵2010).

diene als städtisches Grün oder museales Kulturgut. „Zugespitzt könnte man den Friedhöfen" – so hofft Reiner Sörries – „selbst dann einen kulturellen Wert und die Notwendigkeit ihrer Finanzierung aus der öffentlichen Hand zubilligen, wenn dort keine Bestattungen stattfinden würden".[32] Das mag in Einzelfällen so sein. Aber die Verwandlung des Friedhofs, der dann gerade nicht mehr Lebensraum der Toten ist, sondern lediglich die Patina eines solchen trägt, erledigt nicht die Frage nach der sozialen Örtlichkeit des Todes. Wenn man daran festhält, dass die Gesellschaft und die Subjekte einen gesonderten, kulturellen Ort für ihre Toten benötigen, dann ist noch nicht zu erkennen, wie dieser künftig jenseits des Prinzips Friedhof gewährleistet werden soll. Die modische Rede von „virtuellen Friedhöfen", die lediglich Erinnerungscontainer, mithin elektronische Kondolenz- und Gedenkbücher der Weiterlebenden darstellen, überspringt jedenfalls die leibliche Dimension der Verortung der Toten. Ohne konkreten Ort aber haben die Toten keinen Raum.[33]

Theologisch könnte man entgegnen, dass in reformatorischer Perspektive jeder Umgang mit den Toten – vom Bestattungshandeln bis zur Gestaltung einer Grabstätte – seine Bedeutung verloren hat, weil Gott allein Sorge trägt für das künftige Ergehen der Verstorbenen. Im Blick auf den Friedhof hat Michel Foucault das theologische Argument kulturgeschichtlich sogar verschärft. Die Neueinrichtung des Friedhofs in der Moderne sei ein „Kult der Toten", der gerade davon zeuge, dass der christliche Glaube schwinde. Weil man nicht mehr an ein Leben nach dem Tod glaube, werde der Umgang mit den Verstorbenen immer wichtiger.[34] Man muss allerdings aus protestantischer Sicht den Friedhof nicht zwingend als praktizierten Unglauben verstehen. Der Protestantismus hat im 19. Jahrhundert zwei substantielle Momente eines christlichen Umgangs mit dem Tod und mit den Toten dadurch zur Geltung gebracht, dass er die kirchliche Bestattung mit dem Friedhof eng verknüpft hat. Zum einen hat er mit der Pflicht, alle Verstorbenen auf einem „öffentlichen Kirchhofe"[35] zu bestatten, markiert, dass der Tod eine öffentliche Angelegenheit ist, die das Gemeinwesen in seiner diakonischen Verantwortung miteinander und füreinander betrifft. Zum anderen hat

---

32 Sörries, *Ruhe sanft*, a.a.O., 245f.
33 „[A]lle Raumkonstruktionen (basieren) mittelbar oder unmittelbar auf Lokalisierungen (...), durch die Orte entstehen. Lässt sich keine Lokalisierung bestimmen, dann wird der Raumbegriff nur metaphorisch benutzt." Löw, *Raumsoziologie*, a.a.O., 201.
34 Foucault, *Andere Räume*, a.a.O., 42, konstatiert, was sich mit der Etablierung neuzeitlicher Friedhöfe verändert: „Seither bilden die Friedhöfe nicht mehr den heiligen und unsterblichen Bauch der Stadt, sondern die ‚andere Stadt', wo jede Familie ihre schwarze Bleibe hat."
35 So die Bestimmung im Allgemeinen Preußischen Landrecht 1794; zit. N. Rehlinghaus, *Die Verkirchlichung*, a.a.O., 75.

er, indem er den Bestattungsakt auf dem Friedhof ins kirchliche Handeln neu mit einbegriffen hat, den Umgang mit dem Tod auf die konkrete, leibhaft präsente Person bezogen und ausgerichtet. Es ist eben keine bloße Trauerfeier anlässlich eines Todes, sondern auch ein Segenshandeln im Blick auf den Verstorbenen, in dem die Botschaft des Evangeliums einem Menschen mit seiner individuellen Lebensgeschichte gilt. Der moderne Friedhof ist – weder im kirchlichen noch im kommunalen Fall – per se ein christlicher Ort. Aber er ist in seiner Topologie ein Raum, der die Frage „Wohin geben wir unsere Toten?" in Form einer doppelten Verortung sinnenfällig zu beantworten weiß: So wie wir die Verstorbene in der Gemeinschaft der Toten im Geleit der Lebenden in ihre letzte Ruhestätte betten, so liegen sie und ihr Leben in Gott. Wenn dieser Zusammenhang als Resonanzgeschehen nicht mehr evident wird, dann wird Glaubensverkündigung im Widerstreit des Todes unanschaulich und ortlos.

II. Liturgie

Lutz Friedrichs
Die kirchliche Bestattung: Tradition im Wandel

1 Zwischen Tradition und Wandel

Die kirchliche Bestattung ist ein verlässliches Angebot für die Mitglieder der Kirchen: Sie werden, wenn sie es wünschen, kirchlich bestattet. Auch die Form der Bestattung ist verlässlich. Wenn man eine kirchliche Bestattung wählt, „weiß man, wo man dran ist"[1]: Es geht im Kern um die biblisch-christliche Tradition, die mit Blick auf die Verstorbenen und Trauernden vergewissernd aktualisiert wird.

Zu dieser Bestattungsform gibt es in unserer Gesellschaft nach wie vor „ein kulturelles Vertrauen"[2]: Die Mehrheit derer, die in Deutschland sterben, werden kirchlich bestattet, auch wenn der Anteil der kirchlichen Bestattungen am Gesamt der Bestattungen rückläufig ist. Kino- und Fernsehfilme inszenieren die kirchliche Bestattung als kirchliches Traditionsritual: In der Regel ist der Blick auf einen Priester oder eine Pfarrerin am offenen Grab gerichtet, der oder die den Akt der Beisetzung mit einem biblischen Auferstehungswort begleitet.

So wird deutlich: Die kirchliche Bestattung lebt von ihrem Verlässlichkeit stiftenden Traditionsbezug. Das ist verständlich, denn die Begegnung mit dem Tod ist angstbesetzt: Hier ist nicht an erster Stelle Innovation, sondern die vergewissernde Kraft der Tradition gefragt. Dennoch stehen Filmszenen dieser Art längst nicht mehr für das Ganze der kirchlichen Bestattungspraxis. Sie ist im Umbruch begriffen. Das kulturelle Vertrauen in die kirchliche Tradition nimmt ab: Es wird schwerer, Trost und Vergewisserung über das Hören des biblischen Wortes und das Singen kirchlicher Choräle zu vermitteln.[3]

Dabei sind es die gesellschaftlichen und kulturellen Veränderungen, die die kirchliche Bestattung stark beeinflussen und handlungspraktisch bestimmen, unter anderem:

---

[1] Karl-Fritz Daiber, *Beerdigung. Pastoralsoziologische Einführung* (Gütersloh: 1996), 12.
[2] Ebd.
[3] Silke Janovsky, „*Spiel mir das Lied zum Tod'. Nicht immer nur ‚Ave Maria': Viel öfter erklingen nun Poplieder als Begleitmusik für die letzte Reise*, FR 68, Nr. 275 (24./25. November 2012), 39.

- Der Friedhof verliert seine Monopolstellung. Andere Bestattungsorte wie der Friedwald treten hervor; neue Formen der Trauerfeier an nichtkirchlichen Orten entstehen,[4] das Internet etabliert sich als neuer, virtueller Trauerort.
- Die Erdbestattung geht deutlich zurück. Mehr und mehr setzt sich die Urnenbestattung durch. Sie entspricht dem Zeitgefühl einer Gesellschaft, in der Zeit knapp und die Schere zwischen Reichen und Armen immer weiter auseinandergeht.
- Die christliche Todesdeutung, die Botschaft von der Auferstehung der Toten, verliert an Relevanz in einer Zeit, die nicht mehr an das ewige Leben glaubt, sondern an Zeitgewinn durch Erlebnisdichte.
- Neue, nichtreligiöse Anbieter von „Lebensfesten" gewinnen mit ihrem Ansatz einer unbürokratischen, persönlich-individuellen Begleitung an Bedeutung.[5]

In dieser Situation stellt sich die Frage, wie stark die kirchliche Bestattung sich wandeln muss, um ihre Tradition heute sinnstiftend entfalten zu können.

2 Bestattung nach evangelischem Verständnis

Die folgenden Überlegungen konzentrieren sich auf Fragen der evangelischen Bestattung. Die Unterschiede zum katholischen Bestattungsverständnis sind erheblich. Auf sie kann hier nur verwiesen werden: „Katholische Liturgie um Sterben und Tod ist keine Kasualliturgie zum Begräbnis, in deren Mitte die Predigt steht. Vielmehr handelt es sich um eine Sterbe- und Trauerbegleitung in unterschiedlichen Formen des Gebets und des Gottesdienstes."[6]

2.1 Historisch-theologische Skizze

In der biblischen Tradition finden sich keine konzeptionell bedeutsamen Schlüsselstellen für eine Theologie der Bestattung. Ein Grundzug jedoch ist, dem Tod mit gelassenem Realismus zu begegnen: Er wird ernstgenommen, ohne ihn zu dramatisieren. So hält Jesus Sirach dazu an (38, 16–24), die Trauer nicht über-

---

[4] Als Beispiel sei das „Kerzen-Leuchten für Sternenkinder" am weltweiten Gedenktag für verstorbene Kinder am 11. Dezember im Museum für Sepulkralkultur in Kassel genannt.
[5] Charlotte Frank, *Feste des Lebens*, SZ Nr. 75, (Ostern, 30./31. März/1. April 2013).
[6] Albert Gerhards, *Trauerrede als Mystagogie – Der liturgische Kontext*, in: Trauerrede in postmoderner Trauerkultur, Johann Pock/Ulrich Feeser-Lichterfeld (Hg.), (Münster: 2011), 53–63, 53f.

mächtig werden zu lassen: „Denn vom Trauern kommt der Tod, und die Traurigkeit des Herzens schwächt die Kräfte."

Diesen Realismus spiegelt auch die Botschaft von der Auferstehung Jesu, die das christliche Verständnis von Sterben und Tod bestimmt: Sie werden „entdramatisiert, ohne [...] überspielt zu werden."[7] Auch das jesuanische Wort: „Lass die Toten ihre Toten begraben ..." (Lk 9,60) lässt etwas von dieser „Entdramatisierung" erkennen, da es als Plädoyer verstanden werden kann, dem Tod nicht zu viel Platz im Leben einzuräumen.

Der Tod hat also nicht das letzte Wort: Da, „wo nichts zu hoffen ist" (Röm 4,18), hofft der Glaube auf Gott und seine Schöpfermacht, „der die Toten lebendig macht und ruft das, was nicht ist, dass es sei" (Röm 4,17). Die Sprache dieser Hoffnung sind Bilder. In ihnen verdichten sich auch kritische Einsprüche, etwa gegen die Verletzung der persönlichen Würde eines Toten (Lk 10,20: „Namen, die in den Himmel geschrieben stehen"), aber auch gegen Engherzigkeit in der Frage, wer im Reich Gottes „zu Tisch sitzen" (Lk 13,29) wird: Denn der Zugang zum Himmel ist „überraschend weit und nicht reguliert nach welthaften Maßstäben"[8].

Von ihren Ursprüngen her ist die kirchliche Bestattung ein Werk der Barmherzigkeit. In der Alten Kirche orientiert sich die Bestattungspraxis stark an der griechisch-römischen Kultur, nicht ohne ein eigenes Profil zu entwickeln. So tritt an die Stelle der Totenklage der Psalmengesang und an die Stelle des Totenopfers das Abendmahl am offenen Grab, Ansatzpunkt für die Entwicklung der mittelalterlichen Totenmesse.

Die Reformation erhebt hier ihren Widerspruch: Sie lehnt die Totenmesse ab und richtet den Blick ganz auf die Trauernden. Der Glaube könne nichts für die Toten, sondern nur für die Trauernden tun, ihnen das Evangelium verkünden und sie mit der biblischen Botschaft trösten. So tritt an die Stelle der rituellen Totenfürsorge die Predigt. Ein eigenes Formular für die Bestattung wird nicht entwickelt. Nicht nur die Form, auch der Ort bleiben theologisch sekundär. So kann Martin Luther auf dem Hintergrund von Pest und steigenden Hygienebedürfnissen Begräbnisplätze außerhalb von Ortschaften empfehlen: Es kämen auch die „Elbe" oder der „Wald" in Frage, wesentlich sei nur, dass der Ort zur „Andacht" reize.[9]

---

7 Christian Grethlein, *Grundinformation Kasualien* (Göttingen: 2007), 274.
8 Klaus Röhring/Herbert Kemler, eds., *Zeichen der Hoffnung angesichts des Todes. Theologische Erwägungen zum Umgang mit den Toten und zur Gestaltung der kirchlichen Bestattung* (Kassel: 2000), 51.
9 Martin Luther, *Ob man vor dem Sterben fliehen möge* (1527), in: Ausgewählte Schriften, Band 2, Karin Bornkamm/Gerhard Ebeling (Hg.), (Frankfurt/Main: 1982): 225–250, 248f; siehe WA 23, 338–379.

Die Spannung zwischen dem Bedürfnis, für die Toten etwas tun zu können, und dem Anliegen, Hoffnung zu predigen, kann die Reformation nicht aufheben. So entsteht schon kurze Zeit später die literarische Gattung der „Leichenpredigt" (1550–1750), eine nach rhetorischen Regeln funktionierende Schmuckgattung mit eigenem Personalteil. In ihm werden vor allem christliche Musterbiographien mit einem „seligen Sterben" erzählt.[10] Die Leichenpredigt wird so zu einer sozialdisziplinierenden Erziehungsanstalt „zur Festigung und zur Durchsetzung des evangelischen Glaubens"[11], indem das „stets vorbildhaft christlich-geführte Leben" die Zuhörer und Leser „belehrte und disziplinierte"[12].

Trotz der reformatorischen Ausrichtung auf die Trauernden blieb die Frage der Toten virulent. Religionstheoretisch gesehen, lässt sich hier von einer Spannung zwischen primärreligiösen, auf den Umgang mit den Toten bezogenen und sekundärreligiösen, den Trauerfall theologisch deutenden Motiven bei der Bestattung sprechen. Diese Spannung ist typisch für das evangelische Verständnis einer Kasualie: „Die religionstheoretische Unterscheidung von primärer und sekundärer Religion ist ein hermeneutischer Schlüssel, um die Spannungen heutiger Kasualpraxis als sachgemäß und nicht einseitig auflösbar zu begreifen."[13]

Dabei ist die Bestattung besonders stark von primärreligiösen Themen bestimmt. Ein Beispiel dafür ist die innerevangelische Diskussion um die Frage, ob für Tote gebetet werden dürfe. In der Regel wird diese Frage „sekundärreligiös" mit Verweis auf reformatorische Einsichten verneint. Dennoch bleibt sie primärreligiös virulent. So schreibt Karl-Fritz Daiber: „Ich habe das Bedürfnis, für meine Toten zu beten. Als guter Protestant meine ich gelernt zu haben: Für Tote braucht man nicht zu beten, sie sind ja in Gottes Hand. [...] Warum aber will ich für Tote beten ...[...]? Ich will für sie beten, weil ich mit ihnen verbunden bleibe. So wird das Gebet zum symbolischen Ausdruck meiner Erinnerung, meines Verbundenseins. [...] Ob wir in der protestantischen Tradition an dieser Stelle nicht umdenken müssten?"[14]

---

[10] Siehe Rudolf Lenz, *Zur Funktion des Lebenslaufes in Leichenpredigten*, in: Wer schreibt meine Lebensgeschichte? (Hg. Walter Sparn), (Gütersloh: 1990), 93–104, 99.
[11] A.a.O., 102.
[12] A.a.O., 104.
[13] Grethlein, *Kasualien* a.a.O., 52.
[14] Daiber, *Beerdigung* a.a.O., 14.

2.2 Bestattung als Kasualie

Kasualien sind das zentrale Motiv für die Mitgliedschaft in der Evangelischen Kirche. Dabei erreicht laut letzter Kirchenmitgliedschaftsuntersuchung der EKD die Antwortvorgabe: „... weil ich einmal kirchlich bestattet werden will" die höchste Zustimmung bei der Frage, warum Menschen Mitglied der Evangelischen Kirche sind.[15]

Was ist das Besondere der Kasualien? Es tritt hervor, wenn sie im Feld der religiösen Rituale verortet werden. Man kann drei Grundformen unterscheiden:
1. Kultrituale (Gottesdienst am Sonntagmorgen)
2. Religiöse Rituale der Lebenskrise (Kasualien)
3. Religiöse Rituale „kalendarischer Riten" (Festgottesdienste wie Weihnachten, Ostern oder Erntedank).

Mit den Kasualien kommen demnach religiöse Rituale in den Blick, die auf die Bearbeitung von spezifischen Lebensfragen bezogen sind. Ihre rituelle Logik besteht darin, konstitutiv auf Fragen der „Lebenswirklichkeit"[16] bezogen zu sein. Dabei weist Friedrich Niebergall zu Recht darauf hin, dass bei Kasualien die Leute „die Hauptsache"[17] seien. Das bedeutet: Kasualien denken von der Lebenswelt her und versuchen, diese im Horizont der biblisch-christlichen Tradition zu deuten. Sie haben ihren Ausgangspunkt in dem, was gegenwärtig der Fall ist. Im Unterschied dazu denken Kultrituale wie der Sonntagsgottesdienst von der Tradition her und versuchen, Fragen der Lebenswelt von daher in den Blick zu nehmen. So lässt sich die Differenz in der rituellen Logik der religiösen Rituale als Perspektivdifferenz fassen: Folgen Rituale der Lebenskrise primär der Logik des Falls und der damit verbundenen primärreligiösen Themen, so Kultrituale primär der Logik der Tradition und der damit verbundenen sekundärreligiösen Themen, beispielsweise der biblischen Lesung als symbolisch-rituelle, der Logik des Kirchenjahrs folgende Ursprungsvergewisserung der christlichen Gemeinde.

---

[15] *Engagement und Indifferenz. Kirchenmitgliedschaft als soziale Praxis* (Hannover: 2014), 89.
[16] Ebertz, Michael N., *Getauft sein – Christ werden? Religionssoziologische Anmerkungen zur Asymmetrie der Perspektiven im Blick auf liturgische Akte*, HD 54 (2000), 7–15, 11.
[17] Niebergall, Friedrich, Art. *Kasualien*, in: *RGG* Bd. 3 (1912), 956.

2.3 Religiöse Sinnstiftung in postsäkularer Zeit

Die kirchliche Bestattung ist Teil einer Sinnstiftungskultur in „postsäkularer"[18] Zeit. Wie ist sie unter den Bedingungen von Beschleunigung und wachsender Ökonomisierung möglich?

Ich antworte auf diese Frage mit dem Theorieansatz von Hartmut Rosa. Seine Grundthese: Nicht Geld regiere die Welt, sondern die Zeit. Deshalb sei das Problem nicht der Wandel und die Beschleunigung an sich. Vielmehr sei kritisch zu sehen, dass die Beschleunigung zu einem jeden Resonanzraum zerstörenden Selbstzweck geworden sei.

Im „säkularen Zeitalter" (Charles Taylor) bleibe den Menschen die Welt stumm. Rastlos versuchten sie, dem letzten „Optionenvernichter"[19], dem Tod, zu entfliehen. Dabei müsse die Idee des „ewigen Lebens" an Relevanz verlieren: „Beschleunigung stellt eine [...] wirkungsmächtige kulturelle Verarbeitungsmöglichkeit dar, mit der ausweglosen Begrenztheit des Lebens umzugehen, nachdem jede Hoffnung auf ein Leben nach dem Tod als Illusion entlarvt wurde. Mehr noch, der Beschleunigungswunsch zeigt sich als die Antwort der Spätmoderne auf das ‚Todesproblem'. Der Tod scheint umso mehr an allgegenwärtiger Bedrohlichkeit zu verlieren, je intensiver und besser ein Leben gelebt wurde, sprich: je mehr Möglichkeiten in kurzer Zeit ausgekostet wurden. Beschleunigung suggeriert das Versprechen eines ‚ewigen Lebens' durch eine quantitativ gesteigerte Nutzung aller Optionen"[20].

Anders die postsäkulare Zeit. In ihr werde mitten im Strom der Beschleunigung eine neue Sehnsucht wach: Das Selbst des Menschen zeige sich „einen Spalt breit geöffnet für die Affizierung durch eine größere, gleichsam kosmische Macht."[21] Diese werde in Resonanzerfahrungen konkret, im menschlichen Miteinander als Erfahrung der Anerkennung ebenso wie im Erlebnis von Resonanz beim Hören von Musik oder dem Sehen eines Sonnenuntergangs.

---

18 Zur Religion in postsäkularer Zeit siehe Jürgen Habermas, *Glauben und Wissen. Dankesrede anlässlich der Verleihung des Friedenspreises des Deutschen Buchhandels* (2001), in: www.friedenspreis-des-deutschen-buchhandels.de.
19 Hartmut Rosa, *Beschleunigung. Die Veränderung der Zeitstrukturen in der Moderne* (Frankfurt a.M.: 2005), 474.
20 Laura Hanemann/Peter Schüz, *Tod und Beschleunigung. Soziologische Impulse zum Zeitbegriff am Beispiel der gegenwärtigen Bestattungskultur in Kolumbarien*, kunst und kirche 3 (2011), 18–23, 20f.
21 Hartmut Rosa, *Ist da draußen jemand?*, FR Zeitdiagnose (18.6.2011), unter: www.fr-online.de/kultur.

Rosa liefert eine eindrückliche Zeitkritik. Er spricht sich gegen das „Steigerungsspiel der Moderne"[22] aus, in dem sich Wachstum und Beschleunigung gegenseitig aufschaukeln. In dieser Zeit sei gefordert, postsäkulare Inseln der Entschleunigung zu schaffen: Orte, an denen Menschen Resonanz und Anerkennung finden, Tiefe und Zeit, dem nachzugehen, was sie wirklich berührt. Rosa lässt keinen Zweifel daran, wie schwer es ist, Zeitinseln dieser Art zu schaffen: Aber was er für die Kunst formuliert, kann als Chance auch für die kirchliche Bestattungspraxis gelten: „Schutzraum für andere [...] Zeiterfahrung"[23] zu werden, verstanden nicht als Ausstieg aus der Zeit, sondern als Einstieg in ihre kritische und tiefergehende Wahrnehmung. Was Rosa zeittheoretisch beschreibt, kann ritualtheoretisch als „rituelles Exil"[24] verstanden werden.

3 Umbrüche in der Bestattungskultur

Die kirchliche Bestattungspraxis steht unter starkem Einfluss der Bestattungskultur. Sie hat nicht die Kraft, die Bestattungskultur als Ganze zu bestimmen, zu beeinflussen oder zu ändern. So muss sie versuchen, ihre Anliegen innerhalb der sich stets wandelnden Bestattungskultur zu entwickeln und an wunden Punkten zu versuchen, gegenkulturell initiativ zu werden.

Wie lässt sich die Bestattungskultur der postsäkularen Zeit näher fassen? Und was sind die Herausforderungen für die kirchliche Bestattung? Von Hartmut Rosas Theorie her lassen sich drei Grundzüge hervorheben:

3.1 Pluralisierung

Die Bestattungskultur in Deutschland ist inzwischen stark pluralisiert. Über Ort, Zeit und Form einer Bestattung besteht heute kein Einverständnis mehr. Sie steht als Ganze zur Wahl.

Auf der einen Seite eröffnen sich damit neue Handlungsspielräume, etwa, was den Ort der Bestattung im Rahmen der gesetzlichen Bestimmungen betrifft.

---

[22] Rosa, Hartmut, *Die Welt antwortet nicht mehr. Interview mit Peter Meroth*, Stern-Extra 5 (2009), 22–24, 23.
[23] Rosa, *Beschleunigung*, a.a.O., 148.
[24] Siehe dazu Lutz Friedrichs, *Kasualpraxis in der Spätmoderne. Studien zu einer Praktischen Theologie der Übergänge* (Leipzig: 2008), besonders 48–56.

Auf der anderen Seite ist der Wandel so rasant geworden, dass es auch zu „ratloser Verlassenheit beim Verlust eines nahestehenden Menschen"[25] kommen kann.

Mit dem Wandel der Bestattungskultur in Deutschland ist ein deutlicher Rückgang des Einflusses der christlichen Kirchen verbunden. Er zeigt sich unter anderem daran, dass die Zahl der Evangelischen, die kirchlich nicht bestattet werden, zunimmt. Laut aktueller EKD-Statistik sind im Jahr 2011 18,3 % der Verstorbenen, die evangelisch waren, kirchlich nicht bestattet worden, im Jahr 2003 waren es „erst" 13,1 %. Natürlich gibt es auch hier regionale Unterschiede: In Baden-Württemberg, die EKD zählt hier nach Bundesländern, waren es im Jahr 2011 12,8 %, im Jahr 2003 hingegen erst 9,8 %.[26] Der kurze Einblick in die Statistik der evangelischen Bestattung lässt vermuten, dass sich dieser Trend fortsetzen wird: Immer mehr Evangelische werden kirchlich nicht bestattet.

Warum ist das so? Motive und Ursachen können bisher nur vermutet werden. Sicher spielt die abnehmende Kirchlichkeit der Hinterbliebenen eine Rolle. Aber es muss auch davon ausgegangen werden, dass sich heute Evangelische bewusst gegen eine kirchliche Bestattung entscheiden, auch wenn der Zugang zur Bestattung das zentrale Motiv der Mitgliedschaft in der Evangelischen Kirche ist.

Mit dem Wandel der Bestattungskultur steigt kirchentheoretisch gesehen die Anforderung, die kirchliche Praxis nicht mehr nur institutionell, sondern stärker von der Logik einer Organisation her zu denken, also stärker zielorientiert zu handeln, sich auf die verschiedenen Bedürfnisse der Menschen einzulassen und im Feld der Optionen ein erkennbares Profil zu entwickeln.

3.2 Ökonomisierung

Die Bestattungskultur in Deutschland ist nicht nur stark pluralisiert, sondern auch ökonomisiert: Die Fragen der Optionengesellschaft, wo, wie und von wem bestattet wird, geraten in Abhängigkeit zu finanziellen Aspekten. So ist die Zunahme der Urnenbestattung auch in ländlichen Regionen, neben der Frage der Ortsnähe der Hinterbliebenen, wesentlich ökonomisch verursacht,[27] nicht zuletzt beeinflusst von dem Wegfall des „Sterbegeldes" der Krankenversicherungen im Jahr 2005.

---

25 Barbara Happe, *Der Tod gehört mir. Die Vielfalt der heutigen Bestattungskultur und ihre Ursprünge* (Berlin: 2012), 9.
26 Siehe zu den Zahlen: www.ekd.de/statistik.
27 Siehe Sophie Rohrmeier, *Urne statt Sarg*, Süddeutsche.de (6. Januar 2013).

Die Ökonomisierung hat zwar auf der einen Seite den Effekt, dass im Fall des Todes alles professionell geregelt wird. Die Schattenseite aber ist, dass damit nicht nur die Begegnung mit Toten und die existenzielle Auseinandersetzung mit Sterben und Tod in den Hintergrund treten, sondern auch problematische Entwicklungen einhergehen, die die Würde des Verstorbenen antasten, so besonders im Fall von „Sozialbestattungen", also Bestattungen von Toten, die keine Angehörigen hinterlassen oder diese nicht in der Lage sind, die Bestattung zu finanzieren.

Die anonyme Bestattung als die Form der Bestattung, bei der das Grab keine individuelle Kennzeichnung erhält, hat deutlich zugenommen. Nach einer Studie der Universität Leipzig aus dem Jahr 2010 muss mit einem Anteil von 22% anonymer Bestattungen am Gesamt der Bestattungen in Deutschland gerechnet werden (Zahl für 2009). Auch hier gilt: Es gibt ein Ost-West-, ein Nord-Süd-, ein Stadt-Land-Gefälle: So liegt der Anteil in Niedersachsen bei 32%, in Bayern bei 13% und in Baden-Württemberg bei 7% Prozent. In Städten mag ein gewisser „Sättigungsgrad" eingetreten sein, in kleineren Kommunen, aber auch im Süden Deutschlands, wird die Zahl der anonymen Bestattungen, so Barbara Happe, ansteigen. Dabei ist die Frage der Kosten nur ein Faktor. Ein anderer ist, dass sich mit der Bestattung auf einem namenlosen Gräberfeld eine Facette postsäkularer Religion ausdrücken kann, das Gefühl eines sich in Weite, Leere, „Grenzenlosigkeit selbst verlierenden Ichs."[28]

Die Ökonomisierung der Bestattungskultur muss die Kirchen hellhörig machen, besonders dort, wo der Umgang mit den Toten droht, die Würde des Menschen zu verletzen. Mit Nachdruck ist daran zu erinnern, „dass der Umgang mit den Toten – auch den mittellosen Toten – ein Maßstab für die Humanität einer Gesellschaft ist."[29]

3.3 Ästhetisierung

In der postsäkularen Gesellschaft geraten Sinnstiftungsprozesse unter den Druck von Zeitgewinn durch Erlebnissuche (Rosa). Davon ist auch die Bestattungskultur beeinflusst.

---

28 Helmers, bei Happe, *Tod*, a.a.O., 112.
29 Landeskirchenamt der Evangelisch-lutherischen Landeskirche Hannovers, eds., „*... so sterben wir dem Herrn". Eine Handreichung zur Bestattung für Pfarrämter und Kirchenvorstände* (Hannover: 2008), 8.

Gegenläufig zu den bisher beschriebenen Phänomenen ist so etwas wie eine neue Sensibilität für individuell-persönliche Gestaltung und die Kraft von Ritualen im Trauerprozess feststellbar. Es werden „offensichtlich ganzheitliche, auch sinnliche Zugänge zum Umgang mit dem Sterben"[30] und Tod gesucht.

Dementsprechend hat sich ein Markt neuer, alternativer Bestattungsunternehmen entwickelt. Sie setzen auf aktive Mitwirkung der Trauernden, gestalten individuelle Trauerfeiern und bieten Rituale der Totenfürsorge wie das Aufbahren zu Haus, Nachtwachen oder das Waschen und Ankleiden der Verstorbenen an. Damit setzen sich diese Unternehmen von der als „unpersönlich, geschäftig und wenig hilfreich empfundenen Abwicklung" durch Bestattungsunternehmen und Kirchen ab.[31]

Dieses Selbstverständnis teilen sie mit den freien Trauerrednerinnen und Trauerrednern. Sie sehen ihre wachsende Bedeutung darin, dass der Wandel der Trauerkultur eine Emanzipationsbewegung

> „weg von einer kirchlichen Bevormundung hin zu einer persönlichen Gestaltung des je persönlichen Todes"[32] zeige: Sie räumten der „Biographie des Verstorbenen, der Erinnerung an wichtige Wendepunkte seines Lebens und seiner Persönlichkeit [...] wesentlich mehr Raum" als die Kirchen ein, „die Individualität des verstorbenen Menschen" erhalte bei ihnen „ein größeres Gewicht."[33]

Wie kann die kirchliche Bestattung unter den Bedingungen postsäkularer Beschleunigung zu einer Zeitinsel (Rosa) oder einem rituellen Exil (Turner) werden? Die Ökonomisierung fordert die Kirchen heraus, wirksame Zeichen gegen die problematischen Seiten der Privatisierung und Anonymisierung der Bestattungskultur zu setzen. Pluralisierung und Ästhetisierung hingegen stellen sie vor die Aufgabe, das institutionelle Selbstverständnis kritisch zu hinterfragen und nach neuen Formen der Kommunikation des Evangeliums im Fall der Bestattung zu suchen: Denn nicht nur die Suche nach neuen Bestattungsorten (Friedwald), sondern auch der Gang zu freien Rednerinnen und Rednern und alternativen Bestatterinnen und Bestattern kann als Ausdruck einer Gegenbewegung gegen die institutionell-bürokratische „Bevormundung" (Janetzky) durch Expertinnen und Experten im Bereich von Sterben und Tod gedeutet werden.

---

30 Ebd.
31 *Zeichen der Hoffnung*, a.a.O., 25.
32 Birgit Janetzky, *Wenn das Stumme mich fragt, gibt mein Ohr ihm die Antwort. Die freie Trauerrede in der Spannung von Institution, Rolle und Situation*, in: Trauerrede, Johann Pock/Ulrich Feeser-Lichterfeld (Hg.), (Wien: 2011), 103–116, 115.
33 Birgit Janetzky, *Die Gestaltung ‚weltlicher' Trauerfeiern*, in: Christliche Begräbnisliturgie und säkulare Gesellschaft, Albert Gerhards/Benedikt Kranemann (Hg.), (Leipzig: 2002), 231–251, 235.

4 Der lange Weg zur Bestattung als einer Kasualie

Wie gehen die evangelischen Kirchen in Deutschland mit diesen Herausforderungen konkret um? Schon ein erster Blick in neuere Bestattungsagenden lässt eine Strategie lebensweltlicher Öffnung erkennen.[34] Diese kommt auffallend spät, hatten doch Friedrich Niebergall und andere bereits vor über 100 Jahren eine solche Öffnung gefordert. Wie ist diese Verzögerung zu erklären?

Aufschlussreich ist ein Blick auf die drei letzten Bestattungsagenden der Evangelischen Kirche von Kurhessen-Waldeck. Sie zeigen in exemplarischer Weise, wie mühsam der Weg im Verständnis der Bestattung von einer eher „einseitigen", zunächst kirchenzuchtlicher, dann gemeindetheologischer Logik folgenden zu einer eher „zweiseitigen", Einsichten der Trauerforschung aufnehmenden liturgischen Handlung (Ebertz) war. Dabei ist nicht nur das Phänomen an sich aufschlussreich, sondern auch der Einblick in den Wandel der das Bestattungshandeln begleitenden und stützenden gesellschaftlich-kirchlichen Sitten.

Die evangelische Kirche von Kurhessen-Waldeck hat in den letzten gut 100 Jahren drei Bestattungsagenden in Kraft gesetzt: 1896, 1974 und 2006. Schon das ist ein erstaunlicher Befund: Er spricht für eine hohe Traditionsbindung der kirchlichen Bestattungspraxis. Er lässt aber auch ahnen, dass sich die Abstände der Erneuerung verkürzen werden: Hatte die Agende von 1896 noch 78 Jahre Bestand, so die Agende von 1974 „nur" noch 32 Jahre.

4.1 Station: Kirchenzucht

Die Agende von 1896 fällt in eine Zeit, in der die Säkularisierung des Todes und der Jenseitshoffnung Teil des gesellschaftlichen Diskurses waren, forciert durch die in der zweiten Hälfte des 19. Jahrhunderts entstehende aufklärerische Bewegung zur Durchsetzung der Feuerbestattung. Hatte sich die evangelische Kirchenkonferenz in Eisenach 1898 noch gegen eine amtliche Mitwirkung beim „Leichenbrand" aus „Sorge um eine Gefährdung der kirchlichen Sitte"[35] ausgesprochen,

---

34 Siehe dazu exemplarisch: Evangelischer Oberkirchenrat, eds., *Gottesdienstbuch für die Evangelische Landeskirche in Württemberg, Teil 2, Teilband: Die Bestattung* (Stuttgart: 2000); Kirchenkanzelei der UEK, eds., *Agende für die die Union Evangelischer Kirchen in der EKD, Band 5: Bestattung* (Bielefeld: 2004) und Landeskirchenamt der Evangelischen Kirche von Kurhessen-Waldeck, eds., *Agende Band IV: Die Bestattung* (Kassel: 2006).
35 Happe, *Tod*, a.a.O., 80.

so nahm sie dieses Verbot, anders als die katholische Kirche, kurze Zeit später zurück.

In dieser Situation versteht die Agende von 1896 die Bestattung als „gottesdienstlichen Akt" der Gemeinde, in dem „Verkündigung des Wortes Gottes" und „Gebet" stattfinde.[36] Es gelte, dem „stillen Begräbnis" entgegenzuwirken, auch wenn die Sitte der „Singeleichen"[37], der „Begleitung der Leichen durch die Gemeinde", ebenso brüchig geworden sei wie der „Gesang der Gemeinde und der Schüler".

Theologisch wird die Bestattung als „christliches Begräbnis" zwischen Gemeinde und Kasus verortet. Ist die Predigt der Ort, an dem das, was der Fall ist, aufgenommen werden soll, ist sie letztlich doch „kirchenzuchtliche Gemeindepredigt": Es „haben sowohl die Angehörigen mit ihrer Heimsuchung ein Recht auf Berücksichtigung bei der Verkündigung und Anwendung des Wortes Gottes, wie auch die Gemeinde, für welche das Leben und Sterben ihres Gliedes, das sie zur Erde bestattet, nicht gleichgültig ist und je nach seiner Beschaffenheit zu ihrer Erbauung, zur Lehre, Strafe, Besserung und Züchtigung in der Gerechtigkeit fruchtbar gemacht werden soll."[38]

Deutlich wird, wie stark die Bestattung mit Fragen der Kirchenzucht verbunden ist. So bestimmen die „Kirchlichen Ordnungen" dieser Zeit: Kinder, die nicht getauft sind, haben kein Anrecht auf eine kirchliche Bestattung, „Personen, welche in Kirchenzucht genommen waren", kann die Bestattung verweigert werden und „Personen, welche [...] förmlich ausgeschlossen worden sind", muss diese verweigert werden, ebenso „Selbstmördern".[39]

Die neue Bestattungsagende der Evangelischen Kirche von Kurhessen-Waldeck aus dem Jahr 2006 stellt heraus, dass „für das liturgische Handeln [...] heute weniger Rechtssetzungen als Didaktik maßgeblich"[40] seien. Diese Aussage erhält durch die kirchenrechtlichen Regelungen Ende des 19. Jahrhunderts erst ihre volle Aussagekraft und Anschauung.

---

36 *Agende für die evangelisch-lutherische Kirchengemeinschaft im Konsistorialbezirk* Cassel (Cassel: 1896), 278–308 (Von christlichem Begräbnis), 278.
37 Ebd.
38 *Agende* 1896, a.a.O., 278f.
39 *Kirchliche Ordnungen für den Konsistorialbezirk Cassel* (1898).
40 *Agende IV. Bestattung der Evangelischen Kirche von Kurhessen-Waldeck* (Kassel: 2006), 7.

4.2 Station: Gottesdienst der Gemeinde

Der Abschnitt „Von christlichem Begräbnis" der Agende von 1896 war bis 1974 in Kraft. 1952 gab es den Versuch einer behutsamen Revision. Er blieb aber im Status des Entwurfs.

Neu gegenüber 1896 war, dass insbesondere der Charakter als Gemeindegottesdienst deutlicher herausgestellt und insofern der Gemeindegesang gestärkt werden sollte: „Das kirchliche Begräbnis beginnt [...] nach einem Vorspiel der Orgel mit einem Gemeindelied. Auch wo bisher zu Beginn der Beerdigung oder während ihres Verlaufs überhaupt nicht mehr gesungen wird, sollte unter allen Umständen die Sitte des Singens wieder eingeführt werden. Denn auch auf diese Weise kann aus der Trauerversammlung eine christliche Gemeinde werden."[41]

Dabei machen die Hinweise zum Trauerzug unter Beteiligung der Konfirmanden hellhörig: „Die [...] Sitte, dass die Konfirmanden den Pfarrer am Pfarrhaus abholen, zum Trauerhaus oder zur Friedhofskapelle geleiten, und dass sie – nach Möglichkeit unter Führung eines Kantors oder Lehrers – einen Chor bilden oder den Gemeindegesang anstimmen, muss bestehen bleiben. Wo diese Sitte nicht mehr besteht, kann nur dringend ihre Erneuerung empfohlen werden. Auf dem Weg zum Trauerhaus oder zum Friedhof gehen die Konfirmanden – zu zweien – vor dem Pfarrer. [...] Der Küster oder Friedhofswärter oder ein Konfirmand wird sich in der Nähe des Pfarrers aufhalten, um das Barett bei den Gebeten oder die Agende beim Singen zu übernehmen."[42]

Die Bestattung, wie sie hier beschrieben wird, funktioniert als Prozession, der Trauerzug macht die soziale Welt in ihrer hierarchischen, sinnvergewissernden Ordnung sichtbar: Die Gemeinschaft der Lebenden begleitet den Toten auf seinem letzten Weg. Die Beschreibung liest sich wie das Dokument einer versunkenen Welt: Es lässt eindrücklich hervortreten, dass es bei der kirchlichen Bestattung insbesondere die Sitten der sozialen Begleitung sind, die sich wandeln, nicht so sehr die liturgischen Elemente und Formen an sich.

4.3 Station: Aktionen des Beistands?

Der Entwurf der Bestattungsagende von 1974 aus dem Jahr 1971 stellt das gemeindetheologische Verständnis der Bestattung in Frage: Mit Blick auf die sinkende

---

[41] *Ordnung des christlichen Begräbnisses. Entwurf.* Bearbeitet von der Liturgischen Kammer der Evangelischen Landeskirche von Kurhessen-Waldeck (Kassel: 1952), 4.
[42] Ordnung 1952, a.a.O., 8.

Zahl der Besucherinnen und Besucher am Sonntagmorgen ist zu lesen: „Niemand wird im Ernst leugnen, dass der Gottesdienst [am Sonntag] [...] so etwas wie die ‚Mitte der Gemeinde' darstellt [...]. Aber deuten nicht viele Anzeichen darauf hin, dass der Mensch gerade im Zeitalter der Massenmedien sich auf sich selbst zurückzieht [...]? Ohne den Gründen dieser Entwicklung nachgehen zu können, stellt sich die Frage, ob es nicht gerade Aufgabe der Kirche in der heutigen Zeit sein muss, Einzelnen in solchen Situationen ihres Lebens nachzugehen und beizustehen, in denen sie selbst das Bedürfnis danach haben. Man mag dieses Bedürfnis als einen zureichenden theologischen Grund anzweifeln; dies entbindet die Kirche jedoch keinesfalls von der Verpflichtung, in jedem Fall Hilfe zu gewähren, wenn man sie darum angeht."[43] Dabei wird daran erinnert, dass die Amtshandlungen nichts anderes als „frei Schöpfungen der Gemeinde"[44] seien: „Wenn es das kirchliche Begräbnis nicht gäbe, müsste es als Aktion des Beistandes heute eingeführt werden."[45]

Auch dieser Ansatz blieb Entwurf. Er fand keinen Eingang in die offizielle Agende von 1974. So zeigt der Entwurf nur, dass es an der Zeit war, neu über das theologische Verständnis der Bestattung nachzudenken, offensichtlich aber der Mut fehlte, sich den gesellschaftlichen Herausforderungen konsequent zu stellen. Im Spiegel der Agende blieb die Bestattung ein primär nach kultritueller Logik sich vollziehender, den gesellschaftlichen Umbrüchen widerstehender Gottesdienst der Gemeinde: „In ländlichen wie in städtischen Gemeinden sollte darauf gedrungen werden, dass die Gemeinde durch das Singen von Liedern am Begräbnis beteiligt wird."[46]

Das Zitat macht darauf aufmerksam, wie aussichtslos der Versuch der Kirchen war („sollte darauf gedrungen"), den Wandel der Sitten mit Elementen einer klassischen Gemeindetheologie aufhalten oder gar verändern zu wollen.

4.4 Station: Gottesdienst und Schwellenritual

Eine deutliche Zäsur stellt die Bestattungsagende von 2006 dar. Sie öffnet sich programmatisch der Situation der Trauernden und verortet die Bestattung zwischen

---

43 *Agende für die Evangelische Kirche von Kurhessen-Waldeck. Das Begräbnis.* Vorabdruck (Kassel: 1971), 13f.
44 *Agende* 1971, a.a.O., 11.
45 *Agende* 1971, a.a.O., 14.
46 Landeskirchenamt der Evangelischen Kirche von Kurhessen-Waldeck, eds., *Agende IV. Das Begräbnis* (Kassel: 1974), IX.

dem Gottesdienst der Gemeinde und einer Kasualie. Sie wird als „Gottesdienst und Schwellenritual" verstanden, wobei sich die Struktur des Schwellenrituals in die Form des Gottesdienstes einschreibe: „Die Bestattungsfeier ist zunächst ein Gottesdienst, in dem der versammelten Gemeinde die christliche Auferstehungshoffnung angesichts des Todes verkündigt wird. Im Kasualgottesdienst geschieht diese Verkündigung aber in einer sehr persönlichen Situation. Das bedeutet, dass der Bestattungsgottesdienst auch seelsorgliche Aspekte berücksichtigen muss. So folgt er der dreigliedrigen Struktur eines Übergangsritus:
1. Trennung (Feststellen des Todes/Ausdruck des Schmerzes)
2. Umwandlung (Abschied/Übergabe in den Bereich des uns Entzogenen)
3. Integration (Vater unser/Segen/Rückkehr ins Leben)."[47]

Mit dieser Konzeption steht die Bestattungsagende der Evangelischen Kirche von Kurhessen-Waldeck exemplarisch für die Suche nach einer „offenen und auch profilierten Kasualpraxis"[48]. An drei Aspekten lässt sich das konkretisieren:
1. Das Ritual inszeniert symbolisch den Weg des Trauerprozesses auch für Menschen, die kirchlich nicht sozialisiert sind. War die kirchliche Trauerkultur einst kollektiv selbstverständlich, muss sie ihren Sinn heute erst erweisen, ohne von einem Konsens in der Frage ausgehen zu können, was in Trauersituationen als tröstlich erlebt wird.
2. Das Rituelle wird auch insofern neu entdeckt, als es einen körperlich erlebbaren Umgang mit den Toten möglich machen soll: „So können zum Beispiel die vielfältigen abschiedlichen Kontakte mit dem Verstorbenen [...] ihre Klärung und Intensivierung erfahren durch den Umgang mit dem Symbol seiner Gegenwart, dem Leichnam oder dem Sarg. Es ist die deutliche körperliche Zuwendung des Pfarrers oder der Pfarrerin, Geste, Blick und Stimme; seine Berührung, seine Bezeichnung mit dem Kreuz; die Handauflegung bei der Aussegnung (zusätzlich zu den Worten, die gesprochen werden); die Ermutigung oder auch nur die leise Erlaubnis für die Angehörigen, sich selbst dem Toten ohne Scheu, aber doch ritualisiert körperlich zuzuwenden, mit der Hand oder mit einem Kuss, mit persönlichen Beigaben wie Abschiedsbrief, Ehering, Reiseerinnerung; mit Gegenständen gelebter Frömmigkeit: Kreuz, Taufkerze, Gebetbuch; bei Kindern Zeichnungen, Kuscheltiere, Taufkerze (die bei der Aufbahrung entzündet werden kann)."[49]

---

[47] *Agende* 2006, a.a.O., 8.
[48] Michael Nüchtern/Stefan Schütze, *Bestattungskultur im Wandel*, EZW-Texte 200 (Berlin: 2008), 14.
[49] *Agende* 2006, a.a.O., 13.

3. Auffallend ist, dass „mehrere Schritte der Trauerbegleitung in Sicht kommen. Gerade bei Angehörigen gewinnen die ‚kleinen Rituale' im Umfeld der Bestattung zunehmend an Bedeutung. Hier ist – angeregt wohl zum Teil durch die Bestatter, andererseits auch durch das mancherorts auflebende Interesse an dem verdrängten Thema Tod – eine leichte Renaissance der Trauerkultur zu erahnen."[50]

Der kirchliche Weg zum Verständnis der Bestattung als einer Kasualie ist lang. Er ist von einem starken Beharrungsvermögen auf kirchlicher Traditionalität bestimmt. Der Trauerzug müsse „bestehen bleiben". Wo diese Sitte nicht mehr bestehe, könne „nur dringend ihre Erneuerung empfohlen werden". Das ist verständlich, zumal sich in dieser Sitte rituell-symbolisch verdichtet, inwiefern Kirche auf dem letzten Weg eine „Mitgehende" ist (Karl-Fritz Daiber). Aber diese Sitte war schon in den 1950er Jahren unverkennbar in Auflösung begriffen, ihre Restitution unwahrscheinlich.

5 Perspektiven

Auch wenn sich evangelische Bestattungsagenden der „Lebenswirklichkeit" (Ebertz) und Trauerarbeit heute unverkennbar öffnen, wird diese Öffnung nicht ausreichen, um mit den Umbrüchen in der Bestattungskultur Schritt halten zu können. Meiner Einschätzung nach wird die kirchliche Bestattungspraxis ihre sinnstiftende Tradition nur dann lebendig halten können, wenn sie bereit ist, die kirchliche Bestattung entschlossen als Kasualie zu verstehen: In Liturgie, Predigt und – grundlegend – ihrem theologischen Selbstverständnis. Ich skizziere fünf Aspekte.

5.1 Urnenbestattung

Die neueren Bestattungsagenden setzen trotz ihrer lebensweltlichen Öffnung ein Leitbild voraus, das mehr und mehr brüchig wird: Die Bestattung als Prozession, als Weg des Abschieds,[51] klassisch strukturiert als Trennungsphase im

---

50 *Agende* 2006, a.a.O., 7.
51 Siehe dazu Karl-Heinrich Bieritz, *Bestattungsrituale im Wandel*, in: (Hg. Thomas Klie, Performanzen des Todes. Neue Bestattungskultur und kirchliche Wahrnehmung (Stuttgart: 2008), 121–157, der differenziert beschreibt, wie neuere Bestattungsagenden es gelernt hätten, „die Er-

Sterbehaus, Schwellenzeit in der Kirche oder Kapelle und der Rückkehr ins Leben vom offenen Grab aus – oder, wie die Agende 1896 zeigt, von der Kirche aus. In jedem Fall ist die kirchliche Bestattung als Trauerweg verstanden und gestaltet: „Nach alter Ordnung soll die Kirche ihre Toten ehrlich und christlich bestatten, und gehört hierzu die Abholung der Leiche vom Sterbehaus durch die Diener der Kirche (mit den Schulen), die feierliche Begleitung derselben (mit Gesang) zum Gottesacker, die Verkündigung des Wortes Gottes zu Trost und Mahnung und das Gebet."[52]

Der Blick zurück zeigt deutlich, was sich verändert: Zwar finden auch heute noch Bestattungen in Form eines rituell-liturgischen Abschiedswegs statt; aber mit dem Aufkommen der Feuerbestattung wird dieser Weg brüchig. Was einst kirchliches Geleit war, wird zu einer Art „Zwischenhalt", wenn es bei einer Trauerfeier zur Einäscherung bleibt, oder zu einem „Nachgang"[53], wenn nur noch die Urnenbeisetzung begleitet wird.

Angesichts der neueren Entwicklungen in der deutschen Bestattungskultur spricht die Kulturwissenschaftlerin Barbara Happe vom „Siegeszug der Feuerbestattung": Sie sei zu der dominanten Bestattungsform in Deutschland geworden, ihr Anteil betrage inzwischen 62 % (2009) – europäisch gesehen bewege sich Deutschland damit im Mittelfeld: Den höchsten Anteil an Feuerbestattungen weise die Schweiz (82 %), Tschechien (81 %) und Dänemark (76 %) auf, den geringsten Frankreich (25 %), Italien (11 %) und Polen (7 %).

Praktisch-theologisch steht damit eine gründliche Reflexion der Urnenbestattung an. Sie greift tief in kirchlich-liturgische Sinnstiftungsprozesse ein: Sie löst nicht nur den klassischen Abschiedsweg auf, sondern fördert auch die Privatisierung der Trauerkultur und damit die Tendenz, von Trauerfeiern überhaupt Abstand zu nehmen. Die Kirchen werden den Siegeszug der Urnenbestattung nicht aufhalten können. Sie sind gefordert, ihr Handeln im Rahmen dieser Bestattungskultur zu denken.

5.2 Friedwald

Ein erster Schritt ist die Akzeptanz neuer Bestattungsorte. In der postsäkularen Gesellschaft verliert der Friedhof sein Monopol. Andere Orte werden bedeutsam,

---

eignisse um Sterben, Bestattung, Trauer als Weg zu begreifen", 155.
52 *Agende* 1896, a.a.O., 278.
53 Kristian Fechtner, *Bestattungskultur im Wandel. Herausforderungen und Perspektiven kirchlicher Kasualpraxis*, in: Hessisches Pfarrblatt 5 (2012), 103–109, 106.

das Meer, der Wald oder – in seltsamer Rückkehr zu alten Traditionen – die Kirche als Ort von Kolumbarien.[54]

Warum haben solche anderen Orte Konjunktur? Die Motive sind vielfältig, es spielen individuelle, kulturelle, aber auch finanzielle Aspekte eine Rolle. Eine wesentliche Ursache ist darin zu sehen, dass diese Orte als „Gegenorte" wahrgenommen werden: Sie entsprechen der postsäkularen Sehnsucht nach besonderen Orten, entlasten von Pflichten aufwändiger Grabpflege ebenso wie von bürokratisch-institutionellen Bestimmungen des Friedhofsrechts.

Dennoch sind, wie im Fall des Friedwalds, auch kritische Aspekte offensichtlich. Für Menschen, die in ihrer Mobilität eingeschränkt sind, ist ein Bestattungsplatz im Friedwald nur schwer oder gar nicht zugänglich. Zudem verwischt das Konzept „Friedwald" die Grenze zwischen Lebenden und Toten: Als offenes Waldstück macht der Friedwald keinen Unterschied „zwischen Waldspaziergang und Besuch der Toten. Der Tod ist Teil des Lebens und er ist die Negation des Lebens. Wer das zweite Moment ausblendet, verfällt einer Illusion."[55]

Theologisch kommt damit Martin Luthers Hinweis auf einen Ort, der zur „Andacht" reizt, in den Blick. Aus reformatorischer Sicht spricht nichts gegen Bestattungen im Friedwald an sich.[56] Dennoch ist aus theologischer Sicht zu fragen, wie es an solchen Orten zur „Andacht" kommen kann, zur Würdigung von Individualität unter postsäkularen Bedingungen ebenso wie zur Wahrnehmung des Todes auch in seiner „Negation des Lebens." Dass es Bedürfnisse in diese Richtung gibt, zeigen die vielerorts in Friedwäldern entstandenen „Andachtsstellen".

5.3 Werk der Barmherzigkeit

Der Einblick in die Geschichte der Bestattungsagenden der Evangelischen Kirche von Kurhessen-Waldeck macht in exemplarischer Weise deutlich, wie schwer es war, den Gemeindebezug der kirchlichen Bestattung durchzuhalten: An der Sitte der „Singeleichen" sei „festzuhalten" (1896), die „Sitte des Singens" müsse „wieder eingeführt werden" (1952), in „ländlichen wie in städtischen Gemeinden"

---

54 Theologische Kammer der Evangelischen Kirche von Kurhessen-Waldeck, „*... ich habe lieb die Stätte deines Hauses ...*". *Überlegungen zur Einrichtung von Kolumbarien in Kirchen* (Kassel: 2011).
55 Fechtner, *Bestattungskultur*, a.a.O., 108.
56 Die EKD hat sich bereits 2004 für eine Öffnung gegenüber der Friedwaldbestattung ausgesprochen, siehe Kirchenamt der EKD, eds., *Herausforderungen evangelischer Bestattungskultur. Ein Diskussionspapier* (Hannover: 2004).

solle „darauf gedrungen werden, dass die Gemeinde durch das Singen [...] beteiligt" (1974) werde.

Den Widerspruch zwischen Anspruch und Wirklichkeit hatte bereits Friedrich Niebergall zu Beginn des 20. Jahrhunderts nüchtern gesehen. Da er den „Gemeindegedanken" nicht preisgeben will, sieht er den Pfarrer in der Pflicht: So könne man „dem schönen Gemeindegedanken gerecht werden, ohne der Lächerlichkeit zu verfallen, mit dem die harte banale Wirklichkeit so oft die Prinzipienreiter bestraft."[57] Niebergall sieht als wesentliche Aufgaben daher, „Beziehungen" zwischen Kasus und Kirchengemeinde anzubahnen, auch über die „Bezirkseinteilung" hinaus zu denken.

Das ist anregend bis heute. Es gilt, nach Brücken zwischen den Welten zu suchen, über die Einladung der Trauernden zu den Fürbitten im Sonntagsgottesdienst bis hin zu Projekten der „Solitarbestattung"[58], bei denen Kirchengemeinden – in Kooperation mit Bestatterinnen und Bestattern – ihre diakonische Verantwortung entdecken, indem sie, wie etwa die Göttinger „Tobiasbruderschaft", „zu einer würdigen Bestattung von Menschen ohne Angehörige oder eigene Mittel"[59] beitragen.

Dennoch bleibt zu sehen, dass Menschen mehrheitlich kirchliche Trauerfeiern beanspruchen, ohne den Kontakt zur Ortsgemeinde aufnehmen oder intensivieren zu wollen. Das spricht dafür, die kirchliche Bestattungspraxis aus ihrer einseitigen gemeindetheologischen Bindung zu lösen und sie im Anschluss an ihre altkirchlichen Wurzeln diakonisch als „Aktion des Beistandes" (siehe oben) zu verstehen, also als ein in die Gesellschaft wirkendes Geschehen, das Menschen immer dann im Sinne des Evangeliums begleitet, wenn sie auf die Kirche zukommen und darum bitten.

Das Pilotprojekt „Licht und Segen"

Auch Niebergalls Anregung, über die Bezirksgrenzen hinaus zu denken, gewinnt damit neu an Aktualität. Als Beispiel nenne ich ein Pilotprojekt des Evangelischen Kirchenkreises Hanau-Land, das der Dekan des Kirchenkreises, Martin

---

57 Friedrich Niebergall, *Die Kasualrede* (Göttingen: 1905), 17f.
58 Dieter Becker, *Solitarbestattung. Evangelische Bestattungen ohne Angehörige als theologische Herausforderung*, PTh 102 (2013): 355–370.
59 Lutz Friedrichs, eds., *Bestattung. Anregungen für eine innovative Praxis* (Göttingen: 2013), 53; siehe dazu auch: Lena Gilhaus, *Trauerfeiern für Verstorbene ohne Angehörige*, in: dradio.de (29. August 2013), unter: www.d.radio.de/dlf/sendungen.

Lückhoff, und ich mit einem Projektteam unter dem Titel „Licht und Segen" initiiert haben. Es handelt sich um eine neue, kollektive Form der Trauerfeier in Verantwortung des Kirchenkreises.

Neu sind Ort, Zeit und Form der Trauerfeier: Sie findet in zwei Kirchen des Kirchenkreises einmal im Monat an einem Freitag, im Sommer um 16 Uhr, im Winter um 14 Uhr, statt. Das Angebot richtet sich primär an die, denen die klassische kirchliche Form der Bestattung fremd geworden ist. Ein Trauergespräch vor der Feier ist zwar möglich, aber nicht erforderlich. Der Flyer, mit dem für „Licht und Segen" geworben wird, fasst das Neue der Feier so zusammen: „In ‚Licht und Segen' können Sie für sich allein oder mit Freunden und Angehörigen:

- die Stille des Kirchenraums erleben
- Musik mit Saxophon und Klarinette hören
- eine Kerze für Ihre/n Verstorbene/n entzünden
- Segen für den Weg Ihres Abschieds empfangen
- sich zu einem kleinen Imbiss nach der Feier einladen lassen
- die Gelegenheit nutzen, nach der Trauerfeier mit einem Seelsorger zu sprechen."

Das wirklich Neue aber ist nicht die Form, sondern die theologische Haltung, aus der heraus das Projekt gestaltet wird: Bestattung wird primär diakonisch verstanden, als Dienst der Kirche an der Gesellschaft, der sich nicht von der Frage der Kirchlichkeit, sondern der Frage der Bedürftigkeit leiten lässt – die Feier ist offen für jeden, auch für Menschen, die nicht oder nicht mehr der evangelischen Kirche angehören.

Zu bedenken ist bei allem, dass es nicht ausreicht, den Blick nur auf neue Formen kirchlicher Trauerfeiern zu richten. Wichtig ist, den Trauerprozess umfassend wahrzunehmen und kreativ nach zielgruppenspezifischen Angeboten wie etwa „Heiligabend auf dem Friedhof"[60] zu fragen.

5.4 Predigen in tastender Gewissheit

Der Wandel der Bestattungskultur stellt sich als Herausforderung dar, über das nachzudenken, was Kennzeichen und Stärke der evangelischen Kirche ist, die Predigt. Auch für sie gilt: Sie ist lange Zeit von der kultrituellen Logik des Gemeindegottesdienstes her gesehen worden. Nicht zuletzt um der Gefahr der Lügenrede zu entgehen, gelte es, allgemein über Tod und Auferstehung zu predigen. Das

---

[60] Siehe dazu Isolde Böhm, *Heiligabend auf dem Friedhof*, in: Friedrichs (2013), a.a.O., 59–64.

aber ist nicht der Sinn der Bestattungspredigt.[61] Ihr muss es nicht um das Allgemeine, sondern um das Besondere gehen: Der Tod eines Menschen ist Anlass, dessen Leben in den Blick zu nehmen und zu würdigen: „Für viele Menschen unserer Gesellschaft ist das Begräbnis der einzige Ort, wo ihres Lebens umfassend gedacht wird. Darum ist es so makaber, so inhuman, wenn die festliche Begehung des Todes unterlassen wird. Ob einer in einem Grab zur letzten Ruhe gebettet oder sein Leichnam verbrannt wird, ob man ihn in der See bestattet oder in einem anonymen Gräberfeld, ist sekundär. Wichtig ist, dass sein Tod Anlass ist, seines Lebens zu gedenken."[62]

In postsäkularer Zeit gilt es, die Predigt bei Bestattungen als Rede zu denken, die mit kritischem Einfühlungsvermögen Leben erkundet und in tastender Gewissheit vom Glauben spricht, wissend um das Geheimnis eines jeden Menschen, wissend auch um das Wagnis, im Angesicht des Todes Sprache zu finden, wo Worte sich letztlich nur verfehlen können. So lässt sich die postsäkulare Bestattungspredigt von zwei Einsichten leiten: Erstens davon, dass unser Wissen immer nur „Stückwerk" (1 Kor 13, 12) sein kann. Und zweitens, dass im Fall des Todes Bilder nötig sind, die ein „Hindurchsehen" (Martin Luther) auf den Himmel möglich machen.[63] Als letztes Wort über einen Toten soll die Bestattungspredigt nicht über das Leben eines Toten verfügen, sondern es auf Gott hin offen halten.

Darin wird deutlich, dass die Bestattungspredigt exemplarisch für das Verhältnis von Tradition und Wandel in der kirchlichen Bestattungspraxis insgesamt steht: Die biblische Tradition muss auf dem Kommunikationsniveau ihrer Zeit aufgeschlossen werden, um ihr tröstliches, aber auch kritisches Potenzial entfalten zu können.

5.5 Musik als Lebenshilfe

Eine zentrale Frage der Gestaltung von Trauerfeiern ist die Frage der Musik. Es gibt einen engen Zusammenhang zwischen Musik und Identität: Daher kann es sinnvoll sein, „ein bestimmtes Musikstück im Gottesdienst kommentierend einzubeziehen."[64]

---

61 Lutz Friedrichs, *Die Bestattungspredigt zwischen Einstimmung und Einspruch. Eine rhetorisch-theologische Verortung*, in: PTh 101 (2012), 407–423.
62 Daiber, *Beerdigung* (1996), a.a.O., 13.
63 Martin Luther, *Ein Sermon von der Bereitung zum Sterben* (1519), in: Ausgewählte Schriften, Band 2, Karin Bornkamm/Gerhard Ebeling (Hg.), (Frankfurt a. M.: 1982), 15–34, 20; siehe WA 2, 685–697.
64 *Agende* 2006, a.a.O., 12.

Damit deutet sich ein Perspektivenwechsel auch im Verständnis von Kirchenmusik an: Nicht nur die kirchliche Trauerfeier, sondern auch die Musik ist von der Logik der Kasualien her nicht als „Verkündigung", sondern als Lebenshilfe aufzufassen. Musik im Bestattungsgottesdienst soll helfen, die schwierige Situation durchzustehen: „Ihr tröstendes Potential ist nicht gering zu schätzen. Musik kann Hilfe in schwierigen Lebenslagen sein, wenn sie mit Blick auf diese Dimension hin ausgewählt wird. Musik im Bestattungsgottesdienst sollte ‚menschenfreundliche Musik' (Peter Bubmann) sein und sich nicht als eine sich ausschließlich selbst genügende Kunst verstehen. Sie sollte sich der Bedürfnisse der Menschen annehmen und ihr seelsorgerliches Potential entfalten. Wird man sich der diakonischen Bedeutung der Kirchenmusik bewusst, wird man positiv auf die vielfältigen Veränderungsprozesse im Bereich der Bestattungsmusik reagieren und diese nicht als Bedrohung, sondern als Chance sehen können.

Zwischen den Polen eines relativ eng umrissenen (kirchlichen) Singrepertoires und eines (auch weltliche Einflüsse nicht leugnenden) Musikbestands entwickelt sich gegenwärtig situativ eine je eigene Bestattungsmusik. Notwendig hierfür ist es, neben dem Singen weitere musikalische Partizipationsformen zu akzeptieren. Es gilt anzuerkennen, dass nicht nur das aktive Selbstsingen, sondern etwa auch das (keineswegs immer passive) Hören von Musik individuell bedeutsam sein kann. Musikhören dient – so wusste etwa Johann Sebastian Bach – der ‚Recreation des Gemüts' – und das gilt nicht allein für geistliche Musik. ‚Bei jeder andächtigen Musique', so schreibt Bach, ist Gott ‚allezeit zugegen mit seiner Gnadengegenwart.' (Randnotiz zu 2. Chr 5,13) Nicht der Stil ist demnach entscheidend, sondern die Rezeptionshaltung. Andachtsfähig ist grundsätzlich jede Musik – und daher kann wohl grundsätzlich auch jede Musik in der Bestattung vorkommen."[65]

6 Fazit

Die kirchliche Bestattungspraxis steht unter starkem Einfluss der Bestattungskultur insgesamt. Sie hat nicht die Kraft, sie als Ganze zu bestimmen, zu beeinflussen oder zu ändern, wie am „Siegeszug der Urne" (Happe) deutlich wird. So muss sie versuchen, ihre Anliegen innerhalb der postsäkularen Bestattungskultur zu

---

[65] Stephan Reinke, *Musik als Lebenshilfe begreifen*, in: Friedrichs (2013), a.a.O., 29–32, 31f.

entwickeln, rituelle Sicherheit neu zu „generieren"[66] und an wunden Punkten gegenkulturell-diakonisch initiativ zu werden.

Um das erreichen zu können, ist ein Wandel im theologischen Selbstverständnis nötig: Die kirchliche Bestattung muss sich entschlossen als Kasualie verstehen: Nur so wird es ihr gelingen, ihre Tradition lebendig zu halten. Denn biblisch-christliche Deutungsmuster können in ihrem sinnstiftenden Potenzial heute nicht einfach vorausgesetzt werden, sondern müssen als solche erst im Vollzug des Rituals erschlossen werden, um als „Zeitinsel" (Hartmut Rosa) oder „rituelles Exil" (Turner) vergewissernd und lebensvertiefend wirken zu können.

Dabei stehen die Kirchen vor der Herausforderung, sich dem Siegeszug der Feuerbestattung konstruktiv zu stellen: Er greift, wie die Einblicke in das Schwinden kirchlicher Bestattungssitten zeigen, sehr viel tiefer in kirchlich-christliche Sinnstiftungsprozesse ein als gemeinhin angenommen wird.

---

66 Thomas Klie, *Einleitung*, in: Performanzen des Todes. Neue Bestattungskultur und kirchliche Wahrnehmung, Thomas Klie (Hg.), (Stuttgart: 2008), 7–13, 12.

Christian Binder
Dass er über Lebende und Tote Herr sei

Gottes Handeln an den Lebenden und an den Toten in den liturgischen Texten der Bestattungsagenden

Die Pfarrerinnen und Pfarrer eines westfälischen Kirchenkreises planen ein außergewöhnliches Experiment: Sie wollen sich gegenseitig bei Beerdigungen besuchen, um sich anschließend in kollegialer Beratung zum Erlebten Rückmeldung zu geben. „Komm mit zu meiner Beerdigung" heißt das Projekt kollegialer Hospitation bei Bestattungen und zur Vorbereitung findet eine mehrtägige Konventsklausur statt, auf der sie miteinander über ihre Kasualpraxis ins Gespräch kommen wollen. Bei den Übungen mit den begleitenden Gottesdienstcoaches wird bald deutlich, dass es bei der Bestattungssequenz am Grab feine, aber sehr bezeichnende Unterschiede gibt: Einige ältere Kollegen setzen, am Grab angekommen, mit dem wacker gesprochenen Votum 1.Petr 1,3 ein, was ihnen deutliche Kritik einträgt: Ein solch komplexes theologisches Theorem könne man trauernden Angehörigen im Angesicht des Grabes kaum zumuten. Eine tröstende Zusage der Nähe Gottes sei an dieser Stelle notwendig. Auch die nächste Sentenz wird kontrovers diskutiert: Hat Gott den Verstorbenen aus diesem Leben abgerufen? Oder hat der Tod ihn aus unserer Mitte genommen? War es die Krankheit, die ihm das Leben genommen hat, oder ist er einfach gestorben? Einige Kollegen differenzieren hier nach Kasus: Lebenssatte, im hohen Alter verstorbene Menschen hat Gott heimgerufen, jung verstorbene hat der Tod aus dem Leben gerissen. Einer wechselt ab: Im Gebet in der Kapelle ist es Gott, der den Verstorbenen abberuft in sein ewiges Reich, im Angesicht des Grabes ist es der Tod, der ihn umfangen hat. Durch diese Differenzen aufmerksam geworden, hört man nun auch, dass einige Kollegen in der klassischen Formulierung Christus den Verstorbenen am Jüngsten Tage auferwecken und dann gleich in sein ewiges Reich aufnehmen lassen, ohne Umweg über das Gericht. Andere verzichten auch auf Auferweckung und Jüngsten Tag und sind nur zuversichtlich, dass der Verstorbene nun bei Gott geborgen ist. Einige wenige sprechen dies dem Verstorbenen im Sarg direkt als Segen zu und müssen sich deshalb kräftiger Kritik durch die Mehrheit stellen: Der Verstorbene sei eben tot und deshalb weder anzusprechen noch zu segnen.

Der Versuch, diese Differenzen nun durch einen Blick in die Agende zu klären, zeigt schnell, dass sich hier die meisten Pfarrerinnen und Pfarrer aus dem Material verschiedener Agenden und weiterer Gebetssammlungen eine eigene Bestattungsagende geschaffen haben, die sie je nach Kasus variieren und die ihrer theologischen Position und ihrem seelsorglichen Gespür entspricht.

Grundlage waren dabei neben der altehrwürdigen Agende der Evangelischen Kirche der Union von 1964, nach der viele ihr Handwerk am Grab gelernt haben, die lutherische Agende von 1996, die von einigen damals sehr erleichtert aufgenommen wurde, weil sie aus vielen altertümlichen Formulierungen befreite, die man den Menschen nicht mehr zumuten wollte und schließlich die Nachfolgerin der EKU-Agende, die Agende der Union Evangelischer Kirchen in der EKD von 2004, die letzte bislang erschienene Bestattungsagende.

Alle drei Agenden sprechen sehr unterschiedlich vom Erleben der Menschen und vom Handeln Gottes im Angesicht des Todes und vermitteln verschiedene Auffassungen davon, wie Gott an den Lebenden und an den Toten handelt.

Diese Unterschiede sollen hier nachgezeichnet werden, um erkennbar zu machen, wie sich das kirchenamtlich verantwortete öffentliche christliche Sprechen vom Handeln Gottes an den Lebenden und den Toten in den letzten Jahrzehnten gewandelt hat.

1 Agende für die Evangelische Kirche der Union 1964

Der Textbestand der EKU-Agende von 1964 ist sehr viel schmaler als bei den beiden späteren Agendenwerken, sowohl was die Anzahl als auch die Gattung der Texte angeht. Die Agende bietet zwei ausgeführte Liturgien, für die Bestattung eines Erwachsenen und die Bestattung eines Kindes, jeweils in zwei Fassungen: Als Gottesdienst am Ort der Aufbahrung und anschließend am Grabe sowie als Gottesdienst nur am Grabe. Der Gottesdienst nur am Grabe für die Bestattung eines Erwachsenen soll auch bei einer Feuerbestattung Anwendung finden und ist um eine kurze Liturgie für eine Urnenbeisetzung ergänzt. Findet erst nach der Beisetzung am Grab ein weiterführender Gottesdienst statt, so soll er in Form des agendarischen Sonntagsgottesdienstes durchgeführt werden. Die ausgeführten Liturgien werden um eine kurze Sammlung von Texten erweitert, die in erster Linie Schriftworte für Eingangsspruch, Psalmgebet und Schriftlesung bietet sowie Alternativen für das Dank- und Fürbittengebet und die Bestattungskollekte, die mit folgendem Vater Unser und Segen die Bestattung am Grab abschließt. Beim Dank- und Fürbittengebet finden sich Formulierungsvorschläge für unterschiedliche Kasus: Bei Betagten, bei „gesegnetem christlichem Leben", nach „christlich getragenem Leiden" (EKU 1964, 123), bei einem Elternteil, bei jungen Menschen, bei einem „Diener der Kirche", bei plötzlichem Tod, in „schwierigen Fällen" und bei „geistiger Umnachtung" (EKU 1964, 124). Die Eingangssprüche bieten lediglich eine Differenzierung nach Kirchenjahr.

Dies zeigt schon, dass in dieser Agende zu Beginn des Bestattungsgottesdienstes kein Eingehen auf die Situation oder den Kasus vorgesehen ist. Auf das Eingangslied folgen ein Votum und ein biblischer Eingangsspruch, nur die Gebetsaufforderung vor dem Psalm benennt den Modus des Geschehens: „Demütigt euch mit mir vor dem allmächtigen Gott, lasset uns an diesem Sarge gedenken an den Tod und des Todes Ursach und aus Gottes Wort also beten" (EKU 1964, 94). Es folgt Psalm 90 oder ein anderer Psalm, darauf die Schriftlesung. Erst in der dann folgenden Predigt mag Raum dafür sein, die Angehörigen und die Trauergemeinde anzusprechen, die Situation und den Kasus zu benennen.

Die demütige Haltung vor dem allmächtigen Gott im Angesicht des Todes, wie sie in der Gebetsaufforderung benannt wird, ist programmatisch für die Deutung des Gesamtgeschehens und entsprechend erfolgt auch die Zuordnung der Handlungsaspekte.

1.1 Gott tötet und macht lebendig, er richtet und rettet.

„Nachdem es dem allmächtigen Gott gefallen hat, unseren Bruder [...] aus diesem Leben abzuberufen, befehlen wir ihn [...] der Gnade Gottes und legen seinen [...] Leib in Gottes Acker, Erde zur Erde, Asche zur Asche, Staub zum Staube, in der Hoffnung der Auferstehung zum ewigen Leben durch unseren Herrn Jesus Christus" (EKU 1964, 100), so lautet der zentrale und programmatische Satz des Bestattungswortes. Der allmächtige Gott beruft nach seinem Willen Menschen aus diesem Leben ab, er erlöst sie „von allem Übel dieses vergänglichen Lebens" (EKU 1964, 121). Auch das verstorbene Kind hat er „aus dieser Welt der Sünde und des Todes" abgerufen (EKU 1964, 107) und „aus dieser vergänglichen Welt" zu sich genommen (EKU 1964, 108). Er ist es auch, der die Trauernden durch den frühen oder „jähen Tod" eines Verstorbenen „erschreckt" und „in tiefes Leid geführt" hat (EKU 1964, 124) und durch den frühen Tod „viel Freude und Hoffnung zunichte" (EKU 1964, 125) gemacht hat.

Und doch ist Gott es, der alle, die durch den Tod eines Kindes „betrübt" sind, trösten kann „in der Gewissheit der Auferstehung und des Lebens" (EKU 1964, 106). Denn die Menschen sind seine „wahrhaftigen Kinder", dazu berufen, in sein ewiges Reich „einzugehen" (EKU 1964, 106). Er nimmt die Verstorbenen auf in seine „ewige Herrlichkeit" und lässt gläubige Christen nun schauen was sie geglaubt haben (EKU 1964, 123). Menschen, die an Gott glauben und in seinem Dienst bleiben, werden in seinem „Reiche selig" werden (EKU 1964, 106), gemeinsam werden sie „dereinst mit allen abgeschiedenen Gläubigen vereint zum ewigen Frieden eingehen" (EKU 1964, 101).

Es ist Jesus Christus, durch den Gott den Menschen „Vergebung der Sünden und Rettung vom ewigen Tod" zugesagt hat (EKU 1964, 97), um Jesu Christi willen wird er dem Verstorbenen „alle seine Sünde vergeben und ihn nach seiner Gnade erwecken zu seiner ewigen Herrlichkeit" (EKU 1964, 99). Es ist Jesus Christus, der den Verstorbenen auferwecken wird am Jüngsten Tag, der ihm gnädig im Gericht sein möge und ihm aushelfe zu seinem ewigen Reich (EKU 1964, 96), Jesus Christus, der „allein aus Gericht und Hölle retten kann" (EKU 1964, 100).

1.2 Die Menschen demütigen sich unter Gottes Willen und hoffen auf ein seliges Ende.

Und so formulieren die Gebete in dieser Agende das dringliche Anliegen der Menschen, dass sie ihr „Leben führen und vollenden im Glauben" an Jesus Christus (EKU 1964, 100) und „die Hoffnung fest und gewiss halten, dass wir nicht sterben, sondern entschlafen und am Jüngsten Tag zum ewigen Leben erweckt werden" (EKU 1964, 97). Dieser Glaube wird im Angesicht des Todes gestärkt durch die Einsicht in die Notwendigkeit des eigenen Sterbens, auf dass „wir unser Ende bedenken" und Gottes „Gnadenstunde nicht versäumen" (EKU 1964, 100). Die „Gnadenfrist", die Gott den Menschen schenkt (EKU 1964, 124) will gut genutzt sein und so wird gebetet um Bewahrung „vor einem bösen und schnellen Tode" und um die Gnade, die verbliebene Lebenszeit als Gottes „Haushalter recht zu nutzen" (EKU 1964, 126).

Der Glaube hilft den Menschen, Gottes „Güte und Weisheit" zu erkennen, auf dass sie sich „demütigen unter" seine „gewaltige Hand" (EKU 1964, 107), seine „väterliche Hand", unter die sich die Menschen „beugen" mögen, auch wenn sie Gottes Tun „nicht begreifen" (EKU 1964, 124). Gottes Wort kann ihnen dabei helfen, sich seiner „unerforschlichen Allmacht und Weisheit" zu fügen und in seinen „Ratschlüssen" seine „väterliche Liebe" zu erkennen (EKU 1964, 125). Es geht darum, sich im Angesicht von Tod und Leid unter Gottes Willen zu beugen und ihm „von ganzem Herzen" zu „vertrauen" (EKU 1964, 108). Menschen mögen Gottes Liebe „auch im Leid vertrauen" (EKU 1964, 107), ihre „Last in Glauben und Geduld tragen bis ans Ende" (EKU 1964, 123) und sich damit „im rechten Gehorsam [...] bereiten auf ein seliges Ende" (EKU 1964, 107). Ein Ende, an dem Gott die Menschen, „nicht sterben lasse mit unvergebenen Sünden", sondern sie, wenn ihre „letzte Stunde kommt, heimbringe in seinen Frieden", er ihnen seinen Frieden schenke, „die Vergebung unserer Sünden und das ewige Leben" (EKU 1964, 122).

Und so steht in der Bestattungskollekte am Ende die Zuversicht, dass Jesus Christus den Menschen „die ewige Gerechtigkeit, Freude und Seligkeit erworben" hat und die Bitte, er wolle ihnen „eine fröhliche Auferstehung verleihen" und sie in sein „ewiges Paradies heimholen" (EKU 1964, 128).

2 Agende für Evangelisch-Lutherische Kirchen und Gemeinden 1996

Die Bestattungsagende der VELKD spannt einen weiteren Bogen der liturgischen Begleitung bei einem Todesfall. Sie folgt dem Konzept der gestreckten Kasualie und bietet Formulare für eine gottesdienstliche Begleitung von der Aussegnung im Sterbe- und Trauerhaus kurz nach dem Eintritt des Todes bis zur Abkündigung im Gemeindegottesdienst des folgenden Sonntags und am Totensonntag. Zur eigentlichen Bestattung bietet sie ausgeführte Liturgien für Gottesdienste, die in der Kapelle bzw. Kirche beginnen und am Grab fortgesetzt werden und für den umgekehrten Fall, für einen Gottesdienst nur am Grab und für einen Gottesdienst bei Einäscherung mit späterer Urnenbeisetzung. Anhand einer eigens aufgeführten Liturgie kann im Gottesdienst zur Bestattung auch Abendmahl gefeiert werden. Auch sie sieht für die Bestattung eines Kindes eine eigene ausformulierte Liturgie vor. Die beigefügte Textsammlung bietet biblische Texte für das Eingangsvotum, Psalm und Lesung sowie eine Auswahl von Eingangsgebeten, Schlussgebeten (entsprechend den Bestattungskollekten der EKU-Agende) sowie Präfationen und Dankgebete zum Abendmahl. Die größte Auswahl wird für das Gebet nach der Predigt geboten, das zumeist Dank und Fürbitte verbindet und dazu auffordert, noch einmal des Verstorbenen zu gedenken und ihn Gott anzuvertrauen. Zu dieser Gattung finden sich Formulierungen für unterschiedliche Zeiten des Kirchenjahres und für verschiedene Kasus: Beim Tod eines Kindes, eines behinderten Kindes, eines jungen Menschen, eines Elternteils oder Ehegatten, eines Pfarrers oder einer Pfarrerin, eines Menschen in öffentlicher Verantwortung oder eines einsamen Menschen, beim Tod nach einem langen Leben, nach schwerem Leiden, nach einer Selbsttötung, nach plötzlichem Tod, einem Unfall oder nach Katastrophen.

Neben dieser Orientierung an Kasus und Situation im Gebet nach der Predigt bietet die lutherische Agende aber bereits zu Beginn des Gottesdienstes die Möglichkeit, die Situation des Abschieds und der Trauer anzusprechen und den Horizont christlicher Hoffnung aufzuzeigen: Auf Eingangsmusik und Friedensgruß durch den Liturgen folgt ein biblisches Votum, das beispielsweise durch folgende Formulierung eingeleitet werden kann: „Wir sind zusammengekommen, um Abschied zu nehmen von [...] [Namen]. Ihr/sein Tod bringt euch, den Angehörigen/der Familie, und vielen von uns Trauer und Schmerz. Als Christen glauben wir, dass der Tod nicht das Ende ist. Wir erwarten das ewige Leben. In diesem Glauben suchen wir Trost aus Gottes Wort." (VELKD 1996, 46)

Zwischen diesen beiden Polen, der Wirklichkeit der Trauer und des Abschieds und dem Horizont der Hoffnung auf ein neues, ewiges Leben bewegen sich größtenteils die liturgischen Impulse der Agende. Andere Aspekte, die der EKU-Agende noch wichtig waren, die heilsame Mahnung des Memento Mori oder die zuversichtliche Bitte um Vergebung von Schuld und Sünden treten in den Hintergrund oder entfallen ganz.

Indem sie die gottesdienstliche Station des Abschieds aus der Aussegnungsfeier auch als Element des Trauergottesdienstes vorsieht, öffnet die Agende die Möglichkeit, die Erinnerung an den Verstorbenen auch außerhalb der Predigt, als Teil des dankenden und fürbittenden Gedenkens aufzunehmen. So können gelungene wie leidvolle, liebevolle wie schuldhafte Züge der Biographie stärker auf das in den Gebeten angesprochene segnende und tröstende Handeln Gottes bezogen und so die Kontinuität des Handeln Gottes über die Grenzen von Tod und Leben hinweg erkennbar werden.

2.1 Gott vollendet, was er in der Taufe begonnen hat.

Im Bestattungswort erscheint Gott als „der Herr über Leben und Tod", der den Verstorbenen „aus diesem Leben abgerufen hat" (VELKD 1996, 56). In seine Hand wird der Verstorbene gegeben. „Jesus Christus wird ihn auferwecken. Er sei ihm gnädig im Gericht und lasse ihn die ewige Herrlichkeit schauen." (VELKD 1996, 57). Nur an dieser Station und in einem Textvorschlag zum Schlussgebet (VELKD 1996, 183) erscheint der Terminus des Gerichts und nur hier und entsprechend bei der Bestattung eines Kindes (VELKD 1996, 94) erscheint der Gedanke des Auferweckens. Entsprechend bietet die Agende einen alternativen Textvorschlag, der die beiden singulären Begriffe vermeidet: „Unser Bruder [Name] ist durch die Taufe mit Christus verbunden. Auch der Tod kann [...] ihn nicht aus seiner Hand reißen. Darum befehlen wir [...] ihn seiner Gnade" (VELKD 1996, 57).

Die Vorstellung eines richtenden Christus erscheint noch einmal im Vorschlag zum Gebet nach der Predigt am Ende des Kirchenjahres (VELKD 1996, 162), ist aber ebenso wie der gnädig vergebende Gott keine Figur, die den Duktus der Agende prägt. Dass Gott dem Verstorbenen vergibt, erscheint in Textvorschlägen zum Gebet nach der Predigt zweimal als direkte Bitte: „Vergib, was [...] er versäumt und verschuldet hat" (VELKD 1996, 159, vgl. 167) und einmal als Teilaspekt eines umfassenden Vergebungshandelns: „Vergib [...] ihm und uns, was wir dir und einander schuldig geblieben sind" (VELKD 1996, 158). Im Text der ausgeführten Liturgie gilt Gottes Vergebung lediglich den Lebenden: Wer dem Verstorbenen „etwas schuldig geblieben ist in Worten und Taten, bitte Gott um Vergebung. Und wem [...] er wehgetan haben sollte, verzeihe [...] ihm, wie Gott uns vergibt" (VELKD 1996, 52). Konsequenterweise ist dann auch nur an einer Stelle von den Sünden des Verstorbenen die Rede, in einem Gebetstext nach dem traditionellen Gebet des Serapion von Thmuis. Hier begegnet dann auch noch einmal die Vorstellung vom Wecken des Verstorbenen „an dem Tag, den du nach deiner Verheißung anbrechen lässt" (VELKD 1996, 154).

Auch wenn die Auferweckung der Verstorbenen kaum thematisiert wird, steht es für die Agende auf der anderen Seite außer Frage, dass es Gott ist, der den Verstorbenen „aus diesem Leben" (VELKD 1996, 56) bzw. „aus unserer Mitte" (VELKD 1996, 54) abgerufen hat, ihn nach einem langen Leben hat „friedlich einschlafen lassen" (VELKD 1996, 169), er hat sein Leben „zum Ziel geführt und alle Unruhe, aber auch alle Müdigkeit von ihm genommen" (VELKD 1996, 170), seinem Leben „durch den Tod ein Ende gesetzt" (VELKD 1996, 172). Gott ist es aber auch, der die Menschen durch den plötzlichen Tod ihres Angehörigen „in tiefes Leid gestürzt" hat (VELKD 1996, 175), der den Verstorbenen „so plötzlich aus unserer Mitte gerissen" hat (VELKD 1996, 176), ihn „früh aus diesem Leben gerufen" und den Angehörigen damit „viel Freude und Hoffnung genommen" hat (VELKD 1996, 167). Wenn ein Kind gestorben ist, so hat Gott zu sich genommen, „was uns anvertraut war" (VELKD 1996, 165). Dies kann zu vehementen Anfragen an Gott führen: „Wie sollen wir wieder Vertrauen haben zum Leben – zu dir? Du kannst doch alles! Hattest du nicht einen Ausweg gewusst? Warum musste dies denn sein? Warum hast du es zugelassen? War das ein unbegreifliches Schicksal, oder hast du, Gott, es etwa gewollt? Wir wissen keine Antwort." (VELKD 1996, 163) Die folgende Bitte um Hilfe und Stärkung des Glaubens und Vertrauens findet in anderen Gebeten zu diesem Kasus bereits zuversichtlichen Ausdruck: Gott hat das Kind „heimgeholt" nach seinem „ewigen Ratschluss", nun wissen es die Menschen „in deinen Armen geborgen" (VELKD 1996, 91) und bitten: „breite deine Liebe über [...] ihm aus und lass [es] deine Nähe erfahren" (VELKD 1996, 90). Eine Zuversicht, die für alle Kinder Gottes gilt und vor allem im Begriff der Vollendung zum Ausdruck kommt: Gott nimmt den Verstorbenen gnädig auf und vollendet sein Werk an ihm in Ewigkeit (VELKD 1996, 53), vollendet ihn nach seinem Willen „zum ewigen Leben in deiner Herrlichkeit" (VELKD 1996, 90), er gibt ihm „Anteil an seiner Herrlichkeit" (VELKD 1996, 107), lässt ihn seine Herrlichkeit „schauen" (VELKD 1996, 152). Gott vollendet das Leben nach seiner Güte (VELKD 1996,152), in dem er am Verstorbenen vollendet, „was er [...] ihm in der Taufe geschenkt hat" (VELKD 1996, 107), es ist ein treues Handeln Gottes, in dem er den „Weg zum verheißenen Ziel" führt, den er mit dem Verstorbenen begonnen hat (VELKD 1996, 158), er führt „aus dem Dunkel des Todes" in sein „ewiges Licht" (VELKD 1996, 157), wo er Gottes „unvergängliches Licht in Klarheit schauen" kann. In diesem

Licht möge Gott alle Betenden ihr „Leben vollenden" lassen (VELKD 1996, 182). Die Vollendung im ewigen Licht Gottes, die sichere Bewahrung in Gottes Nähe, in seiner Hand und in seinem Arm als Abschluss eines in der Taufe mit dem Menschen begonnenen Weges der treuen Begleitung und festen Verbundenheit tritt in dieser Agende als starkes Motiv gegen die klassische Abfolge von leid- und sündenvollem Leben, Tod, Gericht und fröhlicher Auferstehung.

2.2 Die Menschen trauern und klagen im Vertrauen auf Gottes Liebe und Treue

Die Zuversicht in diese bleibende Verbindung zu Gott, der Glaube „dass wir auch in diesen Stunden des Leids deine Weisheit und Liebe erkennen, den Trost des Evangeliums erfahren und im Vertrauen auf dich die Wege gehen, die du uns führst" (VELKD 1996, 50) macht es möglich, auch die eigene „Angst vor der Macht des Todes" auszusprechen, zu bekennen, dass das Herz schwer ist und die Zuversicht erschüttert und über den Tod des Verstorbenen zu klagen (VELKD 1996, 47). So suchen die Betenden „Trost und Geborgenheit bei Jesus Christus, der uns auch im Leiden nicht loslässt" (VELKD 1996, 47). Es ist eine Bewegung zwischen den Polen der Verzweiflung und der Hoffnung, eine Suche nach Gottes Trost im Angesicht des Todes: „Wir klagen Gott unser Leid; wir bitten ihn um sein Wort, das uns aufrichtet und tröstet". „Wir verstehen Gott nicht und möchten doch glauben, dass nur er es ist, der uns helfen kann." (VELKD 1996, 84)

3 Agende für die Union Evangelischer Kirchen 2004

Die Nachfolgerin der EKU Agende von 1964 nimmt zahlreiche Anregungen und auch Texte der lutherischen Agende von 1996 auf, wie die Station des Abschieds, die hier „Gedenken" genannt wird (vgl. UEK 2004, 83 und VELKD 1996, 52). Sie übernimmt auch das Konzept der gestreckten Kasualie, spannt es aber noch einmal deutlich weiter: Sie bietet ausgeführte Liturgien von der Andacht am Sterbebett mit der Möglichkeit der Beichte des Sterbenden und anschließendem Abendmahl, einer Andacht zur Begleitung der Trauernden unmittelbar nach Eintritt des Todes, eine Abschiedsandacht im Sterbezimmer, eine Andacht anlässlich der Abholung aus dem Sterbehaus, die eigentlichen Liturgien zur Bestattung bis hin zu Liturgien zu Trauerbegleitung und Totengedenken in Form von Andachten zum Sechswochengedenken und zum Jahresgedenken.

In diesem Aufriss wird die Trauerbegleitung als zentrales Grundanliegen der Agende erkennbar. Jeder Schritt des Trauerprozesses kann gottesdienstlich begleitet und liturgisch gestaltet werden. Konsequenterweise werden dann auch die Gottesdienste zur Bestattung als „Trauergottesdienste" bezeichnet. Hier finden sich ausgeführte Liturgien für Gottesdienste mit Grablegung zum Abschluss oder zum Beginn, mit unmittelbar anschließender oder späterer Urnenbestattung oder -beisetzung, für Trauergottesdienste ohne Bestattung und für einen Gottesdienst ohne Angehörige, der dann folgerichtig auch wieder Bestattungsgottesdienst genannt wird. Anders als in den früheren Agenden gibt es keine eigene ausgeführte Liturgie für die Bestattung eines Kindes, es finden sich aber Hinweise auf geeignete biblische Texte sowie liturgische Texte aus der umfangreichen angefügten Textsammlung für „Trauergottesdienste in besonders schwierigen Situationen" (UEK 2004, 165–166), namentlich beim Tod eines Kindes, nach einem Suizid, nach einem Unfalltod, nach einem Gewaltverbrechen und nach einer Katastrophe.

Die Agende identifiziert erstmals den rituellen Kern eines Bestattungsgottesdienstes, der „in bündiger Sprachform zum Ausdruck" bringt, „was die Christen aufgrund des biblischen Zeugnisses angesichts des Todesschicksals glauben und hoffen" (UEK 2004, 25). Dieser „rituelle Kern" besteht aus eröffnendem biblischem Votum, Bestattungswort, fakultativem Abschiedssegen, Auferstehungswort, Vaterunser und Segen (UEK 2004, 25). Dabei lässt sich das Bestattungswort noch einmal gliedern in Benennung der Situation mit Namensnennung („Wir nehmen Abschied von [...] [Name], [...] der durch den Tod von uns genommen wurde"), Erdwurf („Wir legen [...] den Verstorbenen ins Grab [mit dreimaligem Erdwurf] Erde zur Erde, Asche zur Asche, Staub zum Staube") und Anvertrauung („Gott ist der Schöpfer des Lebens und Herr über den Tod. Ihm vertrauen wir [...] [Name] an.") (UEK 2004, 86, vgl. 25).

Ein neues, wenn auch fakultatives Element ist dabei der Abschiedssegen, der mit erhobenen Händen und Kreuzzeichen zum Sarg hin gesprochen wird und in dem der Verstorbene segnend angesprochen wird: „Friede sei mit dir von Gott, dem Vater und dem Sohn [Kreuzeszeichen] und dem Heiligen Geist" (UEK 2004, 87).

Der rituelle Kern findet nur bei Gottesdiensten mit Bestattung eines Sarges zu voller Gestalt als zusammenhängendes, kompaktes Ritual am Grab. Bei Gottesdiensten zur Einäscherung findet der Abschiedssegen im Trauergottesdienst statt, der Rest des Rituals dann bei der Bestattung der Urne, wobei bei Urnenbeisetzungen in Kolumbarien das Element des Erdwurfs notwendigerweise entfällt. Bei Trauergottesdiensten mit unmittelbar folgender Urnenbeisetzung entfällt dagegen der Abschiedssegen ganz, denn hier ist „der Verstorbene nicht mehr in der Weise leiblich präsent wie bei einer Erdbestattung" (UEK 2004, 126). Findet gar keine Bestattung statt, so werden Elemente des rituellen Kerns zur neuen Station der „Kommendatio" umgeformt, in der der Verstorbene Gott anvertraut wird. Sie besteht aus Anvertrauung, Benennung, Hoffnungs- bzw. Auferstehungswort und einer Friedensbitte, die die bleibende Verbundenheit mit den Verstorbenen betont (UEK 2004, 155, vgl. 26).

In der Textsammlung finden sich darüber hinaus spezifische Gestaltungen des rituellen Kerns in Form von „Bestattungssequenzen" für die Bestattung eines Kindes, die Bestattung einer Urne auf See sowie zum Ausstreuen der Asche (UEK 2004, 332–334).

Die Textsammlung mit biblischen Texten sowie liturgischen Texten zu allen gottesdienstlichen Stationen ist umfangreicher als die Zusammenstellung der ausgeführten Liturgien. Sie enthält neben Psalmen in Versauswahl auch „Psalmtransformationen" (UEK 2004, 220), die sich mehr oder weniger frei an Formulierungen oder Motiven eines Psalms orientieren sowie „Gebete mit Psalmmotiven" (UEK 2004, 232) und Biblische Lesungen, die zusätzlich zum Luthertext auch in der Übersetzung von Walter Jens, der Guten Nachricht oder der Einheitsübersetzung erscheinen können. Die Gebetssammlung enthält zahlreiche Vorschläge für bestimmte Kasus, wie sie auch die lutherische Agende und in Ansätzen die EKU-Agende geboten haben.

Ganz neu ist dagegen eine recht umfängliche Sammlung von Texten aus der Literatur, „die für die seelsorgliche Trauerbegleitung hilfreich sein und für die Predigt und die Formulierung von Gebeten im Trauergottesdienst Anregungen geben können, weil sie geeignet sind, auch der Kirche Fernstehende anzusprechen" (UEK 2004, 25, vgl. 350ff.). Die Texte entstammen aus den unterschiedlichsten historischen und literarischen Epochen und religiösen und weltanschaulichen Traditionen und reichen von Adorno über Bonhoeffer, Erich Fried, Gryphius und die „Spuren im Sand" bis Zuckmayer.

Aber auch die Texte der liturgischen Textsammlung sind fast vollständig anderen Quellen entnommen oder stark an ihnen orientiert, zumeist anderen Agendenwerken sowie Materialheften und Gebetssammlungen aus den 1990er Jahren. Natürlich lässt sich auch anhand der Auswahl dieser Texte das theologische Profil dieser Agende aufzeigen, es soll jedoch in der folgenden Darstellung zwischen der „ipsissima vox" der Agende in den Texten der ausformulierten Liturgien und den Impulsen der Textsammlung unterschieden werden. Die Analyse der Texte wird dies rechtfertigen, wenn hier deutliche Schwerpunktsetzungen erkennbar werden. Dabei ist zu berücksichtigen, dass auch einzelne Texte der Liturgien, insbesondere Eingangsbete auf Vorlagen anderer Quellen zurückgehen.

3.1 Gott will das Leben, nicht den Tod

„Wir sind hier versammelt, um Abschied zu nehmen von [Name]. [...] Er wurde in [...] seinem [Alter] Lebensjahr aus unserer Mitte genommen. Wir vertrauen darauf, dass unsere Zeit in Gottes Händen steht. Er ist unsere Zuflucht und unser Trost." (UEK 2004, 79) Auch in dieser Agende sind die ersten nach dem Votum an die Trauergemeinde gerichteten Worte charakteristisch für den Tenor der entfalteten Liturgien. Der Verstorbene wurde aus der Mitte der Lebenden genommen, oder, wie es an der zweiten den Gesamtduktus bestimmenden Stelle im Bestattungswort heißt, er wurde „durch den Tod von uns genommen" (UEK 2004, 86). Der Verstorbene erscheint im Passiv, das nur für den religiös grundgestimmten Hörer als passivum divinum erkennbar wird, der den Gott, in dessen Händen unsere Zeit steht und der „Schöpfer des Lebens und Herr über den Tod" ist (UEK 2004, 86) als Verursacher dieses Todes anerkennen will.

In weiteren ausgeführten Liturgien ist Gott dann in den Eingangsformulierungen überhaupt nicht mehr als möglicher Akteur präsent: Die Versammelten „müssen heute [Name] beerdigen", sie begleiten ihn auf seinem letzten Weg. Es fällt schwer, Abschied zu nehmen, Schmerzen und Trauer machen stumm, „unsere eigenen Worte versagen. Wir suchen Trost und Zuflucht bei Gott." (UEK 2004, 95). Gott ist allenfalls noch Grund des Trostes der Trauernden, mit dem Tod des Verstorbenen hat er nichts mehr zu tun. Und wo anstelle des folgenden Psalms 90 das alternativ dazu vorgeschlagene Eingangsgebet gebetet wird, kann die Gemeinde nur bekennen, „fest" zu glauben, der Verstorbene „ist nun bei dir Gott. Mit der Kraft deiner Liebe hältst du uns alle fest, Lebende und Tote." (UEK 2004, 96) Der Verstorbene ist bei Gott, da ist man sich sicher. Wie er dahin gekommen sein mag, kommt nicht in den Blick. Sehr viel dezidierter ist hier das Eingangsgebet von Karl Barth, das zumindest eine der Liturgien als alternativen Vorschlag bringt: „Herr unser Gott, du gibst uns Menschen das Leben und dann nimmst du es wieder. Du verbirgst es eine Weile im Geheimnis des Todes und bringst es dereinst gereinigt und erneuert ans Licht als unser ewiges Leben." (UEK 2004, 97) Die dritte Liturgie kündigt in der Begrüßung zwar an „wir trauern miteinander und vergewissern uns der Hoffnung, die wir angesichts des Todes haben" (UEK 2004, 113), doch auch die folgend vorgeschlagene Auswahl aus Psalm 39 fragt allenfalls nach Gottes Trost und das Eingangsgebet, das den Psalm auch ersetzen kann, stellt auch diese Hoffnung auf Trost noch in Frage: „Wir bitten dich Gott, wenn es Trost gibt, dann lass ihn uns erfahren." (UEK 2004, 115) Die Eigenformulierungen der Agende verweisen zwar immer wieder auf die Zuversicht und den Trost, den die Trauernden bei Gott erwarten oder zumindest suchen, selbst formulieren mag sie diesen Trost jedoch an kaum einer Stelle, dieses tröstende Werk bleibt ganz den biblischen Texten und möglicherweise der Predigt überlassen.

Nur ein Eingangsgebet formuliert die Bitte, Gott lasse den Verstorbenen „zurückkehren zu dir und nimm [...] ihn auf in dein ewiges Reich" (81) und eine Fürbitte, dass Gott den Verstorbenen „aufnehme in sein ewiges Reich" (UEK 2004, 84), ansonsten kommt Gott als derjenige, der spezifisch an diesem Verstorbenen handelt oder gehandelt hat, nicht in den Blick. Wenn Gott am Verstorbenen handelt, dann tut er dies in Kontinuität zu seinem Handeln am Lebenden: Gott hat den Verstorbenen in seinem „Leben begleitet und durch [...] sein Sterben hindurch getragen" (UEK 2004, 149), er macht an dem Verstorbenen wahr, was er ihm in der Taufe zugesagt hat und nimmt ihn auf in sein ewiges Reich. Diese Kontinuität im Handeln am Lebenden, am Sterbenden und am Toten und die Analogie des Handelns an allen Lebenden und Toten bilden in dieser Agende das spezifische Proprium des Handelns Gottes. Mit der Kraft seiner Liebe hält er alle fest „Lebende und Tote" (UEK 2004, 96), man hofft darauf, „dass Gott über die Grenzen des Todes uns alle erfasst, die Lebenden und die Toten" (UEK 2004, 117). Gott „beschützt und bewahrt uns im Leben und im Sterben" (UEK 2004, 148), Gott „rette und erhalte uns im Leben und im Sterben" (UEK 2004, 85), denn „du hältst, was du uns in der Taufe versprochen hast" (UEK 2004, 148). Gott ist der „Herr über Leben und Tod, der unser irdisches Leben in seiner Hand hält und uns das ewige Leben verheißt" (UEK 2004, 136). Jesus Christus als Überwinder des Todes schenke die Gewissheit „dass wir in deiner Hand bleiben, im Leben und im Sterben. Lass uns die Kraft deiner Auferstehung erfahren, jetzt und in Ewigkeit" (UEK 2004, 134), als solle selbst die Kraft der Auferstehung jetzt schon den Lebenden zugeeignet werden.

Gott handelt an den Verstorbenen, wie er an den Lebenden handelt. Und dieses Handeln an den Lebenden, besonders den Trauernden ist sehr viel mehr Thema der Agende als sein Handeln an den Verstorbenen. Er schenkt den Trauernden Geborgenheit durch seine Nähe (UEK 2004, 102), er verbindet sie in seiner Liebe, die „Trost und Geborgenheit schenkt" (UEK 2004, 103), er gibt ihnen „Kraft für die nächsten Schritte" (UEK 2004, 124), er weckt „Liebe, die den Trauernden hilft" (UEK 2004, 80), er lässt sie Menschen finden (UEK 2004, 102) und führt Menschen zu ihnen, die ihnen beistehen (UEK 2004, 124). Gott ist das Licht, das das Dunkel der Trauernden erhellt, und die Stärke, die sie in ihrer Ohnmacht stützt (UEK 2004, 122.) Er schenkt den Verzweifelten „Frieden für ihre unruhige Seele" (UEK 2004, 85), er bringt Frieden in ihr Herz (UEK 2004, 122). Er weckt Hoffnung in ihnen, „die dem Tod standhält" (UEK 2004, 80), er lässt sie „hinausschauen über Tod und Grab" (UEK 2004, 124) auf das Leben, das er verheißen hat (UEK 2004, 102). Er schenkt den Verzweifelten Vertrauen auf sein Wort und bestärkt die Menschen, die „vor der Macht des Todes" erschrecken und sich „vor dem eigenen Ende fürchten", im Glauben an Jesus Christus und macht sie „des ewigen Lebens gewiss" (UEK 2004, 85), so können sie aus dem Evangelium „Hoffnung, Vertrauen und Lebensmut gewinnen" (UEK 2004, 137).

Auch diese Agende schweigt größtenteils über Sünde und Schuld des Verstorbenen und konsequenterweise dann auch über Gottes Gnade und Vergebung. Nur ein Gebet bittet Gott um Vergebung dessen, „was wir einander und was wir dir schuldig geblieben sind", sonst bleiben allenfalls Menschen einander etwas schuldig, denen zu vergeben ist, „wie Gott uns vergibt" (UEK 2004, 117), wobei dann offen bleibt, was Gott uns denn vergeben sollte.

3.2 Gott handelt erst im Anhang

Erst in der Textsammlung findet sich ein traditionelles Gebet, das auch von Sünden und ihrer Vergebung spricht (UEK 2004, 266), hier findet sich auch das traditionelle Bestattungswort der alten EKU-Agende mit der Rede von Christi Gnade im Gericht und dem Auferwecken am jüngsten Tag (UEK 2004, 325).

Ansonsten erhalten auch in der Textsammlung Verzweiflung, Ratlosigkeit und Klage der Trauernden breiten Raum, der Gott, vor den sie diese Klagen bringen, erweist sich jedoch als handlungsmächtiger als im Ordinariumsteil: Er allein bestimmt Anfang und Ende (UEK 2004, 240), er hat das verstorbene Kind gegeben, er hat es auch wieder genommen (UEK 2004, 243), er hat sein Leben „so früh abgebrochen" und den Trauernden „viel Freude und Hoffnung genommen" (UEK 2004, 296). Er ruft den Verstorbenen unerwartet plötzlich zu sich (UEK 2004, 272), ruft ihn nach seinem „Ratschluss aus diesem Leben" (UEK 2004, 237) oder lässt ihn friedlich einschlafen (UEK 2004, 293). Er setzt dem Leben des Verstorbenen durch den Tod ein Ende (UEK 2004, 294), er hat den Verstorbenen „dem Tod überlassen" und seinen „Lebensodem zurückgezogen" (UEK 2004, 301).

Gott erlöst den Sterbenden von seinen Schmerzen (UEK 2004, 295) und setzt dem Leiden ein Ende (UEK 2004, 283).

Es ist Gott, dessen „Lebensmacht mächtiger ist als der Tod" (UEK 2004, 269), seine „Liebe ist stärker als der Tod" und in dieser Liebe wird der Verstorbene leben (UEK 2004, 279). Er nimmt sich der verstorbenen Kinder an, sie sind bei ihm geborgen, er ist ihnen Mutter und Vater (UEK 2004, 190), seine Hand lässt niemanden los (UEK 2004, 191).

Gott gibt den Verstorbenen ewige Ruhe, er nimmt sie auf „in die himmlische Heimat" (UEK 2004, 288), in die „himmlische Wohnung" und gewährt „ewige Heimat" (UEK 2004, 329), er schenkt ihnen aber auch „ewige Freiheit" (UEK 2004, 292).

Gott wird sich an den Verstorbenen „erinnern am Jüngsten Tag und [...] ihn auferwecken zu Gericht und ewigem Leben" (UEK 2004, 333), nachdem er ihn bewahrt hat „bis hin zum Tag der Auferweckung der Toten" (UEK 2004, 334). Bezeichnenderweise finden sich diese Formulierungen vom Erinnern und Bewahren und von der Auferweckung der Toten in den beiden Bestattungssequenzen zur Urnenbestattung auf See und zum Ausstreuen der Asche. Wenn die Überreste der Verstorbenen der Anschauung und dem erinnernden Gedenken der Lebenden entzogen werden, muss Gott die Erinnerung an ihn gewährleisten.

Gott hält das irdische Leben in seiner Hand (UEK 2004, 83), er hat den Verstorbenen „auch in seinem Sterben gehalten" (UEK 2004, 148), er hält nun auch den Verstorbenen fest (UEK 2004, 241).

Dabei ist auch in den Texten der Sammlung das treue Handeln Gottes im Leben wie im Sterben eine zentrale Figur des Trostes und der Hoffnung: Gott bringt ans Ziel, was er mit dem Verstorbenen begonnen hat, er führt die Menschen zum Ziel, „in das Leben, das kein Tod bedroht", er selbst ist „Ursprung und Ziel" des Lebens (UEK 2004, 273).

Und zumindest für verstorbene Kinder gilt, dass sie zu Jesus Christus gehören, dem guten Hirten. Er segnet sie und geleitet sie „zur himmlischen Freude" (UEK 2004, 332), nimmt sie auf in seinen himmlischen Garten und schenkt ihnen „ewige Fröhlichkeit" (UEK 2004, 329).

4 Ein Gott der Lebenden oder auch ein Gott der Toten?

„Gelobt sei Gott, der Vater unseres Herrn Jesus Christus, der uns nach seiner großen Barmherzigkeit wiedergeboren hat zu einer lebendigen Hoffnung durch die Auferstehung Jesu Christi von den Toten." (1.Petr. 1,3; EKU 1964, 96) Dass dieser Satz nicht mehr der erste ist, den trauernde Angehörige hören, wenn sie vor dem offenen Grab ihres verstorbenen Liebsten stehen, ist aus theologischer, vor allem aus seelsorglicher Sicht sicher kein Verlust. Dass die EKU-Agende von 1964 den Angehörigen an dieser Stelle einen solchen Satz zumutet, der sich beim unvermittelten Hören auch einem Menschen nicht erschließt, der sich nicht in einer emotionalen Ausnahmesituation befindet, ist charakteristisch für ihre Haltung gegenüber den Trauernden: Der notwendig überfordernden Komplexität auf der Textebene korrespondiert eine paternalistische Forderung nach Unterwerfung und Demütigung unter den Willen Gottes, die den Trauernden auch noch als Gebetswunsch in den Mund gelegt wird: „Hilf, dass wir uns beugen unter deine väterliche Hand, auch wenn wir dein Tun nicht begreifen." (EKU 1964, 124). Die trauernden Angehörigen, die im Angesicht des Todes mehr auf ihre eigene Sterblichkeit und ihre Existenz als Sünder angesprochen werden als auf ihren Verlust und ihre Trauer, erscheinen bei heutiger Lektüre der ihnen von der Agende zugeschriebenen Gebete eher gedemütigt als demütig, eher vermahnt als getröstet.

Sie treffen auf einen allmächtig handelnden Gott, dem es „gefallen" hat, einen Menschen aus diesem Leben abzuberufen (EKU 1964, 96 und öfter), der Menschen in tiefes Leid führt, wenn er ihre Liebsten aus dem Leben nimmt, der sich auf dieses Tun aber auch ansprechen lässt, der Verantwortung trägt für sein Handeln an den Menschen. Er ist ganz fraglos derjenige, der die Menschen sterben lässt, er ist aber ebenso fraglos auch derjenige, der sie wieder auferweckt, der ihnen neues Leben gibt und ihnen in seinem ewigen Reich Frieden und Seligkeit schenkt. Und die Menschen, die als Sünder angesprochen werden, erhalten durch Christus auch die Verheißung der Vergebung ihrer Sünden und eines gnädigen Gerichts.

So sicher wie er den Tod gibt, so sicher wird Gott die Menschen auch wieder auferwecken, er ist der Gott, der tötet, aber auch wieder lebendig macht, er ist der Richter, der auch rettet.

Während für die EKU-Agende das Leben beendende wie das Leben schaffende, das richtende wie das rettende Handeln Gottes die zentralen Pole sind, zwischen denen sich die liturgischen Impulse bewegen, so sind dies bei der Agende der VELKD die Wirklichkeit von Abschied und Trauer der Menschen und die Hoffnung auf das von Gott gewährte ewige Leben.

Gottes richtendes Handeln tritt dagegen fast vollständig in den Hintergrund, entsprechend ist auch von den Sünden des Verstorbenen wie der Lebenden kaum noch die Rede und allenfalls zwischenmenschliche Versäumnisse verlangen nach Vergebung untereinander. Zwar machen die einführenden Erläuterungen der Agende deutlich, dass „Leben und Sterben eines jeden Menschen unter dem Gericht Gottes über die Sünde stehen" und verlangt, dass „sowohl die liturgischen Texte als auch die Predigt ... diesen Ernst weder verschleiern noch verharmlosen." „Davon muss auch die Rede sein." (VELKD 1996, 12) Doch das ist es bis auf wenige formelhafte Sentenzen in dieser Agende so gut wie gar nicht. Und wenn sich die Predigt der Aufgabe stellen sollte, auch im Angesicht des Todes von den Sünden der Menschen oder von der Rechtfertigung des Sünders aus Glauben allein zu sprechen, so findet sie in den liturgischen Texten der Agende kaum einen Rückhalt.

In dieser Agende treffen trauernde, verzweifelte und klagende Menschen auf einen Gott, von dem sie Trost und Geborgenheit erwarten, dem sie vertrauen, weil sie ihm zutrauen, dass er das Leben des Verstorbenen vollendet, dass er zu einem guten Ende bringt, was er mit ihm in der Taufe begonnen hat. Es ist die Hoffnung auf die Treue und die Kontinuität des liebevollen Handelns Gottes, das Segen und Bewahrung im irdischen Leben im ewigen Leben zur Vollendung bringt.

Diesem Gedanken des Handelns Gottes, das das Leben des Menschen über den Tod hinaus begleitet und gestaltet, entspricht die Agende mit ihrer formalen Struktur der gestreckten Kasualie, durch die sie die Trauernden auf ihrem Weg des Abschieds gottesdienstlich begleitet und ihnen so die segnende Begleitung Gottes bezeugt.

Für die UEK-Agende ist es dagegen weniger die Kontinuität des Handelns Gottes im Leben des Einzelnen über den Tod hinaus, das sein Handeln besonders qualifiziert, als vielmehr die Analogie seines Handelns an Lebenden, Sterbenden und Toten. Gott handelt an den Toten, wie er an den Lebenden handelt. Dabei verliert sein Handeln an den Toten aber fast jede eigenständige Qualität. Sein todbringendes Handeln gerät fast vollständig aus dem Blick, die Verstorbenen werden weder von Gott abgerufen noch von ihm aus der Mitte der Lebenden genommen, sie sterben einfach oder werden „durch den Tod von uns genommen" (UEK 2004, 86 und öfter).

Gott verliert seine Täterschaft für das Sterben der Menschen und folgerichtig auch seine Kompetenz, sie wieder zu neuem Leben zu erwecken. Die Menschen sterben und dann sind sie bei Gott, wie und durch wen dies geschehen ist, findet kaum Aufmerksamkeit.

Gott will nicht den Tod, Gott will das Leben (UEK 2004, 307) und so ist sein Handeln an den Lebenden sehr viel mehr Thema der Agende als sein Handeln an den Toten. Ihr Fokus liegt auf dem Ergehen der Lebenden, deshalb bietet sie Liturgien für Trauergottesdienste, nicht für Gottesdienste zur Bestattung. So spannt sie den Bogen der gottesdienstlichen Begleitung der Trauernden noch weiter aus und beginnt mit der Andacht bei dem noch lebenden Sterbenden.

Es ist eben ein Gott der Lebenden und nicht der Toten, den die Agende hier vor Augen stellt und wenn er an den Toten handelt, dann tut er dies in Analogie zu seinem Handeln an den Lebenden. Von daher ist es wohl zu verstehen, dass diese Agende erstmals einen Abschiedssegen vorsieht, in dem der Verstorbene direkt angesprochen wird. Da sie zu Gottes Handeln an den Toten kaum Aussagen machen mag, wird der Verstorbene eben als noch gegenwärtig angesprochen, wird der Tote im Segen als Lebendiger vergegenwärtigt. So kann Gott an ihm analog zu den Lebenden handeln: Er segnet ihn und schenkt ihm Frieden.

So erscheint es nach der Lektüre der Agenden, als habe Gott in den vierzig Jahren zwischen dem Erscheinen der EKU-Agende und ihrer Nachfolgerin einen Großteil seiner spezifischen Handlungskompetenz verloren. War er 1964 noch fraglos der Herr über Leben und Tod, über Tote und Lebende, so hat er 2004 seine Titel zwar noch behalten, aus der operativen Arbeit rund um Sünde und Tod aber scheint er sich zurückgezogen zu haben.

Die Lebenden haben Gott entmächtigt, indem sie sich seiner bemächtigt haben, er ist nun ganz für sie da, begleitet sie in ihrer Trauer, hört ihre Klagen, kommt ihnen nahe, schenkt ihnen Trost und Hoffnung und segnet sie. Was aber kann noch Grund dieser Hoffnung sein, wenn nicht mehr in den Blick kommt, wie Gott richtend und rettend an den Verstorbenen handelt, wie er Tote zu neuem Leben erweckt und sie in sein ewiges Reich aufnimmt? Ein Gott, dessen Kompetenzen die eines guten Seelsorgers kaum überschreiten, mag für die Pfarrerinnen und Pfarrer ein tröstlicher Gefährte sein, ein Grund der Hoffnung im Angesicht des Todes ist er aber nicht mehr.

Wie soll er ein Gott der Lebenden sein, wenn ihnen verschwiegen wird, dass er als Gott auch an den Toten handelt, wie kann er bei den Lebenden Hoffnung wecken, wenn er die Toten nicht mehr zum Leben erweckt, wie kann er Herr über das Leben sein, wenn er nicht mehr Herr über den Tod ist?

5 Quellen

Agende für die Evangelische Kirche der Union, Bd. 2: Die kirchlichen Handlungen, Teil 1 (Bielefeld: 1964), (EKU 1964).

Agende für Evangelisch-lutherische Kirchen und Gemeinden, Bd. 3: Die Amthandlungen, Teil 5: Die Bestattung, hg. v. d. Kirchenleitung der Vereinigten Evangelisch-Lutherischen Kirche Deutschlands, neubearbeitete Ausgabe (Hannover: 1996), (VELKD 1996).

Agende für die Union Evangelischer Kirchen in der EKD, Bd. 5: Bestattung, im Auftrag des Präsidiums hg. v. d. Kirchenkanzlei der UEK (Bielefeld: 2004), (UEK 2004).

Thomas Klie
Liturgien zwischen Fürsorge und Entsorgung

1 Verborgener Tod – öffentliche Inszenierung

Die Schaulust des spätmodernen Subjekts scheint schier grenzenlos.[1] Solange man heute nicht sieht, was der Fall ist, scheint die Faktizität des Falls gefährdet. Das Sehen vermittelt das Dabeisein. Letzte kulturell eingehegte Refugien des Nichteinsehbaren lösen sich auf und beugen sich dem visuellen Imperativ des Netzes und der Netzhaut. Die Frage, ob man etwas sehen können soll, beantwortet sich längst schon nach der Maßgabe, wie, wo und wie schnell sich das gefräßige Auge selbst bedienen kann. Die Sepulkralkultur, die traditionell im Modus verbaler und ritueller Kommunikation nicht nur vor Augen führt, sondern auch zu hören gibt, entzieht – zumindest in ihrer protestantischen Spielform – immer auch den Blicken, was der Trauer abträglich ist. Sie zeigt nur das, was der Integration des Ablebens ins Leben dient. Aber die gesellschaftliche Wahrnehmung von Bestattungen unterliegt immer auch kulturellen Codes, denen sie ausgesetzt ist. So fand sich unlängst in einer großen überregionalen Tageszeitung die Meldung „Krematorium überträgt Verbrennungen im Netz"[2]. Das neue Krematorium im westenglischen Exeter überträgt auf Wunsch der Angehörigen die Verbrennung der Leiche live im Internet. Damit sollen, so heißt es in der Begründung des Direktors der Anlage, auch bei der Trauerfeier verhinderte Angehörige die Möglichkeit erhalten, via Bildschirm an der Bestattung teilzunehmen. Wer sieht, kann sich vergewissern. Aber ob der Anblick eines verbrennenden Angehörigen auch zu trösten vermag?

Am Beginn der technischen Kremierung, die 1878 in Gotha[3] ihren Anfang nahm, waren die Krematorien und das, wozu sie errichtet wurden, noch weitgehend der öffentlichen Wahrnehmung entzogen.[4] Man verbannte die Brennkammer ins Untergeschoss des Gebäudes, und der technische Trakt wurde

---

[1] Ausführlich dazu Philipp Stoellger/Thomas Klie (Hg.), *Präsenz im Entzug. Ambivalenzen des Bildes* (Tübingen: 2011) und Philipp Stoellger (Hg.), *Un/Sichtbar. Wie Bilder un/sichtbar machen* (Würzburg: 2014).
[2] Frankfurter Allgemeine Zeitung (12.4.2011).
[3] Die ersten Krematorien wurden kurz vorher 1873 in England und 1876 in Mailand in Betrieb genommen.
[4] Norbert Fischer, *Schauplatz Krematorium. Zur Aktualität und Geschichte des verborgenen Todes*, in: *Performanzen des Todes. Neue Bestattungskultur und kirchliche Wahrnehmung*, Thomas Klie (Hg.), (Stuttgart: 2008), 44–55.

durch ein ganzes Arsenal ornamentaler Ästhetiken architektonisch unsichtbar gemacht.[5] Die Kremierung der Leiche, in Deutschland ohnehin bis in die 1960er Jahre hinein mehrheitlich mit dem Nimbus des Tabubruchs versehen, wurde durch einen räumlich gestaffelten Entzug abgeschirmt. Krematorien befanden sich in aller Regel als gesonderte, öffentlich nicht zugängliche Gebäude im umfriedeten Bereich eines Gottesackers. Innerhalb dieser doppelt eingegrenzten Räumlichkeit waren Feier und Feuer noch einmal deutlich voneinander getrennt. Im Krematorium wurde nicht gefeiert. Diese Topologie, die bewusst verbarg, was nicht sichtbar sein durfte, stilisierte den Verbrennungsapparat zum Arkanum.

In den letzten Jahren wird diese lange Zeit wirksame Trennung Stück für Stück aufgehoben. Verbrennungsort und Feierort kommen sich näher.[6] Als in den 1920er Jahren der Hamburger Oberbaudirektor ein neues Krematorium aus Gründen der besseren Erreichbarkeit nahe der Innenstadt errichten wollte, stieß er mit seinen Plänen noch auf den erbitterten Widerstand der Bevölkerung. Zwei Generationen später befindet sich 40 km vor den Toren Hamburgs eines der ersten privatwirtschaftlich betriebenen Krematorien im norddeutschen Stade. Es wurde schon nicht mehr auf einem Friedhof, sondern bezeichnenderweise im Industriegebiet der Hansestadt errichtet. Die gemeinsame Prozession von der Feierhalle zur Grabstelle, die bei traditionellen Erdbestattungen, aber auch bei den meisten Urnenbeisetzungen der Trennung von Person und Körper rituellen Ausdruck verleiht, reduziert sich hier auf einen unspektakulären Raumwechsel. Wie selbstverständlich bieten die Mitarbeiter in Stade als Service an, was in Exeter nur übers Netz zu sehen ist: Auf Wunsch können die Angehörigen gleich im Anschluss an die Feier bei der Einäscherung selbst mit dabei sein. – In einem Bericht liest sich das so[7]: *„Heute ist Familie P. in Stade zusammengekommen, um im engsten Kreis von Mutter und Großmutter Abschied zu nehmen. Die Enkelin legt ein selbst gemaltes Bild auf den mit einer Blumengirlande geschmückten Sarg neben einen Brief des Vaters. Der Sohn stimmt ein Lieblingslied der Verstorbenen auf der Gitarre an. Hier kann jeder der eigenen Verbundenheit auf seine Weise Ausdruck verleihen.*

Im Anschluss an die Trauerfeier haben die Angehörigen die Möglichkeit, auch den letzten Schritt bis zur Einäscherung mit ihrem Verstorbenen gemeinsam zu gehen. Familie P. hat sich hierzu entschlossen. [...] Zögerlich betritt Familie P. den Raum, in dem der Verbrennungsofen steht. Die Anspannung weicht vorüberge-

---

5 Norbert Fischer, a.a.O., 47.
6 Vgl. dazu die ausführlichen Rekonstruktionen, in: Werner Nohl/Gerhard Richter, *Friedhofskultur und Friedhofsplanung im frühen 21. Jahrhundert* (Königswinter: 2001).
7 Juliet Wagner, *Abschied im Krematorium Stade*, http://rosenkranz-portal.de/austausch/abschied-im-krematorium-stade, 24.9.2012.

hend einem ungläubigen Staunen, als ihr Blick auf ein riesiges Aquarium fällt, in dem bunte Fische ihre Bahnen ziehen. Um die Einfuhrluke sind farbige Ornamente angebracht. Als die Familie sich bereit fühlt, öffnet sich auf ein Zeichen des Sohnes die Luke und ein Metallband transportiert den Sarg in die Kammer aus rot glühendem Stein. Kurz darauf schließt sich die Luke wieder und Stille erfüllt den Raum. ‚Es war ein schwerer Weg', zieht Horst P. Bilanz. ‚Aber es hat auch gut getan, meiner Mutter einen Brief, ein Bild mitzugeben und zu sehen, dass unsere letzten Botschaften an sie mit ihrem Körper dem Feuer übergeben wurden.'"

Offenbar erlebte in diesem Fall die Trauerfamilie die Abfolge aus Feier und Kremierung als stimmig. Die Einäscherung des Leichnams erscheint hier als „letzter Schritt" des rituellen Abschieds. Von einer Zeremonie an der Brennkammer wird nichts berichtet, man kann davon ausgehen, dass außer dem „Zeichen des Sohnes" keine symbolische Kommunikation stattfand.

2 Feuer frisst Feier

Die beschleunigte Metamorphose des Körpers in der Brennkammer „versachlicht" im wahrsten Sinne des Wortes die sepulkrale Praxis auf ihre pragmatischen Kernvollzüge. Sie reduziert sie auf das unbedingt erforderliche Maß. Faszinosum und Tremendum einer direkten Konfrontation mit der Kremierungspraxis verengen deutlich den Raum für das, was aus christlicher Sicht an dieser überaus sensiblen Nahtstelle noch gesagt und vollzogen werden kann. Das Geschehen rund um die Brennkammer ist so „augenfällig", dass sich keine Deutungsfuge mehr öffnet. Bei dem analogen Vollzug im Rahmen einer klassischen Erdbestattung geschieht im Prinzip nichts anderes: Der Sarg wird ins Erdgrab abgesenkt und symbolisch von der Trauergemeinde begraben. Gedeutet wird dieser Vollzug mit dem performativen Sinnspruch: ‚*Erde zu Erde. Asche zu Asche. Staub zu Staub.*' Der Unterschied zu der oben geschilderten Praxis im Stader Krematorium besteht jedoch im Medium der Technik, also in der instrumentellen Usurpation der Leiche durch den Menschen. Was sich bei einer Erdbestattung „natürlich" vollzieht und dann unter der Erde den Blicken wie der Verfügbarkeit dauerhaft entzogen bleibt, geschieht bei der Kremierung gezielt und mit exakt prognostizierbarem Ausgang. Am Ende entsteht im Krematorium ein Produkt, mit dem dann erneut hantiert werden kann und muss. Zu den Nebenfolgen der Kremierung zählt eben auch die Vervielfältigung möglicher Umgangsformen: Urne/Schmuckurne, Verstreuen der Asche (im Fesselballon, an Land, auf See), Transformation in einen Industriediamanten usw. Was aber zum technischen Artefakt wird, das muss kaum noch gedeutet werden – es erschließt sich über die Evidenz eines offenen Herstellungsprozesses.

Für die hier interessierte Frage nach den sich verändernden Möglichkeitsbedingungen einer funeralen Liturgie ist der Zusammenhang zwischen der Logik der Verbrennung und dem Raum, den dieser Systemzwang der rituellen Lebensdeutung lässt, von großer Bedeutung. Als These soll an dieser Stelle formuliert werden, dass die öffentlich einsehbare Kremierung das Hantieren mit den sterblichen Überresten auf eine materielle Basis stellt, die dem kirchlichen Deutungshandeln den Sitz im Leben streitig macht. Die technische Pragmatik tendiert dazu, Rede und Ritus sang- und klanglos implodieren zu lassen. Inken Mädler betont zu Recht, dass die Feuerbestattung als Alternative zum naturhaften Zerfall „eine radikale, da physikalische Auflösung des materiellen Substrats" bewirkt, „die materiale Transformation des Individuums ist total."[8] Eine Ähnlichkeit, d.h. eine indexalische oder ikonische Relation zwischen Leichnam und Ascherest kann nicht mehr ausgemacht werden. Der die Person leibhaft repräsentierende Körper ist aktiv und innerhalb von knapp 90 Minuten „ausgelöscht" worden: eben *Asche zu Asche*. Während der Sarg gewissermaßen die Form wahrt, stellt die Urne ein kontingentes Behältnis für ein formloses Substrat dar.[9] Das Körperschema wird gleichsam mit verbrannt.

Aufs Ganze gesehen wird man sagen können, dass die Riten und Reden, die ehedem eine kollektiv erwartbare Vergewisserung *coram mortem* stifteten, heute kaum noch ein homogenes Todesbild spiegeln, das – systemtheoretisch – in der Selektivität des Gesamtsystems gründet. Die Dominanz „naturwissenschaftlich-szientifischer Erkenntnismodi"[10] lässt kaum noch „Luft nach oben". In der Kleinanzeige einer Bestattungsfirma in der Hamburger BILD-Zeitung war am 3. April 2012 zu lesen: „*Feuer ohne Feier, kpl. 1.380 €, (Telefon)*". Der Tod und dessen prominente Deutung – vor noch einer Generation von den Kirchen als letzte Bastion gegen das sich von seinen konfessionellen Bindungen emanzipierende Subjekt betrachtet – sind längst schon in den Sog der Alternativen und Selbstbehauptungen geraten. Die Wirkmacht des Ritus, der traditionell die Spannung zwischen der Lebensdeutung des Subjekts und den kulturellen Üblichkeiten einer Gesellschaft zur Darstellung bringt und darüber erträglich macht, erodiert nach dem

---

[8] Inken Mädler, *Die Urne als ‚Mobilie'. Überlegungen zur gegenwärtigen Bestattungskultur*, in: *Performanzen des Todes. Neue Bestattungskultur und kirchliche Wahrnehmung*, Thomas Klie (Hg.), (Stuttgart: 2008), 57–75, 61.
[9] Vgl. dazu Dominik Groß/Jasmin Grande (Hg.), *Objekt Leiche. Technisierung, Ökonomisierung und Inszenierung toter Körper* (Frankfurt a. M.: 2010).
[10] Armin Nassehi/Georg Weber, *Tod, Modernität und Gesellschaft. Entwurf einer Theorie der Todesverdrängung* (Opladen: 1989), 11.

ehernen Gesetz der Entropie. Entsprechend dieser aus der Wärmelehre bekannten Regel geht ein Zustand höherer Ordnung „von selbst" in einen Zustand größerer Unordnung über. Das mit neuer Unübersichtlichkeit[11] und Wahlzwang[12] konfrontierte Subjekt der Spätmoderne gibt sich heute nicht mehr zufrieden mit dem konventionellen Ausdruck. Es sucht milieukonform nach zeitgemäßen Formen für die nachtodliche Darstellung der Person.

Mit Mehrfachcodierungen, bewussten Umcodierungen bis hin zum Reduktionismus einer „nüchternen" An-Ästhetik umspielt man gefühlte Festlegungen. Die rituelle Gestalt der Bestattung wird pluriform und die Deutungen werden polyglott – oder eben: stumm. Wenn aber tradierte Sinn- und Handlungslogiken fragwürdig werden, dann entsteht fast zwangsläufig ein kulturelles Kaleidoskop von Todeszeichen. Die „Gnade des Hinnehmenmüssens verflüchtigt sich"[13] – sie lässt den durchaus ungnädigen Oktroi zur Selbsterfindung und zur ästhetischen Repräsentation zurück. Das nachtodliche Begängnis muss – dies wird kulturtheoretisch oft übersehen – nach dem Tod eines Angehörigen unter enormem Zeitdruck komponiert werden. Es ist zudem zumindest für den jeweils Betroffenen die letzte öffentliche Inszenierung des Lebens. Eine Bestattung stellt sich gegenwärtig insofern als ein riskanter Vollzug dar, als sie schnell komponiert und final verbürgt werden muss. Trauerfeiern sind – im Gegensatz zu verpatzten Gottesdiensten – liturgisch irreversibel.

Die Sinnhorizonte, in die Bestattungen heute religionskulturell eingelagert sind, vermehren sich, widersprechen sich oder werden völlig neu vernetzt. Kulturell birgt jede Form ihren Antagonisten und ihre Fortschreibung in sich. Überhöhung und Entsorgung, Formgebung und Formfehler, intensivierte Subjektivität oder das stereotype Muster einer Urnengemeinschaftsanlage – Fragen zum Umgang mit den Toten, die sich vor allem in Ostdeutschland längst von der christlichen Deutungskultur abgelöst haben[14], werden zunehmend an Instanzen delegiert, die das Risiko individueller Entscheidungen abfedern. Wenn nun aber das *Feuer*, also die sich mehr und mehr durchsetzende Transformation der sterblichen Überreste, die *Feier* immer mehr begrenzt, wo haben dann Ritus und Rede

---

11 Immer noch instruktiv: Jürgen Habermas, *Die neue Unübersichtlichkeit*. Kleine politische Schriften (Frankfurt a. M.: 1985).
12 Peter L. Berger, *Der Zwang zur Häresie. Religion in der pluralistischen Gesellschaft* (Frankfurt a. M.: 1980).
13 Ulrich Beck/Elisabeth Beck-Gernsheim, *Riskante Freiheiten. Individualisierung in modernen Gesellschaften* (Frankfurt a. M.: 1994), 18.
14 Vgl. ausführlich dazu Jan Hermelink, *Die weltliche Bestattung und ihre kirchliche Konkurrenz. Überlegungen zur Kasualpraxis in Ostdeutschland*, in: *Jahrbuch für Liturgik und Hymnologie* 39 (2000), 65–86.

ihren Ort? Was bleibt zu sagen, welche Riten tragen? Das Horaz'sche Diktum *Mors certa, hora incerta*[15] wäre heute zu ergänzen durch: *et modus incertus*.

Um diesen Modus liturgisch näher zu bestimmen, soll im Folgenden ein Blick auf die lutherische Bestimmung dieses Modus' geworfen werden.

3 Begängnis mit Versenkung

Die Pastoraltheologie sah lange Zeit in der christlichen Bestattung einen zweiteiligen Akt: Einmal wird die „eingesargte Leiche in das Grab" versenkt und zum anderen geht es darum, einer „mitfolgende[n], begleitende[n] Gemeinde" einen „amtliche[n]) Trost- und Segenszuspruch" zuteil werden zu lassen.[16] Den ersten Akt, etwas salopp: die Beförderung ins Jenseits[17], verstehen die lutherischen Pastoraltheologen keineswegs als einen im engeren Sinne religiösen Akt. Indem die christliche Gemeinde den Leichnam „schonend aus der Nähe der Lebenden entfernt"[18], erfüllt sie zwar eine allgemein menschliche „Pietätspflicht", aber keinen genuin christlichen Auftrag.[19] Zu einem erkennbar christlichen Deutungsakt wird die Bestattung erst in der zweiten, der gottesdienstlichen Handlung: „aber dieser Akt ist ein reiner Predigtakt, ein Akt der Verkündigung des göttlichen Wortes und will schlechterdings nur predigen und nicht handeln, am allerwenigsten an dem Toten".[20] Der altlutherische Konsens ist demnach, dass die Beisetzung selbst zwar pietätvoll geschehen soll, aber nicht als genuin christlich galt. „Getauft" wird die Bestattung erst durch die Predigt. Weitere Handlungen sind praktisch-theologisch nicht der Rede wert, schon gar nicht handeln sie am Verstorbenen.[21] Allein die Nachrede hat Verkündigungsqualität.

Diese im Luthertum des 19. Jh. breit belegte pastorale Dogmatik wirkt in vielerlei Brechungen bis heute nach. Evangelische Christen haben bis in die unmittelbare Gegenwart hinein konfessionell keine ausgeprägte Beziehung zu sterbli-

---

15 Horaz, Carmina 2, 16, 31.
16 Carl Immanuel Nitzsch, *Praktische Theologie*, Bd. II/2 (Bonn: ²1860), 458; Hervorhebung im Original.
17 Eduard Meuß (*Die gottesdienstlichen Handlungen von individueller Beziehung in der evangelischen Kirche* [Gotha: 1892]) titelt in seiner Kasualtheorie den Abschnitt über das Begräbnis mit „Öffentliche Überführung der Gestorbenen aus dem der diesseitigen Gemeinde eigenen Gnadenverhältnis in das Jenseits", 304ff.
18 Theodor Kliefoth, *Liturgische Abhandlungen*. Erster Band (Schwerin: 1854), 223.
19 Eduard Meuß, a.a.O., 305
20 Theodor Kliefoth, a.a.O., 223.
21 Vgl. den Beitrag von Christian Brouwer in diesem Band.

chen Überresten entwickelt. Dass die Trauerfeier den Hinterbliebenen, *nicht* dem Toten dient, erscheint auch heute dem evangelischen Milieu hoch plausibel. Kulturell wirksam ist anscheinend nicht nur die viel beklagte Verdrängung *des Todes*[22], sondern auch und gerade eine *Verdrängung der Toten*[23]. Evangelische stellen sich nicht auf Tote ein, sie stellen sie eher weg. Sepulkralkultur erscheint als Sonderfall einer Entsorgungspraxis. Protestanten verlieren – gleichsam als religionskultureller Kollateralschaden ihrer homiletischen Fixierung – den Leichnam völlig aus dem Blick. Der Tote stellt allenfalls ein die Predigt veranlassendes Factum dar. Der tote Körper ist eher ein Objekt, keinesfalls aber das auctoriale Subjekt der Feier. Kristian Fechtner resümiert: „Hinterrücks erscheint die kirchliche Trauerfeier als ein Geschehen, das von den Toten im buchstäblichen Sinne absehen kann."[24]

Die Sepulkralkultur wird dadurch immer unscheinbarer. Begräbnisstätten liegen heute nicht mehr im Zentrum des Gemeinwesens oder gar wie ehedem in den Kirchen selbst, sondern weit entfernt von den urbanen Zentren (am größten ist diese Entfernung bei der Seebestattung bzw. beim Friedwald). Wir haben die Toten aus unserer Mitte verbannt. Diese räumliche Distanzierung verhält sich kulturell und mentalitätsgeschichtlich keineswegs neutral. Denn in dem Maße, wie die späte Moderne ihr Todesbewusstsein an die funktionalen Systemstellen delegiert und damit an den Stadtrand verbannt hat, verliert auch die direkte Totenfürsorge an kultureller Gestaltungskraft. Was in weiter Ferne geschieht, will und kann niemand mehr nah an sich heran lassen. Wer aber keine Toten mehr zu Gesicht bekommt, geschweige direkt mit ihnen umgeht, wird auch nicht ernsthaft glauben können, dass er selbst einmal ein Toter sein wird.

Zwischen der homiletischen Entleiblichung und der religionskulturellen Anästhetik gerät die Liturgie bei der Trauerfeier zu einem im Grunde entbehrlichen Dekor. Liturgisches Handeln im Kontext einer Bestattung ist allenfalls ein rahmendes Vor- bzw. Nachspiel zum rhetorischen Zentralakt, der „Nachrede". Dass auch und gerade das liturgische Formenspiel trösten kann, ist in der Kasualtheorie bis heute weitgehend unterbelichtet. Zugespitzt formuliert konzentriert sich bei einer evangelischen Bestattung alles auf die Ohren der Angehörigen.[25] In die Gehörgänge der Angehörigen hinein soll Trost gesprochen werden, die

---

22 Vgl. hierzu die immer noch grundlegende Schrift von Eberhard Jüngel, *Tod* (Gütersloh: 1979), v.a. 46ff.
23 Kristian Fechtner, *Kirche von Fall zu Fall. Kasualpraxis in der Gegenwart – eine Orientierung* (Gütersloh: 2003), 71; mit Bezug auf Jan Hermelink und Eberhard Winkler.
24 Kristian Fechtner, ebd.
25 Zu welchen rituellen und theologischen Aporien dies vor allem bei den Bestattungen führt, bei denen außer dem Geistlichen niemand sonst anwesend ist, zeigt Dieter Becker, *Solitarbestat-*

Angehörigen sollen das atl. Memento mori vernehmen[26], die Botschaft von der Auferstehung soll klar verlauten. Es sind die Angehörigen, denen die ungeteilte Aufmerksamkeit in der pastoralen Zuwendung zuteil wird. Die kasuelle Praxis verlangt die Leichen*rede* und die Pastoralpsychologie fordert die *Seelsorge*praxis[27]. Predigt und Poimenik – die evangelisch-kirchliche Religionspraxis ist im Todesfall stringent verbal imprägniert. Sehr viel stärker noch als in der evangelischen Gottesfeier sind funerale Liturgien primär rhetorische Vollzüge. Die inszenatorische Spannung liegt auf der Hand: Keine kirchliche Amtshandlung steht so stark im Zeichen der Leiblichkeit und keine wird in der Praxis der Kirche so stark entleiblicht.

Aber was dogmatisch unmittelbar einleuchtet, ist praktisch-theologisch nicht in gleicher Weise sinnvoll. Die Trennung der Lebenden von den Toten und die Integration gelebten Lebens in die familiale Erinnerung wird umso sinnenfälliger, wenn in der Trauerfeier Formen symbolischer Kommunikationen eröffnet werden. Dazu zählt auch die Option, nach der Trauerfeier einen individuell angemessenen Totenumgang zu zelebrieren. Tote repräsentieren im Medium des Leibes die verstorbene Person. Insofern ist die Bestattung notwendig immer auch ein Handeln am Toten.[28]

4 Maßnehmen an der Leiche

Die reformatorische Vermeidung meritorischer Missverständnisse war im Kontext des Ablassstreites im 16. Jh. eine theologisch plausible Umcodierung des funeralen Handelns. Die „Seel" sollte eben nicht „in den Himmel springen" können, sobald das „Geld im Kasten" klingt.[29] Aber in seiner dogmatischen Ausschließ-

---

tung. Evangelische Bestattungen ohne Angehörige als theologische Herausforderung, in: *Pastoraltheologie* 9 (2013), 335–370.
26 Ps 39,5–7; Ps 90,12.
27 Stellvertretend aus der Fülle der Publikationen: Matthias Günther, *Der Tod ist eine Tür. Seelsorge mit trauernden jungen Menschen* (Göttingen: 2013); Kerstin Lammer, *Den Tod begreifen. Neue Wege in der Trauerbegleitung* (Neukirchen-Vl.: ⁵2010); Michael Schibilsky, *Trauerwege. Beratung für helfende Berufe* (Düsseldorf: ⁴1994).
28 Vgl. dazu in semiotischer Perspektive Michael Meyer-Blanck, *Zeichentheoretische Rekonstruktion des Trauerrituals. Die Trauerfeier in der Pfarrkirche St. Michael, Regen am 25. September 2011*, in: *Pastoraltheologie*, 103. Jg (2014), 56–61, 57.
29 Ablassprediger Johann Tetzel wird die Parole zugeschrieben: „*Sobald der Gülden im Becken klingt im huy die Seel im Himmel springt*"; zitiert u.a. in Bernhard Geue, *Macht und Ohnmacht im Alltag* (Norderstedt: 2011), 121.

lichkeit hat Luthers Einspruch gegen den Ablasshandel bis heute verhindert, auch jenseits der Predigt ein protestantisch erkennbares Umgehen mit den sterblichen Überresten auszubilden. Dass die schlichte Urnenbeisetzung gerade in den ehedem geschlossenen protestantischen Gebieten Nord- und Ostdeutschlands die Erdbestattung fast schon völlig abgelöst hat, hat direkt mit der evangelisch-theologisch konsequenten Diesseitigkeit zu tun. Religionspsychologisch ist dies natürlich ein überaus kritischer Befund. Denn der gestaltete Abschied, die Aufbahrung, das Berühren des Toten durch die Angehörigen, der offene Sarg bis hin zur Grabpflege bewirken eine sukzessive Trennung, eine rituell gestreckte Separation. Eine leibsensible Liturgie könnte hier neue Wege weisen, denn religionspsychologisch ist längst klar, dass während und zum Teil auch noch lange Zeit nach der Bestattung Tote von den Angehörigen noch nicht als tot empfunden werden.[30] „Für die sich an den Toten erinnernde Gemeinde vollzieht sich in der Bestattung noch einmal in besonderer Weise Gemeinschaft mit dem Toten. Insofern ist die Liturgie notwendig immer auch Handeln am Toten, im erinnernden, zeichenhaften Sinne. Der tote Leib repräsentiert die Beziehungen des verstorbenen Menschen, seine Beziehung zu den Trauernden, zu Gott und zur Welt. Handeln am Toten ist ein Handeln am Leib als dem Zeichen, welches das alles jetzt vertritt."[31] Wer sich von seinem Partner getrennt hat, kennt diesen leibseelischen Zusammenhang aus eigener Anschauung. Um wie viel mehr gilt dies dann auch für die aller letzte und gravierendste Trennungserfahrung.

„Die neue Sichtbarkeit des Todes"[32], die die Kulturwissenschaften attestieren, ist an der evangelischen Theologie aber fast spurlos vorüber gegangen.[33] Die sich immer mehr ausbreitende Praxis der sog. weltlichen Bestattungen ist im Blick auf die Wahrnehmung und Achtung des toten Körpers da weit weniger zurückhal-

---

30 Vgl. Meyer-Blanck, a.a.O., 56f. (mit Bezug auf Petra Zimmermann, *Der Gottesdienst am Totensonntag. Wahrnehmungen aus der Perspektive der Trauernden*, in: PTh 88 (1999), 452–467).
31 Meyer-Blanck, a.a.O, 57.
32 Vgl. Thomas Macho (Hg.), *Die neue Sichtbarkeit des Todes* (München: 2007); Dominik Groß/ Jasmin Grande (Hg.), *Objekt Leiche. Technisierung, Ökonomisierung und Inszenierung toter Körper* (Frankfurt a. M.: 2010); Dominik Groß/Julia Glahn/Brigitte Tag (Hg.), *Die Leiche als Memento mori. Interdisziplinäre Perspektiven auf das Verhältnis von Tod und totem Körper* (Frankfurt a. M.: 2010).
33 „Die Stichworte ,Leiche', ,Leichnam' oder nur ,Körper'", so sieht es der Direktor der Evangelischen Akademie zu Berlin, Rüdiger Sachau, „kommen in den gängigen theologischen Nachschlagewerken ebenso wenig wie in den verbreiteten Lehrbüchern der Ethik vor. Es scheint, als interessiere man sich nicht für die Toten." – Rüdiger Sachau, *Der Leichnam und die Religion. Theologische und religionsgeschichtliche Aspekte zum Umgang mit dem toten Körper*, in: Liselotte Hermes da Fonesca/Thomas Kliche (Hg.), *Verführerische Leichen – verbotener Verfall. ,Körperwelten' als gesellschaftliches Schlüsselerlebnis* (Lengerich: 2006), 125–139, 125.

tend.[34] Auch die durchaus strittige Ausstellung „Körperwelten" belegt öffentlichkeitswirksam die kulturelle Aufmerksamkeit gerade für den toten *Körper*.[35]

Der tote Körper wird vor, während und nach der Trauerfeier bzw. der Bestattung an verschiedene Orte verbracht; die Bestattung hat insofern religionsphänomenologisch die Gestalt einer „gestreckten Kasualie". Der Akt verteilt sich auf mehrere Orte, die mehr oder weniger weit von einander entfernt sind. Nicht alle Orte sind nur bedingt öffentlich zugänglich (Aufbahrungsraum, Krematorium,) bzw. werden gottesdienstlich in gleicher Weise beansprucht.[36] Mit den Schauplätzen wechseln auch die Personen und Berufsgruppen, die dort präsent sind bzw. die die Wegstrecken zwischen den einzelnen Stationen wahrnehmen. Eine Bestattung wird also nicht nur „besprochen", sondern eben immer auch „behandelt" und „begangen". Dies nötigt dazu, die Ästhetiken des Redens, Handelns und Begehens praktisch und theologisch eng aufeinander abzustimmen. Es gilt, diese Streckung religionsästhetisch ernst zu nehmen, um auf jeder einzelnen Station das Verhältnis von Ritus und Rede für die jeweils Anwesenden genau auszutarieren und dabei Maß zu nehmen an der Leiche. Da heute ja nur noch in Ausnahmefällen zuhause gestorben wird, ist die Bestattungshandlung zwangsläufig der einzige Ort, an dem der tote Körper – in welcher Gestalt auch immer – noch in Erscheinung tritt.[37] Kein anderer Anlass hebt die Erfahrung, dass ein lebendiger Mensch zur Leiche geworden ist, eindrucksvoller ins Bewusstsein.

Zwischen Sterbeort und Grabstelle führt der Weg des Leichnams über mehrere Stationen, von denen mindestens eine, nicht selten zwei oder drei rituell ausgestaltet sind. Die Beerdigung hat Prozessionscharakter, auch wenn sich diese Prozession auf verschiedene (Teil-)Wege aufteilt und nicht von allen Beteiligten als solche realisiert wird.

---

[34] Eine der ersten praktisch-theologischen Untersuchungen zur Rhetorik der sog. weltlichen Bestatter bietet Ingo Reuter, *Totenrede oder Predigt? Zur Plausibilität christlicher Verkündigung angesichts des Todes auf dem Markt der Abschiedsangebote*, in: *Performanzen des Todes. Neue Bestattungskultur und kirchliche Wahrnehmung*, Thomas Klie (Hg.), (Stuttgart: 2008), 159–175; vgl. a. Thomas Klie, „Deutungsmachtkonflikte angesichts des Todes", in: *Deutungsmacht: Religion und belief systems in Deutungsmachtkonflikten*, Philipp Stoellger (Hg.), (Tübingen: 2013), 46–56.
[35] Vgl. dazu Thomas Schärtl (Hg.), *Körperwelten oder Leibesvisitationen? Eine philosophisch-theologische Auseinandersetzung mit Gunter von Hagens' Ausstellung* (Münster: 2011).
[36] In der aktuellen Bestattungsagende der UEK finden sich für diesen gestreckten Weg vorbildliche liturgische Gestaltungshinweise; Kirchenkanzlei der UEK (Hg.), *Bestattung. Agende für die Union Evangelischer Kirchen in der EKD*, Bd. 5 (Bielefeld: 2004), v.a. 49–70.
[37] Vgl. dazu Thomas A. Lotze, *Ein Körper verschwindet. Zur Wahrnehmung der kirchlichen Bestattung*, in: PTh 86 (1997), 392–410, 402.

Die drei Stationen sind: 1. die Aussegnung am Sterbebett (Trauerhaus, Altenheim, Krankenhaus) bzw. die Andacht anlässlich der Abholung aus dem Sterbehaus, 2. der Gottesdienst in der Kapelle/Kirche, 3. die Beisetzung (Friedhof, Friedwald, Streuwiese, Meer bei Seebestattung). An diesen drei Stationen wird der Tote den Anwesenden in je anderer Weise zum Zeichen – dies sollte liturgisch bzw. homiletisch behutsam markiert werden.

Die *Aussegnung* ist durch die leibliche Präsenz des toten Körpers dominiert. Der tote Körper ist hier für alle Anwesenden ein überaus starkes Zeichen für eine bis vor kurzem noch lebende Person. Alles ist präsent, was den lebenden Körper signifiziert; der Tod erscheint als „Schlafes Bruder".[38] Hier greift noch keine Erinnerung, es regiert die Erstarrung. Und zwar auf beiden Seiten. Erstarrungen müssen „behandelt" werden – das ist der Kairos des Ritus: Signatio crucis, die Hände ineinander legen, Salbung, Kerzen entzünden, geprägte Gebete/Psalmen und der Valet-Segen[39] (zum Toten gewandt). Die Aussegnung ist nicht der Ort heilsamer Darstellungsakte.

Beim *Gottesdienst* in der Kapelle tritt zum toten Körper eine mehr oder weniger große Gemeinde hinzu. Hier will und soll gehört werden, denn der Körper – ob eingesargt oder in Form der Asche-Urne – ist hier ein Zeichen des gemeinsam gelebten Lebens. Hier wird gelebtes Leben unter Gebet, Gesang, Schriftlesung und Predigt als an der Herrlichkeit Gottes teilhaftiges Leben vergegenwärtigt: Tröstend im Zuspruch – mahnend im Memento mori, beides intoniert *sub specie aeternitatis*. Der funerale Gottesdienst ist der Ort der Rede, des Lesens und Hörens, der Zuwendung. Die rituelle Kommunikation tritt hier in den Hintergrund.

Die *Beisetzung* – nach dem Gottesdienst nimmt in der Friedhofskapelle die letzte und markanteste Wegstrecke ihren Anfang. Kränze und Blumen werden abgeräumt, der Sarg bzw. die Urne werden hinausgetragen. Wenn vorher keine Tränen geflossen sind, dann geschieht das jetzt. Man ahnt, dass hier der tote Körper endgültig aus der Gemeinschaft entfernt wird. So es ihnen physisch möglich ist, ist es den Angehörigen durchaus anzuraten, diesen Dienst anstelle der beauftragten Träger zu übernehmen. Rainer Volp weist mit Recht darauf hin, dass der „Verzicht auf die Ortsveränderung mit der Leiche (...) wesentliche Erleb-

---

38 *„Komm, o Tod, du Schlafes Bruder"*, Johann Frank (1653); vgl. den Roman von Robert Schneider, *Schlafes Bruder* (Leipzig: 1992).
39 *„Es segne dich der gütige Gott, der Vater, der dich nach seinem Bild geschaffen hat. Es segne dich Gott, der Sohn, der dich durch sein Leiden und Sterben erlöst hat. Es segne dich Gott, der heilige Geist, der dich zum Leben gerufen und geheiligt hat. Gott der Vater und der Sohn und der Heilige Geist geleite dich durch das Dunkel des Todes. Er sei dir gnädig im Gericht und gebe dir Frieden und das ewige Leben. Amen."*; vgl. den Beitrag von Christian Brouwer in diesem Band.

nismomente beim Abschiednehmen" unterbindet.[40] Dieser Akt geht wieder mit einer Umcodierung des Körpers einher: Er wird zum *Zeichen der Vanitas*. Sieht man einmal ab vom feierlichen Einzug bei außerordentlichen Gottesdiensten, die allesamt im Innern des Kirchgebäudes stattfinden, dann ist der gemeinsame Weg von der Friedhofskapelle zum Grab die einzige im evangelischen Bereich noch praktizierte Form der Prozession. Die Begehung mündet in eine Handlung, die das Ende des gegenwärtigen leiblichen Daseins hart und unmissverständlich anzeigt. Der Weg dazwischen verbindet zwei liturgische Sequenzen, von denen die erste – zugespitzt formuliert – den Ewigkeitsbezug des Zeitlichen und die zweite den Zeitlichkeitsbezug des Ewigen ins Bewusstsein hebt. Die gemeinsame Klammer klingt leitmotivisch an im agendarischen Geleitwort (nach Ps 121,8): „Der Herr behüte deinen Ausgang und Eingang von nun an bis in Ewigkeit."[41] Der Verstorbene *als Leib* wird also nicht in ein folgenloses Nichts entlassen, sondern mit dem Einsenken in die Hand Gottes befohlen (Ps 31,6).

Auf dem Weg zwischen Kapelle und Grab konstituiert sich die Trauergemeinde als wanderndes Gottesvolk (Hebr. 13,14). Die Prozession kann liturgisch eingeleitet werden durch das „In paradisum" aus dem Requiem.[42] Während der Prozession können Choräle gesungen werden. Ein Kreuzträger mit Vortragekreuz bildet den Anfang – am Grab stellt er es dann am Kopfende auf.[43] Die Prozession wird über diese rituellen Zeichen leiblicher und räumlicher Ausdruck dessen, was bereits zuvor in Wort und Gesang dargestellt wurde: Die gemeinsame Teilhabe und Teilgabe an der Auferstehungshoffnung. In einigen Dörfern kann schon die Abholung aus dem Trauerhaus in eine Prozession münden. Durch den leiblichen Vollzug löst das gemeinsame Gehen die den Sterbefall begleitenden Artikulationshemmnisse auf; es gibt dem Abschiednehmen Anhalt und Richtung. Die Prozession hat für die unmittelbar in Mitleidenschaft gezogenen – ritualtheoretisch betrachtet – eine entlastende Darstellungsfunktion. Sie trägt mit dazu bei, den erlittenen Abbruch als einen erinnerungswürdigen Abschnitt der Lebensgeschichte annehmen und darstellen zu können.

Am Grab selbst ruht das Geschehen. Hier ist nur Raum für das Allernötigste: Der Erdwurf als symbolische Bestattung, das Vaterunser und der Segen für die Hinterbliebenen. Mit der finalen Lokalisierung wird der Verstorbene für die Hin-

---

40 Rainer Volp, *Die Kunst Gott zu feiern*, Bd. 2: *Theorien und Gestaltung* (Gütersloh: 1994), 1289.
41 VELKD (Hg.), Agende für Ev.-luth. Kirchen und Gemeinden, Bd. III, Tl. 5: *Die Bestattung* (Hannover: 1996), 55.
42 „Zum Paradies mögen Engel dich geleiten, die heiligen Märtyrer dich begrüßen und dich führen in die heilige Stadt Jerusalem. – Die Chöre der Engel mögen dich empfangen, und durch Christus, der für dich gestorben, soll ewiges Leben dich erfreuen." – VELKD-Agende, a.a.O., 54.
43 VELKD-Agende, a.a.O., 22.

terbliebenen nicht nur ein „Inbegriff von Erinnerungen", sondern „ein mit ihnen weiterlebendes Geheimnis".[44]

5 Trauernde als Zeichen

Je mehr sich die Sepulkralkultur in der Spätmoderne ausdifferenziert – alle Indizien sprechen dafür, dass dieser Prozess noch weiter fortschreitet – desto mehr wird die rituelle Schnittstelle zwischen Ableben und Situierung der Leiche, in welchem Aggregatzustand auch immer, an Bedeutung gewinnen. Denn mit dem Verzicht auf die Fixierung von Namen, Lebensdaten und Ort, mit dem Verzicht auf Identifizierbarkeit und Lokalisierung durch langlebige Grabmale, werden die Trauernden selbst zum Träger der Todeszeichen. Je mehr sich die Verortung ausdifferenziert, desto mehr geraten die Formate praktisch-theologisch in den Blick, in denen der Prozess der Trennung von Person und Leiche performativ zur Darstellung kommt. In der christlichen Bestattungsliturgie zeigt sich, wie die Gemeinde Jesu Christi – auch wenn sie im Extremfall ausschließlich durch einen Geistlichen repräsentiert wird – die Frei- und Rückgabe des Leichnams in Wort und Ritus deutet. Denn daran wird sich wiederum entscheiden, ob sich die Trauernden einer seelsorglichen Betreuung öffnen können bzw. sich ihr verschließen. Wenn dies traditionelle Riten nicht mehr gewährleisten, dann wird es darauf ankommen, „den Akt der Bestattung aus seiner rituellen Isolierung zu lösen und wieder stärker in den Gesamtzusammenhang liturgisch-seelsorgerlicher Sterbe- und Trauerbegleitung einzubinden"[45].

Die kirchlichen Agenden, die die Bestattung semantisch, vor allem aber syntaktisch ordnen sollen, bieten über diese ihnen eigene Orientierungsfunktion hinaus keine überzeitlichen Normen. Sie sind vielmehr ein religionskulturell kodierter Ausdruck ihrer Entstehungs- und Geltungskontexte, die offen sind für individuelle Adaptionen *ad personam*. Es spricht also praktisch-theologisch nichts dagegen, sich der Pluralisierung auch und gerade auf dem Terrain der Sepulkralkultur zu stellen. Nicht alles, was hier in zunehmend fluiden Formen zum Ausdruck kommt, ist darum auch schon dogmatisch zu verdammen. Oft sind

---

[44] Bernhard Klaus/Klaus Winkler, *Begräbnishomiletik. Trauerhilfe, Glaubenshilfe und Lebenshilfe für Hinterbliebene als Dienst der Kirche* (München: 1975), 57 (unter Rückgriff auf eine Formulierung von Thomas Bonhoeffer).

[45] Karl-Heinrich Bieritz, *Bestattungsrituale im Wandel. Tendenzen in neueren Bestattungsagenden*, in: Thomas Klie (Hg.), *Performanzen des Todes*, a.a.O., 129f.

es mangelnde Flexibilität und liturgische Einfallslosigkeit, die ein sensibles und angemessenes kirchliches Handeln bei sepulkralen Anlässen verhindern.

III. Predigt

Birgit Weyel
Lebensdeutung. Die Bestattungspredigt in empirischer Perspektive

1 Der Tod als Anlass zur Lebensdeutung

Der Tod wird von vielen Menschen als ein religiöses Thema verstanden. Mag auch sonst vielfach unscharf bleiben, was Religion ist und wo Religion als Thema aufbricht, so gilt das nicht für den Tod. Die Fragen nach religiöser Kommunikation in der 5. Kirchenmitgliedschaftsuntersuchung ergaben, dass die meisten Befragten, nämlich 68%, den Tod als ein religiöses Thema benannt haben.[1] Der Tod eines Menschen mit seinen vielfältigen, sich um diesen Anlass anlagernden Fragen, Erfahrungen und Ambivalenzen, bestimmt die Bestattung als Kasualie wesentlich mit. Das macht den Charakter der Bestattung als Kasualie aus: lebensweltliche Erfahrungen werden in Seelsorge, Liturgie und Predigt aufgenommen und bilden zusammengenommen das, was ‚der Fall' ist.[2] Das Unverwechselbare, Einmalige und das Allgemein-Menschliche des Kasus interpretieren sich wechselseitig.

Die Herausforderungen für Pfarrerinnen und Pfarrer anlässlich von Bestattungen sind vielfältig. Wenn ich mich im folgenden auf die Predigt und ihre kommunikativen Aspekte konzentriere, bleibt zu vergegenwärtigen, dass seelsorgerliche und rituelle Perspektiven nicht auszublenden sind. Die Funktion der Grabrede, den Kasus zur Sprache zu bringen, ist auch dem Ritualhandeln und dem Seelsorgegespräch keineswegs abzusprechen. Darin liegt ganz wesentlich der Gewinn einer „integralen Amtshandlungstheorie"[3], dass sie nicht nur die biographisch unterschiedlich veranlassten Kasualien von der Taufe bis zur

---

[1] Und zwar von denen, die angegeben haben, dass sie überhaupt über religiöse Themen kommunizieren. Birgit Weyel/Gerald Kretzschmar/Jan Hermelink, *Religiöse Kommunikation und ihre soziale Einbettung*, in *Engagement und Indifferenz. Kirchenmitgliedschaft als soziale Praxis, V. Erhebung über Kirchenmitgliedschaft*, Kirchenamt der EKD (Hg.), (Hannover: 2014), 24–31, 24 mit Grafik 1.
[2] So pointiert Kristian Fechtner, *Kirche von Fall zu Fall. Kasualpraxis in der Gegenwart – eine Orientierung* (Gütersloh: 2003).
[3] Joachim Matthes, *Volkskirchliche Amtshandlungen, Lebenszyklus und Lebensgeschichte. Überlegungen zur Struktur volkskirchlichen Teilnahmeverhaltens*, in: *Erneuerung der Kirche. Stabilität als Chance? Konsequenzen aus einer Umfrage*, Joachim Matthes (Hg.), (Gelnhausen: Burckhardhaus-Verlag, 1975), 83–112, 111. Christian Albrecht arbeitet diese enzyklopädischen Aspekte deutlich heraus: Christian Albrecht, *Kasualtheorie*, Praktische Theologie in Geschichte und Gegenwart 2 (Tübingen: 2006), 7.

Bestattung in eine einheitliche Perspektive zu rücken versteht, sondern auch die Reflexionsperspektiven der Praktischen Theologie integriert. Die Funktionen der Predigt sind nicht trennscharf abzugrenzen. Wenn im Folgenden eine Aufgabe der Predigt fokussiert wird, bleibt dies eine vorläufige, komplexitätsreduzierende Bestimmung, da die Funktionen der Predigt auch anderen Elementen des Rituals nicht abzusprechen sind, will man die Einsichten der Kasualtheorie nicht unterschreiten.

Vor diesem Hintergrund kann man für die Bestattungspredigt formulieren, dass diese einen wesentlichen Beitrag dazu leistet, den konkreten Todesfall als Phänomen der Endlichkeit des Lebens zu deuten und in eine religiöse Perspektive zu rücken. Im Unterschied zu anderen liturgischen Elementen, wie der Begrüßung, den Gebeten und anderen Formen sind der Predigt weitreichende Entfaltungsspielräume zugeschrieben. Zwei Themen sind in der Predigt vorrangig zu entfalten: „Das ist zunächst die Frage nach der Geschichte seines [des Verstorbenen] Lebens, das nun als abgeschlossenes erscheint; es ist sodann die Frage nach der Bedeutung dieses Todes für das Verständnis des eigenen, begrenzten Lebens."[4] Beide Fragehinsichten sind eng miteinander verbunden. Auch wenn das Leben des Verstorbenen als einmalig-unverwechselbares Leben zu würdigen ist, wird es doch zugleich auch modellhaften Charakter für das Selbstverständnis der Hinterbliebenen haben. Indem der exemplarische Charakter des individuellen Lebens herauspräpariert wird, gewinnt es auch an Anregungspotential für das Verständnis des je eigenen Lebens der Hörenden.

Dass das Leben des Verstorbenen abgeschlossen ist und als solches auch zur Sprache zu bringen ist, steht außer Frage. „Das ist das eine. Anerkennen, dass die Toten tot sind: Ohne diese Trauerleistung kann das Leben nicht gelebt werden."[5] Die Bewältigung der Kontingenz ist ein wesentliches Thema der Bestattung und die Predigt wird dazu verhelfen diese Kontingenz anzuerkennen. Man kann allerdings den Tod als Zäsur unterschiedlich akzentuieren. So hat Hans-Martin Gutmann darauf hingewiesen, dass „es eine gelebte Beziehung zwischen den Lebenden und den Toten auf einem anderen, neuen Niveau geben kann"[6]. Er kritisiert das Verständnis des Todes als Verhältnislosigkeit, wie dies Eberhard Jüngel in systematisch-theologischer Perspektive betont hat.[7] Neben den seelsorgerlichen Aspekten, die hier geltend zu machen sind, verweist Gutmann auf

---

4 A.a.O., 214.
5 Hans-Martin Gutmann, *Mit den Toten leben – eine evangelische Perspektive* (Hamburg: ²2011), 11f.
6 A.a.O., 12.
7 Ebd.

passagere Formulierungen in den Agenden, die an den Toten gerichtet sind und ihn im Blick auf den Ort ansprechen „für den wir traditionell symbolische Bilder, aber keine konturierte Vorstellung haben"[8]. Die Bestattung ist auch in Hinsicht auf den Verstorbenen als ein Passageritus zu verstehen. Nicht nur der soziale Rollenwechsel der Hinterbliebenen wird öffentlich gemacht, sondern auch der Verstorbene vollzieht einen Statuswechsel vom lebenden Menschen – in seinen diversen sozialen Funktionen – zum abwesenden Toten. Mit der rituell verdichteten und dadurch erlebbaren Passage steht auch die Frage nach der Zukunft des Verstorbenen im Raum. Die Eschatologie ist explizit oder im Modus des beredten Schweigens von Bedeutung für die Predigt. Aus christlicher Sicht liegt es daher nahe, das Leben des Verstorbenen und unser je eigenes Leben nicht nur als abgeschlossenes bzw. endliches Leben anzusprechen, sondern auch in der Perspektive christlicher Hoffnung auf seine Zukünftigkeit hinzuweisen. Biblisch und liturgisch geprägte Symbolsprache vom ,Himmel', dem ,ewigen Leben', dem ,Geborgensein in Gottes Hand', der ,Auferweckung' findet in diesem Zusammenhang Verwendung. Die Predigt steht mehr noch als die Liturgie vor der Herausforderung die Symbolsprache vor einer Erstarrung in Formelhaftigkeit zu bewahren um ihre Bedeutungsgehalte präsent zu halten. Die Eschatologie als Reflexionsperspektive des je eigenen Lebens ist nicht auf ein Leben nach dem Tod zu beschränken. Je nachdem wie man die Zukunft des Verstorbenen deutet, wird man auch das durch den Tod begrenzte diesseitige Leben anders deuten. Diesseitige und jenseitige Orientierung greifen in der Deutungsperspektive auf das Leben ineinander. Der von Geburt und Tod umgrenzte Lebensverlauf wird in der Predigt mehr oder weniger ausführlich gedeutet, aber doch in jedem Fall angesprochen, da ansonsten nicht deutlich würde, dass der Tod eines konkreten Menschen im Kasus begangen wird. Und das Leben des Verstorbenen wird nur so erinnert werden können, dass es mit Bedeutung versehen wird. Über die Kategorie der Bedeutung werden biographische Reminiszenzen ausgewählt und präsentiert, Zusammenhänge hergestellt und das Leben in eine Deutungsperspektive gerückt. „Wir verhalten uns gegenüber dem Leben, dem eigenen so gut als dem fremden, verstehend."[9] Diese Bedeutungsbezüge und damit das Verständnis des menschlichen Lebens am Beispiel des konkreten, abgeschlossenen Lebens werden sich wesentlich aus der den zwischen Geburt und Tod eingespannten Lebensverlauf überschreitenden Perspektive entwickeln.

---

8 A.a.O., 14.
9 Wilhelm Dilthey, *Das Erleben und die Selbstbiographie*, in: *Die Autobiographie. Zu Form und Geschichte einer literarischen Gattung* Günter Niggl (Hg.), (Darmstadt: ²1998), 21–32, 25.

Diese kommunikativen, an der Deutung von menschlichem Leben orientierten Anteile der Predigt zielen auf die individuelle Plausibilisierung. Sie haben aber auch eine öffentliche Funktion. Pfarrerinnen und Pfarrer sind auch gefragt „Argumente gegen den Tod"[10] zu finden und sich, wie Ursula Roth betont, mit ihren Todes- bzw. Lebensdeutungen auch am gesellschaftlichen Diskurs zu beteiligen. Gerade diese kulturelle Dimension der Grabrede bleibt angesichts der augenfälligen seelsorgerlichen Funktion der Predigt bisweilen unterbestimmt.

Die Aufgabe der Predigt am Grabe ist es, die Schwelle, die durch das Ritual der Bestattung markiert wird, zu deuten. Es geht um die Deutung radikaler Liminalität[11], die – im Blick auf den Toten – über alle anderen lebensgeschichtlichen Passagen hinausgreift, weil sie auf die Grenzüberschreitung von Leben und Tod zielt. Sowohl rückblickend das Leben des Verstorbenen als Ganzes als auch vorausblickend das Leben in der zukünftigen Welt werden somit zum Gegenstand der Predigt. Biographie und Eschatologie sind in ihrem Zusammenhang zu verdeutlichen, ohne dass die radikale Zäsur, die der Tod markiert, überspielt werden kann.

2 Biographie und Eschatologie in der Predigt. Predigttypen in empirischer Perspektive

Wie gehen Pfarrerinnen und Pfarrer mit dieser Aufgabenbestimmung der Predigt um? Im Folgenden werden Ergebnisse aus einer empirischen Untersuchung zur Bestattungspredigt vorgestellt, die im Zeitraum von 2010 bis 2012 in der Württembergischen Landeskirche durchgeführt wurde.[12] Sie geben – darauf liegt der Schwerpunkt[13] der folgenden Darstellung – Einblicke in das Selbstverständnis

---

10 Ursula Roth, *Die Beerdigungsansprache. Argumente gegen den Tod im Kontext der modernen Gesellschaft*, Praktische Theologie und Kultur 6 (Gütersloh: 2002).
11 Zum Begriff und seiner kulturwissenschaftlichen Entfaltung vgl. Erika Fischer-Lichte, *Ästhetik des Performativen* (Frankfurt am Main: 2004).
12 Tobias Weimer und Carmen Hoffmann haben als wissenschaftliche Hilfskräfte den Fragebogen entworfen und statistisch ausgewertet sowie die Feldphase begleitet. Kathrin Wanner und Julia Steller haben als studentische Hilfskräfte bei der Verarbeitung der Daten und bei Transkriptionen geholfen. Bei der Clusteranalyse hat uns Herr Andreas Kögel, Institut Schreier, Tübingen, beraten. Die Erhebung wurde von der Evangelischen Landeskirche in Württemberg finanziell und logistisch unterstützt.
13 Die Erhebung besteht insgesamt aus drei Teilen, die ineinander greifen und verschiedene Facetten der Bestattungspredigt in den Blick nehmen. 1. Dem umfangreichen Fragebogen für

der Pfarrerinnen und Pfarrer, wie sie ihre Predigtpraxis verstehen und wie sie sich hinsichtlich ihres Umgangs mit der Biographie des Verstorbenen verorten sowie welche persönliche Eschatologie sie pflegen und welche Akzente sie in ihren Predigten setzen. Diese Ergebnisse sind durch einen Fragebogen mit geschlossenen Fragen gewonnen worden und können aufgrund ihres geschichteten, durch Randomisierung gewonnenen Samplings als repräsentativ für die Württembergische Landeskirche gelten.[14] Die auf der Grundlage einer Clusteranalyse gebildeten Predigttypen werden vorgestellt und ihr Profil diskutiert.

Bei der Auswertung des Fragebogens wurden fünf prägnante Predigttypen gebildet. Präziser als von Predigttypen ist von Typen von Predigerinnen und Predigern zu sprechen, da diese Adressaten der Befragung sind, die durch fünf Kriterien ihres Predigtverständnisses gebildet wurden: (1) das prinzipielle Vorgehen bei der Erarbeitung einer Bestattungspredigt hinsichtlich der Struktur: Werden der Verkündigungsteil und biographische Daten streng getrennt oder verbunden? Und falls sie verbunden werden, wie werden sie verbunden? Das zweite Kriterium (2) ist die sprachliche Umsetzung: Werden geprägte Formeln, also rituell-formelhafte Sprache verwendet oder wird nach neuen Ausdrucksmöglichkeiten gesucht, also eine innovative Sprache angestrebt? Das dritte Kriterium für die Predigttypen ist (3) die prinzipielle Verhältnisbestimmung von Biographie und Predigttext: Was ist für die Verkündigung leitend? Als viertes Kriterium sind (4) die eigenen und als fünftes Kriterium (5) die in den Predigten einfließenden eschatologischen Vorstellungen zu nennen. Durch die Anwendung von Faktoren- und Clusteranalyse haben wir fünf interpretierbare Predigttypen gebildet sowie eine heterogene Sammelgruppe[15] mit 9,3 % der Befragten ermittelt.

Pfarrerinnen und Pfarrer zur Bestattungspraxis, die neben den im folgenden dargestellten Ergebnissen zur Predigt auch noch weitere Fragen zur Anzahl der Bestattungen, der Größe der Trauergemeinden, der Zusammenarbeit mit den Bestattungsunternehmen, dem zeitlichen Aufwand sowie zu Stressoren u.a.m. enthält. 2. Predigtanalysen, denen Predigten der fünf unterschiedlichen Predigttypen zugrunde liegen. 3. Leitfadeninterviews mit nahen und fernen Angehörigen zu ihren Wahrnehmungen und Eindrücken, die uns vorliegende (und in 2. analysierten) Predigten im Rahmen einer Bestattung gehört haben. In den Pastoraltheologischen Informationen 33 (2013) unter http://www.pthi.de/hefte/aktuell.htm findet sich ein Beitrag (Biographie und Eschatologie – Eine Umfrage zur Bestattungspredigt in Württemberg von Weyel, Birgit/Weimer, Tobias/Hoffmann, Carmen), der sich auf die allgemeinen Fragebogenergebnisse (Häufigkeitsauszählungen) sowie die Predigttypen konzentriert. Die Auswertung der Predigttypen wurde für die vorliegende Veröffentlichung verfeinert und um die Predigtbeispiele ergänzt.
14 Der Fragebogen wurde an 265 Pfarrerinnen und Pfarrer der Landeskirche per Post verschickt und hatte einen sehr guten Rücklauf (n = 194).
15 Diese Gruppe ist in sich uneinheitlich und wird nur aus statistischen Gründen gebildet, sodass die Eindeutigkeit der anderen Gruppen gewahrt bleibt.

	Faktoren	Bedeutung
(1) Prinzipielles Vorgehen	„Verknüpfung von Biographie und Verkündigungsteil; Verwendung biblischer Bilder"	Biographie und Verkündigung werden verknüpft; biblische Bilder werden angewendet
	„Trennung von Biographie und Verkündigungsteil; Verwendung von Textbausteinen"	Biographie und Verkündigung sind zwei separate liturgische Elemente; es werden gefertigte Textbausteine wiederverwendet
(2) Praktische Umsetzung	„innovatives Vorgehen"	Mit neuen Bildern soll das Leben nach dem Tod ausgemalt werden, wobei aktuelle Literatur zu Bestattungspredigten bzw. gedruckte Bestattungspredigten inspirierend wahrgenommen werden. Auch der Austausch mit Kollegen über gelungene Sprachbilder wird angestrebt.
	„rituell-formelhafte Sprache"	Wiederkehrende dogmatische Formulierungen finden Eingang in die Bestattungspredigten
	„diesseitsgewandtes Vorgehen, ohne neue Bilder"	Der Dank für das irdische Leben steht im Vordergrund; die jetzige Realität ist zu betonen, eschatologische Themen sollen möglichst nicht angesprochen werden. Die Suche nach neuen Bildern, mit denen das Leben nach dem Tod ausgemalt werden soll, wird daher abgelehnt.

Die Gruppen gewinnen ihr Profil sowohl durch ihre Zustimmungen, als auch durch signifikante Zurückweisungen. Insofern sind sie positiv und negativ bestimmt. Dabei gibt es erhebliche Unterschiede zwischen den Gruppen, ob sie sich eher durch Zustimmungen definieren oder die Ablehnungen identitätsbildend in den Vordergrund rücken. Die Vielzahl der Merkmale haben wir um der Prägnanz willen, wenn auch um den Preis gewisser Vereinfachungen, mit abgekürzten Namen versehen.

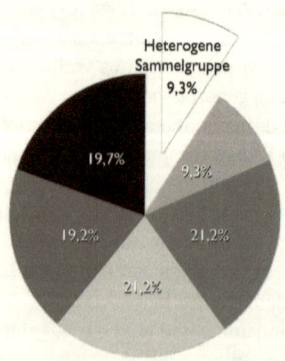

Bereits auf den ersten Blick fällt ins Auge, dass wir etwa vier gleich große Gruppen (19,2% bis 21,2%) gewonnen haben. Nur eine Gruppe ist mit 9,3% verhältnismäßig kleiner als die anderen. Es gibt insofern keinen Typus, dem eine klare Mehrheit zuzuordnen wäre, sondern wir haben es innerhalb der Pfarrerschaft mit einer gleichmäßigen Verteilung zu tun.

Die erste Gruppe mit 9,3% der Befragten bildet der *biblisch-konservative, Biographie-kritische Predigttyp*.

Dieser Typ hat zu jedem der angesprochenen Faktoren eine ausgeprägte Meinung, die weniger durch Zustimmung als vielmehr durch Ablehnung bestimmt ist. Bei der Frage nach der eigenen Eschatologie votiert er für eine ethisch-eschatologische Gerichtsvorstellung und lehnt eine poetisch-freie Eschatologie stark ab. Auch eine umfassende eschatologische Auferstehungshoffnung negiert er. Positiv positioniert sich dieser Typ in der starken Bevorzugung des Predigttextes gegenüber der Biographie. Eine Gleichgewichtung von Predigttext und Biographie wird daher zurückgewiesen. Ablehnend äußern sich die Personen dieses Typs grundsätzlich zu einer Verknüpfung von Biographie und Verkündigungsteil, einem sprachlich innovativen oder gar einem diesseitsorientierten Vorgehen. Ebenfalls nur ablehnend verhält sich dieser Typ zur gepredigten Eschatologie. Eine eschatologische Gottesgemeinschaft wird deutlich verneint, auch eine immanent-diesseitige Ausrichtung wird zurückgewiesen. Personen aus diesem Typ arbeiten verhältnismäßig häufig in dörflichen Strukturen. Dabei ist auffällig, dass die mittlere Altersgruppe zwischen 40–49 Jahren schwächer vertreten ist, ebenso Frauen aller Altersgruppen.

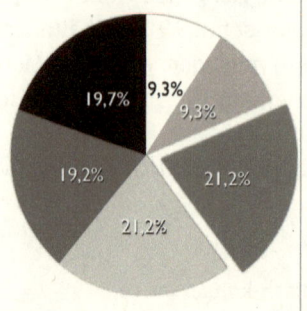

Der Eschatologie-betonte, sprachlich-traditionelle Predigttyp

- ☑ Biographie und Verkündigungsteil separieren; Verwendung von Textbausteinen
- ☑ Rituell-formelhaftes Vorgehen
- ☑ Eigene Eschatologie: Ethisch-eschatologische Gerichtsvorstellung
- ☑ Gepredigte Eschatologie: Eschatologiebetonung mit leiblicher Auferstehung

Zum *Eschatologie-betonten, sprachlich-traditionellen Predigttyp* zählen 21,2 % der Pfarrerinnen und Pfarrer Württembergs. Bei ihren Bestattungspredigten betonen diese Pfarrerinnen und Pfarrer eine Eschatologie mit leiblicher Auferstehung. Befragt nach den eigenen eschatologischen Vorstellungen, äußern sich Personen dieses Typs ebenso wie die zuvor vorgestellte Gruppe positiv zu ethisch-eschatologischen Gerichtsvorstellungen. Ferner sprechen sie sich für eine Trennung von Biographie und Verkündigungsteil aus, bei dem sie Textbausteine verwenden, was auch mit einer positiven Bewertung rituell-formelhafter Sprache insgesamt einhergeht. Bei der Gewichtung von Biographie und Predigttext sind sie ohne dezidierte Meinung. Es handelt sich um den einzigen Predigttyp, der sich in keinem Punkt ablehnend positioniert. Statistisch fällt auf, dass Personen dieser Gruppe überdurchschnittlich oft in dörflichen Strukturen anzutreffen sind.

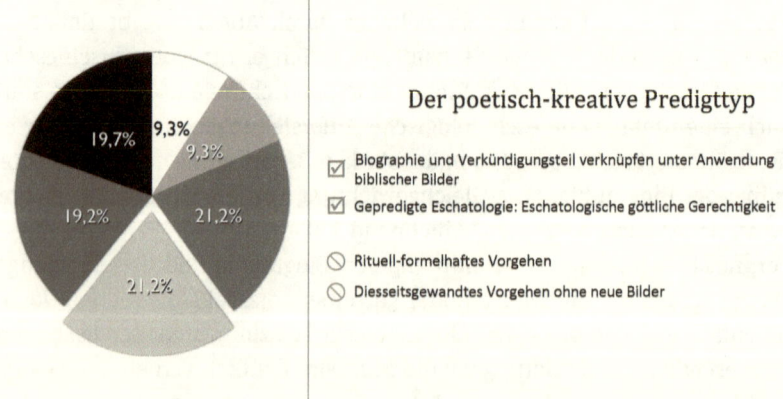

Der poetisch-kreative Predigttyp

- ☑ Biographie und Verkündigungsteil verknüpfen unter Anwendung biblischer Bilder
- ☑ Gepredigte Eschatologie: Eschatologische göttliche Gerechtigkeit
- ⊘ Rituell-formelhaftes Vorgehen
- ⊘ Diesseitsgewandtes Vorgehen ohne neue Bilder

Der *poetisch-kreative Predigttyp*, dem ebenfalls 21,2 % der Pfarrerinnen und Pfarrer angehören, zeichnet sich dadurch aus, dass er Biographie und Verkündigungsteil miteinander verknüpft und dazu biblische Bilder verwendet. Dabei lehnt er jedoch rituell-formelhafte Sprache ab. Personen dieser Gruppe nehmen in ihren Predigten auf die eschatologische göttliche Gerechtigkeit Bezug. Die Ablehnung des Antwortmusters „diesseitsgewandtes Vorgehen, ohne neue Bilder" weist auf eine mögliche Eschatologiebetonung und die Verwendung neuer Bilder hin. Statistisch gesehen ist dieser Typ nicht weiter auffällig, außer dass dieser den Angehörigen die Predigt oft in schriftlicher Form weitergibt. Möglicherweise geht diese Weitergabepraxis mit dem Selbstverständnis dieser Gruppe als Kreative einher.

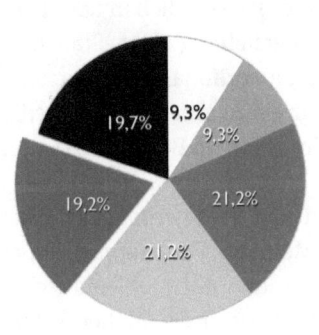

Der Diesseits-orientierte Predigttyp

☑ Diesseitsgewandtes Vorgehen ohne neue Bilder

◯ Gegenseitige Erhellung von Biographie und Predigttext

◯ Eigene Eschatologie: Ethisch-eschatologische Gerichtsvorstellung

◯ Gepredigte Eschatologie: Eschatologiebetonung mit leiblicher Auferstehung

◯ Gepredigte Eschatologie: Eschatologische göttliche Gerechtigkeit

Personen der Gruppe des *Diesseits-orientierten Predigttyps* gehen diesseitsgewandt vor, ohne neue Bilder zu verwenden. Dieser Typ positioniert sich vorwiegend ablehnend gegen eine Gleichgewichtung von Biographie und Predigttext mit deren gegenseitigen Erhellung. Sowohl bei der eigenen Eschatologie lehnt er ethisch-eschatologische Gerichtsvorstellungen ab, als auch bei der gepredigten. Zudem spricht er sich gegen eine Betonung der Eschatologie mit leiblicher Auferstehungshoffnung aus. Dieser Gruppe gehören statistisch gesehen überdurchschnittlich viele Frauen sowie Pfarrer und Pfarrerinnen im Alter von 50–59 Jahren an.

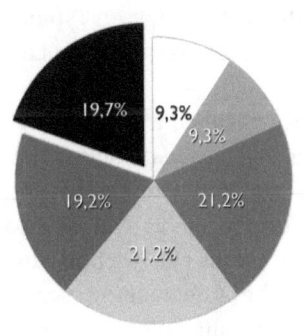

Der Biographie-betonte, Diesseits-orientierte Predigttyp

☑ Biographie und Verkündigungsteil verknüpfen unter Anwendung biblischer Bilder

☑ Diesseitsgewandtes Vorgehen ohne neue Bilder

☑ Gegenseitige Erhellung von Biographie und Predigttext / gleichgewichtet, Biographie ist wichtiger

☑ Eigene Eschatologie: Diesseitsorientiert, die Identität von Verstorbenen wird im Gedenken Gottes bewahrt

◯ Gepredigte Eschatologie: Eschatologiebetonung mit leiblicher Auferstehung

19,7 % der württembergischen Pfarrerinnen und Pfarrer gehören dem Predigttyp an, den wir den *Biographie-betonten, Diesseits-orientierten Predigttyp* genannt haben. Personen dieser Gruppe verknüpfen Biographie und Verkündigungsteil unter Anwendung biblischer Bilder und verfahren dabei diesseitsgewandt. Es wird Wert darauf gelegt, dass sich Biographie und Predigttext gegenseitig erhellen. In seiner eigenen Eschatologie ist dieser Typ eher auf das Diesseits hin orientiert, mit der Vorstellung, dass die Identität von Verstorbenen im Gedenken Gottes bewahrt wird. Zur gepredigten Eschatologie haben Personen dieser Gruppe keine homogene positive Einstellung, sie sind sich lediglich in der Ablehnung einer Eschatologiebetonung mit leiblicher Auferstehung einig. Statistisch lässt sich ergänzen, dass aus dieser Gruppe überproportional viele Personen angegeben haben, bei der Predigt mit freien Stichworten zu arbeiten, ihre Predigten also nicht ausformulieren und dass sie Veränderungen im Bestattungswesen gegenüber aufgeschlossen sind.

Die hier dargestellten Gruppen von Predigern und Predigerinnen in Württemberg sind auf der Grundlage der quantitativen Methodik Predigt*typen*. Typen bringen es mit sich, dass sie mit Schematisierungen und mit problematischen Stereotypisierungen verbunden sind. Darin liegt die Grenze dieser Methodik. Eine Stärke der Studie liegt in der Repräsentativität der Aussagen und der Vielzahl der Fragen, die den einzelnen Dimensionen im Fragebogen zugeordnet wurden. Die Grenze eines quantitativen Verfahrens ist uns sehr deutlich in der Nachfrage nach eschatologischen Vorstellungen bewusst geworden. Hier konnten wir nur ein Set an Angeboten machen, das hinter der Vielfalt möglicher Vorstellungen zurückbleibt.

Auffallend ist die erste Gruppe: der biblisch-konservative, Biographie-kritische Predigttyp. Diese Gruppe ist verhältnismäßig klein: 9,3 %. Sie hat eine stark ausgeprägte eigene Eschatologie, wobei das Gerichtsmotiv akzentuiert wird. Die Gerichtsvorstellung ist dogmatisch von einem doppelten Ausgang geprägt. Es handelt sich hierbei um eine eindimensionale eschatologische Traditionsorientierung, die durch die Verwendung geprägter Sprache noch verstärkt wird. Interessant ist die Ablehnung der Biographieorientierung, die diesen Typ davor bewahrt, den doppelten Gerichtsausgang in jedem Fall auf das konkrete Leben des Verstorbenen hin konkretisieren zu müssen.

Auch der zweite Typ, der Eschatologie-betonte, sprachlich-traditionelle Predigttyp (21,2 %) steht für eine betonte Eschatologie. Seine Eschatologie ist allerdings nicht auf die Gerichtsvorstellung beschränkt, sondern wird ergänzt durch eine leiblich verstandene Auferstehung. Für den dritten Predigttyp, den poetisch-kreativen Typ (21,2 %) spielt die Eschatologie ebenfalls eine wichtige Rolle, jedoch nicht als Gerichtsvorstellung oder als leibliche Auferstehung, sondern eher im Sinne einer göttlichen Gerechtigkeit. Etwa die Hälfte aller Prediger und

Predigerinnen beziehen sich demnach auf eschatologische Vorstellungen am Grab (Predigttypen 1 bis 3). Die Akzente, die hier gesetzt werden, sind allerdings sehr unterschiedlich.

Die Gruppen vier und fünf, mit jeweils 19,2% bzw. 19,7%, sind dagegen stark diesseitig orientiert. Blass bleibt der rein diesseitsorientierte Predigttyp, der primär durch seine Ablehnung eschatologischer Vorstellungen profiliert ist. Anders als der fünfte, Biographie-betonte, diesseitsorientierte Predigttyp, widmet er sich nicht alternativ der Biographiearbeit. Bei insgesamt fast 40% der Prediger und Predigerinnen bleibt die Eschatologie somit eine Leerstelle. Nur ein einziger Predigttyp, der poetisch-kreative Typ, verbindet Biographie, Verkündigung, Eschatologie.

Die sprachliche Gestaltung der Predigt ist für das Selbstverständnis der Prediger und Predigerinnen von großer Bedeutung. Auffallend ist hier die starke Traditionsorientierung bei fast allen Predigten. Neue sprachliche Bilder und eine innovative sprachliche Gestaltung werden immerhin von vier Gruppen signifikant abgewiesen. Rituell formelhaftes Vorgehen findet zum Teil ausdrücklich Zustimmung. Allein der poetisch-kreative Predigttyp mit 21,2% bildet hier eine Ausnahme. Vor dem Hintergrund, dass die Predigt zwar einerseits Teil des Rituals ist, andererseits aber auch eine Aktualisierung und Flexibilisierung leisten muss, besteht die Gefahr, dass das Potential eschatologischer Vorstellungen, das gelebte Leben zu deuten, verloren geht.

Predigerinnen und Prediger, die im Laufe einer langen Ausbildung und ihrer Berufspraxis, einen theologischen Standpunkt ausgebildet und Routinen erworben haben, wird man kaum kritisieren oder ihnen blinde Flecken vorwerfen dürfen. Die eigene Eschatologie ist ja nicht nur Teil des Berufswissens, sondern auch eine eigene Glaubensüberzeugung. Dennoch kann die Predigertypologie als ein Instrument eingesetzt werden, um Pfarrerinnen und Pfarrer die Möglichkeit zu bieten, ihre eigene Predigtpraxis selbstkritisch zu überdenken. In Pfarrerfortbildungen und Vorträgen vor Pfarrkonventen zeigte sich ein großer Teil der Pfarrerinnen und Pfarrer bereit, über die eigenen Bestattungspredigten nachzudenken.

3 Lebensdeutung zwischen Traditionsorientierung und Kreativität

An ausgewählten Predigtbeispielen sollen die beiden stark entgegengesetzten Predigttypen, der biblisch-konservative, Biographie-kritische Typ und der poetisch-kreative Typ veranschaulicht werden. Wenn man die Predigtbeispiele neben die Predigttypen hält[16], so wird deutlich, dass etwa auch der Biographie-kritische Predigttyp auf die Biographie des Verstorbenen eingeht, sie deutet und würdigt. Eine Predigt zu Kol 3,1f setzt mit den Worten ein:

> „nach einer fast zweijährigen Krankheit wurde [Name des Verstorbenen] von seinem Leiden erlöst. Er wird nun sehen, was er geglaubt hat. [Name des Verstorbenen] war ein Mann des Glaubens und des Gebets. Er hat gesucht, was ‚droben ist, wo Christus ist‘, wie es in seinem Denkspruch heißt."[17]

Das Leben des Verstorbenen wird, wie es dem Predigttyp entspricht, in traditionell-formelhafter Sprache gewürdigt, aber es wird gewürdigt. Die dunkle Seite des Gerichtsgedankens wird dagegen mahnend an die Zuhörenden adressiert. Die in dieser Hinsicht schärfste Passage, die im Mittelteil der Predigt ihren Ort hat und durch versöhnlichere Teile eingerahmt wird, klingt wie folgt:

> „‚Was hülfe es dem Menschen, wenn er die ganze Welt gewönne und nähme doch Schaden an seiner Seele‘, sagt Jesus. Was nützt uns hier auf Erden das beste und glücklichste Leben, wenn wir nach dem Tod ewig verloren sind? Wie stehen wir vor Gottes Richterstuhl da, wenn Gott sagen muss: Du hattest für mich auf Erden keine Zeit, deshalb habe ich für dich keine Ewigkeit. Das ist das Schlimmste, was uns widerfahren könnte, wenn Gott einmal sagen müsste: Dich kenne ich nicht, obwohl du getauft und konfirmiert bist, du kannst nicht teilnehmen am Fest im Reiche Gottes."[18]

Der Verstorbene hat nicht nur eine Vorbildfunktion für das *memento mori*, sondern er wird auch vom Prediger mit in Anspruch genommen, den Auferstehungsglauben anzumahnen: „Diesem auferstandenen Jesus sollen Sie den ersten Platz in Ihrem Leben einräumen. Das ist auch im Sinne des verstorbenen [Name des Verstorbenen]."[19]

Die Formelhaftigkeit und Traditionsorientierung dieses Predigttyps kommt auch in den Teilen der Predigt stark zur Geltung, die sich auf heilsgeschichtliche und dogmatische Zusammenhänge beziehen. Ein dialogisches Anknüpfen an mögliche Fragen der Hörerinnen und Hörer wird zwar simuliert, faktisch aber wird ein in sich geschlossener dogmatischer Textbaustein platziert:

---

[16] Methodisch sind wir so vorgegangen, dass wir nach der Clusteranalyse einzelne Befragte, die ihr Einverständnis auf dem Fragebogen erklärt hatten, sie mit ihren Klarnamen anzusprechen, um Predigtbeispiele baten. Die Predigten sind den Predigttypen über die Auswertung des Fragebogens zugeordnet worden.
[17] Predigt A Predigttyp Biographie-kritisch, biblisch-konservativ, S. 1, Zeile 14–17.
[18] A.a.O., S. 2, Zeile 20–26.
[19] A.a.O., S. 3, Zeile 5–6.

„Sie könnten vielleicht fragen, warum ist es so wichtig? Was geht mich Gott an? Da dürfen wir nicht vergessen, woher wir kommen. Gott hat uns Menschen geschaffen. Wir sind seine Geschöpfe. Deshalb hat er einen Anspruch auf uns. Er will, dass wir immer in der Gemeinschaft mit ihm leben. Doch dieses Verhältnis zwischen uns und Gott hat leider einen Riss erhalten. Es ist zerbrochen. Sünde nennt das die Bibel, wenn wir getrennt von Gott leben. Die Folge der Sünde ist der Tod. Gott aber will, dass wir leben, und zwar ewig. Gott liebt uns so sehr, dass er alles daran setzt, dass die Macht des Todes gebrochen wird. Aus Liebe zu uns Menschen hat Gott seinen Sohn Jesus Christus auf die Erde geschickt, dass er uns unsere Sünde wegnehme und die Macht des Todes zerstöre. Durch seine Auferstehung an Ostern hat Jesus den Tod besiegt."[20]

In wenigen Sätzen wird skizzenhaft der heilsgeschichtliche Zusammenhang von der Schöpfung zur Erlösung skizziert, der scheinbar argumentativ in seiner inneren Folgerichtigkeit entfaltet wird, tatsächlich aber mehr Fragen aufwirft als er beantwortet. Hier wird die Trennung von Lebensdeutung und christlicher Verkündigung in ihrer Problematik sehr deutlich.

Ähnlich abrisshaft geht der Prediger am Ende noch einmal auf das Leben des Verstorbenen ein. Er zählt in sehr kurzen Sätzen, stakkatoartig einige wenige seiner Lebensstationen auf. Die Zusammenstellung wirkt an manchen Stellen unfreiwillig komisch, wenn etwa von der Kriegsteilnahme des damals 17-Jährigen die Rede ist: „Als er nach dem Krieg wohlbehalten nach Hause kam, trat er in den Kirchenchor ein."[21] Positiv gewürdigt wird, dass er sich der Familie gewidmet hat: „Trotz seiner vielen Arbeit nahm er sich sonntags immer Zeit für seine Familie."[22] Sein Engagement in Kirchen- und Posaunenchor, Kirchengemeinderat, dem Opferzähldienst wird ausdrücklich benannt. Als Persönlichkeit bleibt der Verstorbene blass. Wir erfahren nur, dass er gerne gesungen hat. Die Todesumstände, die seine persönliche Neigung und seine Frömmigkeit ideal verbinden, werden an den Schluss der Predigt gerückt: „Als am Samstag, [Datum], seine Frau ihm Gesangbuchverse vorlas, schlief er für immer ein. Er verstarb im Alter von 84 Jahren. Wir legen ihn in Gottes Hand. Er sei ihm gnädig."[23]

Die biographieorientierten Teile der Predigt des Biographie-kritischen Predigttyps lassen hinter dem frömmigkeitsspezifischen Stereotyp keine Persönlichkeit aufscheinen. Nicht nur tritt die Biographie hinter der betonten Platzierung des Bibeltextes zurück, wie dies dem Selbstverständnis des Predigers entspricht, sondern Formelhaftigkeit und Stereotypisierung überdecken beides, sowohl die Passagen, die der Auslegung des Textes gewidmet sind, als auch die

---

20 A.a.O., S. 2, Zeile 27–S. 3, Zeile 4.
21 A.a.O., S. 3, Zeile 14f.
22 A.a.O., S. 3, Zeile 22f.
23 A.a.O., S. 4, Zeile 1–3.

wenigen Bemerkungen, die dem Leben des Verstorbenen gewidmet sind. Hier bleibt für die Hörerinnen und Hörer im Dunkeln, wie die vehemente Forderung, „dass ich Gott in meinem Leben den ersten Platz einräume", konkret eingelöst werden kann. Kritisch kann man fragen, ob diese Predigt nicht religiöser Kitsch ist, insofern gilt: „Jede Differenzerfahrung (abgesehen von der als böser erfahrenen Welt), wird abgewehrt."[24] Diese Predigtpassagen zielen, und zwar sowohl die Repräsentanz des Predigttextes als auch die Reminiszenzen zur Biographie, in hohem Maße auf „Wiedererkennbarkeit" und, jedenfalls für ein spezifisches Frömmigkeitsmilieu, auf „Vertrautheit".[25]

Die Predigten des poetisch-kreativen Typs, die uns vorlagen, lassen nicht alle in gleichem Maße Kreativität erkennen, aber es tritt ein Merkmal sehr deutlich bei allen hervor. Die kreativen Anteile der Predigt liegen in der starken, die Predigt als ganze organisierenden Verbindung von Predigttext und Biographie, die den Text nicht nur illustriert und konkretisiert, sondern auch interpretiert. Ein gelungenes Beispiel bietet eine Predigt zu Römer 12,21. Der Text wird zur Deutung der Biographie des Verstorbenen mehrfach herangezogen: „Lass dich nicht vom Bösen überwinden, sondern überwinde das Böse mit Gutem." Mit insgesamt fünf Zitaten durchzieht der Text die Predigt als roter Faden und wird immer wieder neu in eine Deutungsperspektive der einzelnen Lebensphasen gerückt und mit Akzenten versehen, die die Predigerin in der Biographie des Verstorbenen konturiert. Die Leitfrage wird gleich zu Beginn der Predigt platziert: „Unser Leben – jedes Leben – ist Chance und Schicksal zugleich, ein Geschenk, eine Gottesgnade genauso, wie es Belastendes, bisweilen sogar Böses umschließt. Wie können wir aus allem etwas Gutes gewinnen?"[26]

Vor dem Hintergrund des Predigttexts, der die Ambivalenz von böse und gut mit sich führt, beschreibt die Predigerin auch schwierige Erfahrungen des Verstorbenen und der Angehörigen, insbesondere der Kinder, mit dem Verstorbenen.

> „Der Generation der Kriegsheimkehrer hat sich unter oft traumatischen Umständen vor allem die Struktur von Initiative und einsamer Eilentscheidung, von Drill, Befehl und striktem Gehorsam tief eingeprägt. Sich sensibel auf die Seelenlage von Kindern und Heranwachsenden in Familien und Friedenszeiten einzustellen, war für Viele oft nur über Jahr-

---

24 Andreas Mertin, *Kitsch as Kitsch can. Zur Beziehung von Kitsch und Religion*, in: Tà katoptrizómena. Das Magazin für Kunst, Kultur, Theologie, Ästhetik 57 (2009), http://www.theomag.de/57/am269.htm.
25 Ebd.
26 Predigt B Predigttyp Poetisch-kreativ, S. 1, Zeile 17–20.

zehnte in kaum erkennbaren, ganz kleinen Schritten möglich. Was den eigenen Kindern abging, konnte höchstens der Enkelgeneration noch zugute kommen."[27]

Die Predigerin wirbt um Verständnis für den Vater, ohne die problematischen Seiten seiner Persönlichkeit für die Kinder zu ignorieren. Heikle Passagen, wie diese von den traumatischen Umständen, sind eher allgemein formuliert, ohne dass der biographische Bezug unklar würde. Man kann vermuten, dass es im Leben des Verstorbenen eine depressive Phase gegeben hat. An dieser Stelle betont die Predigerin das Unausweichliche psychischer Reaktionen.

> „‚Lass dich nicht vom Bösen überwinden, sondern überwinde das Böse mit Gutem.' Das ist leichter gesagt, als getan. Oft wehren wir uns verzweifelt gegen die Einsicht, weil das bedeuten würde, dass wir uns zuerst nochmals unseren Schmerzen, Verletzungen und Traumatisierungen stellen müssen. Doch die harte Schale, die wir als Schutzrüstung mit uns herumschleppen, gibt uns und andern um uns her nicht nur schwer zu tragen, sie macht uns auch unbeweglich der Vielfalt des Lebens mit sportlicher, spielerischer, beweglicher Leichtigkeit zu begegnen. Durch Erstarrung aber werden wir auf vielen Gebieten des Lebens zu Versagern: In unserer Partnerschaft, in der Erziehung, im Beruf – zuletzt praktisch in allen Beziehungen, die uns etwas bedeuten. Somit reagiert unsere Seele mit einer depressiven Erkrankung. ‚Selbst wenn du gewisse Erfolge hast – mit diesen Grund- und Voreinstellungen kann und will ich nicht mehr weiterleben.'"[28]

Zwar gewinnt die Passage zur Depression und psychischen Erstarrung etwas Exkursartiges und klingt auch stellenweise kompliziert, aber auch hier zielt die negative Passage auf die Überwindung des Bösen durch ‚das Gute':

> „Positiv gesehen sind Depressionen der Veränderungsdruck, mit dem die Seele Veränderungen der Voreinstellungen erzwingen möchte. Da es aber Voreinstellungen unserer biografisch gewachsenen Persönlichkeit sind, liegen diese außerhalb des eigenen Blickwinkels und können von uns selbst kaum wahrgenommen, geschweige denn verändert werden. Wir benötigen dafür das warmherzige Feedback eines Menschen, der mit uns lebt. Jemand, der vielleicht bereit ist, nochmals mit uns durch die Traumatisierung hindurchzugehen, sich anzuschauen, was denn da so sehr verletzt hat."[29]

Das kreative Potential der Predigt wird neben der engen Verbindung von Predigttext und Lebensdeutung, die durch die gesamte Predigt hindurch strukturbildend wirkt, auch in sehr anschaulichen biographischen Erinnerungen erkennbar, die in ihrer Ambivalenz geschildert werden können:

---

27 A.a.O., S. 2, Zeile 2–10.
28 A.a.O., S. 2, Zeile 31–S. 3, Zeile 8.
29 A.a.O., S. 3, Zeile 9–15.

> „Einerseits gönnt man als Jüngerer von Herzen dem sehr beliebten und angesehenen, älteren Mann gerne ein Stück nachgeholte Kindheit: Das unbekümmerte Reisen, die Freude, dass ein selbst 80-jähriger mit waghalsigem Abfahrtsski und unglaublichem, sportlichem Geschick eine ganze Piste ins Staunen versetzt. Andererseits blutet uns für ihn im Nachhinein das Herz, wenn ein Mensch sich erst im Alter die Rollerskates leistet, um dann mit blutigen Ellenbogen zu verkünden, wie viel (kindliche) Freude ihm das bereitet."[30]

Die Predigerin nimmt hier ausdrücklich eine Deutungsperspektive ein. Sie signalisiert die Relativität ihrer Perspektive, die nahe bei den mit ihr in etwa gleichaltrigen Angehörigen ist. Sie konstruiert sich selbst nicht als Unbeteiligte, sondern äußert persönliche Beteiligung, indem sie Emotionen anspricht und Identifikation eröffnet. Dabei zeigt sie in der Predigt Verständnis für menschliche Schwächen, Empathie und lässt darin einen gnädigen Blick auf das Leben des Verstorbenen wie auch auf das Leben der Angehörigen und das Leben generell erkennen.

In vielen Predigten fallen stereotype Bewertungen von Geschlechterrollen auf. Das hängt sicher auch damit zusammen, dass wir nur ältere Menschen als Todesfälle im Blick hatten, deren Biographien eher traditionell orientiert waren, erklärt aber diese Tendenz zur Klischeebildung nicht vollständig. Wenn man bedenkt, dass das Leben der Verstorbenen exemplarisch gedeutet wird, dann liegt ein Problem in der fixierenden Darstellung von Geschlechterrollen wie der fürsorglichen Mutter, der gutmütigen Großmutter. Es liegt eine positive Würdigung in diesen biographischen Bemerkungen, aber die Wertungen lassen stark traditionelle Werte erkennen. Arbeit in Beruf und Freizeit wird in vielen Predigten als positiver Wert benannt. Insbesondere bei den weiblichen Verstorbenen werden unermüdliche Sorge und Tätigkeit hervorgehoben: „[Name der Verstorbenen] lebte ganz und gar in Aufgaben, in Aufgaben für die ihr Anvertrauten und das ihr Anvertraute. Sie dachte in Aufgaben, ja in Pflichten".[31] – „Sie sorgte – fast immer im Hintergrund – bei unzähligen Festen und Feiern des Musikvereins oder im Schützenhaus für reichlich Essen und half lange beim Braten der beliebten Göckele."[32] Man fragt sich, wie der Rechtfertigungsglaube plausibel werden kann, wenn nach dem Tod eines Menschen nur das als bedeutsam bleibt, was man durch seine Schaffenskraft selbst hervorgebracht hat.

Versteht man die Predigt anlässlich einer Bestattung als den professionellen Versuch, „einen Lebenslauf in eine sinnerhebliche Lebensgeschichte zu

---

30 A.a.O., S. 2, Zeile 24–30.
31 Predigt A Biographie-betont, Diesseits-orientierter Predigttyp S. 2, Zeile 5–7.
32 Predigt A Predigttyp Poetisch-kreativ, S. 1 Zeile 30 – S. 2 Zeile 3. Göckele oder auch Göggele ist ein mundartlicher Begriff für Hähnchen.

übersetzen"[33], dann ergibt sich die komplexe Aufgabe, Leben so zu deuten, dass angesichts der Endlichkeit des Lebens neue Lebensperspektiven gewonnen werden können. Die Rekonstruktion von Biographie ist immer ein Beitrag zur Deutung des Lebens und zur lebensweltlichen Orientierung. Daher hinterfragt das kreative Potential des christlichen Glaubens eine bloße Reproduktion von traditionellen Wertorientierungen.[34] Darüber hinaus aber wird in der Gewinnung neuer Lebensperspektiven auch die eschatologische Dimension verdeutlicht. Das zu Erwartende, über den Tod hinaus perspektivisch zu Erhoffende, ist ein entscheidendes Moment zur Gewinnung der Bedeutungskategorien, die für die Sinnerheblichkeit der Lebensgeschichte einstehen. Versteht man die Predigten nicht nur als Trostrede an den engeren Kreis der Hinterbliebenen, wird man die gesellschaftsöffentliche Funktion der kirchlichen Grabrede darin sehen müssen, von Rollenfestlegungen befreite Werte zu vertreten. Es werden – um es zugespitzt zu sagen – bei jeder Bestattungspredigt, die Werte und Normen der Institution, die Vorstellung eines ‚guten', ‚gelungenen Lebens' öffentlich gemacht, indem diese am Beispiel eines individuell gelebten Lebens veranschaulicht werden.

Das Problem der Stereotypisierung verweist grundsätzlich auf die Frage nach den Kriterien, die die Biographiedarstellung und Biographiedeutung organisieren und dem Erlebten Bedeutung verleihen. Auch für die Predigertypen, die sich biographiekritisch geäußert haben, gilt ja, dass sie auf das Leben des Verstorbenen eingehen; und zwar auch dann, wenn dies äußerst reduziert geschieht, eher technisch ein Lebenslauf[35] vorgelesen wird oder problematische, aber für die Angehörigen sehr präsente Charakterzüge verschwiegen werden. Die Grabrede wird in jedem Fall – wie dies Wilhelm Dilthey für den Zusammenhang zwischen Erleben und Biographie formuliert hat – „dem Erinnerten einen eigenen Charakter von Präsenz"[36] geben. Diese Kategorien sind von erheblicher Bedeutung, da

---

33 Walter Sparn, Art.: *Biographie*, in: Handbuch Praktische Theologie, Wilhelm Gräb/Birgit Weyel (Hg.), (Gütersloh: 2007), 29–39, 37.
34 Lutz Friedrichs, *Gott ‚freiphantasieren'. Ästhetische Impulse für biographische Bestattungspredigten*, in ZThK 101 (2004), 358–378, weist auf das Anregungspotential literarischer Autobiographien hin. Vgl. auch von Lutz Friedrichs, *Autobiographie und Religion der Spätmoderne. Biographische Suchbewegungen im Zeitalter transzendentaler Obdachlosigkeit* (Stuttgart: 1999).
35 Die Württembergische Agende hält ausdrücklich fest, dass, wenn ein Lebenslauf verlesen wird, auf die „Abstimmung mit den Predigtgedanken" zu achten sei. Vor dem Hintergrund, dass Angehörige selbst diesen Lebenslauf verfassen, ist hier in jedem Fall eine kreative Aufgabe von der Predigerin/vom Prediger zu erwarten. *Gottesdienstbuch für die Evangelische Landeskirche in Württemberg. Zweiter Teil: Sakramente und Amtshandlungen; Teilband Bestattung* (Stuttgart: 2000), 14.
36 Dilthey, a.a.O. (Anm. 9), 23.

sie die Auswahl und die Darstellung der biographischen Bemerkungen organisieren. Weil anlässlich einer Bestattung der konkrete Todesfall als Phänomen der Endlichkeit des Lebens zur Sprache kommt und zugleich im Sinne eines religiösen Deutungsangebotes modellhaften Charakter für das Selbstverständnis der Hinterbliebenen und ihr Selbstverhältnis zu ihrem Lebenslauf haben, halten die Passagen der Predigt, die mehr oder wenigen auf das gelebte Leben eingehen, stets die Frage nach dem Sinn des Lebens präsent. Wolfgang Steck macht daher auch zu Recht auf die in dieser Hinsicht hervorgehobene Bedeutung der Kasualreden im Unterschied zur seriellen Sonntagspredigt aufmerksam:

> „Die rhetorischen Symbolisierungen signifikanter Schlüsselsituationen des individuellen wie gemeinschaftlichen Lebenskosmos werden im Zuge ihrer Verarbeitung durch die Rezipienten zwar zu der kontinuierlichen alltagsweltlichen Sinnkonstruktion in Beziehung gesetzt, aber nicht darin aufgelöst. Die ästhetischen und reflexiven Rekonstruktionen extraordinärer und singulärer Lebensereignisse behalten vielmehr ihre in der aktuellen Kommunikationssituation gewonnene alltagstranszendierende Statur bei und fungieren aufgrund ihrer hermeneutischen Valenz als Prismen sinnhafter Wirklichkeitskonstruktion."[37]

Die Praktische Theologie hat zu den biographischen Bedeutungskategorien theologische Reflexionsangebote gemacht, indem sie von Heiligung[38] und Rechtfertigung[39] spricht und den Akzent auf die Perspektive der Kohärenz oder der Fragmentiertheit[40] menschlichen Lebens gesetzt hat. Die Frage nach der Empirie der Bestattungspredigt verweist noch einmal eindrücklich auf die Aufgabe der Lebensdeutung durch Pfarrerinnen und Pfarrer am Grab, in der sich konkret

---

37 Wolfgang Steck, *Die Grabrede. Eine phänomenologische Rekonstruktion ihrer Genese*, in: Der ganze Mensch. Perspektiven lebensgeschichtlicher Individualität. Festschrift für Dietrich Rössler zum siebzigsten Geburtstag, Volker Drehsen u.a. (Hg.), (Berlin/New York: 1997), 263–303, 264f.
38 Volker Drehsen, *Die Heiligung von Lebensgeschichten. Zur gesellschaftstheologischen Bedeutung volkskirchlicher Amtshandlungen*, in: Wie religionsfähig ist die Volkskirche? Sozialisationstheoretische Erkundungen neuzeitlicher Christentumspraxis, Volker Drehsen (Gütersloh: 1994), 174–198. Drehsen spricht zwar von der Sakralisierung von Lebensgeschichten, zielt dabei aber auch auf die Rechtfertigung als Zuspruch von „Sinn und Gelingen", die sich für den Glaubenden „völlig unabhängig von seinen Erfahrungen und Leistungen einstellen" (195) mit expliziter Zustimmung zu Wilhelm Gräb.
39 Wilhelm Gräb, *Rechtfertigung von Lebensgeschichten. Erwägungen zu einer theologischen Theorie der Amtshandlungen*, in: PTh 76 (1987), 21–38.
40 „Der Begriff des Fragments kontrastiert dem der Totalität, also der in sich geschlossenen Ganzheit, der Einheitlichkeit und der dauerhaften Gültigkeit." Henning Luther, *Identität und Fragment. Praktisch-theologische Überlegungen zur Unabschließbarkeit von Bildungsprozessen*, in: ThPr 20 (1985), 317–338, 323. Vgl. auch, in der Tendenz noch zugespitzter: Ders., *Leben als Fragment. Der Mythos der Ganzheit*, in: WzM 43 (1991), 262–273.

veranschaulicht, wie vom Leben gesprochen werden kann, so dass das kreative Potential des christlichen Glaubens für die Sinnerheblichkeit der Lebensgeschichte zur Geltung gebracht werden kann.

Ralph Kunz
Ritus und Rede(n) am Grab

1 Funerale Assoziationen

1.1 Ritus oder Rede? Kurze Problemskizze eines vermeintlichen Problems

Es ist kein Geheimnis, dass die Bestattungspraxis der Evangelischen in erster Linie ein Wortritual ist. Die Trauerfeier des Zürcher Altkirchenratspräsidenten lieferte dazu eine eindrückliche Illustration. Nicht weniger als fünf Redner würdigten den Verstorbenen. Schließlich war es eine Art Staatsbegräbnis und schließlich war man im Großmünster, in der Kirche also, in der ein Leutpriester namens Zwingli vor 500 Jahren mit Vehemenz das Ritengeflecht zugunsten der einfacheren Predigtliturgie radikal auslichtete. Vielleicht war es die heimliche List des Ritus oder die „unsichtbare Hand", die gnädig regierte? Jedenfalls durfte die geduldige Gemeinde nach der letzten Rede zu ihrem Trost aus Gerhardts Klassiker „Befiehl Du Deine Wege" die Strophe singen, die da lautet: „Mach End, o Herr, mach Ende / mit aller unsrer Not."

In diesem Fall Ritus und Rede zu unterscheiden, ist künstlich und verleitet zu falschen Alternativen. Selbst wenn sie zu lange dauern und alle anderen Kommunikationsweisen übertönen, gehören Ritus und Rede(n) zusammen. Nachdem die „Wort Gottes"-Theologie stärker die Differenz hervorhob und zuerst gegen den *Kult* ins Feld zog, war nach der anthropologischen Wende das Ritual angesagt. Domay und Nitschke fühlten sich aber bereits 1984 verpflichtet, vor dem neuen Ungleichgewicht zu warnen:

> „Für Protestanten mag das Beerdigungsritual etwas Befremdliches sein und bleiben. Das hat seine Richtigkeit. Die Predigt steht in Gefahr, vom Ritual überwuchert zu werden. Dessen muss sich der Prediger bewusst bleiben. Er hat zu verhindern, dass sein Reden ins Formelhafte, ins Nichtssagende abgleitet. Wenn das geschieht, enttäuscht er die Trauergemeinde. Denn sie wartet auf ein persönliches lebendiges Wort, das tröstet. Das leistet das Beerdigungsritual nicht."[1]

---

[1] *Trauernden Predigen*, in: *Gottesdienstpraxis. Serie B. Arbeitshilfen für die Gottesdienste zu den Festzeiten, für Kasualien und besondere Anlässe*, Erhard Domay und Horst Nitschke (Hg.), (Gütersloh: 1984), 135.

Wer wollte widersprechen? Die Warnung vor rituellen Überwucherungen verzerrt aber die produktive Spannung von Ritual und Rede in eine falsche Alternative. Man könnte mit derselben Emphase auch vor dem Gerede am Grab warnen![2] Wenn die Liturgin gegen das Ritual redet, redet sie an den Menschen vorbei und über ihre Köpfe hinweg. Die Spannungsmomente zwischen einzelnen liturgischen Handlungsvollzügen lassen sich eben nicht auf den Gegensatz von Kerygma und Liturgie reduzieren.

Dass heute weniger in diesen Gegensätzen gedacht wird, hat sicher auch mit Einsichten und Ansätzen zu tun, die der Diskussion seit Anfang der 1990er Jahre neue Impulse verliehen.[3] Schon Werner Jetter hat die theologische Dichotomie von Predigt und Gottesdienst mit Hilfe der Symbol- und Ritualtheorie kritisiert.[4] Den engen Horizont der auf einer idealen Verständigung ausgerichteten gottesdienstlichen Kommunikation erweiterten die ästhetisch orientierten religionsphänomenologisch-mystagogischen und phänomenologisch-hermeneutischen Ansätze. Gottesdienste haben Atmosphären. Sie schaffen Gefühlsräume, in denen sich Bedeutungen wandeln.[5]

Auch in der Homiletik wurde das kommunikationstheoretische Predigtmodell, das in den 1980er Jahren noch dominierte, zunehmend hinterfragt. Semiotische, rhetorische und dramaturgische Gottesdienstmodelle lassen Synergien zwischen den Zeichenhandlungen besser erkennen. Die Predigt ist eine Inszenierung des Evangeliums mit rhetorischen Mitteln, die Deutungsräume aufschließt und ins Bild setzt. Sie unterstützt die Funktion des Rituals. Der falsche Gegensatz von Wort und Handlung wird also dadurch entschärft, dass der Zusammenhang von Worthandlung und erschlossenem Deutungsraum schärfer gesehen in den Blick kommt.[6] Die Lösung von Wagner-Rau, *in* und nicht *über* Hoffnung zu reden,

---

[2] Vgl. Henning Luther, *Tod und Praxis. Die Toten als Herausforderung kirchlichen Handelns*, in: ZThK 88 (1991), 407–426, 408–410.

[3] Das gilt auch für die Seelsorgelehre. In der Pastoralpsychologie (vgl. dazu Joachim Scharfenberg, *Einführung in die Pastoralpsychologie* [Göttingen: 1985], 101–105) wie in der systemischen Seelsorge (Christoph Morgenthaler, *Systemische Seelsorge. Impulse der Familien- und Systemtherapie für die kirchliche Praxis* [Stuttgart: 2002], 189–191) wird das therapeutische Potential der Ritualisierung *nicht* im Gegensatz zur Kommunikation des Evangeliums gesehen.

[4] Werner Jetter, *Symbol und Ritual* (Göttingen: 1978).

[5] Für die weitere Diskussion war wegweisend Manfred Josuttis, *Der Weg in das Leben* (München: 1991).

[6] Vgl. dazu Karl-Heinrich Bieritz, *Anthropologische Grundlegung*, in: *Handbuch der Liturgik*, Hans-Christoph Schmidt-Lauber und Michael Meyer-Blanck (Hg.), (Göttingen: 2003), 95–128. Zur Bedeutung von Ritual, Kasus und Kerygma für die Bestattungspredigt siehe Christoph Stebler, *Die drei Dimensionen der Bestattungspredigt. Theologie, Biographie und Trauergemeinde* (Zürich: 2006), 21–30.

ist ein Kernsatz der dramaturgischen Homiletik, die das Wort *als* Handlung versteht.[7]

1.2 Verhältnis der rituellen und rhetorischen Kommunikation

Wenn in diesem Beitrag das *Verhältnis der rituellen und rhetorischen Kommunikation* thematisiert wird, sollen keine alten Grabenkämpfe ausgefochten werden. Es geht vielmehr darum, die Gründe, Hintergründe und Abgründe der typisch protestantischen Vorliebe für die Rede im Bestattungsritus auszuloten. Das soll zuerst auf dem Hintergrund der existentiellen Erfahrung des Todes (1) und in einem zweiten Schritt durch einen diachronen Vergleich der Zürcher Ritenpraxis erhellt werden (2). In einem weiteren Schritt geht es darum, eine *Station* der Bestattung näher in den Blick zu nehmen: den eigentlichen Grabritus. Ich verstehe diesen als Sequenz einer Gesamtliturgie und Höhepunkt einer Dramaturgie, die ich hier mit dem Kunstwort *Funeral* bedenke (3).[8]

Emotional ist der Grabritus vermutlich der Tiefpunkt des Funerals. Wenn der Sarg versenkt wird oder die Urne im Erdloch verschwindet, wird anschaulich, was passiert ist. Was sagt ein evangelischer Pfarrer in dieser Phase des Rituals? Mit wem und zu wem spricht er oder sie? Was tut sie und was unterlässt er? Wir schauen auf Teilsequenzen dieser Handlung und engen den Fokus noch einmal ein. Von ganz besonderem Interesse ist der Abschluss des Grabritus. Im Valetsegen kommt ein Wunsch zur Sprache, den auszusprechen sich die Evangelischen lange nicht getraut haben. Die Pfarrerin spricht mit der Toten, verabschiedet sie und befiehlt sie Gott an.

Schließlich versuche ich mit einem Seitenblick auf die Bestattungshomiletik eine theologische Interpretation der Handlungen am Grab. Die elementare Symbolik der Grablegung entwickelt einen eigen(artig)en Sog. Ist die Auferstehung der Inhalt, der die allgemein-religiöse Form christlich macht? Die protestantische Fokussierung auf die Ansprache hat sicher damit zu tun, dass die *Diener des göttlichen Wortes* ihren Auftrag darin sehen, angesichts des Todes das Evangelium vom gekreuzigten Auferstandenen zu verkünden. Ist die Sequenz am Grab der rechte Ort und der richtige Zeitpunkt dafür? (4)

---

7 Martin Nicol, *Einander ins Bild setzten. Damaturgische Homiletik* (Göttingen: 2002).
8 Mit dem Kunstwort *Funeral* wird auf den Gesamtbogen verwiesen, der vom Sterbebett bis zum jährlichen Gedenken am Ewigkeitssonntag Riten aneinander reiht.

2 Phasen und Sinnebenen des Funerals

2.1 Vom Einbruch der Todesmacht

Der Tod eines Mitmenschen ist ein *Abbruch* der Beziehung und für Trauernden ein einschneidender *Unterbruch* ihrer lebensweltlichen Routine. Wie kann ein Kollektiv und wie können Individuen die Krise, die der *Einbruch* der Todesmacht in einer Gemeinschaft auslöst, bewältigen? Das ist das Thema des Bestattungsritus, das sich bei den Evangelischen zuerst an die Trauernden richtet.

Wenn man die Serie der Teilriten in den Blick nimmt, die zusammen den Gesamtbogen des Ritus ausmachen, wird evident, dass das Thema der Bewältigung in jeder Sequenz mit eigenen Akzenten umspielt wird. Die Aussegnung auf dem *Sterbebett* ist ein erstes Abschiednehmen. Wird der Tote in einem *Raum* aufgebahrt, bekommen die Trauernden eine Gelegenheit, den Körper als den Leichnam zu sehen, aus dem das Leben entwichen ist und der eingesargt (oder eingeäschert) in seiner künstlichen Hülle, dem *Sarg* oder der Urne, ins Grab versenkt wird. In dieser Sequenz sehen und erleben die Trauernden, wie sich die leibhaftige Präsenz einer Person entzieht und in eine andere Form der Präsenz wechselt. Das Trennungsritual verarbeitet und erarbeitet einen Übergang. In der *Trauerfeier* danach wird der Verstorbene erinnert und lebt in der Erinnerung noch einmal auf. Die Aufgabe der Predigt ist es, den Toten mit seiner Biographie in die Geschichte der christlichen Hoffnung zu hüllen, ihn Gott anzubefehlen und die Angehörigen zu trösten.

Nach der Bestattung geht das Leben für die Trauernden weiter. Das *Leichenmahl* bildet die Brücke zum Leben. Im Alltag verschwinden die Toten allmählich und die Erinnerung an sie verblasst. Am Ewigkeitssonntag ist ein *Gedenktag* und auf dem Friedhof ein *Gedenkort* eingerichtet, um die Lebenden daran zu erinnern, dass sie ihre Toten nicht ganz vergessen.

2.2 Ritual, Ritus und Gottesdienst

Rituale bringen die Dinge, die durch den Einbruch der Todesmacht durcheinander geraten sind, wieder auf die Reihe. Sie dienen dazu, eine Situation begehbar zu machen, die als Abbruch erlebt und als Unterbruch begangen wird. Sie sind Medien für eine strukturierende Gegendynamik, die wie ein Damm wirkt, um die Überflutung der Chaosmächte zu verhindern, aber zugleich einen kontrollierten Abfluss der Emotion zu erlauben. Rituale geben Sicherheit, wenn der Grund ins Wanken geraten ist.

Was in dieser kulturell bestimmten Weise seinen Gang nimmt und seine Ordnung hat, bezeichnen wir allgemein als Ritus. Den Begriff Ritual verwende ich noch allgemeiner als *Funktion* des Ritus, der uns in seiner *kulturell kodierten Gestalt* mehr oder weniger bekannt ist. Was der Ritus bewirkt, ist nicht mit Glaubensgewissheit im Sinne einer *fides quae* zu verwechseln, sondern ist als graduelles, im Übergang zur Lebensvergewisserung begriffenes Vertrauen im Sinne einer *fides qua* zu verstehen. Was um der Klarheit der Gedanken willen unterschieden wird, ist aufgrund der Ambivalenz der Gefühle im Erleben nicht zu trennen.

Worte und Gesten des Ritus wirken nicht *ex opere operato*, sondern zusammen mit dem Verständnis der Beteiligten, die durch die symbolische Kommunikation in die ‚richtigen' Bahnen gelenkt werden. Das heißt auch, dass produktions- und rezeptionsästhetisch dem Ritus Grenzen gesetzt sind. Menschen, die vergessen haben, dass sie Gott vergessen haben, werden bei der Anrufung Gottes ein Zitat hören, aber keine Lebensmacht konnotieren, die den Tod überwindet. Insofern ist alles, was der Ritus sendet, an das Interpretationsvermögen der Zeichenempfänger gebunden und eben darum *Symbol*. Darum müssen die Sinnebenen, die im Zeichenprozess des Grabritus codiert und decodiert werden, unterschieden werden.

Wenn wir sagen, dass der Ritus über sich hinaus auf Gott verweist, kommt ein Drittes mit ins Spiel, das als ein sich selbst mitteilendes Wesen im Verkehr zwischen Liturg und Gemeinde vorgestellt wird. *Symbolische Kommunikation im christlichen Ritus ist gottesdienstförmig.* Gott wird angerufen und nicht das Ritual. Denn wir richten nicht Gebete an Gott, sondern richten uns an Gott in unseren Gebeten (E. Benyoëtz). In Paul Gerhardts „Befiehl Du Deine Wege" heißt es:

> „Der Wolken, Luft und Winden / gibt Wege, Lauf und Bahn, / der wird auch Wege finden, / da dein Fuß gehen kann."[9]

Die Wegmetaphorik weist auf den Prozess hin, der durch den Ritus in Gang gesetzt wird. Die Struktur der Sequenzen gibt den *äußeren Rahmen* vor und sorgt für Begehbarkeit, damit im *Innern* eine geistlich in Gang gebrachte Wegfindung geschehen kann. Diese Wirkung vermittelt sich symbolisch, weil sie nicht mechanisch, sondern kontingenterweise erfolgt. Sie steht nicht in der Verfügungsmacht des Rituals und ist Vertrauenssache. Gerhardts Lied mündet darum mit der schon eingangs zitierten „Mach End, o Herr, mach Ende"-Strophe in die zuversichtliche Bitte:

---

9 EG 361,1.

„Und laß bis in den Tod / uns allzeit deiner Pflege / und Treu empfohlen sein, / so gehen unsre Wege / gewiß zum Himmel ein."[10]

Die Singenden erbitten vertrauensvoll die *Vereinigung* der menschlichen Wege in die göttliche Bahn.

2.3 Überleitung in Thesenform

Die Wegmetaphorik ist grundlegend für eine theologische Deutung des Ritus und der Funktion der Rede. Ich komme am Schluss noch einmal darauf zurück. An dieser Stelle soll ein Zwischenfazit stehen, das die ersten Überlegungen zusammenfasst und den kulturellen Kontext der Frage nach dem Grabritus mit einblendet.

- Die Wegmetapher ist ein Schlüssel, um das Funeral zu verstehen. Es geht um den *Lebensweg*, der beim Toten zu Ende gegangen ist und bei den Trauernden irgendwie weitergeht.
- Der Weg steht auch für einen *inneren Prozess*, der in diesem Übergang geschieht und für die Schritte, die in der Begehung gegangen werden. Was für den Toten der Jordan ist, wird für den Trauernden zum Jabbok.
- Sterben, Tod und Trauer sind anthropologische Grundphänomene. Der Einbruch der Todesmacht in den Alltag wirbelt Gefühle auf, die durch das Ritual in einen kontrollierten Fluss gebracht werden. Die Grundform dieser Bewältigung kann als *Übergangritus*, wie er klassisch von van Gennep formuliert und von Victor Turner weiter differenziert wurde, begriffen werden.
- Wenn auch gewisse Vorbehalte gegenüber Stufen- und Phasen-Theorien rund ums Sterben und Trauern erhoben wurden, behält die Einsicht, dass sich eine Analogie zwischen dem seelischen Erleben und dem rituellen Erfahren ausmachen lässt, ihre Berechtigung und heuristische Valenz.
- Ritualtheorien vermitteln eine Art transkulturelle Rahmentheorie, die Familienähnliches im Vergleich der individuellen und kollektiven Bestattungskulturen anschaulich machen, aber auch kulturelle Differenzen erkennen lassen.
- Wer sich dem Feld empirisch nähert, kommt schnell zur wenig überraschenden Erkenntnis, dass Sterben, Trauern und Bestatten dem kulturellen Wandel unterworfen sind. Zum Einbruch, der *alle* einmal trifft und prinzipiell ähnliche Muster hervorbringt, kommen der Umbruch und Abbruch der

---

[10] EG 361,12.

Traditionen hinzu, die symbolische Wiedererkennung usurpieren, den Ritus fragmentieren und seine Formen pluralisieren können.
- Das gilt auch für die Leitvorstellung des christlichen Ritus. Vorstellungen davon, wie Vertrauen und Trost erfahren werden, haben sich individualisiert – zum Teil auch pulverisiert. Ich konzentriere mich auf die Bestattungspraxis der Kirche und rede darum von Riten. Die rituelle Gestalt, die den Weg des Glaubens szenisch und gestisch begehbar macht, ist zwar noch als kirchlich, christlich, reformiert oder katholisch erkennbar: aber der Wandel der Bedeutung ist auch hier ein Thema.

3 De ritibus Tigurinis

3.1 „Da werfe man die toten hin wie todten hund"

Riten wandeln sich. Deutlicher und fassbarer wird dies durch einen diachronen Vergleich. Schauen wir uns die Bestattung der Toten an, wie sie sich in Zürich nach der Reformation eingebürgert hat.

In der Zürcher Kirchenordnung von 1535 ist dem Gedächtnis der Toten ein Abschnitt gewidmet. Schon in der Einleitung wird dem christlichen Leser erklärt, dass man in Zürich die Toten *respektvoll* behandelt.

> „Hie hast du, christenlich läser, die kilchenordnung, wie sy etlicher stucken halben, die imm anfang diß buechlins verzeichnet sind, Zürich nach vermög der geschrifft wol und christlich gebrucht wird. Daruß du wol vernemmen wirst, wie one grund der warheyt von bemelter kilch ußgäben wirt, sy verachte die heyligen sacrament, alles läsen, bätten und fürbitten. Da sye kein ordnung, kein zucht, kein heylig ampt mee, kein gottsdienst. Da werffe man die todten hin wie die todten hund."[11]

Die Kirchenordnung reagiert auf den Vorwurf, dass man es in Zürich an religiöser Sorgfalt mangeln lasse und die Toten wie tote Hunde verscharrt. Offensichtlich trifft dieser Vorwurf die Zürcher hart. Es kommt Erich Frieds sarkastischer Spruch vom Hund, „der stirbt und der weiß, daß er stirbt wie ein *Hund*" in den Sinn. Wo kein Gottesdienst mehr ist, bleibt nur der Hund, der sagen kann, dass er weiß, dass er stirbt wie ein *Hund* und deshalb – aufgrund dieses Wissens – sich als ein *Mensch* empfindet.

---

11 *Christenlich ordnung und brüch der kilchen Zürich* (1535), Walter Köhler (Hg.), in: *Huldreich Zwinglis sämtliche Werke*, Bd. 4 (Leipzig: 1927), 695, 16–23.

Woher kommt der Vorwurf der menschenverachtenden Bestattungspraxis? Tatsächlich hat sich der neue Glaube vom zeremoniellen System rund um den Tod vehement verabschiedet und einen Abbau der darauf basierenden religiösen Industrie gefordert. Die neue Praxis brachte eine Umlagerung der Sorge um die Toten zur Seelsorge für die Trauernden. Das ist ein Topos, der in der evangelischen Literatur immer wieder begegnet. Zum Vergleich eine Apologie des Justus Jonas aus der Halleschen Kirchenordnung:

> „Darum sollen die Christen ihre abgestorbenen Mitglieder nicht als verstorbene Bestien unachtsam hinschlenkern, sondern als Erben des Himmelreiches ehrlich und ordentlich, so viel es sein mag zum Begräbnis bestätigen, nicht solcher Meinung, als sollte der Lebendigen Dienst den Abgestorbenen in diesem Fall zur Erlösung nützlich und dienstlich sein, sondern dass hiermit die, so noch leben und mit der Leiche gehen, ihr christlich Mitleiden erzeigen und dabei der Auferstehung in unserem Herrn erinnert und im Glauben gestärkt werden."[12]

Die Botschaft ist eindeutig. Die Lebenden können den Toten keinen Dienst erweisen, weil sie keinen Einfluss auf deren postmortales Geschick haben. Hingegen erziehen und ermahnen die Toten die Lebenden, ihrem Glauben treu zu bleiben.

3.2 Abkündigung und Abdankung

Interessant ist in diesem Zusammenhang die sogenannte „Abkündigung". Gemeint ist damit das *memento mori* im Anschluss an die Predigt, die als ursprünglicher Kern der späteren Trauerfeier gelten kann. Denn die kirchliche Bestattung gab es noch nicht. Der Trauerzug und der Gang zum Friedhof war Sache der Zünfte. Die Abkündigung hingegen war durch die Liturgie dem Geistlichen aufgegeben. Sie diente der Ermahnung der Gemeinde. Im betreffenden Abschnitt der Zürcher Kirchenordnung heißt es dazu:

> „Sidmals den menschen nüt mer sin selbs ermanet dann der tod, so ist guot, das man die vor uns offne, di uß unser gmeynd in warem, christenem glouben verscheiden sind, damit wir uns all weg rüstind und nach der warnung des herren zuo aller zyt wachind. [...] Hie lassennd uns gott loben und dancken, das er dise unsere mitbrueder und -schwöstern in waarem gloubenn und hoffnung uß disem ellend genommen, alles jamers und arbeyt entladen und in ewige fröud gesetzt hat. Damit bittend ouch gott, dass er uns verlych, unser

---

12 Zit. nach Georg Rietschel/Paul Graff, *Lehrbuch der Liturgik*, Bd. 2 (Göttingen: ²1952), 765.

> läben also ze fueren, das ouch wir in warem glouben und siner gnad uß disem jamertal in die ewigen gsellschaft siner ußerwelten gefuert werdind! Amen!"[13]

Hier wird der Tod explizit als großer (un)heimlicher Erzieher bezeichnet und das Gedächtnis der Toten, die im Glauben gestorben sind, zur Warnung und Ermunterung funktionalisiert.

Das *memento mori* ist aber gleichwohl im größeren Zusammenhang des Funerals zu sehen. In seinem Bändchen über die Zürcher Riten berichtete Ludwig Lavater (1527–1586), der Schwiegersohn des *Antistes* Heinrich Bullinger, wie man es in Zürich diesbezüglich gehalten hat:

> „Die Leichen der Verstorbenen wirft die Zürcher Kirche nicht weg, wie man es mit toten Eseln macht, sondern man hüllt sie in ein Tuch und legt sie auf eine Bahre. Darauf wird der Hinschied eines jeden den Zünftern angezeigt [...]. Diese kommen zur festgesetzten Stunde ins Haus des Verstorbenen und bezeugen den Kindern, Verwandten und Verschwägerten ihr Beileid. Auch die Nachbarn und andere Bürger erscheinen."[14]

Der Leichenzug auf den Friedhof ordnete sich nach dem Angehörigenkreis des Toten und war zugleich ein Spiegelbild der gesellschaftlichen Ordnung. Dem Toten folgen die Kinder, die Verwandten, Freunde und Männer jeden Standes, darauf die Frauen „in großer Bescheidenheit".

Bemerkenswert ist der öffentliche Charakter. Das Totengeleit ist ein gesellschaftlicher Akt. Die Gemeinschaft der Lebenden nimmt Anteil und verabschiedet einen der Ihren auf dem letzten Gang. Auf dem Friedhof gibt es keine Feier, sondern lediglich eine Abdankung, die von einem weltlichen Zunftmeister stellvertretend für die Verwandten des Toten gehalten wird.[15]

> „Auf dem Friedhof angelangt, werden keine Grab- oder Lobreden gehalten, sondern der Zunftmeister dankt in kurzen Worten allen im Namen der Verwandten für das ehrenvolle Leichengeleit [...]. Nachher geht man in die Kirche, wo die Teilnehmer des Leichengeleites ein stilles Gebet verrichten, und zwar nicht für den Verstorbenen, sondern für seine Familie."[16]

---

13 *Christenlich Ordnung*, Anm. 11, 686,33–687,11.
14 Ludwig Lavater, *Die Gebräuche der Zürcher Kirche (1559)*, übers. von Gottfried Albert Keller (Zürich: 1987), 113–115.
15 In der Schweiz hat sich die Bezeichnung der Abdankung für die Bestattung bis heute gehalten.
16 Lavater, Anm. 14, 115.

Das schon erwähnte Totengedächtnis fand am folgenden Sonntag statt und bildete den Abschluss verschiedener Teilriten, die insgesamt keineswegs als redselig bezeichnet werden können![17]

3.3 Die Entwicklung bis ins 20. Jahrhundert

Was wir anhand der historischen Quellen sehen, ist die ursprünglich integrale Gestalt der eingangs erwähnten Ritensequenz. Das überlieferte Funeral verbindet eine Vielzahl von Stationen zu einer Art Dramaturgie, die öffentliche Leidbekundung ermöglicht. Schon die Aufbahrung des Toten auf dem Totenbett und erst recht die Prozession durch die Straßen zum Friedhof sind öffentliche Handlungen. Der Ortswechsel vom Haus zur Allmende des Gottesackers hat symbolische Bedeutung.

Aus der Schilderung wird deutlich, dass in Zürich das Begräbnis eine Angelegenheit der weltlichen Obrigkeit war. Weder kannte man eine spezielle Begräbnisliturgie noch war es üblich, dass gepredigt wurde. Auf dem Land kam es vor, dass der Pfarrer oder häufiger ein Lehrer die *Abdankungsrede* hielt. Auch die Leichenträger selber hielten gelegentlich Abdankungen ohne Anwesenheit eines Pfarrers. Im 18. Jahrhundert mussten dann freilich – wegen Exzessen – immer wieder persönliche Angaben und Lobreden auf den Verstorbenen verboten werden.[18] Zum Ritus gehörte selbstverständlich auch das Leidmahl, der Leichenschmaus oder die Gräbt – das Essen nach der Grablegung, bei dem alle eingeladen waren. Auch die Gräbten arteten zuweilen aus.[19]

Es würde nun zu weit führen, den Wandel des Bestattungsritus im Fortgang des 19. und 20. Jahrhunderts zu verfolgen. Auf einen kurzen Nenner gebracht, hat zuerst in städtischen und später auch in ländlichen Verhältnissen der Öffentlichkeitscharakter der Bestattung sukzessiv abgenommen. Der Verdrängung des Todes aus dem öffentlichen Raum in die teilgeschlossenen Spital- und Heimwelten hatte eine Teilprivatisierung der Trauer zur Folge.

Die öffentliche Trauerfeier in der Kirche (oder in der Friedhofskappelle), wie sie heute gefeiert wird, war eine relativ späte Entwicklung und ist in erster

---

17 Eine spezielle Erwähnung verdient das alte Zürcher Begräbnisgebet. Vgl. dazu Alfred Ehrensperger, *Das alte Zürcher Begräbnisgebet in seiner geschichtlichen Entwicklung vom 17. bis ins 20. Jahrhundert*, in: Zwingliana 26 (1999), 75–86.
18 Zum Ganzen vgl. Albert Hauser, *Von den letzten Dingen. Tod, Begräbnis und Friedhöfe in der Schweiz 1700–1990* (Zürich: 1994).
19 Ebd., 220–226.

Linie als eine Konsequenz des Bevölkerungswachstums zu sehen. Zürich, das bis Anfang des 19. Jahrhunderts eine Kleinstadt von ungefähr zehntausend Einwohnern war, explodierte in wenigen Jahrzehnten zur Großstadt in zehnfacher Größe. Gleichwohl wurde in Zürich wie in Winterthur bis Mitte des 19. Jahrhunderts nur mit einer schlichten Verlesung der Liturgie beerdigt. Noch 1905 ist diese Praxis für mindestens 30 Gemeinden im Kanton bezeugt.[20]

3.4 Das Gerüst des Funerals

Die kirchlichen Trauerfeiern, wie sie seit hundert Jahren bis heute gefeiert werden, sind im Prinzip Verdichtungen des ursprünglich gestreckten Rituals. Weggefallen ist aus hygienischen Gründen die Aufbahrung und das Totengeleit. Aus der Abdankung und dem Totengedenken wurde die Bestattungspredigt in der Kirche oder in der Friedhofskappelle des Krematoriums. Die Abkündigung hat sich gehalten, ist aber im Gottesdienst auf die Lesung eines Bibelspruchs, die Nennung der Namen des Verstorbeben und ein Orgelspiel – meistens eine Choralintonation – reduziert worden. In den letzten Jahren hat das Totengedächtnis am Ewigkeitssonntag an vielen Orten wieder an Bedeutung gewonnen.

Allen Veränderungen, Verschiebungen, Verstückelungen, Verdichtungen und Verlagerungen zum Trotz, erkennen wir die Grundmuster der alten Dramaturgie des Abschieds noch. Es zeichnet sich freilich eine deutliche Zweiteilung in eine private bzw. halböffentliche und eine öffentliche Phase.

Totenbett [Aussegnung] Bestattungsinstitut [Trauerprozession]	Halböffentlich/privater Teil
Friedhof/Grab Kirchliche Trauerfeier [Grab] Leidmahl Abkündigung Gedenken (Ewigkeitssonntag)	Öffentlicher Teil

---

20 Ebd., 56, 65–70.

3.5 Konsequenzen für die Agende

Für eine stärkere Wahrnehmung dieser Sequenzen und ihrer Interaktionen, müsste in Bestattungsagenden und Gottesdienstbüchern sensibilisiert werden.[21] Das *Baukastenprinzip*, das seit rund zehn Jahren meistens vorherrscht, wäre dann durch Überlegungen zu ergänzen, in welchem inneren *dramaturgischen Zusammenhang* das gemeinsame Beten und Singen, das Hören auf die Schrift, der Lebenslauf eines Verstorbenen mit der Predigt des Evangeliums und dem Segen der Trauergemeinde stehen.[22] Dem können reine Materialsammlungen nicht gerecht werden.[23]

Neuere Bestattungsagenden und Liturgien fordern und erlauben mehr. Die Entstehungsgeschichte der VELKD-Agende ist diesbezüglich bemerkenswert. In den Stellungnahmen zum Vorentwurf wurden nämlich die Grenzen des *strukturellen Agendenkonzepts* – und damit auch der „Baukastenlogik" – deutlich erkennbar.[24] Das Prinzip Grundstruktur mit variabel zu nutzenden Ausformungsvarianten fand wenig Anklang bei den Praktikern. Sie wünschten sich auch beispielhafte Feiern und situationsbezogene Varianten. Dieser Wunsch wurde in der Neubearbeitung der Agende III, die seit 1996 vorliegt, berücksichtigt. In den einführenden Bemerkungen wird eine Art Leitdramaturgie vorgestellt, die als eine ideal gedachte Abfolge liturgischer Vollzüge hilft, die einzelnen Schritte zu verstehen. Der Bestattung geht die Sterbebegleitung, die Totenwache und das Gebet

---

[21] Siehe dazu auch Gerald Kretzschmar, *Gegenwärtige Bestattungskultur und die Aufgabe einer evangelischen Profilierung*, in: PTh 102 (2103), 94–105, 101f.
[22] Hans H. Krech, *Die Bestattung – Das Ende mitten im Leben gestalten?*, in: LJ 51 (2001), 213–233, 232: „Die gegenwärtige Situation ist so differenziert, dass es heutzutage nicht mehr gelingt, ihr in einer allgemein gültigen Liturgie zu entsprechen. Die Agenden der neuesten Zeit bieten zum Einen eine größere Zahl von Liturgien für je typische Situationen an. Und sie stellen einen immer umfangreicheren Pool von Texten und Bausteinen zur Auswahl zur Verfügung. Sie verlieren damit ihren eigentlichen Charakter als Agenden und erhalten den Charakter von Gottesdienstbüchern mit Agendenteilen und Werkbuchteilen." Zum so genannten „Baukastenprinzip" vgl. *Liturgie*, Bd. V, Bestattung, hg. im Auftrag der Liturgiekonferenz der Evangelisch-reformierten Kirchen in der deutschsprachigen Schweiz (Bern: 2000), 67.
[23] *Gottesdienstpraxis Serie B. Arbeitsbuch Kasualien*, Erhard Domay (Hg.), (Gütersloh: 1995). Auf der Linie einer solchen „Bausteinlogik" lag beispielsweise das Arbeitsbuch *Kasualien der Gottesdienstpraxis Serie B*, das zur Gestaltung der Beerdigung eine Reihe von Themen und Symbolen vorschlägt.
[24] *Die kirchliche Bestattung* (Reihe Gottesdienst 16), (Hannover: 1987).

im Trauerhaus voraus, so dass die ganze Bestattung im Dreischritt Trauerhaus, Kirche und Grab als Ganzes pastoral, liturgisch und seelsorglich begleitet wird.[25]

In der deutschen „Reformierten Liturgie"[26] kommt dieselbe Dreiteilung vor: die Andacht im Sterbe-, Trauerhaus oder Spital, der eigentliche Trauergottesdienst und die Handlung am Grab. Es ist ein ausdrückliches Anliegen der Reformierten Liturgie, auf die Situation einzugehen:

> „Das kirchliche Handeln anlässlich eines Trauerfalls muss sorgfältig in die jeweilige vorhandene ‚Trauerkultur' eingepasst werden, wenn es die Menschen und ihre Lebenssituation nicht verfehlen will."[27]

Die kirchliche Trauerfeier wird als Übergang oder *Zwischenstation* zwischen Sterben und Gestorbensein verstanden. Deshalb wird auf eine Einsenkung des Sarges in Anwesenheit der Gemeinde Wert gelegt. „Wo es Sitte ist", soll der dreimalige Erdwurf vollzogen werden.[28]

Im Band „Bestattung" der Liturgie, die von der Liturgiekommission der Deutschschweizer Reformierten herausgegeben worden ist, wird die Abfolge der Schritte weniger strikt gesehen. Je nach Region und Sitte beginnt die Bestattung am Grab mit der Urnenbeisetzung oder der Beerdigung.[29] Die Bestattungsformel, die Ansprache und der Segen haben dann die Funktion, verbal und symbolisch das endgültige Gestorbensein des Toten auszudrücken. Die Trauerfeier folgt dem Begräbnis, und hilft den Abschied zu vollziehen, indem die Trauernden getröstet, für einen neuen Lebensabschnitt gerüstet und von Gott gesegnet werden. In der deutschschweizerischen Liturgie wird die Bestattung denn auch konsequent

---

25 VELKD (Hg.), *Agende für ev.-luth. Kirchen und Gemeinden*, Bd. 3/5: Die Bestattung, Neubearbeitete Auflage (Hannover: 1996), 40–62.
26 *Reformierte Liturgie. Gebete und Ordnungen für die unter dem Wort versammelte Gemeinde*, im Auftr. des Moderamens des Reformierten Bundes erarb. und Peter Bukowski (Hg.), (Wuppertal: 1999).
27 Ebd., 329.
28 Ebd., 330. Der Erdwurf, der vom „Common of Book Prayer" via Löhes Begräbnisliturgie von 1844 Verbreitung fand, hat sich auch in der katholischen Totenliturgie (*Ordo Exequiarum des Rituale Romanum*, Città del Vaticano 1969, 25, n. 55) eingebürgert. Nach Jürgen Bärsch, Das Gedächtnis der Verstorbenen – Dienst der Kirche an Toten und Hinterbliebenen. Liturgietheologische und -pastorale Gesichtspunkte zum Totengedenken, in: *Trauer und Hoffnung feiern*, Konrad Baumgartner (Hg.), (Feiern mit der Bibel 21), (Stuttgart: 2005), 33–53, 48 ist dies eine bemerkenswerte Konvergenz an einer sensiblen Stelle der Feier!
29 Alfred Ehrensperger, *Einführung*, in: Liturgie, Bd. V, Bestattung, hg. im Auftrag der Liturgiekonferenz der Evangelisch-reformierten Kirchen in der deutschsprachigen Schweiz (Bern: 2000), 16f.

als Dienst an den Angehörigen in der Fürbitte und in gemeinsamer Besinnung über unsere eigene Vergänglichkeit verstanden. Wichtig ist die Abkündigung am folgenden Sonntag. Die Sitte des *memento mori* ist in Form von Vorschlägen für Gottesdienste zum Ewigkeitssonntag auch in diversen Kirchenordnungen verankert.[30] Dass mit der Bestattung nicht nur eine Station, sondern eine liturgische Schrittfolge im Prozess der Trauer initiiert wird, ist grundlegend für die Überlegungen zum *Wegcharakter* der Liturgie im schweizerischen Bestattungsband.[31] Deshalb kann eine Bestattungsliturgie keine ausgeformte Agende, sondern nur Bausteine bieten. Der Bausteincharakter ist in dieser Konzeption nicht als Ausdruck einer Verlegenheit zu interpretieren, sondern als Gelegenheit für eine fallgerechte Gestaltung der Bestattung zu begreifen, die im Idealfall unter Einbezug der Trauernden und im Dialog mit dem Kirchenmusiker vorbereitet wird.[32]

3.6 Neuere Entwicklungen

3.6.1 Privatisierung und Anonymisierung

Zu den auffälligsten Veränderungen der letzten Jahre gehört indessen die starke Zunahme von *Bestattungen ohne Feier*. In vielen Großstädten ist der so genannte „einfache Abtrag" der statistische Regelfall geworden.[33] Mitte der 1990er Jahre publizierte das Land Nordrhein-Westfalen eine Statistik, aus der hervorgeht, dass in den großen ost- und westdeutschen Städten ca. 80% der Bestattungen ohne Trauerfeier und anonym ablaufen.[34] Christoph Schneider-Harpprecht hält

---

30 Ebd.
31 Die Schrittfolge leitet sich vom Grundgerüst des Predigtgottesdienstes (vgl. RG 150) ab. Anstelle der Anbetung tritt das Gedächtnis des Verstorbenen mit den Elementen Lebenslauf, Lesung, Gebet und Musik.
32 Ebd., 17: „Der Bestattungsgottesdienst ist zu verstehen als Wegstück des Trauerprozesses: Er ist einerseits retrospektiv, anamnetisch, andererseits prospektiv, hilfreich im Blick auf die Gewinnung neuer Lebensperspektiven. Es kann deshalb ein Kriterium für gottesdienstliche Elemente sein, ob sie sinnvoll auf eine dieser beiden Funktionen und auf den Trauerprozess als ganzen bezogen werden können [...] Hilfreich ist dabei der Einbezug der Trauernden in die Gottesdienstvorbereitung."
33 Vgl. dazu Birgit Janetzky, *Stille Beisetzungen trösten nicht. Die Notwendigkeit nichtkirchlicher Trauerfeiern*, in: BiLi 74 (2001), 166–174.
34 Mit dem typischen Nord-Süd-Gefälle: In München sind es nur 40%. Die Zahlen werden zitiert aus Christoph Schneider-Harpprecht, *Die kirchliche Bestattung angesichts einer neuen Kultur im Umgang mit Tod und Trauer*, in: JLH 40 (2001), 27–44, 28.

die markante Zunahme der anonymen Bestattungen für eine der großen pastoralen Herausforderungen der Gegenwart, wenn er konstatiert, dass sich im zeitgenössischen Verzicht auf das Ritual die moderne Tendenz zur *Individualisierung* und *Rationalisierung* manifestiere. Sie habe aus soziologischer Sicht auch dazu geführt, dass die Sterbenden seit dem letzten Jahrhundert in Hospitälern isoliert und die Toten sehr schnell aus dem Bereich der Lebenden exkommuniziert wurden.[35]

Es fragt sich allerdings, ob in diesem Zusammenhang die Rede von „Individualisierung" nicht missverständlich ist. Der Hamburger Sozial- und Kulturhistoriker Norbert Fischer hält dem entgegen, dass wir mit der anonymen Beisetzung „die Anfänge einer neuartigen, ganz anderen Erinnerungskultur" erleben (siehe 3.). „Sie läutet den Abschied von den individuellen Grabmälern ein [...], einen Abschied aber auch von Friedhöfen, wie wir sie bisher kannten."[36] Die Privatisierung und Anonymisierung der Bestattung wird kontrastiert von einem bunten Angebot ritueller Alternativen. Schneider-Harpprecht nennt die Hospizbewegung, die AIDS-Selbsthilfegruppen, die Bestattungsunternehmen und die Psychotherapeuten die vier Protagonisten dieser neuen „Szene".[37] Das kirchliche Ritual werde von Menschen, die nach Alternativen suchen, als einengend und zu starr erlebt. So überrasche es wenig, dass der in diesen Kreisen propagierte selbstbestimmte Zugang zu Tod und Trauer oft *kirchenkritische* Züge habe. Ein Ritual, das in erster Linie die öffentlich bezeugte Trauer kanalisiere, biete zu wenig Raum, private Trauer auszuleben. Victor Turners Unterscheidung zwischen dem Liminalen und Liminoiden, die in der Praktischen Theologie breit rezipiert worden ist, hilft auch im Fall der Bestattung die veränderten rituellen Bedürfnisse zu analysieren.[38] Statt auf kollektiv und sozio-strukturell definierten Regeln bauen liminoide Rituale auf individuell gewählte kreative Optionen. Während der Übergangsritus eine Stützgemeinschaft voraussetzt, schafft das private Ritual Gemeinschaft durch „Flow"-Erlebnisse.

Schneider-Harpprecht kommentiert diesen Umbruch und Einbruch der Erlebnisgesellschaft in die Welt der liminalen religiösen Riten kritisch. Im Mittelpunkt stehe das Ich als Manager seiner eigenen Subjektivität, sein subjektives Erlebnis, seine Wahl, sein Geschmack, seine selbstentworfenen Sinnkonstrukte,

---

35 Ebd., 29.
36 Norbert Fischer, *Vom Gottesacker zum Krematorium. Eine Sozialgeschichte der Friedhöfe in Deutschland seit dem 18. Jahrhundert* (Köln/Weimar/Wien: 1996), 132.
37 Schneider-Harpprecht, Anm. 34, 32f. Zu ähnlichen Schlüssen kommt auch: *Trauernde trösten – Tote beerdigen. Biblische, pastorale und liturgische Hilfen im Umkreis von Sterben und Tod*, Jürgen Bärsch und Beate Kowalski (Hg.), (Stuttgart: 1997), 50.
38 Schneider-Harpprecht, Anm. 34, 36.

sein Bedürfnis nach kreativem Selbstausdruck, seine undogmatische überkonfessionelle Religiosität, die sich aus dem Erlebnis des ‚Berührtwerdens' und der ‚Betroffenheit' speise, weniger aber aus einem stabilen, kontinuierlichen ‚Vertrauen' oder der ‚Gewissheit'.[39] Wir teilen diese kritische Einschätzung. Die Tatsache, dass liminoide Phänomene *neben* und *in* liminalen religiösen Riten vorkommen, lässt die Rede vom kulturellen *Umbruch* im Bereich der Bestattung als angemessen erscheinen, weist aber auch auf die größeren gesamtkulturellen Zusammenhänge hin, die für die Kasualpraxis insgesamt zutreffen. Ob Taufe, Konfirmation, Trauung oder Bestattung – die Frage ist, wie seelsorglich und liturgisch verantwortlich mit Stilbrüchen umgegangen werden kann. Ein sensibler Bereich ist die Musik.[40] Wie immer ein Kirchenmusiker oder eine Liturgin auf Wünsche der Hinterbliebenen eingeht, der Feststellung von Schneider-Harpprecht können wohl die meisten zustimmen: „Pfarrerinnen und Pfarrer müssen sich bei der kirchlichen Bestattung auf diese Typik des Erlebens einstellen, auch wenn sie aus theologischen Gründen die damit verbundene Erwartungshaltung weder übernehmen noch bedienen können."[41]

3.6.2 Wiederentdeckung der Aussegnung

Es gibt auch Gegentendenzen.[42] Ein Abschied erfolgt in der Regel im Alters- oder Pflegeheim, seltener im Krankenhaus oder in den Räumen des Bestattungsunternehmens oder der Kirchengemeinde. Nur selten wird der Leichnam nach Hause zurückgebracht, damit Angehörige, Freunde und Nachbarn in vertrauter Umgebung von ihm Abschied nehmen können. 1999 ermunterte Ernst Nestele als einer der Ersten in seiner Untersuchung zu den seelsorgerlichen Aspekten der Aussegnung die Kirchen, sich verstärkt um ihre Wiedereinführung zu bemühen.[43] Gegen

---

39 Ebd., 37. Schneider-Harpprecht nimmt Bezug auf Wilfried Engemann, *Der ‚moderne' Mensch – Abschied von einem Klischee. Fragen zur Problematik der kulturanthropologischen Prämissen Praktischer Theologie und kirchlichen Handelns heute*, in: WzM 48 (1996), 457.
40 Vgl. dazu Ulrike Wagner-Rau, *Kirchenmusik und Kasualien*, in: Gotthard Fermor/Harald Schroeter-Wittke (Hg.), *Kirchenmusik als religiöse Praxis. Praktisch-theologisches Handbuch zur Kirchenmusik* (Leipzig: 2005), 147–152
41 Schneider-Harpprecht, Anm. 34, 37.
42 Zu den neuen Formen insgesamt vgl. Thomas Klie, *Einleitung – die finale Imposanz des Todes und die Suche nach neuen Formen*, in: Ders. *Performanzen des Todes* (Stuttgart: 2008), 7ff.
43 Ernst Nestele, *Die Aussegnung Verstorbener. Liturgische Feier unter seelsorgerlichem Aspekt* (Stuttgart: 1999). Vgl. auch Karl H. Michel, *Aussegnung. Zwei modellhafte Formulare*, in: ThBeitr 32/4 (2001), 214–215.

eine immer stärker werdende gesellschaftliche „Entsorgungsmentalität" auch im Blick auf die Toten[44] sei eine anschauliche (liturgische) Gestaltung christlicher Hoffnung – auch als Ergänzung zu der allgemein evangelischen Konzentration auf die Grabrede – unabdingbar. Es ist als bemerkenswerte Entwicklung der letzten Jahre zu werten, dass die *Aussegnung* Verstorbener zunehmend ins Bewusstsein der kirchlichen Öffentlichkeit geraten ist.

Die im Jahre 2000 erschienenen Erwägungen der theologischen Kammer der Ev. Kirche von Kurhessen-Waldeck zielen in diese Richtung, wenn sie für eine kirchliche Förderung und „Wiederentdeckung der Kultur des Abschiednehmens von den Toten" plädieren.[45] Angehörige sollten zu einem „leiblichen Abschiednehmen" und der Möglichkeit der Aufbahrung im Hause ermutigt werden. Ein besonderes Votum sprechen die Verfasser für die Wiedergewinnung der Aussegnung im Rahmen einer „integralen Amtshandlung"[46] aus: „In der kirchlichen Bestattungspraxis sollte die Aussegnung als Angebot auf dem Weg zur Bestattung wiedergewonnen werden. Sie kann, muss aber nicht Sache des Pfarrers sein. Auch Lektoren und Lektorinnen, Kirchenvorstandsmitglieder oder andere geeignete Gemeindeglieder können diesen Dienst tun. Dies bedürfte aber einer besonderen Hinführung und Vorbereitung."[47] Eine wertvolle praktische Voraussetzung für die Durchführung einer Aussegnung durch „geeignete Gemeindeglieder" oder Angehörige hat die Evangelische Kirche Mitte der 90er Jahre mit der Herausgabe ihres neuen Gesangbuches geschaffen. In den Regionalteilen der Gesangbücher von Bayern/Thüringen (EG BT 835), Mecklenburg (EG M 835) und Rheinland/Westfalen/Lippe (EG RWL 851) finden sich Liturgien zur „Aussegnung aus dem Trauerhaus".[48]

3.6.3 Abschiedsraum

Nicht nur einer angemessenen liturgischen Gestaltung eines Abschieds vom Verstorbenen vor der Bestattung wurde in den letzten Jahren erhöhte Aufmerk-

---

44 Vgl. C. Grotepaß, *Eintüten und weg damit. Von den Schwierigkeiten, mit Toten menschlich umzugehen*, in: LM 11 (1995), 10f.
45 *Zeichen der Hoffnung angesichts des Todes. Theologische Erwägungen zum Umgang mit den Toten und zur Gestaltung der kirchlichen Bestattung*, Herbert Kemler und Klaus Röhring (Hg.), (Kassel: 2000), 92.
46 Ebd., 96.
47 Ebd., 92.
48 Im reformierten Gesangbuch der Schweiz (1998) ist der Valetsegen zu finden (RG 771), vgl. unten Kap. 4.2.

samkeit gewidmet, sondern auch der *Raum* für diesen Abschied ist ins Blickfeld geraten. Dabei wurde erkannt, dass die Gestaltung von Räumen, in denen Menschen mit dem Tod oder mit einem Toten zu tun haben, eine nicht zu unterschätzende poimenische Dimension hat.

Es gehört inzwischen zur Grundausstattung fast jedes größeren Bestattungsunternehmens, dass es neben einer Aufbahrung in der Friedhofskapelle die Möglichkeit der Aufbahrung in einem eigenen sog. „Abschiedsraum" bietet.[49] Bis vor wenigen Jahren gab es das Angebot dieser besonderen Räume noch nicht. Der Abschied von den Toten musste oftmals in Räumen vollzogen werden, die eher „Garagen, aus denen man am liebsten sofort wieder herauslaufen möchte"[50] ähnelten. Mangels geeigneter Räume wurden Tote eher in „Abschieberäume" statt in Abschiedsräume gebracht: „Ein schmaler, kalter, zellenartiger Raum ohne Tageslicht, die Wände bis unter die Decke gefliest, rechts und links vom Sarg ein künstlicher Lorbeerbaum. Ein Abschiedsraum – rein funktional, effizient zu reinigen mit einem Hochdruckreiniger, aber von der Ausstrahlung her abweisend, kalt, auf keinen Fall tröstlich. [...] Derartige Räumlichkeiten finden sich nicht nur auf manchen Friedhöfen, sondern auch in Krankenhäusern und Pflegeheimen. Manchmal ist dort auch einfach eine Ecke mit einem Plastikvorhang abgetrennt, auf der anderen Seite des Vorhangs lagert die schmutzige Wäsche."[51]

Dass die praktische Theologie dem Kirchenraum und seiner Gestaltung seit einigen Jahren mehr Aufmerksamkeit widmet,[52] fand auch einen Niederschlag im Nachdenken über die Gestaltung von Abschiedsräumen. 2003 fand auf Anregung des Kunstbeauftragten der Ev.-Luth. Kirche in Bayern ein Symposium zum Thema „Krankenhauskapellen und Abschiedsräume" statt, zu dem sich knapp 100

---

[49] Zahlreiche Bilder von solchen Räumen findet man im Internet unter www.images.google.com. Stichworte sind „Abschiedsraum", „Aufbahrungsraum" oder „Aussegnungsraum".
[50] So Sabine Holzschuh, *Raum und Trauer. Eine praktisch-theologische Untersuchung zu Abschiedsräumen* (Würzburg: 2006), 11.
[51] Patrick Wagner, *Vom „Abschieberaum" zum Abschiedsraum*, in: Friedhofskultur 95/2 (2005), 26.
[52] Von den zahlreichen Veröffentlichungen eine chronologische Auswahl: Manfred Josuttis, *Der Weg in das Leben* (München: 1991); *Raum und Ritual*, Rainer Bürgel (Hg.), (Göttingen: 1995); Klemens Richter, *Kirchenräume und Kirchenträume. Die Bedeutung des Kirchenraumes für eine lebendige Gemeinde* (Freiburg i.Br.: 1998); Peter Hahnen, *Raum als Chance? Bausteine zu einer Touristen-Pastoral im Vorübergehen*, in: Bensberger Protokolle, Nr. 79: *Freizeit und Tourismuspastoral in der Erlebnisgesellschaft* (Bensberg: 1999); Gottfried Adam, *Das neue Stichwort: Kirchenpädagogik*, in: Amt und Gemeinde 52/4 (2001), 112–120; Thomas Hirsch-Hüffell, *Gottesdienst verstehen und gestalten* (Göttingen: 2002); Albert Gerhards, *Sinn und Sinnlichkeit sakraler Räume. Kirchenraumpädagogik ist im Kommen*, in: HerKorr 60/3 (2006), 149–153; Günter Ebbrecht, *Wie ein Fenster zum Himmel. Kirchen – Orte der Sammlung und des Segens*, in: Evangelische Aspekte 16/3 (2006), 43–48.

Architekten, Künstler, Seelsorger und Interessierte versammelten.[53] Abschiedsräume – so ein Votum der Tagung – sollten durch ihre Gestaltung den Abschied unterstützen und symbolhaft betonen. Es geht dabei nicht nur um Ästhetik und Zweckmäßigkeit, sondern auch um ein sichtbares Zeichen für das Ende des Lebens.[54] Wichtigstes Ergebnis des Symposiums war die Feststellung, dass es sich bei der Gestaltung von Abschiedsräumen um ein gesellschaftlich relevantes Thema handelt und eine Studie, die bestehende Kapellen und Abschiedsräume auf ihre theologischen, ästhetischen und funktionalen Aspekte hin untersucht, wünschenswert wäre.

Diese Anregung wurde im Rahmen des Projektes „Trauerforschung und Trauerbegleitung" vom Lehrstuhl für Pastoraltheologie der Universität Regensburg aufgegriffen. Sabine Holzschuh geht in ihrer 2006 veröffentlichten Untersuchung zu „Raum und Trauer" von der Fragestellung aus, wie sich räumliche Gegebenheiten in Abschiedsräumen auf die Trauer und den Trauerprozess von Hinterbliebenen auswirken. Als „Abschiedsräume" gelten Räume, die eigens für eine bewusste und aktive, persönliche Abschiednahme von einem Verstorbenen konzipiert wurden und ausschließlich dafür zur Verfügung stehen. Holzschuh kommt zu dem Ergebnis, dass angemessene räumliche Bedingungen einen guten Abschied vom Verstorbenen fördern. Besonders Räume, die durch eine „sinnstiftende Raumpräsentation" Leben, Tod und Trauer vom christlichen Existenzgrund her deuten, beeinflussen die Hinterbliebenen positiv bei ihrer Sinnsuche und Lebensdeutung und fördern den Trauerprozess.[55] Angemessen gestaltete Trauerräume haben aber auch eine „Wirkung" auf den toten Menschen: Abwertende und lieblose Gestaltung von Räumen (gekachelte Abstellkammer) wertet auch die Toten ab und nimmt ihnen die Würde. Durch ansprechende Raumgestaltung hingegen können Tote geehrt und gewürdigt werden.[56]

---

53 Vgl. Holzschuh, Anm. 50, 17.
54 Vgl. Rieke Harmsen, *Raum für Trauer und Abschied*, in: Evangelisches Sonntagsblatt für Bayern (20.07.2003).
55 Vgl. Holzschuh, Anm. 50, 102.
56 Ebd., 265.

4 Was geschieht am Grab und was verspricht die Predigt?

4.1 Staub zu Staub

Wenden wir uns wieder der Bestattung zu. Was geschieht am Grab?

Die Sequenz ist in der Regel zeitlich sehr begrenzt. Der Grabritus dauert oft nicht länger als zehn Minuten und wird entweder vor oder nach der Trauerfeier begangen. In der Schweiz gibt es unterschiedliche lokale Traditionen. Oft lässt man den Angehörigen die Wahl. Auch eine um eine Woche zeitlich versetzte Urnenbeisetzung oder Beerdigung ist recht häufig. Dieser kurze Ritus ist von längeren Varianten zu unterscheiden. Bei einer großen Trauergemeinde werden aus pragmatischen Gründen nur die engsten Angehörigen zum Grabritus eingeladen. Wenn die Angehörigen keine öffentliche Trauerfeier wünschen, kann der Grabritus zur Beisetzung im engsten Familienkreis werden.

Konzentrieren wir uns hier auf die einfache Form. In der Taschenausgabe der Liturgie der Deutschschweizer Reformierten ist ein evangelischer Grabritus abgedruckt. Er soll zur Trauerfeier einleiten und überleiten:

> Trinitarischer Gruss
> Trostwort: Joh 16,33
> Ansprache mit Psalm 90
> Versenken des Sarges/Urne
> Spruch: Erde zu Erde
> Stille
> Hoffnungswort aus der Bibel: Röm 8,38
> Fürbitte für die Trauernden
> Anbefehlen des Toten
> [Valetsegen für den Toten]
> Unser Vater
> Gang zur Kirche

Der unspektakuläre und schlichte Ritus hat zum Kern eine *funktionale Handlung*, die nicht symbolisch ist. Man muss die Toten vergraben, aber man „schlenkert sie nicht unachtsam hin". Die *symbolische Handlung* ist die Grablegung: ein Betten zur letzten Ruh, das von Worten begleitet wird, die das Loslassen und Abschiednehmen vom Toten sinnbildlich nachvollziehen. Der aus Genesis übernommene und abgewandelte Spruch „Erde zu Erde" fand seit dem 19. Jahrhundert im ganzen nichtkatholischen Bereich weite Verbreitung. Er ist (vermutlich) der Bestattungsformel aus dem anglikanischen „Book of Common Prayer" entnommen – notabene einer Ritensammlung, die von der reformierten Theologie aus Zürich stark beeinflusst war. Die Formel taucht 1844 auch in Wilhelm Löhes Agende auf:

> „Nachdem es dem allmächtigen Gott gefallen hat, die Seele unseres lieben Bruders zu sich zu nehmen, legen wir seinen Leib in Gottes Acker – Erde zur Erde, Asche zur Asche, Staub zum Staube, in sicherer und gewisser Hoffnung der Auferstehung zum ewigen Leben durch unsern Herrn Jesum Christum, welcher unsern nichtigen Leib verklären wird, daß er ähnlich werde seinem verklärten Leibe ... "[57]

Man kann in dieser Formel die *Spannung* im Grabritus gut erkennen. Sie beruht auf dem scharfen augenscheinlichen Kontrast. Es ist evident, wie fragil die Existenz des Menschen ist. Und je nach Fall sind die Angehörigen mit der unheimlichen Macht des Todes so stark konfrontiert, dass sie zu erschüttert sind, um ein Hoffnungswort aus der Bibel aufzunehmen. Bilder wie der „unverwesliche Leib" können auch einen falschen Klang erzeugen. Aber am Grab ist nicht der Ort und nicht die Zeit, die Dissonanzen rhetorisch zu bearbeiten. Je nach Todesfall ist ein Klagewort, das in ein Gebet mündet, angemessener.

4.2 Valetsegen

Die kleine Feier ums Grab bildet als Sequenz in der Reihe anderer Handlungen das eigentliche Zentrum und Kippmoment der Gesamtdramaturgie. Die zeitliche und örtliche Nähe zur *gottesdienstlichen* Sequenz und die *pastorale Profession* des Ausführenden codieren diesen Ritus konfessionell. Auch und gerade weil am Grab in der Regel nicht gepredigt wird, senden Kleidung (Talar), Artefakte (Bibel) und Gesten (Kreuzschlagen) wichtige Signale. Die sichtbare Zeichendifferenz ist aber als Ausdruck einer tieferliegenden Orientierungsdifferenz zu interpretieren. Evangelische und katholische Interpretation der Bestattung unterscheiden sich hinsichtlich des pastoralen Fokus. Die protestantische Bestattung ist in erster Linie als *Trauerfeier* konzipiert.[58] In der katholischen Tradition bildet die *Totenmesse* und die damit verbundene *Totenfürsorge* das Vorbild und den Hintergrund.

---

[57] Wilhelm Löhe, *Agende für christliche Gemeinden des lutherischen Bekenntnisses*, IX.: *Begräbnis*, in: Ders., *Gesammelte Werke*, Klaus Ganzert, Bd. 7/1 (Hg.), (Neuendettelsau: 1953), 460.
[58] Vgl. dazu Rietschel/Graff, Anm. 12, 776ff. Eine prägnante Zusammenfassung bietet Ehrensperger, Anm 29, 17: „Für reformierte Christen stellt sich die Frage, ob man überhaupt für Verstorbene beten kann und soll. Calvin lehnte es entschieden ab, Luther hielt es nicht für eine Sünde. Melanchthon sagte: ‚Orationem pro mortuis non prohibemus.' Sofern hinter solchem Beten eine Beeinflussung oder ‚Fernsteuerung' des Verstorbenen in seiner jenseitigen Welt [...] steckt, müssen wir solche Anstrengungen klar ablehnen." In der Deutschweizer Liturgie, 40 wird der Valet-

Gerade bei einer näheren Betrachtung des Grabritus zeigt sich jedoch eine Annäherung der beiden Konfessionen in Gestaltungsfragen. Für eine wachsende Konvergenz sorgten auf katholischer Seite die Impulse der konziliaren Reform und die damit verbundene Öffnung für das Wortgeschehen. Auf evangelischer Seite ist seit der anthropologischen Wende umgekehrt eine größere Offenheit für rituelle und symbolische Kommunikation zu vermerken. Das zeigt sich eindrücklich an einer zunehmenden Beliebtheit des Valetsegens, der freilich nie ganz verschwunden ist. Verwendet wird er aber verbunden mit Handauflegung bezeichnenderweise in der *Sterbeseelsorge*. Vom Straßburger Gesangbuch 1537 an enthalten viele Gesangbücher liturgische Ordnungen, Anweisungen, Lesungen, Gebete und Ermahnungen für die Sterbeseelsorge.

Wird der Segen *am Grab* gesprochen, wendet sich die Liturgin der verstorbenen Person zu und empfiehlt deren Seele Gott. In der schon zitierten Taschenagende der Reformierten soll die Pfarrperson die Hand über das Grab halten und die Worte sprechen: „Ewige Ruhe gebe ihm/ihr der Herr, und das ewige Licht leuchte ihm/ihr." In der neu bearbeiteten Agende der VELKD wird diese Form der „Totensegnung" – die so genannte „commendatio animae"[59] – als hilfreiches Ritual begrüßt. In der Apologie der CA wird mit Verweis auf die Kirchenväter die Fürbitte für die Verstorbenen hingegen bejaht.[60]

Dass diese Form auch Eingang in reformierte Bestattungsliturgien gefunden hat,[61] ist gleichwohl bemerkenswert.[62] Denn es werfen sich bei der Totensegnung tatsächlich theologische Grundsatzfragen auf, die im Helvetischen Bekenntnis

---

Segen nur im Zusammenhang der Sterbebegleitung erwähnt und im Reformierten Gesangbuch (RG 771) unter der Rubrik „Beten am Sterbebett" abgedruckt.

59 Vgl. dazu Rainer Volp, *Liturgik*, Bd. 1 (Gütersloh: 1992), 671.

60 *Bekenntnisschriften der evangelisch-lutherischen Kirche*, hg. im Gedenkjahr der Augsburgischen Konfession 1930 vom Rat der Evangelischen Kirche in Deutschland (Göttingen: [10]1986), 375, 46f.

61 Die Position von Calvin in dieser Frage ist eindeutig negativ. Siehe Bruno Bürki, *Im Herrn entschlafen. Eine historisch pastoraltheologische Studie zur Liturgie des Sterbens und des Begräbnisses* (Heidelberg: 1969), bes. 179–198, 182f. Ebenso die von Bullinger, vgl. *Zweites Helvetisches Bekenntnis*, übers. von Walter Hildebrandt und Rudolf Zimmermann (Zürich: 1966), 128: „Darüber hinaus gibt es nach unserer Lehre nichts für die Toten zu sorgen."

62 Für Thomas Klie, An *Beerdigungen Religion lernen. Bestattungsagenden und ihre didaktische Relevanz*, in: IJPT (2004/8), 212–227, 221f. ist der Valetsegen theologisch brisant und eine Gelegenheit, an Beerdigungen Religion zu lernen. „Eine an liturgischen Formen interessierte Religionspädagogik findet mit dem Valetsegen ein Medium vor, das nicht nur durch seine Kompaktheit besticht, sondern auch in Wortlaut und Vollzugsgestalt den Skopus christlichen Todesumgangs unterrichtlich zu erhellen vermag."

noch eindeutig negativ beantwortet wurden.[63] Und es wird immer kontrovers disputiert. Dezidiert gegen eine direkte Anrede des Toten spricht sich beispielsweise Ulrich Körtner aus.[64] Andere warnen wie Rolf Schäfer vor einer korrekten Theologie, die die Frage nach dem Verbleib der Toten nicht beantworten kann. Er hält die Ganztodthese verbunden mit der Osterbotschaft für ein intellektualistisches Konstrukt, das den Theologen in der konkreten Bestattungspraxis verstummen lassen muss. Es sei zwar eher problematisch von den Toten als unmittelbar Gegenwärtigen zu sprechen, aber wenn man die Trauernden erreichen wolle, sei das *Gebet für die Toten* ein möglicher Weg, das Gespräch mit ihnen aufzunehmen.[65]

Die Bestattungsagende für die evangelische Kirche Württemberg nimmt dieses *seelsorgliche Anliegen* auf eine sehr behutsame Weise auf.[66] Sie bietet eine theologische Grundlegung und eine ausgeformte Liturgie des Abschiedssegens. In der Einführung wird diese Neuerung einerseits mit kulturellen Entwicklungen und humanwissenschaftlichen Einsichten begründet. Im Fokus bleiben schließlich doch die Trauernden, wenn es heißt:

> „Inzwischen ist in Kirche und Gesellschaft die Bedeutung von Ritualen für die Bewältigung besonderer Lebens- und Krisensituationen zunehmend erkannt worden. Deshalb wird in der Bestattungsagende das Bedürfnis nach ritueller Begleitung auf dem Weg des Abschieds und der Trauer berücksichtigt."[67]

4.3 Bestattungshomiletische Impulse

Fragen wir nach der Predigt. Wird sie in der rituellen Begleitung subsumiert? Welche Funktion hat sie als Element des ganzen Funerals? Wenn ich, wie eingangs angezeigt, vornehmlich nach dem *Verhältnis von Ritus und Rede* frage, meine ich nicht die binnenliturgische Relation der einzelnen Elemente in der Wortfeier. Im Blick ist vielmehr die Beziehung zwischen der predigtzentrierten

---

63 *Zweites Helvetisches Bekenntnis*, Anm. 61, 128f.
64 So zum Beispiel Ulrich J. Körtner, *Bedenken, dass wir sterben müssen. Sterben und Tod in Theologie und medizinischer Ethik* (München: 1996), 100ff. und Schneider-Harpprecht, Anm. 34, 41.
65 Rolf Schäfer, *Pastoraltheologische Aspekte der Beerdigung*, in: PTh 83 (1994), 199–209, 207f.
66 *Gottesdienstbuch für die Evangelische Landeskirche in Württemberg. Zweiter Teil: Sakramente und Amtshandlungen*, Teilband 1: Die Bestattung, Evangelischer Oberkirchenrat (Hg.), (Stuttgart: 2000). Vgl. auch den Segen im EG 943.
67 *Gottesdienstbuch*, Anm. 66, 10.

evangelischen Trauerfeier und dem Grabritus. Um dieses Verhältnis auszuleuchten, ist es ein kurzer Exkurs zur Bestattungshomiletik nötig.

Historisch betrachtet, speist sich die Bestattungspredigt in Zürich aus zwei Quellen. Die eine ist die Dankrede an die Teilnehmer des Leichenzugs (Abdankung) und die andere das Begräbnisgebet im sonntäglichen Gemeindegottesdienst (Abkündigung). Man kann zwei Adressaten und zwei Ziele unterscheiden, die in der Bestattungspredigt zusammengekommen sind. Es soll so gepredigt werden, dass – mit der Kirchenordnung von Halle gesagt – die Trauernden „der Auferstehung in unserem Herrn erinnert und im Glauben gestärkt werden",[68] aber es soll – mit der Zürcher Kirchenordnung gesagt – auch der Tod als Erzieher sein Werk tun, „damit wir uns all weg rüstind und nach der warnung des herren zuo aller zyt wachind".[69] In der paränetischen Zuspitzung, als Trost und Ermahnung, wird der Adressatenbezug des ganzen Rituals explizit. Dass sich die Predigt an die Lebenden richtet, hindert den Redenden nicht, die Gemeinde an das Leben des Toten zu erinnern. Wir haben gesehen, wie sich das Totengedenken zum Totengedächtnis gewandelt und allmählich eine neue Form gebildet hat.

Der zentrale Topos der Begräbnishomiletik ist in dieser neuen Form *die Verknüpfung zweier Narrative*. Die Biographie eines Menschen wird so mit der Heilsgeschichte verflochten, dass die Trauergemeinde Trost und Mahnung erfährt oder ein Raum der Klage eröffnet wird. Dies ist vornehmlich eine rhetorische Aufgabe.[70]

Wenn wir die Phasen im funeralen Ritus unterscheiden und die „Predigt" der Grabhandlung mitbedenken, differenziert sich die Wahrnehmung des Sprechakts in der Trauerfeier. Das Ritual am Grab – „Erde zu Erde, Staub zu Staub" – setzt einen schöpfungstheologischen Akzent. Die Endlichkeit und Vergänglichkeit des menschlichen Lebens sind Thema, ein Abschied wird begangen. Am Grab ist Zeit für ein Adieu. In dieser Sequenz des Geschehens geht es darum loszulassen. Danach ist Zeit, sich auf ein Wiedersehen auszurichten. Es gibt eine Zeit herauszureißen und es gibt eine Zeit zu pflanzen.

---

[68] Zit. nach Rietschel/Graff, Anm. 12, 765.
[69] *Christenlich ordnung*, Anm. 11, 687,1–3.
[70] Dazu erhellend und weiterführend Lutz Friedrichs, *Die Bestattungspredigt zwischen Einstimmung und Einspruch*, in: PTh 101 (2012), 408–424.

4.4 Eschatologisch doppeldeutlich

Es sind letztlich *zwei* starke Motive, die den Trost ausmachen. Man wünscht dem Toten ewige Ruhe und ewiges Leben. Das ist ziemlich spannungsvoll! Schlafen und Wachen ist nicht dasselbe. Natürlich lässt sich das dogmatisch schön ordnen. Zuerst entschlafen wir, dann werden wir auferweckt – zum Gericht! Gott sei Dank für Christus, der zur Rechten des Vaters sitzt und von dannen kommen wird, uns zu richten, auf dass wir dermaleinst in Ewigkeit mit Gott zusammen sind. Aber kann man sich das merken?

Es ist doch viel zu kompliziert. Und weil man bei der Glaubensgewissheit nie ganz sicher sein kann, ist sie mit Risiken behaftet.[71] Darum kennt die katholische Theologie bis heute eine postmortale Verlängerung der Seelsorge. Und in den neureligiösen Alternativen spielen die Engel und andere Gestalten eine wichtige vermittelnde Rolle.

Wenn die Römisch-Katholiken mit dem Fegefeuer einen eschatologischen Kompromiss anpeilen, der letztlich die Lebenden beruhigen soll, tendieren die Evangelischen zur eschatologischen Kompression, die letztlich doch den Toten zugutekommt. Den problematischen Tendenzen der eschatologischen Kompression wie des Kompromisses kommt man nicht nur mit raffinierteren Modellen bei. Es ist der Tod mit seinen vielen Gesichtern und Geschichten, der einen kreativen Umgang mit dem Hoffnungspotential des Evangeliums verlangt und einmal dazu anstiftet, einen Schlusspunkt zu setzen, wo Endlosschlaufen drohen und ein andermal ein Protestlied anstimmt, weil es auch Gott ganz und gar nicht gefallen hat, dass einer sein Leben zu früh beendet hat.

5 Am Ende doch (k)ein Schlusswort

Wenn wir nach der theologischen Bedeutung der Reden *am Grab* nachfragen, sind diese klar zu unterscheiden von der diskursiven, auf Argumentation hin angelegten Rede im Gottesdienst. Da ist eine begleitende Rede im Rahmen des Ritus, der als Gestus und Sprache zusammenspricht, und dort die elaborierte ausholende Form der Predigt, die das Leben des Verstorbenen mit dem Evangelium verbindet (E. Lange). Was am Grab gesagt wird, kann nicht von dem getrennt werden, was

---

[71] Das ist das Paradox einer evangelisch akzentuierten Privateschatologie. Man braucht sich die letzten Dingen gar nicht auszumalen und kann sie getrost verschlafen. Es reicht, man weiß, es ist irgendwann Schluss und begnügt sich mit der Gewissheit, dass Gottes Reich kommt. Alles andere wird dazu getan.

getan wird, weil sich Form und Inhalt einer Sprechhandlung nicht ohne Substanzverlust auseinanderdividieren lassen. Der Einspruch des Evangeliums in der Trauerfeier, ist untrennbar verbunden mit der Einstimmung auf die Situation.[72]

Wenn wir nun das Funeral als Ganzes in den Blick nehmen und nach der Funktion der Sequenzen fragen, korrespondiert der Grabritus mit dem homiletischen Akt in einer sehr differenzierten Weise. Dieses Verhältnis aufzuschlüsseln in hie Erlebnis und da Reflexion, wäre zu simpel. Denn in den elementaren Handlungen am Grab steckt Weisheit und Trost; es sind Gesten, die uns menschlich bleiben lassen.

Das wird meines Erachtens am Beispiel des Valetsegens evident. Er macht etwas *für den Toten*, indem der Tote angesprochen wird. Er macht gleichzeitig etwas *mit dem Toten* zusammen, indem der Liturg sich mittels der Anrede auch an die Lebenden wendet. Er macht insofern etwas *für die Trauernden* und *mit den Trauernden*, als diese sich als Mitbetende gemeinsam an Gott wenden, um ihm den Toten anzubefehlen. Das alles geht mit Interpretationen einher, die in der Sprechhandlung mitlaufen, aber so verflochten, komplex und vielschichtig sind, dass sie im Augenblick der Aufführung nur als Gesamtes erlebt und nicht verstanden werden können.

Eine Entflechtung erfolgt im Nachhinein auch nur aus analytischem Interesse. Es zeigt sich dann deutlich, dass die evangelische Reserve gegenüber der Totenbeschwörung auf einer sehr einseitigen Wahrnehmung dieser Anredeform beruht, eine Einseitigkeit freilich, die das kunstvolle Geflecht der verschiedenen Sprachhandlungen im Ritus zerstört. Das gilt abgeschwächt auch für die evangelische Verteidigung des Valetsegens mit dem Argument, dass damit in erster Linie der Zweck verfolgt wird, dass die Hoffnung der *Lebenden* gestärkt werde – eine kleine *pia fraus* sozusagen. Der Unterschied zur römisch-katholischen Position besteht darin, dass diese den Dienst an den Verstorbenen als solchen begreift und nicht mit der Trostfunktion *begründet*. Sie versteht den Abschiedssegen denn auch stärker als Akt der Kirche, die als *sanctorum communio* die Lebenden und die Toten umschließt.

Nun kommt den unterschiedlichen konfessionellen Akzentuierungen auch ein ökumenischer Tiefensinn zu. Mit den Toten in eine Zwiesprache zu kommen, könnte tatsächlich Geister rufen, die man nicht mehr los wird oder von denen man meinte, man sei sie losgeworden. Ein *Ritus*, der erlaubt, den Toten Gott anzubefehlen, ist aber keine spiritistische Sitzung und hat erst recht nichts mit Magie zu tun. Aber er beschränkt zugleich auch den Anspruch einer Rede, die nur die Trauernden anspricht und den Toten übergeht, indem sie ihn nur bespricht.

---

[72] Friedrichs, Anm. 70, 412f.

So betrachtet, rückt der Ritus das Machtwort der Predigt ins rechte Licht. Auch die Vergegenwärtigung des Verstorbenen in der Bestattungspredigt dient letztlich seiner Verabschiedung, aber mündet mit dem Adieu ins Gebet.

Im Glücksfall lässt der Ritus erleben, was die Predigt verspricht. Die Predigt kann, wie es sich für ein Kunstwerk gehört, sensibel machen für das, was individuell der Fall ist und nur in diesem Fall gesagt sein will. Man muss die Trauer feiern, wie sie fällt. Es ist gut, bleibt darum die Spannung von Exodus und Sabbat erhalten. Wenn man am Grab eines Menschen steht, der keine Chance hatte, die Fülle des Lebens zu erfahren, wünscht man ihm einen Aufbruch. Allen andern sei die Ruhe gegönnt, die sie hienieden nicht gefunden haben. So oder so ist das Wort vom Staub am Ende doch kein Schlusswort. Die Hallesche Kirchenordnung sagt es viel schöner:

> „Christus hat durch seine Auferstehung das Begräbnis aller derer, die an ihn glauben, so ehrlich und so herrlich gemacht, dass nicht sein soll eine verderbliche Grube, sondern eine göttliche Schlafkammer, darin man ruhet zu dem ewigen Leben und ein fruchtbarer Gottesacker, darin man vor Gott aufwächst und blühet zu der ewigen Seligkeit."[73]

---

73 Zit. nach Rietschel/Graff, Anm. 12, 765.

/ IV. Pastoraltheologie

Thomas Schlag
Vom Ethos des Kasualakteurs
Pastoraltheologische Überlegungen zum evangelischen Umgang mit den Ambivalenzen des Bestattungs-Falls

1 Zielsetzungen

Der Trauerfall und sein theologisch-rituelles Deutungsgeschehen lässt – um es einmal etwas so salopp wie despektierlich zu sagen – im besten Fall höchstens eine Person kalt. Darüber hinaus aber treffen unterschiedlichste Erwartungen, Befürchtungen und Hoffnungen vielfältigster Akteure im kirchlichen Akt der Trauerfeier zur gleichen Zeit am gleichen Ort unmittelbar aufeinander. Im Trauerfall kann und muss nun zum Thema werden, was zuvor meist ohne ernsthafte Bedeutung war. Dieser Augenblick schärft bei allen Beteiligten den Sinn für das Unvermeidliche.

Somit steht in diesem Ernst-Fall die theologische Existenz der Pfarrperson ebenso zur öffentlichen Disposition wie die Existenz der Trauernden sowie schließlich auch die Bedeutung der ganzen anwesenden Gemeinde – und dies alles *sub conditione Jacobeae*: „Wenn der Herr will, werden wir leben" (Jak 4,15). Man kann somit von einer vertikal und horizontal hochkomplexen Kasualie existentieller Zumutung sprechen. Im Bestattungsfall geht es immer ums Ganze. Und natürlich ist das alles andere als ein berufliches Vergnügen. Dass gleichwohl auch der Spaß hier zum Thema werden kann, davon wird später noch die Rede sein. Nun aber zuerst zum Ernst der Lage.

Was die Zukunftsfähigkeit dieses kirchlichen Aktionsfeldes angeht, so erscheint die Lage tatsächlich gleichermaßen ernst wie unüberschaubar. Man lasse sich dabei im Blick auf den Kasus von den vermeintlich fest verankerten Gewohnheiten nicht täuschen – manches könnte inzwischen zur uneigentlichen Scheininszenierung geworden sein, deren individuelle Sinnzuschreibung bei den Akteuren keineswegs mehr klar oder gar selbstverständlich ist. Natürlich wird mutig gepredigt und abgrundtief getrauert und offenkundig löst der Ritus eine Vielfalt von tiefsten Emotionen aus, ganz zu schweigen von den falschen und den richtigen, in jedem Fall treffenden Worten am Grab, die noch Jahre später Gesprächsstoff sein können.

Ist die kirchliche Bestattung tatsächlich noch in weiten Teilen der bundesrepublikanischen Landschaft Bestandteil und Ausdruck volkskirchlicher Stabilität? Vielleicht zeigen sich im kirchlichen Akt einfach nur die letzten Wiedererkennungseffekte derjenigen Generation, die mit den Selbstverständlichkeiten noch vertraut war und nun im Schreckensmoment daran eben noch notgedrungen festhält – ganz genau weiß man es jedenfalls nicht[1]. Behauptungen über die Bedeutung des Kasualhandelns sollten jedenfalls nicht sogleich mit Belegen über ihren Effekt verwechselt werden. Innerhalb der breiten praktisch-theologischen Literatur sind Untersuchungen zur Erwartung an bzw. Rezeption des Bestattungsaktes auf Seiten der unterschiedlichen Akteure immer noch ein Desiderat, das der dringenden Bearbeitung bedarf. Aber noch grundsätzlicher ist zu sagen: Angesichts der angedeuteten Komplexität unterschiedlichster Ansprüche an diese kirchliche Praxis ließe sich wie in einem Brennglas das homiletische, poimenische und liturgische Reflexionslicht in der Kasualie der Bestattung bündeln und für weiterreichende Überlegungen zur pastoraltheologischen Berufsausübung zum Leuchten bringen.

Um nun aber diese Komplexität sogleich bearbeitbar zu machen, soll im Folgenden die Perspektive des pastoralen Kasualakteurs genauer in den Blick genommen werden. Denn dessen bzw. deren Rolle und Selbstverständnis bedarf angesichts der gegenwärtigen Kasualumbrüche der eigenen Klärung und Plausibilisierung: Die lange Zeit und Tradition selbstverständlicher Bestattungs-Kultur christlicher Provenienz ist in hohem Maß erklärungsbedürftig geworden – und dies eben keineswegs nur für die Gemeinde, sondern für die Pfarrperson selbst.

Eine, vielleicht sogar die zentrale, nicht zu unterschätzende spezifisch pastoraltheologische Herausforderung des Bestattungs-Falls, so meine These, besteht in der zunehmenden Unverständlichkeit des eigenen Amtshandelns bzw. der offenbar schwieriger werdenden Plausibilität theologischer Kommunikation – und dies sowohl gegenüber der Gemeinde wie auch sich selbst gegenüber. In der Bestattung sollte sich am Ort der Person selbst immer wieder die Frage stellen, wen es dazu eigentlich braucht und wenn noch den Pfarrer und die Pfarrerin, warum eigentlich. Langsam und keineswegs klammheimlich erobern sich tatsächlich die säkularen Bestatter die Claims des gesamten Trauergeschehens.

Der kirchliche Akt in Form gottesdienstlicher Trauerbegleitung ist selbst dort, wo dieser noch gefragt ist, um so begründungsbedürftiger. Ein reales Beispiel aus der letzten Woche: Der Pfarrer will im Konfirmandenunterricht den Selbstmord eines Schülers thematisieren: Hier der wortwörtliche Bericht aus der Mail des Pfarrers: „Das PRIVATE steht im Weg. Und das wollen sie mit dem Pfarrer gerade

---

[1] Dies gilt m. E. trotz des jüngst in der V. KMU festgestellten wichtigen Motivs der kirchlichen Bestattung für die Frage der eigenen Zugehörigkeit, vgl. EKD (Hg.), *Engagement und Indifferenz. Kirchenmitgliedschaft als soziale Praxis*. V. EKD-Erhebung über Kirchenmitgliedschaft (Hannover: 2014), 89.

zuletzt besprechen. Wir kamen auch beim Suizid eines Schülers in einer Klasse aufs Thema und sie zeigten sich alle betroffen und alle hoch überzeugt, dass der Pfarrer damit nichts zu tun habe: Trost und Ausblick würden nur Mitschüler und Freunde schaffen. Der Pfarrer könne ja nur beten ..." Interessant erscheint mir die Notiz, dass das Private dem öffentlichen Zugriff entzogen wird, weil man eben jenem professionellen Zugang nichts Wesentliches mehr zutraut. Zu notieren ist eine Art subtil-offensiver Verweigerung: Der Pfarrer ist bestenfalls fürs Öffentliche zuständig, nicht aber fürs Private. Und das passiert wohlgemerkt nicht im urbanen Raum, sondern in einer eher ländlichen Gemeinde im Kanton Zürich.

Man mag nun die Gründe für den weitreichenden Verlust des einstmaligen Deutungsmonopols den Megatrends der Säkularisierung oder Individualisierung anlasten: Für die Plausibilisierung dessen, was genau diese pastorale Begleitung und Interaktion angeht und was den motivationalen und professionellen Kern dieser kirchlichen Handlung überhaupt angeht, scheint gleichwohl dringender Reflexionsbedarf angezeigt zu sein[2].

Die Herausforderung des Bestattungs-Falls liegt also pastoraltheologisch gesagt darin, dass sich hierin die Legitimation des Pfarramts und seiner öffentlichen Rolle überhaupt wesentlich spiegelt. Wenn nicht in diesem Fall sich selbst und der Gemeinde gegenüber deutlich gemacht werden kann, wozu es den pastoralen Kasualakteur braucht, wird sich dies auf anderen Feldern erst recht nicht mehr erläutern lassen: Auf den Ort des Friedhofs bezogen, könnte dies für die Pfarrperson in leichter Abwandlung eines wohlbekannten Songs bedeuten: „If you can't make it there, you won't make it anywhere".

Wie also kann eine Schneise durch die komplexen pastoraltheologischen Anforderungen und die Trauerkonstellation geschlagen werden? Ich plädiere für eine theologisch gestimmte Fokussierung des pastoralen Selbstverständnisses und Kommunikations-Handelns im Bestattungs-Fall. Die pastoraltheologische Zukunftsaufgabe besteht darin, sich auch und gerade in der Deutung dieser kirchlich hochkomplexen Praxis im wahrsten Sinn des Wortes als eine theologische Lebenswissenschaft zu profilieren.

Ich will mich zur Erläuterung dieser These im Folgenden bewusst nicht primär auf die Frage der Begleitung der unmittelbar trauernden Angehörigen ausrichten. Es soll vielmehr um die Frage der Haltung und Orientierung gegenüber den sogenannten „entfernt" Trauernden im Sinn einer eher „am Rand beobachtenden Gemeinde" gehen. Und dies deshalb, weil aus meiner Sicht die Interaktion

---

2 Vgl. dazu Ingo Reuter, *Totenrede oder Predigt? Zur Plausibilität christlicher Verkündigung angesichts des Todes auf dem Markt der Abschiedsangebote*, in: Thomas Klie (Hg.), *Performanzen des Todes. Neue Bestattungskultur und kirchliche Wahrnehmung* (Stuttgart: 2008), 159–175.

zwischen Pfarrperson und der, wenn man so will, weiteren, die ganze Gemeinde repräsentierenden Trauerversammlung entscheidende Signalfunktion für die Aufgabenstellung und Bedeutung des Pfarramts im volkskirchlich-öffentlichen Zusammenhang überhaupt hat.

Es soll dabei darum gehen, die orientierende, entlastende und vergewissernde Leistung der Kasualie[3] von der berufsethischen Verantwortung des pastoralen Kasualakteurs her zu deuten. Damit sollen die durch Stebler identifizierten drei Kernkompetenzen für den Bestattungsfall, d.h. die theologische, kommunikative und qualitätssichernde Kompetenz[4], pastoraltheologisch durchbuchstabiert werden. Es geht mir folglich vornehmlich um eine pastoraltheologische Reflexion auf die hier notwendige Kasualkompetenz des theologisch reflektierten kommunikativen und damit paradigmatischen Umgangs mit den distanziert und zugleich präsenten Teilnehmenden und Wahrnehmenden kirchlicher Praxis.

Was also folgen soll, ist ein Plädoyer für die am Einzelfall geschulte und sich immer wieder neu überprüfende theologische Selbstreflexion – und dies im besten Sinn des Wortes, als Reflexion des eigenen Selbst im eigenen pastoralen Handeln und Hoffen. Der Kasualakteur bedarf der Klärung des eigenen Ethos und überhaupt seines theologisch grundierten Berufsethos – weil der Kasus eben nur unter Berücksichtigung aller eigen-sinnigen Motive wirklich angemessen in den Blick kommt und seine Begründung erfahren kann.

So ist also zu fragen: In welcher inneren Haltung, mit welchem Ethos sollte dieser Kasus sachgemäß und sinnvollerweise initiiert und durchgeführt werden? Denn mindestens die Frage muss ja erlaubt sein, ob nicht gerade im Kontext dieses Kasus die Gefahr besteht, von der Rolle des über sich selbst aufgeklärten theologischen Deuters auf die Funktion des reinen Ritual- und Zeremonienmeister reduziert zu werden[5].

Dabei will ich nicht Gefahr laufen, den Trauerfall nun erneut zur missionarischen Gelegenheit zu stilisieren, die den Kasus in unheiliger und eilfertiger Weise zu ganz anderen Zwecken nutzt. Im Blick auf die Kasualie stellt sich die Frage nach der missionarischen Gelegenheit erst in zweitem Sinn. Die notwendige Fraglichkeit beginnt vielmehr am Ort der Pfarrperson selbst. Es geht zu allererst um die pastoraltheologische Grundfrage nach dem tieferen Sinn und Kern dieses

---

[3] Vgl. Christian Albrecht, *Kasualtheorie. Geschichte, Bedeutung und Gestaltung kirchlicher Amtshandlungen* (Tübingen: 2006), 216ff.

[4] Vgl. Christoph Stebler, *Die drei Dimensionen der Bestattungspredigt. Theologie, Biographie und Trauergemeinde* (Zürich: 2006).

[5] Vgl. Christian Grethlein, *Pfarrer – ein theologischer Beruf!* (Frankfurt a.M.: 2009); Nikolaus Schneider/Volker A. Lehnert, *Berufen – wozu? Zur gegenwärtigen Diskussion um das Pfarrbild in der Evangelischen Kirche* (Neukirchen-Vluyn: 2009).

professionellen Handelns in einer Situation, in der die Legitimität dieser Profession – für alle Beteiligten! – eben alles andere als klar ist.

2 Beobachtungen und Vermutungen zur ambivalenten Interaktion zwischen Pfarrperson und der Gemeinde der Trauernden

Es handelt sich gerade bei dieser Kasualie um ein extrem ungesichertes Terrain und einen besonderen Fall voller dramatischer Momente und Elemente. Das Diktum Albrechts, wonach „die Bestattung, im Blick auf die sie bestimmende Gefühlslage, die am wenigsten ambivalenzgeprägte der Kasualien"[6] sei, muss doch als deutlich unterbestimmt angesehen werden. Im Trauerfall macht sich in einem ganz weitreichenden Sinn Verzweiflung und Desorientierung breit – und in der distanteren Gemeinde wird natürlich beobachtet und miterlebt, wie die Pfarrperson diese Situation ihrerseits aufnimmt und zu deuten vermag.

2.1 Wahrnehmungen der Gemeinde

Zuallererst ist aber selbstehrlich die Frage zu stellen, ob denn die Deutungsmacht der Pfarrperson überhaupt noch auf Anklang stößt bzw. Resonanz erzeugt und damit im Sinn einer wortmächtig-hilfreichen Begleitung funktioniert: auf die Spitze getrieben ist die Funeralignoranz im schwarz-humorigen Kinofilm „Sterben für Anfänger": Alle pastorale Begleitung stellt angesichts der familiären Gesamtkonstellation kaum mehr als den hoffnungslosen Versuch dar, auch nur einen geringsten Teil an Aufmerksamkeit zu erzeugen. Der Pfarrer ist kaum mehr als der verzweifelte und erfolglose Organisator der familiären Gesamtimplosion. Ihm kommt von Beginn an bis zum Ende – sowohl in der Familie wie unter den sonstigen Gästen – kaum mehr als eine Statistenrolle zu, und dies im wahrsten Sinn des Wortes selbst in unmittelbarer Nähe zum Sarg.

Von dort aus ist kritisch zu fragen, ob in der Trauergemeinde das explizit Theologische in seiner Bedeutung überhaupt noch verstanden werden kann. Während interessanterweise die pastoralen Kommentierungen zum Verstorbenen je nach Deutlichkeit noch Jahre später wortwörtlich erinnert werden können,

---

6 Christian Albrecht, *Kasualtheorie*, a.a.O., 213.

scheint das Auf- und Erregungspotential nur im seltensten Fall in der genuin theologischen Rede zu liegen.

Natürlich gilt grundsätzlich, dass die Pluralität der Erwartungen und Erfahrungen der Gemeinde mindestens ebenso groß ist wie die Vielfalt der Anforderungen durch den Kasus selbst. Gleichwohl scheint die inhaltliche Dimension des Rituals in ihrem Wortbezug mehr und mehr undurchsichtig zu werden. Die für den Trost wesentliche Dimension der Wiedererkennbarkeit, sei es von Worten, von Metaphern, aber auch von Gesten und Liedern ist offenbar je länger, desto weniger gegeben. Der Traditionsabbruch hat die Gemeinde der Distanzierten erreicht, was sich nicht zuletzt in den traurigen und immer häufiger praktisch ausfallenden Trauergesängen hörbar niederschlägt.

Was dann als wesentlich erlebt wird, ist der Mitvollzug am sichtbaren und greifbaren Ritual – das eigene Kondolieren der Angehörigen wird zum privat pastoralen Höhepunkt aktiver Anteilnahme. Das Berührendste des gottesdienstlichen Aktes für die ganze Gemeinde ist es – so hat es der Verfasser in jüngster Zeit mehrfach miterlebt –, wenn einzelne Angehörige, Kinder, Enkel, selbst das Wort, eben als ihr Wort ergreifen.

Dem professionell pastoralen Anspruch, rituell versierter Fremdenführer zu sein, scheint die Gemeinde der Distanzierten hingegen sozusagen durch eigene Fremdheitsgefühle und innere Emigration zu begegnen. Eine jüngste Tübinger Untersuchung weist darauf hin, dass die am Rande Stehenden zwar durchaus auch einmal vom kirchlichen Akt positiv überrascht werden können, sich allerdings viel häufiger in ihren Klischees und Vorurteilen bestätigt sehen[7]. Aus der zur letzten Begleitung eingeladenen Reisetruppe sind womöglich schon längst abständige Beobachter geworden, die sich mehr oder weniger bewusst in Distanz halten.

Die Ambivalenz des Ganzen wird nun aber auch dort noch weiter verstärkt, wo auf der anderen Seite die Selbst-Wahrnehmungen und Ansprüche der Pfarrperson stehen:

2.2 Selbst-Wahrnehmungen der Pfarrperson

„Bestattungen machen Spaß" – das traut sich öffentlich kaum ein Pfarrer zu sagen – und doch ist das so im eigenen Kollegenkreis immer wieder zu hören. Der auf Pfarrkonventen gern genommene Satz: „Ich muss zu einer Beerdigung weg"

---

[7] Als erster Verweis vgl. http://www.ev-theologie.uni-tuebingen.de/lehrstuehle-und-institute/praktische-theologie/praktische-theologie-iii/forschung/kasualkompetenz.html (11.11.2013).

– wird nicht selten mit dem vielfältigen Signal des Bedauerns, aber auch des Gebrauchtwerdens, der Belastung und dies zugleich im offenkundigen Gestus lustvoller Dienstbarkeit kommuniziert.

Fast klammheimlich laufen Pfarrpersonen im abgrundtiefen Bestattungs-Fall zur Höchstform auf. Natürlich sind Bestattungen in mehrfachem Sinn eine Belastung. Die Nachricht kommt immer quer zu allen anderen Terminen und Bestattungen greifen massiv in das eigene Leben ein. Aber offenbar sind sie ebenso wie Störfaktoren auch Lebenselixier für den eigenen Berufsalltag. Routine und Panik, Gelassenheit und Herzblut können sich zu einer dynamischen, aber unter Umständen auch zu einer fatalen Mischung vereinigen.[8]

Und dabei findet manches in einer Mischung aus Lust und endgültiger Überforderung statt: Eine Kollegin, die in einer Woche vier Bestattungsgottesdienste zu absolvieren hatte, erlebte beim vierten Gottesdienst, wie beim Abtransport des Sarges das Auto des Bestattungsinstituts nicht stark, aber doch unüberhörbar einen Mauerstein touchierte. Ungebremst reagierte sie selbst mit einem ebenso unüberhörbar polternden Lachanfall. Einen anderen Kollegen überkommt nach Bestattungsgottesdiensten regelmäßig unbändige Lust, sich in einen maßlosen Kaufrausch zu stürzen. Auf Pfarrkonventen nimmt – so die geteilte Erfahrung – mit zunehmender Abendstimmung die Lust zur Verbreitung von auch durchaus morbiden Kasualanekdoten hörbar zu. Fallen die Pfarrerinnen und Pfarrer damit aus der Rolle, die ihnen von der Gemeinde zugemutet, aber auch zugetraut wird – oder handelt es sich hier einfach um klassische Übersprungshandlungen der deformation professionelle?

Weitere und nun tiefernste Ambivalenzen finden sich aber auch in Hinsicht darauf, was die Anforderungen gelingender symbolischer und rhetorischer Kommunikation angeht: Die Pfarrperson hat für den begrenzten Zeitraum der Kasualie die Exklusivrechte der Deutung und zugleich fällt diese Deutung im Einzelfall unendlich schwer. Woher – so fragte ein Kollege – maße ich mir das Privileg des ultimativen Wortes über dem Verstorbenen an – wenn doch andere diesem viel näher standen und dies auch in den viel plastischeren Worten und Gesten zum Ausdruck bringen können? Und es ist tatsächlich eine durchaus schmerzhafte Erfahrung, wenn das Feedback der Umstehenden auf die Rede des örtlichen Rotary-Vorsitzenden weit besser und euphorischer ausfällt als die Rückmeldung zur Bestattungspredigt.

Zu wohl keiner anderen Situation steht die Pfarrperson in gleicher Weise im Zentrum der Aufmerksamkeit und ist Exponent religiöser Kultur, ja interpretati-

---

8 Vgl. Birgit Weyel/CarmenHoffmann/Tobias Weimer, *Biographie und Eschatologie. Eine Umfrage zur Bestattungspredigt in Württemberg*, in: Pastoraltheologische Informationen 33 (2013), 61–75.

ver Herr über Tod und Leben und zugleich Dirigent des existentiellen Welttheaters auf engstem Raum wie gerade in diesem Moment: Besonderes wird von ihm und ihr erwartet. Und zu keiner anderen Situation stellt er und sie in vergleichbarer Weise einen Einzelkämpfer dar, dessen eigene Worte im gleichen Augenblick in der Trauer selbst verhallen können und dessen Rolle im schlimmsten Fall für schlichtweg unglaubwürdig gehalten wird. Der Anspruch auf eine gelingend-hoffnungsvolle Kommunikation des Evangeliums verhakt sich mit der Tatsache hochgradiger Asymmetrie gegenüber der Trauergemeinde: denn der Predigende ist einerseits nicht so unmittelbar vom Tod betroffen wie die Angehörigen, zum anderen aber gegenüber allen Anwesenden in der privilegierten Situation des Todes- und Lebensdeuters.

So ist im wahrsten Sinn des Wortes zu fragen: Welche Rolle spielt es, jetzt selbst nicht Trauernder zu sein und sich gegenüber der ganzen Gemeinde in der privilegierenden Rolle des Wortmächtigen zu befinden? Was lässt sich hier überhaupt an Worten und an Signalen kommunizieren? Wie sieht folglich die theologische, kommunikative und qualitätssichernde Kompetenz des Kasualakteurs gerade im Blick auf den weiten Kreis der Trauergemeinde aus?

In dieser Situation ist höchste Professionalität gefragt und zugleich kommt diese doch an ihre menschengemäße Grenze. Trostlosigkeit und die Hoffnungserwartung auf Trost liegen hier so nahe beieinander wie sonst kaum noch irgendwo. Und dies umfasst zugleich die eigene Person: Nicht zuletzt die Vagheit und Unsicherheit des eigenen Auferstehungsglaubens kann im Einzelfall zur bohrenden Erfahrung dieser Wahrnehmungsambivalenz werden. Wie in wohl keiner anderen Kasualie zeigt sich in ähnlicher Weise die Grenzwertigkeit dessen, was qua Auftrag gesagt werden soll und dessen, was qua eigener Vorläufigkeit gesagt werden kann. Man hat es hier also durchaus auch mit einer Ambivalenz des sterblichen Kasual-Akteurs zu tun, dessen eigene Worte, aber auch dessen Leben früher oder später selbst verhallt.

Bestattungen sind somit unter berufsethischen Gesichtspunkten im wahrsten Sinn des Wortes Grenzfälle und Orte des Übergangs: Die Bestattung ist demnach für Pfarrpersonen „persönliche und berufsgeschichtliche Schwelle, mit allen Symptomen von Schwellenangst, Gefühlen eigener Unzulänglichkeit (auch im religiösen Sinne!) und Widerstand."[9]

Und der Kasualakteur ist in besonderer Weise ein Wandler auf dünnem Eis bzw. auf ausgesprochen schmalem Grat – aber nicht nur dem Grat zwischen Gelingen und Misslingen, falschem und richtigem Ton, sondern zugleich zwi-

---

9 Kristian Fechtner, *Kirche von Fall zu Fall. Kasualpraxis in der Gegenwart – eine Orientierung* (Gütersloh: 2003), 64.

schen dem Sinnlosen und Sinnhaften seines Wirkens, sowie zwischen berufsbiographischen und auch dem eigenen biographischen Tod und Leben. Welch hoher Anspruch ist es somit, wenn es heißt: Die eigene „pastorale Identität speist sich nicht zuletzt daraus, dass sie im Namen Gottes, der ins Leben ruft, in Ritus und Wort die Konfrontation mit dem Tod bestehen."[10]

Von diesem Anspruch aus und der gleichzeitigen impliziten Infrage-Stellung durch die Trauergemeinde lassen sich unterschiedliche, durchaus komplementäre Strategien für den Bestattungsfall ableiten:

3 Pastorale Strategien des Umgangs mit der offenen Bedeutungs-Frage

3.1 Das Ethos des Zeremonienmeisters

Die Strategie, sich auf die Rolle des rituellen Zeremonienmeisters zurückzuziehen, mag auf den ersten Blick für die protestantische Pfarrperson angesichts seines wortorientierten Verkündigungsauftrags gar nicht erst bestehen bzw. keine sinnvolle Option darstellen. Und gleichwohl ist eine solche Zuschreibung nicht von der Hand zu weisen: Es wäre zu überprüfen, was eigentlich von der weiten Gemeinde als qualitätsvolle Form der Bestattung angesehen wird. Wie weit ist die protestantische Zielsetzung tatsächlich vom wienerischen Lob der „schönen Leich" entfernt? Ganz zu recht warnt T. Klie nicht nur vor einem Verständnis der Trauerfeier als nur noch „rituell gerahmte Kanzelrede", sondern erinnert zugleich an Luthers Warnung, durch Riten oder Gebete gar auf das Geschick der Toten Einfluss nehmen zu wollen.[11]

Wie sehr stützt sich manche Pfarrperson selbst auf diesen Modus ritueller Kommunikation, weil die individuell ansprechenden Worte fehlen? Das Problem entsteht insbesondere dort, wo ein standardisierter liturgischer Ablauf, der noch bis in die Wortverkündigung hinein mit den immer gleichen Versatzstücken arbeitet, den Einzelfall aus dem Blick verliert. Zwar ist gegen ein Pathos der permanenten Originalität zu sagen, dass routinierte Rede auch ihre guten Gründe hat, zugleich muss sie sich als für den Einzelfall bedeutsam erweisen. Die offen-

---

10 Ebd.
11 Vgl. Thomas Klie, *An Beerdigungen Religion lernen. Bestattungsagenden und ihre didaktische Relevanz*, in: IJPT 8 (2004), 217.220.

kundig nicht unübliche Praxis des „Copy and Paste" bei Traueransprachen mag ihre guten Gründe haben – sie ist allerdings nur gerechtfertigt, wenn das Besondere des jeweiligen Ereignisses damit tatsächlich gewürdigt wird und letztlich geschützt bleibt.

Jedenfalls droht tatsächlich die Gefahr einer Katholisierung dieses Anlasses dann, wenn die Auslegung des Einzelfalls zugunsten liturgischer Routine unter die Räder der schieren Performanz gerät. Dann träte das Schauen endgültig an die Stelle des Hörens und würde zu schierer Bedeutungslosigkeit führen. Die Pfarrperson könnte dann am Ende tatsächlich in die Rolle des Priesters geraten, dem letztlich der individuelle Fall längst aus dem Blick geraten ist. Dann aber droht unausweichlich die Gefahr, zum Distanzierten zu werden und die Verkündigung selbst zu bloßer Formelhaftigkeit gerinnen zu lassen. Die notwenige Routine bedarf protestantisch gesprochen der theologischen Dauerreflexion[12]. Worin besteht dann aber die spezifisch protestantische Qualität dieses Kasus?

3.2 Das Berufsethos des öffentlichen theologischen Deuters

An dieser Stelle seien einige grundsätzliche Überlegungen zur Frage des christlichen Berufsethos aufgenommen: Martin Honecker hat jüngst darauf verwiesen, dass ein Berufsethos nicht nur einen Lebensstil oder eine Lebensweise meint, sondern zu einem Ethos auch Verhaltenserwartungen und ein Leitbild gehören. Dieses Berufsethos hat, so Honecker, weniger mit Handlungen, Handlungskriterien und Normen zu tun als vielmehr mit einer Lebenshaltung. Christliches Handeln und die Lebensführung von Christen stellen somit zunächst einmal eine Lebensform dar, die sich in einem bestimmten Ethos manifestiert.[13] Von dort aus greift er auf Johannes Fischer zurück, der das Besondere christlicher Ethik darin sieht, dass diese ein Ethos des Geistes bezeugt[14]. Christen sollen aus diesem Geist handeln und in diesem leben, diesen pflegen und vermitteln.

Statt von „Geist", so Honecker, kann man freilich auch von Ethos und Kultur sprechen: „Denn ein derartiger Geist manifestiert und objektiviert sich in Formen. Auch wenn der Geist von Christen als Gottes Gabe erfahren und erbeten wird, so äußert er sich doch im Leben und im Geist von Menschen. Ort des Wirkens

---

[12] Vgl. Christoph Stebler, *Die drei Dimensionen der Bestattungspredigt*, a.a.O., 297.
[13] Martin Honecker, *Ethos und Lebensform. Der Beitrag theologischer Ethik im Zeichen der Krise*, in: DtPfBl 112 (2012), 196.
[14] Johannes Fischer, *Theologische Ethik. Grundwissen und Orientierung* (Stuttgart: 2002), v.a. 124ff.

des Geistes ist die christliche Gemeinde. Darum kann christliche Ethik nicht nur abstrakt normierend und begrifflich argumentieren, sondern sie kann darüber hinaus erzählend, narrativ anschaulich machen, was aus der Sicht des Glaubens das Gute ist."[15]

In pastoraltheologischer Hinsicht bedeutet dies, dass Pfarrerpersonen in ihrem professionellen Handeln in spezifischer Weise diese geistvolle Kultur pflegen können und sollen. Ihr spezifisches Berufsethos besteht dann, auf den Bestattungsfall übertragen, in einer geistvollen kommunikativen Interaktion. Ihr Ethos bringt stellvertretend den Geist der ganzen christlichen Versammlung zur Anschauung.

Das Berufsethos ist somit gegenüber der ganzen Gemeinde das des vom Glauben her argumentierenden Seelsorgers. In diesem Zusammenhang ist dann der Rekurs auf die Biographie des Verstorbenen damit eben immer auch Ausdruck für die Deutung der existentiellen Lebenssituation der ganzen Gemeinde. Die „Erinnerungen" sind somit nicht nur illustrierendes Nebenbei, sondern sind ihrerseits auch für eine theologische Deutung in ihrer prinzipiellen Anschlussfähigkeit ernst zu nehmen, selbst dann wenn sich manches als eigentümlich und sonderbar, oder schlichtweg auch als langweilig konventionell darstellt. Dass jede Biographie der göttlichen Annahme und Aufmerksamkeit[16] schlichtweg wert ist, stellt damit ein wesentliches homiletisch durchzubuchstabierendes Signal an die ganze versammelte Gemeinde dar[17]. Damit wird die kirchliche Bestattung gerade in ihrer urreformatorisch-theologischen und ihrer seelsorgerlichen Funktion gegenüber dem Verstorbenen sowie der ganzen, nahen und fernen, Trauergemeinde erkennbar. Wenn gilt, dass Predigt *praedicatio verbum divini* ist und keine Leichenrede, dann bedeutet dies eben, „die Lebensgeschichte des Verstorbenen in ihren Verknüpfungen mit dem Leben der Hinterbliebenen in das Licht des Evangeliums zu stellen"[18].

In dieser Hinsicht erfolgen schon Luthers Hinweise und Anweisungen: „Demnach haben wir unserer Kirche die päpstlichen Gräuel wie Vigilien, Seelenmessen, Begängnis, Fegefeuer und alles andere Gaukelwerk, welches für die Toten getrieben wurde, abgetan und reinweg ausgefegt und wollen unsere Kirchen nicht Klagehäuser oder Leidensstätten, sondern ... sie ... für Schlafhäu-

---

15 Martin Honecker, *Ethos und Lebensform*, a.a.O., 196.
16 Vgl. Thomas Schlag, *Aufmerksam Predigen. Eine homiletische Grundperspektive* (Zürich: 2014).
17 Vgl. Wilhelm Gräb, *Rechtfertigung von Lebensgeschichten. Erwägungen zu einer theologischen Theorie der kirchlichen Amtshandlungen*, in: PTh 76 (1987), 21–38.
18 Ingo Reuter, *Totenrede oder Predigt?*, a.a.O., 174.

ser und Ruhestätten halten. Wir singen auch keine Trauerlieder noch Leidensgesänge bei unseren Toten und Gräbern, sondern tröstliche Lieder von Vergebung der Sünden, von Ruhe, Schlaf, Leben und Auferstehung der verstorbenen Christen, damit unser Glaube gestärkt und die Menschen zu rechter Andacht gereizt werden. Denn es ist auch billig und recht, dass man die Begräbnisse ehrlich halte und vollbringe, zu Lob und Ehre dem fröhlichen Artikel unseres Glaubens, nämlich dem von der Auferstehung der Toten, und zu Trotz dem schrecklichen Feinde, dem Tode, der uns so schändlich dahinfrisst ohne Unterlass auf allerlei scheußliche Gestalt und Weise."[19]

Wenn historisch gesprochen an die Stelle eines Ritus für das Seelenheil des Toten die Verkündigung der Auferstehungshoffnung im Angesicht des Todes getreten ist, so bringt dies bis in die Gegenwart hinein die Notwendigkeit größtmöglicher pastoraler Authentizität und professioneller Ehrlichkeit mit sich – ganz im Sinn der Aufforderung Bugenhagens aus der Pommerschen Kirchenordnung von 1535 an die ganze Gemeinde: „Die Begräbnisse sollen ehrlich mit der Nachbarschaft und Freundschaft gehalten werden, damit wir die Liebe bezeugen können, die um die Unseren trauert. Wir bekennen damit unseren Glauben, dass sie in Christus schlafen und auferstehen werden und dass wir sie nicht verloren haben, nur voraus gesandt. Wir beten, dass Gott uns selbst eine gute Stunde gebe, wenn wir von hier scheiden sollen."[20]

Der Terminus „ehrlich" verweist hier über den Aspekt theologischer Seriosität hinaus zugleich auf den Kern des theologisch-professionellen Auftrags, vor und in der Gemeinde, Gott die Ehre zu geben. „Professer" heißt – so M. Frettlöh in Aufnahme Derridas – ein Unterpfand hinterlegen, indem man für etwas einsteht und sich dafür verbürgt. Faire profession de – sich zu etwas bekennen oder etwas zum Beruf machen – das heißt, mit erhobener Stimme erklären, wer man ist, indem man den anderen bittet, dieser Erklärung aufs Wort zu glauben. [...]. Professer heißt, sich verpflichten, indem man sich erklärt, indem man sich für etwas ausgibt – und hingibt, indem man verspricht, dieses oder jenes zu sein."[21]

Die berufsethische Aufgabe und Herausforderung besteht folglich reformatorischerweise in der vernünftigen Selbstverständigung der Pfarrperson über sich selbst, in der Suche nach den Erklärungs- und nicht den Verklärungspoten-

---

19 *Luther deutsch. Die Werke Martin Luthers in neuer Auswahl für die Gegenwart*, hg. v. K. Aland, Bd. 6: Kirche und Gemeinde (Stuttgart: ³1983), 170f.
20 Vgl. *Die pommersche Kirchenordnung von Johannes Bugenhagen*, 1535, hg. v. Norbert Buske (Berlin: 1985).
21 Martina Frettlöh, *Gott Gewicht geben. Bausteine einer geschlechtergerechten Gotteslehre* (Gütersloh: 2006).

tialen des eigenen Amtes und vor allem in einem gemeinsamen Trost der ganzen Gemeinde und durch die ganze Gemeinde. Von dort aus ergeben sich schließlich konkrete Anforderungen an die kommunikative Interaktion des Handelnden – im Amt und als Person – sich selbst und der ganzen Gemeinde gegenüber.

3.3 Zur theologischen Kommunikation des Kasual-Akteurs

Der Umgang mit den Ambivalenzen darf damit selbst nicht überspielt werden, sondern ist in kommunikative und transparente Akte der Selbstverständigung und Verständigung zu überführen: Und zwar nicht nur in der Predigt selbst, sondern im gesamten Akt des Gottesdienstes und damit in der öffentlichen gottesdienstlichen Begleitung vom Ort der Aussegnungshalle bis zum Grab. Insofern ist die komplementäre *mixed economy* ritueller und theologischer Kommunikation weder einseitig aufzulösen noch zu hintergehen.

Grundsätzlich bringt die Kommunikation des Evangeliums im Angesicht des Todes tatsächlich die denkbar extremsten Anforderungen mit sich: Notwendig ist nicht weniger als eine mit- und nachvollziehbare Deutung in einer Situation extremster Wortlosigkeit und oft auch blanker Sinnlosigkeit. Für die Verdeutlichung göttlicher Zu-sage inmitten der Situation von Klage und Trauer sind alle nur denkbar geeigneten Formen auch tatsächlich geeignet. Die flexible Gestalt von Kirche zeigt sich nicht zuletzt in der Wahrnehmung der Bedürfnisse derer am Grab und der dafür angemessenen theologischen Resonanz. Bei all dem geht also darum, ein Ethos der Ehrlichkeit und auch der pastoralen Redlichkeit inmitten der Ambivalenz des Deuten-Sollens, und doch nicht endgültig Deuten-Könnens zu pflegen.

Zugleich besteht die Herausforderung darin, den Kasus der Bestattung als eine Möglichkeit begreifbar zu machen, in der die Gemeinde der Anwesenden tatsächlich etwas von der frohen Botschaft des Evangeliums hören und miterleben kann. Der professionelle Dienstleister wird jedenfalls in seiner Rolle und Aufgabe selbst unterbestimmt bleiben, wenn er nicht wenigstens auf die Mächtigkeit seiner Resonanz in den unterschiedlichen Modi der Verkündigungsbotschaft, die sich nota bene von seiner eigenen Verkündigungspraxis unterscheidet, vertraut.

Es geht um einen nach außen hin transparenten Umgang mit der Unverfügbarkeit, in der dann gerade das eigene Profil des Theologen zum Vorschein kommen kann und damit letztlich darum, die Auferstehungs-Hoffnung selbst im Modus eines kommunikativen Ethos zur Sprache zu bringen – und dies eben in aller Ehrlichkeit, die gleichwohl der Ehre Gottes Raum gibt. Nicht wir versprechen uns selbst als Theologinnen und Theologen am Grab, sondern professionell ist es, Gott selbst in seinem Versprechen hörend die Ehre zu geben.

D.h., professionelle Camouflage ist ebenso zu vermeiden wie chiffrierte Geheimsprache – so als ob tatsächlich alles ganz eindeutig gesagt oder symbolisiert werden könnte, aber eben nur dem Eingeweihten verständlich sei. Die Plausibilität einer evangelischen Bestattung beginnt also mit der transparenten, je dem Einzelfall angemessenen Wort-Verkündigung – sie ergeht sich nicht im wortlosen Vollzug, sondern muss verständlich zu machen suchen, worin der tiefere Sinn der Auferstehungsbotschaft für das Leben begründet sein kann.

Es geht damit um eine probeweise glaubwürdige kommunikative Inszenierung, die die Gemeinde bewusst mit hineinnimmt. Man denke nur an das Memento mori, aber auch an die in der Würdigung des Verstorbenen zum Ausdruck kommende Rechtfertigungsbotschaft als selbstbewusste Verdeutlichung. Für diesen Trauerfall ist sie tatsächlich ein Trost durch die professionelle Pfarrperson und die angemessene Form der Trauer. Auch die Sehnsucht nach der gerade jetzt ausstehenden viel größeren Gerechtigkeit – oder wenigstens die Hoffnung nach ihr – kann und muss hier ihren notwendigen Ort erhalten.

Die Anrede sollte sich dabei aber nicht in den klassischen dogmatischen Topoi ergehen, sondern direkt an die Gemeinde der Befreiten, der zur Verantwortung füreinander Berufenen und der zur Hoffnung Ermutigten gerichtet sein. Dazu gehört eben auch die Zusage und Zumutung der Pfarrperson am Ende des Gottesdienstes, nun alles im Raum zu lassen, was an Schuld gegenüber dem Verstorbenen noch da ist oder was noch als Schuld ihm gegenüber geltend gemacht werden könnte. In diesem Sinn – eben sub conditione Jacobeae – sensibilisiert die Trauerrede „in Person" für die Fülle verantwortlichen Lebens im Hier und Jetzt.

Dies setzt auf Seiten des Kasualakteurs ein theologisch orientiertes Berufsethos voraus, das zwar die Rezeption der Hörenden in aller Offenheit voraussetzt, gleichwohl das eigene Deutungsangebot selbst in größtmöglicher und verantworteter Deutlichkeit zum Vorschein bringt. Das pastorale Selbst-Bewusstsein kann sich somit weniger an die eigene Rolle und die von außen her vielleicht noch zugeschriebene Bedeutsamkeit knüpfen als vielmehr an den eigenen Verkündigungsauftrag und die nun gegebene Möglichkeit, Rechenschaft über die eigene Hoffnung zu geben.

Schließlich und nicht zuletzt stellt der Segen „das entscheidende und qualitative Mehr [dar], das die kirchlichen Trauerfeiern von weltlichen Bestattungen unterscheidet"[22]. Indem dabei die ganze Gemeinde in den Segen mit einbezogen wird, zugleich aber von den Schuldgefühlen gegenüber dem Verstorbenen entla-

---

22 Katharina Wiefel-Jenner, *An den Rändern des Todes. Beobachtungen und Überlegungen zur liturgischen Gestaltung von Trauerfeiern*, in: PTh 86 (1997), 425.

stet wird, manifestiert sich das theologische Berufsethos in seiner zugleich rechtfertigungstheologischen wie seelsorgerlichen Dimension. Deutlich werden kann so in dieser Kasualie auch der tiefere Sinn einer öffentlichen Kirche, die sich als ganze Gemeinde für die Lebenden, nicht für die Toten interessiert. In diesem Sinn zeichnet sich öffentliche Kirche als Kirche für alle im Bestattungs-Fall durch das Bild einer Kirche mit allen aus – und dies durch eine konviventische Trauerkultur, in der die begründete Sorge und Hoffnung um die Gegenwart und Zukunft des Einzelnen und der ganzen Gemeinde ihren ganz eigenen ehrlichen und ehrenvollen Artikulationsraum findet.

Eine durchaus missionarische Dimension solchen kirchlichen Amtshandelns bestünde dann darin, zur Aufrechterhaltung dieser protestantischen Trauer-Kultur dadurch beizutragen, dass sie professionell und empathisch gepflegt wird. Die berufsethische Kunst besteht im solidarischen und liebevollen gemeinsamen Umgang mit dem Faktum des Todes vor dem Zielhorizont, wie individuell und gemeinsam gut weitergelebt werden kann. Von einer solchen überzeugenden Weite aus kann gegebenenfalls auch ein weiter Blick auf die aktuellen Fragen, etwa nach dem angemessen Ort der Trauerfeier, aber auch nach den Inszenierungsfragen wie etwa dem Einsatz aktueller Songs oder zivilreligiöser Rituale am Grab geworfen werden.

Bestattungen sind auf absurde Weise wesentlich: Sie bringen einerseits zu Grabe und rufen doch zugleich ins Leben. Die Schwachheit angesichts des Todes kann somit ebenso zur Sprache gebracht werden wie die Stärke der eigenen Hoffnung – diese orientierende, entlastende und vergewissernde Rede wird aber tatsächlich nur dann plausibel sein können, wenn sie für die eigene theologische Existenz des professionellen Akteurs ebenso einleuchtend der Fall ist. Für den theologischen Lebensdeuter besteht die eigene existentielle Herausforderung darin, selbst immer wieder neu mit der Deutung und dem eigenen Leben anzufangen.

Erst und wohl nur unter diesen Voraussetzungen kann von der nahen und fernen bzw. der engen und weiten Gemeinde noch als Repräsentantin einer spezifischen religiösen Trauerkultur, die den Anwesenden tatsächlich immer noch etwas zu sagen hat, angesprochen werden. Das wäre die im eigentlichen Sinn durch pastorale Selbstreflexion zu pflegende Trauer-Professions-Kultur, die offen und ehrlich eigene Grenzen und ambivalente Gefühle benennt und sich der Daueraufgabe theologischer Selbstvergewisserung nicht verschliesst, sondern diese immer wieder neu in Angriff nimmt und sich dieser nach allen Regeln pastoraler Lebens-Kunst stellt.

Christian Grethlein
Das kirchliche Bestattungshandeln im kybernetischen Kontext

Zwar kannten die Christen in den ersten Jahrhunderten noch kein kirchliches Handeln bei der Bestattung, die damals allgemein als eine familiäre Aufgabe galt.[1] Doch entwickelte sich dann die Bestattung zu einem kirchlichen Ritual von allgemeiner Geltung.

Allerdings büßt es – wie das Christentum überhaupt – gegenwärtig in Deutschland seine lange Zeit fast monopolartige Dominanz ein.[2]

> 1991 wurden bei insgesamt 911.245 Bestattungen in Deutschland 43 % (391.528) durch einen evangelischen Pfarrer/eine evangelische Pfarrerin vollzogen und 32,3 % (294.711) durch einen Beauftragten der römisch-katholischen Kirche; zwanzig Jahre später (2011) ist ein Rückgang unübersehbar: Von 852.328 Bestattungen wurden 33,2 % (283.101) nach evangelischem, 29,1 % (247.762) nach römisch-katholischem Ritus vollzogen. Über ein Drittel der Menschen wird also in Deutschland mittlerweile ohne Beteiligung eines kirchlich Beauftragten bestattet.

Auch in anderer Hinsicht bahnen sich – regional allerdings recht unterschiedlich ausgeprägte – Übergänge an bzw. sind in vollem Gang. In der pastoralen Praxis begegnen im Zusammenhang mit Bestattungen zentrale kybernetische, also die „Kirchentheorie und Theorie gelebter Religion"[3] betreffende Herausforderungen. Angesichts der grundsätzlichen Weite kybernetischer Fragen und Themen kann ein Blick auf das Praxisfeld Bestattung zu Konkretion und Praxisnähe bei deren Bearbeitung beitragen.

Im Folgenden skizziere ich – fokussiert auf die Praxis in deutschen evangelischen Kirchengemeinden[4] – diesbezüglich sechs Themenbereiche. Dabei setze

---

1 S. Ulrich Volp, *Tod und Ritual in den christlichen Gemeinden der Antike*, SVigChr LXV (Leiden: 2002), 242–247.
2 Die in diesem Aufsatz genannten Zahlen entstammen den offiziellen Statistiken zum kirchlichen Leben der EKD und der Deutschen Bischofskonferenz und sind über deren Homepages unschwer zugänglich.
3 Thomas Schlag, *Wachstum in der wachsenden Kirche. Kybernetische Reflexionen über eine viel versprechende Leitbegrifflichkeit in gegenwärtigen Kirchenreformdiskussionen*, in: PTh 99 (2010), 66–83, 67.
4 Kirchenrechtlich, dogmatisch, liturgisch, frömmigkeitsgeschichtlich und pastoral bestehen erhebliche Differenz zum Bestattungshandeln in der römisch-katholischen Kirche; s. einführend hierzu Jürgen Bärsch, *Die nachkonziliare Begräbnisliturgie. Anmerkungen und Überlegungen zu*

ich jeweils kurz bei einem Praxisbeispiel ein, das ohne genauere Angaben zum Kontext berichtet wird, um Identifikationen auszuschließen. Es folgen historische, empirische und systematische Hinweise. Dabei ergibt sich ein komplexes, mehrperspektivisches Bild gegenwärtigen Bestattungshandelns, das wichtige kybernetische Fragen markiert.

1 Bestattung Nichtgetaufter – das Problem der Kirchenmitgliedschaftsregel

In einem Pfarrkonvent werde ich Zeuge einer heftigen Auseinandersetzung zwischen Pfarrer/innen. Der strittige Punkt ist der Umgang mit – eventuellen – Bestattungen aus der Kirche Ausgetretener. Auf der einen Seite beziehen sich Pfarrer/innen entschieden auf die gültige kirchenrechtliche Regelung. So beginnen die diesbezüglichen Ausführungen in der gegenwärtig gültigen Bestattungs-Agende der UEK: „Die kirchliche Bestattung setzt grundsätzlich voraus, dass die oder der Verstorbene der evangelischen Kirche angehörte."[5] Als wesentliches Argument hierfür führt eine Pfarrerin die fehlende finanzielle Solidarität der Ausgetretenen an: „Wenn wir Ausgetretene bestatten, fragen sich doch die, die immer noch ihre Kirchensteuer zahlen, ob sie nicht die Dummen sind." Und mit einer gewissen Genugtuung stellt sie fest: „Es hat halt seinen Preis, wenn man überall sparen will – das sollen die Leute ruhig merken."

Auf der anderen Seite macht ein Pfarrer, der für seine offene Bestattungspraxis bekannt ist, seelsorgerliche Gründe geltend – und kann sich dabei ebenfalls auf die Agende beziehen. Denn zu dem eben zitierten Grundsatz gibt es noch Ausnahmeregelungen:

> „Die kirchliche Bestattung von Verstorbenen, die keiner christlichen Kirche angehören, kann in Ausnahmefällen geschehen,
> 1. wenn die evangelischen Angehören den Wunsch nach einer kirchlichen Bestattung geäußert haben und andere Formen eines Gedenkens und der kirchlichen Begleitung aus seelsorglichen Gründen nicht angemessen sind,

---

Motiven ihrer Theologie und Feiergestalt, in: Albert Gerhards/Benedikt Kranemann (Hg.), Christliche Begräbnisliturgie und säkulare Gesellschaft, EThSchr 30 (Leipzig: 2002), 62–99.
5 Kirchenkanzlei der UEK (Hg.), *Bestattung. Agende für die Union Evangelischer Kirchen in der EKD*, Bd. 5 (Hannover: 2004), 19; dieser und der im folgenden zitierte Passus nimmt wörtlich die Bestimmung der Lebensordnung der östlichen Gliedkirchen der EKU von 1999 auf.

2. wenn das Verhältnis der Verstorbenen zur Kirche und der Gemeinde so war, dass eine kirchliche Bestattung zu verantworten ist,
3. wenn möglich ist, während der Trauerfeier aufrichtig gegenüber den Verstorbenen und ihrem Verhältnis zur Kirche zu sein, und
4. wenn die seelsorgliche Entscheidung vor der Gemeinde verantwortet werden kann."[6]

Vor allem betont er, dass sich eine Bestattung an die An- und Zugehörigen des Verstorbenen richtet, und diese seien in der Regel mehrheitlich Kirchenmitglieder.

Auf jeden Fall – und hier stimmen beide Kontrahenten überein – ist es misslich, wenn in einem Kirchenkreis (Dekanat) unterschiedlich verfahren wird. Das spricht sich schnell herum und erweckt den Eindruck, es gäbe mildere und hartherzigere Pfarrer/innen – mit entsprechenden Konsequenzen für die Bitten um Bestattung.

Vielerorts ist der diskutierte Kasus keine Ausnahme mehr: Beim Pfarramt wird eine Bestattung angemeldet, doch ein Blick in die Gemeindekartei zeigt: Der Verstorbene ist seit etlichen Jahren kein Kirchenmitglied mehr.[7] Tatsächlich werden gegenwärtig (2011) etwa 4,3 % der durch einen evangelischen Pfarrer/ eine evangelische Pfarrerin durchgeführten Bestattungen an einem Verstorbenen vollzogen, der zum Todeszeitpunkt kein Mitglied in einer evangelischen Kirche war.

Auf jeden Fall sind Auseinandersetzungen über formale Fragen zwischen Pfarrer/in und Hinterbliebenen im Umfeld eines Todesfalles misslich. Dabei eröffnet es eine neue Perspektive, sich kurz die historische Dimension in Erinnerung zu rufen. Bis in die zweite Hälfte des 19. Jahrhunderts gab es das diskutierte Problem nicht, weil – abgesehen von den Juden – für die Menschen Taufzwang bestand und es keine Möglichkeit zum Kirchenaustritt gab. Erst seit den siebziger Jahren des 19. Jahrhunderts eröffnen neue staatliche Bestimmungen diese Option, die freilich erst Jahrzehnte später und dann vor allem ab dem Ende der sechziger Jahre des 20. Jahrhunderts tatsächlich in Anspruch genommen wird. Der Kasus ist also auch Resultat aus modernen individuellen Freiheitsgewinnen und dem Wegfall obrigkeitlicher Strukturen, der für die Kirche einen – dem Grundimpuls des Evangeliums entsprechenden – Verlust von Macht bedeutet.

---

6 A.a.O. 19f.
7 Vgl. zur Fülle der hier pastoral zu bedenkenden Probleme schon Friedemann Merkel, *Bestattung in der Volkskirche. Zum Grundsätzlichen und zum Problem der Bestattung aus der Kirche Ausgetretener* (1975), in: Ders., *Sagen – Hören – Loben. Studien zu Gottesdienst und Predigt* (Göttingen: 1992), 178–189.

Doch hat die Evangelische Kirche in Deutschland ein Mitgliedschaftsrecht, das sie als staatsanaloge Institution ausweist.[8] Es liegt an der „Schnittstelle des kirchlichen zum staatlichen Recht" und „will die geistliche Tatsache der Gliedschaft am Leib Christi innerhalb einer bestimmten Partikularkirche kirchenrechtlich zum Ausdruck bringen und gleichzeitig dem Staat klare, an rechtsstaatlichen Standards ausgerichtete Kriterien für die Mitgliedschaft in der Körperschaft des öffentlichen Rechts, insbesondere für die Erhebung der Kirchensteuer bieten".[9]

In Diskussionen über das Begehren einer kirchlichen Bestattung durch die Angehörigen eines/einer Ausgetretenen in Pfarrkonventen oder Pastoralkollegs wird – wie im berichteten Fall – meist auf die fehlende finanzielle Solidarität des Nichtkirchenmitglieds hingewiesen, wenn für eine Verweigerung der kirchlichen Handlung plädiert wird. Dieses Argument erscheint unmittelbar plausibel, wirft allerdings in einer reformatorischen Kirche ein erhebliches Problem auf. Kirchliches Handeln und finanzielle Zuwendung werden unmittelbar miteinander verknüpft. Genau dies war im 16. Jahrhundert beim Ablassstreit der wesentliche Punkt reformatorischer Kritik.

Theologisch fällt bei der zitierten, kasuistisch um Klarheit ringenden Ausnahmeregelung in der UEK-Agende auf, dass das Getauftsein (bzw. Ungetauftsein) des Verstorbenen keine Rolle spielt. Dies widerspricht der kirchlichen Lehre, wonach das Sakrament der Taufe als Ausdruck göttlichen Handelns nicht zur menschlichen Disposition steht, also nicht annulliert oder wiederholt werden darf. Demnach gehört ein aus der Kirche ausgetretener Getaufter durch seine Taufe unwiderruflich zum Leib Christi. Wie hat dem ein Pfarrer/eine Pfarrerin im Falle der erbetenen kirchlichen Bestattung eines aus der Kirche Ausgetretenen Rechnung zu tragen?

Kirchliches Bestattungshandeln trifft also hier auf ein gewichtiges kybernetisches Datum, die rechtlich ausgearbeitete Kirchenmitgliedschaftsregel. Diese verdankt sich einem Verständnis von Kirche als einer staatsanalogen Institution, das – wie bei der Staatsangehörigkeit – eine Selbstverständlichkeit der Kirchenmitgliedschaft voraussetzt, die am Schwinden ist. Angesichts der Tatsache, dass mehrere Millionen Getaufte in Deutschland keine Kirchenmitglieder mehr sind, handelt es sich hier um ein schwerwiegendes Problem pastoraler Praxis und keineswegs um vernachlässigbare Sonderfälle. Kirchenmitgliedschaftsregel und Tauftheologie stehen in Widerspruch, zumindest in Spannung zueinander.

---

8 S. zu diesem Problem Christian Grethlein, *Probleme hinter den Bemühungen um Kirchenreform. Kirche im Übergang von einer staatsanalogen Institution zu einer zivilgesellschaftlichen Organisation*, in: PrTh 48 (2013), 36–42.
9 Martin Richter, *Kirchenrecht im Sozialismus*, JusEccl 95 (Tübingen: 2011), 118.

2 Nichtkirchliche Bestattung Evangelischer – das Problem der Marginalisierung

War bisher das Problem im Blick, ob Ausgetretene bzw. Nichtkirchenmitglieder kirchlich bestattet werden können/dürfen, so begegnen vermehrt auch umgekehrte Fälle: nichtkirchliche Bestattungen von Menschen, die bis zu ihrem Tod der evangelischen Kirche angehörten. So berichtet ein Pfarrer empört, ihm sei zugetragen worden, ein treues Gemeindeglied, das bis vor kurzem noch regelmäßig am Sonntagsgottesdienst teilnahm, sei von einem freien Redner „verscharrt worden". Was war passiert? Die auswärts wohnenden Kinder waren von der Leitung des Seniorenheims (in kommunaler Trägerschaft) über das Ableben ihres Vaters informiert worden. Ein Sohn, selbst aus der Kirche ausgetreten, hatte sich um die Angelegenheit gekümmert und ein Bestattungsunternehmen mit der Einäscherung und Beisetzung beauftragt. Der Bestattungsunternehmer hatte einen Redner für die Gestaltung der Trauerfeier engagiert. Die Benachrichtigung des Gemeindepfarrers war unterblieben.

Nicht nur in Großstädten sind solche Fälle nicht mehr selten. 2011 wurden nur noch 81,7 % der verstorbenen Evangelischen kirchlich bestattet. Kirche bzw. Pfarrer/in spielen beim Gesamtkomplex Bestattung nur noch eine Nebenrolle. Ökonomisch orientierte Unternehmen bestimmen den gesamten Ablauf. Dabei kann ein Pfarrer/eine Pfarrerin mit einbezogen werden, doch ist das schon aus Termingründen häufig mit gewissen Problemen verbunden. Die Kooperation mit besser verfügbaren Rednern bietet sich als bequeme Alternative an.

Im Hintergrund stehen noch andere Entwicklungen: durch Mobilität gelockerte Familienbindungen und die häufig größere Distanz der jüngeren Generation gegenüber Kirche. Kirchentheoretisch legt sich die Erinnerung an die religionssoziologisch bereits seit längerem attestierte „Emigration der Kirche aus der Gesellschaft"[10] nahe. Demnach hat sich Kirche durch das Proklamieren starrer Normen selbst zunehmend aus dem Alltag der Menschen exkludiert. Solange Sozialkontrolle noch den kirchlichen Einfluss stützte, wirkte sich dies nicht auf das Teilnahmeverhalten negativ aus. Mittlerweile weiß aber jede/r um den Optionscharakter kirchlicher Praxis. Auch die Daseins- und Wertorientierung unterliegt zunehmend einem Markt mit recht unterschiedlichen Angeboten.

Eine als staatsanaloge Institution auftretende Kirche – und dementsprechend als Religionsbeamte agierende Pfarrer/innen – geraten unter solchen Bedingungen ins Abseits. Wie das genannte Beispiel zeigt, ist es nicht mehr selbstverständ-

---

10 Joachim Matthes, *Die Emigration der Kirche aus der Gesellschaft* (Hamburg: 1984).

lich, dass Menschen eine Bestattung beim Pfarrer anmelden. Vielmehr ist es notwendig, dass Pfarrer/innen von sich aus aktiv werden, etwa indem sie Kontakte zur Leitung eines Seniorenstifts knüpfen und auch sonst auf die Möglichkeit kirchlichen Bestattungshandelns aufmerksam machen. Dazu ist die Verbindung zu Bestattungsunternehmen wichtig. Es sei nicht verschwiegen, dass damit auch erhebliche Anforderungen an die zeitliche Disponibilität verbunden sind. In der Bestattungsbranche ist mittlerweile eine „7 mal 24"-Präsenz selbstverständlich.

3 Freie Bestatter – die Herausforderung undogmatischer Spiritualität

Anlässlich eines Geburtstagsbesuchs bei einer Rentnerin erzählt diese dem Pfarrer von der Bestattung eines Nachbarn durch einen freien Redner. Die Feier sei sehr würdig gewesen. Der Redner habe einen schwarzen Anzug getragen und sei sehr auf die Person des Verstorbenen eingegangen. Und zum Abschluss habe er alle Trauergäste gebeten, sich zu erheben, und das Vaterunser gebetet. So sei die Feier fast „wie in der Kirche" gewesen. Doch dann kamen der älteren Dame Zweifel und die will sie jetzt mit dem Pfarrer besprechen. Darf überhaupt ein freier, also säkularer Redner bei einer Bestattung ein Vaterunser sprechen – so wie sonst der Pfarrer?

Historisch gesehen ist die Bestattung von grundsätzlich allen Menschen durch einen Pfarrer ein recht junges Phänomen, zumindest für alle sozialen Schichten. Zutreffend fasst Friedemann Merkel den diesbezüglichen Extrakt früherer Kirchenordnungen zusammen:

> „Es wird unterschieden zwischen dem ‚gemeinen Menschen', der ohne Pfarrer meist in der Frühe vom Totengräber bestattet wird, dem ‚mittelmäßigen' Bürger, der vom Schulmeister mit den Schülern oft am frühen Nachmittag zum Friedhof gebracht wird und den ‚redlichen Leuten', die durch ‚alle Kirchendiener' zu Grabe geleitet werden".[11]

Systematisch ertragreicher dürfte die Reflexion des im genannten Kasus aufgeworfenen kirchentheoretischen Problems sein. Provozierend formuliert: Dürfen nur amtskirchliche Funktionäre explizit christlich handeln? Dahinter steht die von der reformatorischen Einsicht in das Priestertum aller Getauften her problematische Entwicklung, dass in den evangelischen Kirchen explizit christliches

---

11 Friedemann Merkel, *Bestattung IV. Historisch*, in: TRE 5 (1980), 743–749, 746.

Handeln in der Öffentlichkeit – „publice docere" (CA XIV) – auf die Ordinierten konzentriert wurde.

Dies ist heute zum einen bereits aus empirischen Gründen revisionsbedürftig. Denn die im 16. Jahrhundert noch klar gegebene, primär räumlich bestimmte Distinktion zwischen privat und öffentlich ist spätestens durch das Internet aufgehoben. „Öffentlich" definiert sich jetzt nicht mehr als Ausdruck einer autoritativen Vollmacht, sondern einer Rezeption: „If we are on the web we are publishing und we run the risk of becoming public figures – it's only a question of how many people are paying attention, and why."[12] Dem entspricht religionssoziologisch eine Dynamisierung bzw. Flexibilisierung in Fragen der Daseins- und Wertorientierung. An die Stelle tradierter, lange eingeübter Frömmigkeitspraxis tritt die Figur des „Pilgers":

> „Der Pilger erweist sich in zweifachem Sinne als typische Figur der Religion in Bewegung. Er verweist zunächst metaphorisch auf den verschwimmenden Charakter der individuellen spirituellen Entwicklungsverläufe, die sich unter gewissen Bedingungen als religiöse Identifikationswege ausgestalten. Des Weiteren entspricht die Figur einer Form der religiösen Gemeinschaftsbildung von größter Ausdehnung, die im Zeichen von Mobilität und Bindung auf Zeit entsteht."[13]

Dahinter steht ein Wandel im Verständnis kirchlichen Handelns. An die Stelle eines autoritativ festgesetzten, mit Sanktionen durchgesetzten Wahrheitsanspruchs tritt als entscheidendes Kriterium die „Relevanz":

> „In der Spätmoderne wird deutlich, dass um Relevanz konkurriert wird, weil Relevanz das knappe und begehrte Gut der Aufmerksamkeit erfordert ... Zudem legt der Begriff der Relevanz offen, wie stark die Bedeutung des Subjektes ist, da dem Subjekt je in seinem Kontext etwas relevant wird. In der spätmodernen Gesellschaft gilt etwas nicht an sich als wichtig und bedeutungsvoll, sondern die Subjekte urteilen über die Relevanz, die etwas persönlich für sie hat."[14]

Zum anderen ist die in der Frage der älteren Dame zum Ausdruck kommende Verkirchlichung des Christentums theologisch problematisch. Der kulturanthropologisch und sozialpsychologisch unerlässlichen Organisation und Institutio-

---

[12] Eric Schmidt/Jares Cohen, *The New Digital Age. Reshaping the Future of People, Nations and Business* (New York: 2013), 56.
[13] Danièle Hervieu-Léger zitiert nach Hubert Knoblauch, *Populäre Religion. Auf dem Weg in eine spirituelle Gesellschaft* (Frankfurt: 2007), 179.
[14] Eberhard Hauschildt/Uta Pohl-Patalong, *Kirche* (Gütersloh: 2013), 110 (ohne Kursivsetzung im Original).

nalisierung des Christentums in Form von Kirche(n) steht das Wissen um deren Begrenztheit entgegen – sei es in der Lehre vom Heiligen Geist oder der Unterscheidung von ecclesia visibilis und invisibilis formuliert. Organisationstheoretisch konstatiert Jan Hermelink deshalb zu Recht:

> „Im Ganzen hat die praktisch-theologische Kirchentheorie die evangelische Kirche daher als eine Organisation zu beschreiben, die den christlichen Glauben gerade darin zur Wirkung und zum Ausdruck bringt, dass sie sich offen hält für die Manifestationen des Glaubens jenseits der Organisation."[15]

Zugleich kann das genannte Beispiel Anstoß für eine kritische Reflexion kirchlichen Bestattungshandelns geben, die über das Problem der besseren Verbindung zu Altenheimleitung und Bestattungsunternehmen hinausreicht. So beanspruchen freie Redner/innen in ihrem Selbstverständnis, „persönlicher zu sein als kirchliche", der „Biographie des Verstorbenen, der Erinnerung an wichtige Wendepunkte seines Lebens und seiner Individualität" mehr Platz einzuräumen.[16] Literarisch stellt Uwe Timm in seinem Roman „Rot" einfühlsam die Arbeit eines freien Redners vor, der „tja und leider auch Theologie, durchaus studiert" hat und „halbgebildeten Pfarrern" bei der Suche nach einem passenden Bibelzitat hilft.[17] Auch betätigen sich Theolog/innen, die keine kirchliche Anstellung haben, als freie Redner und Zeremonienleiter (z.B. die „Freien Theologen").

Auf jeden Fall ist es theologisch schwierig, trennscharf zwischen „kirchlichen" und „freien" bzw. „säkularen" Bestattungen zu unterscheiden. Vielleicht ist in der Perspektive der Kommunikation des Evangeliums manche durch einen freien Bestatter vollzogene Bestattung „kirchlicher" (wörtlich von „kyriakos" = zum Herrn gehörig abgeleitet) als eine von einem Pfarrer/einer Pfarrerin geleitete, exklusiv an der „Verkündigung" orientierte. Denn zur Kommunikation des Evangeliums gehört, so geht es aus dem in den Evangelien überlieferten Wirken Jesu hervor, die genaue Wahrnehmung der Kommunizierenden.

> Auf die daraus resultierenden inhaltlichen Konsequenzen für das Verständnis von Evangelium macht nachdrücklich die in Mt 15,21–28 erzählte Begebenheit aufmerksam. Jesus, der der Bitte einer kanaanäischen Frau gegenüber dogmatisch eine exklusive Konzentration auf Israel vertritt, wird von der Frau umgestimmt – und ändert coram publico seine Meinung.

---

15 Jan Hermelink, *Kirchliche Organisation und das Jenseits des Glaubens. Eine praktisch-theologische Theorie der evangelischen Kirche* (Gütersloh: 2011), 29 (ohne Kursivsetzung im Original).
16 Zitiert aus einer diesbezüglichen Broschüre nach Lutz Friedrichs, *Die Bestattungspredigt zwischen Einstimmung und Einspruch. Eine rhetorisch-theologische Verortung*, in: PTh 101 (2012), 408–424, 418.
17 Uwe Timm, *Rot*. Roman (Köln: 2001), 92.

4 Botschaft der Auferstehung – angesichts heterogener Glaubensvorstellungen

Der Bericht einer Pfarrerin von einem Besuch in einem Trauerhaus zur Vorbereitung der Bestattung einer Frau, die Mitglied der evangelischen Kirche war, führt in das nächste Problemfeld ein. Schon beim Eintritt in die Wohnung fallen Buddha-Statuen und entsprechende Wandgehänge auf. Im Gespräch wird die Tragik des Kasus deutlich. Die auf Grund einer Krebserkrankung kurz vor Vollendung des 40. Lebensjahrs Verstorbene hinterlässt ihrem Ehemann zwei minderjährige Kinder – wie diese weiterhin versorgt werden, ist noch offen. Trotzdem macht der Witwer einen sehr gefassten Eindruck. Eindrücklich hebt er die positiven Eigenschaften seiner Frau hervor. Er endet mit der Bemerkung: „Ich vermute, meine Frau wird mit ihrer Liebe und Tatkraft jetzt anderswo notwendiger gebraucht als bei uns." Deutlich tritt hier der Reinkarnationsglaube des Mannes hervor, den seine Frau bis zum letzten Atemzug mit ihm teilte. Er befähigt den Witwer, den Tod seiner Frau anzunehmen, ja ihm sogar etwas Positives abzugewinnen.

Nach entsprechenden Erhebungen stimmt etwa ein Viertel der Deutschen dem – in sich durchaus unterschiedlich gestalteten – Reinkarnationsglauben zu, darunter nicht wenige Kirchenmitglieder. Rüdiger Sachau arbeitet überzeugend wichtige Gründe für die Faszination dieser Vorstellung für heutige Zeitgenossen heraus:

> „1. In den Reinkarnationsvorstellungen drückt sich eine bestimmte Auffassung von Zeitstrukturen aus
> 2. Reinkarnationsvorstellungen sind orientiert am Modell des Lernens und entsprechen damit einer zentralen Vorstellung der Neuzeit
> 3. Die Reinkarnationsvorstellungen bearbeiten die Vielfalt in der modernen Welt
> 4. Die Reinkarnationsvorstellungen entsprechen in hohem Maße den individuellen Bedürfnissen von Menschen und ihrer Selbstgestaltung
> 5. Reinkarnationsvorstellungen werden mit lebendigen Erfahrungen in Verbindung gebracht
> 6. Reinkarnationsvorstellungen entlasten von der Unbegreiflichkeit des Schicksals
> 7. Reinkarnationsvorstellungen liefern ein zeitgemäßes Jenseitsbild."[18]

Der Pfarrerin wird in dem Gespräch deutlich, wie tröstlich die Reinkarnationsvorstellung für den Witwer ist. Soll sie die Botschaft von der Auferstehung dagegensetzen und dem Hinterbliebenen seinen Trost nehmen?

---

[18] Rüdiger Sachau, *Weiterleben nach dem Tod? Warum immer mehr Menschen an Reinkarnation glauben* (Gütersloh: 1998), 129f.

Ulrike Wagner-Rau hat Sachaus Spur pastoralpsychologisch aufgenommen und geht von daher den vielfältigen Berichten Hinterbliebener nach, die von Kontakten zu Toten berichten. Exemplarisch für eine dabei verbreitete Einstellung zitiert sie die erfolgreiche US-amerikanische Schauspielerin Halle Berry:

> „'Wenn ein Mensch stirbt', so sagt sie, ‚kann ich mir einfach nicht vorstellen, dass damit alles vorbei ist. Mit gefällt der Gedanke viel besser, dass geliebte Menschen, die verstorben sind, mich von Zeit zu Zeit besuchen, wenn ich sie brauche … Dabei ist es völlig egal, ob es wirklich passiert oder nicht, sondern wie stark mein Gefühlt ist … Beweise brauche ich dafür nicht, aber ich spüre eine Energie, die mich umgibt, und ich will daran glauben, dass sie noch immer bei mir sind.'"[19]

Am Ende ihrer Überlegungen, die psychologische Deutungen vorstellen und diskutieren, weist Wagner-Rau auf Apg 1,3 hin. Demnach erschien der verstorbene Jesus vierzig Tage lang seinen Anhängern, sprach mit ihnen und verschwand erst dann endgültig – was im Fest Himmelfahrt begangen wird.

Auch sonst zeigt ein genauerer Blick in die Bibel, dass sich dort recht unterschiedliche Auffassungen von einem eventuellen Leben nach dem Tod finden. Erst langsam kamen die Israeliten zur Einsicht, dass „JHWHs Macht an den Toren von Scheol nicht einfach enden kann."[20] Im Neuen Testament ist die Auferweckung Jesu Christi zweifellos zentraler Bezugspunkt des Glaubens. Doch verbindet sich die daraus abgeleitete Auferstehungshoffnung mit unterschiedlichen Vorstellungen: einem Zwischenzustand für die vor dem allgemeinen Weltende Gestorbenen (1 Thess 4,13–18), einem sich unmittelbar an den Tod anschließenden Gericht (Hebr 9,27) oder einem mit dem mythologischen Bild vom Feuersee verbundenen zweiten Tod (Apk 20,14; 21,8) usw.

Offenkundig hatten die ersten Christen keine Hemmungen, mit jeweils ihnen kulturell zur Verfügung stehenden Motiven und Vorstellungen sich die Bedeutung der Botschaft von der Auferweckung Jesu Christi zu erschließen.

Damit wird die schwierige, aber unerlässliche hermeneutische Frage aufgeworfen, wie ein Zugang zur Auferweckungsbotschaft heute geschaffen werden kann. Angesichts vielfältiger Grundfragen konstatiert Lutz Friedrichs im Zusammenhang einer Reflexion der Bestattungspredigt vor kirchlich Distanzierten: „Weitet sich der Blick so, kann Gott heute nicht einfach verkündigt werde, sondern

---

19 Zit. n. Ulrike Wagner-Rau, *Kontakt zu Toten. Seelsorgerlicher Umgang mit spiritualistischer Religiosität im Trauerprozess*, in: Ilona Nord/Fritz Rüdiger Volz (Hg.), *An den Rändern. Theologische Lernprozesse mit Yorick Spiegel* (Münster: 2005), 453–468, 460.
20 Walter Dietrich/Samuel Vollenweider, *Tod II. Altes und Neues Testament*, in: TRE 33 (2002), 582–600, 590.

muss entdeckt werden, und zwar so, dass Hörerinnen und Hörer an diesem Entdeckungsprozess teilhaben."[21] Konkret weist er auf ein Gedicht von Marie-Luise Kaschnitz hin, in dem die Dichterin den Glauben an ein Leben nach dem Tod bejaht, dies aber letztlich nur durch den Hinweis auf die Liebe erklären kann.[22]

Vielleicht ist so ein Zugang auch zu Menschen möglich, die explizit einer anderen Religion angehören. Dies ist etwa der Fall bei Bestattungen von Frauen, die mit einem Muslim verheiratet waren, selbst aber Christin blieben. Für muslimische Familien ist schon der vor allem in unseren Städten übliche zeitliche Abstand zwischen eingetretenem Todesfall und Bestattung bzw. Urnenbeisetzung irritierend. Von daher ist es wichtig, ihnen vorsichtig[23] Angebote zu machen, um einen ihrem Glauben entsprechenden Abschied von der Verstorbenen zu ermöglichen. Die traditionelle, reformatorisch begründete Ausrichtung der Bestattung auf die Hinterbliebenen unterstreicht die Bedeutung dieses Aspekts.

Kirchentheoretisch geht es dabei um die Konvivenz evangelischer Christen und Kirchengemeinden mit Menschen und Vereinigungen anderer Daseins- und Wertorientierung.

> „Die Herkunft, die Geschöpflichkeit, die Exzentrizität des Menschen und der Kirche weist die Kirche an, mit den anderen, den ihr sozial und religiös fremden Menschen zusammenzuleben. Sie sucht die Konvivenz."[24]

Der grundlegend inklusive Grundimpuls, der von Jesu Wirken ausgeht – paradigmatisch in der Öffnung der Mahlgemeinschaften –, motiviert, sich nicht auf vorgebliche Glaubenssätze zurückzuziehen, sondern ergebnisoffen zu kommunizieren.

---

21 Friedrichs (s. Anm. 10), 423.
22 A.a.O. 423f.
23 Zu den vielfältigen, sich dabei stellenden kommunikativen Problemen s. Dagmar Kumbier/ Friedemann Schulz von Thun (Hg.), *Interkulturelle Kommunikation: Methoden, Modelle, Beispiele* (Reinbek: ⁴2010).
24 S. Theo Sundermeier, *Mission und Dialog in der pluralistischen Gesellschaft*, in: Andreas Feldtkeller/Theo Sundermeier (Hg.), *Mission in pluralistischer Gesellschaft* (Frankfurt: 1999), 11–25, 22.

5 Gestaltung der Bestattung – angesichts ästhetischer Pluralität

Es ist einige Jahre her, dass auf einem Pastoralkolleg zur Bestattung ein als Referent eingeladener A-Kirchenmusiker die Pfarrer/innen aufrief, nur „seriöse" Musik bei Bestattungen zuzulassen. Der von ihm als abschreckendes Beispiel genannte Wunsch einer Rocker-Braut, „Highway to hell" von AC/DC auf der Bestattung ihres auf der Straße tödlich verunglückten Verlobten zu spielen, stieß bei den Pfarrer/innen auf Kopfschütteln bzw. Empörung.

Auch empfinden Pfarrer/innen sonstige ästhetische Wünsche bzw. Ansprüche von Hinterbliebenen teilweise als Zumutung. Moniert – und wenn möglich verboten – werden ebenso die Fahne des Lieblings-Fußballvereins auf dem Sarg wie Verzierungen auf Gräbern, die von zweideutigen Fotografien bis zu diversen Hobby-Utensilien reichen.

Dahinter steht die Frage der ästhetischen Dimension der Kommunikation des Evangeliums bzw. des Verhältnisses liturgischer Vollzüge zum kulturellen Kontext, der jeweils milieuspezifisch geprägt ist.

Die zitierte, einseitig aus der kirchenmusikalischen Tradition begründete Ablehnung eines Musikwunsches, der sich biographisch herleitet, ließ sich nicht durchhalten.

> Ein schneller Blick auf die Internet-Seite „bestattungen.de" zeigt, dass es mittlerweile sogar „Top Ten der Trauerhits" gibt. 2012 fand sich darunter von traditioneller Musik – auf dem vierten Platz – nur das „Ave Maria" von Franz Schubert. Ansonsten rangierte 2012 die gerade verstorbene Whitney Houston mit „I will always love you" auf Platz 1, gefolgt von Sarah Brightmans „Time to say goodbye" und „Geboren um zu leben" von Unheilig. Der neueste Zugang auf der Liste war „Tage wie diese" von den Toten Hosen.

Schon ein kurzer Rückblick in die Liturgiegeschichte zeigt, dass theologisch begründete ästhetische Ansichten sich kaum je gegen die Praxis der Mehrheit durchsetzen konnten. Dies beginnt mit dem Bemühen mancher Bischöfe in der Alten Kirche, die schwarze Trauerkleidung durch die weiße Farbe der Freude (über die Auferweckung) zu ersetzen,[25] und reicht bis zum vergeblichen Kampf gegen „Stille Nacht", das gegen den Widerstand vieler Liturgiker letztlich doch seinen Weg in viele Christvespern gefunden hat.[26]

---

[25] S. Christian Grethlein, *Grundinformation Kasualien. Kommunikation des Evangeliums an Übergängen im Leben* (Göttingen: 2007), 277.
[26] S. hierzu die bibliographischen Hinweise bei Karl Christian Thust, *Bibliografie über die Lieder des Evangelischen Gesangbuchs* (Göttingen: 2006), 63–66.

Mittlerweile bestimmen moderatere Töne die Auseinandersetzung. Eberhard Hauschildt gab die Parole aus: Interpretation statt Konfrontation[27] und konstatiert: „Ich kann mir fast keinen musikalischen Inhalt vorstellen, der nicht auch mit Gewinn interpretiert werden kann."[28] Dabei tritt die Dimension der Biographie für die Kommunikation des Evangeliums ins Blickfeld. Sie war lange durch die Dominanz eines einseitig durch theologische Traditionen bestimmten Verkündigungsbegriffs vernachlässigt worden. Das Aufrufen ästhetischer Präferenzen des Verstorbenen unterstützt dagegen biographiebezogen die Hinterbliebenen in der schwierigen und fremden Situation des Abschiednehmens.

Der Kirchenmusiker Stephan Reinke formuliert in allgemeinen Überlegungen zur Kasualmusik, die auch den Kasus der Bestattung reflektieren: „Musik ist immer dann kasualtauglich, wenn sie Offenheit für neue Sichtweisen und Perspektiven fördert, wenn sie die Erfahrung des Transzendenten ermöglicht."[29] Dabei ist – wie sonst beim Gottesdienst – die vierfache Relation zwischen der Kommunikation des Evangeliums und dem jeweiligen kulturellen Kontext auszubalancieren: ihre kulturübergreifende, kontextuelle, kulturkritische sowie kulturell wechselwirksame Dimension.[30] Dies gilt ebenso für andere Felder der ästhetischen Gestaltung im Zusammenhang mit der Bestattung.[31]

6 Formen der Bestattung – zwischen Anonymität und Event

Eine Pfarrerin berichtet in der Supervisionsgruppe von der Bitte einer Witwe, sie bei der Verstreuung der Asche ihres durch die Pfarrerin ausgesegneten Mannes in der Nordsee zu begleiten. Die Witwe begründet ihren Wunsch: „Er mochte das flimmernde Licht am Abend über dem Wasser so sehr. Wir haben uns in einem

---

27 Eberhard Hauschildt, *Der Streit am Sarg um Musik*, in: MuK 69 (1999), 311f.
28 Eberhard Hauschildt, *Unterhaltungsmusik in der Kirche*, in: Gottfried Fermor/Hans-Martin Gutmann/Harald Schroeter (Hg.), *Theophonie. Grenzgänge zwischen Musik und Theologie* (Rheinbach: 2000), 285–298, 296.
29 Stephan Reinke, *Alles Verhandlungssache? Überlegungen zur Musik im Kasualgottesdienst*, in: PTh 100 (2011), 413–425, 419.
30 Diese Kategorien entstammen der „Erklärung von Nairobi über Gottesdienst und Kultur: Herausforderungen und Möglichkeiten unserer Zeit", abgedruckt in: Anita Stauffer (Hg.), *Christlicher Gottesdienst heute*, LWB Studien (Genf: 1996/Hannover: 1997), 29–35.
31 S. z.B. zu Fragen der Gestaltung des Friedhofs Jörg Neijenhuis, *Die Gestaltung des Friedhofs als seelsorgerliche Aufgabe*, in: PTh 95 (2006), 231–246.

Urlaub an der Nordsee kennen gelernt. Dort möchte ich mich von ihm verabschieden. Könnten Sie dabei nicht noch ein Gebet sprechen?" Die Pfarrerin ist sich unsicher, auch abgesehen von dem erheblichen zeitlichen und logistischen Aufwand. Ist das nicht eher ein heidnisches Zeremoniell, an dem sie mitwirken soll? Von Auferstehung war bei der Bitte der Witwe keine Rede.

Historisch dürfte die entscheidende Zäsur für die Pluralisierung der Bestattungsarten bei der Einführung der Kremation in unserem Kulturkreis liegen. Bis zur Errichtung des ersten Krematoriums in Deutschland, 1878 in Gotha, war die Erdbestattung in Deutschland selbstverständlich. Sie folgt dem Beispiel der Grablegung Jesu. Verbrennungen galten bereits im Alten Testament als Strafe, etwa für Unzucht (Gen 38,24), eine Tradition, die für Zauberinnen u.ä. später unter Bezug auf 1. Kor 3,15 weitergeführt wurde.

Demgegenüber verdankt sich die neuzeitliche Kremation medizinisch-hygienischen Überlegungen, die zumindest anfangs mit freidenkerischen Impulsen verbunden waren. Erst 1925 erlaubte z.B. die preußische Landeskirche uneingeschränkt die Mitwirkung ihrer Pfarrer bei Feuerbestattungen; die römisch-katholische Kirche genehmigte noch später, 1963, die Kremation für ihre Mitglieder.

Mittlerweile werden über 40 % der Bestattungen als Kremationen vollzogen, mit weiter steigender Tendenz.[32] Dies ist in zweifacher Weise für das kirchliche Bestattungshandeln von Bedeutung:

Zum Ersten ist es beim kirchlichen Bestattungshandeln bis heute nicht gelungen, symbolisch die Verbrennung eines Leichnams mit der Hoffnung auf Auferstehung überzeugend zu verbinden. Die Zeichenhandlungen der kirchlichen Agenden beziehen sich noch immer einseitig auf die Beerdigung als Bestattungsform. Vielleicht bietet die Tauf- bzw. Osterkerze[33] die Möglichkeit, einen Zusammenhang zwischen Verbrennen des Leichnams und der (in der Taufe gegründeten) österlichen Hoffnung auf Auferweckung mit Christus anschaulich werden zu lassen.

Zum Zweiten eröffnet die Kremation eine Vielzahl von Bestattungsmöglichkeiten, von der Urnenbeisetzung bis hin zum Zerstreuen der Asche an unterschiedlichsten Orten. Dies reicht auch bis zu neuen Formen der Ruhestätte wie den Friedwäldern. Hier werden kompostierbare Urnen mit der Asche eines Verstorbenen an den Wurzeln von Bäumen ins Erdreich eingebracht. Die konfessio-

---

[32] Nach Bestattungen.de, einer einschlägigen Interessenvertretung von Bestattern, wünschen sich gegenwärtig (2012) fast 60 % der Deutschen eine Kremation (Pressemitteilung vom 24. Mai 2012).
[33] Als Gestaltungsmöglichkeit in der UEK-Bestattungs-Agende mehrfach genannt (s. Anm. 5).

nelle Gespaltenheit im Urteil hierüber – die römisch-katholische Kirche[34] lehnt im Gegensatz zur evangelischen[35] die Friedwälder ab – weist auf einen noch ausstehenden ökumenischen Klärungsbedarf.

Auf jeden Fall meldet sich in den verschiedenen, teils illegalen, aber durch Kremation im Ausland tatsächlich auch von Deutschen praktizierten Bestattungsformen und -riten eine Faszination und zugleich tiefe Unsicherheit vieler Menschen gegenüber dem Tod und den Toten zu Wort.

Dementsprechend stehen verschiedene Bestattungsformen nebeneinander. Von der eventartigen Verabschiedung eines Menschen, bei der bunte Luftballons zum Himmel fliegen, bis zur anonymen Bestattung findet sich fast alles. Nicht zuletzt Marktstrategien von Bestattungsunternehmen bekommen zunehmend Bedeutung – allerdings nur für die Zahlungskräftigen. Zugleich steigt die Zahl der sog. Armenbegräbnisse an, also der schlichten Bestattungen, für die die öffentliche Hand aufkommen muss. Die unter 3. erwähnte Bestattungsform für „gemeine Menschen" scheint eine Renaissance zu haben.

In dieser unübersichtlichen Situation ist eine klare kirchliche Orientierung notwendig. Die EKD hat 2004 hierzu ein Diskussionspapier vorgelegt, das wichtige Einsichten enthält. Grundlegend ist dabei – wie bereits Augustin feststellte (De civitate Dei I,12) –, dass „die Bestattung oder Nichtbestattung für das künftige Ergehen an sich ohne Bedeutung" sei.[36] Theologisch gilt dabei die Rechtfertigungsbotschaft als Grundlage, die auch die Trauerpredigt bestimmen soll.

7 Kirchliche Bestattung – als Praxis einer zivilreligiösen Organisation

Der Übergang der Kirche von einer staatsanalogen Institution zu einer zivilgesellschaftlichen[37] Organisation findet seinen Niederschlag auch bei der Bestattung: eine zunehmend schwierige Kirchenmitgliedschaftsregel, das Übergehen von Kirche bzw. Pfarrer, die Konkurrenz freier Redner, die Pluralisierung in der Daseins- und Wertorientierung auch von Kirchenmitgliedern, die ästhetische

---

34 Deutsche Bischofskonferenz (Hg.), *Schreiben Christliche Bestattungskultur* (Bonn: 2004).
35 Kirchenamt der EKD (Hg.), *Herausforderungen evangelischer Bestattungskultur. Ein Diskussionspapier* (Hannover: 2004), 14–17.
36 Zitiert in: a.a.O. 12.
37 Vgl. hierzu die anregende Skizze von Thomas Schlag, *Öffentliche Kirche. Grunddimensionen einer praktisch-theologischen Kirchentheorie,* ThSt 5 (Zürich: 2012).

Vielfalt bei der Gestaltung des Rituals sowie dessen Pluriformität belasten und fordern kirchliches Handeln heraus.

Der Rückgang der Menschen, für die eine kirchliche Bestattung begehrt wird, zeigt, dass bisweilen noch vernehmbare Rufe nach entschiedenem „Durchgreifen" angesichts von scheinbarem „Wildwuchs" nicht zielführend sind. Vielmehr geht es um die beständige „liturgische Arbeit mit Beteiligten".[38] Sie erfordert hinsichtlich der zu treffenden Entscheidungen eine symmetrische Form der Kommunikation zwischen dem Pfarrer/der Pfarrerin und den An- bzw. Zugehörigen des/der Verstorbenen bzw. auch der sonstigen im Bereich Bestattung Tätigen. Die noch im früheren Begriff der „Amts-"Handlung zum Ausdruck kommende Attitüde obrigkeitlichen Handelns entspricht nicht mehr den Kommunikationsanforderungen einer pluralistischen Gesellschaft, in der die freie Religionspraxis nicht nur grundgesetzlich verankert, sondern in der Einstellung und im Handeln der Menschen präsent ist.

Auch das konkrete rituelle (und dazu gehört das homiletische) Handeln ist von daher neu auszurichten. Nicht mehr die amtskirchliche Tradition bietet eine hinreichende Legitimation – auch abgesehen von der Tatsache, dass angesichts der Pluriformität des kirchlichen Bestattungshandelns im Laufe der Jahrhunderte der eindimensionale Bezug auf „die" Tradition nur liturgiegeschichtliche Unkenntnis verrät. Vielmehr gilt es, den Grundimpuls des Wirkens und Geschicks Jesu mit gegenwärtig gebräuchlichen Kommunikationsformen zu vermitteln.

Die grundsätzliche Infragestellung der mit der Bestattung verbundenen Pietätspflichten bei Jesus (Mt 8,22) sowie umgekehrt die Attraktivität[39] des sorgfältigen Umgangs mit den Verstorbenen in christlichen Gemeinden für außenstehende Heiden markieren Leitplanken kirchlicher Praxis: die grundsätzliche theologische Relativität des kirchlichen Bestattungshandelns sowie dessen Charakter als Ausdruck der Nächstenliebe.

Bei einer so orientierten, die regionalen Gegebenheiten und die konkrete Situation der Menschen beachtenden Bestattungspraxis entfallen Hindernisse für die Kommunikation des Evangeliums. Zugleich kann in ihr die auch die gegenwärtige Kultur übersteigende Perspektive des Evangeliums aufleuchten. So wird in ökumenischem Kontext gemahnt: „... we have to avoid classes of funerals, with richer forms and simpler forms according with the financial possibilities of peo-

---

38 Kristian Fechtner, *Kirche von Fall zu Fall. Kasualien wahrnehmen und gestalten* (Gütersloh: 2011), 171 (ohne Kursivsetzung im Original).
39 S. Klemens Richter, *Christliche Begräbnisliturgie in nachchristlicher Zeit*, in: Albert Gerhards/ Benedikt Kranemann (Hg.), *Christliche Begräbnisliturgie und säkulare Gesellschaft*, EThSchr 30 (Leipzig: 2002), 298–319, 300–302.

ple."[40] Ein dies ernstnehmendes kirchliches Bestattungshandeln weist auf eine Gemeinschaft jenseits bestehender Distinktionen und Exklusionen hin, eben auf die Gemeinde Jesu Christi.

Dass für eine solche Praxis ein Blick zur „Konkurrenz" hilfreich sein kann, stellt Uwe Timm in seinem Roman „Rot" überzeugend dar. Auch bei Bestattungen, die von freien Redner/innen geleitet werden, können Menschen das Evangelium entdecken.

---

40 Hans Krech, *Funeral Rites in the German Cultural Context*, in: Anita Stauffer (Hg.), *Baptism, Rites of Passage and Culture* (Genf: 1998), 165–179, 178.

V. Neue Rituale

Dorothea Lüddeckens
Trauerrituale in der alternativen Trauer- und Bestattungskultur

1 Einleitung

Kirchliche Bestattungen stehen (relativ) hoch im Kurs. Der Wunsch nach ihnen spielt nicht nur für Kirchenmitglieder,[1] die der Kirche verbunden sind und sich selbst als „religiös" einschätzen, eine Rolle für ihre Mitgliedschaft, sondern auch für diejenigen, die der Kirche kaum oder nicht verbunden sind und sich selbst als „nicht religiös" einordnen.[2] Nach wie vor werden die meisten Kirchenmitglieder kirchlich bestattet.[3] Dennoch nehmen kirchliche Bestattungen ab. Dies zum einen wegen der rückläufigen Kirchenmitgliedszahlen, zum anderen weil eine Differenz zwischen Wunsch und tatsächlicher Nutzung dieser Kasualie[4] besteht und zunehmend mehr Kirchenmitglieder sich und ihre Angehörigen nicht mehr kirchlich bestatten lassen.[5] Die Alternative ist in der Regel eine „weltliche Bestattung" mit „weltlichen", „säkularen", „freien SprecherInnen" oder „freien TrauerrednerInnen". Diese verstehen ihre Aufgabe traditionell vor allem im Halten einer Ansprache.[6] Der rituelle Ablauf folgt in diesen Fällen mehr oder weniger den traditionellen kirch-

---

[1] Unter Mitgliedern von Freikirchen dürfte die Situation allerdings anders als bei den Volks- bzw. Landeskirchen aussehen. Der folgende Beitrag bezieht sich zudem jeweils nur auf Deutschland und die Schweiz, Zahlen werden nur exemplarisch genannt und nicht jeweils für alle Landeskirchen.
[2] Evangelische Kirche Deutschland, *Engagement und Indifferenz: Kirchenmitgliedschaft als soziale Praxis. 5. EKD-Erhebung über Kirchenmitgliedschaft* (2014), 89. Für die römisch-katholische Kirche sehen die Zahlen etwas anders aus, für die Schweiz finden sich vor allem im evangelischen Bereich extremere Werte.
[3] Darüber hinaus werden Bestattungen auch im Fall von Verstorbenen gewünscht, die keine Mitglieder (mehr) waren, selbst wenn auch die Angehörigen keine Kirchenmitglieder sind.
[4] Evangelische Kirche Deutschland, *Engagement und Indifferenz: Kirchenmitgliedschaft als soziale Praxis. 5. EKD-Erhebung über Kirchenmitgliedschaft* (2014), 89.
[5] Laut Fincke werden in Deutschland nur noch ca. 88% der evangelischen Kirchenmitglieder evangelisch bestattet (Andreas Fincke „Freie Theologen, freie Redner, freie Ritendesigner", *Materialdienst* 4 [2004], 123).
[6] Seit einigen Jahren ist allerdings zu beobachten, dass immer mehr ihr Repertoire auf Hochzeiten etc. ausweiten und über Ansprachen hinaus auch Rituale anbieten.

lichen Liturgien, allerdings ohne die explizit religiösen semantischen Elemente und Ritualhandlungen.[7]

Darüber hinaus gibt es auch eine alternative Trauer- und Bestattungskultur, in der sich explizit religiöse Semantiken und Praktiken finden. Im Folgenden sollen Rituale vorgestellt werden, die nicht im Kontext einer religiösen Gemeinschaft stehen[8] und von Angehörigen und „freien RitualleiterInnen" durchgeführt werden. Diese rituellen SpezialistInnen, unter ihnen auch sogenannte „freie" TheologInnen, verstehen sich als VertreterInnen einer alternativen Trauer- und Bestattungskultur, die weit mehr umfasst als eine Ansprache. Auch wenn die Anzahl alternativ-religiöser Bestattungen außerhalb kirchlicher Beisetzungen, den Gesprächen mit BestatterInnen zufolge, zu steigen scheint, handelt es sich um eine, allerdings wachsende, Minderheit. Nicht zu unterschätzen ist jedoch, dass manchen kirchlichen Abdankungen noch alternativ-religiöse Rituale folgen, entweder im Zusammenhang mit der Bestattung,[9] oder auch später. Hinzu kommt außerdem, dass inzwischen eine Diffusion der alternativen Trauer- und Bestattungskultur in die kirchliche Ritualistik stattgefunden hat. Gerade auch unter diesem Gesichtspunkt und als Herausforderung sowie Konkurrenz für die Kirchen besitzt sie auch für diese eine erhebliche Relevanz. Im Zusammenhang mit den Veränderungen im Hinblick auf die Bestattungsorte und -arten ist verschiedentlich von einer „tektonischen Verschiebung", die sich bemerkbar mache,[10] von einer „stillen Revolte",[11] Umbrüchen und Pluralisierung die Rede.[12]

---

7 Vgl. Anja Kirsch, „Bestattungskultur im Wandel. Einige diskursanalytische Überlegungen", in: *Tod und Ritual. Interkulturelle Perspektiven zwischen Tradition und Moderne*, Birgit Heller und Franz Winter (Hg.), (Wien: 2007), 180–183.
8 Anders ist dies im Fall von Bestattungen im Kontext von Sportvereinen, die eine „nicht unerhebliche Kontinuität und eine die Generationen ihrer Mitglieder übergreifende Dauer aufweisen" können. Vor allem im Fußball gibt es eine Bestattungskultur, die, insbesondere in England, Stadionbeisetzungen (oder Beisetzungen auf Stadionerde) und inzwischen auch in Deutschland spezielle Aschestreufelder kennt. Hier geht es darum eine „Transgenerative Vereinsgemeinschaft darzustellen, die über den Tod hinausreicht, die lebende und verstorbene Mitglieder umfasst." Vgl. Markwart Herzog, „Trauer- und Bestattungsrituale der Fußballvereinskultur. Totenmemoria – Ahnenbiographien – Stadionbegräbnis – Performance", in: *Nekropolis: Der Friedhof als Ort der Toten und der Lebenden*, Norbert Fischer und Markwart Herzog (Hg.), (Stuttgart: 2001), 184, 195.
9 Dies geschieht gerade in Deutschland, wo der Friedhofszwang zuweilen über den Umweg über die Niederlande oder die Schweiz oder durch kleine „Nachbesserungen" umgangen wird und nach der offiziellen Abdankungsfeier die Verstreuung der Asche mit alternativ-religiöse Ritualen im engsten Kreis begleitet wird.
10 Evangelische Kirche Deutschland, *Herausforderungen evangelischer Bestattungskultur. Ein Diskussionspapier* (2004), 2.
11 Fritz Roth, *Das letzte Hemd ist bunt: Die neue Freiheit in der Sterbekultur* (Frankfurt: 2011), 11.
12 Schweizer BestattungsbeamtInnen stellen z.B. seit einigen Jahrzehnten eine „zunehmende

2 Alternative

2.1 Der Historische Kontext von Rationalisierung, Bürokratisierung und Normierung als Erfahrung der „Enteignung"

Die alternative Trauer- und Bestattungskultur ist im Kontext gesellschaftlicher und religionsgeschichtlicher Veränderungen zu verstehen, ohne dass diese beiden voneinander zu trennen wären. Die Relevanz dieser Zusammenhänge besteht u.a. darin, dass die betreffenden Akteure sich selbst in diesem historischen Kontext als Gegenbewegung verstehen. Für ihr Selbstverständnis ist das Narrativ einer positiven Vergangenheit, deren Verlust und nun kreativen Revitalisierung entscheidend.

Im Zuge der Rationalisierungsprozesse der Moderne sind neben der Geburt und anderen Aspekten des Sozialen auch Sterben und Tod zunehmend in die Kontrolle der Gesellschaft gekommen, indem sie der Medizin, dem Recht und der Bürokratie unterstellt wurden. Dies hatte unmittelbare Konsequenzen für die Körper der Toten, die nun nicht mehr „Eigentum" der Familien, sondern der Gesellschaft waren, insofern der Umgang mit ihnen gesetzlich geregelt und das entsprechende Prozedere bürokratisch verwaltet wurde. Damit ging eine Normierung und Anonymisierung einher, wobei auch vor der Rationalisierung der Umgang mit Leichen Regelungen unterlag. Diese waren aber vor allem in den jeweiligen mehr oder weniger lokalen und religiösen Traditionen und nicht in gesetzlichen und bürokratischen Regelungen begründet. Mit dem Recht und der Bürokratie kam eine Differenz zwischen Privatem und Institution bzw. Öffentlichkeit, die so nicht besteht, solange der Tradition traditional zustimmend gefolgt wird.

Hinzu kam, dass ebenso wie der Umgang mit Geburten, auch der Umgang mit Sterben und Tod maßgeblich durch den Hygienediskurs im 19. Jahrhundert verändert wurde. So wurde Sterben und Tod aus dem Privaten in die Institution Krankenhaus geholt und hier der Kontrolle von nicht-religiösen Spezialisten übergeben.

Vervielfältigung von Bestattungswünschen" von Einzelpersonen fest (Barbara Richner, *Im Tod sind alle gleich: Die Bestattung nichtchristlicher Menschen in der Schweiz* (Zürich: 2006), 104–105. Schäfer hält es in ihrer wissenschaftlichen Auseinandersetzung mit dem Feld für angemessen „vom Versuch der Etablierung einer ‚alternativen Trauer- und Bestattungskultur' zu sprechen". Julia Schäfer, *Tod und Trauerrituale in der modernen Gesellschaft. Perspektiven einer alternativen Trauer- und Bestattungskultur* (Stuttgart: 2011), 137.

Die toten Körper wiederum kamen in die Obhut von Bestattungsspezialisten, deren Aufgabenbereich sich weit über den der Totengräber ausweitete. Im Verlauf des 19. Jahrhunderts ist hier eine Professionalisierung mit den typischen Aspekten dieser Prozesse zu beobachten. Autonomie und Monopolbildung eines Berufsstandes, die wesentlichen Momente von Professionalisierung, liegen auch im Fall von BestatterInnen vor.

In diesem Zuge wurden die Bestatter[13] zunehmend auch rituelle Spezialisten, insofern sie mit dem Ausbau ihrer Kompetenzen rund um den Umgang mit den Toten immer mehr Handlungsabläufe, wie zum Beispiel die Totenwaschung, übernahmen.[14] Damit verloren nicht nur die Laien, insbesondere die Angehörigen, an rituellen Kompetenzen und Handlungsspielräumen, sondern auch die religiösen Spezialisten, Pfarrer und Priester. Die Bestatter wurden aber mit der Übernahme ritueller Praktiken nicht zugleich religiöse Spezialisten. Sie folgten als Unternehmer weitgehend ökonomischen Logiken, die zu einem unter Effizienzgesichtspunkten ausgerichteten Umgang mit den Leichen führten. Auffallend ist, dass in der Bestattungsbranche eine normierte, konservative und traditionale Praxis im Bereich der öffentlichen und halböffentlichen Ästhetik besteht. Diese Ästhetik war im Hinblick auf Räume, Särge und Urnen bis vor wenigen Jahren nahezu ausschließlich von einer klein- bis gutbürgerlichen Kultur geprägt. Die

---

13 Dass auch Frauen diese Tätigkeiten als „Beruf" ausüben ist relativ neu, im Gegensatz zu der v.a. in der feministischen Literatur betonten Stellung von Frauen als Totenfrauen, Leichenwäscherinnen etc. Auch heute sind Frauen als Bestattungsinstitutsleiterinnen eher die Ausnahme. Meist sind sie als Erbinnen an ihren Beruf gekommen. Auffällig ist hingegen, dass Bestattungsinstitute, die sich explizit auf alternative Trauer- und Bestattungsrituale spezialisiert haben relativ oft von Frauen geführt werden. Ein besonders prominentes Beispiel ist Claudia Maschner. Andere sind Angela Stegerwald (Welt-Bestattung, Würzburg, D) oder Ajana Holz und Merle von Bredow (Die Barke, Schwäbisch-Hall, D), Cordula Caspary (Caspary Bestattungen, Bremen, D) Marianne Schoch (Solothurn, CH) und Sabine Brönnigmann (Rorbas, CH) von den FährFrauen und Margarete Bader-Tschan von „Charona. Das ganzheitliche Bestattungsunternehmen" (Lohn-Ammansegg, CH).

14 Inzwischen lässt sich, in engem Zusammenhang mit der alternativen Bestattungskultur, eine weitere Entwicklung im Selbstverständnis von BestatterInnen beobachten: Zunehmend verstehen sich einige von ihnen auch als „TrauerbegleiterInnen" und sehen ihre Aufgabe, wie die Freien RitualleiterInnen darin, die Angehörigen in ihren individuellen Wünschen zu unterstützen. Besonders bekannte Vorreiter sind Fritz Roth in Bergisch-Gladbach und Claudia Marschner in Berlin. Andere sind das Bestattungshaus Haller in Stuttgart, Bader-Tschan mit dem Bestattungsunternehmen Charona in Lohn-Ammansegg (CH). Vgl. auch Julia Schäfer, *Tod und Trauerrituale in der modernen Gesellschaft. Perspektiven einer alternativen Trauer- und Bestattungskultur* (Stuttgart: 2011), 111–112.

angebotene Kleidung und Sargwäsche entspricht in der Regel heute noch der Rüschenästhetik früherer Zeiten.[15]

Auch die ebenfalls im Rahmen des Hygienediskurses aufkommenden Leichenhallen und Krematorien veränderten vor allem im urbanen Kontext die Bestattungsrituale. Durch sie wurde der Umgang mit den Leichen dem privaten und religiösen Raum entzogen, technisiert und rationalisiert.[16] So nahmen zum Beispiel Totenwachen und offene Aufbahrungen immer mehr ab[17] und mit ihnen die damit verbundenen rituellen und religiösen Vollzüge. Die Praxis tote Körper möglichst rasch aus dem Bereich der Lebenden zu entfernen, in Kühlräumen einzuschließen und wie „Gegenstände", wenn auch möglicherweise wertvolle, zu behandeln, entspricht einer naturwissenschaftlichen Auffassung des Leichnams: Der Leichnam als leblose Materie, die, selbst wenn ein Weiterleben einer ehemals dazu gehörenden Seele angenommen wird, von dieser radikal getrennt ist.

Auch die Friedhöfe unterlagen in Deutschland zunehmenden Normierungen, seit sie mit der „Friedhofsreform" der Weimarer Republik in den 1920er Jahren eine starke Bürokratisierung und damit Reglementierung erfahren hatten. Das führte zu einer hohen Standardisierung der Grabmäler und Grabgestaltungen, die immer mehr individuelle Grabkulturen verhinderte.[18] Ähnliche Entwicklungen finden sich auch in Österreich und der Schweiz.[19]

Zusammenfassend kann festgehalten werden: BestatterInnen und andere gesellschaftliche Akteure übernehmen und regeln, unterstützt von Recht und Bürokratie, den Umgang mit den Toten, der damit zugleich eine Normierung

---

15 Ein Blick in das entsprechende Angebot bei Bestattungsinstituten oder in den Katalogen im Internet macht dies schnell deutlich, so zum Beispiel: http://www.besta-geyer.de/blaetterkatalog/Bestattungswaesche/index.html#124 (05. 04. 2014).
16 „Mit dem Bau der ersten Krematorien in Deutschland vollzog sich jene Technisierung im Umgang mit den Toten, die grundlegend in die traditionellen, immer noch christlich geprägten Abläufe einer Bestattung eingriff." Norbert Fischer, *Geschichte des Todes in der Neuzeit* (Erfurt: 2001), 47.
17 Vgl. dazu auch Julia Schäfer, *Tod und Trauerrituale in der modernen Gesellschaft. Perspektiven einer alternativen Trauer- und Bestattungskultur* (Stuttgart: 2011), 109–111.
18 Normierungen lassen sich auch für alte Friedhöfe auf dem Land beobachten. Hier ist allerdings anzunehmen, dass der traditionale Umgang mit den Toten wenig Bedarf an individuellen Gestaltungsräumen hatte.
19 „Die Generallinie der ‚kommunalen Zuständigkeit', wie Meinrad Huber, der Sachverständige für Grabmäler im Bestattungs- und Friedhofsamt, sie sieht: Die Stadt Zürich hat schon seit der Jahrhundertwende auf eine gediegene und würdige Friedhofsgestaltung Wert gelegt und möchte dies auch weiterhin so halten". Den Auftrag dazu hat sie durch die Bundesverfassung von 1874 und das zürcherische Gemeindegesetz des darauffolgenden Jahres erhalten. Norbert Loacker und Christoph Hänsli, *Wo Zürich zur Ruhe kommt* (Zürich: 1998), 237.

erfährt. In diesem Zuge werden die Verstorbenen den Angehörigen gewissermaßen aus der Hand genommen, was von den Angehörigen als Entlastung empfunden werden kann. Mit zunehmender Individualisierung und Abnahme der Bereitschaft sich in vorgegebene Strukturen zu fügen, ist es aber auch möglich, dass es als Differenz zwischen eigenem Lebensstil und verordnetem Umgang mit den Toten und ihren Gräbern wahrgenommen wird.

2.2 Initiatoren der Alternative

Gegen die Technisierung, Rationalisierung und damit auch Normierung im Umgang mit dem menschlichen Tod und dessen Übernahme durch gesellschaftliche Akteure hat sich besonders einflussreich die Hospizbewegung gerichtet. Zunächst vor allem auf das Sterben bezogen, führt hier der Wert, wenn nicht gar die Norm der „Selbstbestimmung" zu der Forderung, Sterben und Tod nach den eigenen, individuellen Vorstellungen gestalten zu dürfen. Die Institution wird hier dem privaten Raum gegenübergestellt:[20] Wo das Sterben nicht zu Hause möglich ist, soll mit dem Hospiz ein Ort geschaffen werden, in dem Menschen nicht als „PatientInnen", sondern als „BewohnerInnen" möglichst „wie zu Hause" bis zuletzt leben können. Dieser Wert der „Selbstbestimmung" und „Individualität" prägt auch über die letzte Lebensphase hinaus die Art des Umgangs mit den Verstorbenen. Wie das Sterben soll auch der Tod nicht aus der Nähe der Lebenden entfernt und tabuisiert werden.

Weitere entscheidende Impulse für die Entstehung einer alternativen Bestattungs- und Trauerkultur gingen maßgeblich von der Homosexuellenszene im Kontext der Aidstoten aus. Als sich in den 80er Jahren die Zahl der Menschen, die an Aids starben, häufte, entstanden immer öfter Situationen, in denen junge Menschen bestattet wurden, deren Bestattungen stark von ihren Freundeskreisen mitgeprägt wurden. Diese akzeptierten oft nicht mehr das „Leitbild" der bürgerlichen Kultur mit ihren Normen und Regeln: „Spätestens bei dem spiessigen Begräbnisbarock, das der Bestatter treuherzig vor mir ausbreitete, wünschte ich mir, dass das schwule Formgefühl hier mal kräftig ausmistet. Unsere toten Freunde sind jung und oft weitab ihrer Herkunftsorte gestorben, und deshalb müssen wir andere Formen der Totenfeier finden."[21]

---

20 Ein Pendant ist hier in der Bewegung der Haushebammen und Hausgeburten zu beobachten.
21 Zitiert bei Norbert Fischer, *Wie wir unter die Erde kommen. Sterben und Tod zwischen Trauer und Technik* (Frankfurt am Main: 1997), 163.

Bereits in der Homosexuellenszene kam, neben dem Bedarf an einem alternativen Umgang mit Leichen im Bestattungswesen und mit ihren Gräbern auf Friedhöfen, ein weiterer Aspekt hinzu: Vielleicht sogar noch mehr als in der heterosexuellen Bevölkerung zeigte sich hier eine Abnahme kirchlich-religiöser Bindungen, Vorstellungen und Praktiken. Daraus resultierten Bestattungen ohne kirchliche Leitung, die dennoch religiöse Züge haben konnten.

2.3 Gegenkultur

Aus der hier skizzierten Entwicklung entstand mit alternativen Trauer- und Bestattungsritualen eine Gegenkultur. Diese versteht sich als Alternative zur bisher gängigen, traditionalen Praxis, ob es sich um liturgische Handlungen von kirchlicher Seite, Praktiken der Krankenhäuser, der Bestattungsbranche oder Friedhofsverwaltungen handelt.

In der entsprechenden Ratgeberliteratur wird deutlich, dass kirchliche Formen das Modell abgeben, zu dem die Alternative formuliert wird: „Am Grab reiht so mancher Pfarrer nur ausgestanzte Sätze aneinander".[22] Man richtet sich gegen die Normierung und vor allem die „Enteignung" durch Krankenhäuser und BestatterInnen, wo den „Trauernden nicht nur die Arbeit abgenommen [wird], sondern auch gleich der Verstorbene".[23]

Auch in der wissenschaftlichen Reflexion wird eine Gegenbewegung gezeichnet, Fischer schreibt von einem „,Traum vom anderen Tod' – das ist der Traum von einem selbst bestimmteren, reflektierten, individuelleren Umgang mit Bestattung und Trauer."[24]

Das Narrativ, das dem Selbstverständnis der alternativen Ritualistik zugrunde liegt, ist dasselbe, auf dem die „Neue Trauerkultur" beruht: Die traditionellen Bestattungen sind „routiniert" und „vom Fließband", sind anonym und keine Hilfe im Umgang mit der Trauer. Sie sind es nicht, weil sie weder der Individualität der Toten noch der Trauernden entsprechen und weil ihre (religiöse) Semantik

---

[22] Magdalena Köster, *Den letzten Abschied selbst gestalten. Alternative Bestattungsformen* (Berlin: 2012), 12.
[23] Magdalena Köster, *Den letzten Abschied selbst gestalten. Alternative Bestattungsformen* (Berlin: 2012), 12. „Wir lassen uns unserer Toten stehlen!" (Fritz Roth) in: Sabine Bode, Fritz Roth, *Der Trauer eine Heimat geben. Für einen lebendigen Umgang mit dem Tod* (Bergisch-Gladbach: 1998), 37.
[24] Vortrag Gesellschaftliche Wege und Perspektiven einer neuen Bestattungskultur (Hamburg: 19. Juni 1999)/ http://www.postmortal.de/Diskussion/Vortrag-eternity1999/vortrag-eternity 1999.html (01.05.2014).

und Performanz nicht mit den Überzeugungen und Vorstellungen der Trauernden übereinstimmt.

Neben und mit den rituellen Alternativen kamen auch immer mehr Alternativen zum Friedhof und dem Reihengrab als Bestattungsort hinzu[25]. Es können zwei, zumindest scheinbar gegenläufige Entwicklungen beobachtet werden: Einerseits spätestens seit den 90er Jahren eine Zunahme „namen- und zeichenloser" Rasenbeisetzungen, sogenannter „anonymer Bestattungen", bei denen der genaue Ort der Beisetzung von Körper oder Asche unbekannt bleibt und nur den betreffenden Behörden bekannt ist, womit kein individueller Ort gekennzeichnet zurückbleibt.[26] Andererseits neue Orte, die eine explizite Ausgestaltung individueller und auf das Individuum bezogener Trauer- und Erinnerungskultur schaffen: Digitale Gedenkstätten,[27] aber auch Gemeinschaftsgräber von Wahlgemeinschaften, Stadienbestattungen und Aschefelder von Fußballvereinen.

Neben der Seebestattung ist die einzige zahlenmäßig ins Gewicht fallende Alternative zur traditionellen Friedhofsbestattung die Waldbestattung. Während sich beide großen Kirchen zunächst äußerst kritisch zu dieser Alternative stellten, wie sie von der Schweizer FriedWald GmbH, in Deutschland dann von der eigenständigen FriedWald Deutschland angeboten wurde,[28] hat sich die Einstellung inzwischen vor allem in der evangelischen Kirche liberalisiert.[29] Kirchliche Bestat-

---

[25] Solange die Erdbestattung die Regel ist oder war, kann die Kremation als Alternative hierzu verstanden werden, wobei sie in immer mehr Gegenden inzwischen der Normalfall wird. Die Kremation ist wiederum die Voraussetzung für fast alle Bestattungsorte jenseits von Friedhöfen.

[26] „Es scheint, als würde sich heute in der Rasenbestattung – für jeden sichtbar – materialisieren, dass in der nachindustriellen Gesellschaft die Begriffe Vergangenheit, Erinnerung und Gedächtnis ihre Bedeutung verlieren. Die anonyme Bestattung ist die Ausdrucksform einer mobilen Gesellschaft, in der eine besondere emotionale Bindung an bestimmte Gedächtnisorte keinen Sinn mehr macht." Norbert Fischer, *Geschichte des Todes in der Neuzeit* (Erfurt: 2001), 87–88, vgl. auch 83–84.

[27] http://www.infrieden.de (22.04. 2014), „Hall of Memory", die 1998 gegründet wurde und im deutschsprachigen Raum eine der bekanntesten Seiten war, ist bereits wieder vom www verschwunden.

[28] Inzwischen gibt es mit „Ruheforst" ein weiteres Dienstleistungsunternehmen und auch zunehmend mehr Friedhöfe, die Baumbestattungen anbieten. In Deutschland existieren 58 Ruheforste und 50 Friedwälder, in der Schweiz finden sich mehrere Anbieter, wobei Friedwald der größte ist (Friedwald 70 Standorte, Finis acht Standorte, Waldesruh 19 Standorte), besonders bekannt wurde auch das Komitee Alp Spielmannda (http://www.alpspielmannda.ch/).

[29] Seit 2007 gibt es auf dem Schwanberg in Franken den ersten FriedWald in kirchlichem Besitz. Betreut wird er von der evangelisch-lutherischen Communität Casteller Ring. Mit der Möglichkeit von Waldbestattungen oder genauer Baumwurzelbestattungen durch die in der Schweiz gegründeten Friedwälder kam für die Kirchen eine neue Herausforderung, die auch rituelle Fragen aufwarf und wirft. FriedWald Schweiz legte noch 2009 durch ihren Internetauftritt nach Ansicht

tungsrituale sind damit nicht mehr an den Bestattungsort Friedhof gebunden, so wie alternative Bestattungsrituale auch auf Friedhöfen stattfinden können. Dass alternative Bestattungsrituale relativ häufig auch alternative Orte suchen, hat mehrere Gründe. Einerseits beanspruchen sie mehr Zeit als dies auf vielen Friedhöfen ohne hohen Kostenmehraufwand möglich ist. Andererseits sind mit ihnen oft auch Werte und Vorstellungen verbunden, die eine „naturnahe" Bestattung nahelegen. Und schließlich ist das Narrativ der „Alternative" und „Gegenkultur", die Norm selbst zu entscheiden und nicht traditional zu handeln, ein weiterer Grund für die explizite Wahl eines nicht-traditionalen Ortes.

2.4 Diffusion

Die alternative Trauer- und Bestattungskultur versteht sich zwar zum Teil als Gegenkultur zur kirchlichen Praxis, ist aber bereits in einem hohen Maße in eben diese auch diffundiert. Die entsprechenden Rituale bzw. Ritualsequenzen finden sich auch in der von TheologInnen verfassten Ratgeberliteratur, die entsprechenden Werte Individualität, Enttabuisierung des Todes, explizite Zeit für Trauer und Kreativität sind auch dort anzutreffen. Ebenso werden in kirchlichen Bestattungen immer öfter Sequenzen von den Teilnehmenden selbst eingefügt oder eingefordert. Angefangen von dem Wunsch nach selbst ausgesuchten Liedern bis hin zu Ritualsegmenten, wie das Vorlesen von Briefen an die Verstorbenen.

3 Ritualtransfer und Ausprägungen neuer Rituale

Das Entstehen der alternativen Trauer- und Bestattungskultur als Gegenkultur ist als Ritualtransfer zu verstehen: „The invention of rituals on the one hand, and their abolition on the other, may be regarded as the extreme cases of ‚transfer of ritual' and of ritual dynamics alike. This perspective is in sharp contrast to the emic one, which usually regards rituals as basically (or ‚essentially') unchanging."[30] Letzteres trifft nur insofern auf die hier diskutierten Rituale zu,

---

der römisch-katholischen Kirche naturreligiöse Konzepte nahe, die zunächst auch von der Fried-Wald GmbH (Markeneigentümer für Deutschland und Österreich) in Deutschland übernommen worden waren. Vor allem die römisch-katholische Kirche stand und steht zum Teil dem Konzept noch immer sehr kritisch gegenüber.
30 Dorothea Lüddeckens et al., „Transfer of Ritual". *Journal of Ritual Studies* 20 (1), (2006), 1.

als man zwar betont, dass „alte" Rituale wieder aufgegriffen werden,[31] gleichzeitig jedoch auch oft explizit auf den Wandel hinweist.

Von Ritualtransfer ist immer im Zusammenhang eines veränderten Kontextes der betreffenden Rituale zu sprechen.[32] Im vorliegenden Fall findet sich ein doppelter Wandel, zum einen der bereits skizzierte Wandel des Umgangs mit Verstorbenen, der zu rituellen Formen geführt hat, die nun in der neuen Ritualistik kritisiert werden. Diese wiederum lässt sich zum andern im Kontext eines Wandels verstehen, der von dem Erstgenannten nicht zu trennen ist und mit den Stichworten der Individualisierung, Entkirchlichung und alternativen Religiosität bzw. Spiritualität verbunden werden kann.[33] Die im folgenden skizzierte Ritualistik kann daher auch als ein Transfer des „death-style" als Konsequenz eines gewandelten „lifestyle" verstanden werden.[34]

Im Folgenden sollen vier wesentliche Ausprägungen dieser neuen Ritualistik aufgeführt werden.

3.1 Rituelle Selbstermächtigung gegenüber SpezialistInnen

Insbesondere der Wunsch selbst aktiv den Umgang mit dem Tod und den Toten gestalten zu können, die „Selbstermächtigung" gegenüber den SpezialistInnen und Institutionen, umfasst gewissermaßen alle anderen Aspekte; insofern sie in jeder aktiven rituellen Teilnahme, die im Regelfall von SpezialistInnen ausgeführt wird und in jeder expliziten Entscheidung ihren Ausdruck findet: „Ein Abschied der nur passiv erlitten und ertragen wird und somit ein Widerfahrnis und trauriges Schicksal darstellt, bietet wenig Möglichkeit, die ganz individuell empfundene Trauer zuzulassen und zu äussern. [...] Die aktive Beteiligung

---

[31] „Mir wird nachgesagt, dass ich ein enfant terrible bin und alles bunt mache. Ich denke dagegen, dass ich die alte Kultur wieder ausgrabe." Claudia Maschner, zitiert bei Sabine Grimkowski, *Was von mir übrig bleibt: Bestattungen heute – was möglich und was noch nicht möglich ist* (Frankfurt am Main: 2004), 41.
[32] Dorothea Lüddeckens et al., „Transfer of Ritual". *Journal of Ritual Studies* 20 (1), (2006), 1.
[33] Vgl. auch die „Populäre Religion" (Hubert Knoblauch, *Populäre Religion. Auf dem Weg in eine spirituelle Gesellschaft* [Frankfurt am Main: 2009].) und „Fluide Religion" (Dorothea Lüddeckens und Rafael Walthert „Fluide Religion: Eine Einleitung" in *Fluide Religion. Neue religiöse Bewegungen im Wandel. Theoretische und empirische Systematisierungen*, Dorothea Lüddeckens und Rafael Walthert [Hg.], [Bielefeld: 2010], 9–17.)
[34] Vgl. z.B. Douglas Davies und Hannah Rumble. *Natural Burial. Traditional-secular spiritualities and funeral innovation* (London: 2012), 121–122. Davies und Rumble geht es hier allerdings um den Umgang mit Leichen und ihren Begräbnisorten.

beim letzten Abschied von einem vertrauten und geschätzten Menschen und die bewusste Gestaltung eigener Rituale und Symbolhandlungen helfen, sich mit dem erlittenen Verlust auseinander zusetzen, loszulassen und nach und nach in die neue Lebenssituation hineinzufinden."[35] In diesem Zusammenhang ist zum Beispiel auch die Ermutigung zum eigenen Sargbau, zum Bemalen und persönlichen Schmücken des Sarges zu sehen; ebenso die Versorgung des Leichnams durch die Angehörigen, das eigenhändige Waschen,[36] Ankleiden und in den Sarg legen, das Schließen des Sarges und das Tragen von Sarg oder Urne zur Bestattung durch Angehörige.[37]

Bei kirchlichen Bestattungsritualen sind die Angehörigen im Hinblick auf die rituellen Gestaltungsfreiräume von den RitualspezialistInnen, den PfarrerInnen abhängig. Freie RitualleiterInnen hingegen sehen ihre Aufgabe in der Unterstützung der Angehörigen im Hinblick auf deren rituelle Wünsche und insofern als DienstleisterInnen. Dabei wird zwar den RitualleiterInnen eine besondere Kompetenz und Erfahrung im Umgang mit Ritualen und möglicherweise auch mit einer transzendenten Ebene zugesprochen, aber sowohl hier als auch in den kirchlichen Ritualen, bei denen die oben angesprochene Diffusion zu beobachten ist, ist zugleich eine religiöse Selbstermächtigung der Laien festzustellen: Diese beanspruchen selbst den rituellen Umgang mit den Verstorbenen bestimmen zu wollen und zu können.

3.2 Das Individuum im Fokus

„Bei der Predigt, die in der Heiligen Messe für einen Verstorbenen nicht fehlen sollte, soll der Aspekt der christlichen Hoffnung im Vordergrund stehen und nicht der Lebenslauf oder der Charakter des Toten"[38] erklärt eine Pastorale Handreichung des Bistums Trier.[39] Selbst wenn Priester oder PfarrerInnen diese Auf-

---

35 Martina Görke-Sauer, *Im Land der Trauer. Abschiedsrituale* (Düsseldorf: 2006), 131.
36 In den meisten Fällen ist ein Waschen des Leichnams aus hygienischen Gründen nicht notwendig. Das Waschen stellt eine rituelle Handlung dar, die in der alternativen Trauerkultur auch als solche verstanden wird. Dasselbe gilt für das Ankleiden, das nur in den Fällen einer offenen Aufbahrung eine über das Rituelle hinausgehende Relevanz besitzt.
37 Vgl. auch Julia Schäfer, *Tod und Trauerrituale in der modernen Gesellschaft. Perspektiven einer alternativen Trauer- und Bestattungskultur* (Stuttgart: 2011), 122–125.
38 Bistum Trier, *Pastorale Handreichung: Zum Umgang mit Tod und Begräbnis im Bistum Trier* (2007), 19.
39 Die Fokussierung auf die Verstorbenen als Individuen findet sich allerdings auch in der frühneuzeitlichen Form der christlichen Leichenpredigt, in der bereits auf das individuelle Leben der

fassung so nicht teilen, sind sie mit der kirchlichen Liturgie an bestimmte Verweise gebunden, die den Toten nicht als Individuum, sondern als Mitglied der Kirche oder der Gemeinschaft aller ChristInnen bezeichnen. Außerdem ist es ein Charakteristikum traditionaler Rituale, wie es die kirchliche Liturgie ist, dass sie eben nicht auf ein Individuum speziell ausgerichtet sind, sondern in einer allenfalls angepassten Fassung ebenso für andere Individuen durchgeführt werden können. Dennoch gibt es auch bei kirchlichen Bestattungen Raum für Entscheidungen der Angehörigen und sogar für individuelle Abschiedsritualelemente, die sich in die kirchliche Liturgie einfügen. In der Regel beschränkt sich dies jedoch auf die Wahl der Musik und Lieder, auf eigene Ansprachen, musikalische Beiträge und Beteiligungen der „Trauergemeinde", indem zum Beispiel Kerzen angezündet werden. Sowohl bei kirchlichen als auch weltlichen Bestattungen ist vor allem im Hinblick auf die Gestaltung der Räume und Särge zunehmend eine Individualisierung zu beobachten.[40]

Für Rituale der alternativen Bestattungskultur ist der Individuumsbezug zentral: „So einzigartig ein Leben war und die Person, die dieses Leben gelebt hat, so persönlich und lebensnah sollte der Abschied gestaltet werden können."[41] Es geht darum, dass die Rituale möglichst weitgehend den Teilnehmenden entsprechen: „Ja, die Kraft eines Rituals liegt meist gerade darin, dass es einzigartiger Ausdruck individueller Bedürfnisse, Perspektiven und Bestrebungen ist."[42] Es ist, so stellen Sax, Visser und Boer fest, „eine Individualisierung in Gang gekommen [... wobei] nach Zeremonien und Ritualen gesucht wird, die zur Lebensart der Verstorbenen und Hinterbliebenen passen."[43] Besonders häufig finden die individu-

---

Toten Bezug genommen wurde. Eine weitere Entwicklung in diese Richtung war die Grabrede des 18. und 19. Jahrhunderts, in der die Verdienste der (männlichen) Verstorbenen aufgezählt wurden.
40 So bietet ein Bestattungsunternehmen in Würzburg, wo fast alle Bestattungen im kirchlichen Rahmen stattfinden, sowohl individuell z.B. mit Fotofolien gestaltete Särge als auch die individuelle Dekoration der Abdankungshalle an. Letztere kann dann z.B. im Fall eines verstorbenen Mainfischers mit Fischernetzen und Holzfischen geschmückt werden. Auch ein Leichenwagen in Form eines Motorradbeiwagens für verstorbene MotoradfahrerInnen mit einem Motorradkonvoi zum Friedhof ist problemlos mit einer römisch-katholischen oder evangelischen Abdankung zu verbinden („Welt-Bestattung", Würzburg).
41 Martina Görke-Sauer, *Im Land der Trauer. Abschiedsrituale* (Düsseldorf: 2006), 68.
42 Kathleen Wall und Gary Ferguson, *Rituale für Lebenskrisen* (München: 1999), 22. Hier kann es in der Praxis immer dann zu Konflikten kommen, wenn die Angehörigen sehr unterschiedliche individuelle Bedürfnisse haben. Während diese in traditionalen Praktiken mehr oder weniger gleichermaßen unberücksichtigt bleiben, werden sie hier zu Verhandlungsgegenständen.
43 Marjan Sax et al., *Begraben und Vergessen? Ein Begleitbuch zu Tod, Abschied und Bestattung* (Berlin: 1993), 98. Der Band erschien in der Originalsprache in der ersten Auflage bereits 1989.

ellen Bezüge auf die Verstorbenen vor allem ihren Ausdruck in der Auswahl ihrer Lieblingsmusikstücke, im Raum, Sarg- und Grabschmuck,[44] sowie in Texten, die verlesen werden. Entscheidend ist die Kongruenz mit der jeweiligen, individuellen Situation. Dieser Fokus auf das Individuum entspricht alternativer Religiosität bzw. Spiritualität, die die Erfahrung des Individuums und seine individuelle Fortentwicklung ins Zentrum stellt. Dies betrifft sowohl die Lebenden als auch die Toten: „[...] death and dying are consistently seen as passing but necessary experiences or stages in a larger development, never as a final end."[45]

3.3 Kreativität, Sinnlichkeit und Natur

Ebenso im Einklang mit der Betonung von Individualität und mit alternativer Religiosität steht die folgende Ausprägung: Zum Narrativ alternativer Rituale gehört der Verlust von Ritualen und der Aufruf zur Re-ritualisierung. Allerdings sollen wesentliche Aspekte der „verlorenen" Ritualistik nicht wieder revitalisiert werden. Dazu gehört insbesondere die Verbindlichkeit unabhängig von individuellen Bedürfnissen und Vorstellungen, die traditionelle Rituale kennzeichnet. Dies bedingt, dass der traditionale Aspekt, die Eigenschaft eines festgelegten, unabhängig vom Einzelfall durchzuführenden Skriptes, nicht wieder eingeführt werden soll. Im Gegensatz dazu wird Kreativität bzw. Freiraum für Kreativität und sogar für Spontanität gefordert: „Es handelt sich dabei um lebendige Rituale im ‚status nascendi', die im Prozess als rituelle Kompositionen immer wieder neu entstehen. In Verbindung mit kreativen Ausdrucksmitteln und schöpferischem Tun entstehen dann rituelle Improvisationen"[46] erklärt Canacakis, einer der Vorreiter in diesem Feld. „Abschiednehmen braucht immer auch Fantasie" schreibt Ida Lamp, bevor sie in den folgenden Kapiteln verschiedene Anregungen für Rituale aufzeigt.[47]

Sowohl die Niederlande, als auch Großbritannien waren in Europa sehr viel früher in diesem Feld aktiv und die alternative Bestattungskultur hat dort sehr viel größere Ausmaße angenommen als in Deutschland, der Schweiz und Österreich.

44 Hier kommen vor allem Fotos, Verweise auf Hobbies, berufliche Gegenstände, Kleidungsstücke, Musikinstrumente oder auch Fahrzeuge vor.

45 Wouter J. Hanegraaff, *New Age Religion and Western Culture. Esotericism in the Mirror of Secular Thought* (Leiden: 1996), 258.

46 Jorgos Canacakis, *Ich sehe deine Tränen. Trauern, klagen, leben können* (Stuttgart: 1987), 138.

47 Ida Lamp, „Wieviele Glöckchen hat das Hospiz?", in: *Abschied nehmen am Totenbett: Rituale und Hilfen für die Praxis*, Dies. und Karolin Küpper-Popp (Gütersloh: 2012), 94.

Zunächst erweckt dies den Eindruck, dass Narrative, Symbole und Praktiken somit nur noch in das „Symbolsystem eines Individuums eingebunden"[48] sind. Inzwischen hat sich jedoch herausgestellt, dass dies keineswegs der Fall ist. Vielmehr hat sich, neben tatsächlich sehr individuellen Elementen, ein Repertoire an rituellen Sequenzen etabliert, das allerdings raschere Veränderungen und Erweiterungen erfährt, als dies in traditionalen Kontexten der Fall ist. Rituelle Tradierung erfolgt hier nicht über Gemeinschaften (wie im Fall der Kirchen), jedenfalls nicht jenseits von Familien oder Freundeskreisen, sondern über die Ratgeberliteratur, die RitualleiterInnen und die nach und nach entstehenden entsprechenden Ausbildungsinstitutionen. Dabei bleibt in der rituellen Praxis jedoch immer der Anspruch auf den Einzelfall ausgerichtet zu sein: „Als Fachperson für Rituale gestalte und leite ich sehr gerne Hochzeiten und Abschiedsfeiern. Ich bestärke Menschen, eine Form, ein Ritual zu finden, die ihnen entspricht. Für mich habe ich dabei in der Vorbereitungsphase gewisse Strukturen für das Ritual bereit. Diese beziehen sich auf Phänomene, die zu dieser Lebenssituation und zum Menschsein gehören".[49]

Während diejenigen traditionellen Rituale, die noch praktiziert werden und von denen man sich abgrenzt, als leblos, rationalisiert und normiert bezeichnet werden, wird in alternativen Trauerritualen neben der Kreativität, auch auf Sinnlichkeit und Bezüge zur Natur Wert gelegt, weshalb sogenannte „Naturbestattungen" hier auch besonders beliebt sind. Entsprechend werden sie von kirchlicher Seite häufig mit „Naturreligiosität" in Verbindung gebracht. Weihrauch, Räucherschalen und Räucherstäbchen werden eingesetzt und Kerzen spielen meist eine bedeutende Rolle.[50] Diese können zum Beispiel in der Anzahl der Lebensjahre der Verstorbenen brennen und rituell nach und nach ausgeblasen werden. Auch Musik kann einen wesentlichen Raum einnehmen,[51] wie auch das schon erwähnte Tanzen und Trauermahl am Grab, bei dem zum Beispiel die Lieblingsspeisen der Verstorbenen gegessen werden.

---

48 Dorothea Lüddeckens, „Neue Rituale für alle Lebenslagen. Beobachtungen zur Popularisierung des Ritualdiskurses", *Zeitschrift für Religions- und Geistesgeschichte* 1(2004), 48.
49 Thomas Wegmüller, „Rituale sind lernbar: Zwischen Kitsch, Kunst und Kommerz", *Männerzeitung* 4 (2009), 11.
50 Vgl. z.B. Andrea Nagl, *Mit Würde Abschied nehmen.Trauerfeiern ohne Kirche. Anregungen und Ideen für Aufbahrung, Trauerfeier, Grablegung und Gedenkfeiern* (Stuttgart/Zürich: 2012), 87–93.
51 Besonders beliebt sind nach meinem Eindruck z.B. „Über den Wolken" (Reinhard Mey), „Mondscheinsonate" (Beethoven), „I Will always love yo" (Whitney Houston), „Time to say Goodbye" (Sarah Brightman), „Geboren um zu Leben" und „So wie du warst" (Unheilig), „Ave Maria" (Franz Schubert oder Sebastian Bach), „Abschied ist ein scharfes Schwert" (Roger Whittaker), „Tage wie diese" (Die Toten Hosen).

3.4 Im Kontakt mit den Toten sein und bleiben

Typisch für die alternative Trauer- und Bestattungskultur ist die körperliche Nähe zum Toten. Es wird ermutigt in der Nähe der Verstorbenen zu bleiben, Totenwachen im selben Raum zu halten, sie zu berühren und die Veränderungen, die mit dem Leichnahm vor sich gehen, wahrzunehmen.[52] Dabei werden von RitualleiterInnen Geschichten tradiert, die darauf hindeuten, dass diese toten Körper nicht mit dem Eintreten des physischen Todes von allem Leben verlassen sind.[53] Vielmehr wird vermittelt, dass eine den Tod überdauernde Essenz der Verstorbenen noch eine Weile in ihrem Körper vorhanden ist und sich erst langsam von diesem löst.[54] Als Ideal wird die Aufbahrung im eigenen Haus gesehen.[55] Angeboten wird sie aber auch in Räumen von bestimmten Bestattungsunternehmen, die für eine alternative Trauerkultur offen sind: „Die meisten bleiben solange, bis sich, wie Arne Raap-Mehl sagt [vom Bestattungsinstitut Horizonte (Freiburg i. Br.)], der Tote selbst verabschiedet."[56]

Darüber hinaus ergibt sich ein unmittelbarer körperlicher Kontakt auch über rituelle Handlungen am toten Körper, das Waschen, Einölen[57] und Einkleiden des Leichnams.[58] Dies und die offene Aufbahrung werden als traditionelle Formen kommuniziert, die von den SpezialistInnen abgeschafft wurden, und nun wieder aufgegriffen werden. Hier geht es jeweils auch darum einer Tabuisierung des Todes entgegen zu wirken.

---

52 Vgl. z.B. Daniela Tausch-Flammer und Lis Bickel, *Wenn ein Mensch gestorben ist: Würdiger Umgang mit dem Toten* (Freiburg: 2000), 84–87.
53 Vgl. z.B. Claudia Cardinal, *Sterbe- und Trauerbegleitung: Ein Handbuch* (Mannheim: 2013), 116.
54 Vgl. Daniela Tausch-Flammer und Lis Bickel, *Wenn ein Mensch gestorben ist: Würdiger Umgang mit dem Toten* (Freiburg: 2000), 87.
55 Vgl. Julia Schäfer, *Tod und Trauerrituale in der modernen Gesellschaft. Perspektiven einer alternativen Trauer- und Bestattungskultur* (Stuttgart: 2011), 115–112.
56 Sabine Grimkowski, *Was von mir übrig bleibt: Bestattungen heute – was möglich und was noch nicht möglich ist* (Frankfurt am Main: 2004), 40.
57 Eine pragmatische Erklärung liegt hier in der Erfahrung, dass die Haut eines Leichnams schnell austrocknet. BestatterInnen verwenden in der Regel spezielle Cremes. Das Einölen, das sich in alternativen Praktiken findet, trägt Bezüge zur Massage lebender Körper und zur alternativen Kosmetik, in der insbesondere Körperöle Verwendung finden. „Das [...] Einölen des Körpers kann für Nahestehende zu einem friedlichen und sanften Streicheln des Abschieds werden. Mit dem langsamen Waschen und den fast streichelnd anmutenden Berührungen an der verstorbenen Person kann Gebet und Segen verbunden sein." Claudia Cardinal, *Sterbe- und Trauerbegleitung: Ein Handbuch* (Mannheim: 2013), 118.
58 Vgl. z.B. Adelheid Fiedler, *„Ich war tot und ihr habt meinen Leichnam geehrt": Unser Umgang mit den Verstorbenen* (Mainz: 2001), 185.

Die propagierte Nähe zum Körper des Verstorbenen und die Narrative, die sich darum ranken, entsprechen dem Wunsch der Trauernden mit den Toten im Kontakt zu bleiben, auch über die Bestattung hinaus.[59] Daher finden sich auch rituelle Praktiken in der alternativen Trauerkultur, die zum Beispiel Gespräche mit den Verstorbenen und Briefe an sie beinhalten.[60] Dabei geht es in der Regel nicht um spiritistische oder okkulte Praktiken, die die Verstorbenen in Form eines Geistes aus einem Jenseits heraufbeschwören sollen. Vielmehr ist die Etablierung einer neuen, kontinuierlichen Beziehung erwünscht, die sich nicht in einseitigem Erinnern an die Toten erschöpft, sondern durchaus von „Lebendigkeit" bis hin zu einer Gegenseitigkeit gekennzeichnet sein soll. Dabei wird oft auf andere Kulturen verwiesen, die eine Art „Solidargemeinschaft" von Lebenden und Toten kennen.[61] Die alternative Trauerkultur befindet sich hier im Einklang mit einer von verschiedenen Vertretern der Trauerpsychologie vertretenen Ansicht. Hier wird davon ausgegangen, dass gesunde Trauer keineswegs eine endgültige Verabschiedung der Verstorbenen voraussetzt, sondern vielmehr „continuing bonds"[62] existieren können, die über Erinnerungen an die Toten hinausgehen und in einem lebendigen Kontakt mit den Verstorbenen bestehen.[63]

„Einen lebendigen Kontakt zu den Toten halten zu können, benötigt ein paar wenige Voraussetzungen. Zunächst ist es wichtig, fest zu wissen und zu erkennnen, dass Tote nicht einfach ‚nicht mehr da' sind, sondern [sich] in einer völlig neuen und uns fernen Ebene befinden – wie immer die auch aussehen mag."[64] Die andauernden Bindungen und Beziehungen zu den Verstorbenen, von denen angenommen wird, dass sie zwar auf einer anderen Ebene, in einer anderen Welt existieren, aber doch nicht abgetrennt sind von den Lebenden, sollen ernst genommen werden und können mit Ritualen unterstützt werden. Trauerrituale

---

59 Vgl. Dorothea Lüddeckens, „One happy family – zur Transzendierung von Gemeinschaft in Todesritualen", in: *Release from Life – Release in Life. Indian Perspectives on Individual Liberation*, Andreas Bigger et al. (Hg.), (Bern: 2010), 119–125.
60 Vgl. z.B. Claudia Cardinal, *Trauerheilung: Ein Wegbegleiter* (Düsseldorf: 2002), 120–122.
61 Claudia Cardinal, *Trauerheilung: Ein Wegbegleiter* (Düsseldorf: 2002), 106. Tatsächlich lässt sich dies z.B. für die Parsen gerade auch im Zusammenhang mit Ritualen zeigen. Vgl. Dorothea Lüddeckens, „One happy family – zur Transzendierung von Gemeinschaft in Todesritualen", in: *Release from Life – Release in Life. Indian Perspectives on Individual Liberation*, Andreas Bigger et al. (Hg.), (Bern: 2010), 122–125.
62 Massgeblich für dieses Konzept waren die Publikationen von Dennis Klass, Phyllis R. Silverman und Steven L. Nickmann sowie von Tony Walter aus dem Jahr 1996.
63 In der deutschsprachigen Diskussion ist diese Auffassung durch Roland Kachler eingeführt worden: *Meine Trauer wird dich finden: Ein neuer Ansatz in der Trauerarbeit* (Freiburg im Breisgau: 2012), Erstauflage 2005.
64 Claudia Cardinal, *Trauerheilung: Ein Wegbegleiter* (Düsseldorf: 2002), 106.

aus der alternativen Trauerkultur treten hier auch in kirchlichen Kreisen in eine Lücke, die vor allem in der protestantischen Ritualistik besteht, während je nach Form des Katholizismus zum Beispiel das Sechs-Wochenamt angeboten wird.

3.5 Der Tod ist nicht das Ende

In der Religionsgeschichte finden sich immer wieder Ritualinnovationen, die entstanden, weil bestimmte Konzepte in rituelle Performanz umgesetzt werden sollten. Im vorliegenden Fall hat u.a. der Wandel religiöser Auffassungen vom Tod und Vorstellungen des „Danach" zum Ritualtransfer geführt.

Während die Zustimmung zum Glauben an die Auferstehung der Toten und anderen traditionell christlichen Glaubensinhalten in der deutschen und schweizer Bevölkerung abnimmt,[65] findet sich eine Zunahme oder jedenfalls Stabilität alternativ-religiöser Überzeugungen. 1989 erklärten sich nur 13.8%, 1999 schon 18,1% mit der Aussage „Es gibt eine Reinkarnation (Wiedergeburt) der Seele in einem anderen Leben" einverstanden,[66] 2009 hielten laut ISSP über 30% der befragten SchweizerInnen Reinkarnation für wahrscheinlich. Dieser Wandel führt dazu, dass Menschen sich aus religiöser Überzeugung gegen kirchliche Bestattungsrituale entscheiden, da sie deren Inhalte nicht teilen und nachvollziehen können. Gemeinsam mit RitualleiterInnen werden stattdessen Rituale entworfen, die die eigenen Vorstellungen und Erfahrungen ausdrücken und so eine damit kongruente rituelle Praxis versprechen.

Besonders Heelas hat hier auf die „spirituality of life"[67] aufmerksam gemacht. Dieser entsprechen die deutlichen Bezüge auf „Lebendigkeit", die bei alternativen Ritualen zu beobachten sind: So wird vom „letzten Fest" gesprochen,[68] der traditionale Erdwurf mit einem Blütenregen auf den Sarg eingetauscht, es wird explizit darum gebeten, keine schwarze Kleidung zu tragen, die Räume werden

---

[65] Der Glaube an den christlichen Gott fand in der Schweiz 1989 noch unter 53% der SchweizerInnen Zustimmung, 1999 nur noch unter 37% (Roland J. Campiche, *Die zwei Gesichter der Religion. Faszination und Entzauberung* [Zürich: 2004], 312).
[66] Roland J. Campiche, *Die zwei Gesichter der Religion. Faszination und Entzauberung* (Zürich: 2004), 213.
[67] Paul Heelas, „The Spiritual Revolution: From ‚Religion' to ‚Spirituality'", in: *Religions in the Modern World: Traditions and Transformations*, Linda Woodhead (Hg.), (London: 2002), 361–362.
[68] So der Titel von Nicole Rinder und Florian Raum, *Das letzte Fest. Neue Wege und Heilsame Rituale in der Zeit der Trauer* (München: 2012).

farbig geschmückt,[69] es wird getanzt und ein „Totenmahl" wird in die Trauerfeier integriert, mit Speisen und Getränken am Grab.

Reinkarnationskonzepte sind in der Praxis von alternativen Trauer- und Bestattungsritualen erstaunlich wenig präsent. Zu verstehen ist dies mit der oben beschriebenen Relevanz der kontinuierlichen Bindung an Verstorbene, die Konzepte naheliegender machen, die von einer Weiterexistenz der den Trauernden bekannten Individuen auf einer anderen Ebene ausgehen. Typische rituelle Segmente sind Grabbeigaben, Briefe an die Toten, sowie Nachrichten, die „mit auf den Weg" in den Sarg gegeben oder rituell verbrannt werden. Ebenso finden sich Reisesegen als Ritualsequenzen.[70] In verschiedenen Varianten werden auch Bänder oder Schnüre rituell durchtrennt, wobei der eine Teil bei den Verstorbenen bleibt, der oder die anderen Teile von den Trauernden behalten werden. Bei Bestattungen werden den Teilnehmenden Erinnerungsgaben mitgegeben, kleine Steine, die bereits in das Ritual integriert wurden, Blumen, Blüten oder Gegenstände, die in Verbindung mit den Verstorbenen stehen.

4 Grenzen und Freiräume

Bestattungsrituale sind aus ritualtheoretischer Sicht Übergangsrituale wie Taufen oder Hochzeiten. Im Unterschied zu diesen sind Bestattungen jedoch unumgänglich und es besteht im Gegensatz zur Taufe auch in einem nicht-religiösen Umfeld die Erwartung sie rituell zu gestalten, d.h. Bestattungsrituale zumindest für die nahen Angehörigen zu organisieren.[71] Sie besitzen auch deshalb innerhalb der alternativen Ritualistik eine besondere Bedeutung. Ein weiterer Unterschied zu anderen Übergangsritualen besteht in den besonderen Einschränkungen, die hier vorliegen. Da für Bestattungsrituale die Präsenz des Leichnams und bzw. oder seiner Asche eine wesentliche Relevanz hat, können neben den Ritualteilnehmenden weitere Akteure den Spielraum für die entsprechenden Rituale

---

[69] Bezeichnend ist hier der Titel „Das letzte Hemd ist bunt" von Fritz Roth (*Das letzte Hemd ist bunt: Die neue Freiheit in der Sterbekultur* (Frankfurt: 2011).
[70] Der Topos der Reise spielt auch in der Ratgeberliteratur und unter RitualleiterInnen eine große Rolle. Vgl. z.B. Christa Pauls, Uwe Sanneck und Anja Wiese, *Rituale in der Trauer* (Hamburg: 2013), 21.
[71] Interessanterweise wird das Bestattungswesen von der EU-Kommission als „kulturelle und historische Eigenart" gewertet. Auskunft des Pressereferenten Alexander Helbach der Verbraucherinitiative für Bestattungskultur, Aeternitas. e.V. Zitiert in Magdalena Köster, *Den letzten Abschied selbst gestalten. Alternative Bestattungsformen* (Berlin: 2012), 164.

in erheblichem Maß mitbestimmen. Damit spielen rechtliche und ökonomische Faktoren, die außerhalb der Verfügungsgewalt der Ritualgestaltenden liegen, eine wesentliche Rolle. Während Hochzeiten alternativ rituell auch zeitlich vor, nach oder ganz unabhängig vom Standesamt gefeiert werden können und damit nicht von rechtlichen Regelungen abhängig sind, ist die Verfügungsgewalt der Ritualteilnehmenden über einen Leichnam und in Deutschland auch über dessen Asche, eingeschränkt. Dies beginnt mit dem Zeitpunkt des Todes, jedenfalls spätestens ab der Meldepflicht. Über die entsprechenden Gesetzgebungen, so in Deutschland insbesondere der „Friedhofszwang", verfügen gegebenenfalls auch Bestattungsunternehmen und Friedhofseigentümer über eine Macht, die die Handlungsspielräume der Ritualgestaltenden bestimmen und einschränken kann.[72]

Kirchliche Akteure können ebenfalls ein Interesse an entsprechenden Gesetzgebungen haben, da sie Freiräume, die mit nicht-kirchlichen Ritualen verbunden sind, einschränken.[73] Die kirchlichen Bestattungsrituale sind aus traditionellen Gründen, die gegebenenfalls theologisch begründet werden, an bestimmten Räumen, das heißt konkret an den Kirchen oder Friedhofskappellen und Friedhöfen, orientiert. Alternativ-religiöse Rituale hingegen zeigen deutliche Orientierungen hin zu Räumen in der „freien Natur".[74] Hinzu kommt, dass hier Rituale im

---

[72] Da Bestattungsunternehmen und Friedhofseigentümer ökonomische Interessen verfolgen, sind sie an dieser Macht interessiert und wirken über Lobbyarbeit wiederum auf die Gesetzgebung ein. Aus kirchlicher Sicht soll allerdings im Hinblick auf die Diskussion der entsprechenden Gesetzgebungen die „argumentative Verknüpfung solcher kommerziellen Interessen bzw. Sorgen mit theologischen und gesellschaftspolitischen Gesichtspunkten (...) vermieden werden." Evangelische Kirche Deutschland. 2004. *Herausforderungen evangelischer Bestattungskultur. Ein Diskussionspapier* (2004), 5.

[73] Sehr deutlich konnte dies in Deutschland bei der Diskussion verschiedener Gesetzgebungen zum „Friedhofszwang" beobachtet werden. Hier nahmen die Kirchen erfolgreich Einfluss und konnten so die Aufhebung dieses Zwanges weitgehend verhindern. Darüber hinaus besitzen kirchliche Akteure jedoch auch aus ethischen und rituellen Überlegungen, über ihre eigenen Machträume hinaus, Interesse an den Gesetzgebungen. So z.B. wenn sie sich für die Aufhebung des Sargzwanges einsetzen, damit muslimische Bestattungsrituale ermöglicht werden oder dafür einsetzen, dass Entbindungsstationen verpflichtet werden darauf hinzuweisen, dass auch Tot-, Fehl- oder Frühgeburten bestattet werden können (vgl. z.B. Evangelische Kirche Deutschland. *Herausforderungen evangelischer Bestattungskultur. Ein Diskussionspapier* (2004), 6). Dieser Bereich ist ebenfalls stark von der alternativen Trauer- und Bestattungskultur geprägt und zeigt viele Vernetzungen mit der alternativen Geburtsvorbereitung und -hilfe durch Hebammen.

[74] Dass die EKD dies selbst reflektiert zeigt folgendes Zitat: „Dabei sollten aber die Chancen einer solchen relativen Öffnung nicht verkannt werden: Es bietet sich die Möglichkeit, die sich verstärkende Sehnsucht nach individuellen, familiennahen und persönlichen Erinnerungsorten aufzunehmen und eine christliche Begleitung solch individueller Bestattungswünsche denkbar

Hinblick auf zeitliche Rahmenbedingungen weit weniger begrenzt sind als dies häufig auf Friedhöfen der Fall ist.[75] Einschränkungen im Hinblick auf den Raum gibt es auch bei Waldbestattungen, vor allem jenseits der Bestattung selbst.[76] Anders als auf Friedhöfen und in Kirchen, die als zivilisierte und daher gestaltbare Räume wahrgenommen werden, akzeptieren die Laien die Regeln im Wald aber oft als der Natur angemessen.[77]

Die rituellen SpezialistInnen alternativ-religiöser Bestattungsrituale verstehen sich in ihrer rituellen Praxis weder an eine Tradition, noch an eine Gemeinschaft gebunden, sondern in erster Linie den RitualteilnehmerInnen, und hier insbesondere ihren AuftraggeberInnen, und sich selbst verpflichtet. Freie RitualleiterInnen sind nur lose über Verbände untereinander vernetzt[78] und stehen in einem unmittelbaren, im weberschen Sinne gesellschaftlichen Verhältnis zu ihren KundInnen. Sie sind, wiederum im Rahmen der rechtlichen Rahmenbedingungen, einzig ihnen gegenüber und sich selbst rechenschaftspflichtig. Auch freie RitualleiterInnen gestalten Rituale nicht willkürlich und auch sie haben ihr Repertoire und ihre „Prinzipien". Beides ist aber einzig an ihre eigene, persönliche Referenz gebunden, als Norm gilt „Authentizität".[79] Dies ermöglicht Freiheiten und Spielräume, deren Grenzen, abgesehen von finanziellen und personellen Ressourcen, nur an den oben erwähnten räumlichen und zeitlichen Strukturen liegen.

---

zu machen. So vermeidet die Kirche den Eindruck, dass allein schon die Wahl eines alternativen Ortes per se eine anti-kirchliche Entscheidung sei." Evangelische Kirche Deutschland. *Herausforderungen evangelischer Bestattungskultur. Ein Diskussionspapier* (2004), 7.

75 Da Bestattungen in der Regel nur von Montag bis Freitag und nicht während des ganzen Tages stattfinden dürfen, betreffen die Zeitfenster, die den einzelnen Bestattungen in den entsprechenden Räumlichkeiten zur Verfügung stehen häufig nur 30 oder gar 20 Minuten.

76 Bestattungsbäume dürfen zum Beispiel nicht oder nur sehr begrenzt mit persönlichen Gegenständen geschmückt werden.

77 Zudem werden sich Angehörige, die ein großes Bedürfnis nach einer individuellen Grabgestaltung haben, seltener für eine Waldbestattung entscheiden. Grabstellen in der Natur können allerdings auch ohne individuelle Gestaltung zu Orten der Identität, von „space" zu „place" für Angehörige werden. Vgl. Douglas Davies, Hannah Rumble. *Natural Burial. Traditional-secular spiritualities and funeral innovation* (London: 2012), 3.

78 Interessanterweise ist hier inzwischen ebenfalls eine Professionalisierung z.B. im Kontext von Ausbidlungsstrukturen zu beobachten. So bietet z.B. die Schule für Rituale einen dreijährigen berufsbegleitenden Lehrgang an: http://www.schule-fuer-rituale.ch/ (05.04.2014). Vgl. z.B. auch: http://www.inspirieren.ch/Thomas_Wegmuller/Willkommen.html (05.04.2014).

79 Vgl. Danièle Hervieu-Léger, *Pilger und Konvertiten. Religion in Bewegung* (Würzburg: 2004), 123–130.

5 Schluss

Rationalisierung und mit ihr Bürokratisierung und Normierung haben im 19. und 20. Jahrhundert zu wesentlichen Veränderungen in der Trauer- und Bestattungskultur geführt. Während einerseits die Normierung vom Umgang mit Verstorbenen und der Entzug der Verstorbenen aus dem Raum des Privaten und damit aus dem Bereich der Angehörigen durch Medizin und nicht-religiöse Spezialisten zunahm, nahm andererseits auch die Individualisierung und Bereitschaft sich vorgegebenen Strukturen zu verweigern zu. In Verbindung mit einem Wandel religiöser Vorstellungen und der Entfremdung von den Kirchen entstanden neue alternativ-religiöse rituelle Umgangsweisen mit Verstorbenen und der Trauer. Diese verstehen sich selbst als Gegenkultur und diffundieren zugleich immer mehr in die kirchliche Praxis. Der damit einhergehende Ritualtransfer ist durch rituelle Selbstermächtigung gegenüber SpezialistInnen, eine Fokussierung auf Individuen, die Betonung von Kreativität, Sinnlichkeit und Natur geprägt. Freie RitualleiterInnen als SpezialistInnen alternativ-religiöser Rituale verfügen durch ihre Ungebundenheit an religiöse Gemeinschaften über einen großen, nur durch rechtliche, räumliche und zeitliche Rahmenbedingungen und ihren eigenen Anspruch auf Authentizität begrenzten Freiraum. Damit können sie sich als DienstleisterInnen verstehen, die die Wünsche und Vorstellungen der Angehörigen unterstützen und umsetzen. Angehörige nehmen so die entstehenden Rituale als besonders kongruent mit ihren eigenen Konzepten vom Tod und von den Verstorbenen, sowie ihren eigenen Lebensstilen wahr. Religiöse Züge zeigen sich insbesondere darin, dass die Ritualteilnehmenden ihre Bindung an die Verstorbenen über das Ritual weniger trennen, als vielmehr in eine den Tod überdauernde Beziehung transformieren. Bei alternativ-religiösen Ritualen, bei denen keine Gemeinschaft im Hintergrund steht, kann der Trost nicht in Verweisen auf gemeinschaftlichem Aufgehobensein unter den Lebenden liegen. Er liegt dafür in dieser fortdauernden Gemeinschaft mit den Verstorbenen.

Christian Brouwer
Abschied von Dir

Die persönliche Anrede von Verstorbenen in protestantischen Trauer- und Begräbnisritualen

Ob man im liturgischen Rahmen „Du" sagen dürfe zu der, die zwar ihr Leben lang so angesprochen wurde, nun aber *die Tote* ist, von der aber zugleich anzunehmen ist, dass sie im Trauer-Alltag von den Trauernden auch als Verstorbene so angeredet wird: um diese Frage kreisen die folgenden Überlegungen.[1]

1 Spuren des Du

1.1 Die persönliche Anrede in Bestattungsagenden

Die persönliche Toten-Anrede musste sich ihren Platz im protestantischen Begräbnisritual allererst suchen. Die Reformatoren hatten in der konsequenten Ausrichtung der Feiern auf die Hinterbliebenen alle Elemente, die einen Kontakt zu den Verstorbenen intendierten und daher in der Gefahr des Missverständnisses standen, als solle auf deren Seelenheil Einfluss genommen werden, abgeschafft. In einer Gegenbewegung dazu ist in den Agendenentwürfen vom 16. bis zum 19. Jh. eine zunehmende Verwendung der Anrede zumindest im Rahmen der Einsegnung vorgesehen.[2] In die entgegengesetzte Richtung verlief die Entwicklung im 20. Jh., während sich für das späte 20. und das 21. Jh. nun wiederum eine gegenläufige Bewegung erahnen lässt,[3] was die folgenden Streiflichter verdeutlichen.

---

1 Vgl. zum Problemhorizont z.B. Christof Gestrich, *Luther mit Leib und Seele. Impulse für die christliche Eschatologie*, in: Johannes von Lüpke/Edgar Thaidigsmann (Hg.), *Denkraum Katechismus. Festgabe für Oswald Bayer zum 70. Geburtstag* (Tübingen: 2009), 289–314, 289f.
2 Vgl. Georg Rietschel/Paul Graff, *Lehrbuch der Liturgik. Band 2: Die Kasualien* (Göttingen: ²1952), 764–779.
3 Zu allgemeinen Tendenzen neuerer Bestattungsagenden vgl. Alexander Völker, *Festlicher Auszug. Beobachtungen zum Bestattungsritus in zeitgenössischen Agenden des deutschen Sprachraums*, in: Albert Gerhards/Benedikt Kranemann (Hg.), *Christliche Begräbnisliturgie und säkulare Gesellschaft* (Erfurter theologische Schriften 30), (Leipzig: ²2003), 132–152; Wolfgang Ratzmann, *Neue Evangelische Agenden zur Bestattung von Christen und Nichtchristen*, a.a.O., 153–169.

Die *VELKD-Agende*[4] kennt die persönliche Anrede vor allem im Rahmen der *Aussegnung*. Dabei wird der Valetsegen „zur/zum Toten gewandt" gesprochen und hat i.d.R. den Wortlaut: „Es segne dich Gott, der Vater, der dich nach seinem Ebenbild geschaffen hat. Es segne dich Gott, der Sohn, der dich durch sein Leiden und Sterben erlöst hat. Es segne dich Gott, der Heilige Geist, der dich zu seinem Tempel bereitet und geheiligt hat. Der Dreieinige Gott sei dir gnädig im Gericht und schenke dir das ewige Leben." (35) Als alternative Vorschläge bietet die Agende eine am Ende erweiterte trinitarische Formel sowie zwei die Gegenwart Christi zusprechende Segensformulierungen (222f.). Daneben sieht die Agende vor, dass vor dem Geleitwort eine Übersetzung des mittelalterlichen Hymnus *In paradisum* gelesen werden kann (54); das Geleitwort wird abgeschlossen mit Ps 121,8, wobei die wörtliche Variante (dein) als Alternative zur inklusiven Variante (uns) vorgesehen ist: „Der Herr behüte *unseren / deinen* Ausgang und Eingang von nun an bis in Ewigkeit" (55).

Die *badische* Bestattungsagende[5] ordnet der *Aussegnung nach Eintritt des Todes* und der *Aussegnung bei Abholung im Sterbehaus* jeweils einen trinitarischen Valetsegen mit persönlicher Anrede zu. Daneben verwendet sie für die Bestattung von Kindern als Begräbniswort: „... Von Erde bist du genommen, zu Erde sollst du werden. Gott vollende an dir, was er dir in der Taufe geschenkt hat, und gebe dir Teil an seiner Herrlichkeit ..." (103).

Die *württembergische* Agende[6] integriert die liturgischen Feiern der Aussegnung, der Andacht im Trauerhaus etc. in einen ‚Abschiedssegen', der die Taufe in Erinnerung bringt. Der Valetsegen, für den entweder die trinitarischen Formulierungen, Ps 121,7f. oder eine Segensbitte ohne persönliche Anrede vorgesehen sind, steht im Zentrum der Feier. In der Agende begegnet die persönliche Anrede darüber hinaus durch die Liedstrophe EG(Württ) 679 (Du kamst, du gingst mit leiser Spur) als Geleitwort zur Bestattung eines Kindes.

Die Agende aus *Kurhessen-Waldeck*[7] bietet für die Aussegnung neben dem altkirchlichen Valetsegen zwei neuere Segensformeln mit Tauferinnerung (73f.). Daneben bietet sie für eine Beerdigung *ohne Leichnam* ein Auferstehungswort und ein Bestattungswort für eine Trauerfeier ohne Angehörige und Gemeinde jeweils nach Jes 43,1 an. Für die Bestattung eines Kindes wird als Gebet Ps 121 vor-

---

4 *Agende für Evangelisch-lutherische Kirchen und Gemeinden. Bd. III: Die Amtshandlungen, Teil 5: Die Bestattung.* Kirchenleitung der VELKD (Hg.), neubearbeitete Ausgabe (Hannover: 1996).
5 *Agende für die Evangelische Landeskirche in Baden. Bd. IV: Bestattung* (Karlsruhe: 2002).
6 *Gottesdienstbuch für die Evangelische Landeskirche in Württemberg. Zweiter Teil: Sakramente und Amtshandlungen, Teilband: Die Bestattung* (Stuttgart: 2000).
7 *Agende IV: Die Bestattung.* Landeskirchenamt der Evangelischen Kirche von Kurhessen-Waldeck (Hg.), (Kassel: 2006).

geschlagen. Als Geleitwort findet neben EG(Württ) 679 auch EG 533,1 (Du kannst nicht tiefer fallen) Anwendung.

Die weitgehendsten Vorschläge macht die *Agende der UEK*.[8] Für die *Andacht zur Begleitung Trauernder nach Eintritt des Todes* sieht sie neben dem Valetsegen eine Verabschiedung durch die Angehörigen mit den Worten „Friede sei mit dir" oder „Gott behüte dich" oder „Gott befohlen" vor (60). Für die Abschiedsandacht im Sterbezimmer empfiehlt sie Ps 121,7f. als Abschiedssegen, alternativ eine Übersetzung des *In paradisum* (65). Bei der Abholung aus dem Sterbehaus lautet das Abschiedswort: „Friede sei mit dir. Friede sei mit uns" (70). Als Geleitwort im Trauergottesdienst schlägt die Agende Ps 121,8 in der wörtlichen Form (*deinen Ausgang und Eingang*) vor. Am Grab sieht sie fakultativ einen Abschiedssegen vor: „Friede sei mit dir von Gott, dem Vater und dem Sohn und dem Heiligen Geist", oder „Der Segen Gottes, des Vaters und des Sohnes und des Heiligen Geistes, sei mit dir und bleibe bei dir in Ewigkeit." (87) Daneben bietet sie im Anhang weitere Formulierungen, die sich allesamt persönlich an die Verstorbene wenden. Wird eine Trauerfeier mit später erfolgender Urnenbeisetzung begangen, ist der Abschiedssegen obligatorisch. Bei einer Urnenbeisetzung ist hingegen *kein* Abschiedssegen vorgesehen.

1.2 Aus der pastoralen Praxis

Im Rahmen eines Projektes für das zweite theologische Examen der Hannoverschen Landeskirche wurden mittels Fragebögen Pastorinnen und Pastoren aus zwei Kirchenkreisen hinsichtlich ihres Gebrauchs der persönlichen Anrede Verstorbener bei Aussegnungen und Beerdigungen sowie den Gründen für die Entscheidung befragt. Zwar betrug der Rücklauf nur ca. 10%; da jedoch die Antworten ein insgesamt einheitliches Bild boten, lassen sich aus der kleinen Stichprobe die folgenden allgemeinen Tendenzen erheben.

Zur *Aussegnung* gehört immer der Valetsegen in der agendarischen Form, der z.T. als Segen, und z.T. als Fürbitte verstanden wird. Üblich im Rahmen der Aussegnung ist eine Anrede durch andere Beteiligte in Form eines letzten Dankes oder Grußes oder als Abschiedswort – ‚Tschüß, Mutti!'. Während der *Trauerfeier* findet das *in paradisum* in der Regel keine Verwendung; unter Verweis auf die altertümliche Sprache und die befremdliche Märtyrer-Terminologie wird der Gebrauch

---

[8] *Bestattung. Agende für die Union Evangelischer Kirchen in der EKD Bd. 5*, im Auftrag des Präsidiums hg. von der Kirchenkanzlei der UEK (Bielefeld: 2004).

abgelehnt. Ps 121,8 wird von allen Befragten gesprochen, und zwar ausnahmslos in der Formulierung „Der Herr segne *unseren* Ausgang und Eingang".

Keiner der Befragten spricht einen expliziten Segen über dem Sarg oder der Urne; eine Pastorin hält dies allerdings für denkbar, „wenn z.B. nach einem Unfall nur Teile des Leichnams gefunden worden wären. Dann wäre mir die segnende Zuwendung wichtig". Hinsichtlich einer persönlichen Anrede in der *Traueransprache* sind sich die Befragten in ihrer Ablehnung einig. Grundsätzlich spielt es nach Auskunft der Befragten eine große Rolle, ob die Anrede angesichts einer Urne oder eines Sarges erfolgt, weiterhin ebenfalls, ob der Sarg geschlossen oder offen ist.

Insgesamt ist der Großteil der Befragten der Meinung, dass die persönliche Anrede den Abschied für die Angehörigen weder erleichtere noch erschwere. Entscheidender Punkt bei allen Überlegungen ist, dass die Trauerfeier für die Trauernden ist.[9]

1.3 Trauernde kommunizieren!

Äußerungen von Hinterbliebenen zeigen, dass – nicht nur am Grab – *mit* den Toten gesprochen wird. Insgesamt lässt sich beobachten, dass die Kommunikation mit den Verstorbenen im Laufe der Zeit abnimmt; nach einigen Monaten findet sie für gewöhnlich nur noch zu besonderen Momenten statt. Die psychologische Trauerbegleitung unterstützt Dialoge mit den Verstorbenen, „weil sich in der Anrede der Verstorbene als Gegenüber"[10] und d.h. als *innere Repräsentanz* konstituiert.

Vielen Todesanzeigen in Zeitungen und Karten ist ein Spruch vorangestellt, der „sich als Spiegelbild des Glaubens, der Gedanken und der empfundenen Gefühle der Hinterbliebenen deuten"[11] lässt. Eine stichprobenartige Untersuchung von Traueranzeigen ergab, dass fast ein Drittel der Anzeigensprüche dabei eine Anrede in der zweiten Person verwenden; ein Zehntel ergreift für die verstorbene Person die Stimme.

---

9 Ebenfalls per Fragebogen befragte sog. freie Trauerredner zeigen sich im Vergleich zu den Pastorinnen und Pastoren i.W. entschiedener in ihrer Ablehnung einer persönlichen Anrede; sie verweisen dafür v.a. auf das Menschenbild.
10 Roland Kachler, *„Du bleibst ein Teil von mir". Die Integration der Repräsentanzen des Verstorbenen*, in: *Leidfaden 2* (2013/1), 32–37, 37.
11 Carmen Berger-Zell, *Abwesend und doch präsent. Wandlungen der Trauerkultur in Deutschland* (Neukirchen-Vluyn: 2013), 139.

Relativ jung ist das Phänomen der Gedenkportale und virtuellen Friedhöfe im Internet.[12] Ich verdeutliche das Phänomen an einem Beispiel. Die Präsenz www.memorta.com ist nach ihrer Selbstauskunft „ein *Gedenkportal* für verstorbene Angehörige, Freunde, Bekannte und Kollegen"[13], für die Gedenkseiten (,Memos') angelegt werden können, die von anderen besucht werden können. Auf den Memos wird ein Gedenkstein errichtet. Daneben gibt es die Möglichkeit, eine Biographie sowie Multimediadateien einzustellen. In einem Gästebuch können virtuelle Kerzen etc. entzündet und Texte hinterlassen werden. Für unseren Zusammenhang von entscheidender Bedeutung ist die Beobachtung, dass die Texte nach einer Stichprobe zu mehr als 90% den oder die Verstorbene persönlich anreden.

2 Theologische Hintergründe

2.1 Tod

Heidegger hat auf radikalste Weise den Tod auf die Existenz des Einzelnen bezogen und ihm daseinserschließende Funktion zugeschrieben. In der existentiellen Ausrichtung des Daseins auf den *eigenen* Tod („*Jemeinigkeit*"[14]) erschließt sich das Dasein als ein *Sein zum Tode*,[15] das „wesenhaft Angst"[16] ist, als Vereinsamung[17] erfahren wird und den Menschen „an seine Identität gemahnt"[18]. Doch den eigenen „Tod erlebt man nicht,"[19] zu ihm gibt es nur eine vorauslaufende Beziehung. Anders beim Tod der Anderen: „Ihr Tod ist der wirkliche Tod, der Tod, der betroffen macht"[20] und in emotionale Unruhe versetzt.[21] Zum Tod gehört beides:

---

12 Vgl. dazu a.a.O., 144–169 und den Beitrag von Ilona Nord in diesem Band.
13 www.memorta.com (27.02.2014).
14 Martin Heidegger, *Sein und Zeit* (Tübingen: [18]2001), 42.
15 Vgl. a.a.O., 255–266.
16 A.a.O., 266.
17 Vgl. Gerhard Ebeling, *Dogmatik des christlichen Glaubens. Band II: Der Glaube an Gott den Versöhner der Welt* (Tübingen: 1979), 133.
18 A.a.O., 141. Vgl. auch Michael Theunissen, *Die Gegenwart des Todes im Leben*, in: Ders.: *Negative Theologie der Zeit* (stw 938), (Frankfurt a.M.: 1991), 197–217.
19 Ludwig Wittgenstein, *Tractatus logico-philosophicus*, in: Ders.: *Werkausgabe Band 1* (stw 501), (Frankfurt a.M.: 1984), 7–85, 84.
20 Henning Luther, *Tod und Praxis. Die Toten als Herausforderung kirchlichen Handelns. Eine Rede*, in: ZThK 88 (1991), 407–426, 422.
21 Vgl. Emmanuel Levinas, *Gott, der Tod und die Zeit* (Edition Passagen 43), (Wien: 1996), 27.

vorlaufendes Sein zum Tode und „Todes‚erfahrung' von *jemandem*"[22]. Hinzu kommt ein drittes: Wie natürlich auch immer ein Tod sei, er ist ein Abbruch.[23] In dieser Spannung von Jemeinigkeit, emotionaler Unruhe und Ichfremdheit stellt der Tod „eine Herausforderung dar, deren Beantwortung in die Dimension des Religiösen führt"[24].

Die theologische Tradition hat in ihrer Geschichte i.W. mit zwei Modellen auf diese Herausforderung reagiert. Gegenüber der dualistischen Vorstellung, nach der sich im Tod die Seele des Menschen von seinem Leib trenne und in einen Zwischenzustand entweiche,[25] hat sich seit Beginn des 20. Jahrhunderts in der protestantischen Theologie weitgehend die sog. Ganztodtheorie durchgesetzt, die davon ausgeht, dass mit dem Leib auch die Seele stirbt,[26] und gegenwärtig vor allem von E. Jüngel vertreten wird. Mit dem Tod enden alle Beziehungen: „Das Wesen des Todes ist Verhältnislosigkeit."[27] Aufgrund des Todes und der Auferstehung Jesu „erwächst [jedoch] mitten aus der Verhältnislosigkeit des Todes ein *neues Verhältnis* Gottes zum Menschen."[28] Die entscheidende Schwierigkeit der Ganztodtheorie besteht darin, dass sie eine Identität zwischen dem Gestorbenen und dem Auferstandenen nicht denken kann.

Dies gestattet die von Tillich rezipierte Todesdeutung Schellings: „Der Tod des Menschen möchte also nicht sowohl eine Scheidung, als eine *Essentification* seyn, worin nur Zufälliges untergeht, aber das Wesen, das was eigentlich der

---

[22] A.a.O., 21; vgl. auch Eberhard Jüngel: *Tod* (ThTh 8), (Stuttgart: 1971), 44.

[23] Vgl. Theodor W. Adorno, *Negative Dialektik*, in: *Ders., Gesammelte Schriften Band 6* (stw 1706), (Frankfurt a.M.: 2003), 7–412, 362: „[S]olange man nicht debil ist, erfährt man den Tod und seine Boten, die Krankheiten, als heterogen, als ichfremd".

[24] Ebeling, *Dogmatik II*, a.a.O., 148.

[25] Vgl. Wilfried Härle, *Dogmatik* (Berlin/New York: ²2000, 630); Joseph Ratzinger/Benedikt XVI: *Eschatologie. Tod und ewiges Leben* (Regensburg: 2007), 124ff.

[26] Vgl. Christian Henning, *Wirklich ganz tot? Neue Gedanken zur Unsterblichkeit der Seele vor dem Hintergrund der Ganztodtheorie*, in: NZSTh 43 (2001), 236–252, 239.

[27] Jüngel, Tod, a.a.O., 171. – Damit nimmt Jüngel den wesentlichen Aspekt der alttestamentlichen Todesdeutung ernst. Vgl. Bernd Janowski, *Die Toten loben JHWH nicht. Psalm 88 und das alttestamentliche Todesverständnis*, in: Ders., *Der Gott des Lebens. Beiträge zur Theologie des Alten Testaments 3* (Neukirchen-Vluyn: 2003), 201–243; Hans Walter Wolff, *Anthropologie des Alten Testaments, mit zwei Anhängen neu herausgegeben von Bernd Janowski* (Darmstadt: 2010), 152–177.

[28] Jüngel, Tod, a.a.O., 139. Mit der Auferstehung ist die entscheidende Neuerung des neutestamentlichen Todesverständnisses benannt, nach dem der Tod als besiegt (1Kor 15,54) gilt. Zum neutestamentlichen Todesverständnis insgesamt vgl. Helmut Thielicke, *Leben mit dem Tod* (Tübingen: 1980), 195–229.

Mensch ist, bewahrt wird."[29] Essentifikation heißt: der Mensch gelangt durch Tod und Auferstehung zu seinem wahren Sein. Der Mensch ist als komplexes Relationengefüge, d.h. als *dynamische Einheit* von Leib und Seele, konstituiert. Er findet sich als relational konstituiert *in* Gott – bzw. in dessen Natur, da auch Gott relational gedacht ist – vor, durch endliche Freiheit verkehrt er allerdings dieses Relationsgefüge zu einer Einseitigkeit des Leiblichen. Der Tod ist Folge dieser *Sünde* und daher etwas *Böses*.[30]

Er „wirft den Menschen auf seine Passivität zurück"[31] und erweist darin sein Gerichtsmoment. Der Mensch gerät angesichts der Vernichtung seiner selbstgewählten fehlerhaften Existenz in Verzweiflung ob der von ihm verfehlten Möglichkeit wirklicher Existenz.[32] Die Verzweiflung ist also nicht nur Krankheit zum Tode, sondern zugleich Krankheit *im* Tode. „Im Tod des Menschen enden dann zwar die relationalen Bezüge, die vom Menschen in seiner pervertierten Relationalität aktiv ausgehen, aber nicht diejenigen, die – von Gott her – auf den Menschen zugehen und ihn passiv im Sinne der notwendigen Möglichkeitsbedingungen seiner theonomen Identität und seines Wesens konstituieren."[33]

Essentifikation vollzieht sich als doppelte Negation, zunächst der einseitigen Leiblichkeit, dann der einseitigen Geistigkeit zum *verklärten Leib (soma pneumatikon),* „der das vom göttlichen Geist verwandelte gesamte Sein des Menschen ausdrückt"[34]. Während sich der Leib-Seele-Dualismus und die Ganztodtheorie gegenüber einer persönlichen Anrede an den Verstorbenen widerständig zeigen, erscheint eine solche hier plausibel: das ganze Sein des Menschen ist anzusprechen.

2.2 Identität und Name

Im Blick auf das Neue Testament zeigt sich der paradoxe Befund: der Auferstandene ist mit dem Toten gerade so identisch, dass er *nicht nicht* identisch ist. Zwar ist über die Taufe als Tod (Röm 6) hinaus Kontinuität selbstverständlich voraus-

---

29 Friedrich W.J. Schelling, *Sämtliche Werke*, hg. v. Karl F. August Schelling, *2 Abteilungen* (Stuttgart/Augsburg: 1856–61), II/4, 207.
30 Vgl. Schelling: SW I/7, 459.
31 Hartmut Rosenau, *Essentifikation. Die theonome Existenz des Menschen in Schellings Spätphilosophie*, in: Jörg Jantzen/Peter L. Oesterreich (Hg.), *Schellings philosophische Anthropologie (Schellingiana 14),* (Stuttgart-Bad Cannstatt: 2002), 51–74, 72.
32 Vgl. Paul Tillich, *Systematische Theologie III* (Berlin/New York: ⁴1987), 460.
33 Rosenau, a.a.O., 72.
34 Tillich, a.a.O., 466.

gesetzt. Der Taufname als göttliche Namensansprache in der Taufe gilt nach dem Verständnis des NT über die biologische Todesgrenze hinaus. *Soma pneumatikon* ist jedoch eine Leiblichkeit, „die sich kategorial von menschlichen Leiblichkeitsvorstellungen unterscheidet."[35] Der Leib wird zur Metapher.

Die Frage nach Kontinuität und Diskontinuität über den Tod hinaus lässt sich systematisch-theologisch zuspitzen auf das Selbstbewusstsein,[36] zu deren Beantwortung doppelte Negation unumgänglich ist: Das „seiner selbst bewußte Selbst [kann] nicht vom Ewigen Leben ausgeschlossen sein"[37], da es notwendig ist, dass, wenn Auferstehung Partizipation am Ewigen Leben bedeutet, es etwas gibt, das partizipiert. Und zugleich: Das „seiner selbst bewußte Selbst im Ewigen Leben [ist] nicht [...] das gleiche wie im zeitlichen Leben."[38] Wir können zusammenfassen: das Selbstbewusstsein partizipiert *nicht nicht*.

Die in doppelter Negation hervortretende Grenze ist die von *Zeit* und *Ewigkeit*, die am Grab Sprache wird und behutsam überschritten werden muss.[39] Das stellt uns vor die Aufgabe, den „Ewigkeitsbezug des Zeitlichen immer neu zum Bewußtsein [zu bringen] in der Bewegung metaphorischen Hinausweisens über Raum und Zeit"[40]. Ansprache des Verstorbenen ist solch metaphorisches Hinausweisen. Sie verlangt, Identität zu denken.

Im Tod wird der Mensch auf seine Passivität zurückgeworfen,[41] durch die die Beziehung Gott gegenüber intensiviert wird:[42] „Ewiges Leben [ist] Leben in Gott"[43]. Dadurch erscheint der „Anknüpfungspunkt", der Identität ermöglicht, nicht als eine dem Menschen externe Instanz, sondern panentheistisch als „der in der Natur als dem Grunde Gottes selbst begründete Wille, die Sehnsucht nach Identitätsverwirklichung und Erlösung"[44]. Der Anknüpfungspunkt liegt damit nicht in der Macht des Menschen, ist ihm aber auch insofern nicht fremd, als die Natur, auf die verwiesen ist, als *seine* Natur den *göttlichen* Grund seiner Existenz

---

[35] Michael Wolter, *Die Auferstehung der Toten und die Auferstehung Jesu*, in: Elisabeth Gräb-Schmidt/Reiner Preul (Hg.), *Auferstehung* (MThSt 116 / MJTh XXIV), (Leipzig: 2012), 13–54, 37.
[36] Vgl. Tillich, a.a.O., 467.
[37] Ebd.
[38] A.a.O., 468.
[39] Vgl. Gerhard Ebeling, *Dogmatik des christlichen Glaubens. Band III: Der Glaube an Gott den Vollender der Welt* (Tübingen: 1979), 425. Für das Verhältnis von Tod und Auferstehung gilt: *Für Gott* ereignen sich alle Tode gleichzeitig (vgl. Tillich, a.a.O., 251), für ihn fallen Tod, Endgericht und die leibhafte Auferstehung aller mit der Auferstehung Christi zusammen.
[40] Ebeling, *Dogmatik III*, a.a.O., 462.
[41] Vgl. Härle, a.a.O., 633.
[42] Vgl. ebd..
[43] Tillich, a.a.O., 475.
[44] Rosenau, a.a.O., 73.

darstellt. Nicht der Mensch ist der Anknüpfungspunkt, und doch zugleich *nicht nicht* der Mensch. Und ebenso gilt: nicht Gott ist der Anknüpfungspunkt, aber auch *nicht nicht* Gott. Die Essentifikation vollzieht die Bewegung zum vollendeten Leben in Gott, wodurch der Mensch in sein ursprünglich verfehltes, wahres Relationsgefüge gefügt wird, und zwar so, dass er aus sich herausgesetzt wird.

Mehrfach stießen wir auf die Figur der doppelten Negation in kürzester Form: *nicht nicht*. Nicht nicht ist N.N., was nichts anderes ist als *nomen nominandum*, der zu nennende Name. Wenn doppelte Negation unumgänglich ist, um den Status des Verstorbenen und Auferstandenen zu beschreiben, stellt sich ein: der Status kann nur dann gefasst werden, wenn der Name genannt wird. Von wem wird er genannt? Zunächst von Gott. Göttliche Namensnennung ist der gesuchte Identitätspunkt. Damit ist der Taufbezug hergestellt. Dann muss aber, wenn nicht der göttlichen Liebe und Barmherzigkeit widersprochen werden soll, konstatiert werden: das *nomen nominandum*, das der Tote und Auferstandene ist, kann auch nicht nicht (n.n.) genannt werden. Das also ist der Tote: *nomen nominandum*, das nicht nicht genannt werden kann.

Durch die Zuspitzung auf das Namensthema wurde eine Differenz in die Sprache eingeführt. Namensprache unterscheidet sich als mediale Sprache von der instrumentellen Sprache und führt in die göttliche Sphäre: „der Eigenname ist Wort Gottes"[45] und als solches „die Gemeinschaft des Menschen mit dem *schöpferischen* Wort Gottes"[46], d.h. seine ursprüngliche Relationalität, die zugleich sein „geistiges Wesen"[47] ist. Die Essentifikation vollzieht sich folglich als Nennung des Namens, die nicht nicht geschehen kann.[48]

Menschliche Anrede des Verstorbenen ist Einstimmung in diese Namensnennung als Grenzüberschreitung zwischen Zeit und Ewigkeit. Sie bringt Identität als Ruine und Bruchstück[49] zum Ausdruck, indem sie an den Leib bzw. die

---

45 Walter Benjamin, *Über Sprache überhaupt und über die Sprache des Menschen*, in: Ders., *Gesammelte Schriften* (stw 931–937), (Frankfurt a.M.: 1991), II/1, 140–157, 150.
46 Ebd.
47 A.a.O., 142.
48 Zum *nicht nicht* in Bezug auf den Gottesnamen vgl. Günter Bader, *Die Emergenz des Namens. Amnesie – Aphasie – Theologie* (HUTh 51), (Tübingen: 2006), 362.
49 Vgl. Henning Luther, *Identität und Fragment. Praktisch-Theologische Überlegungen zur Unabschließbarkeit von Bildungsprozessen*, in: Ders., *Religion und Alltag. Bausteine zu einer praktischen Theologie des Subjekts* (Stuttgart: 1992), 160–182., 167. „Bruchstück": Schelling: SW I/3, 608.

Asche als „Zeichen, Repräsentant für die gesamte Relationalität des verstorbenen Menschen"[50] gerichtet wird.

2.3 Segen

Ursprünglicher Ort gottesdienstlicher Toten-Anrede ist der Segen. Dieser ist nicht selbstmächtig, sondern wortmächtig. Zwar wird er nach dem biblischen Zeugnis in der Regel durch Menschen an Menschen *weiter*gegeben.[51] Jedoch Menschen können Gott den Segen nicht abzwingen, Gott bleibt *„der souveräne Geber des Segens"*[52]. Der von Menschen gespendete Segen ist immer ein zweites und niemals das erste: „Der Segen hat seine Voraussetzung im Geschehen des Wortes Gottes. [...] Segen ist die Gestalt des schöpferischen Wirkens Gottes in der Weise der *creatio continua*."[53] Für unsere Fragestellung entscheidend ist seine eschatologische und kritische Dynamik. Segen richtet sich gegen die lebensfeindlichen Gewalten[54] und macht vor der Schwelle des Todes nicht halt. Er lehnt sich dagegen auf, „daß die Welt so bleibt, wie sie ist"[55], d.h. auch gegen die Überzeugung der Welt, dass mit dem Tode ‚alles aus' sei. Eine Segnung Verstorbener scheint vor diesem Hintergrund geradezu geboten.[56]

---

50 Miachael Meyer-Blanck, *Bestattung als Inszenierungsaufgabe unter besonderer Berücksichtigung von Wort und Zeichen*, in: Thema: *Gottesdienst 18* (2002), 62–74, 70f.
51 Vgl. Magdalene L. Frettlöh, *Theologie des Segens. Biblische und dogmatische Wahrnehmungen* (Gütersloh: ⁴2002), 377; Peter Brunner, *Der Segen als dogmatisches und liturgisches Problem*, in: Ders., *Pro Ecclesia. Gesammelte Aufsätze zur dogmatischen Theologie* (Zweiter Band, Berlin/Hamburg: 1966), 339–351, 341f.
52 Jochen Arnold, *Was geschieht, wenn wir segnen? Systematisch-theologische Erwägungen zu einem Herzstück des Gottesdienstes*, in: Hans-Peter Großhans/Malte Dominik Krüger (Hg.), *In der Gegenwart Gottes. Beiträge zur Theologie des Gottesdienstes* (Edition Chrismon), (Frankfurt a.M.: 2009), 327–345, 329.
53 Johannes von Lüpke, *An der Schwelle zum Leben. Zur Wahrnehmung der Gottebenbildlichkeit am Ende des Lebens*, in: WuD 28 (2005), 248–264, 263. Vgl. auch Andreas Obermann, *An Gottes Segen ist allen gelegen. Eine Untersuchung zum Segen im Neuen Testament. Mit einem Ausblick auf kirchliches Segenshandeln heute* (BTHSt 37), (Neukirchen-Vluyn: 1998), 117.
54 Frettlöh, a.a.O., 377.
55 A.a.O., 380.
56 Die eschatologische und kritische Dimension ist auch gegenüber der Tatsache zu betonen, dass der Segen seine typische Antwort im Gotteslob findet (vgl. Arnold, a.a.O., 343). Frettlöh, a.a.O., 373 erklärt das Gotteslob zum „hermeneutischen Schlüssel" für die Wahrnehmung des Segens. Da Ps 88 die Verstorbenen durch Ausschluss vom Gotteslob beschreibt, scheinen sie auch als Adressaten für den Segen auszuscheiden. Dagegen greift das kritisch-eschatologische Moment. Grundsätzlich ablehnend zur Segnung Verstorbener argumentiert Ulrich H.J. Körtner,

Eine solche Segnung ist von einer Fürbitte für Verstorbene zu unterscheiden.[57] Zwar beinhaltet jeder Segen durch die spannungsvolle Verbindung von Wunsch, Bitte und Zusage das Element der *Fürbitte*. Aber darin geht der Segen nicht auf, zum einen ist er durch das konstitutive Moment der direkten Anrede von der Fürbitte unterschieden,[58] zum anderen ist er „nicht ein leeres Geräusch von Worten, sondern eine feste, gültige Zusage, die ganz gewiß in Erfüllung gehen wird."[59]

Die Segnung Verstorbener ist auch insofern ein zweites, als sie an den mit der Taufe gesprochenen Segen zurückgebunden ist.[60] Mit dem Taufsegen wird der Segen neuen Lebens (ewigen Lebens) verheißen. Diese Segensverheißung trägt durch Leben und Tod, Aktualisierung erfährt sie v.a. an sog. Schwellensituationen.[61] Die letzte Schwelle stellt der Segen am Verstorbenen dar.[62] Diese Voraussetzung wird aber – als Evangelium, die sie ist – vom Segen selbst in seinen Vollzug eingeholt. „Wo von Segen gesagt wird, da ist Euangelion, wo das Euangelion ist, da ist Gott mit Christo und *allen* Gütern."[63]

Abschied nehmen. Zur Bedeutung des Segens am Ende des Lebens, in: Ders., *Bedenken, daß wir sterben müssen. Sterben und Tod in Theologie und medizinischer Ethik* (Beck'sche Reihe 1147), (München: 1996), 72–102, 98: „*Entscheidend ist, daß Gottes segnendes Handeln das Leben fördert und Segensworte an Lebende zu richten sind.*"

57 Der (gottesdienstliche) Segen wird in aller Regel in der *optativischen* Form „Es segne ..." gesprochen. Bei der gebräuchlichen Form handelt es sich um ein Imperfekt, daher handelt es sich nicht eigentlich um einen performativen Sprechakt (vgl. John R. Searle, *Sprechakte. Ein Sprachphilosophischer Essay* (Frankfurt a.M.: [12]1983), 88ff. Reinhard Wonneberger: *Der Segen als liturgischer Sprechakt. Ein Beitrag zur Pragmatik der Institution Gottesdienst*, in: Klaus Oehler [Hg.], *Zeichen und Realität. Akten des 3. Semiotischen Kolloquiums der Deutschen Gesellschaft für Semiotik e.V.* (Hamburg: 1981), 3 Bände (Tübingen: 1984), Bd. 3, 1069–1079, 1074 spricht von einem „kommunikativen Paradox"). Dennoch hat der Optativ seinen guten Sinn. Denn zum einen könnte ein Indikativ eine Selbstwirksamkeit des Segens vortäuschen. Zum anderen – was die Kehrseite des ersten darstellt – betont der Optativ die Souveränität Gottes, obwohl der Segen in der Gewissheit gesprochen wird, dass Gott aufgrund seiner „Selbstverpflichtung" (Frettlöh, a.a.O., 377) die Segensgewährung nicht versagen wird. Im Optativ verbinden sich in spannungsvoller Einheit die Momente von Wunsch, Bitte und Zusage (vgl. ebd.). Das gilt auch für das ntl. Segensverständnis, vgl. dazu Ulrich Heckel, *Der Segen im Neuen Testament. Begriff, Formeln, Gesten. Mit einem praktisch-theologischen Ausblick* (WUNT 150), (Tübingen: 2002), 316.
58 Vgl. Heckel, a.a.O., 353.
59 Brunner, a.a.O., 342.
60 Vgl. Hans-Martin Gutmann, *Mit den Toten Leben – eine evangelische Perspektive* (Hamburg: [2]2011), 134ff.
61 Vgl. Arnold, a.a.O., 339.
62 Vgl. Arnold, a.a.O., 344.
63 WA 24, 394; zitiert bei Arnold, a.a.O., 344.

3 ‚Du' in Trauer- und Begräbnisritualen

Es ist offensichtlich, dass die Frage nach der persönlichen Anrede Verstorbener nicht allein theologische, sondern ebenso Gestaltungsfrage ist. Kasualien sind Schnittstellen, die durch ein wechselseitiges Relationsgefüge von Biographie und Theologie charakterisiert sind, das als kreatives Potential verantwortungsvoller Kasualpraxis dient. Nur als individuelle Feiern haben Kasualien lebensgeschichtliche Relevanz, und nur in dieser Form entfalten sie ihre integrative Kraft. Theologischen Entscheidungen treten daher in ihrer Geltung als Begründung in konstruktiv-kritische Auseinandersetzung mit den lebensweltlichen Selbstverständlichkeiten, die Gestaltungsfragen motivieren und ihnen Nachdruck verleihen.

Erfolgt oder unterbleibt in dem „symbolisch hoch besetzte[n]"[64] Kasualraum eine persönliche Anrede der Verstorbenen, ist dies ein Moment der gottesdienstlichen Deutung einer Lebensgeschichte. Die Deutung ist als Evangelium und Rechtfertigung zu bestimmen, die nicht aus der Erzählung der Lebensgeschichte oder aus den Alltagsbezügen, sondern nur, wenn diese Geschichte in den Horizont Gottes gestellt wird, zu gewinnen ist.[65]

Die angedeutete pastorale Gestaltungsaufgabe ist selbstverständlich nicht nur (systematisch-)theologisch, sondern vor allem seelsorgerlich zu verantworten. Die folgenden Überlegungen gehen davon aus, dass sich Trauerseelsorge nicht am Ziel der „Realitätsertüchtigung" und der Wiedereingliederung in die Gemeinschaft der Nicht-(mehr-)Trauernden zu orientieren hat, sondern wollen ernstnehmen, dass Trauer eine Phase der *Schwebe* darstellt, einen Zustand der „Anti-Ordnung"[66], die nicht durch Ausrichtung auf Ordnung zu einem Uneigentlichen erklärt, sondern in ihrem eigenen Wert wahrzunehmen ist. Es geht also um eine Passage durch die Anti-Ordnung, die nicht als möglichst schnelles Durchschreiten aufzufassen ist, sondern zur Erweiterung der Nachdenklichkeit führt.

Seelsorge ergreift „Partei [...] für den ‚noch nicht vorhandenen Menschen'"[67], aber nicht im Sinne des durch Trauerarbeit herzustellenden, sondern im Sinne

---

64 Kristian Fechtner, *Kirche von Fall zu Fall. Kasualien wahrnehmen und gestalten* (Gütersloh: ²2011), 36.
65 Vgl. hierzu die grundsätzlichen Überlegungen zur Fragmentarität der Identität bei Luther, Identität, a.a.O. Vgl. auch Wilhelm Gräb, *Die Kasualpraxis als Rechtfertigung von Lebensgeschichten*, in: Ders., *Lebensgeschichten – Lebensentwürfe – Sinndeutungen. Eine praktische Theologie gelebter Religion* (Gütersloh: 1998), 172–202.
66 Henning Luther, *Schwellen und Passage. Alltägliche Transzendenzen*, in: Ders., *Religion und Alltag*, a.a.O., 212–223, 221.
67 A.a.O., 229.

der Sehnsucht der Trauernden, die sich, mit Schmerz gepaart,[68] zwischen dem nicht mehr vorhandenen Zustand und dem nicht erreichbaren Zustand ausstreckt. Nicht Belehrung, und auch nicht Hilfestellung des Helfers gegenüber dem Klienten ist die angemessene Haltung, sondern Solidarität[69] angesichts der Irrationalität des Sterbenmüssens. So zielt Seelsorge auf die Eröffnung von Spielräumen statt auf Generation von Ordnung.

Vor dem skizzierten Hintergrund muss der Begriff der *Passage* in den Fokus rücken. Eine Passage ist (wie die Einkaufspassage)[70] nicht das, was schnell durchschritten wird, sondern eher Flaniermeile, auf die es als Ganze keinen Zugriff gibt, sondern die nur im Durchwandern und Durchschreiten erlebt wird. Insofern ist Henning Luther vollkommen zuzustimmen, der sich darauf konzentriert, „was der Schwebezustand der Lebenspassagen in den einzelnen an biographischer Selbstthematisierung freisetzt (oder freisetzen könnte). [... P]raktisch-theologisch relevant [...] wäre ein Verweilen, das das Subjekt vom Streß befreit, möglichst reibungslos in die neuen sozialen Identitäten zu schlüpfen, und Luft läßt für Fragen, Erinnerung, Wünsche."[71]

3.1 Die Aussegnung

Mit der Aussegnung setzt Seelsorge dort ein, wo der Tod eintritt „und wo ich ihn sehen, hören, riechen und be-greifen kann: *in der Todesstunde, am Sterbe- und Totenbett*"[72] Die Aussegnung trifft auf einen Schwebezustand großer Unsicherheit: was erwartet mich? wie habe ich mich – auch in Bezug auf den Verstorbenen – zu verhalten? Was soll ich denken? Sie verleiht der Begegnung mit der Toten eine Struktur[73] und bietet einen Rahmen, in den die diffusen Ängste und Emotionen, der Schmerz etc. gefügt werden, ohne dass sie von außen geordnet würden.

---

68 Vgl. Henning Luther, *Schmerz und Sehnsucht. Praktische Theologie in der Mehrdeutigkeit des Alltags*, in: Ders., *Religion und Alltag*, a.a.O., 239–256.
69 Henning Luther, *Alltagssorge und Seelsorge. Zur Kritik am Defizitmodell des Helfens*, in: Ders., *Religion und Alltag*, a.a.O., 224–238, 234.
70 Vgl. Benjamin, *Das Passagen-Werk*, GS V/I, 83.
71 Luther, *Schmerz*, a.a.O., 254.
72 Kerstin Lammer, *Den Tod begreifen. Neue Wege in der Trauerbegleitung* (Neukirchen-Vluyn: 2003), 14. Zur Situation der Aussegnung vgl. auch Dominik Daschner: *Mögen Engel dich geleiten. Die Aussegnung – Liturgie und Kurzansprachen* (Regensburg: 2008), 21 und Susanne Kränzle, *Den Abschied wahrnehmen. Die Aussegnung*, in: ZGP 26 (2008/3), 27–29.
73 Vgl. Silke Appelkamp-Kragt, *Am offenen Sarg. Pastoralpsychologische Aspekte zu Trauer und früher Trauerbegleitung*, in: WzM 61 (2009), 2–18, 6.

Dazu gehört, dass der Tod tastend, schauend und sprechend realisiert wird. Die Aussegnung bietet geprägte Sprache, die Sprachlosigkeit überwindet und Sprachüberfluss kanalisiert. So werden Gedanken freigesetzt und Spielräume eröffnet, in denen erste Schritte auf dem Weg zu neuen, andersartigen Beziehungen gegangen werden können.[74] Die Aussegnung als *kirchlicher* Rahmen der leiblichen Begegnung mit den Verstorbenen stellt sie in den Horizont (des Segens) Gottes und bietet für den Tod und die neue Beziehung eine Deutung an; zugleich konstituiert sie eine Gemeinschaft der Anwesenden als Leidensgemeinschaft, die die zu gehende Passage gemeinsam beschreitet. In diesem Kontext wird die Verstorbene persönlich angesprochen, und zwar zunächst im Valetsegen.

3.1.1 Valetsegen

Der Valetsegen ist liturgisches Lebewohl,[75] er ist eine *Segnung des Verstorbenen* und als solche performativer Sprechakt[76] am Verstorbenen wie an den Angehörigen.

Im Hinblick auf den Verstorbenen – Der Valetsegen ist für den Verstorbenen nicht notwendig: die persönliche Anrede ist zwar ein initiativisch-menschliches Handeln, das aber zum göttlichen Wort als eigentlicher Initiative hinzutritt. Es ändert nicht das Geschick des Toten im Gericht, sondern spricht zu, was im Wort Gottes seinen Grund hat. Der Valetsegen ist in engstem Zusammenhang mit dem Taufsegen, und d.h. mit dem ‚Tod des alten Menschen', von dem her der Mensch zeit seines irdischen Lebens i.S. des lutherischen *simul iustus et peccator* lebt, zu sehen. Wie der Taufsegen den Getauften in die christliche Gemeinde aufnimmt, so bestätigt der Valetsegen den Verstorbenen als Glied der Gemeinde der Getauften, deren Konstitution als Gemeinschaft von Lebenden und Toten allein der göttlichen (Tauf-)gnade zu verdanken ist. Der Valetsegen bestimmt mithin zeichenhaft das *relational verfasste Wesen* des Verstorbenen.

Im Hinblick auf die Hinterbliebenen – Der Valetsegen mit seiner persönlichen Anrede nimmt die Ungewissheit hinsichtlich der Realisierung des Todes auf, indem er eine persönliche Hinwendung vornimmt. In seiner Bestimmtheit kann

---

74 Vgl. a.a.O., 11.
75 Zum Begriff und zur Herkunft vgl. Bruno Bürki, *Die Feier des Todes in den Liturgien des Westens. Beispiele aus dem 7. und 20. Jahrhundert*, in: Hansjakob Becker/Bernhard Einig/Peter-Otto Ullrich (Hg.), *Im Angesicht des Todes. Ein interdisziplinäres Kompendium* (PiLi 4), 2 Bände (St. Ottilien: 1987), 1135–1164, 1154.
76 Die oben, Anm. 57 genannte Einschränkung bezüglich der Performativität gilt natürlich auch für den Valetsegen.

das ‚du' die Spannung freisetzen, die in der Passage zwischen Leben und Tod vorhanden ist. Unter den Anwesenden ist überdies mit einer großen Vielfalt von Todes- und Jenseitsvorstellungen zu rechnen.[77] Die Aussegnung ist nicht der Ort für Erklärungen oder Richtigstellungen, dennoch muss in ihr deutlich werden, wie die Kirche mit ihren Toten umgeht. Es geht also um ein entschiedenes Handeln, dass zugleich deutungsoffen ist. Konkret bedeutet das: Wenn sich der Pastor oder eine Angehörige mit den Worten des Valetsegens an den Verstorbenen wendet, gewinnt diese Geste dadurch ihren Inhalt, dass die Anwesenden sie verstehen, und zwar jeweils auf der Basis ihres Hintergrundverständnisses. Durch die persönliche Anrede im Segen geschieht keine schlichte Korrektur solcher Verständnisse, sondern es ergeht ein Deutungsangebot als *Reflexions-Initiation*. Der Tod wird gedeutet, ohne Vorschriften zu machen.

Weiterhin ist mit einer Emotionsdiffusität in der Begegnung mit dem Toten zu rechnen: Angst, Dank und Traurigkeit, die durch die persönliche Anrede einen Adressaten finden und mit dem Wort Gottes in Verbindung gebracht werden. Daneben auch Wut und Schuldgefühle: der Friede, in dem der Verstorbene gehen soll, muss unter Umständen erst noch hergestellt werden.[78] Was dem Verstorbenen im Valetsegen gesagt wird, wird im Vertrauen auf Gott und nicht auf die brüchige eigene Kraft gesagt.

Der Segen als konzentrierte *Hin*wendung ist zugleich eine *Ab*wendung, die Distanz verschafft bei größtmöglicher Nähe. Indem der Segen gesprochen wird, vollzieht sich für die Anwesenden der Übergang unter die Gnade Gottes verbindlich, wodurch größtmöglicher Trost bereitgestellt wird. Dieser Trost ist ins Licht der Taufe zu rücken: „Die Feier der Aussegnung vermag in dem Maß zu trösten, wie es ihr gelingt, an die Taufe zu erinnern"[79]. Weil in der Taufe Leben geschenkt wurde, das über den Tod hinausreicht, kann die Aussegnung in der getrosten Hoffnung auf ewiges Leben gefeiert werden. Allerdings ist die Realität und Härte des Todes ernst zu nehmen; ihr Gewicht ist unter Hinweis auf das Taufgeschehen zu bestätigen; ihrem Gewicht ist als echtes Gegengewicht die Taufverheißung entgegenzustellen. Die Taufe geschieht im Namen des dreieinigen Gottes, ausgedrückt durch die Taufformel und den Taufsegen. Es ist offensichtlich, dass die agendarischen Varianten des Valetsegens auf diese Kombination von Taufformel und Taufsegen anspielen, wobei die Trinität ökonomisch aufgeschlüsselt wird.

---

77 Vgl. Sabine Bobert, *Postmoderne Präsenz der Mythen – Auferstehung, Reinkarnation, Esoterik*, in: David/Rosenau (Hg.), *Auferstehung*, a.a.O., 189–219.
78 Vgl. Ernst Nestele, *Die Aussegnung Verstorbener. Liturgische Feier unter seelsorgerlichem Aspekt* (Stuttgart: 1999), 51.
79 Ebd.

Neben der Tauferinnerung wird dabei das *ganze* Leben der Verstorbenen, von ihrer Erschaffung bis zum Tod und über diesen hinaus, als Leben unter Gottes Schutz gedeutet. Die Verheißung mündet in beiden Fällen in diejenige des ewigen Lebens. Vor dem Segen könnte der Name des Verstorbenen genannt werden. Die göttliche Nennung des Namens wurde als identitätsstiftender Vorgang über den Tod hinaus (vgl. dazu auch Lk 10,20) herausgearbeitet. Wird bei der Segnung des Verstorbenen der Name genannt, so wird in diese göttliche Namensnennung eingestimmt.

3.1.2 Weitere Anreden?

Die von den Agenden vorgeschlagene Aussegnungsliturgie sieht über den Valetsegen hinaus keine weitere persönliche Anrede der Toten vor, jedoch kann zur persönlichen Anrede durch den Liturgen diejenige durch die übrigen Anwesenden treten. Die Liturgie der VELKD-Agende sieht nach der Lesung „persönliche Worte des Zuspruchs oder ein Gespräch oder Stille" (37) vor. Hier könnten Hinterbliebene an den Sarg treten, die Tote berühren, Worte an sie richten.

Es liegt auf der Hand, dass die Tote die Worte nicht hört; trotzdem kann hier von Kommunikation gesprochen werden. Denn die im Sarg oder auf dem Sterbebett liegende Tote spricht in ihrer Existenz als Tote die Umstehenden an. Das ist eine Anrede, nicht laut und doch so schreiend wie keine lautwerdende. Die aus der Toten sprechende völlige Passivität ist Anspruch an die Hinterbliebenen, zu handeln und zu reden. Die Anrede der Toten nimmt in die Ver*antwort*ung, die zur *Antwort* drängt, sie geht aus ihrer Passivität hervor.[80] Wer vor einem Sarg steht, muss sich in irgendeiner Form verhalten. Wer wahrnimmt, dass hier *der* Moment sein kann, noch einen letzten Dank loszuwerden, stimmt damit implizit der Tatsache zu, dass die Tote nun tot ist.

3.2 Die Bestattung

3.2.1 Liturgie

Die Bestattung fällt in eine Zeit, in der die (notwendige) Selbst-Kontrolle der Hinterbliebenen in Spannung zur unweigerlich stattfindenden Fremdkontrolle durch

---

[80] Vgl. Emmanuel Levinas, *Sprache und Nähe*, in: Ders., *Die Spur des Anderen. Untersuchungen zur Phänomenologie und Sozialphilosophie* (Freiburg i.Br./München: ⁴1999), 260–294, 285.

Nachbarn, Freunde, Bestattungsunternehmer, Kirche etc. steht. Die Trauer ist von vielfältigen Ohnmachtserfahrungen geprägt,[81] die sich in einem „Emotions-Chaos"[82] äußern. Die kirchliche Praxis muss angesichts dieser Situation einerseits die Passage solidarisch begleiten, andererseits aber die Unordnung nicht verstärken, um nicht in eine Abwärtsspirale zu führen. Die Bestattung ist ein komplexes Handlungsgefüge: Sie ist Handeln *am* Toten (allein deshalb, weil es der Tote ist, der beerdigt wird) *um des Toten* und *um der Trauernden* willen aufgrund *seelsorglicher* Überlegungen in *inszenatorisch* und *theologisch* verantwortungsvoller Weise.[83] Durch zeichenhaftes Handeln kann die Bestattungsfeier zu einer Feier der *Gemeinschaft* mit dem Verstorbenen werden, ohne dass dessen Tod (der zeichenhaft ohnehin präsent ist) relativiert würde. Aufgabe der Bestattung ist die gleichzeitige Symbolisierung zweier Wege: Abbruch der alten Beziehung und Konstitution einer andersartigen Beziehung.

Das Verhältnis von Tod und Sprache ist paradox. Der Tod macht sprachlos und spricht zugleich an, so dass in seinem Angesicht gesprochen werden muss. Aus diesem Paradox verheißt nur eine fremde Sprache, die sich über die Sprachlosigkeit des Todes als *Sprache des Lebens* erhebt, einen Ausweg. Eine solche ist die Sprache der Liturgie. Sie leiht Sprache dort, wo Sprache versagt,[84] Begräbnisliturgie stiftet eine Gemeinschaft der sprachlos Sprechenden.

Liturgisch-zeichenhaftes Handeln vollzieht sich im Bestattungsgottesdienst insbesondere als segnendes Handeln. Dabei ist an die semiotische Grundeinsicht zu erinnern: der Segen *bedeutet* nicht etwas, auf das er verweist, sondern *was* er bedeutet, ergibt sich aus seinem konkreten Zeichengebrauch. Der Segen an der Schwelle von Kapelle/Kirche zum Friedhof (Ps 121,7f.) in Verbindung mit dem Geleitwort markiert die Schwellensituation[85]. Indem die Prozession unter das Vorzeichen des Segens gestellt wird, wird deutlich, dass sich die Gemeinschaft aus Lebenden und Toten gemeinsam auf dem Weg befindet, der zwar sein aktuelles Ziel am Grab findet, letztlich aber „auf einer zweiten Ebene [...] in eine Gemeinschaft Gottes hinein [führt], die Lebende und Tote umgreift."[86] Durch den vorangestellten Segen und die Prozession zum Grab wird also der Weg des Verstorbenen zeichenhaft inszeniert, um der bleibenden Weggemeinschaft Ausdruck zu verleihen. Dabei ist es von Bedeutung, dass das Geleitwort unter Nennung des Namens

---

81 Vgl. Verena Kast, *Trauern. Phasen und Chancen des psychischen Prozesses* (Freiburg i.Br.: 1999), 74.
82 A.a.O., 78.
83 Vgl. Fechtner, a.a.O. 57f.
84 Vgl. Gert Otto, *Sprache – im Angesicht des Todes*, in: PTh 76 (1987), 410–425, 413.
85 Vgl. von Lüpke, a.a.O., 248.
86 Fechtner, a.a.O., 60.

gesprochen wird. Durch das an den Verstorbenen gerichtete Du ist die Trauergemeinde auf die eigene Individualität zurückgeworfen und begreift sich als in ihrer eigenen umfassenden Relationalität auf den Verstorbenen bezogen. Die Schwere, die diesen Weg in seiner Spannung von Abwesenheit und Präsenz auszeichnet, wird inszeniert. So wird die Passage zu einem wirklichen „Weggeleit"[87].

Der Abschiedssegen am Grab steht unter dem Zeichen des *Übergangs*[88] und hebt das Moment des Abschieds hervor. Während das Bestattungswort und der Erdwurf die traurige Realität der Trennung symbolisieren, wird durch den Segen „die umfassende Relationalität zu Gott und zu den Menschen in ihrer den Tod überdauernden Realität glaubend inszeniert. Es wird dem Toten nicht in falscher synergistischer Weise ‚geholfen' [...], sondern es wird die dauerhafte Geltung des Segens Gottes über den Tod hinaus am Toten vergegenwärtigt."[89] Dadurch, dass der Segen unter persönlicher Anrede am Grab gesprochen wird, wird nicht nur Abschied *genommen*, sondern auch der Abschied *gegeben*.[90] Der Verstorbene wird zeichenhaft aktiv in Gottes Hand gelegt.

Das *in paradisum*[91] findet im evangelischen Bestattungsgottesdienst wenig Verwendung. Gleichwohl kann dieser Text unter konstruktiver Aufnahme der in der Alltagsreligiosität verbreiteten Engel-Motivik in substantialistische Missverständnisse vermeidender zeichenhafter Inszenierung durch die Wegweisung für die Verstorben – ins Paradies nämlich – die Beziehung zwischen Toten und Verstorbenen bestimmen.[92] Indem in die Beziehung zur Verstorbenen eine Distanz eingezogen wird, kommt dem Text eine abschiedgebende und eine befreiende Wirkung zu.

Zentrale Bedeutung für die Symbolisierung der in der Bestattung zu gehenden Wege kommt „Psalmen und weitere[n] biblischen Texte[n]"[93] zu. Die *Psalmen* inszenieren eine Gebetsgemeinschaft über den Tod hinaus. Zwar betet zunächst nur die Liturgin, ihre Gebetsworte eignen sich aber die Hörenden als eigene Worte an, und zwar jeder für sich und zugleich als Kollektivsubjekt ‚Gemeinde'. Schließlich klingt im gemeinsamen Hören aus den Worten des Psalms als weiteres Ich das Ich des Verstorbenen. Im Akt des Hörens wird das Psalmgebet als gemeinsames Gebet von Lebenden und Totem wahrgenommen.

---

87 Ebd. Vgl. insgesamt auch Katharina Wiefel-Jenner, *An den Rändern des Todes. Beobachtungen und Überlegungen zur liturgischen Gestaltung von Trauerfeiern*, in: PTh 86 (1997), 414–428.
88 Vgl. a.a.O., 59.
89 Meyer-Blanck, a.a.O., 73.
90 Vgl. Fechtner, a.a.O., 56.
91 VELKD-Agende, 54.
92 Vgl. Gutmann, a.a.O., 13.
93 A.a.O., 260.

Wenn *weitere biblische Texte* wie z.B. Jes 43,1 als Votum ein ‚du' als direkte Anrede beinhalten, gilt dieses im liturgischen Kontext zunächst der Gemeinde als ‚du' sowie jedem einzelnen Anwesenden. Die Gemeinde hört das *du* darüber hinaus als *Du* für den Verstorbenen. So stellt sich gewissermaßen in dem kurzen Vers eine vielstimmige Rede ein, die Anrede streut sich an viele Adressaten, die gemeinsam unter dieser Anrede versammelt sind: die Gemeinschaft aus Lebenden und Toten. Für Psalmen wie sonstige Texte gilt dabei, dass der Abbruch der alten Beziehung durch die Stummheit des Verstorbenen stets mit inszeniert ist.

3.2.2 Bestattungspredigt

Die Bestattungspredigt bewegt sich in einem Spannungsfeld von Theologie und Biographie,[94] wobei dieses in einer ständigen Wechselwirkung mit der Kasualgemeinde steht,[95] deren appräsente Verstehensbedingungen in den Predigtprozess einzubeziehen sind.[96] Aus anderer Perspektive stellt sich diese Spannung als diejenige von Nähe, d.h. einer „gesteigerten Präsenz des Dritten"[97] und Trost dar. Wenn aber Trost, dann nicht unkritische Vertröstung durch eine angebliche und von der Gemeinde weder verstandene noch geteilte christliche Gewissheit.[98]

Es ist zu fragen, ob eine persönliche Anrede an die Verstorbenen im Rahmen der Bestattungspredigt diese beiden Punkte: Nähe herzustellen und zu trösten statt zu vertrösten, zu leisten im Stande ist. Einen konkreten Vorschlag zur persönlichen Anrede unterbreitete H.-M. Gutmann in der ersten Auflage seines Buches ‚Mit den Toten leben'.[99] In der persönlichen Anrede wird Präsenz nicht nur behauptet, sondern vollzogen. Die Botschaft des Evangeliums soll als *wirksamer Trost* zur Geltung kommen, und zwar für die Verstorbene selbst und darüber

---

[94] Vgl. Ulrike Wagner-Rau, „*Er ist nicht hier*". *Biographie und Theologie in der Bestattungspredigt*, in: Wilfried Härle/Bernd-Michael Haese/Kai Hansen/Eilert Herms (Hg.), *Systematisch praktisch. Festschrift für Reiner Preul zum 65. Geburtstag* (MThSt 80), (Marburg: 2005), 473–483.
[95] Vgl. Christoph Stebler, *Die drei Dimensionen der Bestattungspredigt. Theologie, Biographie und Trauergemeinde* (Zürich: 2006).
[96] Vgl. Ursula Roth, *Die Beerdigungsansprache. Argumente gegen den Tod im Kontext der modernen Gesellschaft* (PThK 6), (Gütersloh: 2002).
[97] Lutz Friedrichs, *Die Bestattungspredigt zwischen Einstimmung und Einspruch. Eine rhetorisch-theologische Verortung*, in: PTh 101 (2012), 408–424, 416.
[98] Zu diesem Gegensatz vgl. auch Volker Weymann, *Trost, der nicht trügt, sondern trägt. Anstöße aus Philosophie und Literatur*, in: KuD 60 (2014), 38–61.
[99] Vgl. Hans-Martin Gutmann, *Mit den Toten leben – eine evangelische Perspektive* (Gütersloh: ¹2002), 224f.

hinaus für die Anwesenden. Jedoch nimmt Gutmann in der zweiten Auflage des Buches Abstand von dieser Praxis,[100] weil sie suggeriert, dass die Verbindung zur Verstorbenen eine menschliche Initiative darstellt und nicht nur Einschwingen in die göttliche Gemeinschaft ist. Anders als der liturgischen Sprache gelingt es der freien Anrede nicht, die nötige Distanz in den Sprachvollzug einzuziehen, die deutlich macht: bevor der Mensch spricht, hat Gott gesprochen.

Theologisch und seelsorglich verantwortungsvoll wird die Bestattungspredigt daher Nähe und Trost eher nicht auf dem Weg der direkten Anrede herstellen. Sie wird sich auf ein „vergewisserndes Erzählen"[101] im Modus „tastende[r] Gewissheit"[102] stützen, das mit der Kommunikation des Evangeliums zum Protest gegen den Tod verbunden ist und der Trauer Gewicht gibt.[103]

3.3 Sarg und Urne

Für die Urnenbestattung gilt zunächst: so, wie Handeln *am* Leichnam im Sarg als *zeichenhaftes* Handeln verstanden wird, ist auch das Handeln an und mit der Urne im relationalen Gefüge einer Trauergemeinde zeichenhaftes Handeln, für das eine persönliche Anrede nicht ausgeschlossen ist. Gleichwohl ist zum einen zu berücksichtigen, dass der Urnenbeisetzung in der Regel ein intensiver Abschiedsmoment an anderer Stelle (z.B. im Krematorium) vorausgeht; insofern ist das Abschiedsszenario der Sargbestattung nicht einfach auf die Urnenbestattung zu übertragen. Die Inszenierung von Abbruch und neuer Beziehung hätte ihren originären Ort vermutlich eher beim Abschied vom Leichnam; wird der allerdings nicht liturgisch begangen, kann sie auch auf dem Friedhof stattfinden. Hier sind die Gegebenheiten zu berücksichtigen.

Zum anderen haben wir herausgearbeitet, dass vom toten Leichnam eine stumme Anrede ausgeht, auf die die persönliche Anrede an die Tote antwortet. Dies stellt sich angesichts der Urne verändert dar: die Urne ist zwar wie der Sarg ein Zeichen, jedoch ein Zeichen in anderer Gestalt, das angepasstes Handeln erfordert. Daher kann eine persönliche Anrede an eine Urne vermutlich verfremdend bzw. befremdlich wirken.

---

100 Vgl. Gutmann (²2011), a.a.O., 9. Vgl. auch Ulrike Wagner-Rau: *Kontakt zu Toten. Seelsorgerlicher Umgang mit spiritualistischer Religiosität im Trauerprozess*, in: Ilona Nord/Fritz Rüdiger Volz (Hg.), *An den Rändern. Theologische Lernprozesse mit Yorick Spiegel, FS für Yorick Spiegel zum 70. Geburtstag* (Münster: 2005), 453–468.
101 Gutmann (²2011), a.a.O., 265.
102 Friedrichs, a.a.O., 423.
103 H. Luther, Tod, a.a.O., 420.

4 Fazit

Auch wenn die Bestattungsrituale *für die Trauernden* sind, wird in ihnen notwendigerweise an den Toten gehandelt, wobei gerade *um der Trauernden willen* die persönliche Anrede an die Verstorbenen seelsorgerlich geboten sein kann. Die Performativität der Sprache verbürgt das Wissen um das Aufgehobensein des Verstorben in Gottes Hand durch den Sprachvollzug. Allerdings geht es nicht allein darum, den Statusübergang des Verstorbenen symbolisch in Szene zu setzen und ebenfalls nicht allein darum, die Trauer der Hinterbliebenen zu thematisieren, sondern beides kommt darin zusammen, dass *um der Beziehung der Lebenden zu den Verstorbenen willen* sowohl der Abbruch aller weltlichen Beziehungen und Kommunikation wie auch der Aufbau einer andersartigen, wenngleich kommunikativen Beziehung zur Darstellung kommen muss. Die persönliche Anrede ist nicht Rede *über* die Gemeinschaft, sondern Rede *in* der Gemeinschaft. Daher dürfen die Überlegungen zur Bestattung die immer schon stattfindende Kommunikation der Hinterbliebenen mit ihren Toten nicht implizit als *unwahr* verstehen, sondern müssen den sozialanthropologischen Befund, dass es Kontakt gibt, in Bezug setzen zur in der Taufe begründeten Gemeinschaft zwischen Lebenden und Toten.

Zweierlei ist deutlich zu machen. Zum einen: Die Tote ist tot. Und d.h., ich bin *mit* ihr durch den Abbruch der weltlichen Beziehungen hindurch verbunden. Zum anderen: Ich bin Trauernder. Und d.h., ich bin *auf* den Toten durch den Abbruch hindurch bezogen. Beide Sätze beziehen sich auf die Identität des Trauernden, für die insbesondere gilt: sie ist Ruine der Vergangenheit! Wenn es in der Trauerarbeit darum gehen soll, auch die eigene Rolle in der neuen Beziehungskonstellation zu gewinnen, so wird diese auch dadurch gefunden, dass ‚du' gesagt wird, ohne dass daraus ein ‚fertiges Ich' entstünde:[104] Die Begegnung mit dem Du ist „das konkrete Ereignis der ‚Infragestellung' des Selben durch den Anderen"[105]. So stellt sich aber gerade das dar, was verantwortungsvollerweise im Angesicht des Todes zu erwarten ist: eine Identität als Fragment aus Vergangenheit und Zukunft.[106] Es findet eine wirkliche Wendung zum Subjekt der Trauer statt, die es in seiner Bestürztheit ob des Todes ernstnimmt. Dass diese Beziehung eine

---

[104] Vgl. auch Martin Buber, *Ich und Du*, in: Ders., *Das dialogische Prinzip* (Heidelberg: ⁴1979), 5–136; Christina aus der Au, *Im Horizont der Anrede. Das theologische Menschenbild und seine Herausforderung durch die Neurowissenschaften* (RThN 25), (Göttingen: 2011), 170ff.
[105] Emmanuel Levinas, *Totalität und Unendlichkeit. Versuch über die Exteriorität*, übersetzt von Wolfgang Nikolaus Krewani (Freiburg i.Br.: ⁴2008), 58.
[106] Vgl. H. Luther, Identität, a.a.O., 167.

andersartige Beziehung ist, die gerade dort auftritt, wo der Riss des Todes in die Realität tritt, wird dabei durch ‚Abbruchssymbolik' mehr als deutlich.

Aus theologischen und seelsorgerlichen Erwägungen ist daher in protestantischen Trauer- und Bestattungsritualen die persönliche Anrede an Verstorbene in gebundener, liturgischer Sprache ein wichtiger zeichenhafter Ausdruck der bleibenden Verbindung zwischen Lebenden und Toten, der die Suche nach einer lebbaren Beziehung zu den Verstorbenen unterstützt.[107]

---

107 Als Maßstab der Selbstbeschränkung muss dabei das Kriterium fungieren, ob die Anrede so verwendet wird, dass sie die Grenze zwischen dem Einschwingen in Gottes Handeln und menschliche Initiative nicht verwischt. Dass es auch seelsorgerliche Gründe geben kann, auf die Anrede zu verzichten, soll mit den Überlegungen dieses Beitrags nicht bestritten werden.

VI. Friedhof

Barbara Happe
Die Geschichte des Friedhofes

1 Vorbemerkung

Fast zweitausend Jahre lagen die Geschicke der Begräbnisplätze und der Bestattungskultur in christlicher Obhut und waren im besten Sinne von religiösen Dogmen bestimmt. Der mittelalterliche Kirchhof war als heiliger Ort sinnbildlicher Ausdruck einer religiösen und geistigen Gemeinschaft Verbindung von Lebenden und Toten. Er war Bestattungsort der christlichen Gemeinde und die Beerdigung der Gemeindemitglieder erfolgte gemeinschaftlich nach festen rituellen Handlungsabläufen. Die Trauerzeit wurde von einem geregelten zeitlichen Ablauf mit wiederkehrenden Riten vorgegeben.

In der gegenwärtigen Gesellschaft scheint man sich von allen religiösen Dogmen und rituellen Zwängen befreien zu wollen und hat sich längst auf die erfolgreiche Suche nach neuen Bestattungsorten außerhalb des traditionellen Friedhofes und nach persönlichen Zeremonien und Gedächtnisformen begeben. Die kirchlichen Institutionen und die Theologen, die über Jahrhunderte die sepulkrale Kultur prägten, haben ihre führende Rolle eingebüßt: sie laufen den Selbstverwirklichungswünschen ihres potentiellen Klientels hinterher und versuchen, jedem Trend eine christliche Note abzuringen. Die heutige Weichenstellung scheint zwischen Fremd- und Selbstbestimmung zu liegen, und der Ruf nach Authentizität und Selbstverwirklichung ist zum maßgeblichen gesellschaftlichen Konsens eben auch in der Bestattungskultur geworden. Die Individualisierung der Riten fern von jeglichem Sozialzwang und Konventionsdruck hat sich z. B. die FriedWald GmbH als Firmenphilosophie zu eigen gemacht: *„Unser Leitbild wird geprägt durch die Werte Respekt, Individualität, Nachhaltigkeit und Innovation. Wir fühlen uns als individuelle Querdenker, die sich den individuellen und ökologischen Interessen ihrer Kunden verpflichtet fühlen".*

Wie in fast allen Bereichen des heutigen Lebens wird auch in der sepulkralen Kultur eine große Produktfülle angeboten, die dem Menschen nicht nur Wahlfreiheit bietet sondern ihm auch Eigenverantwortung abverlangt. Diamant-, Weltraum-, Natur- oder Seebestattungen scheinen heutzutage – glaubt man den Medien – die bevorzugten Bestattungswünsche der Menschen zu sein. Ob diese Sensationen tatsächlich das heutige Erscheinungsbild der Sepulkralkultur angemessen wiedergeben, wird sich nachfolgend erweisen.

Die Geschichte des Friedhofes soll im Folgenden die wichtigsten Entwicklungsschritte aufzeichnen und die oft tief liegenden Wurzeln der heutigen Geschehnisse und vermeintlichen Neuerungen freilegen.

2 Der christliche Friedhof

Von konstitutiver Bedeutung für die christliche Bestattungskultur sind erstens, dass der Bestattungsort das Grab heiligt und zweitens der Tote als Körper bestattet wird. Diese beiden Grundvoraussetzungen entwickelten sich in Abgrenzung zu römisch-antiken Traditionen.

Im römischen Reich lagen die Nekropolen gemäß dem Zwölftafelgesetz aus dem Jahr 450 vor Christus außerhalb der Siedlungen: entlang der Fernstraßen reihten sich die Grabbauten reicher römischer Familien, des Adels, der Konsuln und hoher Militärs und hielten mit ihrer Prachtentfaltung die Erinnerung an den Reichtum und die Macht weltlicher Herrscher wach. Die Christen begruben ihre Toten zunächst in Fortführung der antiken Praxis auf den römischen Gräberfeldern, um dann mit dem Märtyrerkultes genuin christliche Begräbnisorte zu schaffen. Seit dem 3. Jahrhundert begann man, die Märtyrer als Patrone der christlichen Gemeinden an ihren jährlichen Todestagen an den Grabstätten mit liturgischen Gedächtnisfeiern zu verehren. Diese Kultstätten wurden vielerorts zum Kern späterer Kirchenbauten mit „*sepultura*", d. h. mit dem Recht auf Bestattung. Die Beerdigung bei den Märtyrergräbern *ad sanctos* markierte den Beginn der christlichen Begräbnisplätze. In einem Jahrhunderte währenden Prozess wurden bis zum 10. Jahrhundert im Gebiet zwischen Rhein und Oder Gräberfelder angelegt, auf denen mit großen regionalen Unterschieden der Übergang von der Brand- zur Körperbestattung nachweisbar ist.[1]

Für die Entstehung des mittelalterlichen coemeterium und seine Integration in die Siedlungsräume waren kirchenrechtliche und kaiserliche Verordnungen ausschlaggebend. Kaiser Karl der Große ordnete in dem berühmten Gesetzestext Capitulatio de partibus Saxoniae ausdrücklich die Beerdigung der Toten bei den Kirchen an: „*Iubemus ut corpora christianorum Saxanorum ad cimiteria ecclesia deferantur et non ad tumulus paganorum.*" (Wir befehlen, dass die christlichen Sachsen in den Kirchhöfen und nicht auf den heidnischen Grabhügeln bestattet werden). Gleichzeitig stellte der die Verbrennung der Leichname als heidnischen Brauch unter Strafe. „*Si quis corpus defuncti hominis secundum ritum paganorum flamma consumi fecerit et ossa eins ad cinerem redierit, capitae punietur.*" (Todesstrafe erleidet derjenige, der nach heidnischem Brauch Leichen bestattet, indem er den Körper den Flammen preisgibt).

Entscheidend für den Wandel vom antiken zum christlichen Begräbnis ist aus heutiger Sicht auch, dass die Fürsorge für die Bestattung von der Familie an

---

[1] Barbara Happe, *Stichwort Friedhof im Reallexikon zur Deutschen Kunstgeschichte*, Band X, 116. Lieferung (München: 2012), 902–962, 907.

die christliche Gemeinde überging. Das Begräbnis auf einem christlichen Friedhof wurde somit zum Ausdruck der Zugehörigkeit zur religiösen Gemeinschaft schlechthin. Dies zeigt sich auch daran, dass allen unehrenhaften Personen wie etwa Henkern oder Hingerichteten, Selbstmördern, ja auch Fremden und selbst ungetauft verstorbenen Kindern und Säuglingen ein Grab in geweihter Erde auf dem Kirchhof verweigert wurde.

Die Bestattung ad sanctos, d.h. bei den Märtyrergräbern, der memoria martyru war deswegen von so großer Bedeutung, weil man die Toten dem Schutz der in den Reliquien präsenten Märtyrern unterstellte. Dieser Vorstellung lag seit dem 5. Jahrhundert das Dogma von der *communio sanctorum* zugrunde, nach dem die Glieder der Kirche durch den Erlösungsgedanken mit Christus in einer ewigen Lebensgemeinschaft verbunden sind. In den täglichen Meßliturgien und in den zahlreichen Gedenkgottesdiensten werden die Heiligen als Mittler bei Gott angerufen. *„Der Seele der Verstorbenen nützt nicht der Platz, wo der Leichnam ruht, sondern der durch den Ort immer wieder angefachte Gebetseifer der Lebenden"*.[2] Auch der Bischof Maximus von Turin nährte die Hoffnung auf Strafmilderung durch die Nähe von Grab und Reliquie. *„Denn deshalb haben unsere Vorfahren dafür gesorgt, dass wir unsere Körper mit den Gebeinen der Heiligen verbinden, damit uns die Strafe nicht trifft, weil die Hölle jenen fürchtet, sowie damit uns die Dunkelheit der Finsternis flieht, weil Christus jene erleuchtet. Wenn wir also bei den heiligen Märtyrern ruhen, entgehen wir der Finsternis der Hölle, wenn nicht durch eigene Verdienste, so doch durch die Heiligkeit der Gemeinschaft."*[3]

Wegen der Strahlkraft der Reliquien, für die sogar auf Konzilen und Synoden messbare Einheiten ermittelt wurden, strebten die Gläubigen eine größtmögliche Nähe ihrer Gräber zu den die Reliquien bergenden Altären an. Der Besitz einer Grabstelle in der Kirche und insbesondere in der Nähe des Altares war die höchste Auszeichnung, die zunächst nur hohen Klerikern, weltlichen Herrschern oder wohltätigen Stiftern zugestanden wurde. Die Laien wurden auf dem Kirchhof beerdigt und die Nähe einer Grabstelle zum Altar bildete die soziale Hierarchie der Verstorbenen ab.[4] Somit war es ein religiös motivierter Wunsch nach Distinktion, der die soziale Topographie der Grablage hervorbrachte.

---

2 Barbara Happe, *Jenseitsvorstellungen und Sepulkralkultur des 16. und 17. Jahrhunderts Camposanto – Friedhöfe*, in: Diesseits- und Jenseitsvorstellungen im 17. Jahrhundert (Interdisziplinäres Kolloquium: 3.–5. Februar 1995), Ingeborg Stein (Hg.), (Jena: 1996), 75–96, 76.
3 Zitiert nach Sebastian Scholz, *Das Grab in der Kirche. Zu seinen theologischen und rechtlichen Hintergründen im Spätantike und Frühmittelalter* (Zeitschrift der Savigny-Stiftung für Rechtsgeschichte: Kanonistische Abteilung 84 (1998), 270–306, 274.
4 Barbara Happe, *Der Tod gehört mir. Die Vielfalt der heutigen Bestattungskultur und ihre Ursprünge* (Berlin: 2012), 22f.

Der mittelalterliche Kirchhof war auch wegen seiner zentralen Lage ein vielfältig genutzter Ort, auf dem sich Sakrales mit Profanem mischte. Dort wurde Gericht gehalten, es wurden Trauungen und andere Rechtshandlungen wie Grundstücksverkäufe oder Ämterbesetzungen vorgenommen, Märkte abgehalten und es fanden Feste unterschiedlichster Art statt. Auch Wirtschaftsgebäude oder Speicher und Unterkünfte für Arme gehörten seit dem 14. Jahrhundert zur gängigen Bebauung. Diese arglose Vermischung von weltlichen Obliegenheiten und Religiösem ist, wie wir von dem kanadischen Philosophen Charles Taylor wissen, ein Wesenszug nicht-säkularer Gesellschaften, in denen die Religion keine abgesonderte Sphäre bildet, sondern alle Raumhorizonte durchdringt.[5]

Während des gesamten Mittelalters bis zur frühen Neuzeit wurden auf dem Kirchhof alle Christen beerdigt, wobei sich im Laufe der Jahrhunderte ein ständig wachsender Andrang auch von gehoben bürgerlichen Schichten auf ein Grab im Kircheninnern abzeichnete, so dass immer wieder dicht aneinander gedrängte Grabplatten einen flächendeckenden Fußbodenbelag bildeten.

3 Luther und die Folgen für die sepulkrale Kultur

Die kultische Verbindung von Grab und Kirche gab im Laufe des späten 15. und im 16. Jahrhundert vielfach Anlass zur Kritik: Mediziner, die im Rahmen der territorialstaatlichen Gesundheitspflege die hygienischen Zustände im Bestattungswesen untersuchten, rieten, die Kirchhöfe wegen ihrer schlechten Luft zu meiden und empfahlen wie z. B. der Frankfurter Arzt Joachim Struppius (1530–1606) die Begräbnisplätze zur Reinhaltung des Wassers und der Luft außerhalb der Ortschaften anzulegen.

Martin Luther hat aber erst die dogmatischen Voraussetzungen für ein Begräbnis *extra muros* geschaffen: er lehnte die theologisch begründete Verbindung von Grab und Kirche und mit ihr die institutionalisierte, d.h. öffentliche Fürbitte für die Toten und die damit einhergehende Mittlerschaft der Heiligen für das postmortale Schicksal ab. Somit verlor der Ort des Grabes seine Bedeutung für das Seelenheil und der Kirchhof seinen Status als *locus sacer*. Er zählt zu den Adiaphora, d.h. zu den Dingen, die nicht heilsnotwendig und somit für den Kultus entbehrlich sind. Dies macht auch eine Homberger Synode aus dem Jahr 1526 deutlich: *„Es ist ungehörig zu glauben, das Begräbnis (an geweihter Stätte)*

---

5 Charles Taylor, *Ein säkulares Zeitalter* (Frankfurt a. M.: 2009).

trage etwas zum Heile bei. Denn es ist ganz einerlei, ob jemand auf freiem Feld oder auf einem Kirchhof beerdigt wird."[6]

Aus diesem Grund konnte Luther gleichmütig seine Überlegungen über den Standort von Gräbern anstellen. So ließ er sich von hygienischen Gesichtspunkten über den Standort der Begräbnisplätze leiten: In seinem berühmten Traktat „Ob man vor dem Sterben fliehen möge", das er auf eine Anfrage des Breslauer Pfarrers Johannes Hess nach einem angemessenen Verhalten bei Pestzügen verfasst hatte, erklärte er 1527: *„Auffs erst las ich das die doctores der erztney urteilen und alle die des bas erfaren sind, obs ferlich sey, dass man mitten in stedten kirchhofe hat. Denn ich weis und verstehe mich nichts drauff, ob aus den grebern dunst odder damff gehe, der die lufft verrücke. Wo dem aber also were, so hat man aus obgesagten warnungen ursachen genug, dass man den kirchhoff ausser der stadt habe. ... Darumb mein rat auch were ... das begrebnis hinaus fur die stad machen."*[7] Dabei berief er sich auch auf antike und jüdische Gepflogenheiten: *„Das weis ich wol, das bey den alten der brauch gewesen ist, beide unter Jueden und Heiden, beide unter heiligen und sundern, das begrebnis ausser der stad zuhaben, und sie sind ja so klug gewesen als wir sein mögen."*[8]

4 Der außerörtliche Begräbnisplatz im 16. Jahrhundert: der Camposanto

Seiner Empfehlung zur Anlage außerörtlicher Begräbnisplätze wurde im Einklang mit den evangelischen Kirchenordnungen des 16. Jahrhunderts, die ebenfalls das außerörtliche Begräbnis forderten, umfänglich entsprochen. Dabei war die demographische Entwicklung dem theologischen Neuerungswillen durchaus förderlich: denn trotz der Verluste durch Pestwellen und andere Seuchenzüge zeichnete sich ein anhaltender Bevölkerungsanstieg ab, der nach neuen Lösungen in der Bestattungskultur verlangte.[9] Seit Beginn des 16. Jahrhunderts – und

---

6 Hugo Grün, *Der deutsche Friedhof im 16. Jahrhundert*, Hessische Blätter für Volkskunde 24 (1925), 64–97, 79.
7 Martin Luther, *Ob man vor dem Sterben fliehen möge*, Bd. 23 D. Martin Luthers Werke. Kritische Gesamtausgabe (Weimar: 1901), 375.
8 Barbara Happe, *Die Entwicklung der deutschen Friedhöfe von der Reformation bis 1870*, Bd. 77 Untersuchungen des Ludwig-Uhland-Institutes der Universität Tübingen, Hermann Bausinger u.a. (Hg.), (Tübingen: 1977), 180.
9 Siehe hierzu, Jan Brademann, *Mit den Toten und für die Toten. Zur Konfessionalisierung der Sepulkralkultur im Münsterland (16.–18. Jahrhundert)*, (Münster: 2013). Barbara Happe, *Die Tren-*

vereinzelt auch schon am Ende des 15. Jahrhunderts – wurden dann in großem Umfang außerörtliche Begräbnisplätze eingerichtet. Selbst katholische Landesherren konnten sich wie z. B. in Leipzig dieser Entwicklung entgegen ihrer religiösen Überzeugung nicht widersetzen.

Um das Begräbnis außerhalb der Stadt für das Bürgertum und die gehobenen Stände attraktiv zu machen und ihnen angemessene Möglichkeiten der Repräsentation zu bieten, wurde mit dem Camposanto ein neuer Typus geschaffen. Der Camposanto ist ein all-oder mehrseitig von Arkaden oder miteinander verbundenen Gruftbauten umfriedetes Begräbnisfeld, das in der Regel keine Kapelle als kultisches Zentrum besitzt. In den kreuzgangähnlichen Umgängen fanden die gehobenen sozialen Schichten einen adäquaten Ersatz für eine Grabstelle im Kircheninnern, und sie boten den aufstrebenden Schichten des städtischen Bürgertums einen Raum zur Entfaltung ihrer postmortalen Selbstdarstellung.

Camposanto-Friedhöfe wurden vorzugsweise im heutigen Thüringen, in Sachsen, Sachsen-Anhalt, in Franken und Schlesien angelegt. Trotz der Homonymie mit dem mittelalterlichen Camposanto in Pisa, ist der neuzeitliche Camposanto nicht aus diesem abzuleiten, zumal sich die Bezeichnung Camposanto im deutschsprachigen Raum erst im 19. Jahrhundert etablierte. Eines der berühmtesten Beispiele ist der Stadtgottesacker in Halle an der Saale, der seit 1350 als Pestacker genutzt und nach der Reformation unter Kardinal Albrecht nach Entwürfen des Baumeisters Nickel Hoffmann zu einem prächtigen Camposanto ausgebaut wurde (Tietz 2012, S. 89ff). In den Gruften, die zu einem geschlossen Geviert verbunden sind, befanden sich die Erbbegräbnisse der Hallenser Oberschicht, der Pfänner und Halloren sowie der Ratsherren. Der Gottesacker in Halle an der Saale, der umfassend restauriert wurde, bietet noch heute ein beeindruckendes Zeugnis städtischer Repräsentationskultur des Todes in der frühen Neuzeit[10].

Auch in katholischen Regionen wurden vereinzelt Camposanto-Friedhöfe angelegt. Gut erhalten ist z. B. der Sebastians-Friedhof in Salzburg, ein fast quadratisches Geviert mit umlaufender Loggia und einem Mausoleum des Erzbischofes Wolf Dietrich von Raitenau. Er wirkt wie ein Vorbild für den Idealentwurf von Joseph Furttenbach d.Ä. aus dem Jahre 1628. Der quadratische in vier Felder untergliederte Grundriß wird von „160 geschlossenen Begräbnussen" eingefasst,

---

nung von Grab und Kirche. Außerstädtische Begräbnisplätze im 16. und 17. Jahrhundert, in: Raum für Tote. Die Geschichte der Friedhöfe von den Gräberstraßen der Römerzeit bis zur anonymen Bestattung, Arbeitsgemeinschaft Friedhof und Denkmal Zentralinstitut und Museum für Sepulkralkultur (Hg.), (Kassel/Braunschweig: 2003), 63–82.

10 Anja Tietz, *Der frühneuzeitliche Gottesacker. Entstehung und Entwicklung unter besondere Berücksichtigung des Architekturtypus Camposanto in Mitteldeutschland* (Halle a.d. Saale: 2012), 89–103.

denen Arkadengänge vorgelagert sind. Die zentral positionierte Kapelle dient dem Begräbnis „großer Herren", und die vier Höfe sind „gemeinen Personen" vorbehalten.[11] Die Architektur der Camposanto-Friedhöfe entspricht genau den Anforderungen einer frühneuzeitlichen Begräbniskultur: nach der Trennung von Grab und Kirche bedurfte es neuer Möglichkeiten, die Repräsentationsbedürfnisse nach dem Tod angemessen zu realisieren. Hierfür boten die peripheren Arkaden den entsprechenden Raum, dem wohlgemerkt keine göttliche Präsenz mehr innewohnte. Es ist hier somit der Vorbote der „Entleerung" von allem Religiösen, was Taylor in seinem Buch ein „säkulares Zeitalter" als eine wesentliche Bedingung der Säkularität angesehen hat.[12]

5 Zweckrationalität und Hygiene auf den außerörtlichen Friedhöfen des 18. und 19. Jahrhunderts

Im späten 18. und im Verlauf des gesamten 19. Jahrhunderts setzte eine weitere tiefgreifende Veränderung im Begräbniswesen ein. Auf Betreiben von Medizinern, die seinerzeit eine große gesundheitliche Gefahr in den ortsnahen Friedhöfen sahen, erfolgte eine umfassende Auslagerungswelle in ortsfernes möglichst unbebautes Gelände. Im Zuge der Aufklärung ergingen zwischen 1770 und 1808 in allen deutschen Staaten sowie in Frankreich und in den Ländern der Habsburgischen Monarchie Verordnungen zum Verbot der Bestattung in den Kirchen und zur Einrichtung außerstädtischer Friedhöfe. Interessanterweise spielte die Konfessionszugehörigkeit der verantwortlichen Landesherren nun keine Rolle mehr bei der Standortfrage. Die Kirchen waren weiterhin berechtigt, eigene Friedhöfe einzurichten, unterlagen aber vor allem in hygienischer Sicht den staatlich festgelegten Anforderungen und der Aufsicht von Medizinal- und Sanitätskollegien oder den örtlichen „Physikaten".

Gestaltungsleitend für die Anlage der Friedhöfe, waren hygienische Maßstäbe und zwar: der Standort, die Bodenbeschaffenheit, die Bepflanzung und die Einführung von Reihen- und Einzelgräbern. Beim Standort ging es insbesondere um die Entfernung von bewohnten Gebieten, die Bodenbeschaffenheit musste die Verwesung der Leiber im gesetzlich fixierten Zeitraum gewährleisten, die

---

11 Happe (2012 b), a.a.O., 926.
12 Taylor (2009), a.a.O., 13.

Bepflanzung diente vor allem der Luftverbesserung und das Reihengrab sollte die sich aus der Verwesungszeit ergebenden Ruhefristen garantieren.

Unter dem Diktat von Zweckrationalität und Hygiene entstand die geometrische Vier-Felder-Anlage mit rasterförmigen Wegenetzen und einem mittigen Wegekreuz, die man als eine Geometrisierung des Friedhofes bezeichnen kann, die im Einklang mit Entwicklungen im Städtebau erfolgte. Die Umfassungsmauern waren der Errichtung von Familien- und Erbbegräbnissen vorbehalten, während sich im Innenraum die Reihengräber befanden. Damit setzte sich die soziale hierarchische Raumorganisation – ähnlich wie auf dem Camposanto – fort.

Vorblidlich für die Vier-Felder-Anlage ist der „Neue Begräbnißplatz" in Dessau, den Herzog Leopold III. Friedrich Franz zu Anhalt-Dessau, im Jahre 1787 anlegen ließ. Anhalt-Dessau zählte seinerzeit zu den mustergültigen Fürstentümern, wo ein umfassendes Reformwerk im Geiste der Aufklärung realisiert wurde. Man betrat den quadratischen Begräbnisplatz durch einen antikischen Torbogen mit der programmatischen Inschrift: *Tod ist nicht Tod ist nur Veredlung menschlicher Natur*, in den Nischen des Portals lehnen sich Hypnos (Schlaf) und Thanatos (Tod) jeweils auf eine gesenkte Fackel und bekräftigen die aufklärerische Vorstellung vom Tod als Schlaf. Das Portal beherbergte die Wohnung für den Totengräber und die Leichenhalle, eine der ersten ihrer Zeit, die zur Prävention von Krankheiten eingerichtet wurden. Der einzigartig gestaltete Friedhof war Pilgerstätte von Literaten, Schriftstellern und Philosophen und aufgeklärten Besuchen, die sich an der Vollkommenheit des schönen und heiteren Todesbildes ergötzten. So hieß es auf der Rückseite des Tores: *Kein drohendes Grabmal und kein Tod wird mehr sein auf der neuen Erde Gefilden*. Dies sollte auch die Errichtung von Grabmälern betreffen, die der Fürst zunächst nur an der Umfassungsmauer zuließ, um möglicher Prahlerei und Eitelkeit Einhalt zu gebieten und die Standesunterschiede der Lebenden im Tode auszugleichen. Die Begräbnisfläche selbst war eine mit Blumen und Rosenstöcken besetzte Rasenfläche, weiß blühende, intensiv duftende Akazien boten das Bild eines schlichten, aber heiteren Totengartens.

Die Vier-Felder-Anlage war bis ins letzte Drittel des 19. Jahrhunderts der vorherrschende Gestaltungstypus. Als reine Zweckeinrichtungen ohne konfessionelle Bindung hatten diese Friedhöfe ihren sakralen Charakter nun endgültig verloren, und die Entleerung von allem Religiösen war perfekt.

6 Gartenkunst und Friedhofsgestaltung

Unter dem Eindruck des hygienischen Diskurses und des damit verbundenen Verbotes der Kirchenbestattung begab sich der Adel, der auf soziale Distinktion bedacht war und sich nicht auf den kommunalen Friedhöfen mit dem gemeinen Bürger beerdigen lassen wollte, auf die Suche nach neuen Beisetzungsorten. Der eigene Park bot hierfür die Möglichkeit der sozialen Separation.

Der protestantische Gartentheoretiker Christian Caius Lorenz Hirschfeld (1779–1785) hat mit seiner fünfbändigen „Theorie der Gartenkunst" die nun aufkeimende Mode des adeligen Grabes im Landschaftsgarten entscheidend befördert. Er stellt an seine Leserschaft die rhetorische Frage: *„Was könnte aber indessen leichter und anständiger seyn, als dass ein Gutsbesitzer, wenigstens für seine Familie, in einem Theil seines Parks, oder in irgend einem Walde, einen Begräbnisplatz anlegte, und ihn zur Unterhaltung sittlicher Gefühle einrichtete?"* Zugleich kritisierte er die *„barbarische Gewohnheit ... nahe an den Wohnhäusern in den Städten, und selbst in den Tempeln der Gottheit, Leichname verfaulen zu lassen"*.[13]

Die Vorliebe des Adels für ein Grab im eigenen Landschaftspark wurde von einer neuen Imagination von Transzendenz und Unsterblichkeit getragen. Es ist die Sehnsucht nach einer symbiotischen Verschmelzung mit der Natur, bei der Transzendenz als Metamorphose in einen höheren Naturzustand begriffen wird. Der Wunsch nach einem Grab im Garten oder in der freien Natur ist seit der frühen Neuzeit nicht mehr wegzudenken. Die Neigung, Natur und Gott, gleichzusetzen sollte fortan als unterschwelliges Motiv bei den Naturbestattungen immer mitschwingen. Dies erleben wir auch bei den heutigen Bestattungen im FriedWald.

Die Suche nach dem Heiligen in einer säkularisierten Form als dem Verehrungswürdigen sollte gerade im protestantischen Bereich sehr stark werden. Daher erstaunt es nicht, dass die Gartengräber des Adels sich vornehmlich in protestantisch geprägten, mittel- und norddeutschen Territorien und vor allem beim rangniederen Adel und weniger bei regierenden Fürsten durchsetzten.

In der zweiten Hälfte des 19. Jahrhunderts kamen dann allmählich auch auf den Friedhöfen Einflüsse gartenkünstlerischer Gestaltungen zum Tragen, die schließlich auf den großen, um die Jahrhundertwende eingerichteten Zentralfriedhöfen mit ihren weitläufigen Arealen zur vollen Entfaltung gelangten. Erstmals wurden Wettbewerbe für die gartenkünstlerische Gestaltung von Fried-

---

[13] Zit. nach, Sascha Winter, *Im ewigen Kreislauf der Natur. Begräbnisse des Adels in Gärten des späten 17. und 18. Jahrhunderts*, in *Adel und Umwelt. Horizonte adeliger Existenz in der frühen Neuzeit (1650–1850)*, Heike Düsselder, Olga Weckenbrock und Siegrid Westphal (Hg.), (Köln/Weimar/Wien: 2008), 105–130, 120.

höfen ausgeschrieben. Friedhöfe besitzen seitdem vor allem in den Großstädten die Nebenfunktion einer „grünen Lunge". Obwohl diese Friedhöfe sich ja in staatlich-kommunaler Trägerschaft befanden, tauchte der landschaftsartige Friedhof zuerst in den protestantischen Regionen Norddeutschlands auf. Die landschaftlich gestalteten Friedhöfe sahen sich unter Gartenkünstlern alsbald dem Vorwurf der Kaschierung des Todes durch die Natur und die parkartigen Partien ausgesetzt, und die Friedhofsgestaltung der Jahrhundertwende folgte den sich schnell wandelnden Grundsätzen und Moden der Freiraumgestaltung. So entstanden wie in der historistischen Baukunst verschiedene Typen in unterschiedlichen Stilrichtungen: der monumentale Friedhof, der gemischte Typus oder die geometrisch-architektonische Anlage, welche die Planer als adäquate Lösung für eine moderne Massengesellschaft ansahen.

Auf den Friedhöfen des 19. und frühen 20. Jahrhunderts etablierte sich eine zeichenhafte Erinnerungskultur, wo Jeder versuchte, seine Grabstätte entsprechend seiner sozialen und finanziellen Möglichkeiten mit einem Erinnerungszeichen zu versehen; allerdings besaßen die bis weit in das 19. Jahrhundert vorherrschenden Reihengräber nur selten ein Grabzeichen.

7 Der Waldfriedhof – Gottes Kirche der Wald

Begräbnisstätten, die hohe Baumwipfel umrauschen, sind ohne Frage das Ideal für uns Deutsche erklärte 1912 der evangelisch-lutherische Zoologe und Gartenarchitekt Gustav Brandes anlässlich der Eröffnung des Sennefriedhofes in Bielefeld, einem der ersten Waldfriedhöfe.

Der erste Waldfriedhof Deutschlands wurde 1907 in München im ehemaligen Hochwaldforst von Schloss Fürstenried auf einem wirtschaftlich genutzten Forst mit Fichtenbestand eröffnet. Der Planer war der protestantische Architekt und Stadtplaner Hans Grässel, dessen Ziel es war, die einfachen Gräber in die Natur zu integrieren, um die *„Freiheit, welche die Natur des Waldes vorgibt"*, nicht durch Grabmäler und deren Einfriedungen zu beeinträchtigen. Er erließ strenge Gestaltungsvorschriften für die Grabmäler, die nach Größen und Material in einzelnen Sektionen gruppiert werden sollten. Alles Künstliche wie Porzellanengel, Kunststein, Photographien, Metallkränze etc. waren verboten; selbst die Bepflanzung durfte die *„Waldnatur"* nicht stören, weswegen keine Zierformen und exotische Pflanzen zulässig waren, sondern nur Blumen, verschiedene Moosarten, Farne, Efeu oder Wacholder und Wein. Sein Motto *Schon Ordnung ist Schönheit* war der Beginn und das Vorbild für die künftige Reglementierung der Grabmalgestaltung im 20. Jahrhundert. Grässel war führendes Mitglied der Friedhofsreformbewegung, die sich in kulturkritischer Attitüde gegen den damaligen „Grabmalpomp" und die industrielle „Surrogatware" wandte.

Die Anhänger des Münchner Waldfriedhofes lobten die spirituelle Atmosphäre in der göttlichen Waldnatur und das Zurückkehren des Verstorbenen in den Schoß der Erde. Geradezu verblüffend sind die Ähnlichkeiten mancher Formulierungen mit den heutigen Äußerungen über die Vorzüge einer Bestattung in einem Friedwald. *„Das gestorbene Leben, das hier ruht, ist wie Blätter von den großen Bäumen des Lebens hinab zur Erde geglitten, schläft, vergeht und wird Erde für neues Wachsen ... In diesem Waldfriedhof gehen wir, im Leben wie im Tod, in die Natur ein, werden zu dem, was wir sind: Wachstum, Gebilde, das dieser Natur angehört".*[14]

8 Die Feuerbestattung

Die Feuerbestattung ist eine wesentliche Bedingung für die Vielfalt in der heutigen sepulkralen Kultur und die neuen Möglichkeiten der Beisetzungsorte.

Auch diesbezüglich erwies sich Martin Luther als Vordenker, als er mit seinen Aussagen zur Feuerbestattung die zweite Zäsur in der christlichen Bestattungskultur antizipierte. 1527 zog er erstmals die Leichenverbrennung in Erwägung: *„Denn sie trugen sie nicht alleine hinaus, sondern verbrannten die leychen alle zu pulver, auff das die lufft ja auffs reinste bleibe".*[15]

Die Feuerbestattung wurde zwar erst 1878 mit dem Bau des ersten deutschen Krematoriums in Gotha eingeführt. Doch die Grundeinstellung der Protestanten, dass die Art und Weise der Bestattung zu den Adiaphora zählt und, dass sie den Glauben an die Auferstehung nicht an leibliche Vorstellungen knüpften, erlaubte ihnen in der Haltung gegenüber der Kremation einen freien Umgang. Während die katholische Kirche unter Papst Leo XIII 1886 ihren Mitgliedern die Verfügung einer Feuerbestattung strengstens verbot und diese bis zum Zweiten Vatikanischen Konzil im Jahre 1963 undenkbar war, hatte die Entscheidung zwischen Erd- und Feuerbestattung für die Protestanten nur sittlich-moralische Bedeutung aber keine theologisch-dogmatische Relevanz. Auf der evangelischen Kirchenkonferenz in Eisenach wurde 1898 erklärt, dass die Feuerbestattung gegen die uralte christliche Sitte des Begrabens verstoße, aber nicht dem christlichen Glauben widerspreche. 1920 erfolgte die förmliche Anerkennung der Feuerbestattung

---

14 Zit. nach Happe (2012a), a.a.O., 138.
15 Luther, a.a.O., 374.

durch die Evangelische Kirche. 1955 wurde die Feuerbestattung der Erdbestattung in der Evangelischen Kirche Deutschlands gleichgestellt, wobei sie aber bis 1977 ihren Mitgliedern die Erdbestattung empfahl.

Der Kampf um die Anerkennung der Feuerbestattung im 19. Jahrhundert, der Züge eines Glaubenskriegs trug, wurde von einer protestantischen Bürgerbewegung getragen. Bis 1904 gab es im Deutschen Reich 78 Feuerbestattungsvereine mit 25 Zweigvereinen und einer Mitgliederzahl von 22.000 Personen, 1910 waren es 108 Vereine mit 49165 Mitgliedern. Trotz der intensiven Überzeugungsarbeit der Feuerbestattungsvereine wurden zwischen 1878 und 1898 gerade einmal 0,013 % der Verstorbenen kremiert. 1900 gab es nur fünf Krematorien im deutschen Reich, nämlich in Gotha, Hamburg, Heidelberg, Jena und Offenbach. 1920 betrug der Anteil an Feuerbestattungen 1,8 %, 1930 dann 7,5 % und 1935 8,4 %. Zwischen 1878 und 1898 lag der Anteil der Protestanten an den Feuerbestattungen bei 83,5 %, der Katholiken bei 8,1 % der Juden bei 5,5 % und der Freireligiösen bei 2,5 %.[16]

Die unterschiedliche Haltung von Katholiken und Protestanten erklärt nach wie vor die regionalen Prägungen der Verbreitung der Kremation in Deutschland, die seit Jahren kontinuierlich ansteigt und seit 2010 mit 62 % fast zwei Drittel aller Bestattungen ausmacht. Angesichts der zunehmenden Akzeptanz der Feuerbestattung bei den Katholiken werden sich die konfessionellen Präferenzen bei der Wahl der Bestattungsart in kommenden Jahrzehnten sicherlich weiter abschwächen.

Nach dem Zweiten Weltkrieg vollzog sich die Entwicklung der Feuerbestattung in beiden deutschen Staaten unter unterschiedlichen Vorzeichen. In der DDR gehörte die Förderung der Feuerbestattung zum staatlich verordneten Transformationsprozess in eine sozialistische Alltags- und Lebenswelt. Die Feuerbestattung als Ausdruck einer materialistischen Todesauffassung war ein essentieller Schritt auf dem Weg zu einer sozialistischen Friedhofs- und Alltagskultur. Dabei stilisierten die Verantwortlichen des 1960 in Dresden gegründeten Institutes für Kommunalwirtschaft (IfK) in Dresden, das federführend die sozialistische Transformation der Bestattungskultur betrieb, die DDR zum *„Mutterland der neuzeitlichen Feuerbestattung"*.

Die Verbreitung der Feuerbestattung in der DDR lag laut Erhebungen des Deutschen Städtetages 1960 bei einem Durchschnitt von 10,4 % Einäscherungen (DDR 29,8 %), gegenüber 10,4 % in Westdeutschland 1974 bei DDR 51,4 % (15,8 % BRD) 1983 bei 60,2 (19,4 % BRD) und 1988 bei DDR 64,5 % (22,3 % BRD).

---

16 Happe (2012), a.a.O., 88–89.

9 Die anonyme Bestattung als Folge der Feuerbestattung

Die Feuerbestattungsbewegung war schon seit Beginn des 20. Jahrhunderts bestrebt, das individuelle oder familiäre Grab zugunsten eines kollektiven und sogar zeichenlosen Aschengrabes aufzugeben und eine Dichotomisierung des Totengedenkens in Helden und Andere vorzunehmen. So wurde in Chemnitz bereits 1928 auf Veranlassung des Feuerbestattungsvereines das erste Urnengemeinschaftsfeld ohne Kennzeichnung der Einzelgrablage eingerichtet. Die Dichotomie in der zeichenhaften Erinnerungskultur wurde dann in der DDR zur Realität. Unter dem Motto „Vom Ich zum Wir" wurde seit Beginn der 1960er Jahre konsequent und radikal eine Politisierung der Memoria praktiziert, indem man für die breite Masse der Verstorbenen namenlose Urnengemeinschaftsanlagen anlegte, und für die Bürger, die für die sozialistische Gesellschaft Außerordentliches geleistet hatten, repräsentative Ehrenhaine und Ehrengrabfelder schuf.[17]

Die anonyme Bestattung, d.h. die Beisetzung ohne Kennzeichnung des einzelnen Grabes meist in einem Gemeinschaftsfeld, ist seit vier Jahrzehnten ein fester Bestandteil der deutschen Bestattungskultur. Die fehlende Kennzeichnung der Einzelgrablage habe ich als das Definitionskriterium für die anonyme Bestattung festgelegt. Die Gemeinschaftsfelder können entweder als völlig zeichenlose Rasenfläche angelegt werden oder mit einem Gemeinschaftsgrabmal versehen sein. Während die anonyme Bestattung in der DDR seit den 1960er Jahren als essentieller Bestandteil des sozialistischen Transformationsprozesses staatlich gefördert und propagiert wurde, setzte sie sich in Westdeutschland als Ausdruck des Bürgerwillens gegen die Interessen der Gewerbetreibenden, Friedhofsträger und Kirchen durch.

Die Verbreitung der anonymen Bestattungen in Deutschland liegt 1999 bei 20 %, 2004 bei 22 % und bleibt bis 2009 konstant bei 22 %.[18] Die in der DDR katalysierte Entwicklung, die zu Werten von über 50 % in Städten mit mehr als 100.000 Einwohnern führte, hat sich dann in den neuen Bundesländern aufgrund neuer Beisetzungsmodalitäten leicht abgeschwächt, wohingegen in den norddeut-

---

17 Barbara Happe, *Grabmalgestaltung in der DDR – Der erzwungene Abschied vom persönlichen Grabmal*, in *Grabkultur in Deutschland*. Geschichte der Grabmäler, Arbeitsgemeinschaft Friedhof und Denkmal Museum für Sepulkralkultur (Hg.), (Berlin: 2009), 189–213.
18 Barbara Happe, Gottfried Jetschke und Tobias Schulmann, *Entwicklung der Häufigkeit von Urnenbestattungen und anonymen Bestattungen in Deutschland von 1999 bis 2009*, Sociologica Internationalis. Zeitschrift für Soziologie, Kommunikations- und Kulturforschung 2 (2011), 251–272.

schen protestantisch geprägten Städten in der BRD die anonymen Bestattungen seit 1995 stetig zugenommen haben. Die anonyme Bestattung ist, wie es zunächst scheinen mag, kein Ost-West-Phänomen, sondern eine Folge der Feuerbestattung. Die vor hundert Jahren bereits vorhandene „Landkarte" der Konfessionen hinsichtlich der Verbreitung der Feuerbestattung setzt sich bei der Entwicklung der anonymen Bestattung fort. Ihre deutlich höhere Verbreitung in der DDR ist darauf zurückzuführen, dass hier der Sozialismus einen fruchtbaren Boden für die gezielte Etablierung dieser materialistisch-kollektivistischen Bestattungsform vorgefunden hat. Die Akzeptanz der anonymen Bestattung ist somit konfessionsspezifisch und setzte sich unter dem Einfluß der programmatischen Konfessionslosigkeit der DDR früher und schneller durch. Mit einer zeitlichen Verzögerung ist ein Aufholprozess im (westlichen) Norddeutschland zu beobachten, der sich wiederum verzögert mittlerweile auch auf katholisch geprägte Regionen ausdehnt.

10 Friedwald und andere Waldbestattungen

Zwei Jahrzehnte nach der Einführung der Feuerbestattung begannen einige Gartenkünstler und Architekten über zukünftige Beisetzungsorte für die Aschenreste nachzudenken und prognostizierten, dass die „spätere Entwicklung sich unter Loslösung vom heutigen Friedhof (...) bewegen wird". Tatsächlich wurde 90 Jahre später die Idee des Friedwaldes von dem Schweizer Unternehmer Ueli Sauter 1993 ins Leben gerufen, nach mehrjährigen Widerständen vonseiten der Kirchen und Waldbesitzer dann 1999 erstmals in der Schweiz durchgesetzt und 2001 mit der Eröffnung des ersten Friedwaldes im Reinhardswald nördlich von Kassel nach Deutschland exportiert und an die FriedWald GmbH verkauft. In kürzester Zeit erfreute sich das Konzept der Waldbestattungen größter Beliebtheit in breiten Kreisen der Bevölkerung, so dass sich 2005 mit der Ruheforst GmbH ein zweiter Anbieter für Beisetzungen im Wald auf dem Markt etablierte. Weitere Anbieter wie Bestattungsunternehmen, Gemeinden oder private Waldbesitzer und selbst vereinzelt evangelische Kirchengemeinden zogen nach. Die geistreiche Wortschöpfung Friedwald ist patentrechtlich geschützt und darf nur von der Fried-Wald GmbH benutzt werden, doch hat sich dieser Begriff Friedwald mittlerweile für alle Formen der Waldbestattungen eingebürgert.

Da in Deutschland der sogenannte Friedhofszwang herrscht, müssen Friedwälder als Bestattungsorte ausgewiesen werden, die auch eine Friedhofsordnung haben. Friedwälder sind ausgedehnte Laubmischwälder, in denen die Asche der Verstorbenen in das Wurzelwerk des Baumes eingebracht oder in einer kompostierbaren Urne beigesetzt wird. Die mit einem Buchstabencode oder mit einer

Namensplakette markierten Bäume können als Familien- oder Gemeinschaftsbäume, aber auch von Einzelpersonen genutzt werden. Die Wahl eines Baumes kann zu Lebzeiten erfolgen, und von diesem Vorsorgekonzept wird reger Gebrauch gemacht, zumal man sich dann mit dem eigenen Baum „anfreunden" kann. Eine Grabpflege ist weder notwendig noch möglich. Die Grabpflege übernimmt hier die Natur, heißt die gängige Formulierung aller Waldbestattungsanbieter, weswegen es auch verboten ist, dort floristische Blumengrüße zu hinterlegen oder gar Anpflanzungen vorzunehmen, was aber immer wieder unterlaufen wird.

Die Motive für eine Beisetzung im Wald sind unterschiedlich: die Entlastung der Hinterbliebenen von der Grabpflege spielt in Zeiten hoher Mobilität eine wichtige Rolle. Damit einher geht die „Friedhofsmüdigkeit" vieler Menschen, die sich gegen eine Überreglementierung bei der Grabgestaltung und der Verhaltensnormen wenden und im Wald nach neuen Freiheitspotenzialen suchen. Schließlich, und auch das ist eine Facette des Wunsches nach Freiheit, ist das emphatische Bekenntnis zur Natur von Belang. Die heute fast durchweg positiv besetzte Natur, oder was man dafür hält, bietet Spielraum für eine nicht normierte Spiritualität und für Jenseitsvorstellungen frei von religiösen Dogmen. Sie kommt dem heutigen Bedürfnis nach individueller Sinnkonstruktion und den mosaikartig zusammengefügten, persönlichen Glaubenswelten entgegen.

Norbert Elias, der auch das Verhältnis der Menschen zum Tod in zeitgenössischen Gesellschaften analysierte, schrieb: *„Heute treten im Zuge eines besonders umfassenden Individualisierungsschube aus der Hülle der kollektiven Unsterblichkeitsphantasien häufiger ganz persönliche und vergleichsweise private Unsterblichkeitsphantasien der einzelnen Menschen in den Vordergrund. In früheren Zeiten hatten in hohem Maße institutionalisierte kollektive Phantasien, die dem einzelnen Menschen Unsterblichkeit garantieren, den Vorrang".*[19]

Der Baum eignet sich vorzüglich für Imaginationen des Übersinnlichen, des Göttlichen und somit für diffuse Unsterblichkeitshoffnungen. Letztere entspringen der Sehnsucht, sich als biologischer Organismus als Teil der Natur zu sehen und wieder zur Natur zu werden, ja in ihr und durch sie weiterzuleben. Der Baum wird durch die Mineralstoffe der menschlichen Asche in geringem Umfang gedüngt und dies nährt die Hoffnungen auf ein Überdauern im „eigenen" Baum. Die Vorstellung vom materiellen Einswerden mit dem Baum, dem spirituelle Kräfte zugeschrieben werden, könnte man als materialistische Metaphysik bezeichnen.

---

19 Norbert Elias, *Über die Einsamkeit der Sterbenden in unseren Tagen* (Frankfurt a. M.: 1990), 57.

Damit scheint sich die vielfach zur Floskel erstarrte These des Soziologen Max Weber von der Entzauberung der Welt in ihr Gegenteil zu verkehren und einer neuen Verzauberung, einer „Sakralisierung der Erde" den Weg zu bereiten.

11 Die Haltung der Kirchen zu den Waldbestattungen

Die Haltung der Kirchen zu den Waldbestattungen hat sich in den letzten zehn Jahren als sehr biegsam erwiesen. So ist die anfänglich dezidierte Ablehnung insbesondere der katholischen Kirche einer pragmatischen Bewertung gewichen, die unter bestimmten Voraussetzungen eine kirchliche Assistenz bei Waldbestattungen zulässt. Dabei ist ein Dissens zwischen den katholischen Richtlinien und der Bestattungspraxis auszumachen. Die Ängste der katholischen Kirche vor Pantheismus, Neopaganismus oder naturreligiösen Einstellungen scheinen die Mitglieder an der Basis und die Praktiker in der Bestattungskultur nicht unbedingt zu teilen. Letztere fordern eine Anpassung der Richtlinien an die Realität, auch um sie von Gewissensnöten bei der kirchlichen Assistenz von Waldbestattungen zu befreien.

Die EKD, die in der Pluralisierung der Glaubensvorstellungen durchaus die Chance einer Wiederaneignung des Todes sieht und einen Widerstand gegen die kühle Professionalität der Trauerkultur sowie kirchliche Routine spürt, sieht „keine prinzipielle Unvereinbarkeit zwischen christlichen Einsichten über den Menschen und seine Würde auch im Tode und einer Bestattungsform innerhalb einer FriedWaldkonzeption".[20] Schließlich hatte schon Martin Luther im erwähntem Traktat „Ob man vor dem Sterben fliehe möge" dargelegt, dass es nicht von Belang sei, „ob er ynn der Elbe oder ymm walde" begraben sei.

Der EKD geht es darum die Konzeption der Bestattungswälder mit christlichen Gründüberzeugungen „kompatibel" zu machen, ja es heißt, „dass man die Friedwaldidee gleichsam tauft".[21]

Diese „Taufe" erfolgt nun dergestalt, dass sowohl die Protestanten als auch die Katholiken versuchen, die ursprüngliche Idee des Friedwaldes als eines zeichen- und symbolfreien, „naturbelassenen" Ortes dahingehend zu verändern, dass sie zu Orten christlicher Bestattungskultur werden. So werden immer mehr

---

20 Zit. nach, Barbara Happe, *Friedhof Nein Danke. FriedWald, Ruheforst und andere Wald- oder Naturbestattungen*, Friedhof und Denkmal 2 (2010), S. 3–20, 17.
21 Happe (2010), 17.

Ruheforste und Friedwälder mit einfachen Andachtsstätten aus Holz, Hochkreuzen und Bänken ausgestattet, an denen Gottesdienste und Andachten abgehalten und Blumen abgelegt werden können. Mittlerweile werden Gottesdienste, ökumenische Andachten und verschiedentlich sogar Taufen in den Bestattungswäldern gefeiert. Aber auch andere Aktivitäten wie Kutschfahrten, Frühlingsspaziergänge oder die Übernahme von Patenschaften für kränkelnde Eichhörnchen werden angeboten. Durch die Kooperation mit anderen Geschäftspartnern wie dem WWF, Gebietswandervereinen oder esoterischen Weiterbildungsakademien u.v.m. erweist sich das Konzept der FriedWaldGmbH als gelungenes Geschäftsmodell. Es ist zu erwarten, dass die Friedwälder sich immer mehr Richtung Waldfriedhof entwickeln und den Hinterbliebenen zunehmend die Möglichkeit zu einer aktiven Trauerkultur eingeräumt wird, wie das z. B. in Holland der Fall ist.

Seit 2001 ist der Anteil der Waldbestattungen schnell angestiegen und ist gemäß eigener Erhebungen auf gut 2% mit steigender Tendenz zu beziffern. Davon entfallen für das Jahr 2013 allein gut 1,1% auf den Friedwald, wo 9.438 (von rund 850.000 Sterbefällen) Beisetzungen erfolgten. In den Ruheforsten wurden bislang insgesamt 32.000 Aschen beigesetzt; die Beisetzungen in den kleinen Privatwäldern lassen sich nur schätzen.

12 Urnen- oder Grabeskirchen

Zu den neuen Bestattungsorten außerhalb des Friedhofes zählen seit 2006 die Urnen-, oder Grabeskirchen. Wegen dramatischem Mitgliederschwund und drohendem Abriß oder einer kirchenfernen Umnutzung der Gotteshäuser besann sich die katholische Kirche auf die alte christliche Tradition des innerkirchlichen Begräbnisses. „Überzählige" Kirchen wurden mit hohem Aufwand durch namhafte Architekten und ambitionierte Künstler zu ästhetisch eindrucksvollen Bestattungsorten umgestaltet. Als herausragendes Beispiel ist die neugotische Liebfrauenkirche in Dortmund zu nennen, die 2010 vom Architekten Volker Staab aus Berlin mit einer bronzenen Wegearchitektur durchzogen wurde. Die mäandrierende flache Topographie beschreibt Staab in seinem Erläuterungsbericht als eine Grabplastik, die der Erdbestattung nachempfunden sei. In dieser „Grabplastik" werden die Urnen beigesetzt: abgesenkte Sitznischen bieten dem Trauernden die Möglichkeit, direkt am Grab zu verweilen.

Nachdem vor zweihundert Jahren die Toten aus hygienischen Gründen aus der Kirche verbannt wurden, kehren sie heute unter neuen Bedingungen zurück. Es sind Urnengräber, die für alle sozialen Schichten der Bevölkerung zugänglich sind. Bis zum Verbot der Kirchenbestattung um 1800 war ein Kirchengrab ein hohes Privileg, das die Verbundenheit zwischen Lebenden und Toten, die *communio sanctorum* bildhaft verkörperte; ein Grab in der Nähe der Reliquien zu besitzen war das visuelle summa der Jenseitshoffnung.

Wenn eine Kirche heutzutage als Urnenbegräbnisstätte genutzt wird, muß zunächst eine Profanierung oder Teilprofanierung der Kirchen vorgenommen werden, denn nach kanonischem Recht can. 1242 dürfen in Kirchen außer dem Papst, Kardinälen oder Diozösanbischöfen keine Leichname begraben werden. Dies hat bei einer Profanierung dann aber auch zur Folge, dass in den Kirchengebäuden keine Eucharistiefeier mehr stattfinden kann und die Kirchengebäude nurmehr eine spirituell-sakrale Kulisse für die Kolumbarien darstellen. Bezeichnend ist, dass in den meisten Urnenkirchen nicht nur Angehörige christlicher Konfessionen, sondern auch Konfessionslose beigesetzt werden dürfen.

Das Konzept der innerkirchlichen Kolumbarien ist in der katholischen Kirche selbst umstritten. Ein wesentlicher Einwand gegen die Urnengräber in Kirchen ist, dass die katholische Kirche der Feuerbestattung nach wie vor kritisch gegenübersteht und mit diesem attraktiven Angebot, das auf großen Zuspruch trifft, die Kremation geradezu befördert.[22] Entgegen anfänglicher Äußerungen der jeweiligen Bistümer sind die Urnenkirchen in katholischen Regionen längst keine Ausnahmeerscheinung mehr und tatsächlich gibt es in einigen Städten wie z. B. Mönchengladbach gleich mehrere.

Die Protestanten haben sehr schnell den Zug der Zeit erkannt und bieten mittlerweile ebenfalls Urnenkirchen an (siehe hierzu den Beitrag von Sieglinde Sparre im vorliegenden Band). Erstaunlicherweise bemühen auch sie die Lehre von der Gemeinschaft der Heiligen als Begründung für ein innerkirchliches Begräbnis.

Auf Seiten der Nutzer sind mehrere Gründe für die Beliebtheit des innerkirchlichen Grabes zu nennen: so ist die Kirche eine gelungene Alternative für ein vielleicht verwaistes Grab auf einem Friedhof mit gleichförmigen Grabfeldern. Die gut zu erreichenden Kirchen, in denen die Grabpflege entfällt, bieten eine spirituelle Atmosphäre und hohe gestalterische Ausstrahlung, die dem Totengedenken und der Trauerarbeit sicher dienlich sind.

---

[22] Vgl. Lebendige Seelsorge. Zeitschrift für praktisch-theologisches Handeln. Themenheft Kolumbarien 61, H. 5 (2010).

13 Schlussbemerkung

Zeichnet man die großen Entwicklungslinien der christlichen Sepulkralkultur nach, so zeigt sich, dass die epochalen Einschnitte und Reformen in den letzten vierhundert Jahren durch den Protestantismus hervorgerufen wurden. Protestanten sind anders als Katholiken aus theologisch-dogmatischen Gründen nicht an feste Formen der Bestattung und des Grabes gebunden. Dies wiederum erlaubt ihnen einen unbefangenen Umgang mit Neuerungen in der Bestattungskultur, die in den allermeisten Fällen von den Protestanten selbst mit veranlasst wurden.

Für Martin Luther war es nicht von Belang, *„ob er ynn der Elbe oder ymm walde"* begraben sei, und die Homberger Synode von 1526 tadelte die Vorstellung, dass das Begräbnis (an geweihter Stätte) etwas zum Heile beitrage, da es ganz einerlei sei, ob jemand auf freiem Feld oder auf einem Kirchhof beerdigt werde; dies lässt hinsichtlich des Bestattungsortes viele Optionen offen. So gehört der Ort des Grabes für die Protestanten nicht zu den *res sacrae*, weswegen die Trennung von Grab und Kirche für Luther auch aus hygienischer Sicht notwendig erschien und eine Verlegung von Begräbnisplätzen außerhalb der Ortschaften im 16. Jahrhundert nach sich zog.

Auch mit seinen Äußerungen zur Kremation hat Martin Luther das vorweg genommen, was dann in der zweiten Hälfte des 19. Jahrhunderts in einem erbitterten Kampf um die Einführung der Feuerbestattung einsetzte. Damals verliefen die Fronten in dieser fast als „Glaubenskrieg" zu bezeichnenden Auseinandersetzung zwischen Katholiken und Protestanten sowie Materialisten. Während für die Katholiken zu diesem Zeitpunkt eine Feuerbestattung aus Gründen des Glaubens an die leibliche Auferstehung noch undenkbar war, stellte sich für die Protestanten die Entscheidung zwischen Erd- oder Feuerbestattung nurmehr als sittlich-moralische Frage, die aber nicht von theologisch-dogmatischer Relevanz war.

Die aus einem Leidensdruck geborene Idee der Einrichtung von Urnenkirchen ist erstmals eine genuin „katholische" Idee und dies gerade bei der einst privilegiertesten und heiligsten Grablage. War die innerkirchliche Bestattung für den Gemeinen zweitausend Jahre lang nicht möglich, so kann er sich seit wenigen Jahren in eine (zwar teilprofanierte) aber immerhin Kirche einkaufen.

Johannes Stückelberger
Orte für die Hinterbliebenen

Zeitgenössische Kunst für Trauerrituale am Beispiel von Grabfeldern und Gedenkstätten für stillgeborene Kinder

Orte für die Toten sind gleichzeitig auch Orte für die Hinterbliebenen, Orte für die Lebenden, die an diesen Orten ihrer Trauer Ausdruck geben, die Trost suchen, die hier der Verstorbenen gedenken. So haben die Gestaltungen dieser Orte nicht nur den pietätvollen Umgang mit den Toten im Blick, sondern auch und vielleicht primär die Hinterbliebenen. Friedhofskunst – oder besser: Kunst an den Orten der Toten – kommt die Aufgabe zu, nicht nur die letzte Ruhestätte der Toten zu markieren, sondern darüber hinaus die Hinterbliebenen in ihrer Trauer zu begleiten, sie zu trösten und der Erinnerung Raum zu geben.

Auf dem Weg des Abschieds von den Verstorbenen gibt es verschiedene Stationen, die die Hinterbliebenen durchlaufen. Die Begleitung der Toten wird gleichsam auch für die Hinterbliebenen zu einer Rite de passage. Angefangen beim Sterbezimmer, über den Raum für den Abschied, das Bestattungsinstitut, den Aufbahrungsraum, das Krematorium, die Abdankungshalle, -kapelle oder -kirche bis zur Friedhofanlage mit den verschiedenen Abteilungen für unterschiedliche Bestattungsarten und Gräber: Erdgrab, Urnennische, Kolumbarium, Friedwald, Gemeinschaftsgrab, Kindergrab, Grabfeld für frühverstorbene Kinder, Grab für Organspender, Gräber für Juden und Muslime. Alle diese Orte verlangen eine einfühlsame, angemessene Gestaltung, entsprechend ihren unterschiedlichen Funktionen. Jeder Ort verdient seine ihm eigene Aufmerksamkeit.

Im Zentrum der folgenden Überlegungen steht ein Grabtypus, der relativ jung und noch kaum erforscht ist. Seit den 1990er Jahren werden auf immer mehr Friedhöfen Grabfelder und Gedenkstätten für stillgeborene Kinder angelegt. Die Initiativen für solche Orte gehen in der Regel von den Friedhofsverwaltungen aus, zum Teil von Krankenhäusern, Klinikseelsorgerinnen, Kirchgemeinden oder Elternvereinigungen.[1] Viele Eltern haben heute das Bedürfnis, ihre während der Schwangerschaft verlorenen oder tot geborenen Kinder zu beerdigen oder zumindest einen Ort zu haben, an dem sie ihre Trauer deponieren können. Fehlgeburten, Frühgeburten, Totgeburten oder Stillgeburten wurden lange Zeit tabuisiert,

---

1 Dies geht aus einer Umfrage hervor, die der Verein Aeternitas e. V. im Jahr 2003 bei 700 Friedhofsverwaltungen in Deutschland machte: http://www.aeternitas.de/inhalt/kinder/themen/umfrage/ergebnisse (10.4.2014).

die Frauen waren in ihrem Schmerz allein gelassen. Mit den auf den Friedhöfen neu geschaffenen Orten bekommt dieser Schmerz eine Öffentlichkeit, die den Betroffenen hilft, ihre Trauer auszusprechen und mit anderen zu teilen. Inzwischen gibt es in Deutschland auf mehreren hundert Friedhöfen solche Gräberfelder und Gedenkorte, in der Schweiz sind es mehrere Dutzend.[2]

In der Beschäftigung mit diesem neuen Grabtypus möchte ich über die folgenden Fragen nachdenken: Wie sind die Orte gestaltet? Welche Sinnangebote machen sie? Wie unterstützen sie die Trauerarbeit der Hinterbliebenen? Welche Trauerrituale ermöglichen sie? Ich analysiere die Orte einerseits als Kunsthistoriker, der ich von Haus aus bin, als Experte für Fragen der Gestaltung, andererseits mit einer praktisch-theologischen Fragestellung, der Frage nach der Ritualpotenz der Orte. Es sind nicht nur Worte, Zeichen und Handlungen, die Rituale ermöglichen, auch eine Skulptur, ein Bild, die Gestaltung eines Ortes leisten dies. Der Aspekt des Rituellen spielt in der bildenden Kunst seit dem performative turn der 1970er Jahre eine wichtige Rolle. Viele zeitgenössische Künstlerinnen und Künstler arbeiten mit Strukturen des Rituellen oder verstehen ihre Arbeiten selber als Rituale. Werke der Minimal und Concept Art, aber auch Performances und Videoarbeiten, verlangen eine Partizipation der Betrachter, durch die sie erst ihre Vollendung finden.[3]

Der Beitrag gliedert sich in vier Abschnitte: Am Beginn stehen Informationen zur rechtlichen Situation sowie zur Namengebung. Im zweiten Teil sichte ich eine Auswahl von Grabfeldern und Gedenkstätten für frühverstorbene Kinder, die in den letzten Jahren entstanden sind, und versuche, deren Bildsprache zu lesen, die Symbolik zu deuten und die Ritualpotenz zu benennen. In einem kürzeren dritten Teil referiere ich seelsorgerliche Konzepte des Umgangs mit der Trauer von Eltern, die ihre Kinder verloren haben, wobei ich mich, als Dilettant in diesen Fragen, auf bestehende Literatur stütze. Im vierten Teil lege ich die gestalterischen und die seelsorgerlichen Seiten übereinander und leite daraus allgemeine

---

[2] Eine Liste der Gräberfelder und Bestattungsmöglichkeiten für nicht bestattungspflichtige fehl- und totgeborene Kinder in Deutschland, mit Informationen zu den möglichen Bestattungsarten, zu öffentlichen Feiern sowie persönlichen Ritual- und Gestaltungsmöglichkeiten (Stand: 2012), findet man auf der Webseite der „Initiative Regenbogen Glücklose Schwangerschaft e. V.": www.initiative-regenbogen.de (10.4.2014). Eine Liste der Grabfelder und Gedenkstätten für frühverstorbene Kinder in der Schweiz (Stand: 2013) findet man auf der Webseite der „Fachstelle Fehlgeburt und perinataler Kindestod" in Bern: http://www.fpk.ch/pdf/2013GrabfelderundGedenkstatten_000.pdf (10.4.2014).
[3] Zu Aspekten des Rituellen in der zeitgenössischen Kunst siehe: Johannes Stückelberger, „Individualität und Ritualität", in: Wilhelm Gräb/Lars Charbonnier, *Wer lebt mich? Die Praxis der Invidiualität zwischen Fremd- und Selbstbestimmung* (Hg.), (im Druck).

Folgerungen und Forderungen für die Gestaltung der Orte ab. Dabei komme ich nochmal punktuell auf die im zweiten Teil vorgestellten Orte zurück und frage, inwiefern diese sinnvolle und sinnstiftende Rituale ermöglichen.

1 Rechtliche Situation, Bezeichnungen

Für wen sind die Grabfelder und Gedenkstätten für stillgeborene Kinder gedacht? Was den rechtlichen Status von Fehl-, Früh- oder Totgeburten betrifft, gibt es unterschiedliche Regelungen. Ich referiere die Situation in der Schweiz, die in anderen Ländern jedoch ähnlich ist. Die Schweizerische Zivilstandsverordnung, Art. 9, unterscheidet zwischen Lebendgeburt und Totgeburt. Als Lebendgeburt gilt ein Kind, das mit Lebenszeichen zur Welt kommt, auch wenn es weniger als 22 vollendete Wochen alt ist, weniger als 500 Gramm wiegt oder nach der Geburt stirbt. Wenn ein Kind im Mutterleib stirbt, aber mindestens 22 vollendete Wochen alt geworden ist oder ein Geburtsgewicht von mindestens 500 Gramm aufweist, gilt die Geburt als Totgeburt. Wenn ein Mensch im Mutterleib stirbt, bevor er 22 vollendete Wochen alt geworden ist oder ein Geburtsgewicht von weniger als 500 Gramm wiegt, gilt dies nicht als Geburt. Der Fachbegriff dafür ist Fehlgeburt. Lebend- und Totgeburten sind meldepflichtig und begründen alle mit der Geburt verbundenen Rechte, Fehlgeburten dagegen nicht. Totgeburten haben ein Anrecht auf Namensgebung und Eintrag ins Familienbüchlein sowie auf alle verfügbaren Bestattungsarten. Für Fehlgeburten ist dies nicht vorgesehen.[4]

Da in der Schweiz das Bestattungswesen kantonal und kommunal geregelt ist, kann die Handhabung je nach Kanton und Gemeinde abweichen. Generell ist eine recht grosse Kulanz feststellbar, indem Zivilstandsämter oft freiwillig auch Fehlgeburten erfassen und Bestattungen in eigenen oder Familiengräbern ermöglichen. Grosse Unterschiede gibt es bezüglich der Funktion von Grabfeldern und Gedenkstätten für stillgeborene Kinder. Oft sind an diesen Orten Erdbestattungen oder Urnenbestattungen, bisweilen auch Bestattungen in einem Gemeinschaftsgrab möglich. Manchenorts werden dafür ein- oder mehrmals jährlich „Sammelbestattungen" angeboten. Ebenso oft sind die Orte aber nur Gedenkstätten oder

---

4 Vgl. Detlef Hecking/Clara Moser Brassel, *Wenn Geburt und Tod zusammenfallen. Ökumenische Arbeitshilfe für Seelsorgerinnen und Seelsorger* (Zürich: 2006), 13–15. In Deutschland trat im Mai 2013 eine Gesetzesänderung im Personenstandsrecht in Kraft, wonach Kinder mit einem Gewicht unter 500 Gramm künftig beim Standesamt registriert und regulär bestattet werden können. Dazu erschienen in der deutschen Tagespresse im Mai 2013 zahlreiche Artikel.

Erinnerungsorte, ohne Möglichkeit, in unmittelbarer Nähe Bestattungen vorzunehmen.

An Bezeichnungen für die im Folgenden zu diskutierenden Orte gibt es zahlreiche Varianten. Im Wesentlichen ist zu unterscheiden zwischen Orten, an denen Kinder beerdigt werden dürfen und solchen, die reine Gedenkorte sind. Für die ersteren finden sich Bezeichnungen wie Kindergemeinschaftsgrab, Grabstätte oder Grabfeld, für die anderen Namen wie Gedenkort, Gedenkstätte, Gedenkplatz oder Gedenkstein. Weitere Bezeichnungen sind: Kinderwiese, Ort der Sternenkinder, Gedenkstätte für Schmetterlingskinder, Gemeinschaftsgrab für Engelskinder, Engelgrab, Gemeinschaftsgrab für die ganz Kleinen, Ort der Erinnerung und Begegnung, Grabfeld für nicht bestattungspflichtige Kinder, Garten der Ruhe und Erinnerung, Gedenkstätte für stillgeborene Babys, Krokuswiese, Sternchenfeld, Kindernest oder Garten der Kinder. Durchzusetzen scheinen sich heute Bezeichnungen wie Gemeinschaftsgrab bzw. Grabfeld für frühverlorene Kinder oder Gedenkstätte bzw. Gedenkort für frühverstorbene Kinder. Statt von frühgeborenen, frühverlorenen oder frühverstorbenen Kindern spricht man heute immer öfter von stillgeborenen Kindern, im Englischen „stillborn babies". Ich übernehme hier diese Bezeichnung.

2 Gestaltung und Symbolik

Welche Gestaltungen weisen Grabfelder und Gedenkstätten für stillgeborene Kinder auf? Mit welchen Symbolen arbeiten sie? Welche Ritualpotenz haben sie? Das meiner Untersuchung zugrunde liegende Material stammt aus Deutschland, Österreich und der Schweiz.[5] Ich unterscheide zwei Typen: 1. die klassischen Grabgestaltungen, 2. Werke mit stärker installativem Charakter.

Die klassischen Gestaltungen zeichnen sich dadurch aus, dass sie sich am Typus Grabmal anlehnen, das heisst, mittels eines gestalteten Steines einen Ort markieren. Besonders häufig findet sich dafür die Form der Stele, mit oder ohne Inschrift. Auf dem Zentralfriedhof in Fulda steht auf einer Wiese, dem Grabfeld für gemeinsame Bestattungen, ein schlichter Basaltstein mit der Inschrift „Unsere Ungeborenen". Die Inschrift ist nicht unproblematisch, insofern Tot- oder Fehlgeburten auch Geburten sind, oft begleitet von den gleichen Symptomen wie

---

[5] Auf der Webseite der „Initiative Regenbogen Glücklose Schwangerschaft e. V." findet man zahlreiche Bilder von Gräberfeldern, Gedenkstätten und -plätzen in Deutschland: www.initiative-regenbogen.de (10.4.2014).

Lebendgeburten. Die Stele auf dem Zentralfriedhof in Münster ist etwas aufwändiger gestaltet. Sie ziert die Inschrift „Den tot geborenen Kindern". Auf der Stele ruht eine Schale, über der eine kreisrunde Scheibe zu schweben scheint, in der – als Relief – eine embryoartige Gestalt zu erkennen ist. Das Kind hat die schützende Gebärmutter verlassen und befindet sich nun in einer neuen Fruchtblase, ist geborgen auch ausserhalb des Mutterschosses, so eine mögliche Interpretation.

Während in Münster vor allem das Bildsymbol Trost zu stiften versucht und die Inschrift lediglich den Ort bezeichnet, gibt es andere Stelen, die auf „Bilder" verzichten, dafür aber in den Inschriften ein Sinnangebot machen, mit Texten wie: „Aus Gottes Hand in Gottes Hand" (Emmaus-Friedhof Neukölln, Berlin), „In Gottes Hand (Hauptfriedhof, Frankfurt-Oder) „Geborgen in Gott" (Friedhof der St.-Matthias-Gemeinde in Berlin-Tempelhof), „Zuflucht wirst Du haben unter Gottes Flügeln" (Friedhof Sörup), „Ich lebe, auch wenn ich tot bin" (Friedhof Bergkirchen), „Ich bin nicht tot, ich tausche nur die Räume. Ich lebe in Euch, ich geh durch eure Träume" (Historischer Friedhof an der St.-Lorenz-Kirche in Lübeck), „Zum Gedenken an die hier ruhenden ungeborenen Kinder. Die Tür zu dieser Welt blieb ihnen verschlossen. Gott aber öffnet ihnen die Tür zum Leben" (Neuer Friedhof Hünfeld), „Der Herr hebe sein Angesicht über dich und gebe Dir Friede" (Friedhof Dessau-Rosslau), „Ihr seid uns nur aus den Augen genommen" (Waldfriedhof Schwabach), „Mensch von Anfang an – Leben von Anfang an" (Friedhof Bruchsal). Auffallend viele dieser Inschriften sind klar christlich konnotiert, was angesichts dessen, dass es sich um Grabfelder für Angehörige aller Religionen handelt, der Diskussion bedarf.

Auf dem Hauptfriedhof in Karlsruhe steht in der Mitte eines begrenzten Grabfeldes eine Stele, um die ein Kranz von bunten Vögeln fliegt. Die Inschrift lautet: „Leichte Flügel sind wir – Wirklichkeit für immer. Im Traumschlaf wach trösten wir Euch". Die Vogel- und Flügelsymbolik rekurriert auf die euphemistischen Bezeichnungen, die vor allem Elterninitiativen ihren verstorbenen Kindern geben, indem sie sie Engels-, Schmetterlings-, Wolken- oder Sternenkinder nennen. Die Inschrift ermutigt die Eltern, ihr Kind als lebendes Kind in Erinnerung zu behalten.[6]

---

6 Der Begriff „Sternenkinder" geht möglicherweise auf Jesaja 40,26 zurück: „Hebt eure Augen in die Höhe, und seht: Wer hat die (Sterne) dort oben erschaffen? Er ist es, der ihr Heer täglich zählt und heraufführt, der sie alle beim Namen ruft." Auf die gleiche Stelle nimmt das Lied „Weisst du wieviel Sternlein stehen" Bezug. Das Lied „Ein Stern der deinen Namen trägt", komponiert von Nikolaus Presnik alias Nik P. 1998, das DJ Ötzi 2007 als Titelsong seines Albums „Sternstunden" verwendete, ist wohl jünger als die Verwendung des Begriffs „Sternenkinder" für stillgeborene Kinder.

Ein Kuriosum ist das Grabfeld auf dem Rahlstedter Friedhof in Hamburg, das den Namen „Die Sternenkinder im Garten der Möwe" trägt. Um das Grabfeld herum wurden über 1000 junge Pflanzen gesetzt, die einen Strand darstellen sollen, auf dem ein Buchsbaum in Form eines Teddybärs steht, der gerade einen ebenfalls aus Buchsbaum geschnittenen Ball in die Wellen des Meeres geworfen hat. „Nun sieht er ihm hinterher, wie er im Abendrot davon treibt. So muss der Teddy Abschied nehmen von seinem Ball und ihn ganz den wachsamen Augen der Möwen überlassen. So wie wir Menschen Abschied nehmen müssen von unseren Sternenkindern, die als funkelnde Sterne über dem Meer erhalten bleiben, wenn ein Kind sehr früh von uns geht."[7] Es wird möglicherweise Eltern geben, die das herzig finden. Fraglich bleibt aber, ob der Teddybär und der Ball die richtigen Symbole sind.

Auf dem Friedhof in Liestal hat man das Symbol eines zerbrochenen Eies gewählt, dessen Inneres leer ist. Wollte man damit auf die Leere hinweisen, die im aufgebrochenen Mutterleib zurückbleibt? Offenbar hat man nachträglich gemerkt, dass die Symbolik hinkt, da betroffene Eltern ja nicht nur mit der Leere konfrontiert sind, sondern auch mit einem toten Kind, das einmal gelebt hat. Man fügte deshalb später der Skulptur eine kleine Urne hinzu, als Hinweis auf das verstorbene Kind. Auf dem Basler Friedhof Hörnli werden die Urnen der Frühverstorbenen auf einem Rasenfeld an der Kreuzung zweier Wege bestattet. In die Wiese eingelassen ist eine Schriftplatte mit dem Text „Von allen Seiten umgibst Du mich und hältst Deine Hand über mir". In der Nähe befinden sich ein pilzartiger Poller und ein Baum. Die Symbole lassen schwer erkennen, wozu der Ort dient, ausserdem fehlt diesem die nötige Intimität. Die Gestaltung von Grabfeldern und Gedenkorten für frühverlorene Kinder, verlangt eine grosse Sensibilität. Um die Schwierigkeiten im Zusammenhang mit der Gestaltung dieser Orte zu umschiffen, hat man im Bremgartenfriedhof in Bern auf die Wiese, in der die frühverstorbenen Kinder bestattet werden, lediglich ein paar Platten gelegt, auf denen die Eltern eigene Symbole und Zeichen deponieren können. Der Ort wird von den Betroffenen gleichsam selber gestaltet, was nicht die schlechteste Lösung ist.

Die zweite Form von Gestaltungen sind Werke mit installativem Charakter. Auf dem Gemeinschaftsgrab für frühverlorene Kinder auf dem Friedhof Rosengarten in Aarau liegen auf einer Wiese ein Dutzend Steinkugeln. Am Rand des Bestattungsfeldes befindet sich eine grosse geöffnete Muschel mit einer marmornen Perle darin. Eine Inschrift erschliesst die Symbolik des Werks mit wenigen Worten: „Zum Gedenken an unsere früh verlorenen Kinder, die gleich Perlen in unseren Herzen bleiben". Auf Wunsch können die Vornamen der beigesetzten

---

[7] www.rahlstedterfriedhof.de/html/body_sternenkinder.html (10.4.2014).

Kinder auf einem vorgegebenen Schriftträger eingraviert werden. Anders als in Liestal wird hier nicht die Leere thematisiert, sondern werden die Eltern eingeladen, ihre schönen und kostbaren Erinnerungen an das Kind zu bewahren. Die Stärke des Werks liegt in seiner Offenheit, die den unterschiedlichen Bedürfnissen der Betroffenen entgegenkommt. Die Muschel lässt sich verschieden lesen: als Mutterschoss, als Schoss der Erinnerung, als Schoss Gottes.

In Baden hat man ein Grabfeld für frühverstorbene Kinder direkt auf dem Areal des Kantonsspitals angelegt. Dreimal im Jahr finden hier Abschiedsfeiern sowie die Beisetzung der Asche der Frühverstorbenen statt. Gestaltet werden die Trauerfeiern vom ökumenischen Seelsorgeteam des Spitals sowie von Hebammen und Pflegefachfrauen, also von jenen Personen, die die betroffenen Eltern in den schwierigen Tagen begleitet haben. Die gemeinsame Feier wird in der Gestaltung des Ortes symbolisch aufgenommen mit zwölf unterschiedlich hohen, in einem offenen Kreis angeordneten Stelen, in deren Mitte sich ein Stein befindet, auf dem persönliche Symbole abgelegt werden können. Zwei Reihen von kleineren, in ihrer Höhe abgestuften Stelen führen auf den Stelenkreis hin und auch wieder von ihm weg. Die Symbolik des Werks kreist um den zentralen Gedanken der Gemeinschaft der betroffenen Eltern, die hier in einer gemeinsamen Feier sich gegenseitig Halt geben. Die Installation spiegelt die Bedeutung der Abschiedsfeiern und kann in diese integriert werden. Die Arbeit lädt zu Ritualen der Erinnerung ein.

Ebenfalls Ritualcharakter hat das Kindergrabmal auf dem Hauptfriedhof in Hanau. Die Betreiber beschreiben es folgendermassen: „Auf einer rechteckigen Rasenfläche mit einem Baum in der Mitte und einer Heckenpflanzung an zwei Seiten der Anlage steht in der Mitte ein aus Bausteinen gestaltetes Tor, das Richtung Osten gerichtet ist. Durch dieses ‚Tor in eine andere Welt' führt ein gepflasterter Weg, der als ‚Weg der Erinnerung' für namentliche Gedenksteine, sowohl für früher, als auch für künftig verstorbene Kinder einen Gedenkort bietet. Im Osten steht eine Lampe mit einer Bank. Um diese Mitte sind die eigentlichen Grabstätten für künftige Bestattungen."[8] Das Werk bildet den Rahmen für die verschiedenen Phasen des Trauerprozesses und lädt sowohl zu gemeinsamen als auch zu individuellen Ritualen ein. Auf dem Weg der Erinnerung durch das Tor in eine andere Welt schreitend, können die Eltern ihr Kind in Richtung der aufgehenden Sonne begleiten. Auf dem gleichen Weg kehren sie wieder in ihre eigene Welt zurück. Der Weg ist mit den Erinnerungen vieler anderer Eltern gepflästert, die ihn ebenfalls gegangen sind.

---

8 www.hanau.de/lih/natur/friedhof/kinder/011936/index.html (10.4.2014).

Die Arbeit „Windharfe" auf dem Friedhof Nordheim in Zürich besteht aus zwei Elementen: einer entlang einer Treppe angebrachten Mauer aus weissem Marmor, auf die die Namen der Kinder geschrieben werden können und die auch als Sitzfläche dient, sowie einer Windharfe, deren Holzstäbe in den Spektralfarben bemalt sind und deren Töne, kaum hört man sie, bereits wieder verklungen sind. Die Spektralfarben lassen an einen Regenbogen denken, der in vielen Kulturen ein Symbol für die Verbindung von Getrenntem ist. In der jüdisch christlichen Tradition steht er für den Bund Gottes mit den Menschen und die Verheissung, dass keine Sintflut mehr über die Erde kommen wird. Die Arbeit spricht verschiedene Sinne an, lädt dazu ein, den sanften Wind zu spüren, den Tönen der klingenden Stäbe nachzuhören, die Farben des Regenbogens zu sehen.

Für den „Gedenkort für ungeborenes Leben" auf dem Friedhof in Therwil wurde ein kleines Wiesenstück in der Nähe der Kindergräber gewählt, ein ruhiger Ort, auf dem bereits ein Baum stand, unter dem man zusätzlich eine Bank aufstellte. In die Wiese ist eine ellipsenförmige Platte aus hellem Beton eingelassen, deren Oberfläche leicht gewellt ist. Das Künstlerpaar, das den Ort gestaltet hat, schreibt dazu: „Die parallel verlaufenden Wellen unterschiedlicher Länge und Höhe wirken, als ob sie aus dem Untergrund auftauchen und wieder abtauchen würden. Sie erinnern an bewegte Wasserflächen, die sich ins Unendliche weiterziehen. Die Oberfläche wird durch eine Wortgruppe aus zusammengesetzten Wörtern bespielt. Ihr poetisches Vokabular bezieht sich auf Wetter- und Himmelsphänomene, mit Begriffen wie Schneegestöber, Blitzschlag, Wolkenband, Morgenrot, Mondschein, Sonnenstrahl, Windstoss, Nebelschleier oder Regenschauer. Damit eröffnet sich ein assoziatives Feld, welches auf emotionale Befindlichkeiten verweist. In diesem Zusammenhang ist es uns wichtig, dass die Gedenkstätte eine Verbindung zwischen Erde (Platte) und Himmel (Worte) eingeht. Die Wörter, deren Buchstaben invers in die Platte ‚eingelegt' sind, werden so gesetzt, dass es zwar definierte Richtungen gibt (mit den Wellen laufend, quer zu ihnen), für die Betrachtenden aber keinen Standort, der Oben und Unten definiert."[9]

Die Arbeit weckt vielfältige Assoziationen. Die Wellen lassen an die sanften Bewegungen des Kindes im Fruchtwasser denken, ihr Auf und Ab spiegelt ausserdem – zusammen mit den in sie eingelassenen Begriffen – das Wechselspiel der Gefühle, das die trauernden Eltern durchmachen. Das Weiss der Platte erinnert an ein Leichentuch. Die Ellipsenform der Platte hat Ähnlichkeiten mit einem Ei, verändert jedoch ihre Gestalt bis hin zum Kreis, je nachdem, von wo aus wir darauf schauen. Auch mag man an eine Pfütze denken, deren Oberfläche der

---

[9] Beschrieb von Maya Rikli und Jürg Stäuble zu ihrem Projekt eines Gedenkortes für ungeborenes Leben auf dem Friedhof Therwil, April 2008, Typoskript (Archiv Johannes Stückelberger).

Wind in eine leichte Bewegung versetzt, eine Pfütze, die, wenn der Wind sich gelegt haben wird, wieder den Himmel spiegelt. Die Arbeit lenkt unseren Blick um, nicht zuletzt durch die Beschreibungen von Himmelsphänomenen. Oben und Unten treten in eine Beziehung. Die Emotionen, die der Verlust eines Kindes im Hier und Jetzt auslösen, finden eine Entsprechung im Himmel.

Als letzte Arbeit nenne ich die künstlerische Gestaltung des Perinatalzentrums des Landeskrankenhauses in Salzburg.[10] Es handelt sich dabei weder um ein Gräberfeld noch um einen Erinnerungsort, vielmehr wurde hier der Ort, an dem die Eltern mit der Realität konfrontiert werden, dass sie ein Kinder verlieren werden beziehungsweise verloren haben, künstlerisch gestaltet. In den Erschliessungszonen des Gebäudes, in den Gängen und Wartebereichen trifft man auf Worte wie: „sich selbst", „teilen/verstehen", „nahe sein", „akzeptieren", „sehen", „fühlen", „erkennen/geben". Die Worte sind auf transluzentes Plexiglas gedruckt und an den Wänden angebracht. Jeder Begriff eröffnet eigene Wahrnehmungs- und Gefühlswelten, in denen sich die Besucher des Zentrums in unterschiedlicher Weise wiederfinden können. Zur Gestaltung gehört ausserdem ein Verabschiedungsraum, an dessen Aussenwand „erinnern" steht. Im Raum hat es einen Babykorb mit frischer Wäsche, ein Becken zum Waschen des Kindes, ein Sofa und einen Stuhl, alles in einem warmen Weisston gehalten. Ein in einem helleren und einem dunkleren Grau ausgeführter Korpus enthält drei Bücher der Erinnerung und des Erinnerns. An der Wand, kaum erkennbar und seitenverkehrt, steht das Wort „trösten". Der Raum ermöglicht den Eltern, das Kind zu begrüssen und gleichzeitig zu verabschieden. Er wird zum Raum der Erinnerung an eine kurze, aber intensive Zeit des Zusammenseins mit dem Kind. Diese Erinnerung in Worte zu fassen, dazu laden die Bücher ein. Es ist ein Ort, der auch später wieder aufgesucht werden kann, in dem man sich das, was man damals ins Buch geschrieben hat, wieder vergegenwärtigen kann, ein Ort des Trostes, ein Ort der Erinnerung und des Gedenkens an das Kind, das man hier vielleicht zum letzten Mal in Händen gehalten hat und wo man die erste Begleitung im Trauerprozess erhielt.

3 Trauerbegleitung

Die Grabfelder und Gedenkorte für stillgeborene Kinder sind Orte, die eine wichtige Funktion erfüllen im Trauerprozess der betroffenen Eltern und Angehörigen.

---

10 Die Künstlerin ist Ingeborg Kumpffmüller. Siehe www.kunstambau.at (10.4.2014).

Bevor ich diese Funktionen zusammenfasse, möchte ich kurz ein paar Erfahrungen und Empfehlungen von Seelsorgerinnen und Seelsorgern referieren, die Angehörige früh verstorbener Kinder in ihrer Trauer begleitet haben und begleiten. Ich beziehe mich dabei vor allem auf das Buch „Wenn Geburt und Tod zusammenfallen" von Detlef Hecking und Clara Moser Brassel.[11]

Die zentrale Botschaft der beiden Autoren lautet, dass man ein Kind nur verabschieden kann, wenn man es zuerst begrüsst und willkommen geheissen hat. Nur wenn die Eltern eine Beziehung zum Kind aufgebaut haben, können sie auch den Abschied durchleben. Die Herausforderung für die Seelsorgerinnen besteht darin, den Eltern zu helfen, die beiden Gefühlspole des Aufeinandertreffens von Geburt und Tod zu durchleben und die Widersprüchlichkeit ihrer Gefühle auszuhalten. Wo Taufe und Beerdigung gleichsam zusammenfallen, ist eine kreative Liturgie gefragt. Zunächst geht es aber darum, überhaupt Raum zu schaffen für die vielfältigen emotionalen Reaktionen der Eltern. Der Verlust eines Kindes hinterlässt eine Leere. Schock, Trauer, Wut, Ohnmacht, Sehnsucht, Erleichterung und andere Gefühle sind da und wollen wahrgenommen sein.

In der Trauerbegleitung ermutigen die Seelsorger die Eltern, ihre innere Beziehung zum Kind zu vertiefen. Dazu mag hilfreich sein, dass diese ihre konkreten Erinnerungen aufschreiben: Erinnerungen an die Freuden mit dem heranwachsenden Leben, Erinnerungen aber auch an die durchlebten Ängste. Die Seelsorgerinnen lassen die Eltern spüren, dass sie in ihrem Leid nicht alleine sind und dass sie ein Recht auf Trauer haben. Sie bieten Symbole und Rituale an, die den Eltern helfen, die Trauer zu verarbeiten: Rituale der Begrüssung und des Abschieds, Rituale, die der Erinnerung eine emotional-sinnliche Dimension geben, Rituale, die die Gefühle und den Trauerprozess symbolisch ausdrücken. Sie sprechen theologische Aspekte an: Die Verheissung eines Lebens über den Tod hinaus, Gottes Ja zu den Menschen, das auch für Frühverstorbene gilt. Sie unterstützen die Eltern darin, dass sie das kurze Leben als vollendetes Leben wahrnehmen und den frühen Kindstod als Teil der Schöpfung akzeptieren können. Sie sprechen Schuldgefühle, aber auch die Theodizeefrage an. Sie helfen den Eltern, dass sie das Kind in Gottes Hand legen und erfahren können, dass es bei Gott gut aufgehoben ist. Schliesslich stärken sie die Eltern auf ihrem Weg, indem sie die

---

11 Hecking und Moser Brassel, a.a.O., 16–47. Im Anhang des Buches findet sich ein kommentiertes Literaturverzeichnis mit weiteren Büchern für Eltern und SeelsorgerInnen. Zwei neuere Publikationen zum Thema: Maureen Grimm/Anja Sommer, *Still geboren. Wie mit dem frühen Kindestod umgehen? Ein Begleitbuch für Eltern, Freunde und Hebammen von totgeborenen Kindern* (Berlin: 2011); Heike Wolter, *Mein Sternenkind. Begleitbuch für Eltern, Angehörige und Fachpersonen nach Fehlgeburt, stiller Geburt oder Neugeborenentod* (Salzburg: 2012).

Trauer in Worte und Bilder fassen, indem sie Zuspruch und Trost spenden, indem sie sie in ihrem Ringen mit Gott unterstützen, indem sie Hoffnung schenken und neue Perspektiven eröffnen.[12]

4 Kunst für Trauerrituale

Grabfelder und Gedenkstätten für stillgeborene Kinder können im Trauerprozess betroffener Eltern wichtige Funktionen übernehmen. Welche Funktionen dies sind, möchte ich abschliessend stichwortartig benennen. Dazu stütze ich mich auf die Erkenntnisse aus dem zweiten und dritten Kapitel und versuche, die gestalterischen und die seelsorgerlichen Aspekte übereinanderzulegen. Zum Schluss gehe ich kurz darauf ein, wie die gezeigten Beispiele diese Funktionen erfüllen.

Grabfelder und Gedenkstätten für stillgeborene Kinder sind – vergleichbar den Gemeinschaftsgräbern – Orte, die einem Kollektiv zur Verfügung stehen. Gleichzeitig sind es private, intime Orte, an denen Eltern je auf ihre Weise Abschied nehmen von ihren Kindern. Als öffentliche Orte wirken sie der Tabuisierung von Tot- und Fehlgeburten entgegen. Die Betroffenen werden ermutigt, ihre Erfahrungen mit anderen zu teilen. Der Tatbestand, dass viele Frauen Kinder verlieren, bekommt hier öffentliche Aufmerksamkeit. Die Orte geben dem Recht auf Trauer einen Platz. Sie materialisieren Trauer und bieten die Möglichkeit, diese an einem Ort zu deponieren, an einem Ort, an den man jederzeit zurückkehren kann. Die Orte stärken die Erinnerung, die mit zur Verarbeitung der Trauer beiträgt. Sie werden in verschiedenen Phasen der Trauer aufgesucht.

Anders als bei konventionellen Begräbnissen, denen eine vorgegebene Sequenz von Stationen vorausgeht, die der Tote durchläuft (vom Begräbnisinstitut über den Aufbahrungsraum bis zur Beisetzung), kann es sein, dass die Eltern nach einer Fehlgeburt mit einer Seelsorgerin als erstes den Gedenkort aufsuchen, der dann zu einem späteren Zeitpunkt bei der Grablegung noch einmal eine Rolle spielt. Im Unterschied zu privaten Gräbern, die im Moment des Begräbnisses einen provisorischen Grabschmuck aufweisen, der erst nach einiger Zeit mit einem Grabstein eine definitive Gestalt bekommt, ist die Gestaltung der Gedenk-

---

[12] Vgl. Janneke Peelen, *Tussen leven en dood. Ritueln rondom zwangerschapsverlies in Nederland* (Nijmegen: 2012). Die Arbeit wurde im Rahmen des Forschungsprojekts „Refiguring Death Rites" am „Centre for Thanatology" der Radhoud Universiteit Nijmegen geschrieben. Eine Zusammenfassung der Arbeit auf www.ru.nl/onderzoek/vm/archief-jaargangen (10.4.2014). Zum Forschungsprojekt „Refiguring Death Rites" siehe www.ru.nl/rdr (10.4.2014).

stätten für stillgeborene Kinder vorgegeben. Gleichzeitig können die Orte jedoch bis zu einem gewissen Grad von den Eltern mitgestaltet werden, durch das Anzünden von Kerzen oder das Hinlegen persönlicher Gegenstände und Symbole. Es sind Orte, die den Gefühlen, die die Betroffenen im Trauerprozess empfinden, eine Gestalt geben, und die damit das Aushalten dieser Gefühle unterstützen. Es sind Orte, die mittels sichtbarer Sinnangebote die durch den Schock des Verlustes verursachten Lähmungen lösen. Es sind Orte, die – so wie die Worte der Seelsorgerinnen, nur mit anderen, eben bildlichen Mitteln – dem Unfassbaren einen Namen geben. Es sind Orte, an denen regelmässig öffentliche Rituale der Erinnerung stattfinden, vergleichbar den Gedenkfeiern an den Totensonntagen. Es sind Orte, die mit ihrer Gestaltung unterschiedliche Sinne ansprechen und damit die hier gefeierten Rituale unterstützen. Es sind Orte, die für Rituale einen Rahmen bieten, der somit nicht von jedem neu und selber gestaltet werden muss. Es sind Orte, die sowohl individuelle als auch kollektive Rituale zulassen.

Die Vielzahl an Funktionen, die diese Orte erfüllen, stellt an deren Gestaltung hohe Ansprüche. So ist es durchaus nachvollziehbar, wenn – wie auf dem Bremgartenfriedhof in Bern – eine äusserst reduzierte Gestaltung gewählt wird, oder wenn an vielen Orten – vor allem in Deutschland – eine schlichte Säule, allenfalls mit einer Inschrift versehen, den Ort markiert. Das sind nicht die schlechtesten Lösungen, insofern sie eine Offenheit bieten, die individuell gefüllt werden kann. Doch muss der Sinn von denjenigen, die diese minimal gestalteten Orte aufsuchen, selber generiert werden. Seelsorgerinnen und Seelsorger werden dafür vor allem auf das Wort zurückgreifen. Etwas weiter gehen Gestaltungen mit einem bildlichen Symbol (Taube, Regenbogen, Hand etc.), das zwar den Sehsinn anspricht, aber letztlich auf eine Referenz ausserhalb des Betrachters verweist.

Im Unterschied dazu markieren installative Gestaltungen nicht nur einen Ort und machen ein Bildangebot, sondern bieten darüber hinaus einen Rahmen für Rituale, die nicht nur auf dem Wort basieren, die vielmehr den Raum, die Bewegung, verschiedene Sinne mit einbeziehen. Installative Gestaltungen unterstützen mit ihrem Sinnangebot den Vollzug von Ritualen, ermöglichen Rituale. Rituale, die als solche Übergänge strukturieren und helfen, Ordnung in ambivalente und chaotische Gefühle zu bringen. Rituale, die Gemeinschaft fördern und Segensräume eröffnen. Rituale, die einen potenziellen Raum schaffen, in dem Lebensgewissheit gefunden werden kann. Rituale, die den Rahmen für etwas bieten, das sich nicht widerrufen lässt, und das oftmals normale Verhältnisse umkehrt. Rituale, die die Menschen in Bezug zu einer Transzendenz stellen.

Rituale, die den Menschen eine neue Identität zusprechen und ihre Situation ins Licht einer anderen Wirklichkeit stellen.[13]

All diese Aufgaben erfüllen installative Kunstwerke, die eine klare Form und Struktur aufweisen, am besten. Will man auf den Grabfeldern und an den Gedenkstätten für stillgeborene Kinder den Vollzug von Ritualen ermöglichen, so genügen Symbole wie Windrädchen, Engel, Sterne, Schmetterlinge und dergleichen nicht. Diese Zeichen sollen dem privaten Gebrauch vorbehalten bleiben. Von einem öffentlichen Ort darf man erwarten, dass er eine originale Gestaltung aufweist, durch die die Betroffenen in ihrem je eigenen, originalen Schmerz abgeholt werden. Ein Kind zu verlieren, ist eine grenzwertige Erfahrung. Auf diese Erfahrung mit Stereotypen zu antworten, ist nicht angemessen. Es braucht ein qualitativ hochstehendes Sinnangebot, ein Werk, das inhaltliche Tiefe, Komplexität und Offenheit aufweist. Gute künstlerische Gestaltungen haben die Potenz, für die Betroffenen eine wirkliche Hilfe zu sein, indem sie ihnen nicht vorschnelle Antworten auf die schwierigen Fragen, die sich im Moment des Verlustes eines Kindes stellen, geben.

Grabfelder und Gedenkstätten für stillgeborene Kinder sind Orte der Trauer und der Erinnerung, gleichzeitig Orte des Trostes und der Hoffnung. Die Gestaltung dieser Orte ist eine anspruchsvolle Aufgabe. Dafür überzeugende Lösungen zu finden, schuldet die Öffentlichkeit den Hinterbliebenen.

---

13 Einige der Formulierungen in diesem Abschnitt verdanke ich Christoph Morgenthaler, *Seelsorge* (Lehrbuch Praktische Theologie, Bd. 3), (Gütersloh: 2009), 268–282.

Sieglinde Sparre
Kirchen-Kolumbarien

1 Urnenbeisetzungen in Gotteshäusern

Nach einer etwa 200-jährigen Unterbrechung ist mit der 2004 erfolgten Installation einer Urnenwand „am vorderen Teil des linken Seitenschiffs"[1] der altkatholischen Krefelder Erscheinung-Christi-Kirche die Beisetzung in Gotteshäusern in das Angebotsspektrum christlicher Bestattungskultur erneut aufgenommen worden. Die vormals geistlichen und weltlichen Würdenträgern vorbehaltende körperliche Kirchenraumbestattung ist in ihrer spätmodernen Ausprägung zwar an die Kremierung des Leichnams, nicht jedoch mehr an Amt und Würden gebunden. Hier sind durchaus sepulkrale Demokratisierungen wahrnehmbar. Sie sind allerdings durch die finanziellen Spielräume[2] der Urnenfachinteressenten bzw. durch konfessionelle Voraussetzungen begrenzt. Doch nicht für jedes Kolumbarium ist die Mitgliedschaft in der Arbeitsgemeinschaft Christlicher Kirchen in Deutschland (ACK) Zulassungsvoraussetzung, auch Konfessionslose können sich ein Anrecht an einem Urnenfach erwerben – und dies bisweilen zum Preis der Sozialbestattung.[3]

---

[1] Vgl. www.alt-katholisch.de/gemeinden/gemeinden/gemeinde-krefeld/pfarrkirche.html (07.04.2014).
[2] Der Preis in der Grabeskirche St. Josef in Aachen variiert z.B. je nach Lage des Urnenfaches zwischen 2.190 EUR und 4.100 EUR für ein Einzelfach und zwischen 4.380 EUR und 8.200 EUR für ein Doppelfach. In der Grabeskirche Liebfrauen in Dortmund belaufen sich die Kosten für eine einzelne Urnenreihengrabstätte auf 3.000 EUR und für eine Urnenwahlgrabstätte, die für zwei Urnen genutzt werden kann, auf 7.000 EUR bis 7.700 EUR zzgl. Gedenkplatten im Wert von 500 EUR bis 700 EUR. Im Kolumbarium St. Pauli in Soest werden 2.700 EUR Nutzungsgebühren für eine einzelne Urnenkammer erhoben und für eine doppeltgenutzte 5.400 EUR.
[3] Die Nutzungsrechte für Urnenfächer in der Erfurter Allerheiligenkirche wurden ohne konfessionelle Einschränkung zu einem Preis von 1.000 EUR an Interessierte verkauft, was dort in etwa dem Satz der Sozialbestattung entspricht. Wenige Wochen nach der Eröffnung im Herbst 2007 waren bereits alle 630 Fächer vergeben. Seit 2014 ist in fußläufiger Nähe in der Magdalenenkapelle ein weiteres Kolumbarium für 420 Urnenplätze eingerichtet worden. Medienberichten zufolge sind auch hier bereits alle Urnenfächer reserviert. Vgl. www.dtoday.de/regionen/lokalpanorama_artikel,-Das-neue-Kolumbarium-in-der-Erfurter-Magdalenenkapelle-_arid,323548.html (10.04.2014). „Das Kolumbarium in der Kleinen Arche wird gewissermaßen der Erweiterungsraum für das Kolumbarium in der Marktstraße sein", sagt [Weihbischof] Hauke. Vgl. www.bistum-erfurt.de/front_content.php?idcat=3127&idart=20644 (10.04.2014). Ein weiteres Kolumbarium, dessen Urnenfächer auch Konfessionslosen zur Verfügung stehen, ist die Grabeskirche St. Elisabeth in Mönchengladbach. Vgl. www.grabeskirche-moenchengladbach.de/ (10.04.2014). Hier besteht zudem eine enge Kooperation mit Trauerrednerinnen und Trauerrednern, die Beiset-

Sepukralkulturelle Möglichkeitsbedingung für diese Option der Beisetzung in einem Kirchengebäude ist die 1878 in Deutschland eingeführte technisierte Feuerbestattung,[4] deren Erlaubnis von der Evangelischen Kirche bereits in den 1920er an ihre Mitglieder erging und im Zuge des 2. Vatikanischen Konzils (seit 1964) auch Christen katholischer Konfession gestattet ist.[5] Kulturell schließt die Kirchraumbestattung an eine altkirchliche Tradition an, die mit den Gräbern der Märtyrer begann und durch den anschließenden Reliquienkult in der *ad sanctos*-Bestattung Verbreitung erfuhr.[6] Im 18. und 19. Jh. wurde die damalige Körperbestattung vor allem aus hygienischen Gründen verboten,[7] wohingegen sie nach Katholischem Recht für „die Beerdigung des Papstes, der Kardinäle und der Diözesanbischöfe in ihren eigenen Kirchen"[8] weiterhin bestehen blieb. Aus evangelisch-theologischer Perspektive ist die Nähe zu den Heiligen bei gegenwärtigen Kirchenbestattungen in den Hintergrund getreten, was neben der baulichen Gestaltung den größten Unterschied der beiden sepulkralkulturellen Muster von Kirchen-Kolumbarium und traditioneller Grabkirche ausmacht.

Wie verändert sich die kirchliche Wahrnehmung der Bestattung, wenn heute mehr und mehr Kirchen-Kolumbarien eröffnet werden? Und wie wirken sich diese Veränderungen auf die erweiterte Nutzung dieser Kirchen aus?

In diesem Beitrag sollen diese Fragen vor dem Hintergrund kirchenräumlicher Urnenbeisetzung diskutiert und auf die sepulkralen Raumordnungen hin erkundet werden. Die noch kurze Entstehungsgeschichte der Kirchen-Kolumbarien spielt in dieser Fragehinsicht eine wichtige Rolle. Da topologische und raumästhetische Fragen eng mit der Pragmatik von Kirchen-Kolumbarien korrelieren, sollen sie praktisch-theologisch vor dem Hintergrund religiöser Anschlusskommunikation reflektiert und auf ihre Potenziale für die Realisierung von „Trau-

---

zungen von Konfessionslosen leiten. Vgl. Interview mit der Gemeindereferentin für Trauerpastoral an der Grabeskirche St. Elisabeth in Mönchengladbach vom 20.08.2013. Minimalkriterium für die Bestattungsdramaturgie sind Gebet, Segen und Namensnennung.

4 Auf Veranlassung einer „in Vereinen organisierte[n] Feuerbestattungsbewegung" entstand 1878 das erste Krematorium in Gotha. Vgl. Norbert Fischer, *Zwischen Trauer und Technik, Feuerbestattung, Krematorium, Flamarium, eine Kulturgeschichte* (Berlin: 2002), 8.

5 Vgl. a.a.O., 71.

6 Vgl. Arnold Angenendt, *Heilige und Reliquien: Die Geschichte ihres Kultes vom frühen Christentum bis zur Gegenwart* (München: 1997), 167.

7 Vgl. Reiner Sörries, *Urnenkirche oder Kirchenwald? Kirchliche Friedhofskultur heute* (Frankfurt a.M.: 2009), 30.

8 Ingrid Hasenbein, „Tot in die Kirche. Rechtliche Aspekte der Nutzung katholischer Kirchengebäude als letzte Ruhestätte in Nordrhein-Westfalen", in: *Tot in die Kirche? Rechtliche und liturgische Aspekte der Profanierung von Kirchen und ihre Umnutzung zu Kolumbarien*, Clemens Leonhard und Thomas Schüller (Hg.), (Regensburg: 2012), 150–260, 187.

eraufgaben" (Lammer) befragt werden. In diesem Zusammenhang werden die Chancen und Herausforderungen für die kirchliche Praxis, die mit der Rückkehr der zu Asche transformierten Toten in die christlichen Sakralräume verbunden ist, diskutiert. Anhand von Praxisbeispielen sollen Schwerpunktsetzungen kirchlicher Bestattungs- und Seelsorgepraxis in den Urnenkirchen illustriert und verdeutlicht werden. Dabei rücken Fragen nach dem rituellen Umgang mit den Urnenträgerelementen ebenso in den Fokus wie seelsorglich-tröstende Raumwirkungen und Liturgien im Dienste der Trauerbegleitung. Und schließlich soll aufgeordnet werden, in welcher Weise sich die Trauer- und Gedenkkultur der Angehörigen in diesen neuen Trauer-Orten und Erinnerungsräumen durch die Entbindung von der Grabpflege gestaltet.

2 Phänomen und Motive der Entstehung von Kirchen-Kolumbarien

Sollen überzählige Pfarrkirchen zu „Indoor-Friedhöfen" umgenutzt werden, greift man in aller Regel auf eine antike Bauform oberirdischer Grabarchitektur zurück. So rezipierten und modifizierten die Architekten *Hahn & Helten Assoziierte* für die Grabeskirche St. Josef in Aachen und *Pfeiffer – Ellermann – Preckel* für die Urnenbeisetzungsstätte St. Konrad in Marl 2006 bei der erstmaligen kompletten Umnutzung zweier Pfarrkirchen das architektonische Paradigma des *Columbariums* (dt.: „Taubenschlag"). Im mediterranen Kulturraum wird diese Variante einer jenseits des Erdreichs horizontal ausgerichteten Bestattungsform auch gegenwärtig noch praktiziert.[9] Charakteristisches Gestaltmerkmal dieser Sepulkralarchitektur ist die Zellenstruktur[10] der Wände basierend auf Kammern und Nischen, die für die antiken Prototypen die Assoziation des Taubenhauses weckte. Bereits die Bestattung in den antiken Totenkammern war an das individuelle Gedächtnis gebunden: „Unter jeder Nische war eine, mehr oder weniger aufwendig gestaltete *tabula* bzw. *tabella* aus Marmor oder Terracotta angebracht, versehen mit einer

---

9 Helge Adolphsen, *Kolumbarien aus theologischer und architektonischer Sicht*, www.kirchbautag.de/uploads/media/Adolphsen_01.pdf (09.04.2014).
10 Annegret List, „Das Jugendstil-Krematorium Gera – ein überregional bedeutendes Baudenkmal", in: *Lebensende: kulturgeschichtlich-volkskundliche Aspekte von Sterben, Tod, Trauer, Bestattung; Teil I: Beiträge der Tagung „Bestattungskultur in Thüringen"*, Gudrun Braune und Peter Fauser (Hg.) im Auftr. der Volkskundlichen Kommission für Thüringen e.V. und der Thüringischen Vereinigung für Volkskunde e.V. Erfurt, Thüringer Hefte für Volkskunde 8/9 (Erfurt: 2003), 108–115, 112.

Inschrift oder einem Graffito mit den Namen der Verstorbenen"[11]. Mit Namen und Lebensdaten ausgestattete Urnenverschlussplatten sind auch in den gegenwärtigen Kolumbarien gebräuchlich und zeugen von einer zeichenhaften nicht-anonymen Bestattung als einem Hauptcharakteristikum.[12]

Durch die Einbringung von Stelen, Wänden und Podesten in das Kirchenschiff oder in den Kirchturmbereich zur Aufnahme von Urnen entstehen sakral-funerale Raum-in-Raum-Installationen. Der gegenwärtige Bestand[13] beläuft sich für den bundesdeutschen Raum auf zwei altkatholische, 17 katholische und sieben evangelische Kirchen-Kolumbarien – mindestens fünf weitere sind in Planung. Zudem gibt es eine nichtkirchlich genutzte Urnenkirche sowie ein Kolumbarium im Kreuzgang eines Klosters.[14] Erstere wird von einem Bestatter und zweites von einem Architekten betrieben. Die geographische Verteilung weist eine Ballung von Kirchen-Kolumbarien in Nordrhein-Westfalen entlang des Rheingrabens auf. Des Weiteren sind Kolumbarien im norddeutschen Raum der alten Bundesländer lokalisiert. Die zwei Kolumbarien der neuen Bundesländer befinden sich im historischen Stadtkern des thüringischen Erfurts. Das bei seiner Entstehung rein städtische Phänomen findet mittlerweile auch Verbreitung im ländlichen Raum.[15]

Bei den 27 Kirchengebäuden sind drei unterschiedliche Nutzungsvarianten identifizierbar. Zum einen gibt es die komplette Umnutzung, bei der das gesamte Kirchengebäude zum Kolumbarium wird und nicht mehr länger als Gemeindekirche dient. Diese Variante befindet sich in der Regel in Trägerschaft bzw. unter Verwaltung einer Gemeinde, eines Kirchenkreises oder Bistums und wird vor allem im Rahmen der Funeralien[16] liturgisch bespielt. Zum anderen gibt es eine Form der Mischnutzung, bei der eine weiterhin gemeindlich genutzte Kirche durch eine partielle Nutzung als Kolumbarium um eine sepulkrale Funktion erweitert wurde. Eine dritte Variante, bei der keine kirchliche Nutzung vorliegt, bleibt im Folgenden ausgeklammert. Es handelt sich bei dieser Form um Kirchen-Kolum-

---

11 Francisca Feraudi-Gruénais, „Ubi Diutius Nobis Habitandum Est. Die Innendekoration der kaiserzeitlichen Gräber Roms", in: *Palilia 9*, Archäologisches Institut Rom (Hg.), (Wiesbaden: 2001), 150.
12 Anonyme Bestattungen sind bisher nicht belegt (Stand: 2014).
13 Stand: Juni 2014.
14 Kolumbarium Duisburg/Urnenfriedhof der (www.kolumbarium-duisburg.de/). Eine Sonderform ist das Kolumbarium Kloster Wormeln/Urnen-Ruhestätte Warburg (www.kolumbariumwormeln.de/index.html) hier ist die Stadt der Träger des ehemaligen Zisterzienserinnenklosters.
15 Vgl. Thomas Klie, „Bestattungskultur im Sog der Modernisierung", in *Berliner Theologische Zeitschrift. Bestattungskultur in der Gegenwart* 29. Jahrgang, Heft 2 (2012), 189–207, 191.
16 Als Funeralien werden in diesem Kontext alle liturgischen Formen bezeichnet, die in Kolumbarien im Kontext christlicher Bestattungen und des Totengedächtnisses praktiziert werden.

barien, die von privaten Bestattern betrieben werden. Aus bestattungsrechtlichen Gründen sind Bestattungsunternehmen auf die Trägerschaft von Kirchengemeinden angewiesen, da sie nicht befugt sind, private Friedhöfe zu betreiben. In der Regel überlässt eine Gemeinde einem Bestatter[17] ihre Kirche gegen Entgelt auf Grundlage des Erbbaurechts – umgangssprachlich als Erbpacht bezeichnet.

Wichtigstes Motiv für diese alternative kirchennahe Nutzung ist neben finanziellen Argumenten in Zusammenhang mit „dramatische[m] Mitgliederschwund der Kirchen"[18] auch die rückläufige Zahl der Gottesdienstbesucher beider Großkirchen, wodurch Gemeindekirchen drohen, numerisch überflüssig zu werden. Hinzu kommen der Priestermangel in der katholischen Kirche und die Ausbildung von Seelsorgeeinheiten. Die durch Mitgliederrückgang und Priestermangel ausgelösten Gemeindefusionen haben Unternutzung und Leerstände von Kirchgebäuden zur Folge. Mittels einer neuen Nutzungsoption im Dienst der Totenruhe sollen Verkauf, kommerzielle Verzweckung oder – als *ultima ratio* – der Abriss von Gotteshäusern abgewendet werden. Hinzu kommen mittlerweile in vielen Urnenkirchen pastorale Konzepte, wie zum Beispiel haupt- und ehrenamtliche Trauerbegleitung. Dies ist allerdings längst nicht an allen Kolumbarien der Fall. Vielfach dienen Urnenkirchen noch ausschließlich dazu, eine große Anzahl von Urnen im Modus eines Indoor-Friedhofs aufzunehmen.

In ihrer kurzen Geschichte haben sich bereits mehrere inhaltliche Schwerpunkte in der pastoralen bzw. kybernetischen Wahrnehmung dieses neuen Phänomens ergeben. Die pastoralen Dienstleistungen, die in Kirchen-Kolumbarien angeboten werden, reichen von liturgischen Formen, über strukturierte Trauerbegleitung bis zu kulturellen Veranstaltungen und Bildungsangeboten. Während in den evangelischen Kirchturm-Kolumbarien in Hoheneggelsen und Leverkusen Rheindorf das Moment der letzten Ruhstätte dominiert, wird das evangelische Kolumbarium der St. Pauli Kirche in Soest stärker in die gemeindliche Arbeit eingebunden. Gottesdienste werden dort wöchentlich am Samstag gefeiert. In Erfurt liegt der Schwerpunkt auf der liturgischen Erinnerungskultur – hier werden gezielt Gottesdienstformate angeboten, die sich an Hinterbliebene und Trauernde richten wie z.B. das monatliche Totengedenken.[19] In der katholischen Grabeskirche St. Elisabeth in Mönchengladbach steht die ehren- und hauptamt-

---

[17] Als Beispiel ist hier das durch Bestatter Jung betriebene Kolumbarium in einer evangelischen Kirche zu nennen, das unter dem Namen „Urnenfriedhof der Ev. Kirchengemeinde Alt-Duisburg" firmiert. Vgl. www.kolumbarium-duisburg.de/ (08.04.2014).
[18] Barbara Happe, *Der Tod gehört mir. Die Vielfalt der heutigen Bestattungskultur und ihre Ursprünge* (Berlin: 2012), 122.
[19] Dies richtet sich vor allem auch an Trauernde, die mit ortloser Trauer konfrontiert sind. Hinterbliebene haben im Rahmen des Totengedenkens, das am ersten Freitag im Monat um 15:00

liche Trauerbegleitung im Mittelpunkt. Neben Trauergruppen, Einzelbegleitung und spontanen Seelsorgegesprächen im Kolumbarium wird auch ein monatliches Trauercafé angeboten. Darüber hinaus eröffnen dort künstlerische Angebote und Filmvorführungen alternative Zugänge zu den Themen Tod und Trauer. Im Kolumbarium Hl. Herz Jesu in Hannover-Misburg stellen Jubiläumsgottesdienste (z.B. Ehejubiläen) ein besonderes liturgisches Angebot dar. Diese Beispiele stellen Formen religiöser Anschlusskommunikation dar, die über den Bestattungsritus und die Funktion des Friedhofs hinausgehen. Durch diese religiösen Anschlusskommunikationen profilieren und erweitern Kirchen-Kolumbarien die kirchliche Praxis in Gemeinden, Bistümern und Kirchenkreisen. Das finanziell motivierte Umnutzungsargument kann mit einem pastoral-konzeptionellen korrelieren. Das Finanzmotiv kann jedoch auch zu Gunsten eines gemeindekonzeptionellen Anspruchs in den Hintergrund treten, wenn zum Beispiel für den Neubau einer Kirche oder Kapelle ein Kolumbarium geplant ist wie z.B. in Wolfsburg/Ehmen. Bemerkenswert ist in diesem Zusammenhang, dass mittlerweile auch die ersten – aus dem Geist des Geldes entwickelten – Grabeskirchen ein pastorales Konzept entwickelt haben, das verschiedene Formen der Trauerbegleitung vorsieht. Dies hat direkte Auswirkungen auf die personelle Besetzung dieses Arbeitsfeldes. Seit 2012 ist z.B. in Aachen eine hauptamtliche Pastoralreferentin für die „Sachgebiete Bestattungskultur und Trauerpastoral zuständig."[20]

Neben pastoral-konzeptionellen Interessen und finanziell motivierten Umnutzungsstrategien sind aber auch die Bedürfnislagen einer spätmodernen Christentumspraxis im Blick. Mobilität, Flexibilität und Individualität suchen gegenwärtig nach alternativen, pflegefreien und ästhetisch ansprechenden Bestattungsformen. Hier bietet sich Interessenten mit den Urnenkirchen eine namentliche[21] Bestattungsform unter christlichem Vorzeichen als Alternative zur anonymen Bestattung[22], die gleichzeitig eine Entpflichtung von der Grabpflege ermöglicht.

Uhr, der Todesstunde Jesu, stattfindet, die Möglichkeit, die Namen ihrer Verstorbenen in ein kostbares Buch zu schreiben. Vgl. www.bistum-erfurt.de/front_content.php?idcat=1973 (20.04.2014).
20 Vgl. www.grabeskirche-aachen.de/pastoral.html (10.04.2014): „In der Grabeskirche St. Josef sind in besonderer Weise die Themen Tod, Trauer und Hoffnung zu Hause. Gabriele Eichelmann ist als Pastoralreferentin für die Sachgebiete Bestattungskultur und Trauerpastoral zuständig und wird unter der Überschrift ‚Pastoral an der Grabeskirche St Josef' zu Gottesdiensten, Aktionen, regelmäßigen Treffen, Veranstaltungen und Gesprächen einladen."
21 Anonyme Bestattungen sind laut Friedhofsordnungen nicht vorgesehen. Diese universale Grundentscheidung wird durch den Verweis auf Jes 43,1 begründet.
22 Die anonyme Bestattung wird nicht zuletzt auch aus Kostengründen favorisiert. Sörries konstatiert im Blick auf steigende Grabnutzungsgebühren eigenbetrieblicher Friedhöfe: „Die Bevöl-

Hiermit signalisieren die Kirchen ihr Verantwortungsbewusstsein für eine zeitgemäße Bestattungskultur und Trauerbegleitung. Sie verdeutlichen der Öffentlichkeit durch diese totenräumliche Neuakzentuierung, dass sie ihren gesellschaftlichen Auftrag wahrnehmen, Akteure im Dienst der letzten Dinge und Agenten institutionalisierter Gedächtniskultur zu sein. Durch den Betrieb von Kirchen-Kolumbarien kommunizieren sie öffentlichkeitswirksam, dass sie den Wandel spätmoderner Sepulkralkultur aktiv mitzugestalten bereit sind.[23] Ein Kirchen-Kolumbarium, in dem das siebente Werk der Barmherzigkeit vollbracht wird, ist zugleich immer auch eine mahnende Repräsentationsgestalt des *memento mori* und konfrontiert mit der Begrenztheit irdischen Lebens. So fungieren Kirchen-Kolumbarien im Kontext der Bestattungskasualie als kollektive Abschiedsräume – „Trauerfeier und Grabstätte, Trauerriten und Erinnerungszeichen gehören [...] zum Abschiednehmen dazu."[24] Sie dienen aber auch als individuelle Abschieds- und Erinnerungsräume sowie als Orte der Begegnung, des Trostes und der Trauer. Das Kolumbarium „ermöglicht das liturgische [tröstende] Miteinander"[25] im Kontext christlicher Sepulkral- und Memorialkultur. In ihm vergegenwärtigt sich das Gemeindeverständnis der *communio sanctorum* aus lebenden und verstorbenen Christen. Dabei bleibt das Kirchen-Kolumbarium ein Ort der Verkündigung und zeugt von christlicher Auferstehungshoffnung – selbst dann, wenn eine komplette Umnutzung in einen Urnenfriedhof[26] erfolgt ist. Die dafür notwendigen Voraussetzungen gründen zum einen in dem Vollzug der Funeralien sowie in dem Verweisungspotential des christlichen Zeichenkosmos, den eine Kirche aufspannt. Hier zeigt sich, dass dieser Raum zudem sehr viel mehr bietet als ein Friedhof, da die Urnenruhestätte in „die symbolisch geordnete Welt eines Kirchengebäudes"[27] eingebettet ist. Das Kirchengebäude kann durch

---

kerung hat auf die Kostensteigerung mit einer Zunahme der kostengünstigeren Feuerbestattung [...] und einem Trend zur anonymen Bestattung reagiert, bei der die Kosten für Grabmal und Grabpflege entfallen." Reiner Sörries, „Bestattungs- und Friedhofskultur der Gegenwart. Vom angebots- zum nachfrageorientierten Markt", in: *Christliche Begräbnisliturgie und säkulare Gesellschaft*, Albert Gerhards und Benedikt Kranemann, Erfurter Theologische Schriften 30 (Hg.), (Leipzig: 2002), 204–217, 206.
23 In diesem Zusammenhang ist auch die Etablierung kirchlicher Friedwälder zu nennen.
24 Kristian Fechtner, *Kirche von Fall zu Fall. Kasualpraxis in der Gegenwart – eine Orientierung* (Gütersloh: 2003), 66.
25 Kardinal Joseph Ratzinger, *Der Geist der Liturgie. Eine Einführung* (Freiburg i.Br.: 2000), 55.
26 Generell gilt für einen christlichen Friedhof – wie in jeder kirchlichen Friedhofssatzung verordnet – dass er „nicht nur Ort der Totenbestattung der Kirchenmitglieder [...] sondern auch Ort der Verkündigung des Glaubens an die Auferstehung" ist. Vgl. Ruthild Kümmerling, *Rechtsprobleme kirchlicher Friedhöfe* (Sinzheim: 1997), 14.
27 Manfred Josuttis, *Segenskräfte. Potentiale einer energetischen Seelsorge* (Gütersloh: 2004), 131.

seine sinnhaften Raumrepräsentationen und Anmutungsqualitäten auf Trauernde eine tröstende und orientierende Wirkung entfalten.

3 Raum in Raum – Die sakral-funerale Binnenstruktur eines Kirchen-Kolumbariums

Kirchen-Kolumbarien sind architektonische und funktionale Zwittergestalten. In die geordnete Symbolwelt eines Kirchraums wird das Ordnungssystem eines Friedhofs mit seinen Todes- und Erinnerungszeichen architektonisch eingezeichnet. Die Urnenwände mit den Minimalgräbern als Repräsentanzen des Todes sind hier mit Erinnerungszeichen versehen; in die Verschluss- bzw. Grabplatten sind die Namen der Verstorbenen eingraviert. Sie zeugen zusammen mit den Lebens- und Sterbedaten von der individuellen Lebensgeschichte aller im Kolumbarium Beigesetzen. Die Todes- und Erinnerungszeichen des funeralen Bereichs sind Markierungen im Raum, die Trauer und individuelles Totengedenken lokalisieren. Zudem fallen in Kolumbarien Grabstätte, Erinnerungs- und Trauerort in eins, was in der gegenwärtig diffundierenden Bestattungskultur nicht mehr unbedingt vorausgesetzt werden kann. Hinterbliebene erhalten einen konkreten Ort, um ihre Trauer zu adressieren.

Im Unterschied zum Besuch einer anonymen Urnengemeinschaftsanlage begegnen sie hier dem Namen als „Wesenselement der Person"[28]. Durch den Namen wird die vormals individuelle Persönlichkeit der Verstorbenen identifiziert. Die Verstorbenen vergegenwärtigen sich in, mit und unter ihren Namen. In dieser Konfrontation wird die Traueraufgabe einer Realisation des Todes[29] unterstützt. Trauernde können die Neuverortung ihrer verstorbenen Angehörigen auf basaler Ebene sinnlich begreifen, aber auch transzendieren. In der aktuellen Trauertheorie wird die von Freud geforderte Ablösung von den Verstorbenen durch das Konzept der sinnvollen Neuverortung – als Voraussetzung dafür, sich dem eigenen Leben und neuen Beziehungen guten Gewissens zuwenden zu können – modifiziert.[30] Es geht dabei zum einen darum, eine konkrete Vorstellung davon zu entwickeln, „welchen Platz die Verstorbenen nach dem Tod

---

28 Manfred Hutter, „Art.: Name III. Religionswissenschaftlich", in *Religion in Gesellschaft und Gegenwart*, RGG⁴, Band 6 (Tübingen: 2003), 33.
29 Kerstin Lammer, *Trauer verstehen. Formen, Erklärungen, Hilfen* (Neukirchen: 2004), 107.
30 Vgl. a.a.O., 47.

haben"[31], und zum anderen, die bleibende Bedeutung Verstorbener zu klären.[32] Die Neuverortung erfolgt dabei konkret lokal bzw. topologisch, als auch zeitlich und metaphorisch wie z.B. in der Imagination des Weiterlebens der Verstorbenen bei Gott. Sowohl auf der Raum- als auch auf der Zeitebene sind für Verstorbene Markierungen vorgesehen, wie beispielsweise das Urnenfach oder die Andacht anlässlich des Totengedenkens. Über den Zeichenkosmos des Kirchen-Kolumbariums befinden sich Trauernde in einem Verweisungszusammenhang von Todeszeichen (Urnenkammer), Erinnerungszeichen (Namensgravur) und Glaubenszeichen (Kirchengebäude bzw. sakrales Interieur). Diese mehrdimensionale Zeichenlektüre eröffnet ihnen die Option, den Tod über Glaubenszeichen zu erschließen und zu transzendieren. Glaubenszeichen sind dabei neben dem Kirchraum als ganzem vor allem: Osterkerze, Taufstein, Kreuz und Altar, aber auch weitere symbolische Raumrepräsentationen wie Marienaltar, Kreuzwegstationen, Kirchenfenster, Bibelverse, die als Inschriften zwischen den Urnenfächern fixiert sind. Zur Orientierung und vereinfachten Auffindbarkeit der jeweiligen Urnenkammer im Kolumbarium werden in der Regel Orientierungszeichen im Friedhofsbereich angebracht.[33] Hierbei kann es sich um bestimmte biblische Sequenzen und Motive handeln, z.B. die Ich-bin-Worte des Johannesevangeliums in der Auferstehungskirche Heilig Kreuz in Mülheim an der Ruhr oder Namen von Persönlichkeiten der Kirchengeschichte wie z.B. Frère Roger in der Grabeskirche St. Josef in Aachen. Es können aber auch Fenster mit biblischen Sujets diese Funktion übernehmen wie z.B. die Werke der Barmherzigkeit (Mt 25,34–46) in Mönchengladbach. Soll im Kolumbarium ein seelsorgliches Gespräch erfolgen, können diese religiösen Raumzeichen als ein zusätzlicher Impulsgeber für das Gespräch fungieren und bei der Traueraufgabe der Rekonstruktion[34] von Lebens- und Beziehungsgeschichten als Erschließungsinstanz dienen. Dadurch kann die Neuverortung der Toten in einem symbolischen Deutungskontext antizipiert werden. Dies kann mit einer transzendenten Verortung verbunden sein, wie zum Beispiel dem Konzept eines Weiterlebens „der Verstorbenen [...], im Himmel, bei Gott oder in der Teilhabe am ewigen Leben Gottes."[35] Das in der Trauertheorie einerseits topologisch andererseits metaphorisch determinierte Theorem der Neuverortung der Verstorbenen erschließt sich Trauernden in den Kirchen-Kolumbarien in einer synchronen Verschränkung. In den Urnenfächern sind

---

31 Ebd.
32 Vgl. a.a.O., 48.
33 Dies ist vor allem in Kolumbarien mit mehr als 1000 Urnen der Fall.
34 Vgl. a.a.O., 115.
35 Vgl. a.a.O., 48.

die Verstorbenen in ihren sterblichen Überresten neu lokalisiert und aus dem Bereich der Lebenden exkludiert. Durch den Kirchenraum als „Erinnerungsmöglichkeit moderner Menschen an die Transzendenz"[36] kann die Neuverortung auch den Charakter einer symbolisch vermittelten Transzendenzvorstellung erlangen, die über die Raumzeichen in eine christlich-eschatologische Jenseitsvorstellung eingelagert ist. Dabei korrelieren die beiden getrennten Bereiche des Sakral- und Funeralraums des Kolumbariums in wechselseitigen Verweisungszusammenhängen.

Charakteristisch für das Raumkonzept von Kirchen-Kolumbarien ist die funktionale Dichotomie in einen gottesdienstlichen und funeralen Bereich. Diese Trennung basiert vor allem auf der juristisch verordneten Wahrung der Totenruhe sowie auf dem katholischen und evangelischen Kirchen- und Friedhofsrecht, das eine Syntopie von Gottesdienststätte und Friedhof untersagt.[37] Zudem determinieren das baulich vorformatierte Kirchengebäude und die Lokalisierung der liturgischen Orte die architektonische Innenraumgestaltung, an der der funerale Bereich ausgerichtet und in die er – in der Regel – stimmig eingepasst wird. Der funerale Bereich konstituiert sich durch Urnenwände, -stelen und -podeste zur Aufnahme von Schmuckurnen, Aschekapseln oder Gedenkkuben[38] und darin angelegten Wegverläufen. Innerhalb der Kirchenmauer sind bei den meisten Kirchen-Kolumbarien gottesdienstlicher und funeraler Bereich gut sichtbar voneinander getrennt. Sie können räumlich verdichtet in funktionaler und topologischer Analogie zu Kapelle und Gräberfeld auf einem Friedhof identifiziert werden, die jeweils eine Station des Bestattungsritus bilden.

3.1 Liturgie in Kirchen-Kolumbarien

Die Dichotomie der gottesdienstlichen und funeralen Funktionsbereiche spiegelt sich vor allem in der Dramaturgie der Bestattung. Sie ermöglicht die Gestaltung

---

36 Christlein Grethlein, „,Kirchenpädagogik' im Blickfeld der Praktischen Theologie", in: *Der Religion Raum geben. Kirchenpädagogik und religiöses Lernen*, Thomas Klie (Hg.), (Münster: 2003), 17–33, 26.
37 Hasenbein, *Tot in die Kirche*, a.a.O., 186f. „Die Widmung durch Weihung oder Segnung bewirkt eine Aussonderung des Gebäudes aus dem profanen Bereich und reserviert es für den gottesdienstlichen Gebrauch. Diese Zwecksetzung ist exklusiv. [Eine] Kirche [...] darf [...] grundsätzlich nicht anderweitig genutzt werden."
38 In den Grabeskirchen St. Josef in Aachen und St. Joseph in Viersen, die beide vom Architekturbüro Hahn und Helten und Assoziierte projektiert wurden, fungieren würfelförmige Gedenksteine mit einer Kernbohrung für die Aschekapsel als Grab und Grabstein.

der Bestattung als *Stationenliturgie*. Im gottesdienstlichen Areal, das durch den Altarraum mit einer zugeordneten Bestuhlung[39] konstituiert wird, vollzieht sich als erste Station des Bestattungsritus der Wortteil. In diesem erfolgt in Predigt und Ritus die Rechtfertigung der Lebensgeschichten[40] der Verstorbenen; gelebtes Leben wird primär verbal *coram deo* vergegenwärtigt. Die Urne steht zu diesem Anlass entweder auf dem Altar, dessen Stufen oder auf einem Postament bzw. einem Ostensorium (Schaugefäß). Eine alternative Platzierung der Urne auf dem Taufbecken stellt eine exklusive Option dar, wodurch die Tauferinnerung obligatorisch wird. Befindet sich der Taufstein außerhalb des Altarraums und an einer anderen Position im Kirchenschiff – wie beispielsweise in der katholischen Grabeskirche St. Joseph in Viersen zentral im Kirchenschiff umgeben von Urnenstelen – kann er auch zur zweiten Station des Bestattungsritus werden. In der Prozession, die aus dem gottesdienstlichen in den funeralen Bereich erfolgt, kann am Taufstein das Taufgedächtnis vollzogen werden. Die Urne steht währenddessen auf einem weiteren Postament vor dem Taufstein. Über die Aspersion (katholisch) erfolgt zeichenhaft und unter Deuteworten die Tauferinnerung. So wird an den Anfang der christlichen Existenz erinnert und auf den vergangenen und künftigen Weg des Verstorbenen unter christlichem Vorzeichen verwiesen – ist der Verstorbene doch mit der Taufe in Christi Tod getauft (Röm 6,3) und wird daher mit ihm auch auferstehen. Der Taufstein führt den Hinterbliebenen rituell sowie toplogisch vor Augen, dass die Beziehung Gottes zu dem Verstorbenen auch durch den Tod nicht beendet ist.

Diese Beziehung vor der endgültigen Station der Beisetzung noch einmal zu vergegenwärtigen, kann poimenisch auch als rituelle Seelsorge verstanden werden. Die Angehörigen vergewissern sich der Annahme des Verstorbenen durch Gott und erfahren darin Trost. Das Taufgedächtnis realisiert sich als eine rituelle Anschlusskommunikation, die ein Kolumbarium im Kontext des Bestattungsritus eröffnet. Auch der übrige Gottesdienstbereich bietet liturgische Möglichkeiten, sodass dort eine Abschiedsfeier am Sarg vor der Kremierung oder die Eucharistie gefeiert werden können. Lässt es das Raumkonzept zu und sind entsprechende Annexräume des Kolumbariums vorhanden, die für eine Aufbahrung zur Verfügung stehen, kann dem liturgisch-kollektiv begangenen Gottesdienst zur Verabschiedung ein individueller Abschied der Hinterbliebenen vorausge-

---

39 Vor allem in den komplett genutzten Kolumbarien lässt sich ein verkleinerter Bereich der Bestuhlung zu Gunsten der Ausweitung des funeralen Bereichs erkennen. Dies ist auch bei partieller Nutzung von Gemeindekirchen der Fall, insofern das Kolumbarium nicht im Kirchturm verortet ist.
40 Fechtner, *Kasualpraxis*, a.a.O., 51.

hen. Dies wird zum Beispiel im Kolumbarium St. Konrad in Marl genutzt: „Für die Zeit der Aufbahrung, auch im Falle einer Erdbestattung, stehen in der ehemaligen Sakristei zwei schlichte, christlich gestaltete Verabschiedungsräume zur Verfügung."[41] Hier werden eine Totenwache und ein persönlicher Abschied vom Verstorbenen gestaltet. Trauerreaktionen[42] öffnet sich somit ein geschützter Raum. Das Kolumbarium als Abschiedsraum realisiert den Verlust als eine wichtige Traueraufgabe[43]; auch dem Schweigen und der Stille angesichts des Todes[44] wird hier Raum gegeben.

Ein wesentliches, die Partizipation der Angehörigen betonendes Element des Bestattungsritus ist die Prozession. Die Urne wird hierbei entweder auf direktem Weg an die Stätte des Gedenkens überführt oder über die Zwischenstation der Tauferinnerung. In einigen Kolumbarien ist es Hinterbliebenen gestattet, die Urne selber an Stelle des Geistlichen oder des Bestatters an die Ruhestätte zu tragen. Orgelmusik oder eine Totenglocke intonieren die Prozession. Das Geleit auf dem letzten irdischen Weg zum Urnenfach leitet rituell die Trennung im Akt der Beisetzung ein. Eine liturgische Besonderheit der Beisetzung in einem Kolumbarium ist der oberirdischen Anordnung der Urnenfächer geschuldet. Die dramaturgische Kernszene einer Bestattung, das Absenken des Sarges[45] oder der Urne in das Grab, das mit der Unwiderruflichkeit des Todes konfrontiert,[46] muss hier dem Einstellen der Urne in das Fach in horizontaler Ausrichtung weichen, wodurch das Moment der Abgründigkeit verschliffen wird. Auch wenn es derzeit noch keinen einheitlich agendarischen Ritus für eine Beisetzung im Kirchen-Kolumbarium gibt, ist in der Bestattungsagende der Union Evangelischer Kirchen in Deutschland (UEK)[47] zumindest ein Problembewusstsein für die Beisetzung in

---

41 Vgl. www.st-franziskus-marl.de/front_content.php?idcat=87 (11.04.2014).
42 Lammer, *Trauer*, a.a.O., 110.
43 A.a.O., 107.
44 Wie Kutzner dies für die Bestattungsliturgie vorschlägt. „,Angesichts des Todes', [...] könnte es eine schlichte, aber gerade in ihrer Schlichtheit und Demut heroische Glaubenstat sein, das Schweigen auszuhalten und es durch das aktive eigene kollektive Schweigen der Gemeinde zu einem Akt religiöser Protestation zu qualifizieren." Hans-Jürgen Kutzner, „Liturgie im Angesicht des Todes. Sterbe und Begräbnisliturgie im Wandel", in: *Berliner Theologische Zeitschrift, Bestattungskultur in der Gegenwart* 29. Jahrgang, Heft 2 (2013), 262–277, 270.
45 Vgl. Ursula Roth, „Bestattung. Moderne Thanatokultur / Trauernde / Auferstehungsbotschaft / Lebensgeschichte", in: *Handbuch Praktische Theologie*, Wilhelm Gräb und Brigitte Weyel (Hg.), (Gütersloh: 2007), 458–469, 467.
46 Vgl. ebd.
47 „Die Union Evangelischer Kirchen in der EKD (UEK) ist die Gemeinschaft von Kirchen unierten, reformierten und lutherischen Bekenntnisses in der Evangelischen Kirche in Deutschland (EKD)." Vgl. www.uek-online.de/aufbau/vorstellung.html (20.04.2014).

Urnenwänden (Kolumbarien) erkennbar. Wird eine Urne in einem Grab bestattet, gilt ihr Einstellen in eine Urnenwand als Beisetzung. Die Bestattungsagende der UEK modifiziert daher auch das Bestattungswort. Während für die Urnenbestattung ins Erdreich folgende Formel vorgeschlagen wird: „Wir legen die Urne mit der Asche *der/des* Verstorbenen ins Grab"[48], empfiehlt die Agende für die Beisetzung in der Urnenwand das Bestattungswort: „Wir stellen die Urne mit der Asche *der/des* Verstorbenen an die Stätte des Gedenkens."[49] Durch beide Formeln wird die Neuverortung der/des Toten eingeleitet. Dieser neue Ort wird entweder als Grab oder als Gedenkstätte qualifiziert. Das Ziel der Beisetzung, die Toten „aus dem Kreis der Familie sichtbar heraus[zunehmen]"[50] und die sterblichen Überreste an einen neuen Ort zu verbringen, wird an beiden Orten realisiert. Der Erdwurf entfällt natürlich bei der Postierung in einem Urnenfach. Da aus seelsorglicher Perspektive das haptische Moment des Abschiedgebens für den Vollzug der Trennung und das Begreifen des Abschieds elementar ist, werden substituierende Handlungen im Kontext funeralen Ritendesigns kreiert: Die rituell durchkomponierte Form der Urnenwände in der katholischen Grabeskirche Liebfrauen in Dortmund demonstriert, dass das sepulkralkulturelle Muster der Erdbestattung auch für die Beisetzungspraxis in Kolumbarien paradigmatischen Charakter hat. Etwa 70 cm hohe Urnenpodeste nehmen die Urnen aus vertikaler Richtung in ihre Kammern auf, so dass während des Bestattungsritus die Urne vertikal in Analogie zur Erdbestattung in ein mit Leder[51] ausgekleidetes Urnenfach eingesenkt wird. Die Urne wird den Blicken der Angehörigen partiell entzogen, dies verdeutlicht die Irreversibilität des Todes. Da auch in diesem Fall kein Erdwurf möglich ist, wird er durch ein Weihwasserritual ersetzt. Auf dem Podest neben dem Urnenfach steht während des Ritus ein Weihwassergefäß, in das die Angehörigen einen Zweig eintauchen und damit die Urne, nachdem sie beigesetzt wurde, besprengen. Der gemeinsame Vollzug dieses Handlungsmusters kann den Hinterbliebenen einen Weg zur Bewältigung des Abschieds eröffnen.[52] Zugleich markiert dieser Akt den Punkt des Ritus, an den sich die notwendige Umkehr in das eigene Leben ohne den Verstorbenen anschließt, die als Traueraufgabe der Progression gilt.[53] Die Irreversibilität des Verlustes und die daraus resultierende neue private Wirklichkeit der Hinterbliebenen wird in diesem Akt sinnlich wahrnehmbar, nachdem

---

48 *Agende für die Union Evangelischer Kirchen in der EKD, Band 5: Bestattung*, Im Auftrag des Präsidiums herausgegeben von der Kirchenkanzlei der UEK (Bielefeld: 2004), 123.
49 Ebd.
50 Vgl. Roth, *Bestattung*, a.a.O., 466.
51 Die Ausstaffierung des Urnenfaches soll Geräusche beim Einsenken der Urne unterbinden.
52 Vgl. Roth, *Bestattung*, a.a.O., 458.
53 Lammer, *Trauer*, a.a.O., 107.

sie durch die Veröffentlichung in der Namensnennung des/der Verstorbenen im Wortteil der Bestattung,[54] bereits verbal kommuniziert wurde.

Ein Wechsel der Elemente von Erde zu Wasser bestimmt auch die Abschiedssequenz des Bestattungsritus in der katholischen Grabeskirche St. Elisabeth in Mönchengladbach. Hier haben Angehörige die Möglichkeit, zum Abschied ihre Hand in das Weihwassergefäß zu tauchen und im Anschluss daran über die Urne zu streichen.[55] Die Stimmigkeit dieser Ersatzhandlung für den Erdwurf wird dort mitunter sogar von evangelischen Geistlichen wahrgenommen und in ihre Bestattungsliturgie integriert.

Ein weiteres Beispiel abschiedlichen Handelns – in Abwandlung des Erdwurfs – beruht auf dem kulturellen Muster der Grabbeigabe und wird im evangelischen Kolumbarium St. Pauli in Soest praktiziert. Hier haben Angehörige nach der Beisetzung die Möglichkeit, im Rahmen der Verabschiedung Grabbeigaben in Papierform wie Briefe[56] oder gemalte Bilder in das Urnenfach zu legen. Dieser performative Akt der Verabschiedung ist hier bezeichnenderweise in die reflexive Beziehungsarbeit eingezeichnet und kann für zu Lebzeiten nicht mehr realisierte Kommunikation mit der/dem Verstorbenen einen symbolischen Abschluss markieren. Die religiöse Anschlusskommunikation, die in Kirchen-Kolumbarien zum einen im Umgang mit der Beisetzung in Urnenwänden erfolgt, kann sich aber auch jenseits des Bestattungsritus in ergänzenden liturgischen Formaten realisieren. Diese Anlässe, die auch aus poimenischer Perspektive von Bedeutung sind, können sich auf das Sterbedatum beziehen, auf Termine im Kirchenjahr, die im Kontext von Passion (Karfreitag), Tod (Ewigkeitssonntag) und Gedenken (Buß- und Bettag) stehen oder an lokalen Besonderheiten der Kirchen-Kolumbarien orientiert sein, wie zum Beispiel ein Gottesdienst für Unbedachte[57], der in der katholischen Grabeskirche Liebfrauen in Dortmund gefeiert wird. Kolumbarien können aber auch anlässlich eines Sechswochenamtes (katholisch) oder eines Sechswochengedenkens (evangelisch) für individuelles Totengedenken liturgisch bespielt werden. An Allerheiligen, Allerseelen und am Ewigkeitssonntag

---

54 Vgl. Roth, *Bestattung*, a.a.O., 464.
55 Während bereits die Feuerbestattung unter dem Diktum des Hygienediskurses steht, bringt auch der Weihwasserritus eine Ästhetisierung inklusive Reinheitsaspekt mit sich. Im rituellen Umgang mit dem Tod setzt man sich keiner Verunreinigung durch Sand- und Erdpartikel mehr aus.
56 Einen Schrein der Erinnerung, in den ebenfalls Briefe eingeworfen werden können, befindet sich im katholischen Kolumbarium Hl. Herz Jesu in Hannover-Misburg. Darin werden nach Ablauf der Ruhezeit auch die gläsernen Urnenverschlussplatten aufbewahrt.
57 In diesem Gottesdienst wird der Verstorbenen gedacht, die die Stadt Dortmund anonym bestattet hat.

können ebenfalls thematisch gebundene Gottesdienste gefeiert werden. Orientiert an den liturgischen Hochfesten des Kirchenjahres werden auch alternative liturgische Formen für Angehörige angeboten wie z.B. das Weihnachtslob in Erfurt oder die Osternacht in Kleineichen.

3.2 Seelsorge in Kirchen-Kolumbarien

Mit der Präsenz von sterblichen Überresten in den Kolumbarien kommen auch die Trauernden verstärkt in den Blick kirchlicher Wahrnehmung. Im Gegensatz zu den Randlagen der städtischen und kommunalen Friedhöfe rücken Trauernde hier gleichsam automatisch ins Bewusstsein und fordern zu pastoralem und gemeindlichem Seelsorgehandeln heraus. Das Kirchen-Kolumbarien bildet in diesem Kontext ein räumliches Integral für religiöse Anschlusskommunikationen in der Trauerbegleitung. Während aus evangelischer Perspektive Kirchen-Kolumbarien weitgehend als Orte des Bestattungsritus und der Totenruhe und somit als Friedhöfe verstanden werden, zählen sie aus katholischer Perspektive zum umfassenden seelsorglichen Feld der Pastoral. Sie werden dadurch neben ihrer Funktion als Abschiedsorte und Toträume zu Trauer- und Trosträumen für die Hinterbliebenen. Annexräume kommen für eine Trauerpastoral ebenso in den Blick wie die poimenischen Anmutungsqualitäten des Kirchenraums sowie dessen Funktion als Sakralraum. Künstlerische Artefakte (Pietà, Heiligenfiguren, Kreuzwegstationen, Kreuzigungsdarstellungen) werden zu Gesprächsanlässen. Die Seelsorge folgt der Liturgie. Während in den auf das Kolumbarium bezogenen Nebenräumen vor allem Gespräche die seelsorgliche Trauerbegleitung dominieren, sei es in Form von Einzelbegleitung oder durch Trauergruppen, sind es innerhalb des Kolumbariums vor allem die liturgischen Formen, die in den Dienst der Seelsorge gestellt werden. In Kirchen-Kolumbarien können darüber hinaus auch Seelsorgegespräche erfolgen, wenn ehrenamtliche und hauptamtliche Trauerbegleiter zu den Öffnungszeiten präsent sind. Therapeutische Raumnahmen, wie beispielsweise in den unterirdischen Räumen des Pastoralen Trauerzentrums in der Auferstehungskirche in Mühlheim an der Ruhr, sind aus poimenischer Perspektive eher skeptisch zu beurteilen. Bei allen Vorteilen einer Kooperation mit Therapeutinnen kann in diesem Zusammenhang vorschnell der Eindruck geweckt werden, dass es sich bei Trauer um etwas Pathologisches handelt, das es zu therapieren gilt. Manfred Josuttis verweist in diesem Zusammenhang auf die therapeutische Engführung gegenwärtigen Seelsorgeverständnisses, das seine Paradigmen aus der Seelsorgebewegung generiert hat. Er plädiert für eine Revitalisierung der seelsorglichen Dimension des Raums und der Liturgie, denn Rituale sind eng mit den Ortsräumen verwoben. Josuttis konstatiert: „Wo Rituale waren, sind Therapien geworden.[58] [...] Eine Seelsorge, die die therapeutische Orientierung hinter sich lassen will, wird sich [...] auf die rituellen Traditionen religiöser Praxis wieder besinnen müssen."[59] Kolumbarien fungieren im Kontext von Tod und Abschied, Trauer und Gedenken durch ihre liturgische Ingebrauchnahme als orientierende und bergende Ortsräume,[60] die Trauernden zu Trosträumen werden. Trauerbegleitung kann dabei auch und gerade in pastoraler Perspektive in Liturgie transformiert werden. Im Blick auf diese Transformation steht die evangelische Seelsorge noch ganz am Anfang.

Dass sich auf Grund der verdichteten Raumsituation die Trauernden in den Kolumbarien gegenseitig zu Tröstenden werden gemäß der lutherischen Seelsorge-Formel: *mutuum colloquium et consulationem fratrum*[61] sei hier nur insofern erwähnt, als mittlerweile auch diese spontanen und situativen Prozesse versucht werden, zu institutionalisieren. Für die Vergemeinschaftung von Trauernden wurde zum Beispiel in der katholischen Grabeskirche St. Joseph in Viersen im nördlichen Seitenschiff ein *Trauer- und Begegnungsraum* eingerichtet. Er ist mit Stühlen, Tischen, Kühlschrank und Kaffeeautomat ausgestattet sowie einem Regal mit Trauerliteratur. Eine semitransparente Glastür gibt den Blick in das Kolumbarium frei, so dass der räumliche Bezug zur Urnenstätte hergestellt ist. Aus Diskretionsgründen kann der Trauer- und Begegnungsraum aus dem Kirchenschiff jedoch nicht eingesehen werden. Er dient zudem als Rückzugsmöglichkeit für die ehrenamtlichen Trauerbegleiter und als Ort für das Kasualgespräch.

Bereits die innenarchitektonische Planung von Kirchen-Kolumbarien kann unter poimenischen Prämissen geführt werden. Für die Fragen der Raumgestaltung sind eben nicht nur ästhetische Aspekte zu bedenken, sondern Gestaltungen können auch im Blick auf die Anforderungen der Trauerbewältigung und somit auf Grundlage poimenischer Leitbilder beantwortet werden. Im Idealfall beginnt die Entwicklung eines pastoralen Gesamtkonzeptes für die Pragmatik eines Kirchen-Kolumbariums daher bereits vor der Planung der Umbaumaßnah-

---

58 Josuttis, *Segenskräfte*, a.a.O., 142.
59 A.a.O., 152. – Manfred Josuttis fordert zudem für die Seelsorge: „Seelsorge, die den ganzen Reichtum des religiösen Handlungsrepertoires erfassen will, wird sich zur Vergegenwärtigung der Heilsmacht also nicht nur mit dem Gespräch begnügen, sondern wird auch rituelle Zeiträume und symbolische Krafträume einsetzen, um ihrem Auftrag und ihren Möglichkeiten gerecht zu werden." A.a.O., 133.
60 Ebd. Josuttis hält im Gefolge der Phänomenologie des Gefühls (Hermann Schmitz) für die Qualifizierung von Kirchgebäuden den „energetischen" Begriff des „symbolischen Kraftraumes" vor.
61 BSLK, Schmalkaldische Artikel III, IV., 449.

men, da es direkten Einfluss auf das Design hat. Der Raum bildet das poimensich-liturgische Integral, denn er ist die ontische Konstante, die es nach Prinzipien einer funeralen Ästhetik, aber auch nach den Pragmatiken von Liturgie und Seelsorge zu gestalten gilt. Das Raumkonzept bietet z.T. auch zusätzliche Gestaltungsspielräume der Trauerbegleitung (Annexräume). Diese können als Sprechzimmer für Trauerbegleiter und SeelsorgerInnen genutzt werden oder als Versammlungsräume für Trauergruppen oder für niederschwellig konzipierte Trauercafés wie z.B. im Pfarrheim der Grabeskirche St. Elisabeth in Mönchengladbach. Für die konkrete Gestaltung des Kolumbariums sind vor allem die Bedürfnisse Trauernder zu beachten. Diese können zum Beispiel durch ein Team geschulter Trauerbegleiter in den Planungsdiskurs eingebracht werden. Bedürfnislagen Trauernder werden dadurch zu einem relevanten Gestaltungskriterium. Hierbei korrelieren Fragen des Ritus immer auch mit denen der Seelsorge. So ist im katholischen Kolumbarium Hl. Herz Jesu in Hannover-Misburg auf Anraten der Trauerbegleiter eine so genannte liturgische Treppe entwickelt worden, die es ermöglicht, die Urne unabhängig von der Höhe der „Himmelsleitern" – wie die etwa vier Meter hohen Urnenstelen dort genannt werden – in dem entsprechenden Urnenfach abzustellen. Die Trauerbegleiter haben zudem die Einrichtung eines Abschiedsraumes erwirkt. Ein verglaster Raum im nördlichen Seitenschiff dient der persönlichen Verabschiedung von den sterblichen Überresten in der Urne. Hier sollte den Angehörigen für die mit der Transformationsgestalt des Körpers in Form der Urne verbundene Fremdheitserfahrung Raum gegeben werden. Die Urne wird für diesen Anlass auf dem dekorierten runden Tisch postiert, um den sich die Angehörigen sitzend versammeln. Dies unterstützt sie beim Begreifen des Todes sowie beim Erschließen der Urne als Repräsentanz des/der Verstorbenen trotz fehlendem Körperschema, bevor der kollektive rituelle Abschied im Kirchenschiff erfolgt.

Kirchen-Kolumbarien bieten zudem Raum für Trauerprozesse, die sich nicht im Bestattungsritus erschöpfen, sondern über ihn hinaus auf zusätzliche Anforderungen des Trauerweges abgestimmt sind. Sie bieten Trauernden seelsorgliche Zuwendungsformen in der regressiven und adaptiven Trauerphase (Y. Spiegel).[62] Als Beispiele für eine liturgische Strukturierung der Trauer sind das Sechswochenamt und das Jahresgedächtnis zu nennen, beide stellen signifikante Stationen auf dem Trauerweg dar. Es bieten sich aber auch die liturgischen Hochfeste des Kirchenjahres an: An den familial codierten Festzeiten wie Weihnachten und Ostern nehmen Menschen den Verlust besonders schmerzlich wahr. Vor allem im ersten Trauerjahr kann der Todesfall gefühlsmäßig besonders stark ins Gewicht

---

62 Vgl. Yorick Spiegel, *Der Prozeß des Trauerns. Analyse und Beratung* (München: 1989), 58.

fallen: „Alles, was man zum ersten Mal ohne die Verstorbenen vollzieht, kann Hürde und Meilenstein werden"[63]. Daher macht es durchaus Sinn, *poimenisch* veranlasste Liturgien im Kolumbarium wie ein alternatives Weihnachtslob oder eine Osternacht feierlich zu begehen. Ein an der Schuldthematik orientierter Seelsorgegottesdienst kann z.B. auch in Form eines Bußgottesdienstes an Aschermittwoch gefeiert werden. Er dient der rituellen Bearbeitung von Ambivalenzkonflikten, die im Trauerprozess innerhalb der regressiven Phase auftreten können. Wöchentliche Andachten oder Gottesdienste am Freitag oder Sonnabend, die keine Konkurrenz zum Sonntagsgottesdienst der angrenzenden Gemeinden darstellen, können die Vergemeinschaftung Hinterbliebener unterstützen und Trauernde vor sozialer Isolierung bewahren.

4 Entpflichtung von der Grabpflege und ihre Transformationsgestalten

Die Entpflichtung von der Grabpflege hat in vielen Kirchen-Kolumbarien zu substituierenden Kompensationsstrategien der Angehörigen geführt. Sie reichen von ästhetisch fragwürdigem bis hin zu sicherheitstechnisch bedenklichem Wildwuchs diverser Grabbeigaben, wie sie vielfach auch auf Friedhöfen wahrnehmbar sind. Ansammlungen von Blumen, Kerzen und Memorabilien wie Engeln oder anderen figuralen Elementen, die in Urnenfachnähe den Kirchenboden bedecken, sind gang und gäbe. Nicht in jedem Fall ist dies eine willkommene Demonstration postmortalen Liebesdienstes an Verstorbenen und der Suche nach individuellem Ausdruck von Trauer. Die individuellen Beigaben zeugen davon, dass in den Planungsprozessen der ersten Grabeskirchengeneration das Bedürfnis der Angehörigen nach schmückender und sorgender Betätigung im Grabbereich nicht hinreichend bedacht wurde. Bei der Planung neuerer Kolumbarien griff man auf diese Erfahrungen zurück.[64] Demzufolge wurde entweder entschieden gegen die individuelle Gestaltung votiert, wie im Fall der katholischen Grabeskirche St. Joseph in Viersen oder des evangelischen Kolumbariums in der Nazareth Kirche in Hannover. Die Restriktionen werden durch das Sauberkeits- und Ordnungsargument begründet oder aus theologischer Perspektive durch den Verweis auf die Gleichheit aller im Tode und vor Gott. Zum anderen wurde aber

---

[63] Lammer, *Trauer*, a.a.O., 114f.
[64] Mittlerweile wurde auch der Prototyp St. Josef in Aachen mit Reagenzgläsern, die an den Gedenkkuben befestigt sind, zur Aufnahme individuellen Blumenschmucks ausgestattet.

auch Raum für Trauer- und Erinnerungszeichen in das Design der Urnenstätten eingeplant wie in der katholischen Grabeskirche Liebfrauen in Dortmund oder im evangelischen Kolumbarium der Johanniskirche in Hückeswagen. Auf den ca. 70 cm hohen Urnenpodesten aus Baubronze, in der neogotischen Hallenkirche Liebfrauen, die sich im dunklen Kontrast zum hellen Kirchenraum labyrinthisch durch das Kirchenschiff erstrecken, bieten quadratische Grabplatten aus Bronze oder Holz[65] einen geordneten individuellen Gestaltungsspielraum. Der ordnende Eingriff in das Grabschmuckarrangement erfolgt seitens des Trägers durch genormte Vasen und Kerzenhalter, so dass kleine Blumensträuße an das Urnenfach mitgebracht werden können. Die Kerzen werden täglich entzündet. Die Grabplatten können neben der obligatorischen Namensgravur mit individuell gestalteten Ornamenten, Sinnsprüchen und Symbolen versehen werden.[66] Es können vereinzelt auch kleine Erinnerungsgegenstände und Grabbeigaben auf den Grabplatten wahrgenommen werden. In der Johanniskirche zu Hückeswagen stehen helle Urnenwände, die mit Konsolen vor den Urnenfächern ausgestattet sind. Diese Stellflächen werden von den Angehörigen mit Kerzen und kleinen Blumenvasen, figuralen Erinnerungszeichen wie Tieren aus Keramik, mit Fotos oder Willow Tree-Engeln geschmückt. Den größten Gestaltungsspielraum bieten die als Schreine bezeichneten Urnenfächer der katholischen Auferstehungskirche Heilig Kreuz in Mühlheim an der Ruhr. In der evangelischen St. Pauli Kirche in Soest wurde ein kollektiver Ort des Gedenkens eingerichtet, an dem Blumen aufgestellt werden können und auch Erinnerungsobjekte platziert werden. Für Kerzen ist hier ein schmiedeeiserner Weltkugelleuchter vorgesehen. An den Memorabilien äußert sich durchaus ein symbolisierender Umgang mit dem Tod. Im Gegensatz zu den verordneten Symbolen des Kirchengebäudes verweisen diese Elemente auf individuelle Zugangs- und Erschließungsprozesse der Hinterbliebenen und geben mitunter ihre eschatologischen Vorstellungen zu erkennen. Sie verweisen auf den Prozess der Rekonstruktion von Beziehungsgeschichten zwischen Hinterbliebenen und Verstorbenen und symbolisieren in sinnstiftenden Figurationen, was sich im Trauerprozess als Beziehungszeichen[67] manifestiert. In den Grabbeigaben spiegelt sich eine Form postmortaler Kontaktpflege, in der Trauernde die Initiative ergreifen, sich aktiv in ihrer Trauer und zu ihren Verstor-

---

65 Bei den hellen Holzplatten handelt es sich um vorläufige Grabplatten, die nach dem Ende des Trauerjahres durch gegossene Bronzeplatten ersetzt werden.
66 Der gestalterischen Vielfalt sind hier kaum Grenzen gesetzt, Gedichtverse sind ebenso wahrzunehmen wie eingravierte Gesichter der Verstorbenen oder Bildnisse von Bäumen.
67 Inken Mädler, *Transfigurationen. Materielle Kultur in praktisch-theologischer Perspektive.* PThK Band 17 (Gütersloh: 2006), 374.

benen zu verhalten. Die komplette Entpflichtung von der Grabpflege stiftet dem Vollzug von Trauer in Kirchen-Kolumbarien ein passives Moment ein, das den Bedürfnissen Trauernder widerspricht und zu Ersatzhandlungen animiert, die es im Rahmen der Pragmatik von Urnenkirchen zu konzeptualisieren und weiterhin theologisch zu reflektieren gilt, um gegebenenfalls auch Ausschlusskriterien formulieren zu können.

Als Fazit kann festgehalten werden: Die aus dem Kirchenumnutzungsdiskurs resultierenden Kirchen-Kolumbarien stellen nicht mehr nur eine namentliche grabpflegefreie alternative Bestattungsform und finanzielle Bestandsgarantie für überflüssige Kirchengebäude dar. Nimmt man sie in ihrem religionsproduktiven Potential wahr und beschränkt ihre Pragmatik nicht singulär auf ihre Friedhofsfunktion, werden sie zu sinnvollen Orten religiöser Anschlusskommunikation. Diese zeichnen sich durch die Praxis strukturierter und institutionalisierter Trauerbegleitung aus. Sie bieten zum einen durch die sakrale Vorformatierung des Kirchengebäudes in Korrelation mit den Erinnerungszeichen des funeralen Bereichs Orte für individuelle Andacht, Trauer und Totengedenken. Zum anderen ermöglichen sie als Abschieds- und Erinnerungsräume für poimenisch veranlasste Liturgien vergemeinschaftende Erfahrungen der Angehörigen in kollektiv begangenen Gedächtnisfeiern. Personale Präsenz von ehrenamtlichen und hauptamtlichen Seelsorgenden, die Trauernde begleiten, regelmäßige Gottesdienstangebote sowie kulturelle Veranstaltungen vergegenwärtigen im Kontext des Todes, dass Kirchen-Kolumbarien zu Orten der Lebenden werden können und nicht ausschließlich als Totenkammern fungieren müssen.

Ilona Nord/Swantje Luthe
Räume, die Selbstvergewisserung ermöglichen

Virtuelle Bestattungs- und Gedenkräume und ihre Bedeutung für die Diskussion um den Wandel in der Friedhofskultur

Virtuelle Bestattungs- und Gedenkräume verbreiten sich mit der Entwicklung computergestützter Kommunikationen seit Anfang der neunziger Jahre des vergangenen Jahrhunderts über den gesamten Globus und sie sind von nahezu allen Orten der Erde immer schneller und einfacher zugänglich. Während viele medienaffine Menschen diese Kommunikationsräume für ihre Abschiede nutzen, werden sie von anderen abgelehnt. Virtuelle Realitäten und ‚die Realität' des Todes, des Abschieds sowie der Trauer scheinen konträr zueinander zu liegen. Während erstere sich dadurch auszeichnen, dass sie immer mehr und immer weitreichendere Möglichkeiten für die menschliche Kommunikation in Aussicht stellen, sind es Sterben und Tod, die ihre Grenzen, sogar ihr Ende einschärfen. Über die Thematisierung des Todes als Ende aller menschlichen Möglichkeiten hinaus sehen medienkritische Stimmen in virtuellen Welten häufig auch Ersatzwelten. Sie erhalten Wirkung, so heißt es, weil Traditionen brüchig werden und Individualisierungsprozesse zwischenmenschliche Nähe zum Ausnahmefall moderner Existenz machen.

Mit der Kritik an den sogenannten Neuen Medien verbindet sich auch eine Kritik an der hochmodernen oder spätmodernen Gesellschaft. Deshalb beginnt der Artikel mit einer Darstellung und Diskussion von drei häufig zu hörenden Einwänden gegen die Mediatisierung von Lebenswelten durch Computer vermittelte Kommunikationen (Computer mediated Communication CMC), die hier konkret auf die Wahrnehmung von Tod, Trauer und Bestattung bezogen werden (1). Es folgt eine detaillierte Beschreibung und Deutung verschiedener Formate, wie sie in der virtuellen Bestattungs- und Gedenkkultur gepflegt werden: Es geht um QR-Codes auf Grabsteinen, um virtuelle Gedenkseiten und um virtuelle Bestattungen in Computerspielen (2). Im Resümee stellen die Autorinnen den Beitrag virtueller Bestattungs- und Gedenkräume zur Diskussion um die Friedhofskultur dar. Im Mittelpunkt steht hierbei das für computergestützte Kommunikationen spezifische Raumverständnis (3).

1 Einwände gegen die Mediatisierung von Tod, Trauer und Bestattung

Dass das Leben in der viel zitierten globalen Netzwerkgesellschaft auch vor der Kommunikation des Todes im Cyberspace nicht halt macht, wird kaum jemanden überraschen. Seit langem wird in sozialen Netzwerken mitgeteilt, wann wer wie wo und warum verstorben ist.[1] In den meisten Fällen wird z.B. ein Blog oder eine Homepage dann vom Betreiber oder der Betreiberin deutlich mit der Todesnachricht gekennzeichnet.[2] Ist dies nicht der Fall, gibt es Anlass für Kritik und für weitere Phantasien, dass über den Tod hinaus kommuniziert werde, andere Menschen sich die Identitäten von verstorbenen Personen aneigneten usw.[3] Doch bevor man an die Ränder des Internet bzw. über diese hinaus in kriminelle oder eskapistische Welten aufbricht, ist es u.E. zunächst ratsam zu erkunden, wie im Internet mit dem Thema Bestattung, Friedhof, Tod und Trauer umgegangen wird. Dabei ist das erkenntnisleitende Interesse weniger, Bestattungsszenarien im Internet im Sinne einer Erörterung einer Sonderform von Bestattungskultur aufzuklären, sondern vielmehr etwas, das hierüber hinausgeht: Die Phänomene virtueller Gedenk- und Bestattungskulturen sind deshalb interessant, weil sie Impulse für die Diskussion um den Wandel der Friedhofskultur insgesamt liefern. Dies zeigt sich, wenn man die drei wichtigsten Einwände gegen virtuelle Gedenk- und Bestattungskulturen zusammenträgt. Einerseits spiegeln sich in ihnen spezifische Befürchtungen gegenüber der Mediatisierung von Lebenswelten, andererseits spitzen sich im Feld der computergestützten sepulkralen Kommunikationen Problemkonstellationen allerdings auch zu:

1.1 individuell/körperlich

Virtuelle Bestattungen sind zeichengestützte Kommunikationen. In ihnen muss man den Körper der verstorbenen Person, sofern er nicht selbst auch virtuell war, sozusagen an einem anderen Ort hinter sich lassen. Das Kennzeichen virtueller Kommunikationen ist es, dass sie trotz räumlicher Distanz der Körper, Nähe und

---

[1] Vgl. z.B. Zach Sobiecs YouTube Eintrag, der vielen Tausend Menschen durch sein Lied „Clouds" bekannt wurde: vgl. auch http://www.sueddeutsche.de/digital/abschiedssong-clouds-youtube-star-zach-sobiech-an-krebs-gestorben-1.1678721 (20.3.2014).
[2] Vgl. http://sinober.blogg.no/ (Stand: 20.3.2014).
[3] Vgl. den Artikel von Kai Biermann, *Europäische Polizei kämpft gegen weltweites Botnetz*, auf http://www.zeit.de/digital/internet/2013-12/botnet-zeroaccess-europol (20.3.2014).

Kommunikation ermöglichen. Dies führt zu einer starken Betonung der medialen Fähigkeiten des Menschen, was wiederum einschlägige Befürchtungen gegenüber CMC auslöst. So ist zum Beispiel in der Denkschrift der Evangelischen Kirche in Deutschland (EKD) zum Öffentlichkeitsauftrag der Kirche bezogen auf den digitalen Medienwandel zu lesen: „Bei aller verständlichen Faszination durch solche Möglichkeiten [digitaler Kommunikation, I.N.], die auch von kirchlichen Mitarbeitenden längst genutzt werden, sind doch auch deren potentiell problematische Auswirkungen zu bedenken – etwa hinsichtlich des Schwundes persönlich erlebter Zwischenmenschlichkeit zu Gunsten der Teilnahme an virtuellen Begegnungsräumen und Inszenierungen von Lebensvollzügen (‚second life')."[4] Die Vervielfachung virtueller Kommunikationen, so lautet die Befürchtung, lasse nun auch in Situationen des Abschieds persönlich erlebte Zwischenmenschlichkeit schwinden. Hinzu treten weitere Befürchtungen, die wir hier aus der eigenen Erfahrung vieler kritischer Gespräche zum Thema zusammenfassen: Biographien müssten immer globalisierter gelebt werden, so dass immer weniger Menschen die Möglichkeit hätten, an den Ort der Bestattung einer verstorbenen Person zu kommen. Dies führe dazu, dass insgesamt weniger Menschen an Trauerfeiern teilnehmen könnten. Computer gestützte Kommunikationskulturen destruierten auf diesem Wege Traditionen von Bestattungs- und Gedenkkommunikationen. Komme man nicht mehr zum Friedhof, setze man sich einmal weniger der Aura dieses Ortes als Ort des Abschieds und der Toten aus. Man richte nicht mehr den Blick auf den Sarg und das Grab, in dem man den Körper der verstorbenen Person geborgen wisse und der zur Imagination des gemeinsam gelebten Lebens vor dem inneren Auge anrege.

Dieser Befürchtung entgegen ist allerdings zur Kenntnis zu nehmen, dass virtuelle Kommunikationen keineswegs in direkte Konkurrenz zu Face to Face (F2F)-Kommunikationen treten oder sie ersetzen. Vielmehr ist aus der Forschung zu sozialen Netzwerken bekannt, dass insbesondere Jugendliche im Nahbereich kommunizieren und z.B. Verabredungen zu F2F-Kontakten hier treffen.[5] So ist davon auszugehen, dass virtuelle Kommunikationen die Pflege und Unterhaltung von zwischenmenschlichen Beziehungen in lokalen Bezügen sogar intensivieren können.

---

4 Rat der Evangelischen Kirche in Deutschland, *Das rechte Wort*, 52.
5 Vgl. Markus Schroer, *Räume, Orte, Grenzen. Auf dem Weg zu einer Soziologie des Raums* (Frankfurt a.M.: 2006); und darüber hinaus auch die Studie von Ulrike Wagner/Niels Brüggen u.a., die Konflikträume von Jugendlichen in Social Media analysiert haben und hierbei sehr stark Nahräume, aber eben auch Kommunikationsräume mit Fernkontakten analysieren: *http://bündnis-gegen-cybermobbing.at/fileadmin/pdf/studien/JFF_BLM_2012.pdf* (Stand: 20.3.2014).

Bezüglich der markierten Problematik, dass die Zunahme virtueller Kommunikationen zwei auseinanderfallende Räume zur Trauer um eine verstorbene Person etablierten, einerseits eine Grabstätte als Bestattungsort und andererseits eine Gedenkseite im Internet, ist es nun interessant wahrzunehmen, dass genau diese Entwicklung auch in der Diskussion um den gegenwärtigen Wandel in der Sepulkralästhetik des 21. Jahrhunderts herausgearbeitet wird: „Charakteristisch für die sich öffnende, grenzüberschreitende Sepulkralkultur ist zudem das tendenzielle, auch eine neue Ästhetik hervorbringende Auseinanderdriften von Bestattungsort einerseits, Trauer- und Erinnerungsort andererseits."[6]

Doch diese Analogie trägt nicht dazu bei, dass die These für sich genommen plausibler wird. Eine Vervielfachung von Orten für Bestattungs- und Trauerriten muss nicht zwangsläufig ihre Entwertung oder ein Auseinanderdriften von Orten bedeuten, sondern kann sogar zu einer Verdichtung von Trauerprozessen an mehreren Orten beitragen. Dass solche Verdichtungsprozesse vollzogen werden, müsste nun in empirischen Forschungen untersucht und nachgewiesen werden. Konkret könnte dies z.B. an Vernetzungslogiken und Vernetzungspraktiken aufgezeigt werden, mit denen Trauer- und Erinnerungsorte und Bestattungsorte verbunden werden. Auf diesem Wege, so nehmen die Autorinnen an, würde sich dann auch das besondere Merkmal virtueller Bestattungskulturen ausweisen lassen. Es liegt in der Möglichkeit, spezifische Immersionseffekte besonders wirkungsvoll herstellen zu können. Virtuelle Kommunikationen wirken in medienspezifischer Weise emotional.[7] Es führte an dieser Stelle nun zu weit, sollten jetzt die Relationen von Individualität, Körper und Selbstgefühl sowie Daseinsgewissheit und die Wirkung medial induzierter Emotionen auf diese geklärt werden. Doch man wird in Rücksicht auf die zunehmende Bedeutung von Medien für Trauerprozesse in Zukunft nicht daran vorbei kommen, auf diese komplex strukturierte Relation in angemessener Differenzierung einzugehen. Ein erster Schritt könnte hierbei sein, dass man die emotionalen Wirkungen von CMC für das Selbstgefühl von trauernden Menschen und ihre Körperwahrnehmung erforscht.

---

6 Norbert Fischer, *Miniaturlandschaften der Erinnerung*, in: Berliner Theologische Zeitschrift, 29. Jg., H- 2 (2012), 196–207, 196.

7 Vgl. Ilona Nord, *Realitäten des Glaubens. Zur virtuellen Dimension christlicher Religiosität* (Berlin/New York: 2008), insbesondere das Stichwort Atmosphären, sowie Kristin Merle, *Virtual and real: Gefühle im Cyberspace*, in: Lars Charbonnier/Matthias Mader/Birgit Weyel (Hg.), *Religion und Gefühl. Praktisch-theologische Perspektiven einer Theorie der Emotionen*. FS Wilhelm Gräb (Göttingen: 2013), 251–265.

1.2 sozial/öffentlich

Räume für virtuelle Bestattungen und Gedenkseiten für Verstorbene existieren im Internet, seitdem und weil Menschen sie nutzen. Mit der Entwicklung des Web 2.0 sind Raumkonzepte entstanden, die auf so genannte User Generated Spaces (UGS) aufbauen. Es ist populär geworden, in medialen Räumen interaktiv zu kommunizieren. Erst die Möglichkeit dies tun zu können, die zum historisch ersten Mal gegeben ist, führte dazu, dass Menschen individuell und doch massenhaft zum Beispiel im Falle des Todes eines Prominenten im Internet öffentlich kondolieren oder dass sie aus verschiedenen Kontexten und von verschiedenen sozialen Herkünften aus sich z.B. auf einem Trauerportal zu einem (moderierten) Chat treffen, um ihre Trauer miteinander zu teilen.

Solche sozial ‚geteilten' Kommunikationen kann man durchaus als eine Art „Emergenz digitaler Öffentlichkeiten" bezeichnen. Geht man nun der Diskussion über digitale Öffentlichkeiten nach, wird man zunächst damit konfrontiert, dass diese hoch polarisiert bewertet werden. „Das Netz macht uns sozialer, weil wir uns in ihm mit anderen verbinden, so die einen; das Netz, so die anderen, macht uns einsamer und fragmentiert die Gesellschaft – weil wir [...] der realen Welt entfremdet werden und uns in die vermeintlich diffusen und zergliederten Öffentlichkeiten des Netzes verlieren."[8] Trägt man die letztgenannte Position in den Kontext der Sepulkralkultur ein, lassen sich noch einmal in Diskussionen häufig genannte Befürchtungen fassen: Die Pluralisierung von öffentlichen Räumen führe dazu, dass es nicht mehr klar sei, wo sich die relevanten Orte zum Bestatten und Trauern befänden bzw. dass es letztlich keine gemeinsamen Orte mehr gebe und damit die öffentliche Dimension von Trauer verloren gehe. Im Anschluss an die These, dass virtuelle Kommunikationen entkörperlichende Wirkungen haben (vgl. oben unter a)), könnte man weiter schließen, dass Örtlichkeiten entkörperlicht würden und ihre kulturelle, historische und geografische Bedeutung verlören.[9]

Genau dies wird nun auch für den Wandel oder den Umbruch in der Friedhofskultur diagnostiziert: Der klassische, kommunale bzw. kirchliche Friedhof verliere als Schauplatz von Tod, Trauer und Bestattung an Bedeutung.[10] Inner-

---

8 Stefan Münker, *Die Emergenz digitaler Öffentlichkeiten. Die sozialen Medien im Web 2.0* (Frankfurt a.M.: 2009).
9 Manuel Castells, *The Rise of the Network Society* (Chichester u.a.: ²2010), 407–459; vgl. zu Castells den Kommentar von Norbert Bolz aus dem Jahre 2010 unter *http://www.trendtag.de/blog/norbert-bolz-flow-control/* (20.3.2014).
10 Fischer, a.a.O., 196.

halb des Ortes Friedhof lösten sich darüber hinaus ebenfalls die herkömmlichen Strukturmuster auf, der Friedhof teile sich in zahlreiche partikulare, unterschiedlich gestaltete Sonderräume auf, es entstünden Miniaturlandschaften als neue Orte der Trauer- und Erinnerungskultur und schließlich träten Naturbestattungen in der freien Landschaft in größer werdender Zahl auf.[11] Die Vorstellung, dass der in Deutschland (noch) geltende Friedhofszwang aufgehoben werden könnte, radikalisiert die Anfragen an die Gestaltung einer pluralen Bestattungskultur zudem. Es gebe keinen Orientierung stiftenden öffentlichen Ort der Bestattung mehr. Aufbauend auf diese Szenarien überrascht es nicht, dass in der Debatte um die Sepulkralkultur eine resignative Stimmung eingekehrt ist, wenn es um die soziale und öffentliche Dimension der Bestattung geht. Große traditionsreiche und landschaftlich attraktive Friedhofsanlagen stehen vor enormen finanziellen Schwierigkeiten. Ob sie als öffentliche Trauerorte erhalten bleiben können, ist häufig unsicher.

Bezüglich der Frage nach der Öffentlichkeit der Trauerfeier wird innerhalb der pastoraltheologischen Diskussion versucht, sich auf die Repräsentanz des Pfarrers oder der Pfarrerin als öffentlicher Person zurückzubesinnen:

> „Immer häufiger finden Bestattungsfeiern im engsten Kreis von Familie, Freunden und Bekannten statt. Ein traditionell öffentliches Geschehen wird zunehmend privatisiert. Dass die Bestattung von Menschen, die zu Lebzeiten Teil einer Gemeinschaft und eines zum Teil weit gespannten sozialen Netzes waren, den öffentlichen und gemeinschaftlichen Zusammenhängen entzogen und in die Privatsphäre verlagert wird, mag man beklagen. Daran ändern kann man nichts. Vielleicht hilft es sich klar zu machen, dass die Pfarrerin oder der Pfarrer in diesem Zusammenhang eine wichtige Rolle spielt: Auch bei einer Beisetzung im engsten Familienkreis repräsentieren er oder sie die Gemeinde und damit die Öffentlichkeit."[12]

Pfarrerinnen und Pfarrer kommen immer häufiger in die Lage, dass sie nur noch gemeinsam mit dem Friedhofspersonal zusammen einen Menschen auf seinem letzten Weg begleiten. Aber zugleich lässt sich bezweifeln, dass diesen Situationen darin angemessen entsprochen werden kann, dass man sich auf die Öffentlichkeit der sozialen Rolle des Pfarrers oder der Pfarrerin bzw. des Stellvertreters bzw. der Stellvertreterin der Gemeinde bezieht. Als während des 18. Jahrhunderts die christliche Gemeinde noch die politische Gemeinde zu repräsentieren in der Lage war, konnte eine solche These Bestand haben. Doch am Beginn des

---

11 Fischer, a.a.O., 204ff.
12 Gerald Kretschmar, *Bestattungskultur im Wandel*, in: Praktische Theologie, 48. Jg., H. 3, (2013), 175–185, 183.

21. Jahrhunderts wird man sich direkter mit den Phänomenen des Wandels in der Sepulkralkultur auseinandersetzen müssen als Residuen einer evangelischen Bestattung zu pflegen. Eine wahrnehmungsorientierte Erforschung pluraler Öffentlichkeiten könnte auch auf dem Feld der Sepulkralkultur ergeben, dass der derzeitige Wandel nicht nur Auflösung und Desorientierung in Sinnfragen um Tod, Trauer und Bestattung bedeutet, sondern dass sich in diesen Prozessen bereits spezifische Entwicklungen und Herausforderungen ausmachen lassen. Eine Herausforderung, die sich betreffend der virtuellen Bestattungskultur klar herausarbeiten lässt, ist die Reformulierung des Verständnisses von Öffentlichkeit bzw. der Entwicklung von Äquivalenten zu diesem Begriff, die in der Lage sind, Prozesse sozialer Artikulationen (von Trauer) abzubilden.

1.3 global/räumlich

Der Terminus *globale Netzwerkgesellschaft* hat in populären wie in wissenschaftlichen Diskussionen seit bereits mehreren Jahrzehnten einen festen Platz.[13] Soziologinnen und Medienwissenschaftler liefern mit diesem verbunden Beschreibungen, in denen sie den Einfluss computergestützter Kommunikationen, die sich weltumspannend ausdehnen, für riskant halten. Es wird befürchtet, dass die materielle Kultur mit einem Netz virtueller Strukturen überzogen und durch eine computergesteuerte Sozialordnung sozusagen eine restlose Raumnahme vollzogen würde. Die Folge wäre, dass man den Globus mit einem Geocode ausgestattet hätte, der die Bedeutung von Räumen festlegte und damit auch Räumen Bedeutung entzöge. In dieser Dynamik läge es dann auch, dass ganze Raumkonstellationen mit ihren Bevölkerungen ins Abseits der Ströme der globalen Netzwerkgesellschaft gedrängt würden.

Wiederum können in Anknüpfung an die Diskussion um die Zukunft der Friedhofskultur Diskussionsstränge ausgemacht werden, die genau diese Auflösung herkömmlicher Raumstrukturen thematisieren. Hierzu gehört das bereits genannte Auseinanderdriften von Bestattungsort und Gedenkkultur ebenso wie die Überschreitung der Friedhofsgrenzen hin zu Friedwäldern und Urnenkirchen

---

13 Vgl. hierzu wiederum zu den politischen Implikaten des Gebrauchs des Terminus als Selbstbeschreibung von Gesellschaften als den prominentesten Vertreter Manuel Castells, im deutschen Kontext auch Niels Werber, *Die Geo-Semantik der Netzwerkgesellschaft*, in: Jörg Döring/Tristan Thielmann (Hg.), *Spatial Turn* (Bielefeld: ²2009), 165–184; daneben entwickelt sich allerdings im Kontext von Social Media und Web 2.0 eine Netzwerkforschung, die in verschiedenen Disziplinen und mit verschiedenen Hermeneutiken betrieben wird, vgl. z.B. Christian Stegbauer/Roger Häußling (Hg.), *Handbuch Netzwerkforschung* (Wiesbaden: 2011).

bis hin zur Diskussion um die Aufhebung des Friedhofszwangs, der die Räume der Bestattung vollends scheint fließend werden zu lassen.[14]

Ein probates Mittel gegen einen solchen medienkritischen Kulturpessimismus ist indessen eine Relektüre der Geschichte von Raumverständnissen.[15] Für die Moderne kann verdeutlicht werden, dass das Verständnis des Raums als Container- und Speichermedium vor allem als Ordnungsmodul elaboriert wurde:

> „Als der christlich-abendländische *spacio, espacio, space* den aristotelischen *topos* und die platonische *chora* im ausgehenden Mittelalter ablösten, war dies ein Schritt, Ordnung lokal, räumlich und institutionell anwesend und sichtbar zu machen. Die offenen Lauf- und Kampfbahnen des *spatium*, irgendwo zwischen zwei oder mehreren Orten (man erinnere sich an Marathon), wurden nicht nur architektonisch erschlossen – was ja schon durch Arenen geschehen war. Raum wurde in exklusiven Gebäuden figuriert und durch Grenzregime von territorialer Macht, die von diesen Gebäuden (Schlössern, Burgen, Klöstern, ummauerten Städten) ausging, in der *Tiefe des Territoriums* erschlossen. Beginnende promoderne Vergesellschaftungsformen nahmen sich den Platz, den sie brauchten, und schufen unter Bedingungen der Siedlung, der stehenden Heere, der ansässigen Machtfunktionen, der verstreuten Marktplätze Raum, der als Verwaltungsraum organisiert werden konnte. So entstand eine kulturell dauerhaft wirksame Matrix der Verteilung durch horizontale und vertikale Belegung von Raummacht. Raum wurde *Ordnungsmodul*. Gebäude und Figuren, feste Siedlungsräume, unverrückbare Wege und Lichtungen, gerodete Felder, Grenz- und Marksteine fügten sich zur *Bodenhaftung von Raum* zusammen. Die *Wachtürme der Repräsentation* (Kirchtürme, Schlosstürme) berührten den legitimationsfreien Raum göttlicher Unendlichkeit, und die *Grenzsteine festgelegter Territorialmacht* markierten Herrschaft über die euklidischen, also irdischen Maßstäbe [...] Michel Foucault schrieb in *Überwachen und Strafen* zur ‚Kunst der Verteilung‘: ‚Die Disziplin macht sich zunächst an die Verteilung der Individuen im Raum.'
>
> Das Raum-Modul wurde in der Sichtbarkeit des repräsentativen Raumes der Kirche, des Doms, des Palastes, des Reiches bekräftigt. Raum wurde als Anwesenheitsraum konstruiert, ausgestattet mit Insignien der Repräsentation. Mit diesem Schritt wird die Idee von Raum als unstrukturierte Leere, als Behältnis überlagert von der Funktion des Speichers, mit speziellen (ausschließenden) Zugangs- und Nutzungsregeln, angefüllt mit Normen, Referenzen, überlieferten Entscheidungen, als bedeutendes Wissen verdichteter Erfahrungen. Der Speicherraum (Archiv, Bibliothek, Geheimarchive etc.) wird zur zentralen Bestimmung von Raum – und ist es in etlichen informatischen Konzepten immer noch."[16]

---

14 Vgl. zur aktuellen Debatte insbesondere die Frage der Aufhebung des Friedhofszwangs für Urnenbeisetzungen, z.B. für Bremen diskutiert in *http://www.taz.de/!133873/* (20.3.2014).
15 Michel Foucault, *Überwachen und Strafen. Die Geburt des Gefängnisses* (Frankfurt a.M.: 2008), ⁹1994, französ. Original, Paris: 1975).
16 Manfred Fassler, *Cybernetic Localism: Space Reloaded*, in: Döring/Thielmann, *Spatial Turn*, a.a.O., 185–218, 186–187.

In den Rekonstruktionen zur Geschichte des Friedhofs ist Raum ein dominantes Thema. Im Überblick zeigt sich, wie der Friedhof als ein umfriedeter, das heißt begrenzter Raum konzeptioniert wurde, der während des Mittelalters am Kirchhof, also in der Nähe eines repräsentativen Gebäudes, später, an der Wende vom 18. zum 19. Jahrhundert, vor die Städte ausgelagert wurde, um diese vor Epidemien zu schützen.[17] Es wären nun genauere Einzelstudien zu Raumkonzepten von Friedhofsanlagen und Stadtplanungsmodellen angebracht, um zu zeigen, in welcher Weise Raumstruktur und Bestattungskultur miteinander verflochten sind. Dies ist in diesem Kontext nicht möglich. Es bleibt nur die Möglichkeit, die These zu benennen, dass auch der Friedhof als ein Raum verstanden werden kann, der als Ordnungsmodul konzipiert ist, mit dem repräsentativer Raum entwickelt wird, zu dem Zugangs- und Nutzungsregeln gehören, der mit Normen, Referenzen etc. angefüllt ist und insofern als Speicher kultureller Verdichtungsprozesse angesehen werden kann.[18] Doch dieses Raumkonzept ist nun ebenso im Wandel begriffen wie es Raumverständnisse insgesamt sind. Eingesetzt hat der derzeitige Transformationsprozess spätestens mit der Installierung überregionaler Telefonnetze; mit ihnen wurde eine veränderte Raumimagination in globalen Umlauf gebracht, die es erstmals akustisch möglich machte, unsichtbare und nicht fassbare Räume wahrnehmbar zu machen. An diesem Beispiel wird zudem deutlich, dass Räume nicht allein umbaute Räume sind, sondern dass es bereits schon immer Raumverständnisse gab, die nicht-umbaute Räume thematisierten. Hier sind vor allem Sprachräume und Kommunikationsräume zu nennen. Darüber hinaus zeigt sich, dass diese Räume nicht unabhängig von menschlicher Wahrnehmung existieren. Sie sind stets mit Kommunikationen und zugleich mit ihnen mit Geltungsansprüchen verbunden, die sich nicht mehr räumlich einhegen oder begrenzen lassen:

> „Unter den Bedingungen globaler Arbeitsteilung, globaler Medien- und Informationswelten erzeugen Mobilitätsanforderungen oder Mobilitäts- und Vielfaltssehnsüchte die Idee der *Perception without Limits*. Räumliches erhält eine Zwitterfunktion: Es dient menschlicher Wahrnehmung als vorläufig stabiles Grenzformat (im Sinne der Innen/Außen-Unterscheidung oder der Zugehörigkeitsentscheidung der Inklusion/Exklusion) und zugleich als Ressource für Mobilität, Verlassen des Angestammten."[19]

---

17 Vgl. Barbara Happe, *Friedhof, I. Geschichtlich*, in: Religion in Geschichte und Gegenwart, Bd. 3 (Tübingen: 2000), 370f.
18 Vgl. hierzu auch die Diskussion ob Soldatenfriedhöfe Einfluss auf die Friedhofsreform des 20. Jahrhunderts genommen haben: Helmut Schoenfeld, *Soldatenfriedhöfe. Ihre Entwicklung und ihr Einfluss auf die Friedhofsreform des 20. Jahrhunderts*, in: Norbert Fischer/Markwart Herzog (Hg.), *Nekropolis. Der Friedhof als Ort der Toten und der Lebenden* (Stuttgart: 2005), 95–108.
19 Manfred Fassler, *Cybernetic Localism*, a.a.O., 188.

Diese erste kurze Beschäftigung mit dem Thema Raum im Kontext computergestützter Kommunikationen macht auf die geopolitische Dimension im Verständnis von Räumen aufmerksam. Für die Diskussion um Friedhöfe tritt deutlich hervor, dass dieser nicht wegen einer nachlassenden Nachfrage nach Erdbestattungen, noch wegen des Wegfalls formaler Grundsätze, wie etwa hygienischen Anforderungen, im Wandel begriffen ist. Er ist es vielmehr aufgrund von sich transformierenden Raumkonzeptionen. Sie fordern die derzeitige Friedhofskultur heraus: Es ist zu vermuten, dass sich Menschen im Falle eines Trauerfalls, der persönlich desorientiert und starke Gefühle hervorruft, zum einen nicht mehr einer fremden (Friedhofs-)Souveränität unterordnen lassen möchten und zum anderen wirkungsvolle Prozesse fehlen, die den Friedhof mit weiteren, computergestützten Kommunikationsorten von Abschied, Trauer und Bestattung vernetzen. Immer häufiger sind Trauernde bereits mit weiteren Kommunikationsräumen verbunden, die ihnen im Vergleich mit dem Friedhof mehr Raumgestaltungsmöglichkeiten eröffnen und vertrauter sind.

2 Konzepte virtueller Bestattung im Internet

Innerhalb der Kultur- und Sozialwissenschaften wird von einem Spatial Turn[20] gesprochen, wenn es darum geht, die Entstehung von Räumen und deren Relationen zu anderen Phänomenen menschlicher Lebenswirklichkeiten zu fokussieren. Raum ist nicht einfach materiell gegeben, auch wenn man sich an diese Wahrnehmung der Einfachheit halber gewöhnt haben mag. Räume sind permanent in einem dynamischen Prozess der Veränderung begriffen. Räume entstehen dem dynamischen Raumverständnis nach durch Interaktionen und sind, auch nachdem sie sich aufgespannt haben, keine statischen Gebilde. „Raum wird durch menschliches Handeln (wozu auch Wahrnehmung zählt) konstituiert, umgekehrt wirken Räume auf das Handeln und die Gefühle zurück."[21] Dies wird in den digitalen Räumen des World Wide Web in besonderer Weise deutlich. Die anfänglichen wissenschaftlichen Debatten um das Medium Internet und die damit in Zusammenhang stehenden Kommunikationen und Interaktionen beschrieben zunächst einen Dualismus von Virtualität und Realität, indem

---

[20] Zu einer durchaus kritischen Reflexion dieses Terms vergleiche Jörg Döring/Tristan Thielmann, *Der Spatial Turn und das geheime Wissen der Geographen*, in: Dies. (Hg.), *Spatial Turn*, a.a.O., 7–48.
[21] Gertrud Lehnert, *Raum und Gefühl. Der Spatial Turn und die neue Emotionsforschung* (Bielefeld: 2011), 11.

von „virtuellen Räumen", „virtuellen Realitäten" und mit Blick auf eine digitale Bestattungskultur von „virtuellen Gedenkseiten" oder „virtuellen Friedhöfen" die Rede war. Je stärker CMC Teil von Alltagskultur und alltäglicher Lebenswelt geworden ist, desto selbstverständlicher bildet sich im World Wide Web online Trauer- und Erinnerungskultur als Ästhetisierung der de facto stattfindenden Abschiedsgesten ab und desto augenscheinlicher werden die Abhängigkeiten und Verwobenheiten von online- und offline-Kulturen (*mixed realities*).

2.1 Erkundungsgänge in der aktuellen Bestattungskultur

Die Erweiterung der Lebenswirklichkeiten in digitale Räume bringt zahlreiche Varianten von online-Sepulkralkultur hervor. Zu nennen sind beispielsweise digitale Gedenkseiten, in einen Gedenkstatus überführte Accounts oder trauerbezogene Gruppen in sozialen Netzwerken, Blogs, YouTube Videos, Trauerforen, Chatrooms, Friedhofs- oder Beileids-Apps und auch Grabsteine mit digitalen Bildpräsentationen und QR-Codes, die die Verlinkung zu jeglicher Art von Websites zulassen, sowie Trauerrituale und digitale Bestattungen, die innerhalb von Computerspielen, im besonderen Massively Multiplayer Online Role-Playing Games (MMORPG), stattfinden.

2.1.1 Grabsteine mit QR-Codes

Ein in Deutschland relativ neues Phänomen, das den Besucherinnen und Besuchern bei ihren Spaziergängen auf den Friedhöfen begegnen kann, sind Grabsteine mit einem integrierten QR-Code.[22] Die zweidimensionalen Codes, die zunächst für den logistischen Bereich kreiert wurden, sind vor allem durch die Nutzung auf Werbeplakaten, Flyern, Flug- oder Bahntickets bekannt. Viele mobile Endgeräte verfügen inzwischen über Software, die die Binärcodes entschlüsseln können und so die Verlinkung zu den abgebildeten Homepages herstellen. Die QR-Codes werden direkt auf einen Grabstein graviert, durch einen QR-Sockelstein nachträglich in ein bestehendes Grab gesetzt oder als QR-Erinnerungsstein den Trauergästen bei der Trauerfeier beziehungsweise im Nachgang dazu mit nach Hause gegeben.

---

22 Vgl. dazu die Darstellungen auf *http://www.grabstein.info/* (17.03.2014) oder *http://www.friedhofskerze.de/de/qr-code-grabsteine/http-www.friedhofskerze.de-de-qr-code-grabsteine2* (31.3.2014).

Durch die Integration von QR-Codes in Grabtexte ist in einer ersten Perspektive deutlich, dass online- und offline Bestattungskulturen aufeinander bezogen sind. Meist sind die Grabtexte mit digitalen Nachrufen oder Gedenkseiten vernetzt, die Biografien der Verstorbenen enthalten und so Tod, Vergänglichkeit und Lebendigkeit ins Spiel setzen. Digitale Grabstätten leisten einen Beitrag dazu, die Gräber persönlich und individualisiert zu gestalten und einer relativen Anonymisierung der Gräber entgegen zu wirken, die möglicherweise dadurch gegeben ist, nur Namen und Sterbedaten auf dem Grab anbringen lassen zu können.[23]

Thorsten Benkel und Matthias Meitzler stellen durch ihre kulturwissenschaftliche Untersuchung mit Material von deutschlandweit 160 Friedhöfen eindrücklich dar, dass auch auf kommunalen sowie auf kirchlichen Friedhöfen die Visualisierung voranschreitet.[24] Benkel und Meitzler beobachten, dass Grabsteine demnach nicht nur Namen und Sterbedaten der verstorbenen Personen enthalten, sondern zunehmend bebildert werden. Die Autoren machen dabei unterschiedliche Kategorien von Sinnbildern aus: Adressierungen, Sinnsprüche und Abschiedsworte, Grabobjekte, Persönlichkeitsaspekte, Todesursachen, Gesichter des Lebens (fotografische Darstellungen der Verstorbenen), u.a.

Derartige Ästhetisierungen erscheinen historisch so als nichts durchweg Neues. Die Inschriften und Gravuren der Grabsteine enthielten schon früh bekenntnishafte Formulierungen und auch zu Lebzeiten getroffene Aussagen der Verstorbenen oder fingierte Ichbotschaften. Zumeist waren diese Verlautbarungen biblische Symbole oder Sprüche, aber auch Bekenntnisse, die offenbarten, in welchem Verhältnis die Verstorbenen zu den Hinterbliebenen standen, welchem Beruf sie nachgegangen waren und wie sie gestorben sind. Die zeitgenössische Friedhofskultur nutzt immer weniger christliche Symbolik und stellt die Toten zusehends in Bildern ihrer Lebenswelten dar, die jene lebendig zeigen. Die Grabtexte sind heute persönlicher, Inschriften werden so ausgesucht, dass die Hinterbliebenen in ihnen die Verstorbenen und ihre Beziehung zu ihnen wiedererkennen und ausgedrückt wissen. Auffallend sind die Darstellungen von Grabsteinen bei Benkel und Meitzler, die keine anscheinend als starr empfundene Grabinschriften und Gravuren aufweisen, sondern die Form des Briefeschreibens aufnehmen[25]. Persönliches Gedenken findet so Ausdruck von Reflexion, Trauer und

---

23 Mancherorts ist durch strenge Friedhofsordnungen oder durch Faktoren wie Platzmangel auf dem Grabstein oder hohe Kosten für mehrzeilige Gravuren eine Anonymisierung oder Quasi-Anonymisierung der Gräber und der Verstorbenen bedingt.
24 Vgl. Thorsten Benkel/Matthias Meitzler, *Sinnbilder und Abschiedsgesten. Soziale Elemente der Bestattungskultur*, in der Schriftenreihe: *Schriften zur Kulturwissenschaft*, Bd. 97 (Hamburg: 2013), v.a. 94ff.
25 A.a.O., 104ff.

Trostbildern in fluider Form. Diesem Bedürfnis kommt die Möglichkeit entgegen, Grabstätten durch die angebrachten QR-Codes mit persönlichen Informationen zu verlinken.

Für die Besucherinnen und Besucher des Grabes eröffnet sich so ein virtueller Kommunikationsraum, der anwesend werden lässt, was auf dem Friedhof abwesend bleibt, und doch vom Modus des Kontingenten, der die Atmosphäre des Friedhofs bestimmt, geprägt ist.

2.1.2 Digitale Gedenkseiten

Virtuelle Friedhöfe beziehungsweise Gedenkportale und *memorialsites* sind diejenige Variante, die bisweilen im wissenschaftlichen Kontext am meisten Beachtung gefunden hat.[26] Digitale Gedenkseiten können entweder als private Homepage oder als Gedenkseite auf einem Portal angelegt werden. Eines der derzeit größten, mit deutscher Domain betriebenen Portale ist *www.strassederbesten.de* (SdB). SdB verzeichnet nach eigenen Angaben 22.642 angelegte Gedenkseiten, 7.853.613 angezündete Gedenkkerzen und 55.624.443 Besucher der portaleigenen Gedenkseiten.[27] In der Nutzung von Portalen wie *strassederbesten.de* und *gedenkseiten.de* sowie bei Onlineangeboten der Tageszeitungen (z.B. *trauer.sueddeutsche.de*) und der Bestattungsunternehmen, die aufgegebene Traueranzeigen digitalisieren und mit der Option verbinden, diese als Gedenkseiten zu nutzen, zeichnet sich ein ansteigender Trend ab. Die Vernetzung der Portale mit sozialen Netzwerken wie Facebook und die mediale Professionalisierung von Bestattungsunternehmen, der Angebote der Zeitungsverlage, der Friedhofsverwaltungen, digitale Abbilder ihrer Friedhöfe oder Informationen online zur Verfügung zu stellen, sind für diese Entwicklung relevant. Zusätzlich trägt die zunehmende

---

26 Vgl. beispielhaft: Hans Geser, *Elektronische Grabstätten im* Internet, in: Kurt Imhof/Peter Schulz (Hg.), *Die Veröffentlichung des Privaten – Die Privatisierung des Öffentlichen* (Opladen: 1998); Ira Spieker/Gudrun Schwibbe, *Nur Vergessene sind wirklich tot. Zur kulturellen Bedeutung virtueller Friedhöfe*, in: Norbert Fischer/Markwart Herzog (Hg.), *Nekropolis. Der Friedhof als Ort der Toten und der Lebenden*, in der Reihe: *Irseer Dialoge. Kultur und Wissenschaft interdisziplinär*, Bd. 10 (Stuttgart: 2005); Katrin Gebert, *„Carina unvergessen". Erinnerungskultur im Internetzeitalter* (Marburg: 2009); Kirsten Brukamp, *Wege des Weiterwirkens der Toten durch moderne Medien*, in: Dominik Groß/Brigitte Tag/Christoph Schweikardt (Hg.), *Who wants to live forever? Postmoderne Formen des Weiterwirkens nach dem Tod*, Campus Verlag (Frankfurt a.M.: 2011); Carmen Berger-Zell, *Abwesend und doch präsent. Wandlungen der Trauerkultur in Deutschland* (Neukirchen-Vluyn: 2013).
27 So die Angaben auf *www.strassederbesten.de* (16.03.2014).

Bedienungsfreundlichkeit der bereitgestellten Tools zur Erstellung einer Gedenkseite zu steigenden User-Zahlen bei. Die portaleigenen oder privat eingerichteten multimedialen Websites ermöglichen es Hinterbliebenen, eine Gedenkseite für verstorbene Angehörige und Freunde einzurichten und mit auditiven, visuellen und sprachlichen Elementen zu gestalten. Daneben gewinnen mediatisierte Ritualisierungen wie das Anzünden digitaler Kerzen oder das Posten von Trostbildern und Engelsdarstellungen, die mit einem Spruch oder einer Nachricht versehen werden können, auf den Gedenkseiten an Bedeutung.[28] Das Ritual, ein Grablicht, ein „ewiges Licht", am Grab aufzustellen wird genauso in den digitalen Gedenkraum übertragen wie die Bebilderung der Gräber[29] mit Fotos und Blumenschmuck.

Die These, dass bildhafte „*Lebensweltreferenzen* das Kernelement einer ansteigenden Visualisierung der Bestattungskultur"[30] sind, gewinnt durch Erkundungsgänge in der digitalen Bestattungskultur zusätzlich an Plausibilität. Die Verbildlichungen auf online-Gedenkseiten zeigen wechselseitige Verschränkungen der Bestattungskulturen auf. Offline wie online wird dem Totsein „zusehends ein *Bildimage der Lebendigkeit* gegenüber gestellt, das sogar als *Unsterblichkeitsbild* gewertet werden kann, weil die Abbildung potenziell unendlich lange existieren kann."[31] Die Repräsentationen der Toten in Bildern, in Briefen, in Sprüchen mit popkulturellen Sinnbezügen und Grabsteine mit QR-Codes, die zu online Einträgen oder Gedenkseiten verlinken, werden durch digitale Kommunikationsformen in Relation zu den Autorinnen und Autoren dieser Seiten gehalten. Auch in der Netzkultur deuten Bezüge zu den Repräsentationen von konkreten Personen wichtige Kommunikationsdimensionen an. Materielle Objekte wie Fotografien, Videos oder Briefe halten die Beziehung und die soziale Interaktion zwischen Lebenden und Toten in virtuellen Referenzräumen präsent. Sprachformen, die ursprünglich auf CMC zurückgehen wie Emoticons, haben ihren Ort wie selbstverständlich auch auf den offline-Grabtexten gefunden.

Ein besonderes Augenmerk gilt der Form des Briefeschreibens. Mit Blick auf digitale Gedenkseiten wird die Bedeutung der fluiden Vernetzung für die Hinterbliebenen zu Trauergemeinschaften augenscheinlich. Virtuelle Friedhöfe sind Kommunikationsräume, die für sozialen Austausch und Vernetzung zwischen

---

28 Vgl. dazu auch den Beitrag: Swantje Luthe, *Social Media und ihre Relevanz für die Kasualtheorie. Eine Case-Study im Feld der Bestattungskulturen*, in: Ilona Nord/Swantje Luthe, *Social Media, christliche Religiosität und Kirche. Praktisch-theologische Studien mit religionspädagogischem Schwerpunkt*, in der Reihe: POPKULT, Bd. 14 (Jena: 2014).
29 Vgl. Benkel/Meitzler, a.a.O., v.a. 94ff.
30 A.a.O., 101.
31 A.a.O., 100.

Trauernden, aber auch zwischen Hinterbliebenen und ihren verstorbenen Angehörigen genutzt werden. Unter den Bedingungen der digitalen Medien wirken hier CMC sozial verbindend und gemeinschaftsbildend.[32] Erste Intentionen und Motivationen der Nutzerinnen und Nutzer gehen dahin, Trauer und Gefühle zu teilen mit der Sicherheit, sich in den besonderen Gefühlslagen nach einem Verlust verstanden zu wissen. Dies wird an den gegenseitigen Beileidsbekundungen, Foren- und Gästebucheinträgen sowie Kerzenritualen augenscheinlich. Anke Offerhaus, Kerstin Keithan und Alina Kimmer befragen Forenmitglieder des Gedenkportals *www.strassederbesten.de* zu ihren Motivationen, an der Forenkommunikation zu partizipieren. Sie stellen auf Grundlage ihrer Interviews und Analysen u.a. fest, dass „das Aufstellen von Kerzen an Gräbern [...] hier nicht nur bei dem/der eigenen Angehörigen als Symbol der Erinnerung und Verbundenheit [geschieht], sondern [...] ein relevantes Zeichen der wechselseitigen emotionalen Unterstützung und des Trostes der Forumsmitglieder [darstellt]."[33] Trauerbezogene digitale Kommunikationsgemeinschaften sind in ihrer Zusammensetzung fluide, interessenabhängig und freiwillig. Dennoch oder gerade deswegen aber wird durchaus wertschätzend miteinander kommuniziert. Intensive Trauererfahrungen wirken sich in einer verständnisvollen und mitfühlenden Begegnung der Kommunikatorinnen und Kommunikatoren untereinander aus.[34] Die digitale Kommunikation ist nur scheinbar sozial wenig verbindlich. Die Nutzerinnen und Nutzer nehmen in ihren Nachrichten und Beiträgen aufeinander unterstützend Bezug. In den Kondolenz- oder Gästebüchern digitaler Gedenkseiten ist zudem häufig zu beobachten, dass Nachrichten an den unterschiedlichen Gedenktagen wie Geburts-, Sterbe- oder Festtagen übermittelt werden.[35] Beobachtungen im Feld der digitalen Gedenkseiten und deren Kondolenzbucheinträge zeigen, dass die Kommunikation persönlich, authentisch und meist nicht anonym oder teilanonymisiert stattfindet. Nutzerinnen und Nutzer unterschreiben oft neben ihrem Namen mit einem Zusatz: *„Heike mit Patrick im Herzen"* oder *„Stille Grüße Christina mit Sandra unvergessen"*. Sie machen sich damit als mögliche Kommu-

---

[32] Hubert Knoblauch theoretisiert „virtuelle Gemeinschaften" treffend als Kommunikationsgemeinschaften, vgl.: Hubert Knoblauch, *Kommunikationsgemeinschaften. Überlegungen zur kommunikativen Konstruktion einer Sozialform*, in: Ronald Hitzler/Anne Honer/Michaela Pfadenhauer (Hrsg.), *Posttraditionale Gemeinschaften. Theoretische und ethnografische Erkundungen* (Wiesbaden: 2008), 73–88.
[33] Anke Offerhaus/Kerstin Keithan/Alina Kimmer, *Trauerbewältigung online – Praktiken und Motive der Nutzung von Trauerforen*, in: SWS-Rundschau, 53. Jg., Heft 3 (2013), 275–297, 287.
[34] Vgl. dazu Offerhaus/Keithan/Kimmer, a.a.O., 287.
[35] Vgl. z.B. die Einträge im Gästebuch vom 03.02.2014, 24.12.2013 u.a., *http://www.gedenkseite-sarah-matthias.de/letzte_gedanken.22.html#/G%C3%A4stebuch* (31.03.2014).

nikationspartner erkennbar, die aufgrund ähnlicher Erlebnisse und Erfahrungen die Gefühlszustände nachempfinden können, ohne den oder die Andere vis-à-vis zu kennen. Oft wird aus den Nachrichten aber auch ersichtlich, dass sich die Akteure und Akteurinnen persönlich kennen und der Kontakt nicht erst durch die digitale Trauergemeinschaft zustande kam, was sich durch namentliche Ansprache oder durch die Mitteilung von Insiderwissen zeigt.

Wenngleich CMC die Option einräumen, Informationen auch in bewegten Bildern zu teilen, ist die Kommunikationsform hauptsächlich text- und symbolbasiert. Zu den Bebilderungen, wie sie in den offline-Bestattungskulturen zu beobachten sind, bestehen online Konvergenzen. Online wie offline mehren sich persönliche Attribute, Engelsikonen, Stofftiere und mit Sprüchen versehene Gedenktäfelchen sowie in direkter Ansprache an die Verstorbenen verfasste Notizen und Briefe. Online- und offline-Grabstätten verweisen darin aufeinander. Viele Gedenkseiten beinhalten Bilder der Trauerfeiern, Fotos der geschmückten Gräber und von anderen emotional wichtigen Trauer- und Gedenkorten wie beispielsweise von einem zu Hause eingerichteten ‚Altar' mit Fotos und Kerzen, einem Straßenkreuz an einer Unfallstelle, einem gestochenen Tattoo mit Namen und Lebensdaten o.ä.[36]

Offensichtlich kommt es zwischen Medienritualen und offline-Ritualen zu Verschränkungen. Nicht nur Friedhofsbesuche werden durch Fotos dokumentiert, geschildert oder angekündigt: „... *Morgen früh. Kommen wir dich besuchen und bringe dir Blumen ...*"[37], auch von anderen offline-situierten Gedenkritualen wird berichtet: „*Guten Morgen Mami ... ich bin wieder daheim angekommen ...In Italien gingst du aber ganz schön schnell auf die Reise :-) kaum warst du im Meer warst du auch schon weg :-) Ich hoffe es hat dir gefallen den die Reise war für dich :-) Du weißt ja das dein Bild immer mit mir dabei war damit auch du alllles gesehen hast was ich gesehen habe :-) Die nächste Reise wird schon sehr bald kommen versprochen ...*"[38] Ein Bild, wahrscheinlich eine Fotografie der Verstorbenen, spannt hier einen virtuellen Beziehungsraum auf. In ihm ist es möglich, die Mutter direkt

---

[36] Vgl. hierzu zum Beispiel *http://www.gedenkseiten.de/zoe-emely-wosnitza-gensch/bilder/* (30.03.2014).
[37] So ein Eintrag zu einer Gedenkkerze am 07.03.2014, *http://www.gedenkseiten.de/sylvia-grothe/kerzen/516180/* (30.03.2014).
[38] *http://www.google.de/imgres?imgurl=http://www.gedenkseiten.de/images/user/silli/images/ Stimmungsbild-Silvia-Vitzthum-3.jpg&imgrefurl=http://www.gedenkseiten.de/silli/kerzen/37259 6/&h=217&w=580&sz=33&tbnid=k2NSJ2fC-FBf1M:&tbnh=90&tbnw=241&zoom=1&usg=___K9 4suCIeF9jS4YyfSeBiVytCAI-&docid=0BmU6mcS9QjX6M&sa=X&ei=CRWnUveuKoTMtAbVx4D oBg&ved=0CDoQ9QEwAg&dur=4517*, so ein Eintrag im Kondolenzbuch von Silvia Vitzum am 04.07.2013, 10.12.2013).

anzusprechen, sozusagen einen Dialog mit ihr zu führen. Der virtuelle Raum ermöglicht damit einen Sprechakt, der der Tochter einen Kommunikationszusammenhang eröffnet, in dem die Mutter einen festen Ort hat und darin weiter Anteil an der Lebenswelt der Hinterbliebenen erhalten kann. Bei aller Verortung in diesem virtuellen Raum wird die Verstorbene gleichzeitig als anwesend und abwesend erfahren; hier ist es möglich, diese Ambivalenz, die einen Trauerprozess kennzeichnet[39], zu leben.

Insgesamt scheint ein Bedürfnis erkennbar, Trauer in ‚individueller'[40] Form auszudrücken. Intime Trauerbekundungen und die Kommunikation mit den Verstorbenen ist keine Seltenheit: „ *...auch heute ist wieder ein Tag, wo es besonders schwer ohne Dich ist. Wir feiern heute schon das 2. mal Weihnachten ohne Dich. In unseren herzen wirst du immer bei uns sein. Habe ein schönes Fest oben mit deinen Engeln. Wir vermissen dich so sehr ...* "[41] Wie sich hier andeutet, ist die verbreitete Rede von Engeln, Schutzengeln, etc. auf digitalen Gedenkseiten, die sich auch in der offline-Kultur dokumentieren lässt, charakteristisch: „*Liebe Louisa, / du bist unser ‚Glücksengel' hier auf Erden, / der über uns wacht und auf uns aufpaßt! / Dafür danken wir dir. / Du bist und bleibst unvergessen!*"[42]

Solcherart Verlautbarungen in online Kommunikationen können hilfreich sein, die vielen Engelsdarstellungen auf kommunalen oder kirchlichen Friedhöfen zu deuten und ihre ‚individuellen Sinnrätsel' zu entschlüsseln. Die Engelsikonen verfügen über ein Mehr an Sinn für die Nahestehenden, aber auch die implizit mitgedachten Betrachterinnen und Betrachter. Sie sind Symbol für ein wie auch immer geartetes Weiterwirken der Verstorbenen nach dem Tod. Verstorbene werden einer positiven Sphäre zugeordnet, dem Himmel oder dem Paradies, zu der Engel eine Beziehung haben. Engel werden den Verstorbenen an die Seite gewünscht. Sie übernehmen eine Schutzfunktion für die Verstorbenen und können Botschaften zwischen den heterogenen irdischen und himmlischen Welten vermitteln. Häufig werden die Verstorbenen auch mit Engeln identifiziert, die sich ihrerseits zwischen der himmlischen und der irdischen Welt bewegen und mit den Hinterbliebenen kommunizieren, sie beschützen und über sie wachen.

---

39 Vgl. Yorick Spiegel, *Der Prozess des Trauerns. Analyse und Beratung* (München: 1973).
40 Der Begriff wird hier nicht gebraucht in seiner Konnotation als ‚Vereinzelung', sondern als mit einer Enttraditionalisierung einhergehenden Selbstbestimmtheit von Trauernden. Ob tatsächlich im Feld digitaler Trauer von einer Enttraditionalisierung gesprochen werden kann, wird zu untersuchen sein.
41 So ein Eintrag zu einer Gedenkkerze vom 24.12.2013, http://www.gedenkseiten.de/bjoern-wuestenfeld/kerzen/459980/ (30.03.2014).
42 http://www.gedenkseiten.de/louisa-maria-bratu/kondolenzbuch/15858/, so ein Eintrag im Kondolenzbuch vom 25.08.2013, 30.03.2014).

Die Bilder und Darstellungen der Himmelsboten bzw. der Engel verweisen auf einen virtuellen Kommunikationsraum, der zwischen Lebenden und Toten Beziehungen möglich macht, die als gleichzeitig an- und abwesend erfahren werden. Sie eröffnen eine Perspektive, in der es denkbar wird, über die Grenzen der divergierenden Sphären des Diesseits und des Jenseits hinweg zu kommunizieren und Botschaften zu überbringen, ohne das Bewusstsein der unaufhebbaren Trennung zu verlieren.

2.1.3 Virtuelle Bestattungen in MMORPG

Neben das Ritual der Trauerfeier oder der Beisetzung, bei der sich der Teilnehmerkreis meist aus lokalen und sozial engeren Netzwerken zusammensetzt, treten im Bereich der Computerspiele mediale Trauerrituale, die häufig wie Simulationen von diesen wirken. Diese Rituale werden online praktiziert. Hier können sich in der Lebenswelt des Computerspiels viele Menschen treffen, die sich nicht aus offline-Welten kennen. Sie kommen vielmehr zusammen, weil sie dieselben emotionalen Interessen haben: ihre Trauer zu artikulieren. Trauerprozesse finden nunmehr nicht ausschließlich im Familienkreis oder in engeren lokalen Netzwerken statt und sind auch nicht mehr allein auf die in diesen üblichen Bewältigungsstrategien angewiesen. Sie entstehen aus dem Bedürfnis der Spielercommunity, sich von einem Mitspieler oder einem Avatar verabschieden zu wollen.

Simon Eckhardt beschreibt anhand von phänomenologischen Erkundungsgängen die Lebenswelten von MMORPG sowie in diesen Spielen situierte Abschiedsrituale[43]. Eckhardt zeigt, welche hohe Bedeutung die Spiele und die generierten Erzählungen für die Alltagswirklichkeit der User und Userinnen und die Bedeutung ihrer Avatare erhalten können. Diese Bedeutungen machen auch nachvollziehbar, warum es in der Spiel-Community für das Begehen von Trauer- und Abschiedsprozessen einen großen Bedarf gibt. In Spiel-Communities wachsen sozial enge Zusammenhänge, die zumeist verbindlich in sogenannten Clans oder Gilden organisiert sind. Bestattungsrituale kommen in MMORPGs dabei in doppelter Weise vor: Zum einen wird ein Avatar beerdigt, das heißt ein User gestaltet den Abschied von seinem bzw. ihrem Avatar (z.B. wenn ein Avatar beim Spielen im Hardcore-Modus ausscheidet, z.B. bei Diablo III); zum anderen finden Beerdigungen statt, wenn die Spieler-Gemeinde oder Gilde um einen Mit-

---

[43] Vgl. den Beitrag von Simon Eckhardt, *Hochzeit und Bestattung – Passageriruale in MMORPG. Phänomenologische und theologische Analysen zu Symbol, Ritual und Lebenswelt,* in: Nord/Luthe, *Social Media, christliche Religiosität und Kirche* (Jena: 2014; erscheint).

spieler/eine Mitspielerin trauert, weil er/sie verstorben ist, oder während einer therapeutischen Behandlung seiner Spielsucht aus dem Spiel verabschiedet wird. Derartige Trauerfeiern werden von einer Priesterin, einem Priester oder einem Gilden- oder Clanmitglied geleitet und finden im Modus des synchronen Chats statt.

Besonders am Beispiel von World of Warcraft weist Eckhardt aus, dass Symbole des christlichen Glaubenshaushalts und rituelle Handlungen kirchlicher Gottesdienste rezipiert werden. Die im Kommunikationsraum von CMC entwickelten Rituale bildeten sich zunächst ohne Zutun der Spielentwicklerinnen und Spielentwickler, sondern ausgehend von den Bedürfnissen derer, die die Spiele nutzen oder besser spielen. Im Anschluss daran wurden in nachfolgenden Spielgenerationen die Möglichkeiten für Rituale der Bestattung, aber auch der Hochzeit oder der Einführung eines Gildenmitglieds in Spiele, integriert. Dabei wurde häufig auf die Alltagswirklichkeit kirchlicher Bestattungen rekurriert. Auffällig ist, dass entgegen aller Enttraditionalisierungs- und Säkularisierungsthesen solche CMC-Rituale nach einer strengen Liturgie verlaufen, die deutlich an kirchliche Kasualhandlungen erinnern. Eckhardt zeigt auf, dass die in MMORPG gestifteten Beziehungen sozial höchst verbindlich sind. Es erscheint deshalb durchaus plausibel, dass es im Fall des Todes einer Spielerin oder eines Spielers eines Abschiedsrituals bedarf, um Übergänge zu begleiten und Kontingenzerfahrungen im Ritual zu begegnen. Zur Steigerung der immersiven Effekte werden in MMORPG zusätzlich mediale Abschiedsrituale in Form von Trauervideos für Videokanäle wie zum Beispiel YouTube genutzt. Die Zeremonien werden mitgeschnitten und später veröffentlicht. Zudem gibt es die Möglichkeit, eine Gedenkseite für den Avatar anzulegen.[44]

Wiederum zeigt sich, wie in Computer vermittelten Kommunikationsräumen, hier konkret in Spielwelten, via Ritualhandlungen Ordnungen für An- und Abwesenheit entwickelt werden. Diese Rituale erlauben es den Nutzerinnen und Nutzern, mit ihren Bedürfnissen nach Kontaktaufnahme zu verstorbenen Personen (gemeinsam) umzugehen.

3 Resümee

Der Friedhof ist auch aktuell noch ein Raum, der trauernden Personen mit seiner jeweiligen und darin auch vielfältigen Struktur vorgegeben ist. Er ist eine Ein-

---

44 Vgl. z.B. *http://www.herolymp.de/* (16.03.2014).

richtung der Stadt- oder Kommunalverwaltung und unterliegt den Regularien, die von ihr gesetzt werden. Somit ist das abstrakte *Kollektiv* einer Stadtgesellschaft im Hintergrund ihr Träger; die Stadt, der Staat, die Kultur des Landes sind *Souveräne* über die Modelle von Bestattung und Gedenken. Betrachtet man den herkömmlichen Friedhof ebenfalls als Kommunikationsraum, so scheint es, dass er in der Kultur der Reihengräber vor allem auf individuelle Kommunikationen setzt. Zugleich zeigen sich aber auf vielen Friedhöfen bereits Veränderungen in Richtung auf geselligere Kommunikationsstrukturen, wie sie bei der Entwicklung von Gedenkorten, auf dem seit nun schon vielen Jahren bundesweit an vielen Orten gestalteten ‚Tag des Friedhofs' oder in der Anlage oder Restauration von Familiengräbern sichtbar werden. Doch Kommunikationsräume im Cyberspace sind demgegenüber bereits noch klarer an Communities gebunden. Sie zeichnen sich durch konkrete Teilnahme und Anwesenheiten in diesen aus. Es gibt Communities, die die Regeln zur Bestattung eines Avatars im Online-Spiel festlegen, und es gibt die Möglichkeit, von vielen verschiedenen Orten aus auf den einen für die eigene Trauerarbeit bedeutungsvollen Ort der Website für eine verstorbene Person zuzugreifen und dort aktuell auf weitere, gleichgesonnene Personen zu treffen. Die Community, die Kommunikationsräume für virtuelle Bestattungen und Gedenken unterhält, ist Tag und Nacht ansprechbar und der Modus, der sie kennzeichnet, ist Anwesenheit. Oft werden die Anwesenheiten in sozialen Netzwerken auch öffentlich dokumentiert. Mit diesem Modus der Anwesenheit eröffnen CMC insbesondere trauernden Personen ein besonderes emotionales Angebot. In Situationen, in denen sie unter der Abwesenheit einer betrauerten Person leiden, ist es ihnen möglich, virtuelle Kommunikationsräume aufzusuchen und an der Inszenierung von Anwesenheit teilzuhaben: Entweder indem eine Person selbst ihrem Kontaktbedürfnis darin Ausdruck verleiht, dass sie ein Ritual mitfeiert und darin Trauerprozesse initiiert oder dass sie mit Symbolen oder Worten anwesend werden lässt, wen und was sie in ihrem Leben gerade vermisst.

Mit einem soziologisch und religiös bzw. christlich theologischen Raumverständnis formuliert, kann man davon sprechen, dass Räume in der Absicht entstehen, Ordnung und Orientierung zu gewinnen. Raum ist insofern ein Modus der Selbstvergewisserung.[45] Ist in einem spezifischen Raum Selbstvergewisserung eingetreten, haben sich schwere Gefühle aufgelöst oder hat sich zumindest etwas Entlastung von ihnen eingestellt und ist auf diese Weise Hoffnung für das eigene Leben wach geworden, so kann dieser Kommunikationsraum wieder verlassen werden. Wann immer aber das Bedürfnis nach dem konkreten Umgang mit

---

45 Vgl. Fassler, *Cybernetic Localism*, a.a.O., 212.

der eigenen Trauer erneut auftritt, kann dieser Raum betreten werden. Dies war und ist auf dem herkömmlichen Friedhof nahezu ebenso wie im Netz.

Aus der Perspektive der Poimenik stellt sich das Aufsuchen von (virtuellen) Bestattungs- und Gedenkräumen insofern auch als eine Form existentieller Selbstsorge dar. Philosophische Konzepte vom Sorgen unterstützen diese Sichtweise. So entfaltet Martin Heidegger z.B. die Sorge als existentielle Grundstruktur des menschlichen In-der-Weltseins. Als Sorgende sind wir ihm zufolge immer schon über uns hinaus, überschreiten wir das Vorfindliche auf andere Möglichkeiten hin. Wir seien uns in dem Sinne aufgegeben, so schreibt er, dass die unausgeschöpften Möglichkeiten des Daseins die eigentlich bestimmenden für uns sein sollten. De facto mache uns der Alltag aber möglichkeitsblind.[46] Vielleicht ist es nicht nur der Alltag, der blind macht, sondern vielmehr die Wahrnehmung von Raum als Container und die in ihnen mitgeteilten Kommunikationsstrukturen. So schärft der Einzug von CMC in den Alltag offensichtlich vielen Menschen die Wahrnehmungsfähigkeit für Raum als Beziehungsmodul und darin ihre noch unausgeschöpften Möglichkeiten zur Selbstsorge ein. Dazu gehört es zentral, ganz alltäglich mit Erfahrungen von Kontingenz umzugehen. Im Kontext von Trauerprozessen bedeutet dies konkret, dass man Kommunikationsräume aufsucht, die symbolische Artikulationen und Inszenierungen dessen ermöglichen, was im Leben Vertrauen und Hoffnung schenkt: Worte, Symbole und Bilder, die an das gelebte Leben anknüpfen lassen ebenso wie (virtuelle) Grabpflege beim Gießen und Pflanzen von Blumen und vieles andere mehr.

In und mit diesen Phänomenen fordern virtuelle Bestattungs- und Gedenkkulturen Praktische Theologie und Kirche auf zweifache Weise heraus: In ihnen werden zum einen permanent begehbare Kommunikationsräume zur Selbstvergewisserung geschaffen. Darin übernehmen sie *religionsanaloge Funktionen*. Hier stellt sich die Frage, wie praktisch-theologisch und kirchlich mit diesem Befund umzugehen ist. Zum anderen zeigen die virtuellen Bestattungs- und Gedenkräume eine Tendenz zur Community-Bildung von Trauernden. Diese Beobachtung regt dazu an, innerhalb der Seelsorgetheorie und -praxis verstärkt über transindividuelle Formen der Begleitung von Trauernden nachzudenken. Trauergruppen haben in vielen Kirchengemeinden und auch jenseits von ihnen Hochkonjunktur. Initiativen zur Pflege von Denkmalgräbern können ebenfalls dazu führen, dass der Friedhof zu einem Ort wird, der von Communities gestaltet wird.

Die Frage nach der Zukunft des Friedhofs wird an der Vernetzung von online und offline Kommunikationen entschieden. Denn in dieser Vernetzung eröffnen

---

46 Vgl. Ilona Nord, *Die virtuelle Dimension der Seelsorge*, in: Wege zum Menschen, 61. Jg., H. 4, (Juli/August 2009), 356.

sich Trauernden verdichtete und darin tragfähige Räume zu visualisierbaren Formen von Selbstvergewisserung.

VII. Seelsorge

Hans-Martin Gutmann
Tod und Subjekt

1 Das Subjekt und sein Kontext

Ich denke über das menschliche Subjekt nach in Kontexten, die meiner Lebensgeschichte aufgegeben sind. Ich lebe als sozial und ökonomisch gesicherter Mann in Westeuropa. Meine Zugehörigkeiten – Lebenslage, Chancen zur Lebensführung, kulturelle und religiöse Prägung – beeinflussen die Weise, wie ich über das Subjekt-Sein des Menschen nachdenke.

Wir leben in Milieus und Lebenswelten, systemischen Bezügen, sozialen Lagen, kulturellen Prägungen. Dass wir uns in unserem Subjekt-Sein als Individuen, als unverwechselbares „Ich" wahrnehmen, ist nicht selbstverständlich und nicht überhistorisch und über alle kulturellen Eigentümlichkeiten hin gültig.

Wir leben in den sozialen Lebenswelten, zu denen ich selbst gehöre, als Individuen, als „Ich" mit einer je unverwechselbaren Lebensgeschichte und in jeweils besonderen Beziehungen und Vernetzungen. Dieses Ich kann sich seiner selbst vergewissern. Die spontane Selbstvertrautheit des Subjekts kann – und muss in biographischen Krisen – selbstreflexiv gedeutet werden. Solche Deutung ist nur begrenzt aus eigenen Ressourcen möglich.

Ich denke aus einer spezifischen religiösen Perspektive über diese Fragen nach: als evangelischer Christ in lutherischer Tradition. Die reformatorische Einsicht, dass Gottes Verheißungswort uns Menschen *von außen* trifft, dass dieses Wort nicht nur Leben deutet, sondern auch verändert, eröffnet eine Spur, auf die grundlegende Angewiesenheit des menschlichen Subjekts achtsam zu werden. In seiner alltäglichen Lebensführung, aber besonders auch angesichts kontingent einbrechender Unterbrechungen, vor allem an den Grenzen des Lebens soll die Lebensgeschichte eines Menschen unter der Verheißung der Rechtfertigung angesehen werden.

Wir haben unser Leben nicht in der Hand. Wir leben aus dem verwandelnden Segen Gottes. Wir können unsere eigentümliche Lebensgeschichte, unser unverwechselbares Gesicht nicht selbst herstellen oder „optimieren". Das menschliche Subjekt ist konstitutiv auf sein begründendes Anderes verwiesen.

Die Gewissheit, dass sich ein menschliches Subjekt durch eine unaustauschbare individuelle Lebensgeschichte auszeichnet, ist keinesfalls global verbreitet und hat in Westeuropa eine Reihe von geistesgeschichtlichen, religiösen und ökonomischen Entwicklungen zur Voraussetzung – Renaissance, Reformation und Gegenreformation, Aufklärung. Gewiss auch die Auflösung traditioneller

Verbundenheiten im Prozess der Durchsetzung einer kapitalistischen Marktwirtschaft.

Zu dieser Durchsetzungsgeschichte des „Ich" als Inbegriff und Haltpunkt menschlicher Subjektivität – am stärksten artikuliert vielleicht noch bei Johannn Gottlieb Fichte[1] – gehört auch im westeuropäischen Kontext als Kehrseite immer wieder auch seine Problematisierung und Bestreitung. Was das „Ich" eines Menschen sei, ist auch in unseren spätmodernen westeuropäischen Gesellschaften nicht unverstört geblieben.

In der praktisch-theologischen Debatte der Gegenwart ist diese Verstörung wohl am deutlichsten von Henning Luther wahrgenommen worden. Das unaustauschbare Gesicht, die unverwechselbare eigentümliche Lebensgeschichte eines Menschen, seine *Individualität* schließt zugleich jede Vorstellung von Geschlossenheit und Vollständigkeit als *Identität* aus. In ihrer Lebensführung werden menschliche Subjekte immer wieder der Erfahrung inne, dass „Individualität" Brüche und Abbrüche, Nicht-Vollständigkeit beinhaltet. „Individualität" schließt ein, dass seine/ihre „Identität" nur als Fragment möglich und lebbar ist. Denn Individualität wird allein in Differenz gegenüber jeder Vollständigkeitserwartung lebbar, so dass das menschliche Subjekt den eigenen Erwartungen und den Erwartungen Anderer neue, aus Bisherigem nicht bruchlos ableitbare eigene Lebensentwürfe entgegensetzt. Individualität wird in der Lebensführung menschlicher Subjekte lebbar, wenn ein Mensch angesichts von Brüchen, Versagungen und Verzerrungen in der eigenen Lebensgeschichte nicht verzagt, sondern neue Möglichkeiten entwirft. In einem Wort: Die Begrenztheit des Lebens als Chance für das eigene Leben akzeptiert. Identität ist nur als Fragment lebbar: Dies ist die in heilsamer Weise unüberwindbare Konsequenz der Sterblichkeit des Menschen.[2]

Das praktisch-theologische Gespräch über das Subjekt-Sein des Menschen nimmt Gesprächsfäden in anderen, nicht-theologischen Diskursen auf und spinnt sie fort. Seit der „empirischen Wende" der praktischen Theologie in den sechziger Jahren des vergangenen Jahrhunderts hat in diesem Zusammenhang die Entwicklung der Psychoanalyse großen Einfluss gehabt. Auch in der psychoanalytischen Theorietradition wird das „Ich" (bei Sigmund Freud als „Realitätsprinzip" gedacht, das zwischen der menschlichen Triebhaftigkeit und den verinnerlichten sozialen Normen vermitteln soll) zunehmend in seiner Brüchigkeit wahrgenom-

---

1 Vgl. z.B. J.G.Fichte, *Über den Glauben an die göttliche Weltregierung* (1798). Sowie ders., *Wissenschaftslehre* (1804). Nachgelassene Werke Bd. 2.

2 Henning Luther, *Identität und Fragment. Praktisch-theologische Überlegungen zur Unabschließbarkeit von Bildungsprozessen.* (1985). zit. nach ders., *Religion und Alltag. Bausteine zu einer Praktischen Theologie des Subjekts* (Stuttgart: 1992), 168.

men. Sigmund Freuds Satz „Wo Es war, soll Ich werden" wird beispielsweise von Jaques Lacan auf eine hintergründige Weise umformuliert.

Lacan hält an der Konzeption eines „Es" nicht im Sinne eines Ensembles von Begehrungen fest, die sich quasi als „innere Natur" des Menschen beschreiben ließen. Und er rechnet auch nicht mit einer innerpsychischen Instanz des „Ich" im Sinne von Freud. Für Lacan ist das „Ich" nicht Ort der Realitätsanerkennung und der Ausgleichung zwischen Triebhaftigkeit und gesellschaftlicher Umwelt. Die erste Begegnung eines Menschenkindes mit seinem „Ich" ist vielmehr eine Spiegel-Erfahrung (im lächelnden Gesicht der Mutter oder einem mechanischen Spiegel). Der Ursprung der lebensgeschichtlichen Entstehung des „Ich" ist, so Lacan, zutiefst narzisstisch und zugleich imaginär. Sie entspringt aus Selbstbespiegelung. Vor jeder kommunikativen Begegnung, vor jeder gesellschaftlichen Beeinflussung des Menschenkindes wird die psychische Instanz des „Ich" als ein fiktives Bild begründet, welches das Individuum nicht mehr auslöschen kann.[3] Das Ich gewinnt die Erfahrung seiner Einheit ursprünglich nur aus einem Spiegel-Bild, einem imaginären Bild von sich selbst.

Die so begründete innerpsychische Instanz des „Ich" bleibt von seiner Gründungssituation her auf Selbstbespiegelung bezogen und ist aus sich selbst heraus zu einer Anerkennung eines Objekts außerhalb seiner selbst nicht in der Lage. Das menschliche Ich verkennt und missversteht die Realität von allem Anfang an.[4] Die narzisstische Selbstbezüglichkeit des Subjekts wird, so sieht es Lacan, erst durch den Kontakt des Kindes *mit der Sprache* aufgebrochen. Das gegenüber dem menschlichen Subjekt *Andere* antwortet auf einen grundlegenden Mangel, auf das *Begehren* des narzisstischen, in sich selbst verkrümmten Ich der Stufe des Spiegel-Stadiums und öffnet das Subjekt so für das Andere seiner selbst.[5]

Eine weitere, grundlegende und unhintergehbare Verstörung menschlicher Ich-Erfahrung strahlt vom Ende des Lebens in das Leben hinein. Endet im Tod das menschliche Subjekt – in seiner/ihrer *Individualität* wie auch seinen – wie immer gebrochenen – *Identitäts*entwürfen? Aktuelle Entwicklungen in der Wahrnehmung von Sterben und Tod radikalisieren Verunsicherungen darüber, was ein menschliches Subjekt begründet – und in seiner Individualität schließlich aufhebt.

Ein bisherige Selbstverändlichkeiten verstörendes Feld liegt in einer Veränderung in der der Wahrnehmung des Sterbens. Das medizinische Wissen und die gesundheitliche Versorgung haben sich in den westeuropäischen Gesellschaften

---

[3] J.Lacan, Schriften I, 1973 (1966), 64.
[4] Ebd., 69.
[5] Ebd., 119.

explosionsartig erweitert. Insbesondere mit der Transplantationsmedizin hat sich die Sicherheit verschoben, wann ein Mensch in biologischem Sinne als tot gilt. Alltäglich eingespielte Wahrnehmungen – der Mensch hört auf zu atmen, sein Herz schlägt nicht mehr – werden jetzt verunsichert. Menschen, für die Hirntot diagnostiziert werden musste (vollständiger und irreversibler Funktionsausfall des Hirns einschließlich des Hirnstamms), werden durch Apparate künstlich „am Leben" gehalten. Den alltäglich vertrauten Menschen fällt es schwer, einen solchen Tod zu realisieren. Weil ihr Herz-Kreislauf-System künstlich aufrecht erhalten wird, wirken solche Menschen lebendig. Sie atmen, ihr Herz schlägt, die Haut ist durchblutet. Entgegen ihrer eigenen Wahrnehmung müssen Hinterbliebene den Ärzten vertrauen, dass dieser Mensch wirklich tot ist.

„Tod und Subjekt" wird damit in vielen Dimensionen zu einem Thema, das von Verunsicherungen und Verstörungen geprägt ist. Verstärkend kommt eine radikale Veränderung der Lebenswelten in unseren Gesellschaften hinzu. Wir leben in einer multireligiösen und multikulturellen Gesellschaft. Der Anteil konfessionsloser Menschen wächst zudem. Wie das Verhältnis des Individuums zur umgebenden Sozialität bestimmt werden kann, wie das Ende eines individuellen menschlichen Subjekts im Tod gedeutet wird, wird von buddhistisch orientierten Menschen anders gedeutet als von muslimischen, von christlichen Menschen unterschiedlicher Denominationen wieder anders als von konfessionslosen. In den zentralen Dimensionen, in denen über das Subjektsein des Menschen nachgedacht werden kann, gibt es in unseren Gesellschaften keine zwanglos für alle geltenden Übereinkünfte.

Das erscheint in vieler Hinsicht als neue Erfahrung in einer zunehmend globalisierten spätmodernen Gesellschaft. Aber das Problem ist älter. Bereits die kolonialistische Globalisierung und die damit einhergehenden Missionsunternehmungen des 19. Jahrhunderts brachten die christlich-protestantischen Kirchen Westeuropas in Kontakt mit Lebens- und Glaubensformen, die im Prozess von Kolonialisierung und Mission zerstört oder doch zumindest modifiziert wurden, aber dennoch vielfältige Rückwirkungen und Resonanzen auf das zeitigten, was als das Protestantisch-Christliche sollte gelten können – Verunsicherungen auch darüber, was den Menschen in seiner Individualität, im Verhältnis seines „Ichs" zu den/dem Anderen, im Verhältnis zu den Lebensgrenzen in Sterben und Tod, in der Beziehung zu den Toten eigentlich ausmache.

Der Hamburger Religions- und Missionswissenschaftler Theodor Ahrens, der lange als Missionar im westlichen Hochland von Papua-Neuguinea gearbeitet hat, eröffnet eine Spur, aus der Perspektive dieser (mittlerweile entmächtigten) fremden Kultur die spezifische Auffassung der westeuropäischen Vorstellung von „Subjekt" zu kontextualisieren.[6] „In Westeuropa sind wir gewohnt, zwischen dem Selbst und den Anderen, dem Subjekt und dem Objekt, der Person und den Sachen, zwischen den Lebenden und den Toten, zwischen Gott und Mensch, zwischen Mythos und Geschichte, Vergangenheit, Gegenwart und Zukunft zu unterscheiden. Die Abgrenzung zwischen dem autonomen, freiheitlichen Individuum und dem Anderen wird betont. Im kulturell in sich durchaus differenzierten melanesischen Raum wurden die anthropologischen Grundbestimmungen traditionell anders getroffen; das Christentum hat in dieser Hinsicht erhebliche Veränderungen nach sich gezogen."

Ahrens berichtet von einem Gespräch, das der Missionar und Ethnologe Maurice Leenhardt[7] (1878–1954), seit 1942 Nachfolger von Marcel Mauss an der Pariser Sorbonne, in seiner Zeit als Missionar in Neukaledonien (1902–1926) mit einem Informanten, einem Holzschnitzer und Wahrer der Tradition, geführt hat. Leenhardt fragt den Informanten – als „Suggestivfrage" – , ob er zustimmen könne, dass das Christentum *den Geist* in diese traditionale Kultur hineingebracht habe. Die Antwort des Informanten ist verblüffend: „Der Geist? Bah! Ihr habt uns nicht den Geist gebracht. Wir kannten schon das Vorhandensein des Geistes. Wir verfahren nach dem Geist. Aber was ihr uns gebracht habt, das ist der Körper."

Ahrens kommentiert: Selbstverständlich gab es auch im vorchristlichen Neukaledonien Körper (karo). „Körper waren austauschbar z. B. mit dem Onkel mütterlicherseits, mit dem Ahn, dem Baum. In Bäumen, Steinen, Pflanzen pulst dieselbe Substanz, wie im menschlichen Körper. Die Liane im Wald ist nicht *wie* die Eingeweide, und die Rinde eines Baumes nicht *wie* die Haut des Menschen, sondern sie sind identisch. Das Leben der Menschen fluktuiert zwischen den Bäumen, Bergen, Tieren. Der Körper ist Teil aller kosmischen Prozesse. Kurz, es gibt keine gefühlte Distanz zwischen Subjekt und Objekt. Damals also war, Leenhardt zufolge, das Ich nicht fest verortet."[8] Dementsprechend gab es auch keine klare Scheidung zwischen den Lebenden und den Verschiedenen. Lebende und Tote bleiben in einen verpflichtenden Austausch des Gebens, Nehmens und Wiedergebens aufeinander bezogen.

---

6 Theodor Ahrens, *Was ist mit unseren Toten?* Überarbeiteter Text eines Vortrags vor dem Arbeitskreis ‚Mission und Seelsorge' am 15. Juni 2012 in der Missionsakademie an der Universität Hamburg (Hamburg: 2014), unveröffentlichtes Manuskript, 5.
7 Maurice Leenhardt, *Do Kamo. Die Person und der Mythos in der melanesischen Welt* (Frankfurt a.M./Berlin/Wien: 1983/franz.: 1947), 215 f.
8 Theodor Ahrens, *Was ist mit unseren Toten?* A.a.O., 6.

Ist dies – aus dem fremden Blick wahrgenommen – das charakteristisch Unterscheidende des protestantisch-christlichen Konzepts vom menschlichen Subjekt: Die Abgrenzung und Unaustauschbarkeit des individuellen menschlichen Körpers gegenüber allen anderen individuellen menschlichen Körpern, aber auch den Lebewesen der natürlichen Lebensumwelt – und den Toten, den Verschiedenen? Die Konsequenzen für die Wahrnehmung von Sterben und Tod wären einschneidend: Wenn das Zentrum der Subjekt-Wahrnehmung in der individuellen Körperlichkeit läge, würde das menschliche Subjekt mit dem biologischen Tod und dem Prozess der Verwesung enden: Der Mensch wäre mit dem Tod *ganz tot*.

2 Rückfragen und Vergewisserungen: Gibt es ein unterscheidend Protestantisches in der Auffassung des menschlichen Subjektes?

Mittlerweile hat sich die Einsicht durchgesetzt, dass es in der Kultur unseres Landes und Westeuropas keine von allen geteilten großen Erzählungen, religiösen Prägungen, rituellen und symbolischen Selbstverständlichkeiten mehr gibt. Diese Einsicht kann (und tut dies faktisch auch) alle Beteiligten einladen, ihr spezifisch Eigenes zur Geltung zu bringen – zu zeigen, zu erzählen, zu feiern, zur Gestalt zu bringen. Gerade für das protestantische Christentum, das in Metropolen wie z.B. in Hamburg seine dominierende Präsenz verloren hat, wäre diese Perspektive eine Leben ermöglichende Alternative zu depressiver Selbstentmächtigung. Jeweils Eigenes kann selbstbewusst gestaltet und ins gesellschaftliche Spiel mit Anderem gebracht werden – unter der Bedingung, dass dieses Andere geachtet, als mögliche Bereicherung fürs Eigene wahrgenommen wird und nicht als zu überwindendes, bedrohliches und Angst machendes Feindliches.

In dieser Perspektive lese ich Martin Luther auf die Frage hin, was ich zum Verständnis menschlichen Subjektseins lernen kann. Luthers Theologie ist – im Konzert mit Anderem – dem protestantischen Christsein heute aufgegeben, nicht in kritikloser Einstimmung, sondern so, wie man von einem kompetenten Gesprächspartner lernen kann – in Zustimmung und Kritik, in Achtgeben auf die Umstände seiner Äußerungen. Es macht dabei Sinn, gerade auch einen solchen Text aufzusuchen, der nicht in der Aufregung kirchlicher und gesellschaftlicher Konflikte geschrieben wurde, sondern in konzentriertem ruhigem Nachdenken. Ich finde ihn für mein Thema in Passagen aus Luthers Hebräerbriefvorlesung. Sie ist gerade auch deshalb ein wichtiger Text, weil sie zeitlich in den für den reformatorischen Durchbruch zentralen Monaten gehalten wurde.

In Luthers Hebräerbriefvorlesung 1517/18 gilt der Glaube, die „fides" als Leim, als Bindemittel, als „Copula" zwischen dem „Verbum" Gottes, also Christus und dem Herz bzw. der Seele als Personzentrum des Menschen. Durch den Glauben wird der Mensch dem Kreatürlichen entfremdet und dem Worte Gottes ähnlich. [9] Luther beschreibt das Geschehen zwischen dem Wort und dem Herzen des Menschen als wechselseitige Zubereitung, Verleimung, und Vermischung: Aus den drei Elementen Glauben, Wort und Herz wird eines.

„Id tamen parum refert, quia est mutua illa mixtura seu temperatura verbi et cordium. Ex his enim tribus fit unum: fide, verbo, corde. Fides est glutinum seu copula, *verbum et cor sunt extrema, sed per fidem unus spiritus, sicut vir et mulier ,una caro'*. Verum ergo est, quod cor temperatur verbo per fidem ..."[10] (Herv. HMG)

Die Bedeutung Christi für den Glaubenden wird in zweierlei Weise bestimmt: als „Sacramentum" und als „Exemplum", wobei das Sacramentum dem Exemplum als vorausgehend und vorrangig zu denken ist. Diese Denkfigur dient dazu, die Vorstellung abzuwehren, als könne sich der Mensch, ausgerichtet am moralischen Vorbild Christi, durch sittliche Leistungen selbst Gerechtigkeit zusprechen. „Sacramentum" heißt: Durch seinen Tod hat Christus Tod und Todesfurcht in Leben verschlungen[11], die Ausdruck der Sünde sind. Christus hat all das, was ihm gehört, am Kreuz veräußert – Gerechtigkeit, Weisheit, Ehre usw. – und das auf sich genommen, was ihm nicht gehört: Ungerechtigkeit, Sünde, Sich-Rühmen, Eigenliebe, Schande usw.

Luther gebraucht in der Hebräerbriefvorlesung für den Vorgang, in dem Wort und Herz im Glauben zusammenkommen, die Ausdrücke „mixtura", „copula", Vereinigung zwischen Verlobten, Leim, Bindemittel: Ausdrücke also, die Verschmelzung, Vermischung als radikalisierte Nähe und Intimität ausdrücken und einen Tausch ermöglichen, der den Menschen völlig verändert, ihn sterben und neu werden lässt. Das menschliche Subjekt wird der Welt (der Sinnlichkeit, der Suche nach Reichtum und sozialer Position) entzogen und dem Schöpfer, zugleich auch dem Leiden und der Zustimmung zum Tode zugeführt.

In seinem Tod am Kreuz verschlingt Jesus Tod und Sünde. Durch diesen Tod kommt Leben.[12] Die Veränderung, die hierdurch in den Menschen geschieht, beschreibt Luther als völlige Verwandlung durch Ähnlichwerden, durch Vermi-

---

9 WA 57, 151, 5ff.
10 WA 57, 156, 19ff.
11 WA 57, 13f.
12 WA 57, 128, 13ff.; 129,15ff.

schung, durch Identifizierung des „Herzens" mit Christus: *Das Herz des Menschen wird im Glauben mit Christus ähnlich*. Christus tritt an die Stelle des Alten Menschen. Die als eheliche Intimität gedachte Vermischung führt zu einem *Austausch von Sünde und Gerechtigkeit*.

Dieser gesamte Vorstellungskomplex von Intimität, von Vermischung, von Austausch von Sünde und Gerechtigkeit wird in der Hebräerbriefvorlesung in dem Begriff „Sacramentum" zusammengefasst. Christus wird zum „Exemplum", zum Vorbild durch die Übersetzung des im Sacramentum gewonnenen neuen Lebens in eine lebenslange Perspektive. Gesetz, Tod und Sünde existieren zwar noch; nur haben sie ihre vernichtende, Todesfurcht einflößende Wirkung verloren. Die Sünde muss aber in der alltäglichen Lebensführung weiter bekämpft werden. Das Exemplum Christi versetzt den Glaubenden in die Lage, sich der „Welt" mit ihren Verführungen – libido, Reichtum an Geld, soziale Position, eben all dem, was Luther unter „Eigenliebe" versteht –, zu entziehen und Christus gleichgestaltet zu werden.

Was dem menschlichen Subjekt im Glauben widerfährt, kann in Luthers Perspektive als *Subjektwechsel* gedeutet werden. Christus tritt an die Stelle des menschlichen Subjekts.

Wie dies unter Bedingungen der Fortdauer menschlich-irdischen Lebens unter Alltagsbedingungen und –konflikten verstanden werden kann, hat Luther in seinem Traktat von der christlichen Freiheit 1520 in der Unterscheidung von „innerem" und „äußerem" Mensch ausgelegt.[13] Im „inneren Menschen" wird, in der Begegnung zwischen Christus und dem Personzentrum des/der Glaubenden, die Vorstellung einer vollständigen Vermischung in einer Tauschfigur aufgehoben. In einer vollendet intimen Verbindung – wie zwischen Bräutigam und Braut – gibt Christus seine Gerechtigkeit und nimmt die Sünde des Menschen an. Alles wird für nichts eingetauscht, und dies ist für Gott recht. Durch diesen Wechsel und Tausch wird menschliches Subjekt-Sein neu begründet.

Das Subjekt ist nicht „für sich" da, bleibt nicht „in sich verkrümmt", sondern steht in bleibender Beziehung zu Gott und den Anderen – und wird so erst zu einem beziehungsfähigen Menschen. Was Jaques Lacan in psychoanalytischem Theoriekontext Jahrhunderte später formuliert, hat Martin Luther in theologischer Analyse bereits gesehen: Der „in sich verkrümmmte" Mensch, das von seiner Konstitution her narzisstische Ich wird erst dadurch zu Objektbeziehungen fähig, dass es durch das „Andere" – und auch bei Lacan ist dies die Sprache, das Wort – aus seiner Selbstbezogenheit befreit wird.

---

[13] WA 7, 49ff.

Es ist deutlich, dass Luther in seinen Überlegungen zur Neubegründung menschlichen Subjekt-Seins immer wieder paulinische Traditionen verarbeitet, vor allem die Vorstellung des Mit-Sterbens und Mit-Auferstehens mit Christus in der Taufe als dem Ursprungsdatum christlichen Lebens (Römer 6,3f.).

Im Wechselspiel zwischen „innerem" und „äußerem" Menschen realisiert sich die Lebensführung eines Christenmenschen unter alltäglichen Bedingungen. Im Kontakt mit dem, was im „inneren Menschen" geschieht – durch das Hören des Verheißungswortes Gottes im Gottesdienst, im Wechselspiel von Hören des Wortes und Antwort in Gebet und Lobgesang – wird der Mensch das los, was ihn besetzt hält und zunichte macht: die Sünde. Er bekommt geschenkt, was ihn heil macht: Gottes Gerechtigkeit. Diesen Strom von Gaben Gottes gibt der „gerechtfertigte Sünder" in seinen alltäglichen Kommunikationen – in Interaktion und Arbeit, Engagement und Da-Sein für Andere – an die weiter, die es besonders brauchen.

Es ist – mit Blick auf religiöse Lebenspraxis – immer wieder diese eine spezifische Bewegung, die im protestantischen Christentum ein spezifisches, unaustauschbares Gesicht gewinnt – im Vollzug eben der gleichen elementaren Bewegung, die in anderen Religionen trotz entsprechender Bewegungsstruktur wiederum ein anderes, besonderes, spezifisches Gesicht hat. Im Kontakt mit einer übernatürlichen Macht – „coram Deo" – wird negativ Zerstörerisches und Heilloses verbannt und Heilsames und Lebensförderndes herbeigerufen.[14] Im hier diskutierten Zusammenhang soll die Aufmerksamkeit auf die Frage gelegt werden: Was bedeutet Luthers Einsicht für die Wahrnehmung von Sterben und Tod?

3 Tod und Subjekt

Als Martin Luther in einer für Wittenberg und den Fortgang der Reformation brisanten Situation in der Fastenzeit 1523 von der Wartburg zurückkehrt, beginnt er seine erste Predigt am Sonntag Invocavit mit der Sterbeszene: „Wir sind alle zum Tode gefordert und wird keiner für den anderen sterben, sonder ein jeglicher in eigner Person muss geharnischt und gerüstet sein für sich selbst mit dem Teufel und Tode zu kämpfen."[15] In diesem Text findet sich genau die für religiöse

---

14 Vgl. Martin Riesebrodt, *Cultus und Heilsversprechen. Eine Theorie der Religionen* (München 2007).
15 Zit. nach: Luthers Werke für das christliche Haus, W. Kawerau u.a. (Hg.), Erste Folge: Reformatorische Schriften (Braunschweig: 1889), 320.

Lebenspraxis charakteristische zweiseitige Bewegung – jetzt konzentriert auf die Begegnung des Individuums mit dem Tod im eigenen Sterben-Müssen: Identifizierung, Dingfestmachen, Austreiben der Sünde – und Ein-Bildung und Ein-Körperung in Christus durch Glauben. „Also, wer an ihn glaubt, soll der Sünde frei sein und ein Kind Gottes ..."[16]

In einem ausführlichen Sermon, also einer Predigt zur Vorbereitung auf das Sterben[17] hat Luther diese Bewegung aus der Perspektive des Sterbenden, des (gerade) noch lebenden menschlichen Subjektes ausgelegt als ein inneres Aufrufen und Sich-Hineinbilden in mächtige innere Bilder. Zerstörerische machtvolle Bilder sollen verlassen, und heilsamen Bildern soll im Herzen, im Personzentrum des Menschen Raum gegeben werden. In der negativen, abweisenden Bewegung muss der/die Sterbende erschreckende Bilder des Todes und der Todesfurcht vertreiben; denn in solchen Angstbildern erweist der Teufel seine Macht. Sodann soll er/sie das Grübeln über eigenes Leben und insbesondere über eigenes Versagen vertreiben.[18] Und er/sie soll schließlich das machtvolle innere Bild der Hölle vertreiben, weil sich hier mit der Frage nach dem eigenen Erwähltsein eine Größenphantasie zeigt, die Grenze zwischen Gott und Mensch überschreiten zu können.[19]

In der positiven, heilsamen Bewegung ruft der/die Sterbende das Bild Christi auf und bildet sich gewissermaßen in dieses Bild hinein. „Sondern deine Augen, deines Herzens Gedanken und alle deine Sinne gewaltiglich kehren von demselben Bild, und den Tod stark und emsig ansehen nur in denen, die in Gottes Gnade gestorben, und den Tod überwunden haben, vornämlich in Christo, darnach in allen seinen Heiligen."[20] Gegenüber Tod und Todesfurcht wirkt die Ein-Bildung in Christus als Entmächtigung des Todes: Der Tod wird selbst „im Leben erwürgt und überwunden."[21]. Gegenüber dem Drang, über die eigene Lebensgeschichte nachzusinnen und insbesondere über eigenes Versagen zu grübeln, wirkt das Bild Christi im Sinne einer heilsamen Entmächtigung als Desensibilisierung[22] und als Entmächtigung des Angst-Bildes von der Hölle.[23]

---

16 Ebd., 321.
17 Martin Luther, *Ein Sermon von der Bereitung zum Sterben (1519)*. Hier zitiert nach: Luthers Werke für das christliche Haus. W.Kawerau u.a. (Hg.), Sechster Band: Erbauliche Schriften (Braunschweig: 1891), S.61ff.
18 Ebd., 65.
19 Ebd., 66.
20 Ebd., 67.
21 Ebd., 68.
22 Ebd.
23 Ebd., 69.

Was in alltäglicher Lebensführung dem Leben eines Christenmenschen Trost, Heil und Orientierung geben kann, wird in der Situation des Sterben-Müssens und der Begegnung mit dem Tod existenziell verdichtet, zugleich aber auch modifiziert. Luther beschreibt und fordert für die Bereitung zum Sterben die Abweisung/Austreibung heilloser und zerstörerischer Ein-Bildungen und die entschlossene Hinwendung zur heilsamen und rettenden Ein-Bildung und Einkörperung in Christus. Was in der Freiheitsschrift mit Blick auf das alltägliche Leben des Christenmenschen als zweite Seite der Beziehungswirklichkeit des durch den Glauben verwandelten menschlichen Subjekts gesehen wird – die Beziehung zu den anderen Menschen, denen Gottes Gaben weitergegeben werden – spielt jedoch mit dem Sterben keine Rolle mehr. Wer die Todesgrenze überschreitet, kann und muss anderen nichts mehr geben.

Er/sie tritt vollständig und ausschließlich in die Beziehungswirklichkeit ein, zu der er/sie als Lebende/r diesseits der Todesgrenze auch schon Kontakt gewinnen konnte: zum „inneren Menschen" – nämlich in der religiösen Lebenspraxis, in den aus dem Alltag ausgegrenzten Zeiten und Räumen des gottesdienstlichen Rituals. Hier kann sich ein/e jede/r Glaubende seine/ihre neue Existenz immer schon zusagen lassen: Nicht mehr nur peccator, sondern iustus et peccator zu sein.

Das Subjekt kann als lebendiger Mensch vor Überschreiten der Todesgrenze bereits Kontakt zu der Lebens-Wirklichkeit in Christus suchen, die mit dem Überschreiten der Todesgrenze zu seiner/ihrer einen und einzigen Wirklichkeit wird, nämlich in den aus dem Alltag ausgegrenzten Zeiten des gottesdienstlichen Rituals. Deshalb sind die „Toten" für die Lebenden nicht „weg". In der Raum-Zeit der Liturgie des gottesdienstlichen Rituals, im Hören des Verheißungswortes und im Abendmahl, in Gebet und Lobgesang, im Empfang des Segens begegnet eine Wirklichkeit, in der die biologische Todesgrenze keine Rolle spielen kann. Eine Wirklichkeit, in der die Beziehung zwischen den Lebenden und den Toten Gestalt gewinnen kann.

Um noch einmal auf die Interaktion des Missionars Maurice Leenhardt mit seinem Informanten in Neukaledonien als Repräsentant einer mittlerweile in vieler Hinsicht zerbrechenden Kultur zurückzukommen: Möglicherweise haben beide in diesem Gespräch nicht den entscheidenden Punkt getroffen. Recht verstanden ist die Beziehung zwischen den Lebenden und Toten auch im protestantischen Christentum nicht ausgeschlossen. Was aber keine Rolle mehr spielen kann, sind zerstörerische Phantasien, den Toten etwas zu schulden, auch nach ihrem Tod ihnen gegenüber etwas „wieder gut machen" zu müssen.

Der Weg in die Wirklichkeit, in der Lebende und Tote einander begegnen können, muss in gottesdienstlichen Feiern gestaltet werden. Diese Wirklichkeit muss – wie die praktisch-theologische Diskussion heute mit Blick auf die Liturgie des Gottesdienstes in großer Übereinstimmung festhält – inszeniert werden, um als Wirklichkeit zugänglich, für die Beteiligten da zu sein. Sie wird performativ gestaltet – in Sprechhandlungen und Gesten, Bewegungen und Stillesein, Musik und Atem, in Erzählungen und Metaphern, Symbolen und Ritualen. Es braucht je vor Ort und für diese versammelten Menschen gelingende Formen für den Zugang zu der Wirklichkeit, in der menschliche Subjekte von dem befreit werden, was sie bedrückt und zerstört, und in der sie das erbitten und zugesagt bekommen können, was sie heil machen kann. Diese Wirklichkeit ist nicht einfach schon da, sondern baut sich in performativen Inszenierungen auf.

Im Zentrum des heilsamen Austausches, der – in Erinnerung an Martin Luthers Analysen – im Gottesdienst jeweils „hier und jetzt" zur Wirklichkeit gebracht werden soll, steht eine Dimension im Zentrum, die für die Beziehung zu den Toten nun wirklich entscheidend ist: die Befreiung von Schuld. Wir, die Lebenden, sind den Toten nichts mehr schuldig, weil in der Glaubensbegegnung mit dem gekreuzigten Auferstandenen alle Schuld verschlungen wird. Wir sind von aller schuldhaften Verstrickung gegenüber den Verschiedenen befreit. Was immer in einem gelebten Leben schief gelaufen ist, was immer die Beziehung zu den Verschiedenen als Phantasie des Immer-noch-Schuldens verstellt, verstört und belastet: Wir sind davon frei. Wir sind frei, im alltäglichen Leben lebendige Beziehung zu gestalten: zu Gott, zu uns selbst, zu den anderen.

Antje Mickan
Bestattungswünsche älterer Menschen

Zeichen von Erinnerung, Würdigung, Identität — typologisiert und gedeutet

1 Alter und Bestattung in der kulturellen Vielfalt der späten Moderne

70% der Frauen und 52% der Männer erreichen derzeit in Deutschland ein chronologisches Alter von 80 Jahren mit steigender Tendenz.[1] Entsprechend sind Bestattungen heute mehr denn je soziale Leistungen sowie Ereignisse von Kultur, die sich auf das Lebensende *älterer* Menschen beziehen, und Sepulkralkultur inszeniert neben Menschen- und Todesbildern heute mehr denn je gleichfalls Altersbilder,[2] und zwar in einer nie dagewesenen Diversität.

Angesichts des derzeitigen sozio-kulturellen Wandels und des hiermit verbundenen Aufkommens pluraler bisher fremder wie neuer Konstrukte zur optionalen Orientierung im Leben steht auch der postmortalen Aufführung von Identität[3] ein wachsender Vorrat kulturell bedeutsamer Zeichen zur Verfügung.[4] Statt

---

1 Vgl. Statistisches Bundesamt, *Bevölkerung und Erwerbstätigkeit. Sterbetafel Deutschland 2009/11* (Wiesbaden: 2013). — Vor 100 Jahren belief sich der Anteil der Überlebenden eines Jahrganges im Alter von 80 Jahren bei den Männern lediglich auf 10%, bei den Frauen auf 13 %, 50 Jahre später auf 25% bzw. 32%. Vgl. Statistisches Bundesamt, *Periodensterbetafel für Deutschland. Allgemeine Sterbetafeln, abgekürzte Sterbetafeln und Sterbetafeln 1871/1881 bis 2008/2010* (Wiesbaden: 2012).
2 Vgl. Matthias Meitzler, *Bestattungskultur im sozialen Wandel*, in: Ders./Thorsten Benkel, *Sinnbilder und Abschiedsgesten. Soziale Elemente der Bestattungskultur* (Hamburg: 2013), 214–321, 222–230.
3 Vgl. Reiner Sörries, *Identität*, in: Zentralinstitut für Sepulkralkultur Kassel (Hg.), *Großes Lexikon der Bestattungs- und Friedhofskultur*, Bd. 3 (Frankfurt a. M.: 2010), 226.
4 Vgl. Stefan Lüddemann, *Kultur. Eine Einführung* (Wiesbaden: 2010), 8–11. Zum Kulturwandel als Verschiebung von Grenzen eines semiotischen Raums vgl. Jurij M. Lotmann, *Die Innenwelt des Denkens. Eine semiotische Theorie der Kultur*. Übers. Gabriele Leupold/Olga Radetzkaja (Berlin: 2010), 163–190, 196–197, 202. Zur Pluralisierung der Semiotik im Bestattungskontext vgl. u.a. Thomas Klie, *Bestattungskultur: Umgangsformen angesichts des Todes*, in: Ders./Martina Kumlehn/Ralph Kunz (Hg.), *Praktische Theologie des Alterns* (Berlin: 2009), 409–428, 410–413. Zum gegenwärtigen Inszenierungspotential vgl. u.a. Inken Mädler, *Die Urne als ‚Mobilie'. Überlegungen zur gegenwärtigen Bestattungskultur*, in: Thomas Klie (Hg.), *Performanzen des Todes. Neue*

ihrer Nutzung erfolgt allerdings häufig[5] die Wahl der Variante größtmöglicher Reduktion von Semiotizität sowie Nichtbeteiligung Hinterbliebener.[6] Es ist mehr als wahrscheinlich, dass — neben verschiedenen anderen Ursächlichkeiten[7] — die gestiegene Lebenserwartung der Menschen in Deutschland diesen Umstand mit bedingt,[8] da nach langjährigem Abschied[9] von Eltern, Groß-und Urgroßeltern, vielleicht auch nach längerer Pflege am Lebensende die Notwendigkeit der kostspieligen Installation eines öffentlichen Erinnerungsortes nicht unbedingt evident erscheint, weder für zukünftig Hinterbliebene noch für Hochbetagte selbst.[10] Andererseits leben Menschen gegenwärtig nicht nur durchschnittlich länger, sondern Ältere auch anders als noch vor wenigen Jahrzehnten.[11] Vorstel-

---

Bestattungskultur und kirchliche Wahrnehmung (Stuttgart: 2008), 57–75, 65–66, 70–75, Meitzler, *Bestattungskultur*, a.a.O., 250–272, 304–321.

5 „Die Anteile der anonymen Bestattung in Deutschland liegen 1999 bei 20%, 2004 bei 22% und 2009 ebenfalls bei 22%." Barbara Happe, *Der Tod gehört mir. Die Vielfalt der heutigen Bestattungskultur und ihrer Ursprünge* (Berlin: 2012), 106. Die allmähliche Stagnation der Zahl anonymer Bestattungen beruht auf einem Rückgang in urbanen Gebieten, der wohl auf ein erst seit Anfang des 21. Jh. deutlich gestiegenes Angebot an pflegefreien und gekennzeichneten Grabstellen zurückzuführen ist, bei stärker Zunahme im ländlichen Raum. Vgl. Happe, *Tod*, a.a.O., 106–108.

6 Vgl. Dieter Becker, *Solitarbestattung. Evangelische Bestattung ohne Angehörige als theologische Herausforderung*, in: *Pastoraltheologie. Monatsschrift für Wissenschaft und Praxis in Kirche und Gesellschaft*, 102. Jg., Heft 9 (Göttingen: 2013), 355–370.

7 Vgl. zu bestattungsrelevanten ökonomischen Veränderungen sowie zu weiteren Ursachen und Motivationen anonymer Bestattung Ronald Uden, *Wohin mit den Toten? Totenwürde zwischen Entsorgung und Ewigkeit* (Gütersloh: 2006), 16–44; ferner Traute Helmers, *Anonym unter grünem Rasen. Eine kulturwissenschaftliche Studie zu neuen Formen von Begräbnis- und Erinnerungspraxis auf Friedhöfen* (Oldenburg: 2004), 144–161; Happe, *Tod*, a.a.O., 108–112; Mädler, *Urne*, a.a.O., 71.

8 Vgl. Klie, *Bestattungskultur*, a.a.O., 416, 419.

9 Zur Funktion von Jubilarfeiern in Hinblick auf Abschied und Trauer vgl. kurz Reiner Sörries, *Herzliches Beileid. Eine Kulturgeschichte der Trauer* (Darmstadt: 2012), 153.

10 Diese Aussage stützt sich u.a. auf Erfahrungen der Verf. bei Gesprächen mit Älteren zum Thema Bestattungswunsch in Seniorenkreisen und im Pflegeheim. — Da zur Zeit noch die Eltern der geburtenstarken 1950er und 1960er Jahre ins hohe Alter vorrücken und die höchste Sterberate aufweisen, wird sich die Zahl der Hinterbliebenen pro Trauerfall in den kommenden Jahren sicher verringern, so dass Organisation, Finanzierung und ggf. Grabpflege von weniger Personen zu leisten sind. Zum demografischen Wandel in Zahlen vgl. Statistisches Bundesamt (Hg.), *Bevölkerung Deutschlands bis 2060. 12. koordinierte Bevölkerungsvorausberechnung. Begleitmaterial zur Pressekonferenz am 18. November 2009* (Wiesbaden: 2009).

11 Vgl. u.a. Gertrud M. Backes; Wolfgang Clemens: *Lebensphase Alter. Eine Einführung in die sozialwissenschaftliche Altersforschung* (München: ³2008), 30–53; zur Entwicklung der letzten Jahre vgl. Andreas Motel-Klingebiel/Susanne Wurm/Clemens Tesch-Römer (Hg.), *Altern im Wandel. Befunde des Deutschen Alterssurveys (DEAS)*, (Stuttgart: 2010).

lungen vom Alter als Zeit des Abschiednehmens und auf Auf-den-Tod-Zugehens treten gegenüber Konzepten zurück, welche Aktivität, Selbstverantwortung, Selbstorganisation und Selbsterfindung als Aufgaben des Alters ansehen,[12] was allein schon für eine wachsende Aufgeschlossenheit Älterer, sich mit ihrer Person über das Lebensende hinaus betreffenden Angelegenheiten zu befassen, spricht.

Auch in Hinsicht auf die Kommunikation über Tod und Bestattung sind unterschiedliche Dynamiken zu beobachten.[13] Die öffentliche Diskussion zu diesem Thema hat sich seit Beginn des 21. Jahrhunderts deutlich belebt, Seniorenkreise laden sogar bisweilen Bestatter zu ihren Treffen ein, um einen Überblick über deren aktuelle Angebote zu erhalten.[14] Dennoch sind vertrauliche Gespräche zum eigenen Bestattungswunsch im Familienkreis oder Pflegeheim weiterhin nicht selbstverständlich. Hier scheint ein altes Tabu vielfach noch wirksam zu sein.[15] Dabei bleiben Gedanken an das Lebensende und auch die eigene Beerdigung kaum aus, wenn mit den Jahren mehr und mehr vom Sterben Gleichaltriger Notiz genommen werden muss und sich Defiziterfahrungen mit Erreichen des Vierten

---

12 Zu Bildern der Aktivität im Alter vgl. Bundesministerium für Familie, Frauen und Jugend, *Sechster Bericht zur Lage der älteren Generation in der Bundesrepublik Deutschland. Altersbilder in der Gesellschaft und Stellungnahme der Bundesregierung. Unterrichtung durch die Bundesregierung* (Berlin: 2010), 70–71; Gerd Göckenjan, Vom ‚tätigen Leben' zum ‚aktiven Alter': Alter und Alterszuschreibungen im historischen Wandel, in: Silke van Dyk/Stephan Lessenich (Hg.), *Die jungen Alten. Analysen einer neuen Sozialfigur* (Frankfurt a. M.: 2009), 235–255, 235–237. Zu Selbstorganisation, -verantwortung und -erfindung im Alter vgl. Gerd Göckenjan, *Das Alter würdigen. Altersbilder und Bedeutungswandel des Alters* (Frankfurt a.M.: 2000), 418; ferner Christian Mulia, *Kirchliche Altenbildung. Herausforderungen – Perspektiven – Konsequenzen* (Stuttgart: 2011), u.a. 83–84, 101–102, 201–205, 338, 362.
13 Zur Unsicherheit über eine Tabuisierung von Sterben und Tod vgl. Marie-Christin Hahnen u.a., *Zwischen Unschärfe und Tabuisierung: Tod und Sterben im Printmediendiskurs*, in: Dominik Groß/Christoph Schweikardt (Hg.), *Die Realität des Todes. Zum gegenwärtigen Wandel von Totenbildern und Erinnerungskulturen* (Frankfurt a.M.: 2010), 114–127, 120–125.
14 Ein Seniorenkreis, in welchem die Verf. mit Älteren über Bestattungen der Gegenwart sprach, hatte bereits zwei unterschiedliche Bestatter eingeladen; ein Bestatter bestätigte der Verf. mündlich, mehrmals von Seniorenkreisen eingeladen worden zu ein. Vgl. u.a. http://www.derwesten.de/staedte/nachrichten-aus-luedenscheid-halver-und-schalksmuehle/informationen-zum-tabuthema-bestattung-id6812953.html (15.03.14).
15 Vgl. Klie, *Bestattungskultur*, a.a.O., 423–427, er weist hier darauf hin, dass eine Kommunikation über die Bestattung meist erst in absehbarer Todesnähe innerhalb der Familien möglich ist und in dieser angespannten Situation gewöhnlich durch Übertragungsphänomene geleitet wird, was anhand von Fallbeispielen verdeutlicht wird.

Lebensalters[16] verdichten.[17] Diese herausfordernde Seite, die Altern häufig irgendwann doch mit sich bringt, kann bei einer positiven Stereotypisierung[18] des Alters und der Alten leicht übersehen werden. Denn tatsächlich sind Alte im Mittel heute so „jung" wie nie und ihr Tod kommt für ihre Kinder mitunter plötzlich und unerwartet, auch wenn der oder die Verstorbene schon über 80-jährig ist.[19] In dieser Situation, ohne vorausgehendes Gespräch zwischen den Generationen oder vorliegende Verfügung über den letzten Willen zur Bestattung, eine gut reflektierte, am Ende angemessene Entscheidung zu treffen, stellt eine größere Herausforderung in einer durch den Tod des nahen Menschen ohnehin schon belasteten Situation dar, welche sich bei geringem finanziellem und zeitlichem, in der Regel auf einen halben Tag beschränktem Spielraum, noch verstärkt. In Anbetracht der geschilderten Ausdifferenzierung der Möglichkeiten ist anzunehmen, dass es gegenwärtig einem wachsenden Personenkreis desiderabel erscheint, nicht kommerziell motivierte, aber kompetente Ansprechpartner oder -partnerinnen an der Seite zu haben, die es ermöglichen, Verwirrendes zu überschauen und Eigenes zu finden.

---

16 Eine aus praktisch-theologischer Sicht geeignete Alterseinteilung in Altersfrühphase, Drittes Alter, Viertes Alter und Spätphase entwirft François Höpflinger, *Sozialgerontologie: Alter im gesellschaftlichen Wandel und neue soziale Normvorstellungen zu späteren Lebensjahren*, in: Thomas Klie; Martina Kumlehn/Ralph Kunz (Hg.), *Praktische Theologie des Alterns* (Berlin: 2009), 55–73, 58–61.
17 Vgl. Thomas Rentsch, *Alt werden, alt sein – Philosophische Ethik der späten Lebenszeit*, in: Ders./Harm Peer Zimmermann/Andreas Kruse (Hg.), *Altern in unserer Zeit. Späte Lebensphasen zwischen Vitalität und Endlichkeit* (Frankfurt a. M.: 2013), 163–187, 167–171; Mulia, *Altenbildung*, a.a.O., 87–88; François Höpflinger, *Hochaltrigkeit – demographische, gesundheitliche und soziale Entwicklungen*, in: Pro Senectute Schweiz (Hg.), Debatte Nr. 1. *Hochaltrigkeit. Eine Herausforderung für Individuum und Gesellschaft* (Zürich: 2003), 4–12, https://www.pro-senectute.ch/uploads/media/03-11_Hochaltrigkeit.pdf (15.03.2014).
18 Vgl. Susanne Wurm/Oliver Huxhold, *Individuelle Altersbilder*, in: Motel-Klingebiel/Wurm/Tesch-Römer, *Altern im Wandel*, a.a.O., 246–262, 246–247; Backes/Clemens, *Lebensphase Alter*, a.a.O., 57–58.
19 Die Verjüngung des Alters betrifft sowohl soziale, kulturelle, medizinisch-biologische Aspekte als auch die Einschätzung, ab welchem durchschnittlichem chronologischem Alter sich Personen selbst als alt bezeichnen. Vgl. Hans Peter Tews, *Von der Pyramide zum Pilz. Demographische Veränderungen in der Gesellschaft*, in: Annette Niederfranke/Gerhard Naegele/Eckhard Frahm (Hg.), *Funkkolleg Altern 1. Die vielen Gesichter des Alterns*, Opladen (Wiesbaden: 1999), 137–185, 147; Höpflinger, *Sozialgerontologie*, a.a.O., 57–59, 68; zur Gesundheit vgl. Paul B. Baltes, *Alter(n) als Balanceakt: Im Schnittpunkt von Fortschritt und Würde*, in: Peter Gruss (Hg.), *Die Zukunft des Alterns. Die Antwort der Wissenschaft* (München: 2007), 15–34, 17; zur Selbsteinschätzung vgl. u.a. Sigrun-Heide Filipp/Anne-Kathrin Mayer, *Bilder des Alters. Altersstereotype und die Beziehungen zwischen den Generationen* (Stuttgart: 1999), 16–17.

Von professionell an Bestattungen Beteiligten — zumal von Pfarrern und Pfarrerinnen — ist nicht allein eine verständliche Inszenierung bisher anerkannter „Bedeutungsgewebe"[20] gefordert, sondern immer auch eine Anpassung derselben an veränderliche Bedingungen, damit sich Anschlussmöglichkeit ergeben und das Geschehen Impulse zur Reflexion kommunizierter Sinnkonzepte Anlass liefern kann.[21] Hinreichende Klarheit darüber, welche Signifikate heute mit den vielfältigen, optionalen Bestattungsformen kommuniziert werden, stellt daher keine Selbstverständlichkeit, aus praktisch-theologischer Perspektive jedoch ein anzustrebendes Ziel dar.[22] Als ein Beitrag zur Orientierung in dieser Frage wird im folgenden Abschnitt zunächst der Abriss eines semiotisch basierten Entwurfs zur Systematisierung und Typisierung von Bestattungsformen der Gegenwart in Deutschland vorgestellt (vgl. 2).

Die genannten Zusammenhänge machen außerdem deutlich, dass, wenn Traditionen an Geltung verlieren und Lebensumstände sich verändern, für das Gelingen einer Bestattung das ausführliche, ihr vorausgehende Gespräch zwischen Angehörigen und leitend Ausführenden umso bedeutender wird, und angesichts der großen, weiter wachsenden Zahl Hochaltriger unter den Sterbefällen ebenso, dass die Kommunikation zwischen älterer und jüngerer Generation über dieses Thema besonders wünschenswert ist. Um sich als älterer Mensch einem solchen Gespräch über Leben, Tod und ein angemessenes Erinnerungsformat stellen zu können,[23] vielleicht auch allein, um selbst Orientierung zu erhalten, Belastendes wie Beglückendes zur Sprache zu bringen und gelebtes Leben aus einer anderen Perspektive zu betrachten, könnte in einem seelsorglichen Setting die Voraussetzung geschaffen bzw. Raum gegeben werden. Denn der Blick auf die

---

20 Clifford Geertz, *Dichte Beschreibung. Beiträge zum Verstehen kultureller Systeme*, Übers. Brigitte Luchesi/Rolf Bindemann (Frankfurt a.M.: 1987), 9.
21 Zu den notwendigen Wechselwirkungen im semiotischen Raum vgl. Lotmann, *Innenwelt*, a.a.O., 165, ferner Lüddemann, *Kultur*, a.a.O., 11–12. Zur Aufgabe und zum Sinn von Kasualien vgl. Christian Albrecht, *Kasualien: Deutung individuellen Geschicks im Horizont allgemeiner und unverfügbarer Lebensbedingungen*, in: Thomas Klie u.a. (Hg.), *Lebenswissenschaft Praktische Theologie?!* (Berlin, New York: 2011), 215–222, 218, 220–221; zur Variabilität von Riten aus praktisch-theologischer Sicht vgl. Thomas Klie, *Fremde Heimat Liturgie. Ästhetik gottesdienstlicher Stücke* (Stuttgart: 2010), 199–204.
22 Zu den Anpassungen protestantischer Agenden an veränderte Bedingung des Kasus Bestattung, jedoch ohne eine Deutung der neuen Formen vorzunehmen, vgl. Karl-Heinz Bieritz, *Bestattungsrituale im Wandel. Tendenzen zu neueren Bestattungsagenden*, in: Klie, *Performanzen*, a.a.O., 121–157 (bes. 156).
23 Zu Generationenambivalenzen und den Vorteilen eines emanzipierten Umgangs mit ihnen vgl. Kurt Lüscher/Ludwig Liegle, *Generationenbeziehungen in Familie und Gesellschaft* (Konstanz: 2003), 285–296.

eigene Bestattung bringt kulturelle Bilder und Konzepte als Ausdruck von Identität ins Gespräch, deren Bedeutung unter Umständen erst mit dem Entwurf des Bestattungswunsches aufgedeckt und vor dem Hintergrund der eigenen Biografie reflektiert werden kann,[24] so dass Sinnarbeit aktiviert wird, welche sowohl die Neuinterpretation von Lebensgeschichte und Lebensbeziehungen als auch die Wahrnehmung von Handlungspotential möglich macht.[25] Dabei lenken Deutungen persönlicher Diskontinuität des Lebens in einer durch Kontinuität gekennzeichneten Gemeinschaft die Aufmerksamkeit auf die intersubjektive Bedeutung des Alterns wie des Todes, erweitert sich das Gespräch vielleicht — etwa gestützt auf eingespielte biblische Altersbilder als Reflexionsgrundlage — auf Transzendenz betreffende Fragen.[26] Ausschnitte aus exemplarischen Interviews zur Frage des Bestattungswunsches und ihre semiotische Deutung veranschaulichen diesen Ansatz in einem weiteren Abschnitt (vgl. 3).

2 Bestattungsformen

Folgt man Stefan Lüddemanns Beschreibung der Struktur von Kultur, kann die Bestattung als ein ihr zugehöriges *Format* bestimmt werden.[27] Wie andere Kulturformate auch zeichnet die Bestattung sich dadurch aus, dass in kompakter Gestalt, einer Komposition gleich, Bedeutung inszeniert, Deutung angestoßen und zur Mitwirkung Anreiz geboten wird. Kompaktheit wie auch das Potential zu größerer Komplexität erhalten Kulturformate durch das Zusammenwirken ihrer Elemente. Diese Formatkomponenten *Objekt*, *Ort*, *Praxis* und *Diskurs* können bei der Bestattung heute weitgehend unabhängig von einander mit Inhalten gefüllt und gestaltet werden, woraus sich ein erhöhtes Potential für die Abbildung von Identitätskonzepten oder weltanschaulichen Vorstellungen, für die parallele

---

24 Vgl. Lüddemann, *Kultur*, a.a.O., 12.
25 Zur theoretischen Basis dieser These vgl. Thomas Klie, *Zeichen und Spiel. Semiotische und spieltheoretische Rekonstruktion der Pastoraltheologie* (Gütersloh: 2003), 348–397. Poimenische Erwägungen zur Auseinandersetzung mit optionalen Bestattungsformen finden sich bei Mädler, *Urne*, a.a.O., 67.
26 Zur Kontinuität und Diskontinuität betreffenden Generationenfrage vgl. Göckenjan, *Das Alter würdigen*, a.a.O., 427. Zum Perspektivwechsels im Seelsorgegespräch durch Einbringen einer biblischen Tradition vgl. Peter Bukowski, *Die christliche Tradition im Blickpunkt der Seelsorge*, in: Wilfried Engemann (Hg.), *Handbuch der Seelsorge. Grundlagen und Profile* (Leipzig: ²2009), 187–201, 192–195 und zum Reframing im Sinne systemischer Seelsorge vgl. Klie, *Zeichen*, a.a.O., 389–397. Zu biblischen Altersbildern u.a. Mulia, *Altenbildung*, a.a.O., 41–67.
27 Vgl. Lüddemann, *Kultur*, a.a.O., 15–19, 63–75.

Inszenierung verschiedener, selbst sich widersprechender Bedeutungen oder auch für den Verzicht auf öffentliche Performanz ergibt. Es ist folglich sinnvoll, um zum Entwurf einer Typologie der Bestattungsformen zu gelangen, die genannten Formatelemente als Kategorien zu wählen, diese zunächst einzeln zu untersuchen und erst in einem weiteren Schritt nach komplexeren Bedeutungszusammenhängen durch mögliche Kombinationen zu fragen.[28] Aufgrund des hier gesteckten Rahmens beschränkt sich die folgende Darstellung auf Ergebnisse einer Untersuchung der ersten beiden Kategorien.[29] Zur dritten und vierten Kategorie sei daran erinnert, dass es sich bei *Praktiken der Bestattung* vornehmlich um Riten handelt.[30] Als sozio-kulturelle Vollzüge „integrieren [sie] nicht nur Individuen in die überindividuellen Formationen der Kultur, sondern machen Kultur auch immer wieder erleb- und lernbar"[31]. *Diskurse* sind im Bestattungskontext in rituelle Handlungen eingebunden. Darüber hinaus können Diskurse anders als Praktiken durch Verbalisierung Geltung für sich beanspruchen, evaluierende und reflektierende Aspekte in die Performanz einbringen, Kritik üben, explizit Deutungen artikulieren, Umdeutungen vornehmen und in anderen Kontexten weitergeführt werden. Insbesondere um weltliche und kirchliche Bestattung zu vergleichen, bietet sich eine getrennte Betrachtung von Praktiken und Diskursen an, da so stärker herauszuarbeiten ist, wo unterschiedliche oder auch gleiche Codierungen vorliegen und Bedeutungen je implizit und explizit kommuniziert werden.[32]

Die Ergebnisse der Teilabschnitte sind je am Ende in einer Matrix (vgl. Abb. 1–3) zusammengefasst. Der vorgestellte Typologie-Teilentwurf befasst sich mit einem begrenzten Fokus und reduziert Wirklichkeit drastisch, ermöglicht jedoch

---

[28] Vgl. anders Klie, *Bestattungskultur*, a.a.O, 413–422. Er unterscheidet „idealtypisch drei sinngebende Stilpräferenzen voneinander" (a.a.O., 413), welche er den neueren Bestattungsformen aufgrund einer Deutung unterschiedlicher besonderer Kennzeichen und Motivationslogiken als naturreligiös-ökologischer, ästhetisch-performativer und anonymisierend-altruistischer Code zuordnet.

[29] Damit entfällt in diesem Aufsatz die Zusammenschau der Kategorien. Ebenfalls unbeachtet bleibt der Aspekt des Zeitlichen, dieser betrifft in erster Linie die Praktiken, in zweiter den Ort.

[30] Vgl. zum Ritus in Abgrenzung zum Ritual Klie, *Liturgie*, a.a.O., 183–204. Zur Bestattungsliturgie vgl. u.a. Hans-Jürgen Kutzner, *Liturgie im Angesicht des Todes. Sterbe- und Begräbnisliturgie im Wandel*, in: BThZ, 29. Jg., Heft 2, 2012, 262–277.

[31] Lüddemann, *Kultur*, a.a.O., 68–69.

[32] Auch ohne einen Vergleich vornehmen zu wollen, ist eine separate Deutung von Praxis und Diskurs sinnvoll, doch wird von neuen protestantischen Agenden dieser Aspekt noch vernachlässigt. Vgl. Bieritz, *Bestattungsrituale*, a.a.O., 156.

auf dieser Darstellungsebene eine dimensionierende Zuordnung von Bestattungsformen zu Typen in Verbindung mit kulturellen Codes.[33]

2.1 Die „Objekt"-Kategorie: Die Körper der Verstorbenen

Die Körper Verstorbener, welche, wie Thomas Klie es formuliert, „die Hinterbliebenen nötigen, sich zu ihnen zu verhalten, mit ihnen umzugehen"[34], stellen das physische Zentrum jeder Bestattung dar. Sie sind zwar nicht mehr selbst Träger menschlicher Würde und daher auch nicht selbst Zweck der Bestattung, aber doch so sehr Substanz der verstorbenen Personen,[35] dass deren bleibende Würde,[36] verbunden mit einer nicht nur kulturell, sondern in Deutschland auch gesetzlich festgeschriebenen Ehrfurcht vor dem Tod bzw. den Toten eine Entsorgung wie gewöhnlichen Müll verbietet.[37] Stattdessen sind diese Körper in würdi-

---

[33] Es handelt sich um einen idealtypisch angelegten Entwurf. Vgl. zur hier zu Grunde gelegten Theorie Susann Kluge, *Empirisch begründete Typenbildung. Zur Konstruktion von Typen und Typologien in der qualitativen Sozialforschung* (Opladen: 1999), 23–90.

[34] Thomas Klie, *Der tote Körper als Zeichen. Praktisch-theologische Erkundungen in spätmoderner Bestattungspraxis*, in: BThZ, 29. Jg., Heft 2, 2012, 246.–261, 246.

[35] Vgl. Andrea Marlen Esser, *Person oder Sache? Zum moralischen Status des menschlichen Leichnams*, in: Christoph Elsas (Hg.), *Sterben, Tod und Trauer in Religionen und Kulturen der Welt: Gemeinsamkeiten und Besonderheiten in Theorie und Praxis*, Bd. 2, *Die Würde des Menschen am Lebensende in Theorie und Praxis* (Berlin: 2011), 372–389, 383–385.

[36] Zu bleibenden Personenrechten von Verstorbenen vgl. Dietmar Kurze/Désirée Goertz, *Bestattungsrecht in der Praxis* (Bonn: 2012), 15. Zum „bleibenden Wert des sterbenden und toten Individuums" Sabine Bobert, *Die neuen Entwicklungen der Bestattungskultur aus theologischer Sicht*, in: Klaus Grünwaldt/Udo Hahn (Hg.): *Vom christlichen Umgang mit dem Tod: Beiträge zur Trauerbegleitung und Bestattungskultur* (VELKD), (Hannover: 2004), 55–86, 64–68; aus kath. Sicht zur „personale[n] Würde des Menschen über den Tod hinaus" Sekretariat der Deutschen Bischofskonferenz, *Christliche Bestattungskultur – Orientierungen und Informationen*, Pressemeldung 04.03.2004 – Nr. PRD 018 – Anlage 3, http://www.dbk.de/presse/details/?suchbegriff=Allerseelen&presseid=1105&cHash=cbe7c6c23bb40c2fa81563f4e82134ab (18.03.2014).

[37] Vgl. Niedersächsisches Bestattungsgesetz (BestattG), Konsolidierte Fassung 16.12.05, *Gesetz über das Leichen-, Bestattungs- und Friedhofswesen (BestattG) vom 08. 12. 2005* (Nds. GVBl. S. 381), §1 u. *Gesetz über das Friedhofs- und Bestattungswesen (Bestattungsgesetz – BestG NRW) vom 17. Juni 2003*, § 7 (1), hier werde aus Sicht der EKD ein „kirchenkompatibler Begriff als Grundwert" festgelegt, Kirchenamt der EKD (Hg.): *Herausforderungen evangelischer Bestattungskultur. Ein Diskussionspapier* (Hannover: 2004), 6, http://www.ekd.de/download/ekd_bestattungskultur.pdf (18.03.2014).

ger Weise an signifikante Orte der Toten zu überführen.[38] Mit dieser Überführung ist ein Moduswechsel von Lebenden und Erlebten zu Erinnerten abgebildet.[39]

Je nach dem, welcher Wert der körperlichen Substanz zugeschrieben wird, imprägniert sie im Bestattungskontext den Ort des Grabes mit unterschiedlicher Bedeutung als individuelle Gedenkstätte. Wertvorstellungen dieser Art kommen durch den Umgang mit dem Leichnam zum Ausdruck. Die behutsame Grablegung der unversehrten Leiche konnotiert eine Auffassung vom Körper als personalen Repräsentanten und stellt eine Würdigung seiner Substanz dar. Bei der modernen Feuerbestattung[40] dagegen durchläuft das zentrale Objekt binnen Kürze eine Transformation in einen pragmatisch vorteilhaften Zustand, was den Objektcharakter der sterblichen Überreste weit kräftiger herausstreicht.[41]

Die Wahl oberirdischer Grabarten führt in der Regel zu einer stärkeren Konservierung[42], sei es des Leichnams, bei dem es in einer gut durchlüfteten Gruft nicht selten zur Mumifizierung kommt,[43] sei es der Asche im Kolumbarium, welche hier annähernd unbegrenzt unverändert bleibt, so dass eine Art der Verewigung der Verstorbenen abgebildet ist, die in Fällen der Nichtbestattung, wie sie bei Plastination, Diamantpressung, Kryonik oder Vitrifizierung vorliegt,[44] eine besondere Zuspitzung erfährt. Diametral zu konservierenden Bestattungsarten sind heute Verfahrensweisen einer besonders schnellen Auflösung der Substanz Verstorbener möglich.[45] Wird die Kremationsasche nicht in einer Urne beigesetzt,

---

38 Zweck des Ortes bleiben die Lebenden. Vgl. Thorsten Benkel, *Das Schweigen des toten Körpers*, in: Benkel/Meitzler, *Sinnbilder*, a.a.O., 15–92, 58.
39 Vgl. Benkel, *Schweigen*, a.a.O., 58–65.
40 Vgl. Norbert Fischer, *Zwischen Trauer und Technik: Feuerbestattung – Krematorium – Flammarium. Eine Kulturgeschichte* (Berlin: 2002).
41 Vgl. u.a. Dominik Groß/Martina Ziefle, *Im Dienst der Unsterblichkeit? Der eigene Leichnam als Mittel zum Zweck*, in: Dominik Groß/Jasmin Grande (Hg.), *Objekt Leiche. Technisierung, Ökonomisierung und Inszenierung toter Körper* (Frankfurt a. M.: 2010), 545–581 (bes. 551).
42 Konservierung bezieht sich hier nicht allein auf die Gestalt, sondern ebenfalls auf den Erhalt der Asche, wobei freilich die Verbrennung selbst als ein Akt der vollständigen Zerstörung des Körpers angesehen werden kann, der selbst eine kriminalistische Exhumierung sinnlos macht. Vgl. Mädler, *Urne*, a.a.O., 60–61.
43 Vgl. Reiner Sörries, *Ruhe sanft, Kulturgeschichte des Friedhofs* (Kevelaer: 2009), 116.
44 In Bezug auf die Diamantpressung sei angemerkt, dass hier nur wenige Gramm verwendet werden und die übrige Asche beigesetzt wird. Vgl. u. a. Groß/Ziefle, *Unsterblichkeit*, a.a.O., 565–576; zu Diamantpressung und Vitrifizierung ferner Happe, *Tod*, a.a.O., 156–159.
45 Die ökologisch motivierten Verfahren der Promession (Gefriertrocknung, Zertrümmerung durch Schallwellen und anschließende Kompostierbarkeit) und Resomation (Verflüssigung durch Hydrolyse und Entsorgung durch den Abfluss) sind in Deutschland noch nicht möglich. Vgl. u.a. Groß/Ziefle, *Unsterblichkeit*, a.a.O., 560–561.

sondern ausgestreut,[46] kann dies als Zeichen für ein Ende von Leben, von Beziehungen und Bindungen, von Person-Sein, aber ebenfalls als Zeichen für eine Entgrenzung der Existenz gedeutet werden. In abgeschwächter Form gilt Gleiches, wenn bei anonymen Beisetzungen Körper oder Asche an unbekanntem Ort verschwinden,[47] und ist bei Bestattungen im Erdreich[48] mit Verwesung bzw. Auflösung im Allgemeinen stärker als bei oberirdischen Bestattungen konnotiert. Zu beachten ist allerdings, dass bei Körper-Erdbestattungen der unversehrte Leichnam im Sarg einen letzten Eindruck bleibender Ganzheit hervorruft, der von Angehörigen als Seinskonstrukt des oder der Verstorbenen konserviert und die faktische Verwesung des Leibes bedeutungslos oder zur — naturwissenschaftlich wohl anerkannten — Nebensache werden kann (vgl. 3.1).

Die Umwandlung der menschlichen Leiche zur hygienisch unbedenklichen, raumsparenden und mittels Urne handlich gefassten Asche lässt sich als Zeichen menschlicher Macht, wenn nicht über den Tod selbst, so doch über die Toten und eventuell von ihnen ausgehende Gefahren interpretierten.[49] Demgegenüber erscheinen Körperbestattungen eher als mit Vorstellungen von Unverfügbarkeit der Toten und Kontingenz verbunden, zumal wenn die unversehrten Leichen ans Element Erde zur langsamen und natürlichen Verwesung übergeben werden.[50] Konservierende Bestattungsarten ohne Erdreich, bei denen die Verstorbenen nahezu greifbar und dem Getier im Boden nicht ausgesetzt sind,[51] kehren wiederum den Gedanken der Verfügbarkeit der Toten und Sicherheit hervor.

Während im deutschen Raum Feuerbestattungen — nach ihrem Verbot durch Karl den Großen (785 n. Chr.) — erst wieder seit Ende des 19. Jahrhunderts praktiziert werden,[52] sie anfänglich als Zeichen der Distinktion codiert waren und erst allmählich quantitativ an Bedeutung gewannen, betrug ihr Anteil den Erhebun-

---

46 Vgl. zur Ascheverstreuung in Deutschland und der Schweiz u.a. Happe, *Tod*, a.a.O., 160–162.
47 Zur Abstraktion von Körperlichkeit bei anonymen Bestattungen vgl. Helmers, *Anonym*, a.a.O., 60.
48 Hiermit sind nicht allein Körperbestattungen, sondern auch entsprechende Urnenbeisetzungen gemeint.
49 Die Asche ist derart ungefährlich geworden, dass Menschen auf die Idee kommen, sie zu Hause aufzubewahren. Vgl. Meitzler, *Bestattungskultur*, a.a.O., 265 u. Mädler, *Urne*, a.a.O., 67–68, 73–74; ferner u.a. Bobert, Entwicklungen, a.a.O., 57.
50 Zur Übergabe an die Elemente vgl. u.a. Mädler, *Urne*, a.a.O., 60.
51 Der Ekel vor dem Aufgefressen-Werden und vor der Verwesung ist heute eine zunehmend genanntes Movens für die Wahl einer Feuerbestattung. Vgl. Kerstin Gernig, *Was aus Asche alles werden kann — Vom Ascheamulett bis zur Beisetzung im Lavastrom*, in: Dominik Groß/Brigitte Tag/Christoph Schweikardt (Hg.), *Who wants to live forever? Postmoderne Formen des Weiterwirkens nach dem Tod* (Frankfurt, New York: 2011), 113–124, 116–117.
52 Zu Entwicklung und Diskurs vgl. u.a. Happe, *Tod*, a.a.O., 76–95.

gen Barbara Happes zufolge im Jahr 2009 in Deutschland 62%.[53] In ländlichen und katholisch geprägten Gebieten überwiegen jedoch bis heute Körperbestattungen, welche daher auf eine stärkere Identifikation mit Tradition schließen lassen. Letzteres gilt für Feuerbestattungen bedingt ebenfalls bei einer konservierenden Umgangsweise mit der Asche, zumal am Beginn der Feuerbestattungsbewegung die Urnen – als Reminiszenz an antike Kultur – gleichermaßen als Grabmal und Aschenbehältnis öffentlich sichtbar zur Geltung kamen; die Beisetzung der Urnen in der Erde gewann demgegenüber erst nach dem Zweiten Weltkrieg, in Komposturnen gar erst seit Beginn des 21. Jahrhundert an Bedeutung.[54]

Zum Vergleich der Umgangsweisen mit den leiblichen Überresten Verstorbener sei hier schließlich noch konzis darauf hingewiesen, dass nur Körperbestattungen ein im 19. Jahrhundert an Popularität gewinnendes Konstrukt vom Tod als Schlaf und dem Friedhof als Ruhestätte der Toten analog abbilden,[55] christlich-traditionelle Auffassungen von der leiblichen Auferstehung der – köperbestatteten – Toten aus den Gräbern am Jüngsten Tag in verschiedenen Kulturbereichen eine bis heute bedeutende Wirkung hinterließen,[56] Feuerbestattungen in christlich-traditioneller Deutung stattdessen an Höllenstrafen[57] bzw. eine Läuterung der Verstorbenen im Purgatorium[58] denken lassen und bereits in der Anfangszeit der kirchlichen Auseinandersetzung mit dieser Bestattungsform mit Verweisen auf Konzepte einer Leib-Seele-Dichotomie als vertretbar eingestuft wurden.[59]

Den Grundtypen Körperbestattung und Feuerbestattung können die Eliminierung/Auflösung oder Konservierung als Verfahrenstypen mit direkter Auswirkung auf das zentrale Objekt der Bestattung in unterschiedlichen Dimensionierungen zugeordnet werden, so dass sich entsprechende Code-Kombinationen ergeben.[60]

---

53 Vgl. Happe, *Tod*, a.a.O., 92–95
54 Vgl. Sörries, *Ruhe sanft*, a.a.O., 145–148, 207–213.
55 Vgl. u.a. Bärbel Sunderbrink, *Trauer – kulturhistorisch*, in: Héctor Wittwer/Daniel Schäfer/Andreas Frewer (Hg.), *Sterben und Tod. Ein interdisziplinäres Handbuch* (Stuttgart: 2010), 192–197, 195.
56 Man denke an Kunstwerke wie Michelangelo Buonarottis Gemälde von der Auferstehung der Toten in der Sixtinischen Kapelle, an volkstümliche Sagen wie die Grimm Sage 328 von hilfreichen Toten für die Lebenden, aber auch an moderne Horrorgeschichten.
57 Vgl. Bobert, *Entwicklungen*, a.a.O., 75
58 Vgl. Dante Alighieri, *Die göttliche Komödie*, Läuterungsberg, XXV.-XXVII. Gesang.
59 Vgl. Happe, *Tod*, a.a.O., 81.
60 Analog die übrigen Grafiken (Abb. 2–3).

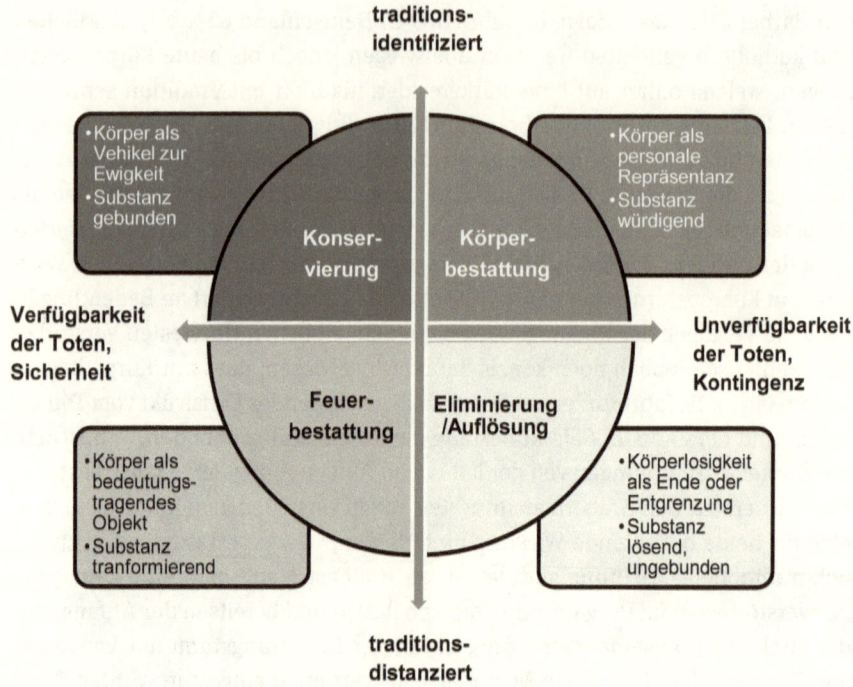

Abbildung 1: Modus der Körper Verstorbener als Code religions-kultureller und thanatologischer Orientierung

2.2 Die Ort-Kategorie: Orte und Räume der Bestattung

„*Orte können*", nach dem Modell der Kulturformate von Stefan Lüddemann, „Objekte beherbergen, Schauplatz von Praktiken sein oder selbst Bedeutung tragen und ausstrahlen."[61] Indem sie Anlass und Raum zur sich wiederholenden, rituellen Praxis geben, werden sie mit Traditionen verbunden und auf diese Weise zu Stätten der Gestaltung wie des Erlebens von Erinnerung und Gedenken. Entsprechend geschieht im Zuge der Beisetzung des toten Körpers oder der Kremationsasche die Aufladung des Grabes mit der Bedeutung einer individuellen Lebensgeschichte, die durch das Setzen von Zeichen an diesem Ort öffentlich darstellbar ist.[62] Bestattungen fügen also dem physischen Grabraum Codierungen hinzu. Reziprok trägt jedoch auch die an diesen Orten immer schon vorfind-

---

61 Lüddemann, *Kultur*, a.a.O., 68.
62 Vgl. zu Folgen einer verstärkten Individualisierung u.a. Benkel, *Schweigen*, a.a.O., 54–68.

liche und als Zeichensystem interpretierbare Charakteristik zur Konstruktion von personaler Identität der oder des hier Erinnerten bei, und zwar je dominanter, je weniger gestaltende Grabpflege privat geleistet wird (vgl. 2.2.1); soziale Identität erfährt ihr Abbild durch die gegebene Raumordnung und das ersichtliche Zueinander der Verstorbenen (vgl. 2.2.2).[63]

2.2.1 Raumcharakter als Code personaler Identität der Erinnerten

Die erste hier zu treffende Unterscheidung bezieht sich auf das Gegensatzpaar *Natur* und *Kultur*.[64] Natur ist Ausgangsort und -material der Kultur, kann als ein Areal verstanden werden, in das der Mensch noch nicht gestaltend eingegriffen hat, doch ebenfalls als menschliche Wesensart, die das Verhalten prägend beeinflusst. „Natur ist das, was sich Kultur immer wieder verweigert"[65]. Sie hat eine bedrohliche, chaotisch-machtvolle Seite und bildet ebenso ein Sehnsuchtsziel ab, das heute durch Kulturtechniken des Menschen bedroht ist. Die in mannigfaltigen religions-kulturellen Spielarten vorfindliche Vorstellung, im Tod zur Natur zurückzukehren, kann eine Spannung lösen, wenn das Verschlungen-Werden von der Natur nicht mehr als Schrecken, sondern als Ziel gedeutet wird, an dem das Natürliche des Menschen sich befreit und ungeregelt von kulturellen Normen mit seinem Ursprung vereint.[66] Kultur dagegen steht für gesittetes Zusammenleben, „Zähmung und Regulierung"[67], notwendige Kunst zum Überleben. Die Wahl eines als Kulturraum deutlichen Orts für die Bestattung signifiziert die nachtodlich bleibende Eingliederung in eine menschliche Gemeinschaft und schafft für Trauernde eine strukturell überschaubare Stätte größerer Sicherheit. Opti-

---

[63] Zur theoretischen Basis vgl. Peter Weichhart, *Raumbezogene Identität. Bausteine zu einer Theorie räumlich-sozialer Kognition und Identifikation*, Stuttgart 1990, bes. 30–74, hier in modifizierter Anwendung. Vgl. ferner Norbert Fischer, *Miniaturlandschaften der Erinnerung. Über neue Sepulkralästhetik und den Friedhof des 21. Jahrhunderts*, in: BThZ, 29. Jg, Heft 2, 2012, 196–207, bes. zum Friedhof als „symbolgeladener kultureller Raum" (a.a.O., 197) in sich verändernder Strukturierung.
[64] Vgl. u.a. Klaus P. Hansen, *Kultur und Kulturwissenschaft. Eine Einführung* (Tübingen, Basel: ³2003), 19–31; Lüddemann, *Kultur*, a.a.O., 41–44.
[65] Lüddemann, *Kultur*, a.a.O., 42.
[66] Vgl. den naturreligiös-ökologischen Code mit Transsubstantiationslogik bei Klie, *Bestattungskultur*, a.a.O., 414–416; ferner Traute Helmers, *Schöne Orte den Toten. Kulturwissenschaftliche Umkreisungen des Totenkults zu Beginn des 21. Jahrhunderts*. Eine Kurzstudie im Auftrag von Aeternitas e.V. (2012), http://www.aeternitas.de/inhalt/downloads/studie_schoene_orte.pdf (18.03.2014), 16–17.
[67] Lüddemann, *Kultur*, a.a.O., 42.

onale Bestattungsorte, die besonders deutlich auf ein *Konstrukt* von Natur verweisen, sind in Deutschland gegenwärtig das offene Meer und bestimmte Waldabschnitte.[68] Eine Urnenbeisetzung auf hoher See konnotiert Versunken- und Tot-Sein der Verstorben, die Trennung von den Lebenden und Aufhebung aller Bindungen. Demgegenüber stehen im Bestattungswald Verweise auf das Leben und den Lebenskreislauf, in welchen die vom Menschen stammende Substanz durch Naturkräfte wieder eingeschleust wird, weit deutlicher im Vordergrund. Zudem ist die Nutzung des Baumes als Grabmal möglich, so dass Beständigkeit und Lebenskraft desselben auch auf die Identitätskonzepte der dort Erinnerten ausstrahlt. Werden Baumwurzelbestattungen auf öffentlichen Friedhöfen angeboten, ist der Aspekt einer gesellschaftlichen Abgrenzung der Toten weitgehend aufgehoben. Weitere Bestattungsorte mit eigenem Raumcharakter sind Wiesen und Gärten. Streuwiesen auf öffentlichen Friedhöfen bilden einen Kompromiss ab.[69] Die Aschenausstreuung deutet ähnlich wie die Seebestattung auf den Tod als Ende und Vergehen des Individuums, doch werden die sterblichen Überreste hier nicht mit gleicher Klarheit an ein Element übergeben, sondern durch die Luft aufs Gras gestreut.[70] Dort kann die Substanz sich mit Pflanzen und Erdreich verbinden. Weit stärker verbreitet sind in Deutschland Urnen- oder Sarg-Beisetzungen in den Boden von Wiesen- bzw. Rasenabschnitten unterschiedlicher Größe mit oder ohne Kennzeichnung der Gräber. Indem hier beispielsweise die Ausbreitung von Wildkräutern unterstützt und das Gras nicht gemäht wird, sorgen Friedhofsträger heute mitunter für ein naturnah kultiviertes Raumangebot.[71] Mit dem Wachsen des Grases über Etwas ist ein kultureller Code für das im Lauf der Zeit unweigerlich geschehende Vergessen und Vergeben, insbesondere unliebsamer Tatbestände verbunden. Besonders im Falle von Gemeinschaftsanlagen ohne persönliches Grabmal oder von Beisetzungen außerhalb öffentlicher Friedhöfe dient die Landschaft — somit gestaltete Natur — als Ort des Gedenkens.[72]

---

68 Zur Seebestattung vgl. u.a. Happe, *Tod*, a.a.O., 162–166, zur Bestattung im Wald a.a.O., 136–153.
69 Die in Rostock „schon seit den 1970er Jahren praktiziert[e]" Ascheausstreuung mit Abschreiten der Wiese unter Anwesenheit der Angehörigen lässt sich als „Seebestattung an Land" deuten. Klie, *Bestattungskultur*, a.a.O., 415.
70 Zur Praxis der Ausstreuung im offenen Boden vgl. u.a. die Friedhofssatzung der Wirtschaftsbetriebe Hagen §18 (1), https://www.hagen.de/web/media/files/f05/f0502/f050202/R60WBH01.pdf (19.03.2014).
71 Vgl. Martin Venne, *Bestattungsgärten und -landschaften. Neue Bestattungskonzepte auf bestehenden Friedhöfen*, in: *Stadt + Grün: das Gartenamt; Organ der Ständigen Konferenz der Gartenbauamtsleiter beim Deutschen Städtetag*, Bd. 61, Heft 12, 2012, 15–18.
72 Vgl. Fischer, *Miniaturlandschaften*, a.a.O., 198–203.

Der offene Raum erinnert an ein Frei-Werden der Toten, auch von den Lebenden. Privat wie von öffentlicher Hand gestaltete Gärten als Orte für Tote und Trauernde in zunehmender Vielfalt der Ästhetik sind teils in größere Landschaftsfriedhöfe integriert, teils prägen sie durch eine Reihung von Beet an Beet das Bild ganzer Einrichtungen.[73] Im Konstrukt Garten kommen Natur und Kultur zur Synthese, so dass der Gedanke von den Toten als Sich-im-Paradies-Befindende mit dieser Grabraumcharakteristik besonders zu versinnbildlichen ist.

Das Aufstellen von Gedenksteinen ist ein Zeichen für die dauernde Bedeutung der Verstorbenen für Lebende und ihre Bestattung in einem Gebäude bzw. ein dort installiertes, auf sie verweisendes Zeichen der Erinnerung konnotiert das Bewahrt-Sein der Verstorbenen als Teile einer Gemeinschaft.

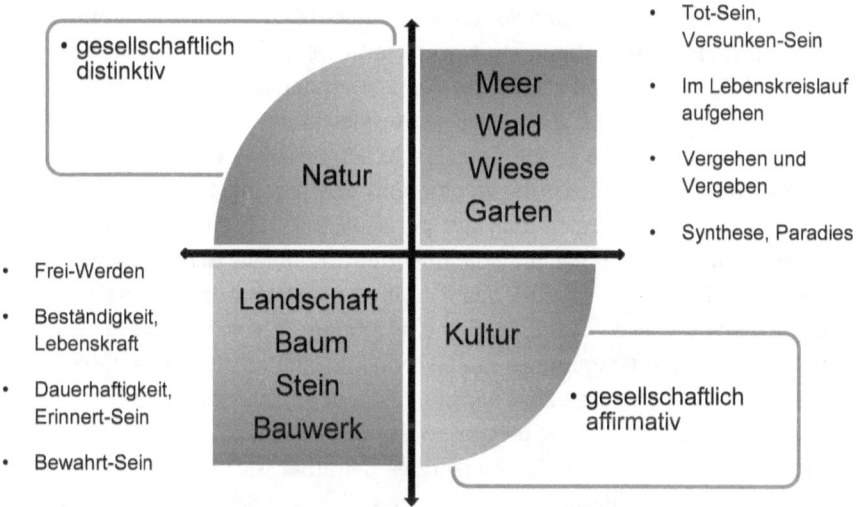

Abbildung 2: Raumcharakter als Code personaler Identität der Erinnerten

2.2.2 Raumordnung als Code sozialer Identität der Erinnerten

Der physische Grabraum kann gemäß seiner Strukturierung grob in vierfacher Weise unterschieden werden, wobei von Übergangs- und Mischtypen auszugehen ist. Jede dieser Raumstrukturen lässt sich als Verweis auf Merkmale sozialer Identität der dort Bestatteten interpretieren.[74]

---

73 Zum Garten und der Gartenarbeit als Trauerarbeit vgl. Helmers, *Orte*, a.a.O., 18.
74 Indem sich Hinterbliebene mit diesem Ort und seiner Struktur identifizieren, übt der physi-

Im *offenen Raum* — wie bei der Seebestattung oder außerhalb Deutschlands auch Berg- oder Almwiesen-, Luft- oder Weltraumbestattung — ist im Normalfall keine Kennzeichnung mit Daten Verstorbener und folglich auch nicht die öffentliche Herstellung eines Erinnerungskonstrukts möglich, wodurch die hier Bestatteten als aus einer Sozialgemeinschaft gelöst und von ihr autark erscheinen. Der offene Raum ist zwar öffentlich zugänglich, aber nicht unbedingt auch als Grabraum erkennbar und auffindbar. Eine *Gemeinschaftsfläche*, wo Verstorbene allein aufgrund ihrer regionalen Zugehörigkeit, ohne weitere Auswahlmöglichkeit des Nebeneinanders beigesetzt werden und die Verortung bestimmter Grabstellen nicht ersichtlich ist, kann als Zeichen sozialer Integration der Verstorbenen in einer überindividuellen Gruppe ohne internen Statusunterschied gedeutet werden. Ein Paradigma bilden hier Urnen- oder Sarggemeinschaftsanlagen. Sind Namenstafeln am Flächenrand vorhanden, unterstreicht dies die Bedeutung von Sozialität, da in diesem Raum ein konkretes Gemeinschaftsgefüge der Erinnerten öffentlich entsteht und als solches von Trauernden aufgesucht werden kann. Auf Sozialität als einen hohen Wert deutet gleichfalls die *Individualstätte* für einzelne Personen oder kleinere Gemeinschaften mit direkter Erkennbarkeit der Lage der körperlichen Überreste oder zumindest einer ungefähren Zuordnungsmöglichkeit. Eine Kennzeichnung mit persönlichen Daten ist hier üblich und zeigt persönliche Bindungen an,[75] die über den Tod hinaus Geltung haben. Vom Rasengrab mit Kissenstein über das Familien- oder Freundschaftsgrab bis hin zum Partnerbaum ist unter diesem Typ eine größere Zahl von Grabarten fassbar. Mittels persönlicher Gestaltung kann an Individualstätten eine Privatsphäre entstehen, die bisweilen intime Züge annimmt.[76] Eindeutig als Privatraum konnotiert das *geschlossene Gebäude* wie beispielsweise eine Familiengruft oder ein Indoor-Kolumbarium, wenn es nur für Angehörige betretbar ist.[77] Die hier Bestatteten und ihre trauernden Besucher erscheinen sozial separiert und vom Gros der Gesellschaft unabhängig. Ob eine namentliche Kennzeichnung einzelner Urnen oder Särge vorgenommen wird oder nicht, ist öffentlich kaum zu erkennen und für Angehörige aufgrund der sichtbaren individuellen Form redundant.

---

sche Grabraum auch eine Funktion in Bezug auf die Hinterbliebenen als soziales System aus. Vgl. Weichhart, *Identität*, a.a.O., 46–74.

75 Angesprochen sind sowohl ehemalige Bindungen von Toten untereinander als auch von Lebenden zu Toten.

76 Anschaulich wird dies besonders bei Thorsten Benkel/Matthias Meitzler, *Bilderkategorien*, in: Dies., *Sinnbilder*, a.a.O., 104–213.

77 Nur mit Chipkarte zu betreten ist bspw. das Kolumbarium „Urnentempel" in Nürnberg. Vgl. http://www.nuernberg.de/internet/friedhofsverwaltung/kolumbarium.html (19.03.2014).

Auffällig ist das Potential von Kirchenkolumbarien zur Hybridität in dieser Kategorie, da sie bis zu drei der genannten Strukturtypen mit ihren jeweiligen Kennzeichen sozialer Identität vereinen können.[78] Kirchenkolumbarien bieten teils einen größeren Raum an, der von seiner Anlage her einer Gemeinschaftsfläche ähnelt, jedoch mit individuell gekennzeichneten Urnenfächern ausgestattet ist. Soziale Integration und persönliche Bindung sind durch diese Ordnung verschachtelt abgebildet. Bei eingeschränkter öffentlicher Zugänglichkeit der Urnenstelen- oder Wände können diese Aspekte zumindest zeitweise von Zeichen sozialer Separation überdeckt werden.

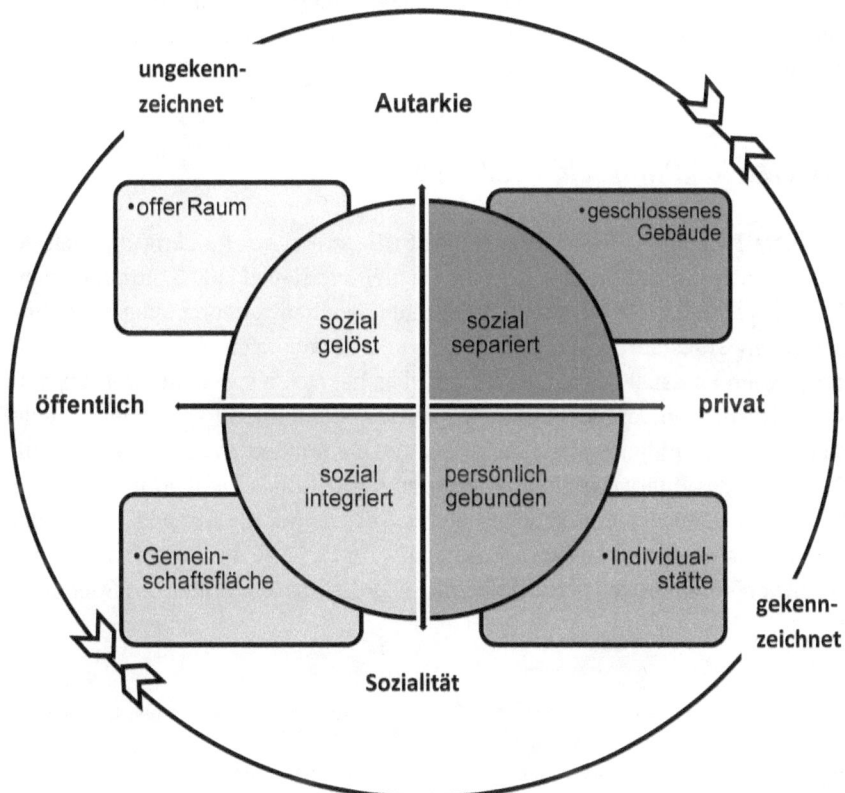

Abbildung 3: Raumordnung als Code sozialer Identität

---

78 Vgl. zu Kirchenkolumbarien u.a. Happe, *Tod*, a.a.O., 120–133.

3 Bestattungswünsche älterer Menschen

Anhand von Ausschnitten aus qualitativen Leitfaden-Interviews[79] zum Bestattungswunsch mit semiotisch ausgerichteter inhaltlicher Analyse[80] soll eine exemplarische Rückkopplung des Typologie-Entwurfs vorgestellt und zudem veranschaulicht werden, in welcher Weise sich in Einzelfällen aus sepulkral sensiblen Gesprächen von Pfarrern und Pfarrerinnen mit älteren Menschen ein eigenes poimenisches Potential ergeben kann. Dass die Interviewführung im jeweiligen Setting nicht Seelsorge, sondern eine wissenschaftliche Datenerhebung zum Ziel hatte, sei betont.[81] Ergab sich bei den Probandinnen und Probanden des Samples[82], aus welchem die hier verwendeten Interviews stammen, ein Bedarf nach persönlicher Rückmeldung oder auch Seelsorge, wurde dem in einem ausführlichen Nachgespräch entsprochen.

3.1 Frau A: „Dann schläft man eben"

Die erste Probandin (Frau A) ist zur Zeit des Interviews 79-jährig und seit 20 Jahren Witwe. Sie hat einen Sohn, eine Tochter und sieben Enkelkinder. Seit dem Tod ihres Mannes lebt sie allein in der alten Familienwohnung einer nordwestdeutschen Großstadt in guter Reichweite von Angehörigen. Früher war Frau A vorwiegend im häuslichen Bereich tätig, dies hat sich mit Beginn ihrer Witwenschaft jedoch sehr verändert, sie besuchte Weiterbildungskurse und leitet heute eine Seniorenwandergruppe. Frau A gibt als ihre Konfession „alt-lutherisch" an. Zu Beginn des Interviews schildert sie den Verlauf ihrer Kindheit mit dem Tod des Vaters als einzigem Gefallenen dieses Kriegstages, die Jugendentwicklung, das Kennenlernen des späteren Ehemannes und wie sie an Schnittpunkten im Leben von Vorahnungen getroffen wurde, deutet diese letztgenannten Erlebnisse

---

[79] Es handelt sich um Interviews mit hoher narrativer Ausrichtung und flexibler Reihung der vorgegebenen Fragen und Stichpunkte.
[80] Die Auswertung erfolgte als deduktiv-induktives Verfahren im Stil der Grounded Theory. Vgl. Anselm L. Strauss/Juliet M. Corbin, *Grounded Theory: Grundlagen qualitativer Sozialforschung* (Weinheim: 1996).
[81] Die hier ausgewählten Interviews wurden mit den Probandinnen im Sommer 2012, wenige Tage nachdem ihnen das Thema der Untersuchung vorgestellt worden war und sie sich zu einer Teilnahme bereit erklärt hatten, geführt.
[82] Interviewt wurden elf Männer und Frauen im Norden Ost- und Westdeutschlands im Alter zwischen 72 und 89 Jahren in unterschiedlichen Lebenslagen und mit unterschiedlicher religions-kultureller Orientierung.

jedoch nicht. Ihr eigener Bestattungswunsch fußt auf ihren Entscheidungen für die Beerdigung ihres Mannes und stammt damit aus einer Zeit, die sie selbst — wie vorher schon die Zeit nach dem Vaterverlust — als „*schlimm*" charakterisiert.

> Frau A: (leiser, eindringlich) *Aber ich konnt' ihn nicht verbrennen lassen. Ich habe das dann (viel 'n, ja 'n) mir 'ne Doppelgrabstelle, hab' ich gleich 'ne große Doppelgrabstelle genommen. Ich habe immer ge-, zu den Kindern auch gesagt:* (mit zarter Stimme) „*Dann könn'n wir wieder, wieder Händchen halten." Is' blöd, aber — ich habe das, ich habe das Empfinden* (klopft beim Sprechen mehrmals auf den Tisch) *er liegt* immer noch *so da drin, wie er mal war. Und wenn ich daneben komme, dann können wir Händchen halten, hi, hi.* Echt! *— Naja. So ist das dann. — Und, den Kindern habe ich auch gesagt:* „*Wenn irgendwas is', ich möcht' das so wie der, wie euer* Vater, *nur die Familie, nichts drum rum. Aber ich hab' ja meine Grabstätte, ich weiß wo ich hinkomme.*

Die Sprechhaltung der Probandin und ihre Stimmführung betonen in dieser Sequenz die Emotionalität, welche die Wahl der Grabstelle für ihren Mann und für sich selbst bestimmt hat. Die Interviewte spricht von einer intimen und in ihrer Irrealität[83] durchaus wahrgenommenen Vorstellung,[84] die gewissermaßen eine schützende Decke über das vergangene gemeinsame Lebensglück[85] legt und das verbleibende Leben allein als einen Weg wieder zum Ehemann hin deutbar werden lässt. Doppelgrab als Bestattungswunsch konnotiert damit ebenfalls Treue. Wie sie später im Interview berichtet, fehlt ihr Mann ihr noch heute, besonders „*um sich mal an die Schulter zu lehnen oder so zu* kuscheln", doch den Vorschlag ihrer Bekannten: „*Ja soll'n wir dir 'n Freund besorgen?*", von dem sie lachend erzählt, habe sie entschieden abgewehrt: „*Das will ich doch nicht*".

Eine andere Probandin, hier Frau B genannt, im gleichen Alter und seit 19 Jahren verwitwet, deren Mann sich eine Körper-Erdbestattung gewünscht hatte, da er lieber vermodern als verbrennen wollte, schildert, wie sie lange Jahre aus pragmatischen Gründen die Vorstellung bevorzugte, sich „*als Urne*" im Grab ihres Mannes beisetzen zu lassen, doch seit es die Möglichkeit von Körperbestattungen im Gemeinschaftsrasengrab mit Namensstele gebe, wolle sie lieber wie

---

[83] Hiermit ist ein Vorgang gemeint, der in einer von Menschen wahrnehmbaren und naturgesetzlich funktionierenden Welt mit Sicherheit nicht wird beobachtet werden können.
[84] Neben der Beurteilung als „*blöd*" reflektiert die Probandin an anderer Stelle den aktuellen Zustand der sterblichen Überreste ihres Mannes im Vergleich mit ihrer Vorstellung vom unversehrten Schlaf noch deutlicher: „*Es ist verrückt, aber — es stimmt ja nicht, es stimmt ja nicht*" und behauptet sich dennoch mit ihrer Sichtweise: „*Aber es is ' so. Für mich ist das eben so*". An weiterer Stelle meint sie über die sterblichen Überreste der Menschen allgemein: „*Wird ja alles zu Erde*".
[85] Zum Kennenlernen ihres Mannes sagt die Probandin, es sei „*das größte Glück in meinem Leben*".

die meisten Witwen ihres Ortsteils dort beerdigt werden. Mit Blick auf die körperlichen Überreste ihres Mannes meint sie: *„Ich nehme an, jetzt nach neunzehn Jahren, da bei mein'm Mann, da ist nichts mehr da"*. Diese Interviewte hat 18 Jahre lang aufwendige Grabpflege geleistet und erst seit einem Jahr Bodendecker angepflanzt, wie sie sagt, ihres Alters wegen, und seit einem Jahr hat sie einen neuen, 85-jährigen Bekannten, mit dem sie viel unternimmt und auch in den Urlaub verreist.

In beiden Fällen handelt es sich um Körper-Erdbestattungen der Ehemänner in einem Raum mit Gartencharakter und einem Steingrabmal an einer Individualstätte (vgl. Abb. 1–3), wobei jedoch mit Blick auf die Objekt-Kategorie (vgl. 2.1) unterschiedliche Konzepte vom substanziellen Sein der Verstorbenen festzustellen sind, die in Hinblick auf Frau A eine explizit genannte, auf Frau B eine wahrscheinliche Auswirkung auf den eigenen Bestattungswunsch erkennen lassen. Beim Gedanken ans Grab und den darin befindlichen Körper dominieren bei Frau B heute Vorstellungen der Auflösung und sie möchte selbst in einer Gemeinschaftsfläche bestattet werden, wo die Lage ihres Körpers bald nicht mehr erkennbar und ihr Name mit denen anderer Verstorbener des Ortes auf einer Stele zu lesen sein wird. So ist der Aspekt der sozialen Integration gegenüber dem der persönlichen Bindung weit stärker betont. Außerdem konnotiert die pflegefreie Rasenfläche eine Entlassung aus wechselseitigen Verpflichtungen. Frau A dagegen bewahrte das Bild vom Leib ihres Mannes im Grab.

Durch ihr Wissen um die eigene künftige Begräbnisstätte scheint Frau A Trost und Sicherheit im Leben zu erfahren,[86] sie zeigt im Interview allerdings hinsichtlich des Todes ihres Mannes bleibenden Widerstand auf, der sich zum einen in ihrem Todeskonzept, zum anderen in ihrem Glauben äußert. Die Probandin deutet den Tod später im Interview konsistent zur Begründung ihres Bestattungswunsches: *„Dann schläft man eben. Man kriegt nichts mehr mit. Von diesem ganzen Unheil, was auf die Menschheit noch zukommt, kriegt man nichts mehr mit. Man schläft eben da unten. Is' gut. Das is' das Natürlichste, was es gibt, finde ich."* Nimmt man ihren vorausgehenden Wunsch des Wieder-Händchen-Haltens hinzu, so ergibt sich ein Todesbild, in dem Eros, Schlaf und Tod bewirken, dass der Mensch dem Übel der Welt entkommt.[87] Das angesprochene Unheil kann auf

---

[86] Entsprechend redet die Probandin mit Bezug auf dieses Grab von ihrem *„Plätzchen"*, dessen sie ja gewiss sei.

[87] Damit zeigt sich eine erstaunliche Nähe zum in der Deutschen Romantik neu ansetzenden Grundgedanken von Eros, Schlaf und Tod. Zu dessen Reflexion als Tiefenphänomen vgl. José Sánchez de Murillo, *Vorwort: Zurück zum Lebensgrund*, in: Ders./Martin Thurner, *Eros, Schlaf, Tod* (Stuttgart: 2007), 11–19, 15–19.

der Grundlage des Interviews als drohende Umweltkatastrophen, menschliches Elend und menschliche Grausamkeit interpretiert werden.[88] Trotz der Schilderung vieler schöner Erinnerungen und auch persönlicher Erfolge durch zunehmende Selbständigkeit fällt ihre Einschätzung der Zeitgeschichte eher negativ aus und Frau A spricht über Sorgen um die Zukunft ihrer Enkelkinder. Ansonsten sieht sie ihre Familie als versorgt an und versichert: „*Die weiß ich alle in guten Händen.*" Beim Blick auf Tod und Grab, rückt nun die bleibende Bedeutung von erlittenen Verlusten im Leben ins Bewusstsein, auf die sie ihrerseits mit dem Setzen einer Zäsur reagiert habe, wie die folgende Sequenz zeigt.

> Frau A: *Früher habe ich vielleicht 'n bisschen anders gedacht. Aber als mein Mann gestorben war, habe ich eben so gedacht. Nur das eine. Mit dem da oben liege ich im Clinch* (reckt die Faust nach oben). *Man kann Christ sein* (klopft auf den Tisch), *aber muss man da noch glauben, wenn der so was macht? Verbrecher und so was, die was aufm Kerbholz haben, die dürfen leben. Und 'n guter Mensch muss gehen. Seit dem liege ich mit dem* (klopft auf den Tisch) *auf-, im, im Clinch. [...] Christ zu sein, – aber* (klopft auf den Tisch) *dann einfach nicht mehr zu glauben, dass der da is'. Das kann ich mir nicht vorstellen, weil es so ungerecht ist,* (kurzes gedämpftes Auflachen) *he. Das is' meine ehrliche Meinung. – He. – Und darum is' mir das auch alles so egal. Das gehört alles dazu.*

Die Rolle Gottes in ihrem Leben hat sich offenbar verändert. Gott ist zum Gegner geworden,[89] der nicht einmal mehr beim Namen genannt wird. Im alltäglichen Sprachgebrauch konnotiert die Rede von „denen da oben", dass von der breiten Basis klar getrennte, gutsituierte Entscheidungsträger, die auf viele Individuen Macht ausüben, ohne sich um deren Wohlergehen zu sorgen, gemeint sind. Die Probandin wählt überdies eine Vokabel des Boxsports, um ihr Verhältnis zu dem, der für ihr Schicksal verantwortlich sei, zu charakterisieren. Sie hat also einen harten Schlag einstecken müssen, zeigt sich aber als Kämpferin und wehrt sich. Clinch meint als Fachterminus die feste Umklammerung des Gegners, doch kann Frau A letztlich nur durch eine Glaubenswende, die Negation Gottes – ihrem Sprachbild entsprechend –Gott in den Griff bekommen.[90] Christus dagegen ist ganz als Mensch gesehen, der für ein Ethos steht,[91] auf dessen Seite sich auch

---

[88] Die Probandin berichtet bspw.: „*Die Enkel haben mich noch zum Bus gebracht und da sprachen wir auch über diese Sachen.* (Eindringlich) *Wie kommt es, dass Menschen Menschen töten?*"
[89] Vgl. Rut 1,13 mit Kontext.
[90] Vgl. Gen 32,23–33.
[91] Zur großen Bedeutung einer sozialen Ethik bzw. diakonischen Handelns für Kirchenmitglieder heute vgl. bes. Wolfgang Huber/Johannes Friedrich/Peter Steinacker (Hg.), *Die vierte EKD-Erhebung über Kirchenmitgliedschaft. Kirche in der Vielfalt der Lebensbezüge* (Gütersloh: 2006), 58–61, 151–156.

die Interviewte weiterhin fest verortet und sich im Übrigen auch eine kirchliche Bestattungsfeier wünscht.

Der von Frau A nachdrücklich dargelegte Standpunkt ihres Christ-Seins ohne den Glauben an einen fürsorglichen, gerechten Gott stellt eine Haltung dar, auf welcher die Probandin offenbar nicht gelassen ruhen kann, sondern welche für sie den Diskurs verlangt, denn an dieses Interview schloss sich eine von der Probandin ausgehende intensive Diskussion zu Theodizee, Christlichkeit und Weltentwicklung an, bei welcher die Interviewerin als Theologin gefordert wurde. Es ist sehr wahrscheinlich, dass sich in einem Seelsorge-Setting Möglichkeiten ergeben hätten, die Bedeutung von Schmerz und Sehnsucht in ihrem Leben neu zu hinterfragen und im Gespräch Perspektiven zu eröffnen, an denen neben ein *„alles so egal"* Lebenssinn hätte treten können. Würde von der Probandin, die Frage nach einer Versöhnungsmöglichkeit mit Gott gestellt, böte sich als Reflexionsgrundlage in einem Seelsorgegespräch das Einspielen von Rut 1,11–17; 4,14–17 an.

3.2 Frau C: „Wen interessiert mein Name noch? Die Kinder wissen ihn doch"

Die Lebenseckdaten einer weiteren Probandin (Frau C) weisen in einigen Punkten eine große Nähe zu denen von Frau A auf. Sie ist zur Zeit der Interviewführung 81-jährig, wie Frau A seit 20 Jahren verwitwet, ohne eine neue feste Partnerschaft einzugehen, und lebt in derselben Großstadt ebenfalls in der alten Familienwohnung. Frau C hat zwei Söhne, von denen der eine in Süddeutschland, der andere in rund 60 Kilometer Entfernung wohnt, und vier Enkelkinder. Außerdem ist sie Mitglied der römisch-katholischen Kirche.

Schon im Vorgespräch zum Interview teilt Frau C mit, dass sie *unterm grünen Rasen*[92] bestattet werden möchte. Wie es zu diesem festen Wunsch kam, den sie auch schriftlich hinterlegt habe, erklärt sie zuerst mit folgender Aussage: *„Man sieht aufm Friedhof so viel und von anderen. – Wenn das Grab nicht gepflegt ist, das sieht doch grausam aus."*

Der Interviewten ist offensichtlich sehr bewusst, dass auf Friedhöfen vielfach Privates vor den Augen der Öffentlichkeit präsentiert wird, ohne dass die Verstor-

---

[92] Die Probandin versteht dies im engen Sinne als anonymes Grab in einer Urnengemeinschaftsanlage bzw. im anonymen Urnenhain.

benen noch Einfluss nehmen können.[93] Ist etwas „*grausam*", wird auf einen Sachverhalt verweisen, bei dem es Täter und Opfer gibt, wobei als Opfer in diesem konkreten Fall — abgesehen von den vertrocknenden Pflanzen[94] — das Andenken der dort Bestatteten genauso angesehen werden kann wie vielleicht mit der Pflegepflicht überforderte Angehörige. Anlass für solche Untat soll ihr Tod nicht sein. Und als Frau C sich — wie sie sich später erinnert etwa drei bis vier Jahre nach Versterben ihres Mannes — nicht sicher sein kann, dass ihr älterer Sohn in ihrer Nähe wohnen bleibt, entwickelt sie den Gedanken, gar kein individuell gekennzeichnetes Grab zu hinterlassen. Mit folgender Beobachtung zur Nutzung der Urnengrabstätte ihres Mannes und ihrer acht Jahre später verstorbenen Schwiegertochter[95] als Trauer- und Erinnerungsstätte setzt Frau C die Begründung ihres Bestattungswunsches fort:

> Frau C: *Mein Sohn ging nicht zum Friedhof, die Schwiegertochter ging nicht und die Kinder, auch nicht heute, die gehen nicht mal zur Mutter. Der eine sagt: „Ich habe wochenlang an ihrem Bett gesessen. Ich hab mich von ihr verabschiedet." Und der andere, hm. — Ja. Und da hab ich gesagt: „Ich geh untern grünen Rasen, da braucht keiner mehr 'n Grab pflegen. Dann ist das fertig. Und damit Schluss. Und wer hin will, der kann zum Friedhof gehen und kann gucken." Ich habe so den Kindern jetzt freie Hand gelassen, sie können das mit so 'nem Stein oder ohne machen. Ich für-, mein eigentlicher Wille is', <u>richtig</u> untern grünen Rasen, wo keiner weiß, wo das is'. Dann bin ich weg. Und dann, wer Erinnerung haben <u>will</u>, — der <u>hat</u> se doch.*

In überzeugender Weise zeigt Frau C in dieser Sequenz anhand des Verhaltens ihrer nahen Angehörigen auf, warum kaum zu erwarten sei, dass diese eine öffentliche Erinnerungsstätte für ihre Mutter und Großmutter je benötigen werden.[96] Beispielhaft ist die wiedergegebene Argumentation ihres Enkels, der den Besuch

---

[93] Hier ist von absichtlichem und unabsichtlichem Zeichensetzen auszugehen. Zur Funktion der Anderen in Bezug auf den Lebenssinn Verstorbener und bes. zur Enteignung durch den Tod vgl. Jean Paul Sartre, *Das Sein und das Nichts. Versuch einer phänomenologischen Anthropologie* (Hamburg: ¹⁶2010), 929–936, bes. 934–936.
[94] Die Befragte berichtet von den Blumen des Grabes neben dem ihres Mannes, die sie oft vor dem Vertrocknen gerettet habe.
[95] Die Schwiegertochter starb an einer Krebserkrankung und wurde auf eigenen Wunsch im Grab des Mannes der Probandin beigesetzt. Letztere hatte sich schon zuvor für ein pflegefreies Grab entschieden, wovon die Schwiegertochter wusste und Frau C darauf hin ansprach.
[96] Es ist nicht auszuschließen, dass mit ihrem Erkennen, innerhalb der Familie mit der Ausübung des Friedhofsgangs als Ritus der Trauer um ihren Mann und ihre Schwiegertochter allein zu sein, ein Wecken oder Verstärken von Gefühlen der Einsamkeit verbunden war und vielleicht noch ist. Zu weiteren Hinweisen auf Einsamkeitsempfinden, die es in einen Seelsorgegespräch nahelegen könnten, diesbezüglich Bewältigungsstrategien zu eruieren bzw. der Klage und Trost Raum zu geben, s.u.

des mütterlichen Grabes für obsolet einstufe, weil er am Krankenbett bereits einen langen Verabschiedungsprozess durchlebt wie abgeschlossen habe.[97] Das wochenlange Sitzen am Bett der Totkranken konnotiert anstrengendes Mitleiden.[98] Eine Zumutung für ihren Enkel will Frau C sicher weder sein noch werden, zumal sie im Interview schildert, welch große Bedeutung ihre Selbständigkeit für sie habe. Entsprechend wünscht sich die Probandin, dass ihre Bestattung einen klaren Endpunkt ihres Da-Seins setze, der keine weiteren Aufwendungen ihrer Angehörigen erfordere.[99] Eine typologische Einordnung ist hier sehr klar möglich. Es handelt sich um eine Feuerbestattung mit dem Aspekt der Eliminierung/Auflösung — an einem Ort mit dem Charakter einer kultivierten Wiese, folglich einer Gedenklandschaft — ohne individuelle Kennzeichnung in einer Gemeinschaftsfläche (vgl. zu Konnotationen Abb. 1–3). Frau C rechtfertigt sowohl die nicht zu erwartenden Friedhofsbesuche ihrer Kinder und Enkel als auch ihren eigenen Standpunkt, dass ihr Grab nicht aufgesucht werden bräuchte, etwas später im Interview mit der unterschiedlichen Qualität von sich mit dem Tod lösenden Bindungsverhältnissen.[100] Von ihr sei heute niemand mehr abhängig. Als ihr Mann jedoch vor zwanzig Jahren starb, habe sie besonders in der ersten Zeit sein Grab als Ort, an dem sie ihr Alleinsein beklagen konnte, gebraucht. Bei ihren Kindern und Enkeln sei ein ähnlicher Bedarf nicht zu erkennen. Sie stellt fest: „*Die haben mich gehabt — gemocht oder nicht. — Und wenn ich weg bin, dann haben die keinen großen Verlust*", sie seien alle gut versorgt und nicht allein.[101] Zwar spricht die Probandin hier mit Nachdruck, um ihren Bestattungswunsch zu begründen, ohne jedes Zeichen von Selbstmitleid, dennoch sind die letztgenannten Worte auffällig. Sie konnotieren ein geringeres Selbstwertgefühl. Im fortgeschrittenen

---

97 Zur Realisierung des Todes als Lernprozess und dessen Begünstigung durch einen frühen Beginn noch am Sterbebett vgl. Kerstin Lammer, *Den Tod begreifen. Neue Wege in der Trauerbegleitung* (Neukirchen-Vluyn: ⁴2006), 220–224, 260–261; ferner zur antizipatorischen Trauer Sörries, *Beileid*, a.a.O., 168–171. — Den zweiten Enkelsohn bezeichnet die Probandin als „*Schwarzes Schaf von der Familie*" und wird so wohl nicht einen Besuch ihres Grabes von ihm erwarten.
98 Vgl. Eckhard Frick, *Abwehr und Bewältigungsstrategien gegenüber Sterben und Tod*, in: Wittwer/Schäfer/Frewer, *Sterben und Tod*, a.a.O., 179–186, 183–184.
99 Dieser Wunsch ist kaum als altruistisch anzusehen, da sie ihrer Familie allenfalls eine Pflicht erspart, von der sie überzeugt ist, dass sie nicht erfüllt werden kann, und sich zudem keine vertrocknenden Pflanzen auf ihrem Grab wünscht. Vgl. zur Deutung anonymer Bestattungen anders Klie, *Bestattungskultur*, a.a.O., 219–420.
100 Vgl. zur psychologischen Erklärung von Angst vor dem eigenen Tod bzw. dessen Akzeptanz im Alter durch Umstrukturierungsprozesse Joachim Wittkowski, *Psychologie*, in: Wittwer/Schäfer/Frewer (Hg.), *Sterben und Tod*, a.a.O., 50–61, 52–53.
101 Auffällig häufig spricht die Probandin davon, alleine etwas getan zu haben bzw. zu tun oder alleine gewesen zu sein.

Interview klagt sie dann über Herausforderungen durch das lange Leben als Alleinstehende. Besonders abends fehle ihr das Gegenüber und die Möglichkeit zur „*Ansprache*".

Frau C berichtet in einer späteren Interviewsequenz, dass ihr heute noch in der Nähe wohnender Sohn von den Themen Krankheit und Sterben nichts hören wolle.[102] Dabei fehlt ihr wohl stärker die Möglichkeit, über das zu reden, was sie gerade beschäftigt, als dass ihr Sohn sich um sie sorgen möge, denn die Probandin ist einerseits sehr bedacht auf ihre Selbständigkeit und misst andererseits ihrem eigenen Tod keine Tragik bei. Als sie etwa ein Jahr vor dem Interviewgespräch einen Unfall mit anschließender längerer Bewusstlosigkeit hatte, habe sie weniger gelitten, als die sie damals begleitende Bekannte. Frau C teilt mit, dass sie im Nachhinein ihren Arzt mit der Frage konfrontierte: „*Warum hat man mich nicht — gelassen?*", und meint etwas später: „*Das wär ein Traum von Tod.*"

Ebenso wie Frau C sich ihren Tod als ein sie mitten aus dem Leben heraus treffendes Ereignis wünscht, welches direkt das Weg-Sein zur Folge hat und von der Umwelt zugelassen werden kann, wünscht sie sich ihre Bestattung. Die anonyme Beisetzung „unterm grünen Rasen" verweist darauf, dass sie fort ist und die Lebenden sich um sich selbst zu kümmern haben. Und bezüglich des fehlenden öffentlichen Verzeichnis ihres Namens als Signifikant ihrer individuellen Identität meint sie: „*Wen interessiert mein Name noch? Die Kinder wissen ihn doch.*"[103] Ein großes, professionell erstelltes Foto von sich, das sie aus Anlass ihres 75. Geburtstages an alle Kinder und Enkel verschenkt habe, sei dagegen geeignet, bei denen, die sie vielleicht anfangs vermissen werden, als Andenken zu dienen.

In Hinsicht auf ein eventuelles Leben nach dem Tod berichtet die Probandin, dass sie sich ein solches Leben nicht vorstellen könne,[104] und zwar zuerst einmal aufgrund ihrer vollständigen Erinnerungslücke während ihrer Bewusstlosigkeit nach dem oben angesprochenen Unfall: „*Ich war doch jetzt so weit weg. Ich weiß*

---

102 Im Anschluss reflektiert die Probandin ihren eigenen Anteil an der Unwissenheit des älteren Sohnes über ihre Krankheiten und merkt an, dass ihr zweiter Sohn, der in Süddeutschland wohnt, informierter gewesen wäre.
103 Ob sie davon ausgehe, dass auch Gott ihren Namen kenne, wurde im Interview nicht erfragt, dies ist jedoch denkbar.
104 Zur Vorstellung wären Bilder notwendig, die mit dem eigenen Leben und Erleben Konsistenz aufweisen und auch einer Prüfung moderner Rationalität standhalten. Solche Glaubensbilder stehen ihr möglicherweise nicht zur Verfügung. Die Probandin könnte hier auch lediglich allzu fleischlich-leibliche Vorstellungen eines Ewigen Lebens zurückweisen, da sie etwas später berichtet, schon ihre sehr religiöse Mutter habe mit der Mondlandung am Sein der Verstorbenen im Himmel zu zweifeln begonnen.

doch von zwei Tagen gar nichts, bis ich wieder da war." Sie fährt wie folgt zum Thema fort:

> „Und, äh, ich glaube da nicht dran. Wenn man tot ist, ist man tot. Man stirbt. Überlegen se mal, die im Koma liegen, – die sind doch-, und die hirntot sind, die merken doch nix mehr. Wie kann ich dann was merken? Dass es 'ne Seele gibt und geben mag, <u>oh ja</u>. Die mag von mir aus in 'n Himmel oder sonst wohin gehen, aber das is' seelisch, das is' – gedanklich, aber körperlich nich'.

Am aktuell gesellschaftlich-medial diskutierten Beispiel der Hirntoten illustriert Frau C ihre nüchterne und naturwissenschaftlich geprägte Sichtweise, widerspricht aber einer Hoffnung auf ein geistiges Sein der Seele bei Gott nach dem Tod nicht. Wie diese Seelenexistenz allerdings in Beziehung zum Menschen, seinem Leben und Tod einzuordnen wäre und was es für den Blick auf den Tod bedeuten könnte, eine Seele zu haben, bleibt im Interview dunkel. In gewisser Weise korrespondiert diese Leerstelle mit einer ihr nicht erklärlichen Veränderung bezüglich ihrer Religiosität. Seit dem Tod ihres Mannes sei sie *„nie wieder zur Kirche gegangen"*, ohne den Grund hierfür zu kennen. Sie erwägt, dass es sich möglicherweise um eine Reaktion aus *„Trotz"* handeln könnte. Trotz konnotiert nicht nur Widerspruch, sondern auch Kränkung sowie das Empfinden erlittener Ungerechtigkeit. An wen sie diese Gefühle und Gedanken der Abwehr adressiert, ob an die Pfarrer, die Gemeinde, den Katholizismus oder Gott, benennt sie hier nicht. In einem seelsorglichen Gespräch hätte dem nachgegangen werden können, denn einer kirchlichen Bestattung steht Frau C — nach einigem Nachdenken — offen gegenüber, aber nicht als Erfüllung eines von ihr stammenden Wunsches, sondern als eine Entscheidung der Familie und der Kirche. Da körperliche Beeinträchtigungen und Einsamkeit sich im Interview bzw. im Vor- und Nachgespräch als bedeutende Herausforderungen zeigten, wäre im Seelsorge-Setting wohl eine freie gemeinsame Assoziation zu den in Koh 11,9–12,8 gebotenen Bildern geeignet, um eine weitere, mögliche Perspektive ins Spiel zu bringen, die zwar alt und biblisch, aber doch so offen ist, dass sie moderne Menschen heute ansprechen kann.

4 Schlussbemerkung

Die Frage nach der gewünschten Bestattungsform bringt lebensweltlichen Sinn ins Gespräch. Darin liegt auch für die Kirchen eine Chance. Nicht bei einer passiven Öffnung für alles, was möglich ist, aber beim aktiven Eruieren und Reflektieren von heute angemessenen Zeichen für die alte Botschaft des Evangeliums in neuer Deutlichkeit und aktueller Interpretation können sich die Kirchen ihres eigenen Grundes bewusst werden. Diese Bedeutung im Bestattungskontext und darüber hinaus so zu kommunizieren, dass Menschen der Gegenwart daran anknüpfen können, setzt eigene Orientierungsarbeit über Wesentliches, über Menschen- und Todesbilder innerhalb der Kirchen voraus und sollte die Alten in ihrer Vielfalt mit im Fokus haben.

VIII. Kasualmusik

Andreas Marti
Instrumental oder vokal. Was funeral erklingen kann

1 Annäherung

Seit meinem 18. Geburtstag versehe ich regelmäßig Orgeldienst, seit 40 Jahren, d.h. seit 1974, an meiner jetzigen Stelle in einer reformierten Kirche in der Nähe von Bern. Neben dieser Kirche liegt ein großer Friedhof, und so habe ich jährlich um die 70 oder 80 Trauerfeiern zu spielen – Tendenz (leider) abnehmend, weil Kurzformen lediglich am Grab mit oder ohne Gebet eines Pfarrers, einer Pfarrerin in den letzten Jahren deutlich zugenommen haben. Unser Sigrist (Küster) hat dazu den etwas respektlosen Begriff der „diskreten Entsorgung" geprägt, der nicht ohne Bitterkeit den Zerfall einer Abschiedskultur aufs Korn nimmt. So schaue ich also auf gegen 3000 Trauerfeiern zurück und – so Gott will – auf einige hundert weitere voraus.

Zudem war ich als Präsident der Deutschschweizerischen Liturgiekommission beteiligt an der Erarbeitung des Bestattungsbandes,[1] so dass sich gottesdienstliche Erfahrung, theologische Reflexion und die Arbeit an Texten und liturgischen Modellen verbanden. Auf diesem Hintergrund versuche ich eine Position zu formulieren, die von einer skizzierten liturgietheologischen Konzeption über typische Konfliktfelder zu konkreten Gestaltungskriterien führen soll.

2 Die Liturgie als Weg

2.1 Strukturschritte

In den deutschschweizerischen reformierten Kirchen gilt seit der Einführung des Reformierten Gesangbuches 1998 (für Zürich schon seit dem Zürcher Kirchenbuch 1969) eine Normalordnung für den Predigtgottesdienst mit den fünf Strukturschritten <Sammlung> – <Anbetung> – <Verkündigung> – <Fürbitte> –

---

[1] *Liturgie*, hg. im Auftrag der Liturgiekonferenz der evangelisch-reformierten Kirchen in der deutschsprachigen Schweiz, Bd 5, *Bestattung* (Bern: 2000).

‹Sendung›.² Obwohl seine Urheber, die Zürcher Liturgiekommission, die Weg-Metapher vermieden, weil sie die Nähe zu einem Verständnis des Gottesdienstes als Heilsweg, als *via salutis*, vermeiden wollten, setzte sich in der Folge eines Kommentars von Alfred Ehrensperger zur Zürcher Liturgie³ dieses Bild breit durch.

Die Weg-Metapher greift dabei über den Gottesdienst selbst hinaus und erfasst ihn als besonders qualifizierte und qualifizierende Strecke auf dem Weg des „wandernden Gottesvolkes" oder auf dem individuellen Lebensweg, in welchen er sich als Etappe, Stärkung und Orientierung einfügt.⁴

Auf den Gottesdienst bei der Bestattung lässt sich das Wegkonzept gut anwenden. Das ist im Blick auf die Liturgiegeschichte nichts Neues: Die *missa pro defunctis* etwa steht ausdrücklich zwischen der Aussegnung im Trauerhaus und der Prozession zum Grab, stellt also eine Etappe in einem größeren Kontext dar, zu dem dann auch noch Gedenkfeiern zum dreißigsten Tag und Jahrestag kommen. Die urbane Lebenswelt erschwert diese Kontextualisierung stark, aber immerhin sind Beisetzung und Gottesdienst noch häufig in direkter zeitlicher Abfolge geordnet, wobei die Reihenfolge ein eigenes Problem darstellt – davon später mehr.

Die Kontextualisierung in einen „Weg" ist aber in einem noch weiteren Sinne zu verstehen, wenn der Trauerprozess selbst in den Blick genommen wird. Ich verzichte an dieser Stelle auf eine ausführliche Diskussion dieser Konzepte. Grundsätzlich geht es letztlich immer um die Integration der durch den Verlust entstandenen neuen Realität in die individuelle und soziale Lebenswirklichkeit.⁵ Dazu gehört unabdingbar die Konfrontation mit der Realität des Verlustes, das Gedenken als Erinnerung an einen nun nicht mehr anwesenden Menschen, das Aushalten seiner Abwesenheit.

In der Gottesdienststruktur der reformierten Deutschschweizer Liturgie steht dafür an zweiter Stelle der Strukturschritt ‹Gedächtnis›, so dass sich nun die folgende Reihe von Schritten ergibt:

---

2 Ausführlich beschrieben bei Adolf Brunner, *Musik im Gottesdienst. Wesen, Funktion und Ort der Musik im Gottesdienst* (Zürich: ²1968), 121–133; vgl. auch Ralph Kunz, „Ein Gerüst für den Wildwuchs", in: ders., *Der neue Gottesdienst. Ein Plädoyer für den liturgischen Wildwuchs* (Zürich: 2006), 17–26.
3 Alfred Ehrensperger, „Anmerkungen zur neuen Zürcher Liturgie im Vergleich zur Arbeit der deutschschweizerischen Liturgiekommission", *Schweizerische Theologische Umschau* 36 (1966): 122–131.
4 Vgl. dazu auch den Untertitel des Abendmahlsgottesdienstes in der Deutschschweizer Liturgie, Taschenausgabe, Zürich 2011, Abendmahlsformular I: „Ein Mahl der Stärkung und des Neubeginns", 38–47.
5 Vgl. z.B. Yorick Spiegel, *Der Prozeß des Trauerns. Analyse und Beratung* (Gütersloh: 1973).

<Sammlung> – <Gedächtnis> – <Verkündigung> – <Fürbitte> – <Sendung>.[6]

Dass <Anbetung> wegfällt, mag zuerst befremden, doch ist die Differenz kleiner als es aussehen mag. Versteht man <Anbetung> als ein Sich-hinstellen vor das Angesicht Gottes, besteht die Verbindung mit dem <Gedächtnis> darin, dass dieses ja nicht in einem beliebigen Rahmen geschieht, sondern den Anspruch erhebt (oder erheben sollte), eine Erinnerung im Angesicht Gottes zu sein, den Verstorbenen gleichsam mit den Augen Gottes zu sehen, aus Gottes bedingungslosen Zusage zu jedem einzelnen Menschen heraus.

Der Trauerprozess bedeutet eine Transformation, eine Neuorientierung, eine neue Selbstfindung. Dazu zu verhelfen, ist der hohe Anspruch evangelischer Verkündigung, und so steht als nächster Schritt nach dem <Gedächtnis> die <Verkündigung>, und zwar als biblische begründete Predigt: Mit mehr oder weniger poetischen Lebensweisheiten im Stil der „Spuren im Sand" oder des „Petit prince" ist es da nicht getan.

<Fürbitte> und <Sendung> führen zurück in die Welt, in ein durch Verlust und Trauer (und hoffentlich ihre Verarbeitung) verändertes Leben.

In dieser Logik müsste der Gottesdienst auf die Grablegung oder Beisetzung der Urne folgen. Das ist je nach Ortsgebrauch nicht überall möglich und üblich, wäre aber im Konzept des Deutschschweizer Bestattungsbandes intendiert. Die <Sammlung> ist demnach so zu verstehen, dass sie den Übergang von der letzten physischen Trennung zur Reflexion gestaltet und die Situation für die Beteiligten entsprechend definiert.

So ergibt sich eine Verlaufsanalogie zwischen dem Gottesdienst im Kleinen und dem Trauerprozess im Großen: Vom Verlust über die Konfrontation mit seiner Realität, das Gedenken, über die Interpretation zur Neuorientierung, zur Transformation, zu neuer Lebenswirklichkeit.

Im zeitlichen Ablauf des Gottesdienstes kann dieser Prozess natürlich nicht komplett stattfinden. Er braucht Tage, Wochen, Monate. Er findet in der Liturgie aber eine symbolische Verdichtung; seine Phasen bilden sich in den Strukturschritten der Feier ab. Dabei ergibt sich eine Differenz von Realzeit und Darstellungszeit, die uns aus Theater und Film gut vertraut ist und insofern für den Gottesdienst nichts Außergewöhnliches bedeutet.

Würde sich der Gottesdienst auf eine bestimmte Phase konzentrieren und die anderen ausblenden, liefe er unvermeidlich Gefahr, die Beteiligten in einem falschen Moment anzusprechen und so zu verfehlen. Es braucht die Verlaufsdynamik, damit er für die unterschiedlichen Situationen, in denen die Menschen sich befinden, hilfreich sein kann.

---

6 Brunner, *Musik im Gottesdienst*, 131.

2.2 Musik auf dem liturgischen Weg

Aus diesen Überlegungen ergeben sich nun erste Folgerungen für die Musik, die wir entlang den Strukturschritten diskutieren.

2.2.1 Sammlung

Oft höre ich die Forderung, es sei „keine traurige Musik" zu spielen.[7] Daran ist richtig, dass es nicht angehen kann, die Gemüter mit lastenden und düsteren Klängen noch weiter zu beschweren, und ein wenig vom österlichen Licht darf und soll auch schon zu Beginn aufscheinen. Aber es darf und muss für die Trauer Raum gegeben und geschaffen werden; vielleicht warten gar Tränen darauf, endlich befreit fließen zu können, vielleicht wird erst durch die Atmosphäre der Feier die Realität des Verlustes nahe genug herangelassen. Da gilt es mit viel Intuition herauszuspüren, was die Persönlichkeit des verstorbenen Menschen, die Befindlichkeit der Hinterbliebenen, die Zusammensetzung und die Größe der gottesdienstlichen Gemeinde erfordern. Atmosphäre und Charakter von Musik sind schwierig zu beschreiben und zu klassifizieren, aber Lautstärke, Klangfarbe, Bewegungscharakter, Einheitlichkeit oder Kontrast, Melodiebezüge, Tonart und expressive Elemente sind in ihrer Wirkung unbestreitbar. Auch da ist wieder Intuition gefordert, diesmal eine musikalisch-künstlerische.

2.2.2 Gedächtnis

Besonders spannend in musikalischer Hinsicht ist der Schritt <Gedächtnis>. Hier öffnet sich ein weites Feld, auf dem (fast) alles Platz findet, was uns Organisten normalerweise eine Reaktion zwischen Stirnrunzeln und Brechreiz hervorruft. Musik kann da eine ähnliche Funktion haben wie ein Bild, wie Erzählungen und Anekdoten aus dem Leben des Verstorbenen oder meinetwegen wie die anscheinend zunehmend eingesetzten Power-Point-Präsentationen. Musik gehört in diesem Fall zum vergegenwärtigenden Blick zurück, ist auf den verstorbenen Menschen bezogen, gebunden an die Erinnerung an ihn, gewissermaßen ein Stück von ihm und damit anderen Kriterien weitgehend entzogen. Auch Dinge, die sonst als liturgisch ungeeignet beurteilt werden müssen, sind da unterzubringen, selbst Musik ab Tonträgern, von der noch zu handeln sein wird.

---

[7] Mehr dazu s.u. 4.2.

Allerdings ist mit dieser liturgischen Ortszuweisung auch die Begrenzung benannt. Das <Gedächtnis> wird von der <Verkündigung> abgelöst; es bleibt zwar wirksam – in der Predigt soll ja durchaus wieder auf den Verstorbenen Bezug genommen werden (wenn auch nicht in der banalen Form einer mit einigen Psalmzitaten und Paulus-Versen garnierten Nacherzählung der eben gehörten Biographie) – aber da ist nun ein nächster Schritt zu tun, und dieser Schritt, die Nahtstelle zwischen <Gedächtnis> und <Verkündigung> ist ein genuin liturgischer Vorgang, der die starke Bindung ans Erinnern aufzulösen beginnt. Darum versuche ich immer darauf hinzuwirken, dass stark personbezogene, kirchenmusikferne oder von Tonträgern gespielte Musik noch in die Erzählung der Biographie eingebaut und nicht an ihr Ende gestellt werden, da sie den beschriebenen liturgischen Schritt wegen der starken Bindung an den Verstorbenen bzw. an die Erinnerung an ihn nicht vollziehen kann. Der Wechsel der Blickrichtung vom Rückblick zum Ausblick muss sich an dieser Stelle schon vorbereiten.

2.2.3 Verkündigung

Der Strukturschritt <Verkündigung> ist in erster Linie aus theologischer Sicht zu beschreiben, was hier nur angedeutet werden kann. Grundsätzlich geht es – wie oben erwähnt – um einen Prozess der Transformation: Das biblische Wort soll helfen, die veränderte Lebenswirklichkeit in einer neuen Weise wahrzunehmen, zu interpretieren und zu integrieren. Das Element des Verändernden und Erneuernden müsste sich auch in der Musik auswirken, indem sie an dieser Stelle über das hinausgeht, was die Trauernden mit ihrer Erinnerung verbinden. Nach der Predigt ein weiteres „Lieblingslied" des Verstorbenen zu spielen, bedeutet, die Trauernden auf dem liturgischen Weg einen Schritt zurückzuwerfen. Dies gefährdet die Intention des gesamten Gottesdienstes: Er bleibt auf die Erinnerung fixiert, versucht die fortdauernde Präsenz des Verstorbenen zu sichern, statt die Trennung, den Abschied zu integrieren. Nebenbei sei bemerkt, dass die überhand nehmenden optischen Inszenierungen mit altarbildähnlich aufgestellten Fotos das Risiko in dieser Hinsicht mindestens nicht verkleinern.

Im Grunde sollten sich die Trauernden die Musik an dieser Stelle – konkret meist nach der Predigt – gewissermaßen schenken lassen, sie nicht selber verantworten, so wie sie sich auch nicht selbst das tröstende Wort des Evangeliums zusprechen können. Das *verbum externum* hätte hier eine liturgie-organisatorische Analogie.

2.2.4 Fürbitte und Sendung

Dass an der ‹Fürbitte› die ganze Gemeinde etwa durch einen gesungenen Gebetsruf beteiligt ist, wäre sehr wohl eine angemessene Verwirklichung der Gemeinsamkeit im „allgemeinen Priestertum", scheitert aber häufig an der zerbröselnden volkskirchlichen Realität.

Dass die ‹Sendung› den Übergang zurück in den Alltag ermöglichen soll, ist meist ohne Weiteres erkennbar, funktioniert allerdings nur richtig, wenn die Feier in der Kirche nach und nicht vor der Grablegung oder Urnenbeisetzung stattfindet.

Die abschließende Musik muss diesen Weg zurück in die Welt unterstützen und begleiten, sie muss Bewegung möglich machen und dies gerade da, wo Trauer noch schwer lastet, wo sie lähmt und es dann ganz handfest schwierig macht, sich von den Bänken zu erheben und den Weg nach draußen anzutreten.

Ist es schon bei sonntäglichen Gemeindegottesdienst unter liturgie-dramaturgischem Aspekt fragwürdig, das „Ausgangsspiel sitzend anzuhören" (welch schönes Oxymoron ...), so kann sich dies im Trauergottesdienst geradezu katastrophal auswirken. Was passiert nach dem letzten Orgelton? Wer macht das erste Geräusch? Wer erhebt sich zuerst? Wer beginnt den Auszug? Pfarrerinnen und Pfarrer müssen – soweit sie es nicht schon tun – lernen, diese heikle Phase, diesen letzten Schritt auf dem liturgischen Weg richtig zu gestalten, sei es durch verbale Hilfen („Wir lassen uns von der Musik zurück in unseren Alltag ohne NN begleiten." Oder so ähnlich.), sei es nonverbal durch ihr Verhalten und ihre Bewegung: hin zu den Trauernden, mit ihnen dem Ausgang zu.

3 Szenen

3.1 Interpretation statt Konfrontation

Dass Kasualgottesdienste ein Konfliktfeld sein können, manifestiert sich besonders bei der Musik, wo nicht selten eine eigentliche Dreieckskampfzone zwischen Kirchenmusiker/in, Familie und Pfarrer/in entsteht. Mit der Entscheidung, was gespielt und gesungen wird und was nicht, wird im Grunde die Deutungshoheit über die ganze Feier beansprucht. Es wäre eine Verharmlosung des Konflikts, würde man meinen, es gehe nur um ja oder nein zum „Ave Maria" von (Bach/) Gounod, oder man könne alles auf die Geschmacks- (oder zeitgemäß auf die „Milieu"-) Frage reduzieren.

Als Reaktion auf diese Problematik wurde vor einigen Jahren die Formel „Interpretation statt Konfrontation" propagiert.[8] Was Interpretation bedeuten könnte, soll im Folgenden in verschiedenen Annäherungen gezeigt werden. In der Praxis ist Interpretation vermutlich selten. Als Gegensatz zur „Konfrontation" wird eher eine vordergründige „Kundenorientierung" vertreten; die Kirchenmusiker/innen müssen ihr musikalisches und liturgisches Gewissen zu Hause lassen, Pfarrerinnen und Pfarrer salvieren sich mit den berühmt-berüchtigten „seelsorgerlichen Gründen", und gehen so der Auseinandersetzung und damit der Interpretation aus dem Weg.

Für die Bearbeitung des Konfliktfelds sei hier das Modell eines „Inszenierungskonflikts" vorgeschlagen. Dazu greifen wir den Szenen-Diskurs auf, der von Michael Meyer-Blanck im Blick auf die lutherische Liturgie[9] und von David Plüss für die Rolle biblischer Texte im Gottesdienst[10] initiiert worden ist.

Die Akzente werden allerdings etwas anders liegen, und die Argumentation wird lediglich selektiv aufgenommen werden können, nicht zuletzt deshalb, weil der Kasualgottesdienst bei beiden Autoren nicht oder nicht primärer Gegenstand der Diskussion ist.

3.2 „Re-inszenierung" und „Urszenen"

Das Interesse liegt bei Plüss auf der gottesdienstlichen „Inszenierung" biblischer Texte, genauer der „Re-inszenierung", bei der die Glaubenserfahrungen der frühen Gemeinde aus ihrer Einlagerung und Verdichtung in unterschiedliche Gattungen von Texten „in szenische Gestaltungen hinein verflüssigt werden".[11]

Vorgängig stellt Plüss eine Typologie von „Urszenen" auf, die in Texten oder in religiösen Kontexten repräsentiert sein können. Während die ersten beiden, Berufungsszene und Bekehrungsszene für unseren Kontext eher nicht von Bedeutung sind, kommen die beiden anderen im Trauergottesdienst zur Erscheinung: die Harmonieszene und die Vertrauensszene. Die Harmonieszene „vollzieht sich als Versöhnung des Menschen mit seiner Lebensgeschichte und mit der ihn umgebenden Welt, als Einstimmung des Individuums in eine göttliche Ordnung,

---

[8] Eberhard Hauschildt, „Der Streit am Sarg um die Musik. Zur Ursache und Bewältigung von Konflikten zwischen den Beteiligten", *Musik und Kirche* 69 (1999), 305–312.
[9] Michael Meyer-Blanck, *Inszenierung des Evangeliums. Ein kurzer Gang durch den Sonntagsgottesdienst nach der Erneuerten Agende* (Göttingen: 1997).
[10] David Plüss, *Gottesdienst als Textinszenierung. Perspektiven einer performativen Ästhetik des Gottesdienstes* (Zürich: 2007).
[11] Plüss, Gottesdienst, a.a.O., 230.

die den Mikro- wie den Makrokosmos umfasst."[12] Diese Szene habe eine gewisse Nähe zum mystischen, esoterischen oder charismatischen Milieu.

Die Vertrauensszene zeichnet sich nach Plüss dadurch aus, „dass hier die Brüche und offenen Wunden eines Lebens in ein neues Licht zu stehen kommen".[13] Plüss verweist hier auf Psalmen, in denen individuelle Trosterfahrung in der Dualität des Ich mit dem göttlichen Du Gestalt erhält.

3.3 Der Konflikt zwischen Harmonieszene und Vertrauensszene

Wie alle Typologien zeichnet auch die hier referierte keine Ausschließlichkeiten. Interessant wären nämlich gerade die Übergänge und Kombinationen. Eine erste Ebene des „Inszenierungskonfliktes" ist in der Praxis bereits hier zu beobachten. Vor allem religiös engagierte, aber kirchlich nicht deutlich sozialisierte (oder inzwischen distanzierte) Menschen neigen dazu, alles der Dynamik der Harmonieszene einzuordnen: Persönliche Erinnerungsbriefe an den besten aller Väter und Großväter, Beiträge von Verwandten und Bekannten, üppige optische Gestaltung des Gottesdienstraums mit Blumen, Kerzen, Lieblingsgegenständen von Kochlöffel bis Modellbahn-Lok, Porträtbildern, der Wunsch nach einer Traueransprache (bitte nicht „Predigt"), die den Wert des zu Ende gegangenen Lebens zur Geltung bringt. Die Musik geht dann meist in Richtung „Kuschelklassik" (das Wort habe ich nicht erfunden, es gibt CDs mit diesem Titel...) oder symphonisch-melodischen Pop vielleicht auch etwas pathetische Filmmusik im Stile von Morricones „Once Upon a Time in the West" aus „Spiel mir das Lied vom Tod" (!), bei bildungsferneren Schichten kommt hierzulande gerne die so genannte „Volksmusik" mit Jodelliedern zum Zuge.

Zum Kontrast: Die weitaus besten Trauerfeiern habe ich erlebt, wenn der Pfarrer, die Pfarrerin durch offensichtlich schwierige bis katastrophale Situationen herausgefordert war, wenn „Brüche und offene Wunden" klar zu Tage liegen und nach Verarbeitung schreien – Suizide, AIDS-Tote, Unfalltote, Kinder. Ich will das niemandem wünschen, aber diese Situationen waren lehrreich. Da können richtig „re-inszenierte" biblische Texte ihre Dynamik entfalten, christlicher Glaube sich als etwas mehr als ein Schönwetter-Wellnessangebot erweisen. Die Selbsterniedrigung Gottes, die Kreuzestheologie, aber auch das Aushalten unbeantwortbarer Fragen wie bei Hiob bekommen da einen aktuellen Sinn.

---

12 Plüss, Gottesdienst, a.a.O., 150.
13 Plüss, Gottesdienst, a.a.O., 152.

Wenn wir nun von diesen Extremsituationen gleichsam auf den Normalfall zurückkommen, ergibt sich ein Konflikt zwischen den beiden Inszenierungsrichtungen. Theologisches Gewissen kann das „Wort vom Kreuz" nicht einfach übergehen, kann nicht so tun, als gäbe es keine Brüche und Wunden, kann sich letztlich nicht mit dem Tod arrangieren, wie das die Harmonieszene versuchen mag. Der Tod bleibt der letzte Feind, und so bleibt es die unverzichtbare Aufgabe des Pfarrers, der Pfarrerin, die Vertrauensszene wenigstens in Erinnerung zu behalten und die allzu glatten Ränder der Harmonie aufzurauhen, den frommen oder ästhetischen Selbstbetrug wenigstens ein bisschen in Frage zu stellen – das hilft den Menschen auf die Dauer mehr.

Musikalisch ist die Dominanz der Vertrauensszene anspruchsvoll, aber spannend, eine künstlerische Herausforderung. Brüche sollen auch in der Musik vorkommen, Trauer, Wut, Verzweiflung, Trotz sollen ein Gefäß bekommen. Das geht in verschiedenen Musiksparten, nicht nur in der „klassischen" Kirchenmusik. Avancierter Rock oder Jazz kann da sehr angemessen sein, wenn auch für die Gemeinde wahrscheinlich noch eher eine Überforderung als ein Bachsches Orgelwerk.

3.4 Familiäre und kirchliche Inszenierung

Der Inszenierungskonflikt kann aber noch auf einer zweiten Ebene stattfinden. Auf der einen Seite steht der beschriebene Auftrag der „Re-inszenierung" biblischer Texte, auf der anderen die spezifische Situation der Kasualien. Diese haben gemeinsam, dass das soziale Gefüge der Familie bzw. des Beziehungsfelds über die Familie hinaus eine Veränderung erfahren hat. Die (Kinder-)Taufe geht von der Ankunft eines neuen Familienmitglieds aus, vielleicht von der Umwandlung eines Paars in eine Familie; die Konfirmation verdeutlicht, dass jetzt ein Kind weniger und ein Erwachsener mehr da ist; bei der Trauung bildet sich nicht nur ein neues Paar, sondern es kommen zwei Familienverbände zusammen; und nach einem Todesfall muss sich das Gefüge neu organisieren, weil ein mehr oder weniger wichtiger Knotenpunkt des sozialen Netzes nun fehlt.

Diese neue soziale Realität wird in der gottesdienstlichen Feier symbolisch dargestellt, „inszeniert". Neue Rollen werden übernommen, gezeigt, angespielt.

Traditionellerweise kommt dazu das Bedürfnis, diese neue Konstellation in ein größeres Ganzes einzuordnen, in die Kirchgemeinde, in die Kirche, in die christliche Tradition, und sie dadurch abzusichern, zu legitimieren. Dieser Aspekt tritt aber in der Gegenwart offensichtlich in den Hintergrund, da er eine einigermaßen stabile kirchliche Sozialisation voraussetzen würde, die in weiten Teilen der Gesellschaft nicht mehr gegeben ist.

Als Kriterium erscheint daher zunehmend die Inszenierung der Familie bzw. des sozialen Kontextes; sie wird zum dominierenden Gesichtspunkt. Konkret heißt das, dass die Familie die Feier bis in alle Einzelheiten plant und bestimmt, und dies vorwiegend – wie oben beschrieben – nach Maßgabe der „Harmonieszene". Jedes Element erhält seine Funktion durch den persönlichen Bezug zum Verstorbenen oder zur Familie.

Wenn ich nun dafür plädiere, dass von kirchlicher Seite dieser Totalitätsanspruch der Familieninszenierung zurückgewiesen werden muss, so nicht, weil mit der Inszenierung biblischer Texte ein Missionsauftrag zu erfüllen wäre, sondern weil das Gesichtsfeld der Beteiligten erweitert werden muss. Wenn die Inszenierung der neuen Familienkonstellation im kirchlichen Rahmen stattfindet, liegt darin ja immerhin noch die Erinnerung daran, dass es auch um die Einbettung der Familienszene in einen größeren Kontext geht und dass dieser Familieninszenierung etwas Essenzielles fehlen würde, wenn sie sich konsequent auf sich selbst beschränkte. Der Konflikt muss also durch Interpretation in eine heilsame Begegnung beider Inszenierungen verwandelt werden, wobei die Affinität der Familieninszenierung zur Harmonieszene, der biblischen Inszenierung zur Vertrauensszene den Konflikt verschärft, zugleich aber ein Schlüssel zu konkreten Gestaltungsfragen sein kann.

Ein weiteres, theologisches, Argument ist an dieser Stelle nochmals zu nennen, das oben beim Stichwort <Verkündigung> angeführt wurde. Wenn „Rechtfertigung" als das geschenkte Lebensrecht interpretiert werden kann, dann bedeutet sie auf der sozialen Ebene die geschenkte Gemeinschaft unter Menschen. Sowohl individuelle Existenz wie familiäre und soziale Gemeinschaft haben Geschenkcharakter; das muss sich in der Liturgie bildhaft zeigen: Die Beteiligten sollen nicht die ganze Feier selber verantworten und gestalten, sondern sie dürfen und sollen auch offen sein für etwas Neues, für etwas, das sie vielleicht gar nicht kennen oder an das sie nicht gedacht haben.

„Interpretation statt Konfrontation" heißt nach allem, dass im Gespräch die beiden Inszenierungsebenen und die beiden „Urszenen" zur Geltung gebracht werden müssen, dass die Notwendigkeit der Familieninszenierung akzeptiert wird, dass aber gleichzeitig gezeigt werden muss, dass sie der Begegnung mit der biblischen Inszenierung bedarf, wenn sie nicht flach und vordergründig bleiben soll.

Musikalisch heißt das, dass Wünsche erfüllt werden sollen (wenn es denn technisch möglich ist), dass aber nicht das ganze Musikprogramm von der Familie gestaltet werden sollte – sonst schmoren die Angehörigen sozusagen im eigenen Saft.

3.5 Szene und „Milieu"

3.5.1 Die Aktualität der „Milieu"-Diskussion

In der Diskussion um Gottesdienst, Kirche und Kirchenmusik erscheint es heutzutage fast unausweichlich, Argumente aus dem Bereich des „Milieu"-Diskurses zu verwenden oder allenfalls zu kontern.[14] Die Sache leuchtet ja durchaus ein. Musikalische Gewohnheiten und Präferenzen scheinen gute Marker für die Zugehörigkeit zu bestimmten lebensweltlichen Milieus und ihren Lebenseinstellungen zu sein. Wer zu einem Milieu gehört, dessen ästhetische Standards von Mozart, Bach und Brahms gesetzt sind, wird in einer kirchlichen Feier Entsprechendes erwarten, wer „Volksmusik" liebt, wird gefühlvolle Lieder hören wollen, wer spannungsvolle bis aggressive Rockmusik gewohnt ist, wird sich sowohl bei Bach wie bei Schlagerschnulzen und Jodelliedern langweilen. Dazu kommt die These, dass die üblichen Gottesdienste in ihren Ausdrucks- und Kommunikationsformen auf wenige Milieus beschränkt seien und Menschen aus anderen Milieus nicht ansprechen könnten.

3.5.2 Relativierung 1: Das Eigenmilieu des Evangeliums

Die Milieu-Argumentation muss aber zumindest relativiert werden, schon einmal im Blick auf den Gottesdienst im Allgemeinen, dann zusätzlich für den Gottesdienst zur Bestattung.

Zu bedenken ist zuerst die Gefahr, dass die milieubedingten ästhetischen Schemata zur bloßen Form werden, in welche die zu vermittelnden Inhalte gewissermaßen verpackt werden. Das würde jedoch ein statisches Bild von „Inhalten" erzeugen, das der Prozesshaftigkeit von Erkenntnis, von „Wahrheit" nicht gerecht werden kann. Die Erkenntnisprozesse selbst, der Umgang mit der eigenen Erfahrung sind kulturell unterschiedlich strukturiert, so dass die spezifische Art, wie vom Evangelium her mit Sinnfragen umgegangen wird, a priori zu einigen Milieus in größerer, zu anderen in kleinerer Distanz steht. Es darf – ohne den Verdacht hochkultureller Überheblichkeit – durchaus gefragt werden, ob die Simplifikationen in der Musik, die in dem seinerzeit von Schulze beschrie-

---

14 Zur Rezeption im kirchlichen Bereich vgl. z.B.: *Lebenswelten. Modelle kirchlicher Zukunft.* Evangelisch-reformierten Landeskirche des Kantons Zürich durch Roland Diethelm und Matthias Krieg (Hg.), Bd 1: Sinusstudie, Bd.2: Orientierungshilfe (Zürich: 2012).

benen „Harmoniemilieu"[15] bevorzugt werden, nicht etwas zu tun haben könnten mit einer mangelnden Fähigkeit oder Bereitschaft, mit offenen Fragen, mit dem „Stückwerk" der Erkenntnis leben zu lernen, zu sehen „wie in einem Spiegel",[16] die Brüche auszuhalten – womit wir wieder bei der oben beschriebenen Problematik der „Harmonieszene" wären, die zumindest ergänzungsbedürftig ist.

Das Evangelium ist Angebot und Zumutung einer Existenzinterpretation sui generis, die sich nicht auf Aussagen und „Inhalte" beschränkt, sondern die Erkenntnisprozesse selbst einschließt. Seine Kommunikation wird sich daher zwar der Formen und Gestalten jeglicher Spielart bedienen, letztlich aber eine eigene Form schaffen, ein eigenes „Milieu", das vielleicht besser als „Meta-Milieu" bezeichnet werden müsste. Das Konzept der Inkulturation muss korrigierend ergänzt werden durch das der Kontrakulturalität oder vielleicht einer Metakulturalität, das gegebene Ausdrucks- und Kommunikationsformen nicht leugnet und übergeht, sie aber transformiert.

Gottesdienst lebt einerseits vom engen Bezug auf Leben und Alltag, er ist aber als Feier auch gerade nicht Alltag. Er muss ihn überschreiten und kann erst in dieser Transgression seine interpretierende Aufgabe erfüllen. Liturgische und kirchenmusikalische Theoriebildung hat diese Differenz immer betont, auch wenn Argumentationen von Johannes Calvin[17] bis Joseph Ratzinger[18] leicht (und teilweise wohl auch zu Recht) unter Autoritarismus- oder Klerikalismus-Verdacht geraten. Es geht um eine unverzichtbare Unterscheidung, wenn sich Gottesdienst nicht selbst überflüssig machen soll. Es geht um Erkennbarkeit und Identität christlichen Feierns, die sich auch in Formen und Gestaltungen äußert. Räume, Rituale, Sprachformen, Kleidung signalisieren diese Differenz und Erkennbarkeit; warum soll es dann musikalisch klingen wie zu Hause? Der Kirchenraum hat seine eigene Klanglichkeit, die freilich gezielt verfremdet, aber nicht einfach

---

15 Gerhard Schulze, *Die Erlebnisgesellschaft* (Frankfurt am Main: 1992), 292–300.
16 1 Kor 13,9–12.
17 Johannes Calvin, „La forme des prières et chantz ecclésiastiques", in *Gestalt und Ordnung der Kirche*, Calvin Studienausgabe Bd. 2, übers. Andreas Marti (Hg.), (Neukirchen-Vluyn: 1997), 156f („Et ainsi il y ait grande difference entre la musicque qu'on faict pour resiouyr les hommes à table et en leur maison: et entre les psalmes, qui se chantent en l'Eglise, en la presence de Dieu et de ses anges." – „Darum soll es einen großen Unterschied geben zwischen der Musik, die man macht, um die Menschen bei Tisch und in ihren Häusern zu erfreuen, und den Psalmen, die man in der Kirche singt, im Angesicht Gottes und seiner Engel".)
18 Joseph Ratzinger, „Zur theologischen Grundlegung der Kirchenmusik. Einführung: Streiflichter auf den nachkonziliaren Disput um die Kirchenmusik", in: *Musica Sacra* 128 (2008), 267–276; „Theologische Probleme der Kirchenmusik", in: *Musica Sacra* 128 (2008), 277–282; „Liturgie und Kirchenmusik", in: *Musica Sacra* 128 (2008), 283–289.

missachtet werden kann. Wo die Kongruenz von Raumgestalt und Klanglichkeit von vornherein schwächer ist – ich denke an Friedhofs- und Krematoriumskapellen –, gilt dieses Argument nicht in vermindertem, sondern in verstärktem Maße, indem die Musik dann die Aufgabe übernehmen muss, den besonderen Raum konstituieren zu helfen.

In dieser Argumentation in Richtung eines „Meta-Milieus" kann sich das Instrument Orgel als hilfreich erweisen. Andere Musikinstrumente sind mehr oder weniger an bestimmte Musikbereiche und damit an kulturelle Milieus gebunden – man denke etwa an die unterschiedliche assoziative Verortung von Violine oder von E-Gitarre. Da die Orgel in unserem Kulturkreis kaum mit außerkirchlichen Bereichen assoziiert wird, ist sie als Instrument gegenüber den kulturellen Schemata des Alltags ein Stück weit neutral und signalisiert den kirchlichen Eigenbereich, schafft den akustischen Rahmen für das eigene „Milieu" des Evangeliums. Dass mit der Wahl der gespielten Musik Affinitäten zu Milieus geschaffen werden, ist freilich unbestreitbar; aber die heutzutage beliebten organistischen Ausflüge ins Feld von Gospel, Pop, Jazz und „Volksmusik" zeigen die kulturelle Integrationsfähigkeit des Instruments, indem auf dem Weg des Zitats und der Transformation unterschiedlichste musikalische „Sprachen" in den Klangraum des Gottesdienstes geholt werden.

3.5.3 Relativierung 2: Milieuüberschreitungen

Ein zweiter Vorbehalt gegenüber der „Milieu"-Argumentation kommt aus der langjährigen beruflichen Erfahrung, dass Menschen längst nicht so sehr auf bestimmte Musikbereiche fixiert sind, wie man dies milieubedingt erwarten würde. Die Bereitschaft, sich auf Dinge einzulassen, die die gewohnten Muster überschreiten, ist oft gar nicht so gering; häufig beruhen Gewohnheiten und Präferenzen hauptsächlich auf mangelnder Kenntnis anderer Bereiche. Ebenso häufig, wenn nicht häufiger ist die Milieumischung, das situative Switchen zwischen Kulturbereichen. Letztlich wird man davon ausgehen müssen, dass die modellhaften Beschreibungen von Milieus in keinem einzigen Einzelfall wirklich zutreffen, dass vielmehr immer Pluralität und Flexibilität vorhanden ist, wie es die Milieutheorie ja auch grundsätzlich vertritt. Die von der Theorie beschriebenen unscharfen Ränder der einzelnen Milieus sind gerade in unserem Zusammenhang von großer Bedeutung. Auffallend ist weiter, dass in der von der Zürcher Landeskirche vorgelegten SINUS-Studie – anders als damals bei Gerhard Schulze – musikalische Präferenzen bei der Beschreibung der Milieus keine wesentliche Rolle spielen. Könnte das heißen, dass sie als nicht ausreichend trennscharf zu betrachten sind und damit das „Switchen", das „Cross Over" und das Mischen prinzipiell vorauszusetzen sind?

Historisch gesehen stellt das Kirchenlied eine solche milieuüberschreitende Unschärfe dar. Formal und typologisch gehört es zu großen Teilen zum Volkslied, zur populären Musikpraxis, und als solches wurde es zur Reformationszeit auch wahrgenommen und praktiziert. Die Integration der Melodien in Chormotetten schon zur Reformationszeit, die Schaffung des „Kantionalsatzes" zur gleichzeitigen Ausführung durch Chor und Gemeinde im späten 16. Jahrhundert, schließlich die Schaffung geistlicher Lieder auf der Basis der literarischen und musikalischen Kriterien des Barock haben es ein Stück weit in den Bereich der „Hochkultur" geholt, so dass es in der Folge – mit unterschiedlichen Akzentuierungen – einen Ort besetzt, der sich über die Grenzen der Kulturbereiche hinaus erstreckt.

3.5.4 Relativierung 3: Die Zusammensetzung der Trauergemeinde

Gibt es schon hinsichtlich des Gottesdienstes im Allgemeinen Vorbehalte gegen die „Milieu"-Diskussion anzumelden, so erst recht im Blick auf den Trauergottesdienst. Während im Gemeindegottesdienst die Entscheidung zur Teilnahme oder Nichtteilnahme zu einem großen Teil anhand der Erwartungen an den Gottesdienst selbst und seine Gestaltung getroffen wird, liegt dies beim Trauergottesdienst in erheblichem Maße anders: Da entscheidet die Stellung zum Verstorbenen und zu den Hinterbliebenen über die Teilnahme, so dass eine milieubedingte Selektion nicht oder nur sekundär stattfindet. Die Zusammensetzung einer Trauergemeinde, mindestens wenn sie über den engeren Familienkreis hinausgreift, ist kulturell vielfältiger als im Gemeindegottesdienst; es ist mit unterschiedlichsten ästhetischen Gewohnheiten, Präferenzen und Erwartungen zu rechnen. Eine zu starke Ausrichtung an einem spezifischen „Milieu", bedingt vor allem durch weit gehende Wünsche der Hinterbliebenen, riskiert, für einen beträchtlichen Teil der Trauergemeinde Befremdliches bis Peinliches zu erzeugen. Da ist ein kirchliches Eigenmilieu gewissermaßen neutraler Boden, der freilich einige Akzentuierungen in der einen oder anderen Richtung erträgt, solange er nicht völlig von außen okkupiert wird.

„Form follows function", die Gestalt wächst aus dem Inhalt, die Form ist ein Teil der Botschaft. Das Evangelium als die Botschaft vom „ganz Anderen", von der letzten qualitativen Differenz wird sich immer auch Gestaltungsformen bedienen müssen, die sich von denen der umgebenden kulturellen Bereiche nicht nur, aber auch unterscheiden, damit es als Differenz, als das „Neue" kommunizierbar bleibt.

4 Musik in der Trauerfeier

Wir übernehmen hier in überarbeiteter und erweiterter Form die Hinweise, die ich seinerzeit für den 5. Band des Deutschschweizer Liturgiewerks[19] verfasst habe. Dabei wird einiges wieder aufgenommen, was in anderem Zusammenhang in den vorhergehenden Kapiteln angebracht worden ist.

4.1 Der Grundsatz: Musik und Feier

Wo gefeiert wird, ist Musik. Sie prägt die Zeit der Feier als eine besondere, aus dem Alltag hervorgehobene Zeit. Sie verdichtet die Zeit und verleiht ihr durch ihre Mehrschichtigkeit Tiefendimension. Das gilt auch für die Feier, deren Grund nicht Freude, sondern Trauer ist. Auch sie ist verdichtete, hervorgehobene Zeit, die der besonderen Gestaltung bedarf.

Gestaltung gottesdienstlicher Feier-Zeit wäre prinzipiell auch ohne Musik möglich. Die altreformierte Tradition hat diesen Weg versucht, ist davon aber rasch wieder abgekommen.

Eine theologische Notwendigkeit gottesdienstlich verwendeter Musik kann im strengen Sinn nicht behauptet werden; hingegen dürfen wir uns der Musik bedienen, so wie wir auch andere menschliche Möglichkeiten und Fähigkeiten in den Dienst der Liturgie stellen.

4.2 Musik und Gefühle

Eine der grundsätzlichen Spannungen jeder Bestattungsfeier ist die Frage, wie weit Gefühle zugelassen oder überhaupt erst freigesetzt werden, wie weit sie kontrolliert oder kanalisiert werden sollen und dürfen. An dieser Grundspannung ist die Musik in besonderem Maße beteiligt, da sie einen unmittelbaren Zugang zur emotionalen Ebene hat.

Nicht selten begegnet uns seitens der Angehörigen die Forderung nach „nicht trauriger Musik". Um auf diese Forderung angemessen eingehen zu können, gilt es zu berücksichtigen, dass sie sehr verschiedene Gründe haben kann:

Man fürchtet sich vor einer möglicherweise depressiven Wirkung einer als „traurig" empfundenen Musik.

---

[19] Liturgie, Bd. 5, Bestattung, a.a.O., 60–65.

Im oben beschriebenen Spannungsfeld von Harmonie- und Vertrauensszene kann die Dominanz einer „harmonischen" Inszenierung die Ablehnung von Musik zur Folge haben, welche Spannungen und Brüchen Raum geben würde.

In einer frühen Phase des Trauerprozesses kann es zu einer Verdrängung der Trauer kommen; die Musik soll nicht die noch nicht zugelassenen Gefühle freisetzen.

Es ist aber auch möglich, dass der Trauerprozess schon weiter fortgeschritten, der Verlust gewissermaßen akzeptiert ist, so dass die Musik affektiv im Rückstand läge, würde sie vor allem der Trauer Ausdruck geben.

Dass an dieser Stelle eine Interpretationsarbeit geleistet werden muss, die sich nicht in vordergründiger „Kundenorientierung" erschöpft, ist offensichtlich.

4.3 Musik auf dem liturgischen Weg der Bestattung

Die Liturgie ist als Ausschnitt aus dem Trauerweg als Gesamtem zu verstehen: Die Hinterbliebenen wenden sich von der gemeinsam aufgearbeiteten Erinnerung unter der heilsamen Wirkung der Botschaft ihrer Zukunft ohne den Verstorbenen zu und öffnen sich ihr. Natürlich dauert dieser Prozess als Ganzer viel länger, sollte sich aber modellhaft in der Liturgie konzentrieren und abbilden. Daraus ergibt sich eine Grunddynamik von Rückblick und Ausblick.

Sofern Musik als persönliche Erinnerung verstanden wird (meist haben bestimmte Wünsche von Angehörigen diese Funktion), gehört sie in den liturgischen Schritt des „Gedächtnisses" und ist dort auch dann legitim, wenn sie nicht jeglichem Qualitätsmaßstab standhält. In späteren Phasen der Liturgie, vor allem nach der Predigt, muss Neues möglich sein, das die Trauernden nicht wieder an die Erinnerungen zurückbindet und ihnen so den Ausblick verstellt. Pfarrer/Pfarrerin und Kirchenmusiker/Kirchenmusikerin tun gut daran, in diesem Sinne über die Wünsche der Hinterbliebenen zwar nicht hinweg-, wohl aber hinauszugehen.

Freilich lassen sich die Aspekte von Rückblick und Ausblick nicht immer sauber trennen; dies wäre auch nicht unbedingt sinnvoll. Gerade die Musik mit ihrer Mehrschichtigkeit kann sie – mit jeweils unterschiedlicher Gewichtung – auch verbinden.

4.4 Formen der Musik bei der Bestattung

4.4.1 Gemeindegesang

Der gemeinsame Gesang ist nach evangelischer und besonders nach reformierter Auffassung die primäre Form der gottesdienstlichen Musik. Er vermag aus der oft heterogenen Menschenansammlung mit ihrer meist sehr unterschiedlichen Nähe und Betroffenheit eine Gemeinde zu machen. Für kirchenferne Teilnehmer mag der gemeinsame Gesang völlig ungewohnt und damit befremdlich sein, für die Nächststehenden ist er oft nicht mitvollziehbar, weil ihnen die Kraft für das Singen fehlt; er vermittelt ihnen jedoch das Erlebnis des Getragenseins in der Gemeinschaft. In vielen Fällen wird es daneben aber auch eine genügende Anzahl Gottesdienstteilnehmer geben, die zumindest bei einem gut bekannten Lied mitsingen können. Wenn immer möglich, sollte die Gemeinde in der Bestattungsfeier singen.

Was soll die Gemeinde singen? Lieder können einerseits thematisch auf die Situation bezogen sein: Sterben und Tod, ebenso wichtig Ostern und Auferstehung, weiter Vertrauen auf Gottes Hilfe, Lob und Dank für das vergangene Leben, aber unter Umständen auch die Klage. Andererseits können sie sich liturgisch-funktional an den gottesdienstlichen Grundschritten orientieren: Anbetung, Bitt- oder Fürbittegebet, Segen. Es kann sinnvoll sein, ein ‚Ordinariumslied' zu bestimmen, das in einer Gemeinde regelmäßig bei Bestattungen gesungen wird.

Die Liedauswahl richtet sich allerdings oft nicht nach dem Inhalt oder der expliziten Funktion eines Liedes. Vielmehr wird gesungen, was allgemein bekannt oder üblich ist, auch wenn es im Einzelnen Vorbehalte gäbe. In unseren Gegenden ist beispielsweise „Großer Gott, wir loben dich" fast unvermeidlich, während mir eine österreichische Studentin erzählt hat, sie würde als Organistin sofort entlassen, wenn sie bei einer Trauerfeier dieses Lied spielen würde. Das „Te deum laudamus" hat eben einen anderen liturgischen Ort. Natürlich ließe sich ein theologischer Bogen vom Dank für gelebtes Leben zum „Te deum" schlagen, doch darum geht es meist nicht, sondern nur um die Tatsache, dass überhaupt gesungen wird, um die gewissermaßen rituelle Funktion des Singens als Handlung. Ähnliches gilt für das bei uns ebenfalls fast unvermeidliche „So nimm dem meine Hände": Die Situation, die der Text dieses Liedes voraussetzt, ist tiefe Trauer, ja lähmende Depression. Das trifft glücklicherweise auf die meisten Trauersituationen so nicht zu, aber dennoch wird das Lied immer wieder gewünscht – es gehört gewissermaßen zum Vollzug der Trauerfeier dazu, als gesungenes Ritual, dessen konkrete Aussage hinter diesem Vollzug zurücktritt.

4.4.2 Orgel

Nicht nur die unmittelbare eigene Aktivität im Singen, sondern auch das Hören von Musik, sich ihr auszusetzen, ist etwas Aktives. Unbedingt zu vermeiden ist eine musikalische Einseitigkeit in der Orgelmusik, die darin bestehen würde, dass hauptsächlich langsame Tempi, leise Register, dunkle Klangfarben und lauter Molltonarten verwendet werden. Dadurch ist bei nicht wenigen Menschen die Assoziation entstanden, dass Orgelmusik a priori traurig, lastend und belastend sei, was unter Umständen dann auch befremdliche Wünsche provoziert.

In der Auswahl und Gestaltung der Orgelmusik sollen die Spielräume genutzt werden, die die Liturgie als Weg vom Rückblick zum Ausblick bietet; sie soll in beiden Aspekten nicht nur Tod und Trauer, sondern auch das Leben und die Zuversicht erklingen lassen. Dass sie dabei nicht einseitig die Harmonieszene realisieren soll, wurde oben dargelegt.

Noch zu wenig genutzt wird die Möglichkeit, dass die Orgelmusik die ganze Feier durch viele, auch kleine Elemente trägt und gliedert und nicht nur episodenhaft isolierte Zutaten in einen sonst völlig wortlastigen Ablauf einstreut.

Über die Funktion des Ausgangsspiels als Prozessionsmusik beim Weg zurück in den Alltag wurde oben bereits gehandelt (2.2.4), ebenso über eine mögliche Selbständigkeit der Orgel als Instrument gegenüber den verschiedenen milieuaffinen Musikbereichen (3.5.2).

4.4.3 Solisten

Die Mitwirkung von Gesangs- oder Instrumentalsolisten kann verschiedene Gründe haben:
1. Die Hinterbliebenen haben den Wunsch nach etwas Besonderem, das dem als etwas Besonderes erlebten oder beurteilten Leben des /der Verstorbenen gerecht wird; manchmal mag vielleicht auch gesellschaftliches Repräsentationsbedürfnis mitspielen.
2. Der Wunsch nach bestimmten Instrumenten oder bestimmten Stücken erwächst konkret aus der Erinnerung an den Verstorbenen: Sein Lieblingslied soll gesungen werden, das Instrument, das er selber gespielt oder besonders geschätzt hat, soll erklingen.
3. Beteiligte wollen etwas zur Feier beitragen, den Trauernden etwas zuliebe tun.

Der Umgang mit der Situation und mit der Auswahl der Musik ist in allen Fällen unterschiedlich. Am eindeutigsten ist der erste Fall: Die Solisten sind nicht selbst betroffen und damit (manchmal) diskussionsfähig, am schwierigsten ist der dritte Fall, da die Ausführenden sich mit ihrem Vorhaben stark identifizieren und äußerst empfindlich auf kritische Rückfragen reagieren. Fall 2 ist in Verbindung zu bringen mit dem Weg-Charakter der Liturgie: Im Schritt des „Gedächtnisses" hat vieles Platz, das auf den ersten Blick schwierig scheinen mag. Sinnvoll ist im diesem Fall, wenn Mitwirkende auch an einer späteren Stelle des Gottesdienstes nochmals eingesetzt werden und dort den Schritt nach vorn mitvollziehen helfen.

Praktisch heißt dies, dass man vor Arrangements und eventuell unkonventionellen Begleitungen (Klavierauszüge u.ä.) nicht allzu viel Angst haben sollte. Allerdings kann der Aufwand beträchtlich sein, so dass er dem Organisten unter Umständen schlicht nicht zuzumuten ist, dies auch angesichts der meist sehr kurzen Zeit.

4.4.4 Chöre, Gesangsvereine

Meist ist die Situation hier analog zu Fall 2 und 3 im vorhergehenden Abschnitt, allerdings bei 3 psychologisch etwas weniger heikel, da nicht alle Chormitglieder persönlich direkt betroffen sind. Schwierigkeiten ergeben sich hier oft vom Repertoire her. Weltliche Vereine konservieren häufig ein geradezu fossiles Kirchen- und Gottesdienstverständnis. Pfarrer/Pfarrerinnen müssen den Mut haben, diesem Verständnis im Gespräch ein zeitgemäßes entgegenzusetzen. Zu empfehlen ist eine langfristige Zusammenarbeit mit weltlichen Vereinen mit dem Ziel, dass diese sich mit der Zeit ein gottesdienstlich geeignetes Repertoire aufbauen. Unter dem Gesichtspunkt des „Gedenkens" ist es allerdings meist ehrlicher, den Chor ein weltliches Stück singen zu lassen als eines, das eine fragwürdige Religiosität transportiert.

Zu bedenken ist der Einsatz von Chören oder Blasmusiken auch am Grab. Dieser ist dann weniger heikel, wenn der Gottesdienst in der Kirche oder Friedhofkapelle nach der Beisetzung stattfindet, da auf diese Weise die nicht selten stereotyp-traditionelle Musik am Grab noch zum Rückblick und Gedächtnis gerechnet werden und durch den weiteren Verlauf der Liturgie eingeholt und überschritten werden kann.

4.4.5 Tonträger

Neben vereinzelter Unbekümmertheit oder gar Euphorie herrscht verbreitet Ablehnung gegenüber dem Einsatz von Tonträgern im Gottesdienst.

Gegen Tonträgereinsatz spricht, dass Musik ein Geschehen ist, das sich in der Zeit ereignet. Der Tonträger verwischt diesen Ereignisaspekt und verdinglicht die Musik. Er liefert nie Musik, sondern immer nur ihr Abbild. Eine Ausnahme bilden Teile der Rock/Pop-Musik, die live gar nicht ausführbar sind.

Dieselbe Argumentation ist auf den Gottesdienst überhaupt auszudehnen. Gottesdienst ist gewissermaßen gesteigerte Gegenwart, Gegenwart, die dadurch qualifiziert ist, dass in ihr durch den anamnetischen Vorgang der „Re-Inszenierung" vergangene Erfahrung gegenwärtig wird und dadurch Zukunft eröffnet. Diese besonders qualifizierte Gegenwärtigkeit wird aber gebrochen, wenn die Musik nicht als gleichzeitiger Vorgang zwischen Spielenden/Singenden und Hörenden geschieht. Dass die Menschen diesen Bruch durchaus spüren, zeigt sich daran, dass beim Abspielen von Musik ab Tonträgern die Konzentration häufig zurückgeht und eine gewisse Unruhe entsteht. Das ist zwar deutlicher bei Trauungen zu spüren, gilt grundsätzlich aber auch für Trauerfeiern, auch wenn da äußerlich von dieser Beeinträchtigung weniger zu bemerken ist.

Für die Verwendung von Tonträgern spricht, dass ein bestimmtes Stück im Zusammenhang mit dem Gedächtnis, der Vergegenwärtigung wichtig sein kann. Unter Umständen ist dann eine gute Konserve einem unbefriedigenden Arrangement vorzuziehen. Solche Musik kann eine Funktion innerhalb des gesetzten liturgischen Rahmens haben, kann ihn aber, weil ihr der Charakter der Unmittelbarkeit und des Ereignisses fehlt, nicht selbst setzen. Oder schärfer gefasst: Musik ab Tonträger ist zwar gewissermaßen ein Gegenstand in der Liturgie, kann aber nicht selber Liturgie tragen und vollziehen, auch nicht das Fortschreiten von einem liturgischen Schritt zum andern. Das bedeutet konkret, dass Tonträger nur im Zusammenhang mit einem Lebenslauf, einem Lebensbild, nicht aber zur Eröffnung, zum Abschluss oder nach der Predigt einsetzbar sind, im Grunde genommen auch nicht an der Übergangsstelle vom „Gedenken" zur „Verkündigung", sondern – wie oben ausgeführt – nur innerhalb des Funktionsschrittes „Gedenken".

4.4.6 Zuständigkeiten, Verfahren

Organisten und Organistinnen sind – ungeachtet ihrer unterschiedlichen Ausbildungsstände – die kirchenmusikalischen Fachleute in den Kirchgemeinden. Sie tragen grundsätzlich eine Mitverantwortung für den Gottesdienst und die primäre Verantwortung für dessen musikalische Teile. Daher müssen sie in die Gottesdienstvorbereitung einbezogen werden, und dies trotz der meist knappen Zeit. Es empfiehlt sich, ein Informations- und Mitwirkungsverfahren festzulegen. Sinnvoll, wenn auch anspruchsvoll ist der direkte Kontakt zwischen Organist und

Trauerfamilie, vor allem wenn musikalische Wünsche geäußert werden. So oder so dürfen Pfarrerinnen/Pfarrer solche Wünsche keinesfalls ohne Rücksprache mit dem Organisten entgegennehmen.

Problematisch kann die Situation in Krematoriums- und Friedhofkapellen sein, da dort die Organisten nicht von der Kirche, sondern von einem kommerziellen Unternehmen angestellt sind, das nicht immer bereit ist, die Mitverantwortung seiner Musik-Angestellten anzuerkennen. Hier sind die Pfarrer und Pfarrerinnen gefordert, gemeinsam mit Organisten und Organistinnen über eine geistlich verantwortliche Gestaltung der Bestattungsfeiern zu wachen.

Durch den reflektierten Umgang mit der Musik erhalten Organistinnen und Organisten unter Umständen geradezu die Rolle des theologischen Gewissens in der Diskussion um die Gestaltung von Trauerfeiern. Das mag anmaßend klingen, ist in der Praxis aber gar nicht so selten, weil sie durch die meist größere Distanz eher zu kritischer Reflexion in der Lage sind. Dass diese anspruchsvolle Aufgabe in der Ausbildung explizit Platz finden muss, ist offensichtlich und wird auch zunehmend realisiert.

Cäcilie Blume
The final Countdown. Populäre Musik bei evangelischen Bestattungen

1 Hinführung[1]

1.1 Populäre Musikwünsche bei Bestattungen – ein Streitfall?

Die Trauerfeier für die Oma soll was ganz Besonderes sein.[2] Besonders festlich, so dass die Oma nochmal gewürdigt wird. Familie B. hat deshalb ein besonderes Musikstück für die Trauerfeier ausgesucht, das *Largo* von Georg Friedrich Händel. Die Oma mochte dieses Stück und außerdem ist es irgendwie stimmungsvoll und passend. Umso überraschter ist die Familie, als die Pfarrerin diesem Wunsch beim Trauergespräch mit Skepsis begegnet. Das sei keine christliche Musik, sondern stamme aus einer Oper und würde daher eher schlecht zu einer Beerdigung passen. Sie könne sich diesen Wunsch bei einer Trauerfeier nicht vorstellen. Nach längerer Diskussion einigt man sich schließlich darauf, dass das *Largo* am Ende der Trauerfeier gespielt wird, quasi nach dem offiziellen Teil. Als das Musikstück dann bei der Trauerfeier erklingt, erhebt sich die Pfarrerin und verlässt demonstrativ den Raum.

Noch immer scheint *Der Streit am Sarg um die Musik* nicht beendet.[3] Längst sind Wünsche aus dem Bereich der populären Musik bei evangelischen Bestattungen besonders in städtischen Gegenden keine Einzelfälle mehr und vielfach von Pfarrerinnen und Pfarrern akzeptiert. Gern gesehen sind sie aber auch dort eher selten und in traditionell geprägten Gegenden, wo solche Wünsche noch die Ausnahme bilden, bergen sie nach wie vor Konfliktpotenzial, wie das eingangs beschriebene Beispiel aus der Württembergischen Landeskirche zeigt. Was aber

---

1 Alle diesem Artikel zugrundeliegenden Erkenntnisse basieren auf empirischen Forschungen zu populären Musikwünschen, die im Rahmen eines Dissertationsprojektes durchgeführt wurden (vgl. Cäcilie Blume, *Populäre Musik bei Bestattungen. Eine empirische Studie zur Bestattung als Übergangsritual*, Praktische Theologie heute 137, [Stuttgart: 2014]).
2 Um die Anonymität der beteiligten Personen zu wahren, ist der tatsächlich so geschehene Fall in dieser Schilderung leicht abgewandelt.
3 Unter diesem Titel veröffentlichte Eberhard Hauschildt 1999 einen Aufsatz zur Musik bei Bestattungen (vgl. Eberhard Hauschildt, *Der Streit am Sarg um die Musik. Zur Ursache und Bewältigung von Konflikten zwischen den Beteiligten*, Musik und Kirche 69 (1999), 305–312).

ist das Störende an diesen Musikwünschen? Ist es tatsächlich das Problem, dass sie unchristlich sind? Wieso ist beispielsweise das *Adagio* von Tomaso Albinoni, das häufig als Orgelstück bei kirchlichen Bestattungen erklingt, erlaubt? Was macht Musik zur christlichen Musik? Oder geht es eher um die als problematisch empfundene Anspruchshaltung der Wünschenden? Darum, dass sie sich bei der Gestaltung einmischen? Dass die Musikwünsche wie bei einem Dienstleistungsunternehmen bestellt werden? Oder um ihre mangelnde Beurteilungsfähigkeit darüber, was für eine christliche Trauerfeier geeignet ist und was nicht? Die Gründe für eine skeptische Haltung gegenüber populärer Musik bei kirchlichen Bestattungen sind sicher vielfältig und vielschichtig. Es ist jedoch davon auszugehen, dass die Anzahl solcher Wünsche steigt, je weniger die Menschen mit kirchlichen Traditionen und kirchlichem Liedgut vertraut sind. Umso wichtiger erscheint es mir, sich mit diesen Wünschen, deren Hintergründen und deren Auswirkungen auf die Trauerfeier auseinanderzusetzen. Im Folgenden wird es daher darum gehen, einerseits einen genauen Blick auf diese gewünschte Musik und mögliche Hintergründe der Wünsche zu werfen. Andererseits werden Funktionen vorgestellt, die populärmusikalische Wünsche im Bestattungsritual übernehmen können.

1.2 Populäre Musik – was ist das?

Im Fokus der folgenden Betrachtungen steht ausschließlich populäre Musik bei evangelischen Bestattungen. Da selbst innerhalb der Musikwissenschaften umstritten ist, was mit populärer Musik gemeint ist,[4] bedarf es zu Beginn einer kurzen Begriffsklärung. Der Begriff *populär* bezieht sich hier in Anlehnung an Hans Heinrich Eggebrecht[5] auf den eigentlichen, ursprünglichen oder primären Kontext, in welchem die Musik zu verorten ist. Populäre Musik meint daher die im alltäglichen Leben der Menschen beheimatete Musik. Sie steht – zumindest bei den meisten Menschen in Deutschland – im Gegenüber zur Kirchenmusik, die wie der Name bereits sagt, primär im kirchlichen Kontext zu verorten ist. Diese Definition bringt eine Vielfalt an musikalischen Gattungen populärer Musik mit

---

4 Vgl. Helmut Rösing, *Populäre Musik und ihr Publikum*, International Review of the Aesthetics and Sociology of Music (IRASM) 20 (1989), 12 und Richard Middelton, *Popular music. I. Popular music in the West*, in: The new Grove. Dictionary of music and musicians. Band 20, Stanley Sadie (Hg.), (London ²2001), 128.
5 Hans Heinrich Eggebrecht verfährt auf gleiche Weise mit dem Begriff *geistlich* im Zusammenhang mit geistlicher Musik (vgl. Hans Heinrich Eggebrecht, *Geistliche Musik – was ist das?*, in: Musik und Kirche 66, [1996], 3–9).

sich. So kann darunter wie eingangs beschrieben sowohl klassische Musik als auch Schlager oder Popmusik subsummiert werden.

1.3 Populäre Musikwünsche als Phänomen einer sich wandelnden Bestattungskultur

Musik ist immer schon ein Spiegelbild ihrer Zeit und der Menschen, die sie hören. Sie vermag ein Lebensgefühl zu transportieren und prägt wiederum die Menschen, die sich mit ihr verbunden fühlen. Musik, so lässt sich zusammenfassen, generiert Identität und bringt diese zum Ausdruck. Das wird besonders an Jugendlichen deutlich, wo sie oft als „Identitäts- und Lebensstilmerkmal"[6] dient. Die von einem Menschen bevorzugt gehörte Musik ist daher immer auch aussagekräftig in Bezug auf diese Person und ihre Zeit.

Mit dem Wandel von Zeit und Gesellschaft verändert sich entsprechend auch die Musik. Das gilt auch für die Musik, die im Rahmen von Bestattungen erklingt. Daher gibt Bestattungsmusik wie andere Musik Einblicke in das jeweilige Lebensgefühl und im Speziellen in das Todes- oder Bestattungsverständnis einer Epoche. So zeigt sich bei den frühen Christen an der Übernahme von Hymnen und Psalmen aus dem frühchristlichen Gottesdienst in die Bestattung, dass sich allmählich deren gottesdienstlicher Charakter herausbildet.[7] Demgegenüber tritt im Mittelalter, wo die christliche Bestattung von der Fürbitte für den Verstorbenen und dessen Seelenheil geprägt ist, mehr und mehr das auskomponierte Requiem mit seiner Bitte „ewige Ruhe gib ihnen, Herr"[8] als Bestattungsmusik in den Vordergrund.[9] Nicht erst neuerdings, sondern schon seit der Antike bis heute ist die Bestattungsmusik somit im Wandel begriffen.

Ein Phänomen unserer Zeit sind die vermehrt bei kirchlichen Bestattungen auftretenden populären Musikwünsche. Sie zeugen von einer wachsenden Unkenntnis der traditionellen kirchlichen Bestattungsmusik und somit kirchlicher Traditionen sowie vom unsere derzeitige Gesellschaft kennzeichnenden

---

[6] Peter Bubmann, *Musik*, in: Handbuch Religion und populäre Kultur, Kristian Fechtner (Hg.), (Stuttgart: 2005), 208.
[7] Vgl. Ulrich Volp, *Tod und Ritual in den christlichen Gemeinden der Antike*. Supplements to Vigiliae Christianae 65 (Leiden: 2002), 397.
[8] *Requiem aeternam dona eis, Domine.*
[9] Vgl. Stefan Gasch, *Tod und Musik. Mehrstimmige Trauermusik des 15. und 16. Jahrhunderts*, in: Freund Hein? Tod und Ritual. Querschnitte 22, Wolfgang Hameter (Hg.), (Innsbruck: 2007), 225.

Bedürfnis nach individueller Gestaltung.[10] Auch an ihr zeigen sich somit Entwicklungen, die unsere derzeitige Gesellschaft in Deutschland insgesamt prägen.

2 Von DJ Ötzi bis zu Bach. Die Wunschmusik

Bereits der Blick auf die verschiedenen Musikwünsche sagt etwas über deren Hintergründe aus. Anhand einer bei allen Pfarrerinnen und Pfarrern der Württembergischen Landeskirche im Jahr 2009 durchgeführten schriftlichen Befragung konnten die Lieder aus dem Bereich der populären Musik erhoben werden, die häufig bei kirchlichen Bestattungen gewünscht werden.[11] Daraus ergaben sich die folgenden zwanzig häufigsten Musikwünsche:[12]

1. Andrea Bocelli: *Time to say goodbye*
2. Frank Sinatra: *My Way*
3. Eric Clapton: *Tears in heaven*
4. Charles Gounod/Johann Sebastian Bach: *Ave Maria*
5. *Der gute Kamerad* (Ich hatt einen Kameraden)
6. *'s ist Feierabend*
7. *Im schönsten Wiesengrunde*
8. Herbert Grönemeyer: *Der Weg*
9. Elton John: *Candle in the wind*
10. Johann Sebastian Bach: *Air*

---

10 Vgl. Ursula Roth, *Bestattung. Moderne Thanatokultur / Trauernde / Auferstehungsbotschaft / Lebensgeschichte*, in: Handbuch Praktische Theologie, Wilhelm Gräb und Birgit Weyel (Hg.), (Gütersloh: 2007), 460.
11 Bei der erhobenen Musik handelt es sich um die Lieder, an die sich die Pfarrerinnen und Pfarrer erinnern konnten, wovon das reale Vorkommen eventuell etwas abweicht.
12 Die ersten Plätze dieser Liste entsprechen den Ergebnissen anderer Studien dazu. So waren nach einer Umfrage unter Bestattern in Deutschland im Jahr 2005 *Time to say goodbye* (56,2 %), *My Way* (18,7 %) und Herbert Grönemeyers *Der Weg* (12,5 %) die häufigsten Popsongs bei Bestattungen. Als klassische Wünsche wurden Händels *Largo* (53,1 %), Bachs *Air* (43,7 %) und das *Ave Maria* von Bach/Gounod (40,6 %) genannt (vgl. Christoph Bläsius, *Klassik oder Pop? Umfrage zur Trauermusik*, Bestattungskultur 57 [2005], 28f). Eine entsprechende Befragung aus Großbritannien platzierte Frank Sinatras *My Way* auf Platz eins und *Time to say goodbye* auf Platz drei (vgl. The co-operative funeralcare. Online verfügbar unter www.co-operativefuneralcare.co.uk (15.03.2014) und Smithers, Rebecca, Pop music replaces hymns at two-thirds of funerals, co-op survey finds. Online verfügbar unter www.theguardian.com/music/2012/oct/15/pop-music-funeral-survey-co-op (15.03.2014).

11. Georg Friedrich Händel: *Largo* (*Ombra mai fu* aus der Oper Xerxes)
12. Led Zeppelin: *Stairway to heaven*
13. Xavier Naidoo: *Dieser Weg*
14. Böhse Onkelz: *Nur die Besten sterben jung*
15. *Knockin' on heaven's door*
16. *Amazing Grace*
17. Bette Midler: *The rose*
18. *Il silenzio* (*Die Abschiedsmelodie*)
19. DJ Ötzi: *Ein Stern, der deinen Namen trägt*
20. Céline Dion: *My heart will go on*

Auffallend an dieser Liste ist zunächst das sich in den Platzierungen niederschlagende relativ häufige Vorkommen von klassischen Musikwünschen. Da die Deutschen im Durchschnitt eher wenig klassische Musik hören,[13] entspricht die Wunschmusik in diesen Fällen nicht primär dem alltäglichen Musikgeschmack der Wünschenden. Vielmehr scheint es, als werde diese Musik hier aufgrund der Situation beziehungsweise des kirchlichen Kontextes ausgewählt.[14] Dies gilt verstärkt für die Lieder aus religiösem Kontext,[15] die noch seltener Teil der Alltagsmusik der Wünschenden sein dürften.

Daneben ist bei fast allen genannten Wunschliedern entweder über deren Text, deren Titel oder über den Kontext der Lieder ein – manchmal auch erst auf den zweiten Blick ersichtlicher – Bezug zum Kontext Sterben/Tod/Ewigkeit gegeben, etwa wenn in Frank Sinatras *My Way* vom letzten Vorhang, dem *final curtain*, die Rede ist, oder wenn Elton Johns *Candle in the wind* beziehungsweise *Goodbye England's rose* unweigerlich für viele mit der Beerdigung von Lady Di verbunden ist.

---

13 Nach der Allensbacher Markt- und Werbeanalyse (AWA) hörten 2008 nur etwa 33 % der Gesamtbevölkerung gerne klassische Musik, wobei das Interesse mit zunehmendem Alter stieg (vgl. Allensbacher Markt- und Werbeträger-Analyse (AWA) 2008, Die junge Generation als Vorhut gesellschaftlicher Veränderungen, hg. v. Renate Köcher. Online verfügbar unter www.ifd-allensbach.de/fileadmin/AWA/AWA_Praesentationen/2008/AWA2008_Koecher_Junge_Generation.pdf (20.01.2014): 2).
14 Das stellt auch Heiner Gembris in einer Studie zu Musikwünschen für die eigene Bestattung fest (vgl. Heiner Gembris, *Die Musik am Grab. Bedeutung von Musik in Zeiten der Trauer*, in: Musica et memoria. Trauermusik durch die Jahrhunderte. Musik-Kultur 14, Volker Kalisch/Marcell Feldberg [Hg.], [Essen: 2007], 32–43).
15 Die beiden Lieder *Amazing Grace* und *Ave Maria* zählen eigentlich nicht zur populären Musik im engeren Sinne. Sie werden jedoch von den befragten Pfarrerinnen und Pfarrern als solche empfunden und genannt, weshalb sie hier trotz ihres religiösen Bezugs aufgelistet werden.

Unter Berücksichtigung aller Liednennungen der Pfarrerinnen und Pfarrer bilden sich Muster innerhalb der Wunschmusik heraus. Diese Muster ergeben sich meist daraus, welche Rolle die Person des/der Verstorbenen oder die Bestattung als Kontext der Musik bei der Musikwahl spielt. Aufbauend darauf lassen sich typisierend sechs Gruppen von Bestattungsmusik benennen.

Kanonisierte Bestattungsmusik meint solche Musik, die aufgrund ihres häufigen Vorkommens beinahe als Bestattungsmusik per se bezeichnet werden kann. Die hierzu zählenden Musikstücke sind von begrenzter Anzahl, so dass sie eine Art Kanon bilden. Zu den in Deutschland wohl am häufigsten gewünschten populärmusikalischen Liedern zählen dabei *Time to say goodbye* von Andrea Bocelli und Frank Sinatras *My Way*. Beide Lieder orientieren sich primär am Kontext der Bestattung. So bringen sie den Abschied oder bei *My Way* die Rückschau auf ein gelebtes Leben zum Ausdruck. Kanonisiert werden sie dadurch, dass sie immer häufiger bei Bestattungen als Bestattungsmusik erlebt werden. Diese Erlebnisse inspirieren wiederum andere Menschen bei der Gestaltung eigener Bestattungen, so dass diese Lieder von Bestattung zu Bestattung weiter tradiert werden. Wahrscheinlich ist es einem gegenwärtigen gesamtgesellschaftlichen Bedürfnis nach Individualität geschuldet, dass Menschen, die sich solche Lieder wünschen, trotzdem oft eine Verbindung zwischen der Wunschmusik und der verstorbenen Person herstellen. Danach bringt *My Way* zum Ausdruck, wie speziell der oder die Verstorbene war und *Time to say goodbye* wird plötzlich zu dessen/deren Lieblingslied.

Neben der kanonisierten Bestattungsmusik gibt es die *gruppenspezifische Bestattungsmusik*, die ebenfalls häufig bei Bestattungen gewünscht wird, jedoch dabei für eine bestimmte Gruppe oder ein bestimmtes Milieu steht. Auch sie hat meist einen Bezug zum Thema Tod, der sich durch den Liedtext – *Sag beim Abschied leise Servus* oder *Nehmt Abschied Brüder* – oder durch eigene Todeserfahrungen des Interpreten ergibt wie bei Grönemeyers *Der Weg* oder Eric Claptons *Tears in heaven*.[16] Im Unterschied zur ersten Gruppe werden diese Lieder seltener gewünscht. Häufig hängen sie mit einem bestimmten Milieu und somit mit spezifischen geschmacklichen Vorlieben oder auch mit speziellen Altersgruppen zusammen.[17] Die Musik dieser Kategorie hat somit einen doppelten Bezug:

---

[16] Dieses Lied stellt aufgrund der Häufigkeit des Vorkommens einen Grenzbereich zwischen den ersten beiden Kategorien dar und lässt sich sowohl der einen als auch der anderen zuordnen.

[17] So etwa das oft gewünschte Lied *'s ist Feierabend*, *Stairway to heaven* von Led Zeppelin, *Nur zu Besuch* von den Toten Hosen, *Dieser Weg* und *Abschied nehmen* von Xavier Naidoo oder die sog. Abschiedsmelodie *Il Silenzio*.

Neben dem Bestattungskontext ist das gewünschte Musikstück in irgendeiner Weise auch auf die verstorbene Person oder die Angehörigen als Wünschende, auf deren Lebenserfahrungen oder Lebenseinstellungen ausgerichtet. Das zeigt sich etwa an den Liedern *Ich hatt einen Kameraden* bei Bestattungen von Kriegsveteranen oder an *Nur die besten sterben jung* der Böhsen Onkelz, das vorwiegend bei Bestattungen von jungen Männern – häufig Opfer von Verkehrsunfällen – in ländlichen Gegenden gewünscht wird.

Eine Ausdifferenzierung der gruppenspezifischen Bestattungsmusik stellt die *berufsgruppen- oder hobbyspezifische Bestattungsmusik* dar. Durch das musikalische Aufgreifen des Berufslebens oder der Hobbies – wie etwa bei Wanderliedern – ist hier der Bezug zur verstorbenen Person dominant. Dabei können jedoch auch Themen wie Tod und Abschied anklingen, wie der Wunsch *Auf einem Seemannsgrab, da blühen keine Rosen* bei der Bestattung eines Seemanns zeigt. Die Besonderheit solcher Musikwünsche besteht auch darin, dass die Musik nicht nur etwas über den Verstorbenen aussagt, sondern dass sie eine ganze Gruppe von (anwesenden) Personen – dessen Wanderfreunde oder dessen Seemannskollegen – mit einschließt und auch deren Verbundenheit zum Verstorbenen zum Ausdruck bringt.

Ebenfalls eine Untergruppe der gruppenspezifischen Bestattungsmusik bilden *Heimatlieder*. Auch sie beziehen sich nicht nur auf die verstorbene Person, sondern können andere anwesende Personen derselben Herkunft mit einschließen. Solche Lieder wie das *Böhmerwald-* oder das *Siebenbürgenlied* zeugen von einer besonderen Heimatverbundenheit des oder der Verstorbenen. Die Heimat ist dabei Teil ihrer Biographie und die Musik bringt diese Verbundenheit zum Ausdruck („Das war im Böhmerwald, wo meine Wiege stand"). Meist handelt es sich bei dieser besungenen Heimat um einen Ort der Vergangenheit, der in den Liedern besungen und entsprechend verklärt wird. Zudem ist diese Heimat oft mit der Sehnsucht nach einer glücklichen und unbeschwerten Zeit verbunden, die sich auch in der Musik widerspiegelt („O selge Kindheitszeit, nur einmal kehr' zurück, wo spielend ich genoss das allerhöchste Glück"). Daneben gibt es aber auch Heimatlieder, die nicht nur die Herkunft, sondern auch den Lebensort der verstorbenen Person besingen und somit ein Stück von deren Identität oder deren durch diesen Ort geprägten Charakter wiedergeben. Bei manchen Heimatliedern – wie dem vertonten Gedicht *Droben stehet die Kapelle* von Ludwig Uhland – ist zudem ein Bezug zur Bestattung gegeben. Dort heißt es in der dritten Strophe: „Droben bringt man sie zu Grabe, die sich freuten in dem Tal. Hirtenknabe, Hirtenknabe! Dir auch singt man dort einmal."[18]

---

[18] Ludwig Uhland, *Gedichte* (Stuttgart/Tübingen: 1815), 22.

Häufig werden aber auch einfach die *Lieblingslieder* der Verstorbenen gewünscht. Sie lassen etwas von deren Wesen erahnen, spiegeln deren Lebensgefühl wider. Anders als Worte spricht Musik dabei auch besonders die Gefühle der Zuhörer an. Solche Wünsche tragen über die Musik die Lebenswelt der Wünschenden in die Trauerfeier ein. Nicht selten vermögen diese Lieder zudem Dinge über die verstorbene Person zu sagen, die kein Pfarrer und keine Pfarrerin zu sagen wagten. Oder wer würde wie das gewünschte Lieblingslied *Träumer* von Matthias Reim offen aussprechen, dass ein Verstorbener sein Leben einfach nicht auf die Reihe bekommen hat („dabei bin ich nur ein Träumer und nicht mehr und das Chaos läuft mir ständig hinterher")? Und doch kann es dazu beitragen, dass die anwesenden Personen den Verstorbenen und seine Situation im Nachhinein vielleicht besser verstehen.

Schließlich gibt es eine Gruppe von Liedern, die sehr klein ist und hier vor allem aufgrund ihrer häufig empörenden Wirkung Erwähnung findet, die *ironisierende Bestattungsmusik*. Hierbei handelt es sich um Lieder, die den Bestattungskontext (Tod, Bestattung, Ewigkeit) auf sehr eigene, zuweilen ironisierende Weise aufgreifen. So kann *High way to hell* bei einer Trauerfeier oder *The final Countdown* beim Versenken des Sarges auf manchen befremdlich wirken. Ebenso mag die *Friedhofspolka* von Hiss mit der Aufforderung „Hebt euer Glas und trinkt auf die Toten" dem üblichen Ton einer Trauerfeier entgegenlaufen. Hier stellt sich – besonders bei christlichen Bestattungen – tatsächlich die Frage, ob und gegebenenfalls wo Grenzen zu ziehen sind, oder aber wie solche Wünsche in die Trauerfeier integriert werden können ohne einen Großteil der Trauergemeinde vor den Kopf zu stoßen.

Sowohl die beiden Beobachtungen zu den zwanzig häufigsten populären Bestattungsliedern als auch die Typen populärer Bestattungsmusik zeigen, dass populärmusikalische Wünsche bei Bestattungen meist nicht einer den Angehörigen zuweilen von Pfarrerinnen und Pfarrern unterstellten Willkür entspringen. Vielmehr scheinen sich die Wünschenden Gedanken zu machen, welche Musik dem Kontext einer Bestattung sowie der verstorbenen Person entspricht. Daher ist es unabdingbar, nach diesen Gedanken der Wünschenden zu fragen und sie zu ergründen, um Musikwünsche adäquat verstehen zu können.

3 Funktionen populärer Musikwünsche in der Bestattung

Spannend ist nun die Frage, welche Funktionen diese von Angehörigen eingetragene Musik bei der Trauerfeier übernimmt. Da diese wie die Wünschenden und die Musikwünsche vielfältig sind, werden im Folgenden einzelne besonders markante Funktionen vorgestellt.[19] Ein Musikstück kann dabei mehrere Funktionen zugleich übernehmen. Alle Funktionen wurden aus den Gesprächen mit Angehörigen über deren Erleben der Musik während der Trauerfeier entwickelt.[20] Da der rituelle Charakter der Trauerfeier im Zusammenhang von Krisen- und Trauerzeiten wichtig ist und Halt geben kann, werden Funktionen populärer Musik hier mit deren Auswirkung auf die Bestattung als Ritual untersucht. Um die einzelnen Funktionen besser nachvollziehen zu können, werden sie eingangs an einem konkreten Beispiel verdeutlicht.

3.1 Populäre Musik als biographisches Zeugnis und Darstellung der Verstorbenen

Gleich zu Beginn erklingt bei der Beerdigung eines jungen Mädchens deren Lieblingslied. Für eine Trauerfeier ungewöhnlich harte E-Gitarren-Klänge übertönt von mittelalterlich anmutendem Geigenspiel lassen die Lebenswelt der Verstorbenen erahnen. Die Stimme des Sängers beschreibt das schöne Gesicht einer Frau. Der Liedtext ist zugleich auf einem Liedblatt abgedruckt, wobei sich in der Mitte des Blattes ein Foto der Verstorbenen befindet. Die Eltern der Verstorbenen empfinden dieses Lied im Nachhinein als „unheimlich passend", weil die Verstorbene „einmal mit [...] Worten und einmal mit [...] Musik" beschrieben wird, so dass man „sich richtig a Bild von ihr machen" konnte.

Besonders durch ein Lieblingslied kann der/die Verstorbene musikalisch dargestellt werden. Das geschieht, indem es beispielsweise ein Lebensgefühl oder eine musikalische Szene der verstorbenen Person widerspiegelt, oder auch durch die Verbindung zwischen Musik und Verstorbenem, die dazu beiträgt, dessen Person in der Trauerfeier präsent werden zu lassen. Oftmals ist diese Musik mit einer bestimmten Situation aus dem Leben der verstorbenen Person verbunden oder wie ein Handyklingelton als deren ständiger Lebensbegleiter charakteristisch für diese. Solche Lieblingslieder fungieren in der Trauerfeier als eine Art biographisches Zeugnis und ergänzen den Lebenslauf auf musikalische Weise. Da Musik meist auf emotionaler Ebene wirkt, ist auch die vergegenwärtigende Darstellung der Person mittels Musik häufig emotionaler Art. Daher werden mit

---

19 Weitere Funktionen finden sich bei Cäcilie Blume, *Populäre Musik bei Bestattungen. Eine empirische Studie zur Bestattung als Übergangsritual*, Praktische Theologie heute 137 (Stuttgart: 2014).
20 Die im Folgenden ohne Quellen versehenen Zitate entstammen diesen Interviews.

der Musik verbundene gemeinsame Erlebnisse beim Hören dieser Musik auf emotionale Weise vergegenwärtigt und oft als unmittelbarer und intensiver erlebt, als wenn diese durch Worte geschildert werden. Beim Hören des Musikstücks werden entsprechend die damit verbundenen Ereignisse emotional noch einmal nachvollzogen. Durch ein solches mit der/dem Verstorbenen verbundenes Musikstück wird diese Person somit als konkreter Anlass der Trauerfeier, als Kasus, für alle herausgestellt und erfahrbar.

3.2 Populäre Musik als Unterstützung bei der Realisierung des Statuswechsels

Zur Bestattung seiner Frau wünscht sich Herr U. ein Lied, das die beiden während ihres gemeinsamen Weges, in glücklichen wie auch in schwierigen Lebenslagen, immer begleitet hat. Als das Musikstück in der Trauerfeier erklingt, empfindet er dies als sehr schön, weil es für ihn so ist, „als wäre sie halt nochmal anwesend". Für Herrn U. hätte dieser Moment noch länger andauern können, denn gegen Ende des Stückes weiß er, dass mit dem Ende des Liedes und mit dem Ende der Trauerfeier diese Nähe zu seiner Frau schwinden wird, was für ihn sehr schmerzhaft ist.

Die den Statuswechsel verdeutlichende Funktion von Bestattungsmusik steht in engem Zusammenhang mit der vorab beschriebenen darstellenden Funktion, da der/die Verstorbene auch hier durch Musik vergegenwärtigt wird. Jedoch geht es hier nicht um die Person an sich, sondern um deren Verstorben-Sein, das vergegenwärtigt wird. Durch die Kombination von Text und Melodie dringt die Textbotschaft in tiefere Schichten des menschlichen Bewusstseins ein und spricht zugleich eine emotionale Ebene an, wodurch die Wirkung des Textes intensiviert wird. Der Verdeutlichung des Statuswechsels des Verstorbenen dienen einerseits Lieder, die durch Themenbereiche wie Abschied, Trennung und Trauer dessen Absenz zum Ausdruck bringen. Dabei kann eine traurige Melodie oder wie im Fall von *Time to say goodbye* der Text beziehungsweise lediglich der Titel eines gewünschten Liedes wirkungsvoll sein. Andererseits können auch, wie eingangs beschrieben, Lieblingslieder der Verstorbenen diesen Statuswechsel verdeutlichen, indem die Person trotz ihres Tot-Seins als sehr präsent erfahren wird. Dieses Paradoxon entspricht dem Schwellencharakter des Übergangsrituals:[21] Auf der Schwelle zwischen Leben und Tod wird die verstorbene Person nochmals

---

[21] Vgl. Victor Turner, *Betwixt and Between. The Liminal Period in Rites de Passage*, in: ders., The forest of symbols. Aspects of Ndembu ritual, Victor Turner (Hg.), (Ithaca N.Y: 1967), 93–111.

als ganz lebendig erlebt, um durch diesen starken Kontrast hinterher deren Tot-Sein besser realisieren zu können. Damit trägt ein Musikwunsch, der diese Funktion übernimmt, zur Realisierung des Todes bei.

3.3 Populäre Musik als Begleitung der Schwellenübergänge

Frau P. leidet sehr unter dem Tod ihrer Mutter. Vor deren Beerdigung fürchtet sie sich, weil sie nicht weiß, ob sie diese emotional ertragen kann. Als sie zu Beginn der Trauerfeier mit den anderen Trauernden die Trauerhalle betritt, erklingt das ruhige *Air* von Bach als Eingangsmusik. Später beschreibt sie, welch große Hemmschwelle für sie mit dem Betreten der Trauerhalle verbunden war: „Wenn mer [...] weiß, es kommt jetzt, und mer steht dann vor dieser noch verschlossenen Tür und na muss mer jetzt rein, [...] da ischs eng, da ischs wie en Panzer um die Brust, [...] da schnürts eim schons Herz zammen." Die Musik, die sie „wie a Begrüßung" und als „tragend" erlebt, hilft ihr, diese Schwelle zu passieren, so dass sie sich schließlich für die Trauerfeier öffnen kann.

Musik kann wie gezeigt die Übergänge vom Alltag in das Ritual und vom Ritual wieder zurück in den Alltag begleiten. Sie hilft den Angehörigen dabei, diese Übergänge oder Schwellen zu überwinden. Dies kann durch den Rhythmus der Musik unterstützt werden, an den sich der Schritt der Trauergäste anpasst, so dass Musik über die Schwelle trägt. Von den Angehörigen gewünschte Musik vermittelt aufgrund ihrer Vertrautheit beim Übergang in fremde Bereiche Sicherheit. Diese begleitende Funktion der Musik ist besonders an den Rändern der Liturgie, dem Anfang und Ende der Trauerfeier relevant. Zu Beginn unterstützt leichte und ruhige Musik den Schwellenübergang, da beispielsweise sehr dunkle schwermütige Musik – verstärkt durch den oft als bedrohlich empfundenen Orgelklang – zu Beginn der Trauerfeier als emotionale Überforderung empfunden werden kann. Dies ist angesichts der eingangs beschriebenen emotionalen Anspannung, die viele Angehörige vor einer Trauerfeier empfinden, nicht zu unterschätzen. Musik, die den Übergang von der Trauerhalle nach draußen begleitet, kann hingegen lebendiger und schneller sein, da Rhythmus und Melodie so den Gang ins Leben vorzeichnen. Schließt sich dem Verlassen der Trauerhalle der Gang zum Grab an, kann Musik auch hier den Weg aus der Trauerhalle erleichtern. Die draußen nachklingende Musik vermischt sich dabei häufig mit dem Klang der Friedhofsglocke, die wiederum den bevorstehenden Akt am Grab ankündigt. Durch den Klang von Musik und Glocken werden somit die einzelnen Stationen der Trauerfeier verbunden. Neben der seelsorgerlichen Bedeutung dieser Funktion für die Trauernden wird durch derart bewusst gewählte Musik auch die Dramaturgie des Rituals insgesamt unterstützt.

3.4 Populäre Musik als Emotionalisierung

Für die Trauerfeier ihrer Tante wünscht sich Frau N. einen italienischen Schlager, den ihre Tante tagein und tagaus hörte und der ihr als Klingelton fürs Handy diente, so dass dieses Lied für Frau N. unmittelbar mit ihr verbunden ist. Als das Lied bei der Trauerfeier nach der persönlich gehaltenen Ansprache erklingt, beginnt Frau N. heftig zu weinen. Später erklärt sie, dass sie bis dahin funktionieren musste und eigentlich erst bei diesem Lied realisiert hat, dass ihre Tante tatsächlich tot ist. Zugleich beschreibt sie: „sobald ne Beerdigung ins Persönliche geht, also wo mer wirklich den [...] Menschen nahe bringt, [...] ist des der emotionalste Punkt." Der dadurch ausgelöste Schmerz gehört für sie zu einer Trauerfeier: „Aber in dem Moment, wo des soo (...) so weh tut [...], aber so dermaßen schön ist auf der anderen Seite, so Abschied nehmen zu können, [...], des war schon /ehm/, wo ich dann gefühlt hab, ok, /ehm/ des war alles richtig so."

Wie hierbei deutlich wird, kann Musik heftige emotionale Reaktionen auslösen, da sie emotionale Ebenen im Menschen anspricht. So stimmt ein ruhiges Stück in Moll tendenziell eher traurig. Emotionen werden aber nicht nur durch den Charakter der Musik, sondern auch aufgrund der Bedeutung ausgelöst, die das Musikstück für die Rezipienten hat. Musik, die den Hörern vertraut ist, wirkt dabei tendenziell stärker als unbekannte Musik.[22] Gleich einer Ventilfunktion verhilft Musik zudem, vorhandene Emotionen freizusetzen. Sie verändert und verstärkt vorhandene Stimmungen.[23] So kommt es vor, dass Trauernde, wie eingangs beschrieben, erst in der Trauerfeier unter dem Einfluss von Musik weinen können. Das Spüren und das Ausleben der Trauer wirken sich dabei mitunter tröstend auf die Trauernden aus. Emotional besetzte Musik wird aber aufgrund ihrer starken Wirkung oft auch als Stress empfunden, da Musik unmittelbar wirkt und es schwer ist, sich dieser Wirkung zu entziehen. Weniger traurige und beruhigende Musik kann einer solch starken Emotionalisierung jedoch entgegenwirken.

---

22 Dies belegen Grewe et al. anhand einer Studie zum Zusammenhang von Musikrezeption und Gänsehaut als Indikator für eine emotionale Reaktion (vgl. Oliver Grewe, Reinhard Kopiez und Eckart Altenmüller, *The Chill Parameter. Goose Bumps and Shivers as Promising Measures in Emotion Research*, Music Perception 27 [2009], 61–74. Vgl. Jörg Schönberger, *Musik und Emotionen. Grundlagen, Forschung, Diskussion* [Saarbrücken: 2006], 21).
23 Vgl. Jörg Schönberger, *Musik und Emotionen. Grundlagen, Forschung, Diskussion* (Saarbrücken: 2006), 12.

3.5 Populäre Musik als nachhaltige Unterstützung der Trauerbewältigung

Bewusst sucht Frau K. für die Beerdigung ihrer Mutter Musik aus, die sie später wieder hören kann. Sie hat bereits im Rahmen einer anderen Beerdigung erlebt, dass es gut tut, sich diese Musik später nochmals anzuhören, ein bisschen zu weinen und an die Verstorbene zu denken. Bei Orgelmusik wäre dies schwierig, vermutet sie. Trotz der Tränen, die ihr dabei kommen, beschreibt sie das als „positive Auswirkung," die „doch immer irgendwie Trost spendend" ist.

Musik ist ein besonders nachhaltig wirkendes Gestaltungselement der Trauerfeier und kann der längerfristigen Trauerbewältigung dienen. Indem ein Lied in die Trauerfeier integriert wird, verändert sich dessen Bedeutung für die Angehörigen: Die Verbindung zwischen Lied und Situation der Trauerfeier und/oder dem Verstorbenen wird gefestigt und intensiviert. Hört man später dieses Lied wieder an, wird zugleich die damit verbundene Situation der Trauerfeier wachgerufen. Die Bestattungsmusik ermöglicht dabei durch ihren emotionalisierenden Charakter, die meist noch vorhandene Trauer auch im Alltag durch die Freisetzung von Emotionen auszuleben. Die nachhaltige Wirkung der gewünschten Musik in der Zeit nach der Trauerfeier ist durch eine besondere Intensität und Emotionalität gekennzeichnet, wobei sich Letztere häufig als Stimmungsverstärkung äußert. Wenn sie früher mit der lebenden Person verbunden war, so führt sie jetzt durch ihre Integration in die Trauerfeier unmittelbar auch die Person als Verstorbene vor Augen und fördert dadurch die allmähliche Realisierung dieses Todes. Auch wenn die Wirkintensität nach der Trauerfeier mit zunehmendem zeitlichen Abstand tendenziell abnimmt, bleibt diese Bedeutungsveränderung der Musik gleich einer Art emotionaler Erinnerung gewahrt. Da die Wirkung meist auf die Dauer des Musikstückes begrenzt bleibt, wird ein Sich-in-der-Trauer-Verlieren vermieden. Gewünschte und somit dem Alltag entnommene Musik eignet sich für eine nachhaltige Wirkung besonders gut, da sie nach der Trauerfeier im Alltag verfügbar ist und nach Belieben gehört werden kann. Sie dient den Angehörigen als über die Trauerfeier hinausgehende Trauerbegleitung und unterstützt mit der Trauerbewältigung das Bestattungsritual somit in seiner primären Funktion.

4 Fazit und Konsequenzen für die pastorale Praxis

Tragen nun populärmusikalische Wünsche, wie es manchmal scheint, tatsächlich schon das Konfliktpotenzial in sich und sind sie als Phänomen einer kirchlichen Verfallsgeschichte bei kirchlichen Bestattungen per se fehl am Platz?

Wie gezeigt, gibt die konstruktive Auseinandersetzung mit populärmusikalischen Wünschen Antworten auf solche Fragen. Dabei geht es zunächst darum, die Wünsche der Angehörigen ernst zu nehmen, um sie mit ihren je eigenen Hintergründen verstehen zu können. Erst dann ist ein angemessener Umgang möglich, wie er in einem seelsorgerlich so sensiblen Kontext erforderlich ist.

Wichtig festzuhalten scheint mir, dass der allseits beschworene Wandel der Bestattungskultur kein spezifisches Phänomen unserer Zeit ist. Vielmehr sind die Bestattungskultur ebenso wie die gesellschaftlichen Bedingungen fortwährend im Wandel begriffen. Populärmusikalische Wünsche sind eine Antwort der Bestattungskultur auf gegenwärtige gesellschaftliche Entwicklungen hin zu Individualisierung und Pluralisierung.[24] Sie nehmen die sich darin artikulierenden Bedürfnisse auf, als einzigartiges Individuum mit den eigenen Vorlieben und den speziellen Wesensmerkmalen wahrgenommen zu werden und unabhängig von Vorgaben der Tradition in der Vielstimmigkeit ihren Platz zu haben. Populäre Musikwünsche sind bei Bestattungen somit nicht nur ein Phänomen der gegenwärtigen Gesellschaft, sie entsprechen (zumindest zum Teil) auch den Bedürfnissen der in dieser Gesellschaft lebenden Menschen. Eine menschenzugewandte Kirche nimmt solche Wünsche daher grundsätzlich ernst.

Zudem hängt an der Frage der Würdigung und des Umgangs mit populärmusikalischen Wünschen auch die Frage nach Würdigung und Umgang mit den sie äußernden Menschen. Ist hierbei von einer grundsätzlichen Inkompetenz auszugehen oder ist diesen Menschen nicht auch ein Gefühl dafür zuzugestehen, was zu einer Trauerfeier passt und was nicht? Eine evangelische Perspektive auf populäre Musikwünsche bei Bestattungen müsste meines Erachtens die Wünschenden als Gegenüber auf Augenhöhe sehen. Diese können zwar von Pfarrerinnen und Pfarrern für mögliche Unstimmigkeiten sensibilisiert werden, sind jedoch auch mit ihrer Vorstellung und Einschätzung zu hören. Denn die dargestellten Musikwünsche zeigen, dass hinter ihnen meist keine Willkür steckt, sondern dass sich die Angehörigen oft gut überlegen, welche Musik für die Trauerfeier eines ihnen lieben Menschen geeignet sein könnte. Die Aufgabe der Pfarrerinnen und Pfarrer ist daher aus meiner Sicht nicht zu bestimmen, welche Musik gespielt wird. Vielmehr dienen deren Wissen und Erfahrung der Beratung der Angehörigen. Diese wird angesichts des mit Trauerfeiern verbundenen Wissensvakuums – eine Folge der rückläufigen Gemeindebeteiligung bei Bestattungen – an Bedeutung gewinnen. Momentan füllen vor allem Bestatterinnen und Bestatter diese Lücke

---

24 Vgl. Ursula Roth, *Bestattung. Moderne Thanatokultur / Trauernde / Auferstehungsbotschaft / Lebensgeschichte*, in: Handbuch Praktische Theologie, Wilhelm Gräb/Birgit Weyel (Hg.), (Gütersloh: 2007), 459f.

durch umfassende Beratungsangebote. Besonders im Bereich der liturgischen Gestaltung der Trauerfeier wäre es jedoch angebracht, dass Pfarrerinnen und Pfarrer noch mehr beratend tätig werden. Bezogen auf populäre Musikwünsche hieße dies, dass Angehörige dazu ermutigt werden, eigene Musikwünsche in die Trauerfeier einzutragen, wobei die Pfarrerinnen und Pfarrer mit ihnen über die Bedeutung dieser Musik ins Gespräch kommen.

Denn wie gezeigt können solche Wünsche für den Trauerprozess wertvolle liturgische beziehungsweise rituelle Funktionen erfüllen. Als vertrautes Element im fremden Kontext der kirchlichen Liturgie bieten sie den Trauernden Sicherheit in einer ohnehin krisenhaften und unsicheren Situation. Zudem ermöglichen sie es, ein Element der Trauerfeier mit in den Alltag zu nehmen, um dort das Geschehene immer wieder vergegenwärtigen zu können.

Schließlich sind es besonders gewünschte Lieblingslieder, die einen Eindruck von der verstorbenen Person vermitteln. Auch für die Pfarrerinnen und Pfarrer, die die Verstorbenen oft ja selbst nicht zu Lebzeiten kannten, kann dies hilfreich sein, da Musik hinausreicht über das, was Worte aussagen können. In der Trauerfeier helfen sie dabei, diese am Verstorbenen ausgerichtet und persönlich zu gestalten. Der oder die Verstorbene tritt als aktueller Fall, als Kasus, in Erscheinung. Somit sind solche populärmusikalischen Wünsche als Kasualmusik per se zu bezeichnen. Ich sehe sie daher weniger als Streitfall, sondern vielmehr als Chance für eine am Menschen ausgerichtete Kasualpraxis.

IX. Bestattungen von Frühgeborenen

Nur
„Ein paar Worte
blieben
Fremdwörter
Flügel Liebe Ruh".
– Rose Ausländer –

Andrea Morgenstern
Perinataler Tod. Bestattungen von Frühgeborenen

Ein Abschied unter besonderen Bedingungen

Jedes Ende, auch das Ende ohne einen Anfang, verlangt nach einem Abschied. Wer Menschen begleitet, die ihr Kind *vor, während oder kurz nach der Geburt* verlieren oder verloren haben, begibt sich selbst an eine schmerzhafte Grenze. Die alltägliche Erfahrung versagt, die erlernte Dogmatik schweigt, zu fällende ethische Entscheidungen haben keine Vorbilder, hilfreiche oder gar tröstende Worte scheinen zu fehlen. Wenn Kinder um die Geburt sterben oder tot zur Welt kommen, wenn Geburt und Tod dicht beieinanderliegen oder ineinander fallen, dann wird die Widersprüchlichkeit des Lebens zur eigenen Erfahrung, sie zerbricht Pläne und Lebensentwürfe und macht auch vor letzten Gewissheiten nicht halt. Die Liebe zwischen Paaren wird auf eine harte Bewährungsprobe gestellt, Hoffnungen sind bereits zerschlagen, aller Glaube steht in Frage. Wer Betroffene in dieser Situation begleiten und unterstützen möchte, braucht klare und doch zarte Worte im Umgang mit einem Geschehen, das meist voller Rätsel bleibt, das häufig zufällig scheint und zugleich eine Wucht hat, die traumatisch sein kann. Meist endete die auf den Beginn neuen Lebens ausgerichtete Schwangerschaft abrupt und ungewollt, die werdenden Eltern wurden von einem schnell ablaufenden Geschehen überrollt, mit dem Empfinden eigener Ohnmacht konfrontiert. In dieser Situation Abschied nehmen zu müssen, kann nur schwer sein. In dieser Situation einen gut begleiteten Schritt gehen zu können, kann im Trauerprozess entscheidend hilfreich sein.[1]

---

[1] Wünsche betroffener Eltern an SeelsorgerInnen finden sich beispielsweise in: Initiative „Glücklose Schwangerschaft e.V.": *Wünsche betroffener Eltern an SeelsorgerInnen.* In: *Sterbende leben. Rast für die Seele. Eine Arbeitshilfe zum Umgang mit Sterben, Tod und Trauer für die Gemeindearbeit*, Evang.-Luth. Kirchenkreise Bayreuth, Nürnberg und Ansbach und der Erzdiözese Bamberg (Hg.), 122–123.

Wer sich erzählen lässt, wie Frauen und Männer den Verlust eines Kindes erlebt haben, erschrickt vermutlich über das Schweigen in Familien und Beziehungen, über das hilflos vermeidende Handeln in Kliniken, über das in der Nachkriegszeit harte gesellschaftliche Klima und über die rechtlichen Bestimmungen, die es unsinnig erschweren, mit dem Verlust umzugehen und Formen der Trauer zu finden.[2] Nicht zuletzt durch die Initiative von Selbsthilfegruppen wurde in den letzten Jahren sowohl der Umgang in vielen Klinken verbessert als auch das Bestattungsrecht zugunsten der Betroffenen verändert. Damit ist ein nicht zu unterschätzender Baustein gelegt, der es ermöglicht, offener und angemessener mit dem (perinatalen) Tod umzugehen.

1 Das Recht auf Bestattung

In der Vergangenheit war es für viele Eltern schmerzhaft, dass ihre Kinder nicht bestattet werden durften oder sie in der Klinik nicht auf die Möglichkeit einer Bestattung hingewiesen wurden, während sie selbst die gesetzlichen Bestimmungen nicht rechtzeitig kannten. Die in vielfacher Hinsicht verbesserten derzeit gültigen, in den einzelnen Bundesländern allerdings unterschiedlichen gesetzlichen Regelungen können inzwischen im Internet eingesehen werden.[3] Das Bestattungsgesetz in Baden-Württemberg beispielsweise unterscheidet zwischen Bestattungspflicht und Bestattungsrecht: Es besteht eine Bestattungs*pflicht* für Kinder mit einem Geburtsgewicht über 500 Gramm. Totgeborene Kinder sind dabei ausdrücklich einbezogen.[4] Für Frühgeborene oder totgeborene Kinder mit einem Geburtsgewicht unter 500 Gramm besteht – darauf *müssen* Kliniken hinweisen – ein Bestattungs*recht*; sie können auf Wunsch auch nur eines Elternteils bestattet werden. Dies gilt ausdrücklich auch für den Tod durch einen Schwangerschaftsabbruch. Kinder, bei denen kein Elternteil eine Einzelbestattung wünscht, sind durch die Klinik unter würdigen Bedingungen zu bestatten.[5] Die Kränkungen, die in der Vergangenheit durch die Verweigerung einer Bestattung

---

[2] Interviews mit betroffenen Müttern und Vätern finden sich bei Andrea Morgenstern, *Gestorben ohne gelebt zu haben. Trauer zwischen Schuld und Scham*. Praktische Theologie 66 (Stuttgart: 2005). Zur Bedeutung und zu Strukturierungsmustern des Erzählens: Anja Stukenbrok, *Vom Unsagbaren erzählen: Kindsverlust und Trauer. Leidfaden* (3/2013), 28–33.
[3] Z.B.: www.rechtliches.de.
[4] BestattG § 30 (1), siehe: www.landesrecht-bw.de/jportal, Gesetz über das Friedhofs- und Leichenwesen (Bestattungsgesetz) vom 21. Juli 1970.
[5] BestattG § 30 (2).

unnötigerweise verursacht wurden, werfen ein Licht auf die große Bedeutung, die eine Bestattung haben kann.[6]

2 Unterschiedliche Formen der Bestattung an besonderen Orten

Wenn Eltern eine Bestattung wünschen, stehen ihnen in der Regel mehrere Möglichkeiten offen und es ist wichtig, dass sie ausreichend Zeit haben, sich für die ihnen angemessen erscheinende Form zu entscheiden. Grundsätzlich sind auch bei frühverstorbenen Kindern Erd- und Feuerbestattungen möglich. Wird eine *Erdbestattung* gewünscht, so ist diese keineswegs an den Erwerb eines großen Reihengrabs gebunden. Auf vielen Friedhöfen gibt es inzwischen Rasengräber und *anonyme Grabfelder*. Vielleicht haben die Angehörigen die Möglichkeit, den kleinen Sarg oder, falls eine *Urnenbestattung* gewünscht wird, die Urne in einem *Familiengrab* beizusetzen oder dem Grab eines Verwandten oder Bekannten *nachträglich beizugeben*. Auf vielen alten Friedhöfen gibt es Reihen mit Kindergräbern, die Betroffenen häufig allein durch ihre Größe angemessener erscheinen als ein Erwachsenengrab.[7]

Eine eigene Sprache sprechen auch – allein durch ihr Vorhandensein und ihre reflektierte ästhetische Gestaltung – die in den vergangenen Jahren auf über hundert Friedhöfen entstandenen *Gräberfelder* mit Skulpturen und Gedenksteinen, neben denen vielerorts sowohl anonyme, als auch persönlich zu gestaltende Bestattungsplätze vorhanden sind.[8]

Häufig finden hier die von KlinikseelsorgerInnen gestalteten Gedenkgottesdienste[9] statt; zugleich bieten sie auch allen, die ihre Kinder nicht bestatten

---

[6] Auf die grundsätzliche Frage, die die Verweigerung einer Bestattung aufwirft, verweist aus katholisch-theologischer Perspektive: Thomas Schüller, *Totgeborene Kinder – ausgeschlossen aus dem 'universalen Heilswillen Gottes'?*, Pastoralblatt (44/1992), 278–282.

[7] Allein schon die Größe von Grabstätte und Sarg oder Urne ist für viele Angehörige bedeutungsvoll. Neben Kindersärgen, die selbst gestaltet oder ausgelegt werden können, wird ein aus weißem Filz und Seide gestalteter, eigens für die Bestattung von Fehl-und Todgeburten entwickelter kleiner „Himmelswolken"-Sarg angeboten.

[8] Aktuelle Listen mit den jeweiligen Besonderheiten u.a. bei www.die-muschel.de, www.initiative-regenbogen.de.

[9] Zusätzlich zum bundesweit mit Gottesdiensten begangenen Gedenktag am 2. Advent; siehe dazu http://www.veid.de/aktuell/veranstaltungen/gedenktag.html

konnten, einen Ort der Erinnerung an.[10] Von einer überzeugend ruhigen Ästhetik geprägt ist beispielsweise das 2004 auf dem Mainzer Hauptfriedhof eingerichtete Gräberfeld „Sternengarten". Wer inmitten des Friedhofs die kleinen bunten Windräder, die von Geschwistern gemalten Bilder, die einzelnen Spielsachen sieht, spürt etwas vom Tod mitten im Leben und von Trauer, die sich ausdrücken will. Die Grabfelder sind ein Ort, an dem neben den anderen Toten auch der Tod der ganz Kleinen einen Raum hat und sichtbar wird. Weil – meist aufgrund der Initiative einiger weniger – diese besonderen Orte eingerichtet wurden, haben inzwischen viele Friedhofsbesucher die Chance, sich erinnern zu lassen, Trauer zu spüren und eigenen verschütteten, verarbeiteten oder unbearbeiteten Erfahrungen zu begegnen. Dies scheint heute eher möglich als in den vergangenen Jahrzehnten, in denen aus unterschiedlichen Gründen der Widerstand gegen das Sichtbarmachen von Trauer nach dem frühen Verlust eines Kindes noch größer war. Jahre später trauern nicht wenige Menschen bewusst oder unbewusst um ein verlorenes Kind oder Enkelkind oder Geschwisterkind, weil damals, als der Verlust eintrat, zu wenig Raum oder Anerkennung der Trauer war.

Immer gilt es einen eigenen Weg zu finden. Mütter und Väter müssen selbst spüren, was für sie wichtig und richtig ist. Nur wenige sind in der aktuellen Situation, wenn die Ereignisse sich überschlagen, davon nicht überfordert. Deshalb ist es hilfreich, professionell damit befasste oder kundige Menschen an der Seite zu haben, die wissen, welche Entscheidungen anstehen, und helfen, die für die Betroffenen richtigen Entscheidungen zu treffen. Häufig ist der Gewinn von Zeit notwendig: etwa um das tote Kind noch einmal oder doch noch anzusehen. Oder um die Beerdigung zu verschieben, bis die Mutter dafür aus dem Krankenhaus entlassen werden kann. Oder bis die Verwandten und Freunde, die eingeladen werden sollen, benachrichtigt sind. Oder bis es überhaupt wieder möglich ist, etwas klarer zu denken.

3 Theologische Entscheidungen und Bedürfnisse

Es kommt nicht selten vor, dass Eltern, deren Kind tot geboren oder ungetauft gestorben ist, eine Taufe erbitten. Es hilft den Eltern wenig, wenn dies lediglich aus theologischen, konfessionsübergreifend anerkannten Gründen abgelehnt

---

10 Schniering bietet eine bildreiche Dokumentation des Gedenkplatzes in Hamburg-Ohlsdorf. Susanne Schniering (Hg.), *Ich trage Dich in meinem Herzen. Der Gedenkplatz für nicht beerdigte Kinder in Ohlsdorf* (Pinnow: 2001).

und darauf verwiesen wird, dass nur lebende Kinder getauft werden können. Was weiterhilft ist m.E. der Versuch zu verstehen, was sich in dem vielleicht sogar mit Scheu vorgetragenen Wunsch an vagen oder klaren Ängsten ausdrückt oder an anders nicht formulierbaren Bedürfnissen. Die Handreichung der Evangelisch-lutherischen Kirche in Bayern schlägt als Alternative zu einer nicht möglichen Taufe ein Namensgebungsritual oder eine Segnung, die mit einer Salbung verbunden werden kann, vor.[11]

Mir scheint, es geht den betroffenen Eltern, manchmal auch den Großeltern, in vielem um die Vergewisserung, dass auch dieses verstorbene Kind ein Kind Gottes ist und bleibt. Deshalb braucht es einen Namen; deshalb brauchen wir die Gewissheit, dass dieses Kind wie andere Verstorbene von Gott freundlich angesehen wird; und mehr noch als bei anderen Verstorbenen hilft der Glaube, dass Gott aus dem Tod herausheben und unvollständig gelebtes Leben vollenden kann. Vielleicht benötigen die Betroffenen tatsächlich besondere rituelle Gesten, um sich diesen Glauben zu eigen zu machen oder, bildlich gesprochen, in diesen Glaubensraum einzutreten; vielleicht braucht es zusätzlich oder stattdessen mehrere tastende Gespräche, vielleicht ist aber auch die Kraft des Bestattungsrituals entscheidend.[12]

Ein Vater erinnert: „Es war keine große wortreiche Veranstaltung. Die Person des Pfarrers war ganz – ja, ‚ruhig' klingt jetzt zu wenig präzise – also, er hat eine ganz dunkle Stimme. Er hat keine großartigen, theologischen, glaubensmäßigen Erklärungen dessen geliefert, was da passiert ist. [...] Es waren natürlich unsere

---

[11] Die liturgischen Bausteine finden sich in der Handreichung der Evangelisch-lutherischen Kirche in Bayern zur seelsorgerlichen Begleitung bei Fehlgeburt, Totgeburt und plötzlichem Säuglingstod (Hg.), *Ein Engel an der leeren Wiege* (Schweinfurt: 2002), 43–51. Ihr folgt das umfangreiche Materialheft von Sabine Bäuerle und Natalie Ende (Hg.), *Ich steh vor dir mit leeren Händen, Gott. Hilfen, Liturgien und Rituale zur Begleitung beim Tod eines Kindes im Mutterleib oder kurz nach der Geburt*. Materialheft des „Zentrum Verkündigung der EKHN" Fachbereich Gottesdienst, Kunst und Kultur 101, Frankfurt a.M. (o.J.), 46–50. – Eine ausgeführte Beispielliturgie bietet: Landeskirchenamt der Evangelischen Kirche in Kurhessen-Waldeck (Hg.), (2006). Agende IV. Die Bestattung. Kassel. 73–81. – Die Situation in der Schweiz nimmt auf: Hecking, Detlef und Clara Moser Brassel (2006). *Wenn Geburt und Tod zusammenfallen. Ökumenische Arbeitshilfe für Seelsorgerinnen und Seelsorger bei Fehlgeburt und perinatalem Kindstod*, hg. von der Frauenkonferenz des SEK, der Kommission Ehe und Familie der SBK, der Kirchlichen Frauenkommission der SBK und vom Verein zur Förderung einer professionellen Beratung und Begleitung von Fehlgeburt und perinatalem Kindstod, Zürich: TVZ.
[12] Kerstin Lammer, *Ein Ritual zeigt mehr als 1000 Worte. Über die Grenzen von Gesprächen und den Wert von Ritualen*, in: *Leidfaden* (2013), 7–8, betont neben der entlastenden und identifizierenden Funktion von Ritualen die Individuation und Bewusstsein fördernde Kraft von Gesprächen.

engsten Verwandten da und ein paar Freunde. Ich habe oft mit denen – mein bester Freund, der A. war dabei – das ist so ein Zweimeter-Mann, so ein Hüne – wie gut das war, sich in dessen Arm zu legen – Also wir sind alte Bergwanderer, haben schon einiges erlebt, ‚auf Leben und Tod'. Und der hat auch nicht großartig rumerklärt. Einfach dieses Gefühl: da hält dich einer, hält dich fest. [...] Die Beerdigung, das ist ein ganz wichtiger Schatz in meinem Leben. Dieser Gottesdienst, vor allen Dingen der Gottesdienst. [...] Das sind so Trostmomente in dieser schweren Phase gewesen. Dass der Pfarrer wirklich mit uns überlegt hat: Was möchtet Ihr für Texte hören? Was möchtet Ihr für Lieder singen? Wie soll der Gottesdienst sein?" Die Mutter ergänzt das für sie Wichtige: „Ja, es war eben ein richtiges Begräbnis. Dass wir eine Todesanzeige gemacht haben und den Namen genannt haben." [13]

Das Tröstende braucht Gesten, die Geborgenheit vermitteln; es braucht Vertrauen und Anknüpfungspunkte; es braucht keine überbordenden Worte, aber es braucht Worte in der richtigen Form.

4 Besondere Rituale

Was Rituale ausmacht, kann und muss hier nicht ausführlich dargelegt werden; es ist aber m.E. bei der Bestattung von früh- oder totgeborenen Kindern von großer Bedeutung: Wohl noch mehr als sonst sind Rituale hier allein schon durch ihre Durchführung wirksam, und – aus der Perspektive der Ritualtheorien formuliert – es zeigt sich, wie viel Grundsätzliches Rituale leisten können. Im folgenden will ich Besonderheiten bei der Bestattung früh- oder totgeborener Kinder mit allgemein gültigen Merkmalen von Ritualen in Verbindung setzen.[14]

Rituale sind Wiederholungen einer strukturierenden Abfolge von Handlungsschritten.

Dies kann, wenn ein Geschehen alle inneren Strukturen sprengt und keinerlei Handlungsmuster bewusst sind, Halt vermitteln. Wenn der Tod eines Kindes beispiellos scheint, kann allein schon die Erinnerung an andere Bestattungen und die Wiederholung schon einmal erlebter Handlungsmuster Halt geben.

---

[13] Aus einem unveröffentlichten Interview (VII); cf. Morgenstern, a.a.O., 40.180–182.
[14] Die Stichpunkte folgen einer Zusammenfassung von Kerstin Lammer, *a.a.O.*, 8; vgl. auch Palm, Gerda (2001). *Jetzt bist du schon gegangen, Kind. Trauerbegleitung und heilende Rituale mit Eltern frühverstorbener Kinder*. München: Don Bosco.

4.1 Rituale inszenieren ästhetisch und dramaturgisch stimmig

Bei jeder Bestattung wird Wert gelegt auf das zu Sehende, und es gibt eine „Kunst des Gedenkens"[15]. Bei der Bestattung eines kleinen Kindes kann ein winzig kleiner weißer Sarg angemessen, sogar schön erscheinen. Das Ritual macht einen Teil des Geschehenen sichtbar. Der Unbegreiflichkeit und Unsichtbarkeit der „stillen Geburt" (stillbirth) wird in einer transformierten Weise entgegengetreten und zwar so, dass der Anblick an sich erträglich ist. Eine Bestattung ist auch nicht peinlich oder beschämend. Sie ermöglicht einen würdevollen Abschied, der den Gefühlen der Eltern angemessen ist. Auch das Unvollendete und Unverständliche erhält eine sichtbare Würde. Die im Zusammenhang eines perinatalen Todes allzu häufig erlebte Scham kann so aufgehoben werden.

4.2 Rituale sind symbolisches Ausdruckshandeln

Im Fall einer Beerdigung wird beispielsweise durch das Versenken des Sarges und durch den Erdwurf das Unwiderrufliche des Todes dargestellt. Mütter, die z.B. wegen eines Kaiserschnitts nicht an einer für sie zu früh stattfindenden Beerdigung teilnehmen konnten, berichten, dass sie sehr viel Zeit brauchten, um das Ende der Schwangerschaft zu begreifen um innerlich aus der Symbiose, die die Schwangerschaft prägte, herauszufinden, um dann auch noch den Tod des Kindes ohne die Hilfe eines Rituals zu realisieren. Rituale prägen das Bewusstsein.

4.3 Rituale sind eine Alltagsunterbrechung

Im Fall einer Fehl- oder Totgeburt, wenn der Alltag und alle Routinen sowieso unterbrochen sind, kann eine Bestattung die Unterbrechung einer als chaotisch erlebten und innerlich unstrukturierten Zeit sein. Wenn zudem Geschwisterkinder betreut werden müssen, sind Väter häufig zwischen Krankenhaus und Zuhause unterwegs und es bleibt ihnen wenig Zeit zu erfassen, was geschehen ist. Eine Bestattung und deren Vorbereitung lenkt den Blick von den alltäglichen Anforderungen auf den Verlust und auf die eigene Trauer. Familiensysteme, die

---

[15] Dazu Harriet Frazer, *Die Kunst des Gedenkens*, in: Chris Paul (Hg.), *Neue Wege in der Trauer- und Sterbebegleitung. Hintergründe und Erfahrungsberichte für die Praxis* (Gütersloh: 2001), 112–118.

direkt weniger betroffen sind, werden durch die Einladung zu einer Bestattung in das Geschehen involviert.

4.4 Rituale schaffen einen Gemeinschaftsbezug

Wenn Eltern sich entscheiden, Verwandte, Freunde oder Nachbarn zur Bestattung einzuladen, schaffen sie eine gemeinsame, über Jahre hin tief verbindende Erfahrung. Und selbst wenn nur eine Pfarrerin oder ein Pfarrer anwesend sind, wird eine Beziehung geschaffen oder gefestigt, die der großen Gefahr innerer Einsamkeit entgegenwirkt. Es sind häufig nicht die Worte der Anderen, es ist ihre bloße Anwesenheit, die später erinnert wird. Die fragile Identität als Mutter, als Vater, als Großeltern wird durch die Anwesenheit von Andern bestätigt und mitgeformt.

4.5 Rituale inszenieren einen Statusübergang

Im Fall einer Fehl- oder Totgeburt ist widersinnigerweise eine Bestattung die fast einzige Möglichkeit, das kurze Dagewesensein eines Kindes und damit die Elternschaft sichtbar zu machen und zu inszenieren. Allein schon das Wort für die fragile Elternschaft fehlt: „Eine Frau, die ihren Mann begräbt, wird Witwe genannt, ein Mann der ohne Frau zurückbleibt, Witwer. Ein Kind ohne Eltern ist eine Waise. Wie aber heißen Vater und Mutter eines gestorbenen Kindes?" fragt der Dichter P.F. Thomése in seiner Erzählung „Schattenkind".[16] So gesehen ist genau das eine der wichtigsten Funktionen der Bestattung: Während für die meisten Verwandten, Bekannten und Freunde das früh verstorbene Kind unsichtbar bleibt, werden die Eltern paradoxerweise durch den Ritus der Bestattung ihres Kindes – mehr oder weniger öffentlich, im kleineren oder größeren Kreis oder auch nur stellvertretend durch die Pfarrerin oder den Pfarrer – als Mutter und Vater angesprochen und anerkannt. „Ihr seid Mutter und Vater und seid es nicht mehr. Ihr seid es nicht mehr und seid es doch." Einen solchen oder ähnlichen Satz zu hören, kann hilfreich sein; aber wo und von wem, wenn nicht inmitten eines Rituals, könnte er wirksam gesagt werden. Insbesondere wenn das verstorbene Kind das erste Kind war, kann diese formale Anerkennung von großer Wichtigkeit sein. Und nicht nur die Eltern, auch Großeltern und Geschwister

---

[16] P.F.Thomése, *Schattenkind* (Berlin: 2004) 12.

erfahren eine Anerkennung ihrer je eigenen Rolle, auf die sie sich über Wochen oder Monate hin vorbereitet hatten.[17]

4.6 Emotionen und Gedanken werden strukturiert und kanalisiert

Das Ritual und die Anforderungen eines Rituals verhindern meist, dass Trauernde sich von ihren Emotionen überwältigen lassen. Häufig ist die Beerdigung der erste Schritt der Mutter zurück in den öffentlichen Raum, bei dem erste Wiederbegegnungen stattfinden und gelingen.

5 Die gehaltene Form. Ein Beispiel

Viele betroffene Eltern berichten, dass die Beerdigung ihres Kindes für sie von hoher Bedeutung ist, und dies selbst dann, wenn sie sich nicht oder kaum an den Wortlaut des in der Trauerkapelle oder auf dem Friedhof Gesagten erinnern können. „In rituellen Handlungszusammenhängen ist das, was getan, gezeigt, gehandelt, gespielt wird, für die Beteiligten oftmals bedeutsamer als das, was zur Sprache kommt. Der Sinn der Sache ergibt sich häufig aus dem, was geschieht, nicht primär aus dem, was dazu gesagt wird."[18] Oft wird aber auch ein einzelner Satz lebhaft erinnert. Bedeutsam sind weder große Sätze noch Glaubenspostulate. Gebraucht wird ein gestalteter und geschützter Raum für auszuhaltende Fragen und vorsichtige Antworten, für verzweifelte Klagen und mutige Anklagen, für lauten Zweifel und leise Hoffnungen,[19] für bittere Erfahrungen und schöne Erinnerungen. Sie können eine Brücke über den Abgrund bauen. Wie schlicht die richtigen Worte sein können und wie knapp eine auf Wesentliches beschränkte

---

[17] Zweifellos sind die geschlechtsspezifischen Unterschiede der Trauer besonders groß, da die Mutter während der Schwangerschaft mit dem Kind aufs Engste verbunden war. Cf. auch Interview (VI) bei Morgenstern, a.a.O., 205–227 und Lehner (2013), Trauern Männer anders? Perspektiven aus Geschlechter- und Trauerforschung. *Leidfaden* 2(2), 18–22.
[18] Karl-Heinrich Bieritz, *Bestattungsrituale im Wandel. Tendenzen in neueren Bestattungsagenden*, in: Thomas Klie (Hg.), *Performanzen des Todes. Neue Bestattungskultur und kirchliche Wahrnehmung* (Stuttgart: 2008), 156.
[19] Dazu: Bärbel Friedrich/Elisabeth Korigiel/Jan Salzmann (Hg.), *Warum nur, Gott? Glaube und Zweifel nach dem Tod eines Kindes* (Gütersloh: 2012).

Form sein kann, zeigt beispielhaft die nachfolgende ein Symbol nutzende, manches offen lassende Andacht an einem Grab.[20]

Abschied von Stella K.

(Schauen – Ankommen – Eröffnung)
Christus ist hier bei uns, er trägt unseren Abschied von Stella K.

Im Namen Gottes des Vaters und des Sohnes und des Heiligen Geistes.

Christus spricht: Wo drei oder vier in meinem Namen versammelt sind, da bin ich mitten unter ihnen.

In unseren Gedanken sind wir bei Stella K.
Stella hat Anteil an Ihrem Leben.
Sie hat Sie berührt.
Sie war wie ein Hauch,
wie ein sanftes Wehen,
eine zarte Berührung.
Kaum merklich.

Sie haben sie gespürt
Als zarten Hauch.
Ungläubig staunend
ängstlich harrend
kaum hoffend
zwischen Himmel und Erde schwebend
vielleicht sogar zwischen Himmel und Hölle.

Sie war da, aber es gab Dinge, die nicht werden konnten:
Das Glück mit ihr
konnte sich nicht entfalten.
Kaum gewonnen, schon zerronnen.

Ihre Liebe zu ihr –
sie konnte kaum keimen.
Sie konnte nicht ihre Schwingen ausbreiten.
Ausgebremst, bevor sie in Fahrt kam,
Im Keim vom Sterben erstickt.

Ein Leben aus der Ewigkeit in die Ewigkeit.

---

20 Ruth Kern, *Abschied von Stella K.* Unveröffentlichtes Manuskript (2012). Ich danke den Eltern von Stella und Pfrn. Ruth Kern, Güglingen, für die Erlaubnis zur Veröffentlichung. Weitere Beispiele und Bausteine finden sich in den oben aufgeführten Materialheften.

Was Sie haben ist wenig, was sie hat ist viel:
Einen Hauch von Ahnung ihrer selbst hat sie Ihnen geschenkt.
Das ist wenig – zugegeben.
Alles andere hat sie mitgenommen zum Ort ihrer Bestimmung,
in die Vollendung.
Zu Gott, ihrem Schöpfer, Erlöser und Vollender.
In seiner Liebe ist sie geborgen.
Sie hat viel.
Wenn ich an Stella denke, fallen mir wieder Worte aus Psalm 139 ein:
„Führe ich gen Himmel, so bist du da;
bettete ich mich bei den Toten, siehe, so bist du auch da.
Nähme ich *Flügel der Morgenröte*
und bliebe am äußersten Meer,
so würde auch dort deine Hand mich führen
und deine Rechte mich halten."
Stella ist auf den Flügeln der Morgenröte in Gott eingegangen.
Sie blüht auf und lebt in der Vollendung.

Sie aber haben keinen Ort der Trauer,
denn sie hat nichts als eine leise Ahnung auf dieser Erde hinterlassen.
Deshalb nehmen wir hier an diesem Grab Abschied.
Ihre Blumen sind ein Zeichen der Liebe.

Bitte legen Sie sie für Stella hier am Grab ab.
Und wir bleiben kurz stehen zu einem stillen Gebet. ...

Stella: Ich will Ihnen ein Zeichen mitgeben
(Wunderkerze entzünden)
Sie hat kurz geleuchtet in Ihrem Leben.
Deshalb will ich Ihnen tausend Sternchen geben.
Ihr Funkeln, ihr Sprühen soll Sie an Stella erinnern –
Immer, wenn Sie eine Wunderkerze sehen.
(Kerze abbrennen lassen)

(Lesung und Gebet)
Für Sie beide bete ich mit Psalm 55:
„Gott, höre mein Gebet
und verbirg dich nicht vor meinem Flehen.
Merke auf mich und erhöre mich,
wie ich ruhelos klage und heule.
Mein Herz in mir hat Angst.
Todesfurcht ist auf mich gefallen.
Furcht und Zittern sind über mich gekommen.
Ein Grauen ist das.
Ich sprach: O hätte ich Flügel wie Tauben,
dass ich wegflöge und Ruhe fände.
Ich wollte eilen, dass ich entrinne

vor dem Sturm, dem Wind, dem Wetter.
Ich aber will zu Gott rufen,
und der Herr wird mir helfen.
Abends und Mittags will ich klagen und weinen,
so wird er meine Stimme hören."

Herr Jesus Christus.
Fremd bist du mir.
Ja, rufen und klagen, schreien und weinen könnte ich.
Es ist mir alles zu viel.
Was du mir zumutest.
Ein Grauen ist das.
Und es gibt kein Entrinnen.

Wir bitten dich:
Hilf du uns auf in unserer Not.
Du siehst, wie wir uns entfremden.
Wie verrückt – durch die Frucht der Liebe einander fremd zu werden.
Herr, bewahre unsere Liebe
und schütze sie vor den Kräften der Zerstörung.

Schenk uns Ohren, einander zu hören,
offene Herzen, einander zu empfinden,
die Welt des anderen wahr zu nehmen.
Herr, erbarme dich.
Vater unser ...

(Familiensegen)
Der Herr segne euch.
Er sei die Liebe zwischen Euch.
Er nähre Eure hungrigen Herzen.
Er schenke Euch Wege zueinander.
Er schenke, dass P., M., P. und Stella
im Herzen Eurer Familie wohnen können.
Amen.

(Die Pfarrerin entfernt sich vom Grab. Die Eltern lösen sich vom Grab, wie es Ihnen/Ihm/
Ihr möglich ist).

6 Chancen

Wer Berichte von Betroffenen kennt, schätzt vermutlich die Individualisierungsmöglichkeiten und die gegenwärtige Offenheit der Bestattungsformen. Sicherlich ist auch in Zukunft eine menschenfreundliche Offenheit nötig: Offenheit für die jeweiligen Anliegen der Betroffenen, für ihre religiösen und liturgischen Prägungen und für den Wunsch, die Bestattung ihres Kindes je nach eigenem Vermögen selbst mitzugestalten oder zumindest mitzuprägen. Rituale leben davon, dass sie innerhalb eines Schutz gebenden festen Rahmens die eigene Initiative ermöglichen. Wie weit Pfarrerinnen und Pfarrer dabei gehen wollen, hängt nicht zuletzt von ihrer Ritualkompetenz, ihrer Sicherheit in Gestaltungsfragen und ihrer Kenntnis der Situation Betroffener ab.

Das in diesem Jahr unter dem Titel „Aus Liebe loslassen. Das kurze Leben meines kleinen Sohnes" erschienene unsentimentale Buch der amerikanischen Schriftstellerin Monica Wesolowska vermittelt einen Eindruck von den Herausforderungen, die die Tage um die Geburt und den Tod eines Kindes prägen.[21] Die Autorin beschreibt den Prozess der Entscheidung für das Abstellen der medizinischen Apparate, die ihren an einer schweren Hirnschädigung erkrankten Sohn Silvan vielleicht für kurze Zeit am Leben erhalten hätten. Manche Eltern müssen mitentscheiden. Viele Eltern erleben, was in der Erzählung angedeutet wird: der Tod des eigenen Kindes erinnert an nah erlebte frühere Todesfälle; die Eltern und Verwandte enttäuschen schwer oder sind hilfreich; alle Freundschaften und Beziehungen werden auf die Probe gestellt; Partner trauern unterschiedlich; andere Betroffene können wichtig werden; in der zunehmenden inneren Einsamkeit haben Gemeinschaftserfahrungen eine große Kraft; der erlebte Verlust hat verstörende religiöse Dimensionen. Monica Wesolowska erzählt, was ihr jüdischer Mann und sie, die Katholikin, sich für die Gedenkfeier gewünscht haben:

> „Würden wir in Senegal leben, wäre das ganze Dorf in Trauer; das jedenfalls erzählen uns Freunde aus dem Senegal, als herauskommt, dass auch sie ein Kind verloren haben. ‚Hier ist es seltsam', sagen sie. ‚Niemand weiß es.' Das Hospiz [das wegen der Dilemmaentscheidung involviert war] schickt uns in dieser ersten Woche außerdem eine ‚spirituelle Beraterin'. Sie kommt und setzt sich mit einem Stapel Bücher in unseren großen Sessel und stellt Fragen darüber, welche Art von Gedenkfeier wir gern hätten. Sie habe Ideen aus allen Überlieferungen, sagt sie; sie habe Gedichte, Gebete. ‚Nun ja, wir haben da eine Idee …' , sagen wir und schildern, was wir auf unserer Hochzeit gemacht haben, etwas, das entfernt auf der Quäker-Tradition des Zeugnisablegens geruht. Wir hätten gern, dass unsere Gäste in einem Kreis stehen und abwechselnd alles sagen, was sie über Silvan sagen möchten. Wir hätten gern, dass alle Silvans kleines Lied […] singen. Wir werden das Kaddisch rezitieren. Wir wünschen uns ein katholisches Gebet."

Unterschiedliche Traditionen fließen bei dieser Planung ineinander; sowohl die betroffenen Eltern als auch die anderen Teilnehmer werden in der von den Eltern

---

21 Wesolowska, Monica, *Aus Liebe loslassen. Das kurze Leben meines kleinen Sohnes* (Ostfildern: 2014).

gewünschten, im Detail verabredeten Gedenkfeier mitbeteiligt, und von den Eltern selbst wird das Programmheft vorbereitet. Die Anforderungen an Eltern und Trauergäste sind dabei sehr hoch. Mir scheint, es ist gut, wenn Pfarrerinnen und Pfarrer damit rechnen, dass Eltern von der Gleichzeitigkeit von Geburt und Tod überfordert sein können und Zeit und Schutz brauchen, um sich den Zumutungen des Lebens neu stellen zu können. Bis dahin ist es gut, wenn wenigstens die Rituale für den ungewollten Abschied bereitstehen. Es kann schwer genug sein, an einer Bestattung teilzunehmen; es kann nötig sein, angeleitet zu werden bei dem, was hilfreich ist; und es kann gut tun, einfach nur zuzuhören, wenn andere aussprechen können, was einem selbst auf der Seele liegt.

X. Bestatter

Dagmar Hänel
Ein ganz spezieller Beruf – Zur Rolle des Bestatters im Übergangsritual

Sie laden zur Krimilesung bei Kerzenschein in die Sargausstellung, machen Rundgänge über historische Friedhöfe, Kunstausstellungen in ihren Räumlichkeiten und veranstalten Wettbewerbe um „Das beste Grabmal des Jahres"[1]. Bestattungsunternehmerinnen und -unternehmer[2] sind mit vielen öffentlichkeitswirksamen Aktionen unterwegs, um „dieses Tabu um den Tod aufzubrechen."[3] Ob und wie unsere Gesellschaft den Tod tabuisiert, soll an anderer Stelle diskutiert werden[4], interessant ist allerdings, dass dieser Befund im Selbstbild von Bestattern ebenso präsent ist wie in zahlreichen Medientexten und in Alltagskommunikationen. Als Strategie zur *Aufhebung des Tabus* lassen sich aktuell Kombinationen aus Professionalisierung, Öffentlichkeitsarbeit und Ästhetisierung festmachen. Handelt es sich dabei einfach nur um berufsspezifische Imagepflege oder lassen sich kulturelle Strukturen und gesellschaftliche Wandlungsprozesse im sowohl Fremd- als auch Selbstbild des Bestatterberufs ablesen? Um diesen Fragen nachzugehen, werde ich im Folgenden kurz die historische Entwicklung des professionellen Bestattungsgewerbes nachzeichnen, relevante Aufgabenfelder benennen und Bestattung in den Kontext des Übergangsrituals einordnen. Im dritten Teil wird es um die öffentliche Selbstdarstellung dieser Berufsgruppe im 20. und 21. Jahrhundert gehen, die mit den Schlagworten „Verkäufer", „Dienstleister", „Therapeut" und „Ästhetisierung" verbunden werden kann.

---

[1] http://www.grabmal-ted.de/aaa_ted_phase (18.04.2014).
[2] Im weiteren Text wird auf die jeweilige Nennung beider Geschlechter der besseren Lesbarkeit wegen verzichtet, außer, das Geschlecht spielt explizit eine Rolle.
[3] Gespräch mit einem Kölner Bestatter (2012).
[4] Der Begriff „Tabu" ist äußerst komplex, ihn mit „Verbot" oder „Verdrängung" gleichzusetzen, erscheint mir nicht angemessen. Im Kontext des kulturellen Umgangs mit dem Tod ist „Tabu" ein durchaus taugliches Konzept, wie z. B. Helmers sehr differenziert darstellt (vgl. Sabine Helmers, *Tabu und Faszination. Über die Ambivalenz der Einstellung zu Toten* (Berlin: 1989); vgl. aufbauend darauf auch Dagmar Hänel, *Bestatter im 20. Jahrhundert. Zur kulturellen Bedeutung eines tabuisierten Berufs* (Münster u.a.: 2003).

1 Vom Sargtischler zum Berater im Trauerfall – Professionalisierung des Bestatterberufs

Sterben gehört zum Leben – damit sind der Umgang mit den Toten und ihre Beisetzung Aufgaben, die sich allen Kulturen stellen und gestellt haben.[5] Schon in antiken Kulturen gab es einerseits Experten für die Herrichtung der Toten und die Beisetzung, andererseits zählte die Sorge um die Toten zu den zentralen Pflichten der Familie. Das Alte Testament definierte die Beisetzung als religiöse Pflicht, im christlichen Wertekanon ist sie Teil der Caritas. Im Mittelalter und der Frühen Neuzeit bleibt die Verbindung von Beisetzung, religiöser Pflicht und Pflicht der sozialen Gemeinschaft wie Familie, Nachbarschaft und Beruf. Regional und durch den sozialen Stand bestimmt, waren die Aufgaben unterschiedlich verteilt. Der Aushub des Grabes gehörte mancherorts zu den Aufgaben des Küsters, anderswo gab es einen eigenen Totengräber hierfür. Im westfälischen Raum sorgte die „Lichtmutter" für die Herrichtung der Toten,[6] es gibt Belege, dass gelegentlich auch die Hebamme für diese Aufgaben verantwortlich war.[7] Oftmals gehörte das Waschen, Anziehen und Aufbahren zu den Aufgaben der Nachbarn. Den Sarg baute der Schreiner.

Die Abläufe und notwendigen Handlungen während des Sterbeprozesses sowie der Vorbereitung und Durchführung der Beisetzung lassen sich nach dem Strukturmuster des Übergangsrituals kategorisieren. Der Begriff des Übergangsrituals stammt von dem Ethnologen Arnold van Gennep, der anhand kulturvergleichender Studien darstellte, dass relevante Veränderungen im Leben eines Individuums in allen Kulturen mit speziellen Ritualen verbunden sind.[8] Stukturell sind sich diese Rituale sehr ähnlich: ob Geburt, Hochzeit oder Tod, nach van Gennep findet sich immer eine Struktur der Dreiteilung, die das Individuum aus seinem alten Status herauslöst, in einer Phase des Übergangs exkludiert und in den neuen Status inkludiert.

---

5 Zur Geschichte vgl. u.a. Philippe Ariès, *Geschichte des Todes* (München: ⁹1999); Gion Condrau, *Der Mensch und sein Tod. Certa moriendi condicio* (Zürich: 1984); Wolfgang Stöcker, *Die letzten Räume. Sterbe- und Bestattungskultur im Rheinland seit dem späten 18. Jahrhundert* (Köln u.a.: 2006).
6 *Lichtmutter* (niederdt. *Lechtmoder*) bezeichnete Frauen, die im 18. und 19. Jahrhundert bei den Kirchengemeinden/Pfarreien für die Organisation von Bestattungsfeierlichkeiten angestellt waren. (Friederike Schepper Lambers, *Beerdigungen und Friedhöfe im 19. Jahrhundert in Münster. Dargestellt anhand von Verordnungen und Archivalien* (Münster: 1992).
7 Vgl. Sabine Sander, *Handwerkschirurgen. Sozialgeschichten einer verdrängten Berufsgruppe, Kritische Studien zur Geschichtswissenschaft, Bd. 83* (Göttingen: 1989), 48.
8 Arnold van Gennep, *Übergangsriten. Les rites de passage* (Frankfurt a.M.: 1999).

Wenn ein Mensch stirbt, findet das Übergangsritual sozusagen auf zwei Ebenen statt: zum einen wird der Verstorbene durch symbolische Handlungen aus seiner alten Statusgruppe exkludiert. Dieses beginnt mit Einsetzen des Sterbeprozesses. Gleichzeitig beginnen Rituale zur Markierung der Übergangsphase des sozialen Statuswechsels für die Angehörigen. Diese Schwellenphase wird mit der Wiedereingliederung der Angehörigen im nun neuen Status abgeschlossen. Trennungs- und Eingliederungsrituale kennzeichnen die Übergänge zwischen den drei Phasen. Ein Brauch wie zum Beispiel das Verbrennen des Strohs, auf dem der Verstorbene bei der Aufbahrung gelegen hat, ist symbolisch als Trennungs- und Abgrenzungsritual zu verstehen.[9] Der Leichenschmaus hingegen ist ein klassisches Integrationsritual.[10]

Strukturell und funktional analog, können die jeweils einzelnen Ausgestaltungen des Ritualkomplexes in ihren Formen heterogen sein. Im historischen Vergleich ist eine Verschiebung feststellbar: die Elemente „Versorgung der Toten" und „Durchführung der Bestattung", die in vormodernen Kulturen überwiegend durch das soziale Nahumfeld vollzogen wurden, übernimmt mit dem Bestatter ein professioneller Experte.

Mit den sozialen und kulturellen Wandlungsprozessen durch Verstädterung, Industrialisierung und Säkularisierung, die im späten 18. und dann im 19. Jahrhundert verstärkt den Alltag prägen, verändert sich auch das Bestattungswesen. Auch staatlich verordnete hygienische Maßnahmen des aufgeklärten Reformabsolutismus, der Bau von Kranken- und Armenhäusern, verbesserte Nahrungsmittelhygiene sowie optimierte Behandlung von Krankheiten und Prophylaxe (z. B. durch Impfungen) tragen zur grundsätzlichen Veränderung im Umgang mit dem Tod bei.[11] Deutlich sichtbar werden die eher strukturellen und mentalen Veränderungen in den Friedhofsreformen dieser Zeit, die den Begräbnisort aus den Stadtzentren hinaus an die Peripherie verlegten.

In dieser gesellschaftlich-kulturellen Gesamtentwicklung ist auch die Entstehung des Bestatterberufs zu sehen. Mit der Einführung der Gewerbefreiheit 1810 ist überhaupt erst eine professionelle Spezialisierung auf das Bestattungsgewerbe möglich.[12] Gerade in den wachsenden Städten des 19. Jahrhunderts entsteht ein

---

9 Dagmar Hänel, *Letzte Reise. Vom Umgang mit dem Tod im Rheinland* (Köln: 2009), 65.
10 Ebd., 105ff.
11 Norbert Fischer, *Vom Gottesacker zum Krematorium. Eine Sozialgeschichte der Friedhöfe in Deutschland seit dem 18. Jahrhundert* (Köln: 1996), 12ff.
12 Preußen verkündete die allgemeine Gewerbefreiheit erstmals im Gewerbesteueredikt am 28. Oktober 1810, vgl. Hans Jürgen Teuteberg, „Zum Problemfeld Urbanisierung und Ernährung im 19. Jahrhundert", in: *Durchbruch zum modernen Massenkonsum. Lebensmittelmärkte und Lebens-*

Bedarf an Dienstleistungsberufen wie dem Bestatter.[13] Tradierte soziale Strukturen, die, wie im vormodernen Dorf, im Falle des Todes die Beisetzung organisieren und Rituale vollziehen, sind in den sich neu zusammensetzenden und in prekären Kontexten lebenden sozialen Gruppen von Industriearbeitern weggebrochen. Im ländlichen Raum dagegen hält sich die traditionelle Aufgabenteilung bei der Beisetzung länger; teilweise bis weit ins 20. Jahrhundert hinein werden – wie ein Interviewpartner in Westfalen berichtet – Särge vom lokalen Schreiner gebaut und geliefert, der Tote von der Gemeindeschwester versorgt.[14]

Im ländlichen Raum ließ sich bis in die 80er Jahre des 20. Jahrhunderts der Übergang zum professionellen Bestatterberuf nachvollziehen, waren doch hier noch häufig Schreinereien gleichzeitig Bestattungsinstitute. Diese Gleichzeitigkeit, die sich anhand archivalischer Quellen deutlich nachweisen lässt, verweist auf die Entstehung von Bestattungsinstituten aus Schreinereibetrieben.[15]

2 Ritual als Arbeitsalltag

„Irgendwie ist doch jeder Bestattungsfall anders, dementsprechend kann man sagen, wir haben einen sehr vielfältigen und abwechslungsreichen Beruf." Trotz aller Individualität und Abwechslung, den Bestatter im Interview bei der Beschreibung ihres Berufsalltags gerne betonen, bleiben bestimmte Abläufe und Grundelemente für die Abwicklung einer Beisetzung konstant. Schon im 19. Jahrhundert zählen neben dem Sargverkauf auch die Meldung des Todesfalls bei Behörden, die Organisation der Zeremonie, die Aufbahrung und die Überführung zu den Aufgaben des Bestatters. 1919 wirbt ein Dortmunder Bestattungsinstitut mit heute noch geläufigen Pauschalangeboten, wenn auch die Vielfalt des Sarg-

---

mittelqualität im Städtewachstum des Industriezeitalters, Hans Jürgen Teuteberg (Hg.), (Münster: 1987), 1–36.
13 Eines der ersten Bestattungsinstitute in Deutschland – die Firma A. J. Schäfer „Thanatos" – wurde 1825 in Berlin gegründet, vgl. Das Bestattungswesen (1925), 78.
14 Dagmar Hänel, *Bestatter im 20. Jahrhundert. Zur kulturellen Bedeutung eines tabuisierten Berufs* (Münster u.a.: 2003), 39.
15 Das zweite Herkunftsgewerbe des Bestatterberufs waren Fuhrunternehmen, die über den Transport der Verstorbenen zum Friedhof mit dieser Tätigkeit in Kontakt kamen. Hinzu kamen Bestattungsvereine und Feuerbestattungsvereine, die aus dem linken politischen Spektrum Bestattungen für Arbeiter organisierten und dabei oft stark die Feuerbestattung als ideologisches Statement propagierten. Zudem gab es im großstädtischen Raum des 19. und frühen 20. Jahrhunderts auch Bestatter, die sich ohne eine Tradition als Sargschreiner oder Fuhrunternehmer selbständig machten. (Vgl. dazu ebd.).

angebots und Formulierungen wie „Leichenwäsche" heute in diesem Medium ungewohnt sind:

„Anfertigung und großes Lager von Holz- und Metallsärgen. Versand- und Verbrennungssärge. Sargversand auch nach auswärts. Leichenwäsche in großer Auswahl. Uebernahme sämtlicher Beerdigungsangelegenheiten unter eigener Führung. Aufbahrung kostenlos."[16]

Bestattungsversicherungen werden ebenfalls seit dem frühen 20. Jahrhundert angeboten,[17] ebenso die Erweiterung auf Feuerbestattung. Nach dem 2. Weltkrieg werden einzelne Tätigkeitsfelder zunehmend differenziert. Es steigt die Vielfalt an Bestattungsarten, gesetzliche Vorgaben verändern sich, bürokratische Aufwände steigen nicht nur im Bestattungsfall, sondern auch für Leitung, Organisation und Erhalt eines Unternehmens. Das Aufkommen der so genannten Thanatopraxie im Bestattungswesen seit den 1980er Jahren stellt eine Differenzierung im Aufgabenfeld „Herrichtung der Leiche" dar.

Als wirklich neues Aufgabenfeld der Bestatter lässt sich die seit dem Ende der 1980er Jahre verstärkte Bemühung nennen, trauernde Angehörige auch nach der Bestattung zu betreuen. So arbeiten einige Bestatter mit Therapeuten oder Theologen zusammen, andere verfügen über Doppelqualifikation in beiden Arbeitsfeldern.

Die einzelnen Aufgaben lassen sich mit dem Modell des Übergangsrituals kategorisieren. Der Bestatter übernimmt strukturell eine wichtige Rolle, um die Statusänderung der betroffenen Parteien (des Verstorbenen und der Angehörigen) formal, öffentlich und symbolisch darzustellen. So wird der Tote als „Leichnam" inszeniert und bei der konkreten Beerdigung öffentlich aus seinem alten in den neuen Status überführt. Der Bestatter unterstützt die Hinterbliebenen bei der öffentlichen Etablierung und Darstellung ihres neuen Status, beispielsweise durch Formulierung und Organisation der Todesanzeige in der Zeitung. Der Bestatter übernimmt im Prozess des Übergangsrituals unterschiedliche Rollen: Er begleitet und berät die Angehörigen bei der Ausgestaltung und Durchführung der Beisetzung. Er ist zugleich die Instanz der Ab- und Ausgrenzung des toten Körpers: nur der Bestatter ist befugt, den Toten zu transportieren, aufzubewahren und beispielsweise thanatopraktische Behandlungen durchzuführen.[18]

---

16 Werbeanzeige, zitiert ebd., 47.
17 Ebd.
18 Die Aufbewahrung der Leiche ist in Deutschland gesetzlich geregelt. Der Transport beispielsweise darf ausschließlich in dafür zugelassenen speziellen Leichenfahrzeugen durchgeführt werden. Jürgen Gaedke, *Handbuch des Friedhofs- und Bestattungsrechts. Mit ausführlichen Quellensammlungen des geltenden staatlichen und kirchlichen Rechts. Stand 15. Oktober 1999*, 8. aktualisierte Auflage (Köln: 2000).

Durch diese Verantwortung für und Verfügung über den toten Körper erhält der Bestatter eine besondere Stellung im Ritual. Gleichzeitig aber wird das Tabu, mit dem Leichen belegt sind, auf den Bestatter übertragen.[19]

3 Unterschiedliche Selbstbilder

Der Beruf des Bestatters lässt sich unterschiedlich kategorisieren, die Selbstdefinitionen der Angehörigen dieser Profession sind heterogen. Die drei wichtigsten Selbstbilder lassen sich in ihrer Genese unterschiedlichen Zeitschnitten zuordnen. Zum einen ist der Bestatter ein Geschäftsmann, der vom Verkauf bestimmter Produkte und Dienstleistungen lebt. Diese Selbstdefinition, die sich etwas polemisch als „Sargverkäufer" zusammenfassen lässt, steht am Anfang des Professionalisierungsprozesses. In Werbeanzeigen dieser Zeit, aber auch in den berufsinternen Kommunikationsorganen, steht der Verkauf von Särgen an zentraler Stelle. Dieses Produkt wurde beispielsweise in Schaufenstern, Werbung und Sprache offensiv und explizit dargestellt – selbstverständlich und öffentlich, wie es heute kaum möglich erscheint. Dieser Umgang mit einem zentralen Symbol des Todes, dem Sarg, verweist auf einen gesellschaftlich weniger tabuisierten Umgang mit dem Tod. Diese Interpretation lässt sich mit dem Verschwinden dieser Art von Selbstdarstellung aus der Bestatterwerbung in Bezug setzen: Nach dem Ende des 2. Weltkriegs bricht diese Bild- und Symbolsprache abrupt ab. Sie wird ersetzt durch eine Art von Werbung und Selbstdarstellung, die geprägt ist vom Tabu des Todes: Verschleiernde Sprache, Verzicht auf Bildlichkeit, in so manchen Beiträgen der verbandsinternen Zeitschrift „Der Bestatter" wird gar der komplette Verzicht auf Werbung und öffentliche Präsentation angeraten. In dieser Phase, die bis etwa Ende der 1970er Jahre anhält, steht der reibungslose Ablauf der Beisetzung im Mittelpunkt. Den Tod sozusagen unsichtbar machen, ist das Idealbild des Bestatterberufs. So wird empfohlen, den Verstorbenen möglichst schnell aus dem Bereich der Lebenden zu entfernen, von Aufbahrungen wird abgeraten, die Beisetzung soll schnell und ohne starke öffentliche Präsenz vollzogen werden. Alle anfallenden Aufgaben übernimmt der Bestatter – so sein Angebot. Das dient der Entlastung der Angehörigen – oder auch der Verdrängung von Tod und Trauer, da Angehörige sich nicht mit der Realität des Todes konfrontieren müssen. Der „Dienstleister" ist jederzeit erreichbar und kümmert sich um

---

[19] Vgl. Dagmar Hänel, *Bestatter im 20. Jahrhundert. Zur kulturellen Bedeutung eines tabuisierten Berufs* (Münster u.a.: 2003).

alles – so das vorherrschende Berufsselbstbild dieser Zeit. In den 1980er Jahren kommt es wiederum zu einem Wandel – langsam und fließend auf unterschiedlichen Ebenen. Bestatter empfehlen zunehmend wieder eine Aufbahrung, bieten Einbindung der Angehörigen in die Organisation der Beisetzung, sie stellen eigene Räume für Aufbahrung und Abschiednahme zur Verfügung. Todesanzeigen, Särge, Urnen und Gräber werden individueller gestaltet, im Ganzen findet sich eine deutliche Abnahme normierter und standardisierter Formen. Das entspricht natürlich einem allgemeinen gesellschaftlichen Trend von zunehmender Individualisierung und Pluralisierung der Lebensformen. Begründet wird dieses veränderte Angebot aber mit dem Argument der besseren Trauerbewältigung für die Angehörigen. Fast schon therapeutisch kann die Durchführung einer Beisetzung sein, eine Aufbahrung wird als notwendig zur Realisierung des Todes und zur bewussten Auseinandersetzung mit der Trauer empfohlen. Der Bestatter erhält in seiner Rolle eine neue Qualität: er wird zum Betreuer und Begleiter im Trauerprozess; Aspekte von Seelsorge und Trauerbegleitung, die in früheren Zeiten die Religion und ihre Repräsentanten übernommen haben, werden auf den Bestatter übertragen.

Hier lassen sich Bezüge herstellen zur zunehmenden Entkirchlichung der Gesellschaft, zur Aufwertung von Psychotherapie und ganzheitlicher Ansätze im medizinischen Diskurs. Aber auch die Pluralität von Bestattungsformen, Privatisierung von Friedhöfen und Krematorien und ökonomischer Druck sowohl auf Angehörige als Kunden als auch auf Bestatter (als Unternehmer) spielen eine Rolle. In Zeiten von Discount-Bestattungen aus dem Internet und finanziell wie rituell-symbolisch für so manchen Kunden attraktiven Friedwald- oder Ruheforst-Bestattungen brauchen Dienstleistungen wie Aufbahrung, ein hochwertiger Sarg und teure Inszenierungen bei der Beisetzungszeremonie eine neue Art von Legitimation. Und so verwundert es nicht, dass auch im Bestattungswesen aktuell zwei divergente Konzepte von Beisetzung verbreitet sind.

4 Ästhetisierung oder Entsorgung? Ein vorläufiges Fazit

Die Veränderungen im Umgang mit dem Tod, die seit den 1980er Jahren auf vielen Ebenen der Bestattungs- und Sterbekultur sichtbar werden, haben auch den Beruf des Bestatters, sein Selbstbild und seinen Arbeitsalltag geprägt. Zum einen finden wir Prozesse der Zuweisung von Verantwortung an den Einzelnen – für seine Gesundheit, sein Wohlbefinden, sein Glück. Für das Arbeitsfeld des Bestatters bedeutet dies, dass bestimmte Kundengruppen Partizipation wünschen, sei es bei der eigenen Beisetzung in einer speziellen Form von Vorsorge, sei es an der Bestattung von Angehörigen unter der Maßgabe des „guten Trauerprozesses". Wenn hier auch noch das entsprechende kulturelle wie ökonomische Kapital hinzu kommt, ist sozusagen der ideale Kunde für den modernen Bestatter gefunden. Dieser Kunde wird sich im Prozess der Bestattung engagieren, Vorstellungen und Wünsche entwickeln, die der Bestatter anbieten und abarbeiten kann. Angebote wie „den Sarg individuell gestalten" anzunehmen, korrelieren mit dem Wunsch nach reflektierter Begleitung in der individuellen Krise und einem Bewusstsein für die kulturelle wie soziale Bedeutung der Beisetzungszeremonie. Diese Angebote haben ihren Preis. Diesen wiederum können oder wollen immer mehr Menschen nicht für eine Beisetzung zahlen. Der massive Anstieg anonymer Urnenbeisetzungen, der Boom der Waldbestattungen und die Zunahme von preiswerten Angeboten wie Pauschalangebote für ca. 500 EUR für eine Beisetzung sind durchaus Indikator für die wachsende Zahl von Menschen in prekären Lebenssituationen.[20] Gleichzeitig spiegeln sich in diesem Bestattungsverhalten veränderte soziale Strukturen: Tradierte Systeme wie Nachbarschaften und Familie verlieren an Bedeutung. Anonymität und Einsamkeit im Alter sowie der demographische Wandel allgemein führen zu mehr Sterbefällen ohne Angehörige oder mit Angehörigen, die keinen engen Kontakt mehr haben. Eine aufwendige Beisetzung, die auch noch hohe Kosten verursacht, erscheint in solchen Kontexten als überflüssig, unwichtig und nicht zumutbar. Das Argument, den Angehörigen keine hohen Kosten durch eine Beisetzung zumuten zu wollen, ist – so das Ergebnis von Interviews mit Bestattern – für viele ältere Menschen Motivation zum Abschluss von Bestattungsverträgen, die eine preiswerte, anonyme Beisetzung vorsehen. Das anonyme Grab auf der Wiese oder im Wald, vielleicht gar auf einem Friedhof, der nicht an dem Ort ist, an dem ein Mensch gelebt hat, sondern der einfach die niedrigsten Gebühren anbietet, ist die eine Folge, bei der ein Begriff wie „Entsorgung" durchaus assoziiert werden kann.

Auf der anderen Seite werden Friedhöfe aktuell vielfältiger, bunter und individueller. Die Aufhebung normierender Friedhofsregeln – häufig eine Entscheidung von Kommunen, um den eigenen Begräbnisplatz attraktiver zu machen – führt zu kreativen Grabgestaltungen. Auch die Rituale bei Beisetzungen werden vielfältiger: nicht nur Globalisierung und Migration führen zu neuen Formen von Bestattungsriten, auch religiöse Bricolagen und spirituell-therapeutische Rituale werden auf Wunsch von Angehörigen praktiziert. Der Wunsch nach einer „schönen" Beisetzung wird oft formuliert – im Angebot der Bestatter gibt es

---

[20] Vgl. z. B. Angebote wie http://www.trauer-licht.de/anonyme-bestattung/ und http://www.segenius.de/?gclid=COyBkoToqb4CFSGWtAod9G8ATA (13.05.2014).

hierfür vielfältige Requisiten und Szenerien. Interessant ist hier, wie Elemente mit religös-sakraler Bedeutung selbstverständlich auch in säkulare Beisetzungszeremonien integriert werden. Ohne möglichst viele Kerzen geht kaum eine Beisetzungsfeier, die religiöse Bedeutung des Lichts im christlichen Kontext spielt allerdings kaum eine Rolle, zentraler erscheint die „stimmungsvolle Inszenierung". Wobei allerdings angemerkt werden muss, dass Symbole und Rituale in ihrer Performanz emotionale und spirituelle Wirkungen haben, die nicht rational vorzuplanen sind: Das Wissen um die religiöse Lichtsymbolik mag auf der Oberfläche einer kirchenfernen Trauergemeinde verloren scheinen, diese Bedeutung bleibt allerdings im Symbol sedimentiert vorhanden, vielleicht gerade in einer unteren Schicht abgelagert, aber stets als potentielle Möglichkeit abrufbar.[21]

Auch andere Symbole und Rituale, die in aktuellen Bestattungszeremonien beobachtbar sind, greifen auf den Formbestand traditioneller Religionen zurück. Der Tod als existentielle Erfahrung verlangt nach sinnstiftender Handlung und der Erfahrung von Gemeinschaft. Während die spirituell aufgeladene und emotional-ästhetisch inszenierte Zeremonie genau dieses Bedürfnis zu befriedigen vermag, vermittelt die „Entsorgungsbestattung" ein Gefühl von Entwertung und Entfremdung. Somit spiegelt auch der aktuell wahrnehmbare Dualismus im Prozess der Ausgestaltung einer Bestattung grundlegende Konfliktlinien im Wertesystem unserer Kultur.

---

[21] Gottfried Korff, „Vorwort", in: *KriegesVolksKunde. Zur Erfahrungsbindung durch Symbolbildung*, Gottfried Korff (Hg.), (Tübingen: 2005), 9–28.

Simone Ripke
Der Bestatterberuf als Profession

Ein großes, den regionalen Markt mit mehreren Filialbetrieben wirtschaftlich dominierendes Bestattungsunternehmen teilt in seiner Werbebroschüre mit: „Bei uns stehen Sie im Mittelpunkt: mit all Ihren Sorgen, mit all Ihren Wünschen, mit all Ihrer Traurigkeit. Wir hören Ihnen zu und widmen uns Ihrem Schmerz. [...] Professionell, diskret und voller Würde für den Verstorbenen."[1] – Die eigene Tätigkeit in der Zentrierung auf die Wünsche des Hinterbliebenen und erst in zweiter Linie auf den Verstorbenen zu beschreiben, ist Ausdruck eines umwälzenden Wandels, der zu Beginn des 21. Jh. durchaus religiöse Züge aufweist. Diese Entwicklung reizt dazu, den Maßstab, den Isolde Karle entwickelt hat, um den Pfarrberuf als Profession in der modernen Gesellschaft zu beschreiben, auf den Bestatterberuf anzuwenden.

1 Zur Berufstheorie

In ihrer „Berufstheorie im Kontext der modernen Gesellschaft" vertritt die Bochumer Praktische Theologin Isolde Karle die These, dass der Pfarrberuf eine Profession ist. Mit ihrer These knüpft Karle vor allem in historischer Perspektive an berufstheoretischen Überlegungen an. Demnach bezeichnen Professionen einen ausgewählten Kreis akademischer Berufe, die aus der Grundstruktur der Universität des späten Mittelalters hervorgingen. In diesem Sinne gehören zu den klassischen Professionen die Theologen, Mediziner und Juristen, die im Kern essentielle menschliche Anliegen, wie Seelenheil, Krankheit und Schuld behandeln. Dass diesen Themenkomplexen eine grundlegend hohe gesellschaftliche Bedeutung zukommt, begründete die gehobene Sonderstellung der damit verbundenen Professionen. Im Anschluss daran argumentiert Karle u. a. mit der Luhmannschen Systemtheorie und Stichwehs Professionstheorie.[2]

Zu den Grundkoordinaten von Luhmanns Systemtheorie zählt der Vorstellungszusammenhang soziales System. Soziale Systeme entstehen und erhalten

---

[1] Heuse-Bestattungen (Hg.), *Ihr Wegweiser im Trauerfall*, Werbebroschüre, erhalten Januar 2014, 5.
[2] Vgl. Isolde Karle, *Der Pfarrberuf als Profession. Eine Berufstheorie im Kontext der modernen Gesellschaft* (Freiburg i. Br.: ³2011).

sich durch Kommunikation.³ Das Hauptcharakteristikum der sozialen Systeme ist die Autopoiese, worunter Selbst-Bildung sowie operationale Eigenständigkeit und Geschlossenheit eines Systems zu verstehen ist. Die Gesellschaft ist das allumfassende soziale System, innerhalb dessen sich einzelne Teilsysteme entwickeln, die als Funktionssysteme jeweils mittels einer spezifischen Kommunikation eine spezifische Funktion für das Gesamtsystem ausführen. Diesen Vorgang nennt Luhmann die funktionale Differenzierung der Gesellschaft. An diese Grundüberlegung knüpft Stichweh mit seiner Professionstheorie an. Er sieht den Status gegenwärtiger Professionen als Ausdifferenzierung spezifischer Funktionssysteme in der Moderne nach einem ganz bestimmten Muster. Seine These: Erst wenn innerhalb eines Funktionssystems eine Leistungsrolle den Status eines Berufes erlangt und diese Berufsgruppe dazu die Monopolstellung für die von ihr übernommene Leistungsrolle gewinnt, kann von einer Profession gesprochen werden. Im Religionssystem dominiert z.B. die leitende und nach außen repräsentierende Profession: der Pfarrer. Das Wirtschaftssystem hingegen besteht aus pluriformen Berufsgruppen, von denen keine einzelne das Funktionssystem hinreichend dominiert und nach außen repräsentiert. Professionalisierungsprozesse zeigen sich also als spezifisches Muster für Problemlösungen in besonderen Funktionssystemen. Stichweh und mit ihm Karle gehen aus von einer direkten Verbindung der Professionalisierungsdynamik mit der sozialstrukturellen gesellschaftlichen Entwicklung. Übernahmen die klassischen Professionen in der Ständegesellschaft die Aufgabe, Wissen zu verwalten, zielen sie in der späten Moderne darauf, Probleme zu lösen. Mit den Professionen kommt nun ein ganz bestimmtes Problemlösungsmuster zum Ausdruck. Manche Funktionssysteme werden von einer Profession dominiert, weil sie die Partizipation von Personen am eigenen, Externen oft fremden Funktionssystem erleichternd organisieren. Der systemtheoretische Begriff der Inklusion beruht auf dieser Beobachtung und steht für die verschiedenen Möglichkeiten der Partizipation des Einzelnen an einem Funktionssystem.⁴ Im Gegensatz zur hierarchisch gegliederten Ständegesellschaft, in der jeder seinen Platz in einer bestimmten Schicht bekam, besteht das Grundprinzip der „funktionalen Gesellschaftsstruktur" darin, dass „alle an

---

3 Luhmann versteht unter Kommunikation die Einheit der drei Selektionen: „Information, Mitteilung und Verstehen". Kommunikation zeichnet sich durch Gleichzeitigkeit der drei Komponenten und ihrer Anschlussfähigkeit aus. Niklas Luhmann, *Die Gesellschaft der Gesellschaft*, Bd. 1 (Frankfurt a.M.: 1997), 72.
4 Vgl. Rudolf Stichweh, *Professionen in einer funktional differenzierten Gesellschaft*, in: *Pädagogische Professionalität. Untersuchung zum Typus pädagogischen Handels*, hg. v. Arne Combe, Werner Helsper (Frankfurt a.M.: ²1997), 49–69, 60; Niklas Luhmann, *Die Gesellschaft der Gesellschaft*, Bd. 2 (Frankfurt a.M.: 1997), 765f.

allen Funktionssystemen teilnehmen können."[5] Das bedeutet, dass ein Subjekt als Gegenüber des Leistungsträgers in der Postmoderne schichtunabhängig an einem Funktionssystem partizipieren kann. Die grundlegende Struktur der Partizipation an einem Funktionssystem geschieht in Rollenasymmetrien: Entweder als Leistungsträger oder als Leistungsempfänger tritt ein Akteur in ein System ein (z. B. Arzt – Patient). Der Leistungsempfänger partizipiert in der jeweiligen funktionsbezogenen Komplementärrolle. Die verschiedenen Funktionssysteme haben je eigene, unter Umständen recht unterschiedliche Mechanismen entwickelt, wie Leistungsträger und -empfänger an ihrem System partizipieren können. Die professionsbezogenen Funktionssysteme stechen hierbei durch einen interaktiven Inklusionsmechanismus hervor. Damit ist die professionelle Betreuung gemeint, die „Kommunikation unter Anwesenden"[6] notwendig macht, um einen direkten, persönlichen Kontakt zum Gegenüber herzustellen. Professionelle Inklusion ist also stets von direkter Interaktion abhängig, wodurch dazugehörende Leistungsträger (z. B. Ärzte) eine zentrale Stellung in ihren jeweiligen Funktionssystemen erhalten.

Im Gegensatz zu nicht-professionellen Inklusionsformen (z. B. Werbefachfrau) stehen im Mittelpunkt von professionsbezogenen Funktionssystemen lebenswichtige Themen (Seelenheil, Krankheit und Schuld). Nach Karle geht es dabei im Kern um die Verkörperung eines kulturell bedeutsamen Komplexes. Professionalisierung heißt „eine signifikante kulturelle Tradition [...] in Interaktionssystemen handlungsmäßig und interpretativ durch eine auf dieser Aufgabe spezialisierte Berufsgruppe"[7] für die Bearbeitung und Behandlung identitätsrelevanter, nicht-alltäglicher Probleme fruchtbar zu machen, denn die Leistungsempfänger sind Professions*laien*. Professionslaien weisen bzgl. der jeweiligen Thematik einen Mangel an Informationen oder eine Distanz zu einem spezifischen Problem auf, so Karle. Das Ziel von Professionellen ist es, Laien an die spezifische Thematik heranzuführen, so dass er sie sich zu Eigen machen kann.

Mit dieser berufstheoretischen Perspektive soll im Folgenden auf die Wurzeln und geschichtlichen Entwicklungen des Bestatterberufes geschaut werden. Hier zeigt es sich, dass sich dieser Beruf zunehmend professionalisiert hat.

---

5 Vgl. Isolde Karle, *Der Pfarrberuf als Profession*, a.a.O., 34.
6 Niklas Luhmann, *Die Gesellschaft der Gesellschaft*, Bd. 2, a.a.O., 814.
7 Rudolf Stichweh, *Professionalisierung, Ausdifferenzierung von Funktionssystemen, Inklusion*, in: *Differenzierung und Verselbständigung. Zur Entwicklung gesellschaftlicher Teilsysteme*, hg. v. Renate Mayntz u.a. (Frankfurt a.M. u.a.: 1994), 362–378, 372.

2 Die Entwicklung des Bestatterberufes

In der Alten Kirche war für die Bestattung von verstorbenen Christen primär die jeweilige christliche Gemeinde verantwortlich. Die Leichenverbrennung war verboten, nur der komplette unverbrannte Körper wurde beigesetzt. Die Gründe lagen im Glauben schon der Urgemeinde an die Auferstehung des Leibes (z. B. 1. Kor. 15,13–58) und im Reliquienkult, in der die Gebeine der Märtyrer eine zentrale Rolle spielen und die Bestattung in der Alten Kirche *ad sanctos* begründete.[8] *Ad sanctos* bedeutet, dass die Angehörigen bestrebt waren, den Leichnam in möglichst großer Nähe bei einem Heiligengrab bzw. bei einer Reliquie zu bestatten. Die christliche Gemeinde verehrte die für ihren festen Christusglauben getöteten „Blutzeugen" (Märtyrer) als Heilige. Aus der Märtyrerverehrung entwickelte sich dann der Reliquienkult, in dem Überreste von Heiligen als mit besonderer Kraft beseelt angesehen wurden. Wie es in der Offenbarung des Johannes (Offb 6,9) heißt, dass die Seelen der Märtyrer sich unter dem himmlischen Altar befinden, so sollen es auch die Leiber in Bezug zum irdischen Altar nachahmen.[9] Darüber hinaus riefen Christen die Heiligen bei allen Sorgen und Nöten an und strebten danach, ihnen zum Wohle des Seelenheils möglichst nahe zu sein: Die Gräber der Heiligen und die Horte der Reliquien galten als gepriesener Ort, um zu Lebzeiten Fürbitte zu halten, und dann im Tod als letzte Ruhestätte.[10] Die Frömmigkeit und Sehnsucht der Christen nach Heiligen und ihren Gräbern prägte die Bestattungsriten nachhaltig: Die Bestattung Toter war eingebettet in eine christliche Gemeinde, die religiös motiviert sich selbst um alle anfallenden sepulkralen Aufgaben kümmerte.[11] Notwendiger Leistungsträger war ein Geistlicher, der die Durchführung der Bestattung anleitete. Die Bestattung der Verstorbenen *ad*

---

8 Vgl. Norbert Fischer, V*om Gottesacker zum Krematorium. Eine Sozialgeschichte der Friedhöfe in Deutschland seit dem 18. Jahrhundert* (Köln u.a.: 1995), 8ff.
9 Vgl. Arnold Angenendt, *Heilige und Reliquien. Die Geschichte ihres Kultes vom frühen Christen bis zur Gegenwart* (München: ²1997), 172ff.
10 Bernhard Kötting, *Die Anfänge der christlichen Heiligenverehrung in der Auseinandersetzung mit Analogien außerhalb der Kirche*, in: Heiligenverehrung in Geschichte und Gegenwart, hg. v. Peter Dinzelbacher, Dieter R. Bauer (Ostfildern: 1990), 67–80, 75ff.
11 Die Bestattung war ein barmherziges Werk nach dem Vorbilde der apokryphen Figur Tobit (insbes. Tob 1–2). Früh wurde die Bestattung zu den ursprünglichen sechs Werken der Barmherzigkeit gezählt, die Jesus Christus in der Endzeitrede aufführt. Zu den neutestamentlichen Werken der Barmherzigkeit (Mt 25,35–46) gehören: dem Hungrigen zu Essen geben, dem Durstigen zu Trinken geben, den Fremden aufzunehmen, den Nackten zu bekleiden, den Kranken an- und aufzunehmen, den Gefangenen zu besuchen. *Mortuum sepelire* (den Toten zu beerdigen) gilt – seit dem 3. Jh. durch Laktanz erstmals erwähnt und im 12. Jh. durch Johann Beleth bestätigt – als siebtes Werk der Barmherzigkeit. Vgl. Helen

sanctos verdeutlicht in räumlicher Hinsicht, dass die Funktion der Bestattung von verstorbenen Christen völlig ins Religionssystem eingegangen war.[12]

Da der um die Reliquien befriedete Hof nur begrenzt Platz für Gräber bot, war spätestens seit dem Mittelalter eine zweite Begräbnisstätte außerhalb des Ortes erforderlich, auf die vor allem Fremde, Arme, Vertreter unehrlicher Berufe (z. B. Abdecker, Kloakenreiniger, Totengräber) und Angehörige anderer Religionen (insbes. Juden) ihre letzte Ruhestätte fanden. Im Mittelalter entstanden erste wichtige Funktionalisierungen von spezifischen Gruppen, die sich der Aufgabe der Totenfürsorge und Bestattung widmete. Dazu gehörten vor allem Gilden und Zünfte, Nachbarschaften sowie Bruderschaften und Beginen. Gilden und Zünfte waren berufliche Genossenschaften; wer hier Mitglied war, übernahm gleichzeitig die Verpflichtung, verstorbene Mitglieder zu versorgen. Lag diese Konstellation nicht vor, so kamen u. U. geregelte Nachbarschaftsdienste zum Zuge. Sog. „Notnachbarn" wuschen und bekleideten den Verstorbenen, brachten ihn zum Friedhof, wo sie für ihn ein Grab ausgehoben hatten.[13] Bruderschaften hingegen stellten funktionale und transprofessionale Gemeinschaft dar. Unabhängig von ihrer weltlichen oder geistlichen Ausrichtung stand im Mittelpunkt ihres Wirkens die Totenfürsorge. Der Zugang zu einer Bruderschaft stand sowohl Männern als auch Frauen offen. Einige Bruderschaften bestanden bis ins 20. Jh.[14]

Schüngel-Straumann, *Tobit* (Freiburg i.Br. u.a.: ²2005), 62–64; Jeanne-E. Rehnig, *Todesmutig. Das siebte Werk der Barmherzigkeit* (Düsseldorf: 2006).

12 Im Römischen Reich handelt es sich im Gegensatz dazu um eine frühe Form eines staatlich geregelten, jeweils durch einen einzigen Anbieter monopolisiertes Bestattungswesens, das einerseits konkrete Anweisungen zur praktischen Umsetzung der Bestattung (z. B. die Bestattung Verstorbener außerhalb der Ortschaft durch Tafel X des Zwölftafelgesetzes) vorgibt und andererseits sogar Wahlprozedere, Pflichten und Rechte der Leistungsträger über zeitlich und regional begrenzte Bestattungs-Pachten bestimmt. Der Staat bzw. die Stadt war im Besitz der zur Bestattung gehörenden Rechte, die sie jährlich erneut an den Meistbietenden versteigerte. Der Pächter unterhielt für den reibungslosen Ablauf der Bestattung eine ganze Reihe von spezialisierten Angestellten, die verschiedene Teilaufgaben ausübten, wie z. B. den für die Leichenverbrennung (*ustor*), den für die Beisetzung des Toten (*fossor*). Dieses Bestattungswesen ging jedoch mit dem Zusammenbruch des Römischen Reiches unter. Vgl. Rudolf Düll, *Das Zwölftafelgesetz* (München: ²1953), 59ff; Vgl. Stefan Schrumpf, *Bestattung und Bestattungswesen im Römischen Reich. Ablauf, soziale Dimension und ökonomische Bedeutung der Totenfürsorge im lateinischen Westen* (Göttingen: 2006), 254–281.

13 Bis heute hat sich die Notnachbarschaft in wenigen, stark ländlich geprägten Regionen gehalten, z. B. die „Nachbarschaft Breuloenia" der Gemeinde Südlohn im Münsterland. Vgl. Reiner Sörries, *Herzliches Beileid. Eine Kulturgeschichte der Trauer* (Darmstadt: 2012), 89f.

14 Dass diese Art der kollektiven Funktionalisierung bzgl. der Totenfürsorge auch zu Beginn des 21. Jh. (wieder) existiert, zeigt die Gründung der Ev.-luth. Tobiasbruderschaft in Göttingen im Jahr 2009. Das Ziel der Laienbruderschaft ist es, nach dem Vorbild der barmherzigen Taten von

Seit dem Hochmittelalter gab es Beginen. Das waren Frauen, die sich zu religiösen Gemeinschaften zusammenfanden, jedoch weder Gehorsam und Keuschheit nachgingen, noch vom Papst autorisiert waren. Im Zentrum ihrer Arbeit stand die Sorge um Kranke, Sterbende und Tote. Sie verrichteten nicht nur praktische, sondern auch spirituelle, religiöse Totenfürsorge. Ähnliches trifft auf die sog. „Lichtmutter" zu. Sie war zunächst für das Anzünden der Kerzen im Gottesdienst zuständig, führte dann auch Bestattungen durch. Die sog. „Seelnonnen" knüpften an die Tätigkeit der Beginen an und waren für die Totenfürsorge zuständig. Im Zuge der Kommunalisierung im 19. Jh. wurden aus ihnen schließlich die „Leichenfrauen", auch „Totenfrauen" genannt, ohne dass sie der Bestattung eine spirituelle, geistliche Dimension verliehen. Bis ins späte 20. Jh. hinein waren sie noch in ländlichen Regionen tätig.[15]

Verstädterungsprozesse zogen Öffnung und Dezentralisation sozialer Gefüge nach sich, so dass die Fürsorge für die Verstorbenen neu geregelt werden musste. Bereits im Mittelalter, jedoch spätestens mit der Neuzeit wurde diese Leerstelle vorwiegend ausgefüllt von den Leichenfrauen und zum anderen von den Totengräbern. Der Totengräber, der seinen Dienst im Laufe des Mittelalters noch im Nebenerwerb eines Abdeckers, Kloakenreinigers und Scharfrichters versah, konnte sich später als eigenständiger Berufsstand etablieren. Durch seinen direkten Kontakt zum Leichnam und zum Tod galt das Totengräbertum als unrein. Verstärkt durch die große Nähe zu den eben aufgezählten Tätigkeiten wurde die Totengräber-Funktion tabuisiert und zu den unehrlichen Berufen gezählt, wodurch diese Männer zwar nicht rechtlos wurden, jedoch nicht in ein Zunfthandwerk eintreten oder ein ähnliches Ehrenamt bekleiden durften. Im Gegensatz dazu fällt auf, dass es durchaus auch Städte gab, wie z. B. Zürich, in denen Totengräber ein Haus im Zentrum der Stadt erwerben konnten, was sonst nur der oberen Schicht der Gesellschaft zustand. Dies spricht für eine hohe Wertschätzung des Totengräbers.[16] Auch wenn für Beerdigung, Friedhofsaufgaben und Pfarrerdienst eine Gebühr bezahlt werden musste (die Stolgebühr), wurden die meisten sepulkralen Tätigkeiten von Gemeindegliedern – religiös und/oder

---

Tobit Verstorbenen ohne Angehörige ein würdiges letztes Geleit zu ermöglichen. Vgl. Webseite der Göttinger Tobiasbruderschaft: *www.tobiasbruderschaft.de* (26.3.2014).

15 Vgl. Jeanne-E. Rehnig, *Todesmutig*, a.a.O., 55ff, 75ff; Walter Stolle, *Interview mit einer hessischen Totenfrau*, in: *Der Tod. Zur Geschichte des Umgangs mit Sterben und Trauer. Katalog zur Ausstellung im Museumszentrum Lorsch 1.11.2001 bis 30.6.2002*, hg. v. Hessischen Landesmuseum Darmstadt (Darmstadt: ²2002), 55–61.

16 Vgl. Hans-Peter Hasenfratz, ‚Tabu' – ‚Unehrlichkeit.' Ein Beitrag zur Berührungsvermeidung – besonders mit Blick auf die Totenfürsorge, in: *Totenfürsorge. Berufsgruppen zwischen Tabu und Faszination*, hg. v. Markwart Herzog, Norbert Fischer (Stuttgart: 2003), 29–36, 33.

moralisch motiviert – kostenfrei übernommen.[17] Das Bestattungswesen im Mittelalter war durch kollektive und verschieden organisierte Funktionen strukturiert, aus denen sich dann erste professionelle Spezialisierungen herausentwickelten – allen voran der Totengräber.

Bis weit ins 15. Jh. hinein war es üblich, dass die Verstorbenen auf dem Gottesacker rund um die Kirchenbauten oder im Gotteshaus selbst ihre letzte Ruhe fanden. Reformation und Aufklärung führten zu einem enormen Wandel im Bestattungs- und Friedhofssystem. Im Sinne von *sola fide* verwarf Martin Luther Reliquienverehrung, Fürbitte für die Verstorbenen und Verehrung der Heiligen als Heilsmittler. Damit entzog er der Nähe des Grabes *ad sanctos* den theologischen Halt. Luther legt 1527 in seiner Schrift „Ob man vor dem Sterben fliehen möge" das Fundament für Friedhöfe *extra muros*: „Aber wenn das begrebnis draussen auff eim abgesonderten stillen ort lege, da niemand durch noch drauff lieffe, so were es gar geistlich, ehrlich und heilig anzusehen und stündte auch zu gericht werden, das es zur andacht rytzte die so drauff gehen wollten."[18]

Der um die Kirche gelegene Gottesacker verlor durch Luther seine Bedeutung als *locus sacer*. Die Aufklärungszeit war geprägt durch die kollektive Angst vor dem Scheintod. Dazu traten auch die Risiken, sich wegen mangelnder Hygiene auf dem Friedhof an gefährlichen Krankheiten anzustecken, ins allgemeine Bewusstsein.[19] Dies verstärkte die Umsetzung der von Luther eröffneten Auslagerung von Beerdigungsstätten an Orte außerhalb der Ortschaften. Österreich war ein wichtiger Vorreiter in der Neugestaltung des Friedhofs- und Bestattungswesens: Kaiser Joseph II. sorgte gegen Ende des 18. Jh. für eine umfassende Begräbnisreform, die u.a. ein ausdrückliches Verbot von Bestattungen in und um Kirchen enthielt.[20] Eine andere Entwicklung zeichnete sich in der Schweiz ab, in der auch nach der Reformation, der traditionelle Zusammenschluss von Gotteshaus und Gottesacker weitgehend unangetastet blieb, so z. B. in Zürich. Bern hingegen ließ 1531 den Gottesacker am Münster schließen und ihn in ein innerstädtisches, säkularisiertes Kloster verlegen.[21] In Preußen sorgten 1794 die Anweisungen des

---

17 Jeanne-E. Rehnig, *Todesmutig*, a.a.O., 19ff.
18 WA 23, 377.
19 Philippe Ariès, *Geschichte des Todes* (München: [12]2009), 504–517. Aus diesen Gründen verordnete der Staat im 19. Jh. die Aufbahrung des Verstorbenen in einer Leichenhalle sowie eine ärztliche Leichenschau als notwendige Bestandteile einer Bestattung.
20 Auch wenn die Begräbnisreform von Kaiser Joseph II. nach seinem Tod wieder abgeschafft wurde, da sie in der Bevölkerung auf große Widerstände traf, so waren sie doch richtungsweisend. Vgl. Norbert Fischer, *Vom Gottesacker zum Krematorium*, a.a.O., 15ff.
21 Ein Grund für das Festhalten an den traditionellen Kirchhöfen in der Schweiz dürfte darin liegen, dass der Beisetzung auf einem Friedhof *extra muros* einer sozialen Herabsetzung gleich

Allgemeinen Landrechtes für eine Wende. Sie ordneten u.a. die Anlage von Friedhöfen außerhalb der Ortschaften und Einzelgräber für Verstorbene an.[22] Nicht nur diese Entwicklung stand im Zeichen der Kommunalisierung. Seit Ende des 18. Jh. gingen Totenfrauen und Totengräber in den Dienst der Städte über, wodurch ihre Funktion eine offizielle Aufwertung erhielt. Der Differenzierungsprozess eines auf die Totenfürsorge zentrierten Berufes verstärkte die Loslösung des Dienstes am Verstorbenen sowohl aus den familiären Bezügen, als auch aus den mittelalterlichen Funktionszuschreibungen und lagerte ihn auf externe, auf die Totenfürsorge spezialisierte Akteure aus. Mit der Verlegung der Friedhöfe vor die Stadtmauern und der damit verbundenen Logistik, Hygiene und Ästhetik bekam dann auch der Sarg selbst eine neue Bedeutung. Belegt ist die Nutzung von Holzsärgen in Deutschland bereits im späten 16. Jh. Im katholischen Süddeutschland war die sarglose Bestattung bis zum Anfang des 19. Jh. noch allgemein gültig.[23] Damit erhielten die Berufe des Tischlers (als Hersteller von Särgen) und des Fuhrmanns (als Transporteur des Sarges zum Friedhof) wichtige Zusatzfunktionen im Bestattungsablauf.

Im 19. Jh. zeichneten sich wichtige funktionale Differenzierungsprozesse im Bestattungswesen ab. Das Jahr 1810 stellte für den Bestatter eine entscheidende Zäsur dar. Durch die Einführung der Gewerbefreiheit galt der Bestatterberuf nun als ein selbständiges Gewerbe.[24] Die Urbanisierung und die damit verbundenen sozialen und raumwirtschaftlichen Veränderungen ließen den Bedarf nach einem Fachmann in der Totenfürsorge entstehen, in dessen Zentrum die Organisation der Bestattung samt aller dazu gehörenden Notwendigkeiten stand. „Die ersten gewerblichen Bestattungsinstitute entwickelten sich deshalb zunächst als Nebenerwerbsbestatter in der zweiten Hälfte des 19. Jh. in den Großstädten aus Fuhr- und Schreinereibetrieben."[25] Sie zentralisierten alle zur Bestattung gehö-

---

kam. Zu den wenigen Ausnahmen davon gehören Chur, Aarau und Genf. Vgl. Barbara Happe, *Der Tod gehört mir* (Berlin: 2012), 38f.

22 Vgl. Norbert Fischer, *Vom Gottesacker zum Krematorium*, a.a.O., 15ff.

23 Vgl. Walter Stolle, *Geschichte des Sarges*, in: *Der Tod. Zur Geschichte des Umgangs mit Sterben und Trauer*, a.a.O., 87–98, 87.

24 „Gewerbe im weiteren Sinne bedeutet jede zu Erwerbszwecken betriebene produktionswirtschaftliche Tätigkeit" – z. B. Handwerk und Handel, später auch z. B. Industrie, Energiewirtschaft. Walter Weddingen, *Grundzüge der Gewerbepolitik. Handwerks-, Industrie- und Energiewirtschaftspolitik* (Berlin: 1967), 11; vgl. Dagmar Hänel, *Bestatter im 20. Jahrhundert. Zur kulturellen Bedeutung eines tabuisierten Berufes* (Münster u.a.: 2003), 38f.

25 Dominic Akyel, *Die Ökonomisierung der Pietät. Der Wandel des Bestattungsmarkts in Deutschland* (Frankfurt a.M. u.a.: 2013), 64. Zu den ersten eigenständigen Bestattern gehören die Bestattungsinstitute „A. J. Schäfer – Thanatos" von 1825 und die „Sargfabrik Julius Grieneisen" von 1830. Beide wurden in Berlin gegründet, was auf die Abhängigkeit solcher Gründungen von

renden Aufgaben, die zuvor unterschiedliche Beteiligte ausübten. Die Tätigkeit der Bestatter zeichnete sich nun weniger durch Handwerksarbeit aus, sondern wies – um es mit einem Begriff aus dem 21. Jh. zu fassen – vermehrt Dienstleistungscharakter auf.[26] Es ging nicht einfach nur um den Erwerb eines bestimmten Produktes. Der Bestatter übernahm verstärkt zeremonielle Tätigkeiten, wie die Gestaltung der Trauerfeier, sowie ab 1920 die Vergabe und Abwicklung von Vorsorgeversicherungen. Die Entwicklung der Sarg-, Grabmal- und Trauerwarenindustrie beschleunigte den Verselbständigungsprozess des Bestatterberufes, so dass er sich auf das Dienstleistungsangebot im Zusammenhang mit der Bestattung spezialisieren konnte. Aufklärung und Industrialisierung brachten Ende des 19. Jh. Krematorien hervor, die anfangs von privaten Vereinen für Feuerbestattungen betrieben, später dann kommunalisiert wurden.[27] Das war eine entscheidende Neuerung im Bestattungswesen. Karl der Große erließ 785 das Verbot, Leichen zu verbrennen. Er zielte auf eine einheitliche christliche Form der Bestattung, um eine klare Grenze zu heidnischen Bestattungen zu ziehen. Obwohl Feuerbestattung und Krematorien viele Kritiker hatten, z. B. die katholische Kirche, für die der tote Körper zur Integrität des Toten gehört, setzten sie sich schließlich durch. Da die Verantwortlichen der Krematorien zudem die anschließende Beisetzung organisierten, waren sie gleichzeitig ein ernstzunehmender Wettbewerber für den Bestatter, auch wenn manche der Bestatter bereits zu Beginn des 20. Jh. die Kremierung in ihr Angebot aufgenommen hatten. „Die Durchsetzung der Feuerbestattung in Deutschland war die Bedingung für die tiefgreifenden Veränderungen in der Bestattungskultur der letzten 100 Jahre und die heutige Vielfalt in der Begräbniskultur."[28]

Seit dem 20. Jh. entwickelte sich ein zunehmend selbstständig organisiertes Bestattungssystems. 1908 ging aus dem 1884 gegründeten Berliner Bestatterverband der landesweite „Verband der Sargtischlermeister und Inhaber von Bestattungs-Anstalten im Deutschen Reiche" hervor. Bereits Ende des 19. Jh. bildeten sich die ersten Bestatterverbände auf Landesebene. Ziel war es, berufliche Inter-

---

regionalen Bedingungen verweist. Vgl. Dagmar Hänel, *Bestatter im 20. Jahrhundert*, a.a.O., 39; Reiner Sörries, *Herzliches Beileid*, a.a.O., 94.

26 Dienstleistungen sind „wirtschaftliche Verrichtungen, die nicht in der Erzeugung von Sachgütern, sondern in persönlichen Leistungen bestehen." Brockhaus-Enzyklopädie, 4. Bd. (Wiesbaden: [17]1968), *Dienstleistungen*, 720.

27 Zu den ersten Feuerbestattungsvereinen, die seit 1870 bestanden, gehörten meist Akademiker. Kurz darauf wurden die ersten Krematorien in Gotha (1878), Heidelberg (1891) und Hamburg (1892) gegründet. Vgl. Dagmar Hänel, *Bestatter im 20. Jahrhundert*, a.a.O., 44f; Norbert Fischer, *Vom Gottesacker zum Krematorium*, a.a.O., 94, 97.

28 Barbara Happe, *Der Tod gehört mir*, a.a.O., 76.

essen zu sichern und einer möglichen Verstaatlichung des gesamten Bestattungswesens vorzubeugen.[29] Nachdem im Zweiten Weltkrieg die Verstaatlichung des landesweiten Verbandes erfolgte, wurde das Bestattungswesen für Westdeutschland 1949 durch neue Landesverbände organisiert, die 1957 zusammen den „Bundesverband Deutscher Bestatter (BDB)" gründeten. Nach der Wiedervereinigung 1990 wurde der BDB mit seinen Strukturen dann auch auf Ostdeutschland ausgedehnt.[30] Das Bestattungswesen hat sich auf diese Weise zu einem funktional ausdifferenzierten Teilsystem der Gesellschaft verselbstständigt.[31] Darüber hinaus unterlag es auch programmatischen Veränderungen durch die Auswirkungen der Postmoderne, zu deren Anliegen Differenz und Pluralität, Anonymisierung und Individualisierung gehören.[32] Bestes Beispiel für die sepulkralen Änderungen durch die Postmoderne ist die anonyme Bestattung. Außerdem existiert zu Beginn des 21. Jh. eine ganze Reihe an Auswahlmöglichkeiten von Bestattungen, z. B. die Bestattung im Friedwald (seit 2001 in Deutschland) und auf See (seit 1934), die Ausstreuung der Asche z. B. auf einem anonymen Grabfeld und die Beisetzung in einer Urnenkirche (seit 2006).[33]

In historischer Perspektive weist der Bestatter seit Ende des 20. Jh. eine zunehmende Berufsprofilierung auf. Zu Beginn des 21. Jh. gilt in Deutschland, der Schweiz und Österreich zwar immer noch: Prinzipiell kann jeder als Bestatter arbeiten.[34] Mittlerweile existieren aber im deutschen Bestattergewerbe

---

29 Vgl. Dagmar Hänel, *Bestatter im 20. Jahrhundert*, a.a.O., 45f.
30 Vgl. Dominic Akyel, *Die Ökonomisierung der Pietät*, a.a.O., 65ff.
31 1973 formierte sich in der Schweiz erstmalig ein kantonaler Zusammenschluß von Bestattern, zu dem 1983 acht Kantone gehörten. Drei Jahre später entwickelte sich aus dieser Vereinigung der „Schweizerische Verband der Bestattungsdienste". Vgl. Lilo Roost Vischer, *Alltäglich Tote: ethnologische Untersuchungen in einem Bestattungsinstitut und einem Krematorium in der Schweiz* (Hamburg: 1999), 11ff; Webseite des Schweizerischen Verbandes der Bestattungsdienste: www.bestatter.ch (26.3.2014). In Österreich wurde bereits 1911 in Wien der „Verband der österreichischen konzessionierten Leichenbestattungsunternehmer" gegründet. Vgl. www.bestatter.at (26.3.2014).
32 Vgl. Karl Gabriel, *Christentum zwischen Tradition und Postmoderne* (Freiburg i.Br. u.a.: 2000), 143ff.
33 „Im Unterschied zu anderen europäischen Ländern [z. B. der Schweiz] ist es in Deutschland nicht erlaubt, die Asche z. B. aus einem Heißluftballon, im eigenen Garten oder in der freien Natur zu verstreuen." Barbara Happe, *Der Tod gehört mir*, a.a.O., 161f, vgl. 10f. Die Schweiz zeigt in den Bestattungsmöglichkeiten Pioniergeist, so entstand bereits 1914 der erste Waldfriedhof in Schaffhausen. Barbara Happe, *Der Tod gehört mir*, a.a.O., 139.
34 In der Schweiz gibt es seit 2005 die Eidgenössische Prüfungsordnung zum Bestatter. Dabei handelt es sich um eine berufsbegleitende, zweijährige Ausbildung, nach dessen erfolgreicher Absolvierung man den Titel „Bestatter mit eidgenössischem Fachausweis" tragen darf. Vgl. Webseite des Schweizerischen Verbandes der Bestattungsdienste: *www.bestatter.ch* (26.3.2014).

bereits fünf Ausbildungsgänge: Geprüfter Bestatter, Funeralmaster bzw. Bestattermeister, Thanatopraktiker, Kremationstechniker und die bereits erwähnte Bestatterfachkraft.[35] Bei dem Geprüften Bestatter handelt es sich um eine Fortbildungsprüfung. Wer diese erfolgreich absolviert hat, kann die Fortbildung zum Funeralmaster bzw. Bestattermeister angehen, womit der Status der Ausbildereignung erreicht wird. Der Geprüfte Bestatter gehört auch zu den Voraussetzungen, um an der Fortbildung zum Geprüften Thanatopraktiker teilzunehmen. Die Aufgaben eines Thanatopraktikers sind u.a. den z. B. durch einen Unfall entstellten Leichnam wiederherzustellen und Totenmasken herzustellen.[36] Seit 2005 existiert die Fortbildung zum Geprüften Kremationstechniker, die auf Leiter von Kremationsanstalten zugeschnitten sind.[37]

Bei der Berufsprofilierung des Bestatterberufes fällt auf, dass sich die Tätigkeit zunehmend auf die Hinterbliebenen ausrichtet.[38] Zu den vielen Bestattungsmöglichkeiten für die Verstorbenen kommt eine anwachsende Auswahl an Angeboten für die Hinterbliebenen – z. B. die Trauerbegleitung, so dass die Bestattung einer „ökonomische[n] Organisation einer Vielfalt von Optionen" gleichkommt. Was das heißt und wie es sich auswirkt, soll an einem Beispiel veranschaulicht werden.

3 „Heuse Bestattungen" in Frankfurt am Main

Die Unternehmensgruppe „Heuse Bestattungen", die im Kern auf einen Familienbetrieb zurückgeht, besitzt in Frankfurt am Main und Umgebung elf Anlaufstellen

---

Es gibt kantonale Unterschiede, ob der Nachweis eines solchen Fachabschlusses bei der Anmeldung eines Betriebs im Bestattungsgewerbe nötig ist. 1998 gehörten die Kantone Basel-Stadt und Wallis zu den ersten, die diesen Nachweis verlangten. Vgl. Eckhard Baschek, *Verdrängen als oberstes Prinzip*, Art. in: Handelszeitung vom 28.10.1998. Auch Österreich zeigt eine ähnliche Lage. Obwohl es eine Befähigungsnachweisprüfung gibt, besteht keine verbindliche geregelte Ausbildung zum Bestatter. Sie erfolgt individuell im jeweiligen Bestattungsunternehmen. Seit 2006 gibt es die Ausbildungsverordnung zum Thanatopraktiker. Vgl. Webseite des Bundesverbandes der Bestatter Österreichs: *www.bestatter.at* (26.3.2014).
35 Rolf Lichtner, Christoph Bläsius, *Bestattung in Deutschland. Lehrbuch*, hg. v. Fachverlag des deutschen Bestattungsgewerbe GmbH (Düsseldorf: 2012), 32–40.
36 Vgl. a.a.O., 399–410.
37 Vgl. a.a.O., 29–39.
38 Das ergibt z. B. aus der Analyse des Bestatter-Lehrbuches, dessen achtes Kapitel der „Beratung und Betreuung" gewidmet ist, in der der Kunde insbes. als Trauernder angesprochen ist. Vgl. a.a.O., 411–436.

und ist mit ihrer Unternehmensphilosophie nahe am Puls der Zeit. In einer ihrer Broschüren beschreiben sie ihre „Aufgaben als Bestatter und Trauerberater"[39] wie folgt:

„Bei uns stehen Sie im Mittelpunkt: mit all Ihren Sorgen, mit all Ihren Wünschen, mit all Ihrer Traurigkeit. [...] Trauer. Wir hören Ihnen zu und lassen Sie mit Ihrer Trauer in dieser schmerzhaften Zeit nicht alleine. Wir unterstützen Sie dabei, das ohnmächtige Gefühl des Verlustes und der Verzweiflung zuzulassen und auszuleben, damit Sie nach und nach zu neuer Lebenskraft zurück finden können. Abschied. Wir organisieren Trauerfeier und Beerdigung in Ihrem Sinne oder nach den Wünschen des Verstorbenen. Wir beraten Sie bei der Sargauswahl, und Sargausstattung sowie bei der Entscheidung, wie der Verstorbene eingekleidet werden soll. Wir kümmern uns um die wunschgemäße Dekoration, den individuellen Blumenschmuck und die persönliche Begleitmusik. [...] Formalitäten. Wir kümmern uns um alle organisatorischen Dinge, koordinieren sämtliche Termine und erledigen die erforderlichen behördlichen Formalitäten, damit Sie im Trauerfall nicht auch noch mit nervenaufreibenden Wartezeiten belastet werden. [...]"[40]

Auf ihrer Webseite informiert „Heuse Bestattungen" u.a. weiter über die verschiedenen Möglichkeiten der Abschiednahme in den eigenen Räumlichkeiten, die angenehme Atmosphäre, individuelle Organisation der Trauerfeier, sowie über das eigene Angebot professioneller Trauerbegleitung und über die „Heuse Akademie". Die „Heuse Akademie" ist eine Art Bildungszentrum und bietet ein „Programm aus den Bereichen Bildung und Kultur, die ein bewussteres sowie erfüllteres Leben ermöglichen" soll.[41] Das Bestattungsunternehmen „hat die Dienstleistungen, die sich um die Bestattungen ranken, in großem Stil ausgebaut, standardisiert und zugleich zielgruppenspezifisch differenziert."[42] Die Sätze aus der Werbebroschüre machen deutlich, dass „Heuse Bestattungen" sich bewußt vom alten Umgang mit dem Tod und den Toten abgrenzt. Vielmehr wird dazu ermutigt, dass der Tod bzw. der Tote solange im Bereich der Lebenden verbleibt, bis der Hinterbliebene sich auf persönlich angemessene Weise verabschieden kann. Das Ziel der Bestatter ist es, Ängste und Hemmschwellen in Verbindung mit Tod und Trauer zu reduzieren, indem sie den Wünschen des Verstorbenen

---

[39] Heuse-Bestattungen (Hg.), *Ihr Wegweiser im Trauerfall*, a.a.O., 5f.
[40] Ebd.
[41] http://www.heuse-gruppe.de/heuse-akademie.html (12.4.2014).
[42] Jan Hermelink, *Die weltliche Bestattung als religiöse Praxis. Was die Kirche von den Bestattern lernen kann,* in: *Berliner Theologische Zeitschriften,* hg. v. Humboldt-Univ. zu Berlin (Leipzig: 2/2012), 208–228, 213.

oder bzw. und der Hinterbliebenen entsprechen. Darüber hinaus ermöglicht das Unternehmen umfassende Kundendienste, die u. U. bereits lange vor einem Todesfall beginnen, z. B. über die Teilnahme an Informationsveranstaltungen der Bestattungsvorsorge der „Heuse Akademie". Die Kundenbetreuung reicht dann von dem ersten Kontakt im Todesfall, über die anschließende Trauerfeier, bis hin zur professionellen Trauerbegleitung nach der Bestattung. Was bleibt hier noch offen? Wichtigstes Merkmal des Werbetextes ist insbes. die Flexibilität des Leistungsspektrums: Während „Heuse Bestattungen" einen festen, sicheren Rahmen bietet, agiert jeder Kunde höchst individuell nach eigenen Wünschen. Gewählt werden können Sarg, Blumenschmuck, Musik, Raum, Abschieds-Rituale und: Trauerhilfe. Dazu gibt es eine ganze Reihe an Informationsquellen, neben Büchern auch im Internet, z. B. das „Bestattungslexikon" und der „Bestattungsknigge" auf der Webseite von „Heuse-Bestattungen".[43]

Das hier kurz skizzierte Unternehmen „markiert eine Entwicklung, die für die gegenwärtige Bestattungskultur [...] typisch ist, nämlich die planmäßige Vermehrung der Wahlmöglichkeiten, die konsequente Optionalisierung aller Elemente der Bestattung."[44] Die Pluralisierung der Bestattung lässt sich mithilfe der Multioptionsgesellschaft erklären. Die Multioptionsgesellschaft steht ganz im Zeichen der Postmoderne. Die sich dahinter befindende Gesellschaft besteht aus großen ökonomischen Organisationen, die alle zu realisierenden Optionen ordnet und offeriert.[45] Die Multioptionalisierung des Bestattungssystems ist auch Kennzeichen von „Heuse Bestattungen". Dessen Leitmotiv bringt es klar zum Ausdruck: „Bei uns stehen Sie im Mittelpunkt." Bezieht man diesen Aspekt auf die Kundschaft, so bedeutet es, dass deren maximale Selbstbestimmung zum obersten Handlungsprinzip des Unternehmens ernannt ist. Der entscheidende Maßstab ist, was genau zu einem Kunden passt, was ihm subjektiv wirklich wichtig ist. Selbst wenn ein Subjekt sich für die Konvention entscheidet, so musste es doch zuvor wählen und die getroffene Wahl vor sich und anderen begründen „und dann ist das Argument [...] immer weniger: ‚weil man es so macht', sondern ‚weil es zu ihm passt' [...]."[46] Die Struktur der Individualisierung, die der Beobachtung zugrunde liegt, erscheint als ein zentrales Kriterium bei Bestattungen und weist durchaus religiösen Charakter auf. Das Subjekt, das nun für alle biographischen Entscheidungen selbst verantwortlich ist, läuft angesichts solcher generellen Individualisierung Gefahr, in der Situation einer Bestattung überfordert zu werden. Das

---

43 www.heuse-gruppe.de/bestattung.html (12.4.2014).
44 Jan Hermelink, *Die weltliche Bestattung als religiöse Praxis*, a.a.O., 213.
45 Vgl. A.a.O., 214; Peter Gross, *Die Multioptionsgesellschaft* (Frankfurt a.M.: 1994).
46 Jan Hermelink, *Die weltliche Bestattung als religiöse Praxis*, a.a.O., 216.

Erleben des Todes eines geliebten Menschen bringt ein Subjekt immer auch an die Grenzen des Lebens. Existentielle Verunsicherungen und Erschütterungen können die Folgen sein. Auf die Überforderung und Verunsicherung reagiert der Bestatter mit seinem „beraterischen Selbstverständnis."[47] „Heuse Bestattungen" macht es exemplarisch vor: Der Bestatter sieht sich selbst nicht mehr nur als Experte in der Totenfürsorge, sondern auch als „Trauerberater." Dabei handelt es sich um einen Begriff, der nicht eindeutig definiert ist. Das Unternehmen liefert auf der eigenen Webseite im „Bestattungslexikon" gleich eine eigene Definition: „Ein Trauerberater hilft den Trauernden dabei, die Bestattung zu organisieren und alles Notwendige zu veranlassen. Er ist mit den erforderlichen Schritten vertraut und gibt in einer ersten Phase der Trauer auch Hilfestellung und Halt."[48]

Während das erste Definiens sich auf die Hilfe zur Organisation einer Bestattung bezieht, zielt das zweite auf die Unterstützung in der ersten Trauerzeit. Das „beraterische Selbstverständnis" des Bestatters dominiert, was auch durch die beschriebene Trauerhilfe stark betont wird. Hier verdichtet sich eine essentielle Wandlung: Zu der Funktion der reinen Totenfürsorge kommt die Sorge um den Hinterbliebenen. Auch das bekräftigt den religiösen Anspruch der funeralen Dienstleistung. Das Zitat aus der Werbebroschüre von „Heuse Bestattungen" veranschaulicht, dass jeder Hinterbliebene bei diesem Bestatter bestens aufgehoben ist. Der Bestatter ist Trauerberater und lässt den Trauernden nicht allein, er unterstützt ihn, damit er „nach und nach zu neuer Lebenskraft zurück finden" kann. Genau an diesem Punkt lässt der Bestatter sein de facto religiös unterlegtes Selbstverständnis erkennen. Sie „verstehen sich als die guten Hirten, als *pastores*, die jeden Einzelnen, je nach individueller Situation, Biographie und Bedürfnislage durch die Trauer begleiten."[49] Dafür spricht nicht zuletzt auch das Angebot von „Heuse Bestattungen", an den von ihnen regelmäßig durchgeführten Gedenkfeiern für Verstorbene teilzunehmen, die überkonfessionell ausgerichtet sind.[50] Die Bestatter verhelfen auf diese Weise zur religiösen Selbstklärung, zur religiösen Individualisierung. Sie zeigen sich als einen guten Hirten, der anleitend, begleitend und seelsorgerlich fungiert. Eines der wichtigen Merkmale im Blick auf das derzeitige Bestattungssystem ist die Herausbildung einer spezifischen Bestatter-Religion.

---

47 Ebd.
48 www.heuse-gruppe.de/bestattungslexikon.html, Stichwort: Trauerberater (13.4.2014).
49 Jan Hermelink, *Die weltliche Bestattung als religiöse Praxis*, a.a.O., 217.
50 www.heuse-gruppe.de/bestattung/gedenkfeier.html (13.4.2014).

4 Der Bestatterberuf als Profession

Lässt sich anhand dieser Beobachtungen vor dem Hintergrund von Karles Professionstheorie beim Bestatterberuf von einer Profession reden? Klar scheint zu sein, dass die Aufgabe des Bestattens zu Beginn des 21. Jh. weder von einer religiösen Gemeinde wie zur Zeit der Alten Kirche noch von beruflichen Verbänden übernommen wird. Es hat sich ein selbstständiges, funktional ausdifferenziertes Teilsystem entwickelt, dessen primäre Aufgabe es ist, verstorbene Menschen beizusetzen.[51] Aus dem, was im 19. Jh. noch als Nebentätigkeit von Tischler und Fuhrmann galt, ist der ökonomisch selbständige Beruf des Bestatters entstanden. Er steht im Zentrum des nach ökonomischen Prinzipien funktionierenden Bestattungssystems[52] und weist z. B. durch seine Berufsprofilierung eine eigenständige Kommunikation auf. Im Bestatterberuf verdichtet sich die Expertise im Umgang mit Leichnamen und deren Versorgung; er nimmt damit eine Monopolstellung ein. Über die Grundaufgaben der Leichnamsversorgung hinaus laufen bei ihm alle Fäden zusammen, die für die Umsetzung einer Bestattung wichtig sind. Er ist der Leistungsträger, der alles rund um die Beisetzung eines Toten organisiert und verantwortet.

Wer ist nun der Leistungsempfänger im Bestattungssystem? Ist es der Verstorbene selbst, sind es die Angehörigen oder gar die Gesellschaft? Eine Antworthilfe bieten hier die Friedhofs- und Bestattungsgesetze. Diese unterscheiden sich je nach Staat, Bundesland bzw. Kanton. Im Vordergrund steht jeweils der Verstorbene selbst als Leistungsempfänger. Er ist es, an dem die Leistung des Bestattens vollzogen wird. Das hessische Friedhofs- und Bestattungsgesetz (HFBG) schreibt z. B. vor, dass „die Bestattungsart (...) sich nach dem Willen der verstorbenen

---

[51] Bereits in der Bibel ist eine erste funktionelle Auslagerung des Bestattens aus dem Familiensystem zu beobachten – zumindest punktuell. Grundsätzlich galt die Bestattung eines verstorbenen Angehörigen als familiäre Funktion (z. B. Gen 23,19). Die erste Spur eines verselbstständigten Aufgabenfeldes findet sich im Alten Testament: Die Gruppe der Totengräber (Ez 39,14f) erhält nach einer Kriegszeit den offiziellen Auftrag, alle noch herumliegenden Leichname des Feindes im Land zu begraben. Die Bibel – insbes. die u.U. recht anschaulichen Bestattungs-Szenen im Neuen Testament (z. B. Joh 11,1–44) – weist alle Handlungsabläufe auf, die die Bestattungskultur des Abendlandes maßgeblich bestimmten. Vgl. Walther Zimmerli, *Ezechiel*, Bd. 13/2 aus: *Biblischer Kommentar Altes Testament*, hg. v. Martin Noth u. a. (Neukirchen-Vluyn: 1969), 965ff; Jeanne-E. Rehnig, *Todesmutig*, a.a.O., 12f.

[52] In Deutschland z. B. belaufen sich die Kosten einer Beisetzung auf durchschnittlich 2350 EUR, in der Schweiz auf 3000 Franken (Stand 1998). Vgl. www.todesfall-checkliste.de (26.3.2014); Eckhard Baschek, *Verdrängen als oberstes Prinzip*, Art. in: Handelszeitung (28.10.1998).

Person" zu richten hat (HFBG, §14,1).[53] Liegen weder ein Vorsorgevertrag noch genaue Richtlinien in dem Testament für die eigene Bestattung vor, so geht die Verantwortung für die Bestattung entsprechend dem Hessischen Bestattungs- und Friedhofsgesetz an die sog. sorgfaltspflichtigen Personen über (HFBG, §13,1). „Angehörige im Sinne dieses Gesetzes sind der Ehegatte oder der Lebenspartner (...), sowie Kinder, Eltern, Großeltern, Enkel und Geschwister, Adoptiveltern und -kinder (HFBG, §13,2)."[54] Auch die sorgfaltspflichtigen Personen bilden Leistungsempfänger. Denn es handelt sich nicht um den Regelfall, dass sich ein Verstorbener zu Lebzeiten um seine eigene Bestattung gekümmert hat. So sind es zumeist die gesetzlich festgehaltenen sorgfaltspflichtigen Personen, die dem Gesetz nachkommen müssen, dass „Leichen (...) frühestens 48 Stunden und nicht später als 96 Stunden nach dem Eintritt des Todes zu bestatten" sind (§16,1/HFBG). Vollzieht der Bestatter zwar die Beisetzung am Toten, so übernimmt er diese Aufgabe doch meist im Auftrag von den Angehörigen. Der Bestatter löst das Bestattungs-Problem der Angehörigen. Kann den sorgfaltspflichtigen Personen nicht zugemutet werden, die anfallenden Kosten der Bestattung zu tragen, z. B. aufgrund finanzieller Unzumutbarkeit, oder lassen sich keine Angehörigen ausfindig machen, so ist in Deutschland laut Sozialgesetzbuch (SGB) gesetzlich geregelt, dass der Staat die Kosten für die Durchführung der Bestattung und der Friedhofsgebühren übernimmt (SGB XII, §74). In diesem Sinne kann sogar der Staat als Leistungsempfänger fungieren, dessen ausführendes Organ das Sozialamt vor Ort ist (SGB XII, §74).[55] Die Funktion, die der Bestatter dem Staat durch die Beisetzung eines Toten leistet, ist z. B. der Erhalt der Gesundheit der Bevölkerung.[56] Neben der Antwort auf die Frage nach dem Leistungsempfänger im Bestattungssystem anhand der dazu existierenden gesetzlichen Bestimmungen, könnte hier natürlich auch anders geantwortet werden: Leistungsempfänger ist derjenige, der zahlt. Entweder ist dies der Verstorbene selbst, die sorgfaltspflichtige Person – vor allem die Erben – oder der Staat bzw. die Kommune.

---

[53] Das hessische Friedhofs- und Bestattungsgesetz ist gültig vom 5. Juli 2007 bis 31.12.2020. Vgl. GVBl. I 2007, 338.
[54] Gemeint sich Lebenspartner „nach dem Lebenspartnerschaftsgesetz vom 16. Februar 2001 (BGBl. I S. 266), zuletzt geändert durch Gesetz vom 6. Juli 2009 (BGBl. I S. 1696)" (HFBG, §13,2).
[55] Auch in der Schweiz und in Österreich gibt es in bestimmten Fällen die Möglichkeit, dass ein Dritter (Sozialvereine, Gemeinden) für eine Bestattung aufkommt. Wie in Deutschland wird dieses Prozedere je nach Kanton (z. B. die *„Verordnung über das Bestattungswesen"* vom Regierungsrat des Kantons Bern, 27. Oktober 2010) bzw. Bundesland (z. B. das *„Wiener Leichen- und Bestattungsgesetz"* des Wiener Landtages, 17.9.2004) selbstständig geregelt.
[56] Vgl. HFBG, §16.

Während bei den beiden erstgenannten Leistungsempfängern der direkte, u. U. intensive Kontakt zum Bestatter zu den Voraussetzungen für die Veranlassung und Durchführung einer Bestattung gehört, ist bei dem Staat Beauftragung und Durchführung der Bestattungsleistung in Form von Gesetzen und Vorschriften vorgefertigt, nach denen sich die Vorstellungen der Nahestehenden – sofern sie existieren – im Regelfall richten müssen. Auch in einer solchen Konstellation ist eine Kontaktaufnahme zu einem Bestatter nötig, wenn auch nur als Pflichthandlung des Sozialamtes, um eine Bestattung in Auftrag zu geben und sie letztlich zu finanzieren. Eine Inklusion liegt in diesem Funktionssystem insbesondere dann vor, wenn eine Bestattungsvorsorge vorgenommen wird oder Angehörige eine Bestattung veranlassen.

Das Problem in diesem Funktionssystem wird insofern gelöst, als ohne direkte, interaktionsabhängige Inklusion die Funktion nicht initiiert und von dem Bestatter durchgeführt werden kann. Beim Bestatten handelt es sich um eine vollkommen universalistisch ausgerichtete Funktion: Wer in Deutschland stirbt, partizipiert am Bestattungssystem und mit ihm seine Angehörigen, sofern er welche hat. Der Leistungsempfänger wird also vom Leistungsträger direkt miteinbezogen ins Funktionssystem. Bei der Beauftragung des Bestatters bzgl. der Bestattungsmöglichkeiten und der individuellen Wünsche des Leistungsempfängers muss also in jedem Fall „Kommunikation unter Anwesenden" stattfinden.

Die Bestatter erfüllen mit ihrem spezifischen Berufsbild eine für die Gesellschaft bedeutsame Funktion. Wie an dem Beispiel „Heuse Bestattungen" deutlich wird, beanspruchen Bestatter heute auch, eine quasi religiöse Dienstleistung zu erbringen, die nahe an die kirchliche Seelsorge heranreicht. Damit leistet er einen Beitrag zur psychischen Gesundheit seines Leistungsempfängers. Es ist hier eben nicht mehr nur der Pfarrer bzw. die Pfarrerin, die an existenziellen Übergängen Beistand leistet. Der Bestatter begleitet die Hinterbliebenen durch die Bestattung des Verstorbenen, ist Ansprechpartner bei allen – auch zeremoniellen –Fragen, die in diesem Zusammenhang entschieden werden müssen. Der Bestatter bietet Hilfe bei existentieller und religiöser Selbstklärung. Das alles verdichtet sich kulturell zu einer Bestatter-Religion.

XI. Bildung

Martina Kumlehn
Wahrnehmung, Deutung und Gestaltung der „Zeichen des Todes": Die Optionenvielfalt spätmoderner Sepukralkultur als Herausforderung religiöser Bildung

Die spätmoderne Sepukralkultur in der Vielfalt ihrer Formen, Medien und Orte ist ein Spiegel wesentlicher Grundzüge der ausdifferenzierten Gesellschaft, die hohe Ansprüche an die individuelle Gestaltungsbereitschaft in allen Lebensbereichen stellt und darin inzwischen auch die letzte Lebensphase inklusive des Abschieds vom Leben erfasst hat.[1] Bilder des Todes und ihre Deutungsmacht bzw. -ohnmacht sind in Photographie, Kunst, Literatur und Film omnipräsent[2], bleiben jedoch in die Ambivalenz von Sehen und Nichtsehen, Präsenz und Entzug verstrickt,[3] die eine Herausforderung individueller und kollektiver Wahrnehmungsmuster darstellt. Zudem zeigen und verbreiten die Medien die Dynamisierung und Fluidität der tradierten Formen des Abschieds und des Begräbnisses, zu denen sich die Menschen sowohl in der distanzierten Wahrnehmung als auch in der aktiven Auswahl verhalten müssen, wenn sie existentiell vom Tod nahestehender Menschen betroffen sind oder auf das eigene Sterben zugehen und nach Wünschen bezüglich der eigenen Bestattung gefragt werden. Auch die letzten Dinge und ihre (religiösen) Deutungshorizonte stehen damit unter dem Vorzeichen der Optionenvielfalt im unvertretbar aufgegebenen „eigenen Leben"[4]. Eine an eben diesen Phänomenen und Medien kulturhermeneutisch interessierte Religionspädagogik muss nach den Bildungsanforderungen fragen, die sich für die spätmodernen Subjekte angesichts dieser ausdifferenzierten Kultur des letzten Weges ergeben. Dabei wäre es außerordentlich reizvoll, dies aus der professionstheoretischen Perspektive der notwendigen Bildungs- und Selbstreflexionspro-

---

1 Vgl. Thomas Klie (Hg.), *Performanzen des Todes. Neue Bestattungskultur und kirchliche Wahrnehmung* (Stuttgart: 2008).
2 Vgl. z.B. Thomas Macho/Kristin Marek (Hg.), *Die neue Sichtbarkeit des Todes* (München: 2007) und Iris Därmann, *Tod und Bild: eine phänomenologische Mediengeschichte* (München: 1995).
3 Vgl. zu dieser bildtheoretischen Grundspannung Philipp Stoellger/Thomas Klie (Hg.), *Präsenz im Entzug. Ambivalenzen des Bildes* (Tübingen: 2011) und Philipp Stoellger (Hg.), *Un/Sichtbar. Wie Bilder un/sichtbar machen* (Würzburg: 2014).
4 Vgl. den programmatischen Titel „Eigenes Leben" als Quintessenz des Anspruches spätmoderner Lebensgestaltung bei Ulrich Beck/Wilhelm Vossenkuhl/Ulf Erdmann Ziegler, *Eigenes Leben. Ausflüge in die unbekannte Gesellschaft, in der wir leben* (München: 1995).

zesse zu beleuchten, denen sich Bestatter und Beerdigungsredner im kirchlichen Dienst und auf dem freien Markt zu stellen haben.[5] Im Folgenden wird jedoch der Kernbereich religionspädagogischer und -didaktischer Reflexion im Vordergrund stehen, indem nach den allgemeinen und religiösen Bildungsanforderungen im Spannungsfeld spätmoderner Sepukralkultur sowie nach korrespondierenden religionshermeneutischen, performativen und jugendtheologischen Zugängen zu der Thematik am Lernort Schule gefragt wird.

1 Spätmoderne Sepukralkultur als radikale Herausforderung religiöser Bildung

Viele Phänomene, die die ausdifferenzierte Sepukralkultur zu sehen und zu verstehen gibt, sind entweder mit dem Anliegen der Steigerung oder der Auflösung von individueller Erkennbarkeit im Tod bzw. über den Tod hinaus verbunden. So soll auf der einen Seite die Individualität der Verstorbenen je nach den zur Verfügung stehenden Ressourcen ästhetisch adäquaten Ausdruck in Rede, Ritus, Ort und Bild finden, indem sie mehr oder weniger deutungsoffen zur Darstellung gebracht wird. In diesem Anliegen verdichten sich die Forderungen der Optionen[6]- und Erlebnisgesellschaft[7] hinsichtlich der Individualisierung, Pluralisierung, Flexibilisierung und Ästhetisierung von Lebensstilen bzw. diese werden dadurch noch radikalisiert, dass sie gegen die „vergleichgültigende" Kraft des Todes und das „konservative() Widerlager"[8] der Begräbniskultur behauptet und durchgesetzt werden müssen. Auch im Tod dürfen und können wir nicht einfach alle gleich sein. Die pastorale Kasualrede und die säkulare Bestattungsrede wissen um diesen Zusammenhang und sind von daher in der Regel auch intensiv auf die Würdigung des individuellen Lebens ausgerichtet.[9] Diese individuelle Würdigung durch das Wort reicht den Menschen jedoch immer weniger aus, so

---

[5] In fiktionaler Brechung lässt Uwe Timm davon interessante Facetten in seinem Roman „Rot" aufleuchten (München: [8]2009).
[6] Peter Gross, *Die Multioptionsgesellschaft* (Frankfurt a.M.: 1994).
[7] Gerhard Schulze, *Die Erlebnisgesellschaft* (Frankfurt a.M.: 1992).
[8] Thomas Klie, *Einleitung – die Imposanz des Todes und die Suche nach neuen Formen*, in: Ders. (Hg.), Performanzen des Todes, a.a.O., 7–13, 7.
[9] Vgl. Wilhelm Gräb, *Die Kasualpraxis als Rechtfertigung von Lebensgeschichten*, in: Ders., Lebensgeschichten, Lebensentwürfe, Sinndeutungen. Eine praktische Theologie gelebter Religion (Gütersloh: 1998), 172–202; Kristian Fechtner, *Kirche von Fall zu Fall. Kasualpraxis in der Gegenwart – eine Orientierung* (Gütersloh: 2003), insbesondere 57–80.

dass auch die anderen Codes der Bestattung wie die Auswahl und Gestaltung von Sarg und Urne, Musik oder Formen individueller Würdigung insbesondere auf dem freien Markt der Bestattungen zur Disposition stehen und nach Inszenierungsqualität verlangen.

Auf der anderen Seite setzen die permanenten Anforderungen an die Sichtbarkeit des Selbst und seiner Individualität auch Erschöpfungs- und Überlastungsreaktionen frei,[10] die sich in der Verweigerung eines Erinnerungsortes oder in dem Wunsch nach einer anonymen Bestattung zeigen können. Die Komplexität der Deutung der Phänomene wird dadurch erhöht, dass sich verschiedene Motivlagen intrikat vermischen. So kann sich in dem Wunsch nach Kremierung und Anonymisierung über das Genannte hinaus nicht nur der Wunsch nach Entlastung der fernen Nächsten verbergen, sondern auch eine gesteigerte Sehnsucht nach letzter Selbstbestimmung und Unabhängigkeit – eben zum Beispiel von der Fürsorge und Pflege der Anderen.

Individualisierte Ausdrucksformen – inklusive ihrer bewussten Negation – verlangen auf jeden Fall, dass sich der einzelne selbstreflexiv zu den verschiedenen Gestaltungsoptionen ins Verhältnis setzen kann, und zwar möglichst so, dass es dabei zu einem Abgleich eigener und fremder Perspektiven kommt und so, dass Stimmigkeitskriterien entwickelt und Deutungsleistungen der jeweiligen Form kritisch bedacht werden können. Denn Form und Inhalt gehören auch hier untrennbar zusammen. Die Einstellungen zum Leben, zum Weiterleben in der Erinnerung oder in der Natur bzw. die Vorstellungen von einem „Leben nach dem Tod" bis zur Auferstehungshoffnung werden auch die Wahl der Begräbnisform und die zugehörige Erinnerungskultur prägen. Die Spannweite von „naturreligiös-ökologischer" Ausrichtung im Ruheforst unter Bäumen bis zum „ästhetisch-performativen" Setting durch das Pressen von Diamanten und der Körperspende bzw. Körperplastination ist dabei denkbar weit.[11] Individualität kann dabei nicht nur durch gesteigerte Kreativität und das Entwerfen neuer Formen zum Ausdruck kommen, sondern gerade auch in dem bewussten Vertrauen auf starke Riten und tradierte Formen, die Sprache und Halt gewähren, wo der Mensch an die Grenze des Sagbaren kommt. Zudem ist es eine durchaus offene Frage, in welcher Form Individualität angemessen geborgen und darin vor den übergriffigen Deutungsansprüchen der anderen geschützt werden kann. Stets müssen Öffentlichkeit und Privatheit in ein angemessenes Verhältnis gesetzt werden. Es wäre denkbar,

---

10 Vgl. z.B. Alain Eherenberg, *Das erschöpfte Selbst. Depression und Gesellschaft in der Gegenwart* (Frankfurt a.M.: 2008).
11 Vgl. zu diesen Inszenierungsmustern und ihren Codes Thomas Klie, *Einleitung – die Imposanz des Todes und die Suche nach neuen Formen*, a.a.O., 8f.

dass eine vorgegebene Ordnung und der Raum der Öffentlichkeit wirkungsvoller die Unverfügbarkeit und Unantastbarkeit der Person über den Tod hinaus sichern können als die Freigabe an die individuellen Bedürfnisse der Angehörigen. Damit ist angedeutet, dass die Wahl der Form auf ethisch relevanten und zugleich prekären Entscheidungen aufruht, die nach intensiver Reflexion und diskursiver Auseinandersetzung verlangen, wenn sie verantwortungsvoll getroffen werden sollen.

Selbstreflexivität und mündige Urteilsbildung zu ermöglichen, ist das Grundanliegen aller Bildungsprozesse. Deshalb lässt sich begründet festhalten, dass gesteigerte Individualität, nicht zuletzt in der radikalisierten Form, wie sie auch die gegenwärtige Sepukralkultur zum Ausdruck bringt, gesteigerte Bildungsanstrengungen aus sich heraus setzen muss. Denn Bildung ereignet sich letztlich unverfügbar, wenn sich der angeregte, geöffnete Sinn in der Begegnung mit Darstellungen von Erfahrungen anderer neue Möglichkeiten des Selbst- und Weltverstehens zuspielen lässt und sie sich selbsttätig aneignen kann, d.h. wenn er die Bedeutsamkeit und den Bezug des anderen zum eigenen Leben entdecken und adaptieren kann. Im Kontext der Auseinandersetzung mit der spätmodernen Sepukralkultur fließen in diesem Sinne kulturelle und religiös-ethische Bildung paradigmatisch ineinander. Denn wir haben es hier mit einem Phänomenbereich zu tun, dem sich kein bewusst geführtes Leben entziehen kann und der all die Deutungsmuster aufruft, die das Leben in den Zusammenhang eines letzten Sinnes und seiner Ausdruckskultur stellen. Damit ist die grundlegende Auseinandersetzung mit den religiösen Deutungen des Todes und einer Hoffnung über ihn hinaus auch von einer Interpretation der gegenwärtigen Bestattungskultur aus aufgerufen.

Eine Stärkung des Individuums angesichts der Optionenvielfalt bei gleichzeitiger Entlastung durch das Angebot von Sprach- und Ausdrucksmöglichkeiten, in die hinein es sich entwerfen kann, müssen also in Bildungsprozessen zur Sepukralkultur gleichermaßen in den Blick genommen werden.

Will man nun solche Bildungsprozesse bei Kindern und Jugendlichen anstoßen, muss eine entscheidende Frage sein, anhand welcher Materialien, anhand welcher Vermittlung der Formenvielfalt bzw. mithilfe welcher Medien man den Sinn öffnen und anregen will. Ohne damit einen einlinigen Entdeckungsweg festschreiben zu wollen, lohnt sich m.E. zunächst ein Blick in die Gegenwartskultur, die immer schon mit starken Deutungsangeboten auch zu Tod und Abschied aufwartet und zwar in ganz besonders intensiver Weise in Film und (Jugend)literatur.[12]

2 Harry Potter und die „Heiligtümer des Todes" – exemplarische Vermittlung von Todesdeutungen und Sepukralkultur in der Kinder- und Jugendliteratur

Fragt man danach, wie Kindern und Jugendlichen heute Tod und Trauerkultur lebensweltlich begegnen, so sind selbstverständlich zunächst ihre Primärerfahrungen in den Blick zu nehmen. Darüber hinaus ist jedoch eine Auseinandersetzung mit den massenmedialen Vermittlungsinstanzen unerlässlich. Denn die Allpräsenz des Todes in den Massenmedien kann paradoxerweise gerade die Verborgenheit des Todes in der Spätmoderne verstärken. Der Tod ist auf allen Kanälen gegenwärtig, begegnet in Filmen, wird in Computerspielen inszeniert und in Dokumentationen individueller Sterbeprozesse ins Netz gestellt, und doch wird gerade angesichts der „anscheinend vorherrschenden Nicht-Verdrängung des Todes heute"[13] die individuelle Auseinandersetzung mit der tiefgehenden Irritation des individuellen Todes, dem man nicht medial begegnet, sondern dem man in face-to-face-Situationen im unmittelbaren Lebensumfeld standhalten muss, verdrängt. Zudem kann die permanente Visualisierung von Sterben und Tod nicht den Sachverhalt verstellen, dass mit dem Zurücktreten fest geprägter Sterberituale und geformter Frömmigkeitssprache auch die Expressions- und Kommunikationsmöglichkeiten des einzelnen angesichts von Sterben und Tod im geschützten Raum sozial geteilter Zeichenhandlungen zurückgegangen sind. Im Rahmen der Beobachtungen zur Sprachlosigkeit angesichts des Todes wird nun allerdings dem speziellen Medium Literatur eine besondere Rolle zugewiesen, um das Verhältnis des modernen Menschen zum Tod zu spiegeln und Ausdrucksmöglichkeiten jenseits von Sprachlosigkeit und Konventionalität zu gewinnen: „Die moderne Dichtung vor allem dürfte mehr und zuverlässiger Aufschluss gewähren über das seelische Verhalten des heutigen Menschen zum Tode

---

12 Vgl. den instruktiven Überblick bei Eva-Maria Schertler, *Tod und Trauer in der deutschsprachigen Gegenwartsliteratur* (Innsbruck: 2011).
13 Hans-Martin Gutmann, *Mit den Toten leben – eine evangelische Perspektive* (Gütersloh: 2002), 32.

als die meisten der vorliegenden statistischen Untersuchungen."[14] J.K. Rowling demonstriert mit ihren Harry-Potter-Romanen genau diese Sensibilität der Literatur, der Sinnsuche des spätmodernen Menschen angesichts des Brüchigwerdens religiöser Traditionen Sprache zu verleihen und dabei die Todesthematik fokussiert in den Blick zu nehmen.[15]

Rowlings Geschichte „steigt nicht aus dem Nichts auf"[16], sondern mit Blick auf das Thema Tod ist sie selbst in ihre Geschichte verstrickt und lässt im fiktionalen Raum unter Anspielung auf verschiedenste Traditionen den Tod so zur Sprache kommen, dass er seinen „Schatten über alle Beteiligten"[17] in und vor der Geschichte wirft. Sie leistet damit nicht nur individuelle Trauerarbeit, um den Verlust der an Multipler Sklerose früh verstorbenen Mutter zu bewältigen, indem sie an Harry Potter zeigt, „wie die Narbe des Verlustschmerzes langsam heilt"[18], sondern sie verweigert sich auf diese Weise auch einer Tendenz der Moderne, den „Tod wegzustellen"[19], ihn zu verschweigen und aus dem Alltagsleben zu verbannen bzw. ihn versachlicht als Gegebenheit zu akzeptieren, die zwar medizinisch-technisch in Krankenhäusern begleitet wird, aber kaum noch existentiell im privaten wie öffentlichen Raum deutend und bedeutungsvoll begangen werden kann.[20] Rowling nutzt das Medium Literatur, um existentielle Erfahrungen zu verarbeiten und im fiktionalen Raum eine Text- und Deutungswelt zu entwerfen, in die hinein Leserinnen und Leser ihre eigenen Erfahrungen einzeichnen können bzw. die den je eigenen Erfahrungen neue Ausdrucksmöglichkeiten zuspielt. Dabei partizipiert ihr Werk an einer tiefer liegenden Strukturanalogie von Dichtung und Tod. Beide verbindet nämlich eine paradoxe Affinität, denn die „Fiktion des Endes ist auch das Ende der Fiktion"[21] und die Nullsignifikanz

---

14 Robert Leuenberger, *Der Tod. Schicksal und Aufgabe* (Zürich: 1970), 37f.
15 Vgl. zum Folgenden auch Martina Kumlehn, *„Der letzte Feind, der zerstört werden wird, ist der Tod" – Narrative ars moriendi und ars vivendi in der Harry-Potter-Septologie*, in: Astrid Dinter/ Kerstin Söderblom (Hg.), *Vom Logos zum Mythos. „Herr der Ringe" und „Harry Potter" als zentrale Grunderzählungen des 21. Jahrhunderts. Praktisch-theologische und religionsdidaktische Analysen* (Münster: 2010), 15–40.
16 Wilhelm Schapp, *In Geschichten verstrickt. Zum Sein von Mensch und Ding* (Frankfurt am Main: ³1985), 88.
17 Vgl. a.a.O., 123.
18 Michael Maar, *Hilfe für die Hufflepuffs. Kleines Handbuch zu Harry Potter* (München: 2008), 104.
19 Eberhard Jüngel, *Tod* (Gütersloh: 1971), 49.
20 Vgl. Philipp Ariès, *Geschichte des Todes* (München: 1980), 758.
21 Aage A. Hansen-Löve, *Grundzüge einer Thanatopoetik. Russische Beispiele von Puskin bis Cechov*, in: Dies. (Hg.), *Thanatologien, Thanatopoetik, Der Tod des Dichters, Dichter des Todes*, Wiener Slawistischer Almanach, Bd. 60 (München: 2007), 7–78, 7 Anm. 2.

des Todes, d.h. seine prinzipielle Nicht-Darstellbarkeit, setzt gerade die ganze Fülle der Imaginationskraft aus sich heraus. D.h. dieses Todes-Paradoxon kann „vom Extrem- oder Marginalpunkt zum Angelpunkt von Dar- und Vorstellbarkeit überhaupt"[22] werden. Hier hat die Fiktion als „Schock des Möglichen, der nicht geringer ist als der Schock des Wirklichen"[23] ihre ureigene Dynamik zu bewähren und kann den Grenzerfahrungen Sterben und Tod im Sinne eines Laboratoriums der Darstellung des Unvorstellbaren Ausdruck verleihen. So führt die Grundaufgabe des Erzählens, die Erfahrungen des Menschen mit und in seiner Zeit als einer endlichen Zeit narrativ zu verarbeiten, zu einer „Polymorphie der Gestaltungen und dadurch vermittelt der Bewertungen der menschlichen Zeit, die mit der Vorstellung eines Jenseits der Zeit einhergehen [...] [D]as Unvorstellbare kann sich, scheint es, nur in fragmentarischen Vorstellungen verbildlichen, die sich abwechselnd in den Vordergrund drängen"[24] – so Paul Ricoeur. Im Ausloten der Grenzen von Narrativität kann etwas aufscheinen vom Ringen um den Zusammenhang von der Zeitlichkeit menschlichen Lebens und ihrer Transzendierung auf das hin, was wir Ewigkeit nennen.[25] In diesem Sinne trägt die Literatur dann nicht nur zur Ausbildung eines Möglichkeitssinnes bei, sondern hält vielmehr den „Unmöglichkeitssinn"[26] wach, weil der Tod einerseits immer eine unmögliche Möglichkeit bleibt und sich allen Formen der Antizipation – auch der der ars moriendi – im Letzten entzieht und weil sich andererseits die Möglichkeiten, sich ein Danach vorzustellen, als unmöglich und gerade darin als imaginativ unbedingt notwendig erweisen.

Hinsichtlich der Popularität der Harry-Potter-Romane dürfte es eine zentrale Rolle spielen, dass J.K. Rowling mit Blick auf die Todesthematik genau diese niemals hinreichende, aber doch notwendige Imaginationskraft entfaltet und dabei keineswegs hermetische Bilder und Sprachmuster wählt, sondern in

---

22 A.a.O., 8.
23 Paul Ricoeur, *Zeit und Erzählung*, Bd. I: *Zeit und historische Erzählung* (München: 1988), 125.
24 Paul Ricoeur, *Zeit und Erzählung*, Bd. III: *Die erzählte Zeit* (München: 1991), 422.
25 Vgl. a.a.O., 431. Vgl. ders., *Zeit und Erzählung*, Bd. I, 135: „Die bedeutungsschwerste Frage dieses Buches ist die, inwieweit eine philosophische Reflexion über Zeit und Narrativität dazu beitragen kann, Ewigkeit und Tod zusammenzudenken."
26 Vgl. zur Literatur und ihrem Zusammenhang mit dem Unmöglichkeitssinn nach Derrida Philipp Stoellger, *Kardinäle des Nichtstuns. Literarische Figuren der Passivität*: Ulrich, Bartleby und Oblomov, in: Hermeneutische Blätter 1/2 2009, Zürich, 68–78; ders., *Kulissenkunst des Todes. Zum Ursprung des Bildes aus dem Tod*, in: Thomas Klie (Hg.), Performanzen des Todes, a.a.O., 15–40, 35.

gewisser Analogie zu großen mythischen Erzählungen[27] ein vielfältiges Arsenal an anschaulichen Versinnbildlichungen des Todes entwirft. Dazu gehören Bilder, Symbole (wie z.B. der Stein der Weisen, der Phönix, die Heiligtümer des Todes), Metaphern, Szenarien und Orte (z.B. Topographien zwischen Leben und Tod wie der verbotene Wald, King's Cross, Friedhöfe), Tiere (Ratten, Fledermäuse, Eulen), Pflanzen (z.B. die Alraune und die Peitschende Weide) Personifikationen und Gestalten (z.B. Geister, Thestrale, Dementoren, Inferi, Horkruxe). Diese werden so kombiniert, dass ein „ungemein breit gefächertes Panorama des Todes und des Lebens, des Diesseits und des Jenseits"[28] entsteht. Damit können ihre Romane als literarischer „Anwendungsfall einer ‚komplexen Thanatologie'"[29] gelesen werden, die die Vieldeutigkeit von Leben und Tod so mosaikartig spiegeln, dass die verschiedenen Lesarten des Todes nicht einmal ein in sich stimmiges Gesamtkonzept abbilden müssen.

Diese bunte, vielstimmige, z.T. auch skurril anmutende Folie liefert jedoch nur den Hintergrund für die komplexen Weisen, den Tod wahrzunehmen, ihn zu verstehen und ihm zu begegnen, die Rowling in ihren Hauptfiguren kristallisiert, um sie als sehr verschiedene Modelle des Zugangs auf den Tod und des Umgangs mit dem Tod zu charakterisieren. Die Art und Weise, wie einer sich zum Tod verhält, bringt an den Tag, wer er ist und wie es um ihn bestellt ist,[30] denn der Tod „begegnet dem Menschen anders, je nachdem, wie dieser nach seinem Leben, nach sich selber fragt, und je nachdem, wie er diese Frage zu beantworten sucht."[31] Folgt man den über die Bände verteilten Spuren und Entwicklungslinien, dann lassen sich interessante Typisierungen erkennen, ebenso allerdings die sehr tiefliegenden Strukturanalogien im Verhältnis zur Todesmacht und ihren Verführungen, die sich je nach Typ und Bewältigungsstrategien unterschiedlich auswirken. In der Personifikation des bösen Lord Voldemort kommen Todesmacht, Todesverfallenheit, sozialer Tod und heillose Todesangst zur Darstellung, sein Gegenspieler der weise Zauberlehrer Dumbledore stellt das Modell der sokratisch-weisheitlichen Distanz zum Tod dar, der den Tod als nächstes Abenteuer des Geistes begreift. Harry Potter dagegen geht einen Weg mitleidender Passion und durchlebt Trauer in all ihren Facetten und Stadien. Er weiß, was es heißt, wenn kein Leichnam gefunden wird und die Trauer keinen Ort findet, wie bei

---

27 Vgl. Maurus Runge, *Vom Zauber der christlichen Botschaft. Plädoyer für einen Dialog zwischen Pastoraltheologie und Popularkultur an Hand der Harry-Potter-Romane* (Münster: 2007), 52.
28 Markwart Herzog, *Tod in Hogwarts? Thanatologische Bemerkungen zum Harry-Potter-Universum*, in: Rheinisches Jahrbuch für Volkskunde (34) 2001/2002, 213–246, 215.
29 Ebd.
30 Vgl. Robert Leuenberger, *Der Tod*, a.a.O., 41: „Der Tod bringt an den Tag, wer einer ist."
31 A.a.O., 9.

dem Tod seiner Eltern, deren Grab er erst ganz am Ende seines Individuationsweges findet und wie bei seinem geliebten Paten, der im Kampf fällt. Umso bewegter erlebt er die Beerdigung seines großen Lehrers.

> „Harry war noch nie bei einer Beerdigung gewesen; als Sirius gestorben war, hatte es keinen Leichnam gegeben, der begraben werden konnte. Harry wusste nicht, was auf ihn zukam, und machte sich Sorgen, was er zu sehen bekommen würde und wie es ihm ergehen würde. Er fragte sich, ob Dumbledores Tod ihm wirklicher vorkommen würde, wenn die Beerdigung einmal vorbei war. [...] Als Harry aus dem Portal heraustrat, sah er, dass es Richtung See ging...Vorne stand ein Marmortisch, auf den alle Stühle ausgerichtet waren. [...] Doch dann hörte er Musik, seltsame Musik wie aus einer anderen Welt, [...] Sie sprach sehr deutlich von Verlust und Verzweiflung [...] Hagrid schritt langsam den Gang zwischen den Stühlen entlang. Er weinte ganz leise, sein Gesicht glänzte von Tränen, und in seinen Armen trug er, wie Harry wusste, eingehüllt in violetten, mit goldenen Sternen besetzten Samt, den toten Dumbledore. Bei diesem Anblick stieg Harry ein scharfer Schmerz die Kehle hoch: Für einen Moment schienen die seltsame Musik und das Wissen, dass Dumbledores Leichnam so nahe war, dem Tag alle Wärme zu rauben [...] Ein kleiner Mann mit büscheligen Haaren, der in einen schlichten schwarzen Umhang gekleidet war, hatte sich erhoben und stand jetzt vor Dumbledores Leichnam. Harry konnte nicht hören, was er sagte. Das eine oder andere Wort wehte über die Hunderte von Köpfen nach hinten zu ihnen. ‚Geistesadel' ... ‚intellektueller Beitrag'... ‚Herzensgüte' ... es sagte nicht sehr viel. Es hatte wenig mit Dumbledore zu tun, wie Harry ihn gekannt hatte. [...] Dann schrien etliche Leute auf. Rings um Dumbledores Leichnam und um den Tisch, auf dem er lag, waren helle weiße Flammen aufgelodert: Sie stiegen immer höher und verdeckten den Körper. Weißer Rauch bewegte sich spiralförmig nach oben und bildete merkwürdige Formen: Einen kurzen Moment, in dem Harry das Herz stehen blieb, glaubte er einen Phönix zu sehen, der freudig ins Blaue davonflog, doch eine Sekunde später schon war das Feuer verschwunden. An seiner Stelle stand nun ein weißes Grabmal aus Marmor, das Dumbledores Leichnam und den Tisch umschloss, auf dem er geruht hatte. Noch mehr entsetzte Schreie waren zu hören, als ein Schauer von Pfeilen durch die Luft rauschte, doch sie fielen weit vor der Menge zu Boden. Dies war, wie Harry wusste, der Tribut der Zentauren: [...]"[32]

Harry Potter ist unsicher. Er war – darin Prototyp seiner Generation – noch nie bei einer Beerdigung. Hier ergeht ein starkes Identifikationsangebot an die jugendlichen Leser. Trotz dieser Unsicherheit hat Harry aber ein sicheres Gespür für das, was er erwartet. Alles dreht sich um die Frage, ob er während der Feier noch einmal in Kontakt kommen kann zu der Gestalt, die ihn geprägt hat wie keine andere. Er arbeitet sich genau an derjenigen Frage ab, die – wie oben gezeigt – im Zentrum der Optionenvielfalt gegenwärtiger Sepukralkultur steht, nämlich, ob es gelingt, die Individualität des Verstorbenen adäquat zum Ausdruck zu bringen und die Bedürfnisse individueller Erinnerungskultur der Hinterbliebenen zu

---

[32] Jean K. Rowling, *Harry Potter und der Halbblutprinz* (Hamburg: 2005), 642–649.

befriedigen. In der Prozession und in der Hingabe des Leichenträgers wird etwas von der Besonderheit, der Würde und Ausstrahlung Dumbledores erkennbar, die Musik nimmt die Stimmung adäquat auf, aber der Redner verfehlt die Person auf symptomatische Weise. Die formelhaften Worthülsen können das Besondere im Allgemeinen nicht aufscheinen lassen. Das gelingt nur der konkreten Erinnerung an einen exemplarischen Satz, der die Ironie des Verstorbenen in der intellektuellen Schärfe zeigt.

Dagegen deuten die überaus starken Inszenierungsmuster des Hereintragens, des Aufbahrens und des plötzlichen Entzugs des Leichnams im herbeigezauberten Grabmal einen Sinn für die Bedeutung der Wucht der Präsenz des Toten im Entzug an. Anders als bei der Kremierung verbrennen ihn hier die Flammen freilich nicht, sondern begleiten nur das endgültige Verschwinden des Leichnams. Der durch die Flammen hindurch imaginierte Phönix als Auferstehungssymbol bietet Hoffnung, aber erweist sich als flüchtig. Die Trauernden bleiben nicht passiv und setzen selbst Zeichen ihrer individuellen Verehrung des Verstorbenen – hier symbolisiert im Tribut der Zentauren, die ihre Pfeile abschießen.

Mit dieser Szene liegt ein Narrativ vor, das im fiktionalen Möglichkeitsraum Sepukralkultur in „zauberhafter" Brechung und Spiegelung inszeniert und doch so nah an den Strukturen der vorfindlichen Wirklichkeit orientiert ist, dass sich in Analogie und Differenz hinsichtlich der Erwartungen, Wahrnehmungen, Gestaltungsformen und ihrer Wirkungen ein vielfältiges Nachdenken mit Kindern und Jugendlichen anregen lässt, das dann zu real beobachtbaren Formen und ihren Deutungsmustern in ein didaktisch spannungsreiches Verhältnis gesetzt werden kann. Das Medium Harry Potter mahnt angesichts der vielfältigen imaginativen Todesbilder und der korrespondierenden Deutungen von Leben und Tod, Erinnerungskultur und Liebe jedoch einen Komplexitätsgrad an, der in religionspädagogischen Bildungsprozessen nicht unterlaufen werden darf. Und dies schon deshalb nicht, weil die Erzählung selbst eine Gethsemanegeschichte integriert, einen Opfergang, um weitere Opfer zu vermeiden und eine schillernde Auferstehungserscheinung des toten Dumbledores, die dazu ermutigen, die biblischen Erzählungen, die hier das indirekte motivische Zitat ermöglichen, auf ihre eigene Deutungskraft hin zu befragen – gerade im Vergleich mit dieser literarischen Adaption. Analogien und Differenzen sind gleichermaßen erhellend und können zur Ausbildung einer narrativen Identität der Kinder und Jugendlichen beitragen. Die fiktionale Welt Harry Potters und die biblischen Erzählungen lassen sich jeweils auf ihr spezifisches Irritationspotential hinsichtlich der Wahrnehmung des Todes und des Umgangs mit dem Tod hin befragen. Dabei ist aus christlicher Perspektive mit den Kindern und Jugendlichen auszuloten, wie sich die narrativen Möglichkeiten, vom Tod zu erzählen, verändern, wenn die Perspektive auf Gott nicht ausgeschlossen, sondern eingeschlossen wird.

Die Narrative rund um den Tod haben aufgrund ihrer Komplexität und vielfältigen Deutungsmöglichkeiten ein besonderes Bildungspotential, aber die religionspädagogische Arbeit kann auch sehr viel unmittelbarer an der lebensweltlichen Wahrnehmung und Deutung der Elemente der Sepukralkultur ansetzen.

3 Performative und jugendtheologische Wahrnehmung, Deutung und Reflexion spätmoderner „Zeichen des Todes"

Es braucht freilich nicht den Gang durch die fiktionalen Deutungsangebote, um im performativen Sinne in religiösen Bildungsprozessen den engen Zusammenhang von Formen der Sepukralkultur und der jeweils zugehörigen Semantik und Pragmatik in den Blick zu nehmen,[33] auch wenn die Sensibilität für diesen Zusammenhang durch die Wahrnehmungsübungen anhand eines Mediums, das zugleich Identifikation und Distanz erlaubt, hilfreich sein können. Will man im Rahmen der Sepukralkultur der symbolischen und performativen „Kommunikation in Form" auf die Spur kommen, legt es sich nahe den „Gebrauchszusammenhängen" nachzugehen.[34] Exemplarisch für andere Elemente der Sepukralkultur kann ein Vergleich verschiedener Traueranzeigen Möglichkeiten und Grenzen in der Balance zwischen stark geprägter Form und individueller Füllung zeigen und lädt zu einer vielfältigen Encodierungsarbeit von Zeichen und Symbolen rund um Tod und Bestattung ein.[35] Schaut man in Schulbuchmaterialien, so fällt auf, dass auch in diesem Zusammenhang der Akzent auf die Wahrnehmung des Individualitätsbestrebens im Rahmen der Trauerkultur gesetzt wird. Das wird besonders deutlich an der oft verwendeten Anzeige von Herbert Grönemeyer zum Tod seiner Frau – möglicherweise auch in Kombination mit seinen Liedern „Der Weg" oder „Mensch", die das Ringen um individuelle Sprache der Trauer und um das

---

[33] Vgl. zum Zusammenhang von Semantik, Syntaktik und Pragmatik im performativen Religionsunterricht Bernhard Dressler/Thomas Klie, *Strittige Performanz. Zur Diskussion um den performativen Religionsunterricht*, in: Pastoraltheologie 2007/6, 241–254, 242.
[34] Vgl. a.a.O., 244.
[35] Ein kompetenzorientiertes Beispiel mit konkreten Erschließungsaufgaben findet sich in Dietlind Fischer/Volker Elsenbast (Redaktion), *Grundlegende Kompetenzen religiöser Bildung. Zur Entwicklung des evangelischen Religionsunterrichts durch Bildungsstandards für den Abschluss der Sekundarstufe I* – erarbeitet von einer Expertengruppe am Comenius-Institut (Münster: 2006), 28–31.

Sichtbarmachen des Besonderen des Menschen Anna Henkel-Grönemeyer zum Ausdruck bringen.[36] Es braucht den sehr genauen Blick, um zu erschließen, wie und in welchen Brechungen zu tradierten Bildern und Vorstellungen Gott hier ins Spiel gebracht wird. Es ist zu fragen, welche Deutungsperspektiven sich durch die signifikanten Positionswechsel von Anna Grönemeyer und Gott ergeben. Wer gibt hier wem die Ehre und was bedeutet das für die Wahrnehmung von diesem individuellen Menschen im Horizont Gottes?

Wagt man sich über diese sprachlich-visuellen Zugänge hinaus an die umfassend performativen Akte der eigentlichen Bestattungskultur heran, dann ist ein wesentliches Bildungsanliegen sicher die Sensibilisierung für den unauflöslichen Zusammenhang von Gestalt und Gehalt, von Formgebung und zugehöriger Lebens- bzw. Todesdeutung. Welche Ängste, Sehnsüchte, Hoffnungen verbinden sich mit einer klassischen Erdbestattung, mit einer Feuer- oder Seebestattung oder gar mit den Extremformen von Diamantenpressung und Plastination? Was bedeutet es für die Wahrnehmung und das Imaginationsvermögen, wenn der Diamant, den ich trage einmal mein Vater war? Ist er dann auf Dauer ganz nah bei mir oder ist er noch radikaler entzogen als bei einer Absenkung ins Grab, weil die Transformation so radikal ist, dass sie mir gar nicht mehr erlaubt, ihn mir in seiner körperlichen Gestalt vorzustellen? Was bedeutet es dagegen, wenn der Körper plastiniert weiter erkennbar ausgestellt wird, aber darin sein Totsein noch viel brutaler zum Ausdruck kommt, als wenn mit der Person auch ihr Leib entzogen ist? Schülerinnen und Schüler können über ihre eigenen Wahrnehmungen für die Reichweite und Tiefe der existentiellen, anthropologischen Grundfragen, die sich mit den verschiedenen Bestattungsformen verbinden, sensibilisiert werden, um so überhaupt ein kritisches Reflektieren und Erwägen der ethischen Fragen rund um den Tod und seine Begehung anzubahnen, an das dann angeknüpft werden kann, wenn eigene Entscheidungen gefordert sind.

Sollen Orte der Bestattungskultur erkundet werden, sind die Formen der Begehung[37] in Analogie zu kirchenraumpädagogischen Bemühungen als Friedhofspädagogik[38] im weitesten Sinne zu entfalten. Hier sind es die Anlage des Friedhofes, die Friedhofskapelle oder Aussegnungshalle, ein Kolumbarium,

---

36 Vgl. z.B. *Religion entdecken, verstehen, gestalten* 9/10 (Göttingen: 2002), 125.
37 Vgl. zur Kategorie und Dimension der „Begehung" im Rahmen einer ästhetisch ausgerichteten Religionspädagogik Joachim Kunstmann, *Religion und Bildung. Zur ästhetischen Signatur religiöser Bildungsprozesse* (Gütersloh: 2002), 371–382.
38 Michael Wolf, *Friedhofspädagogik. Eine Untersuchung im Kontext der Fragen nach erfülltem Leben, Tod und Ewigkeit* (Münster: 2011).

besondere Steine[39] und Grabgestaltungen mit ihrer jeweiligen individuellen Erinnerungskultur, Pflanzen- und Farbsymbolik, aber auch ein Krematorium oder ein Friedwald, die in ihrer Ästhetik und den zugehörigen symbolischen Deutungen bzw. hermeneutischen Bedeutungszuschreibungen zu erschließen sind. Wenn die Wege mit in den Blick genommen werden, die während einer Beerdigung von der Aussegnungshalle oder Friedhofskapelle bis zu einer Grabstelle zurückgelegt werden, kann auch bei einer solchen Begehung der Prozessionscharakter einer Beerdigung deutlich werden, der an der letzten Ruhestätte endet.

Wird eine solche Begehung zum Anlass genommen, darüber hinaus auch die wesentlichen Zeichenhandlungen wie das Einsenken des Sarges oder den Erdwurf und die dabei vorgesehenen agendarischen Deuteworte und Formeln mit zu bedenken, sind Übergänge zum liturgischen Lernen erfolgt, die durchaus in einer Form, die das Setting des Unterrichts achtet und damit immer auch Möglichkeiten zur Distanznahme eröffnet, vertretbar sind.[40] Wenn es über Wahrnehmungs- und Deutungskompetenz hinaus um Partizipationskompetenz geht,[41] ist das Kennenlernen wesentlicher Bestandteile einer kirchlichen Bestattung im Vergleich zu einer säkularen sicher elementar, denn die Bestattung ist „heute eine der zentralen Schnittstellen kirchlicher Praxis, an der sich Religion artikuliert und an der sich Kirchlichkeit weit über das Gemeindechristentum hinaus manifestiert."[42] Zudem kann das Proprium religiöser Kommunikation besonders deutlich werden, wenn man im Vergleich betrachtet, welche Elemente bei einer weltlichen Trauerfeier fehlen bzw. wie in ihnen Äquivalente für Segenshandlungen oder Trostworte gesucht werden. Merkwürdigerweise wird in gängigen Schulbuchmaterialien zu Tod/Sterben und Trauer die Beerdigung selbst in der Regel nicht thematisch.[43] Dadurch entsteht eine „Leerstelle" zwischen Sterben und Trauern, die den Schülerinnen und Schülern in humaner und religiöser Perspektive wesentliche Deutungs- und Gestaltungsspielräume vorenthält.[44]

---

39 Hans-Martin Kätsch, *Der Tod, die Steine und die Zeit*, in: Perspektiven Religion. Arbeitsbuch für die Sekundarstufe II (Göttingen: 2000), 172f.
40 Bärbel Husmann/Thomas Klie, *Gestalteter Glaube. Liturgisches Lernen in Schule und Gemeinde* (Göttingen: 2005), zur Bestattung insbesondere 187–197.
41 Vgl. zu den Kompetenzdimensionen Dietlind Fischer/Volker Elsenbast (Redaktion), *Grundlegende Kompetenzen religiöser Bildung. Zur Entwicklung des evangelischen Religionsunterrichts durch Bildungsstandards für den Abschluss der Sekundarstufe I* – erarbeitet von einer Expertengruppe am Comenius-Institut (Münster: 2006), 17.
42 Kristian Fechtner, *Kirche bei Gelegenheit*, a.a.O., 62.
43 Vgl. im Anschluss an Gudrun Braeker, *Das Phänomen Sterben/Tod in Religionsbüchern* (Dortmund: 1992) auch Bärbel Husmann/Thomas Klie, *Gestalteter Glaube*, a.a.O., 189.
44 Vgl. ebd.

Ob man sich nun religionshermeneutisch medial vermittelt über Phänomene der Gegenwartskultur oder über die genuinen Zeichenbestände und Zeichenhandlungen christlicher bzw. säkularer Bestattungskultur dem Thema in Bildungsprozessen widmet, stets ist für eine selbsttätige Auseinandersetzung nicht nur das Kennenlernen religiöser Kommunikation und ihrer Äquivalente notwendig, sondern eben auch das Reden über diese Kommunikation in ihrer Formenvielfalt und eine korrespondierende kritische Reflexion. Insofern ist in all diese Unterrichtsvollzüge eine Dimension eingezogen, die als „Jugendtheologie" bezeichnet werden kann, sofern diese in weitem Sinne bestimmt ist „als Reflexion und Kommunikation religiöser Vorstellungen durch Jugendliche, wobei sich die Reflexion sowohl auf eigene Vorstellungen als auch auf die Vorstellungen anderer Menschen sowie deren Ausdruck etwa in religiösen Riten und Praktiken beziehen kann. Jugendtheologie ist ... von Anfang an keine allein kognitive Angelegenheit. Sie ist vielmehr durchweg eng mit Gefühlen, Einstellungen und Handlungsweisen verbunden."[45] In dieser reflexiven Perspektive, die die Erfahrungen und Vorstellungen der Jugendlichen mit der Hermeneutik des christlichen Verhältnisses zum Tod in der Spannung von „Kreuz und Auferstehung" didaktisch in Analogie und Differenz zu verbinden versucht, kann deutlich werden, dass sich alle Formen der Sepukralkultur selbst im Feld des Vorletzten bewegen. Lebensdeutungsmuster, die den Tod radikal ernst nehmen und ihm im Zeichen der Hoffnung doch nicht das letzte Wort lassen müssen, können von daher in besonderer Weise zur Gelassenheit angesichts der Optionenvielfalt beitragen und zu einer bewussten Gestaltung auch dieser Lebensaufgabe befähigen.

---

[45] Thomas Schlag/Friedrich Schweitzer, *Brauchen Jugendliche Theologie? Jugendtheologie als Herausforderung und didaktische Perspektive* (Neukirchen-Vluyn: 2011), 180.

Frank M. Lütze
Lehre uns bedenken, dass wir sterben müssen

Überlegungen zur didaktischen Dimension der Bestattungsrede

1 Lernen in der Trauerhalle. Einführende Überlegungen

Dass die Bestattungsrede vieles darf, nur nicht *belehren*, ist ein stillschweigender Konsens gegenwärtiger Überlegungen zur Predigt am Grab.[1] In der Tat lässt der Kasus weit eher an seelsorgliche Anforderungen denken als an eine pädagogische Aufgabe. Die lehrende Vermittlung von Wissen oder Einsichten[2] scheint der Situation der Trauernden unangemessen; und wo andererseits der Tod, etwa im Religionsunterricht, Unterrichtsgegenstand ist, wird man darauf achten, dass möglichst niemand akut durch einen eigenen Trauerfall betroffen ist. Gleichwohl gibt der Tod zu lernen. Das gilt nicht nur in dem abstrakten Sinn, dass Tod und Trauer anthropologische Gegebenheiten sind, mit denen umzugehen gelernt sein will – was eine Behandlung im Rahmen des allgemeinbildenden Schulwesens rechtfertigt. Das gilt in gesteigertem Maß für den konkreten Tod eines Menschen, der die Trauernden vor gewichtige Herausforderungen stellt: Die Trauernden müssen lernen, den Toten herzugeben, mit dem unwiderruflichen Ende dieses Lebens zurechtzukommen, Erfahrungen in Erinnerung zu überführen, das eigene Leben ohne den Toten zu gestalten. „Müssen lernen" impliziert dabei zweierlei: Erstens die (normative) Überzeugung, dass es sich überwiegend um obligatorische Aufgaben handelt, um jenseits der Alternative von Verdrängung oder pathologischer Trauer einen angemessenen Umgang mit dem Tod eines Menschen zu finden; zweitens die Beobachtung, dass der Umgang mit dem Tod ungeachtet

---

1 Vgl. etwa Ursula Roth, Tod und Leben verstehen. Zum Verhältnis von Grabrede und gesellschaftlichem Diskurs über Sterben und Tod, in: *PrTh* 37 (2002): 200–206, 200.
2 Dabei ist nicht nur an Traueransprachen in der Tradition kerygmatischer Theologie zu denken; eine säkulare Ansprache über die Kunst, das Leben im Angesicht des Todes gut zu führen, kann ebenso die Gestalt einer Lehrpredigt annehmen. Insofern scheint mir die Subsummierung kerygmatischer Bestattungshomiletik unter dem Begriff „Lehrverkündigung" tendenziell irreführend (so Ursula Roth, *Die Beerdigungsansprache. Argumente gegen den Tod im Kontext der modernen Gesellschaft*, PThK 6 [Gütersloh: 2002], 82).

aller vorausgehenden philosophischen, religiösen etc. Reflexion in einem konkreten, uns unmittelbar angehenden Fall eine je und je neue Herausforderung darstellt. Man muss lernen, mit dem Tod umzugehen – und man muss es bei jedem Tod, der einem nahe geht, in neuer Weise lernen.

Die Traueransprache kann den rechten Umgang mit dem Tod nicht lehren: weil Ort und Zeitpunkt im Trauerprozess für Belehrungen jeder Art ungeeignet sind; weil Prediger kaum Wissens- und häufig auch keinen Erfahrungsvorsprung in der Kunst haben, mit einem Verlust fertig zu werden; weil prinzipiell der Umgang mit dem Tod und seinen Folgen nur vom Trauernden selbsttätig gelernt werden kann und muss. Das schließt aber keineswegs aus, dass die Ansprache Impulse gibt, aus deren Rezeption und Verarbeitung etwas für den Umgang mit dem konkreten Tod gelernt werden kann. Als wichtigste und neben der Todesanzeige zumeist einzige öffentliche Äußerung zum Kasus gestaltet sie ja nicht nur den Moment des Abschieds vom Leichnam, sondern bietet Deutungen für den Tod und Perspektiven für das Weiterleben der Angehörigen nach dem Abschied an. In diesem Zusammenhang kann sie wichtige Impulse geben, um mit den dem Tod innewohnenden Ambivalenzen zurechtzukommen. Mindestens drei solcher Ambivalenzen, die es – in von Fall zu Fall unterschiedlicher Intensität – auszuhalten gilt, können mit Gewinn in der Traueransprache antizipiert werden. Der Tod bringt ein Leben *zu Ende*, das keineswegs in jeder Beziehung *vollendet* ist (2.1). Das bringt für jeden Rückblick auf die Biographie die Spannung zwischen Würdigung des Verstorbenen und Aufrichtigkeit mit sich (2.2). Nicht zuletzt stehen Todesrealität und Ewigkeitshoffnung – insbesondere in einem religiös geprägten Kontext – in unauflösbarer Spannung (2.3). Am Ende steht ein kurzes Fazit im Blick auf das didaktische Potential der (religiösen) Traueransprache (3.).

Im weiteren Verlauf des Trauerprozesses treten noch andere Ambivalenzen auf. So ist etwa die Neugestaltung des Lebens nach einem Abschied, zu der insbesondere zurückbleibende Partner gezwungen sind, nicht nur durch Verlust geprägt, sondern auch durch den Gewinn neuer Freiheiten, ohne dass das eine gegen das andere ausgespielt werden darf. Eine eigene Herausforderung besteht schließlich darin, jene Entwurzelung, die der Tod naher Angehöriger mit sich bringen kann, hinzunehmen, ohne jede Lebenszuversicht zu verlieren. Beide Aufgaben stellen sich freilich i. d. R. nicht beim Abschied am Grab, sondern Wochen oder Monate später; substanzielle Beiträge zu ihrer Bewältigung sind entsprechend von einer Traueransprache nicht zu erwarten.

1.1 *Praeteritum memorialis*: Einübung eines eigenen Tempus

Traueransprachen sind – zumal, wenn die Trauerfeier nicht allzu lange auf den Tod folgt – der erste Ort, an dem prononciert vom Toten in der *Vergangenheit* gesprochen wird. Sie nehmen gewissermaßen den Transformationsprozess vorweg, den die Angehörigen in der Bewältigung des Abschieds leisten müssen: Die Transformation von geteilten Erfahrungen in Erinnerung[3], von körperlicher Nähe in (wie auch immer gedachte) geistige Verbindung, vom Präsens in Vergangenheitsformen. Dabei lohnt sich die – auf den ersten Blick spitzfindige – grammatikalische Rückfrage, um welche Vergangenheitsform es sich genau handelt.

Zahlreiche Sprachen unterscheiden zwischen einer abgeschlossenen und einer unabgeschlossenen Vergangenheit, die durch zwei unterschiedliche Zeitformen (Perfekt und Imperfekt) zum Ausdruck gebracht werden. Im Deutschen hat sich mittlerweile der Gebrauch von Perfekt und Präteritum für die Vergangenheit weitgehend gelöst von der Frage, ob die Handlung abgeschlossen ist. Die Grammatik spricht dann vom *perfektiven* bzw. *imperfektiven Aspekt*[4], der in unserer Sprache mehr durch den Kontext als durch die Verbform repräsentiert wird.

Auf eine banale Weise scheint bei einem Todesfall der perfektive Aspekt im Vordergrund zu stehen: Ein Leben ist definitiv und unwiderruflich zu Ende; gemeinsame Handlungen und Diskurse können nicht fortgesetzt werden. Gleichzeitig aber *vollendet* kein Tod, auch nicht der Tod im hohen Alter, das Leben völlig. Mehr oder minder deutlich bleiben in jedem Fall auch offene Fragen, nicht zu Ende geführte Gespräche, abgebrochene Werke und unvollendete Beziehungen zurück, die es notwendig machen, im imperfektiven Aspekt vom Toten zu reden.

Dabei ist der Tod als Abbruch keineswegs nur die Folge gescheiterten Lebens. Die von Jüngel getroffene Unterscheidung zwischen dem gottgegeben *natürlichen*, das Leben vollendenden Tod auf der einen Seite und dem Abbruch des Lebens als *Fluchtod* infolge der Sünde auf der anderen Seite[5] scheint mir eine nicht unproblematische dogmatische Konstruktion. Ein reiner Vollendungstod wäre wohl nur bei sozialer Isolierung denkbar. Wo hingegen Menschen in Liebe

---

[3] Die Bestattungsfeier ist „der Akt, in dem die Beziehung zu einem bislang lebenden Menschen überführt wird in die Erinnerung an den nun Verstorbenen" (Kristian Fechtner, *Kirche von Fall zu Fall. Kausalpraxis in der Gegenwart – eine Orientierung* [Gütersloh: 2003], 66).
[4] Hadomot Bußmann, *Lexikon der Sprachwissenschaft*. Unter Mithilfe und mit Beiträgen von Fachkolleginnen und -kollegen (Stuttgart, 2., völlig neubearb. Aufl.: 1990), 326 (Imperfektiv vs. Perfektiv).
[5] Eberhard Jüngel, *Tod* (Gütersloh: ⁵1993), 95–97.

miteinander verbunden sind, wird der Tod gerade um dieser Liebe willen stets auch unterbrechenden, Beziehungen abbrechenden Charakter haben.

Dass der Tod – in von Fall zu Fall unterschiedlicher Gewichtung – beides mit sich bringt, vollendete wie unvollendete Vergangenheit, bildet für die Trauernden eine nicht unerhebliche Herausforderung. Vielleicht führt insofern nicht nur die faktische Dominanz des Finalen, End-Gültigen in einer Abschiedssituation, sondern auch ein psychisches Bedürfnis nach Eindeutigkeit dazu, dass nicht selten einseitig der perfektive Aspekt in den Vordergrund rückt: Das Leben wird dann erzählend abgerundet, in eine harmonische Gestalt ohne Abbrüche integriert. Das übliche Setting in Trauerhalle wie Friedhof trägt auf seine Weise dazu bei, imperfektivische Aspekte des Todes eher zu marginalisieren: Sarg oder Urne werden in der Trauerhalle mit Blumen, Kränzen und Kerzen harmonisch (oft achsensymmetrisch) arrangiert, und Friedhöfe – der Name ist Programm! – inszenieren in der Regel schon durch ihre naturnahe Anlage den Tod als friedliche, natürliche Vollendung des Lebens. Das ist freilich nur die halbe Wahrheit. Eine Traueransprache, die – bei allem Respekt für das Bedürfnis, das zu Ende gegangene Leben als harmonische Einheit zu erfassen – behutsam auch dem Abgebrochenen und Unvollendeten Raum schafft, könnte eine sensible Sprachlehre sein für ein Präteritum des Andenkens, das notwendig perfektivische wie imperfektivische Momente zugleich enthält.

Konkret geschieht letzteres z. B., wenn der unerfüllt gebliebene Wunsch thematisiert wird, der/die Verstorbene hätte noch ein Ereignis (etwa die Geburt des Enkelkindes) erleben mögen. Dabei ist in der Tat das verwendete Tempus von einiger Bedeutung. Die bei Traueransprachen übliche Form „Sie hätten NN gewünscht [...]" suggeriert, der Wunsch sei mit dem Tod zugleich – gewissermaßen schmerzfrei – verstorben. Aber die Nichterfüllbarkeit macht aus einem solchen Wunsch durchaus noch keine Vergangenheit; der Wunsch überlebt den Tod. Nicht der Wunsch, sondern allenfalls seine Umsetzung ist demnach im Irrealis zu formulieren: „Sie wünschen [Präsens!], NN würde ihr Enkelkind noch sehen."

1.2 *De mortuis nihil nisi benigne:* Gütiger Realismus als Erzählperspektive

Das Bedürfnis nach einem harmonischen Rückblick auf das zu Ende gegangene Leben meldet sich insbesondere dort zu Wort, wo es um problematische Aspekte in der Biographie des Verstorbenen geht. Die alte Regel *De mortuis nihil nisi bene* „Von den Toten nichts als Gutes" steuert nicht selten bereits die Auswahl dessen, was dem Pfarrer/der Pfarrerin im Trauergespräch erzählt wird, und markiert weithin auch den Erwartungshorizont an die Ansprache. Das kann dann zur Herausforderung werden, wenn aus dem Gespräch oder aus anderen Zusammenhängen auch problematische Aspekte des/der Verstorbenen bekannt sind. Problem und mögliche Lösung werden in einem alten sowjetischen Witz pointiert auf den Punkt gebracht:

> Der große Tamerlan war nicht nur ein grausamer Herrscher, sondern auch ein Mäzen der schönen Künste. Tamerlan hinkte bekanntlich, hatte nur ein Auge und war bucklig. Eines Tages gab er einem Kunstmaler den Auftrag, ein Bild von ihm zu malen. Der Maler machte sich sofort an die Arbeit. Als er fertig war, brachte er Tamerlan das Bild. Darauf sah der Herrscher wie Apoll aus.
> Tamerlan brüllte ihn an: „Das Volk wird mich auslachen. Alle wissen doch, dass ich hinke, auf einem Auge blind bin und einen Buckel habe."
> Der Maler wurde hingerichtet. Tamerlan beauftragte einen zweiten Maler. Dieser brachte ein Bild, auf dem Tamerlan ganz naturgetreu dargestellt war: mit einem kürzeren Bein, mit einem Auge und mit seinem Buckel. Der Herrscher schrie: „Alle werden mich verspotten, was für ein Krüppel ich bin. Hinrichten."
> Da brachte man einen dritten Maler. Der malte den Herrscher auf der Jagd. Tamerlan kniete auf dem Bild gebeugt, er hielt seinen Bogen vor dem geschlossenen Auge. Der Herrscher war zufrieden. Genossen, trinken wir auf den sozialistischen Realismus![6]

Wer gelegentlich Trauerreden hört oder selbst verfassen muss, wird mühelos entsprechende Beispiele eines „sozialistischen Realismus" aus Traueransprachen benennen können: Darstellungen des Verstorbenen, die ihn mit einiger List aus einer mehr oder minder vorteilhaften Perspektive zeigen, die seine Schwächen behutsam umgehen, ohne dabei zu lügen. Wohl wird damit das Bedürfnis der Angehörigen nach Harmonie[7] aufgenommen, ohne dass der Prediger/die Predigerin allzu viel Angriffsfläche für den Vorwurf bietet, unehrlich zu sein. Doch geht die kurzfristige emotionale Entlastung der Abschiedssituation mit dem Verzicht einher, eine nachhaltige Perspektive auf das zu Ende gegangene Leben ins Spiel zu bringen. Denn ein artifizielles, Probleme taktisch umgehendes Bild stimmt eben, analog zum Portrait Tamerlans, nur aus einem bestimmten Blickwinkel, der nicht dauerhaft beibehalten werden kann. Langfristig stehen jedoch die Angehörigen vor der Aufgabe, den *ganzen* Verstorbenen, eingeschlossen seine Schattenseiten, in ein konsistentes Erinnerungsbild zu überführen. Auch wenn im Moment des Abschieds das Bedürfnis nach Würdigung des Toten über-

---

[6] Alexander Drozdzynski, *Der politische Witz im Ostblock* (München: 1977), 65 f.
[7] Vgl. dazu Lutz Friedrichs, Gott „freiphantasieren". Ästhetische Impulse für biographische Bestattungspredigten, in: *ZThK* 101 (2004): 358–378, 368 f. Ob hinter dem Harmoniebestreben, wie Friedrichs vermutet, magische Motive eine Rolle spielen, mag offen bleiben.

wiegt: Eine Traueransprache, die Sperriges nicht a limine ausschließt, sondern behutsam einzeichnet in einen würdigenden Blick, könnte modellhaft Wege eines *gütigen Realismus'* im Umgang mit dem Toten vorschlagen. Die – fraglos von Fall zu Fall neu auszulotende – Angemessenheit „kritische[r]"[8] Anklänge in einer Traueransprache entscheidet sich insofern weniger an ihrem semantischen Gehalt als an einer wertschätzenden Grundhaltung dem Toten gegenüber: *De mortuis nihil nisi benigne*, „Von den Toten nichts als in Güte Gesagtes" müsste das entscheidende Kriterium lauten.

Ich denke an die Beerdigung eines Verwandten, der, aus einem pietistischen Pfarrhaus stammend, nach einigen Schicksalsschlägen für den Glauben nur Spott übrig hatte (und damit manchen aus seinem Umfeld vor den Kopf stieß). Gleichzeitig wies die beharrliche Thematisierung des Glaubens, die im vertrauten Gespräch bisweilen eher fragend als ablehnend klang, darauf hin, dass ihn die Frage nach Gott nicht losließ. Die Erzählung vom Jabbokskampf aus Gen 32 bot hier für die Traueransprache ein Deutungsschema, um die ironische Distanz ernstzunehmen und zugleich als Form eines (für alle Beteiligten anstrengenden) Ringens mit einem undeutlich bleibenden Gott zu qualifizieren.

1.3 *Passivum divinum:* Reden vom Toten im Modus der Gelassenheit

Schaut man sich weltliche Trauerfeiern an, wird schnell deutlich, dass Hoffnungsbotschaften über den Tod hinaus keineswegs ein Privileg christlicher bzw. religiöser Bestattungen sind. Während kirchliche Beisetzungen ein Leben nach dem Tod im Horizont traditioneller, religiös-eschatologischer Motive imaginieren, suggerieren „weltliche" Trauerfeiern nicht selten durch die Verwendung von Bildern von Erneuerung und Verwandlung, durch Anrede des Toten oder aber durch gute Wünsche, die etwa auf den Sarg geschrieben oder an einen Luftballon gebunden in den Himmel geschickt werden, eine wie auch immer zu denkende postmortale Existenz („wird in unseren Erinnerungen weiterleben"). Es ist hier nicht der Ort, sich mit den Eschatologien kirchlicher und weltlicher Traueransprachen kritisch zu beschäftigen, die sich irgendwo zwischen orthodoxer Wiederholung klassischer Topoi, anregenden Neologismen und kreativen Geschmacklosigkeiten

---

[8] Friedrichs (2004, 368). Den Hinweis, dass eine Traueransprache eher Imagination als maßstabsgetreues Abbild der Biographie ist, kann man nur nachdrücklich unterstreichen. Entsprechend kann auch ein behutsames Einzeichnen sperriger Züge in eine biographische Würdigung allenfalls tentativen Charakter haben.

bewegen. Mich beschäftigt vielmehr die Frage, welchen Ort der Tod des Toten im Kontext all der Hoffnungsbotschaften hat. In dieser Hinsicht droht nicht selten – nach meiner Beobachtung fast stärker bei weltlichen Feiern als bei kirchlichen Bestattungen – eine gewisse Sprachlosigkeit: Der Tod hat es, eingekeilt zwischen Erinnerung und besinnlicher Musik und überstrahlt von Hoffnungen, offensichtlich schwer, zu Wort zu kommen; die Endgültigkeit des Abschieds läuft Gefahr, ästhetisch oder religiös abgemildert zu werden. Gegen eine solche Relativierung des Todes sprechen zum einen theologische Bedenken: Die Osterbotschaft *Er ist wahrhaftig auferstanden* ist ja in ihrer das frühe Christentum begründenden Kraft überhaupt erst verständlich, wenn zuvor ebenso unzweifelhaft galt: *Er ist wahrhaftig tot*. Zum anderen ist fraglich, ob eine Marginalisierung des Todes in der Trauerfeier die emotionale Entlastung des Moments nicht damit erkauft, dass gar kein wirklicher Abschied stattfindet. Denn Abschiednehmen setzt die schmerzliche Einsicht voraus, dass der Tote endgültig tot und unserem Bereich entzogen ist (eine Einsicht, die durch das Wissen um den Todesfall noch lange nicht emotional angekommen sein muss). Im Interesse eines gelingenden Abschiedsprozesses sollte darum dem Tod des Toten angemessen Raum gegeben werden in der Trauerfeier; eschatologische Hoffnungen, die erst jenseits der Abbruchkante ansetzen, können und dürfen den Abbruch nicht überdecken.[9]

Die traditionelle Liturgie kennt durchaus Formen der *memoria mortis*, etwa den Erdwurf mit seinen Begleitworten, der sicht- und hörbar demonstriert, dass dieses Leben definitiv an sein Ende gekommen ist. Doch kann auch die Ansprache auf sublime Weise dazu ermutigen, sich dem Abschied zu stellen und den Toten tot sein zu lassen. Das kann etwa geschehen durch eine deutliche Zäsur zwischen Aussagen darüber, wer der bzw. die Tote einmal war, und Hoffnungsaussagen, die sich nicht auf eine Prolongierung dieses Lebens, sondern auf Gottes neuschaffendes Handeln richten.

Das anrührende Stilmittel, den Verstorbenen mit seinen typischen Eigenschaften nun im Paradies zu imaginieren – so ließ etwa Kardinal Ratzinger in seiner Trauerrede den verstorbenen Johannes Paul II. vom Fenster des himmlischen Vaterhauses winken wie einst vom Apostolischen Palast aus –, läuft hingegen Gefahr, Diskontinuität und Abbruch als Signaturen des Todes zu marginalisieren: Der Tote lebt ja solchen Aussagen zufolge weiter wie immer – nur eben besser. Einen ähnlichen Effekt können übrigens Wendungen haben, die den Toten in lediglich räumlicher Entfernung lozieren: NN ist *von uns gegangen* oder

---

9 Jüngels Plädoyer für ein Ernstnehmen des Todes, der den *ganzen* Menschen betreffe (Jüngel 1993), scheint mir insofern nicht nur theologisch gut begründet, sondern auch hilfreich, um die notwendige Aufgabe des Abschieds entschlossen anzugehen.

schaut von einem Stern aus uns zu etc. Auch hier wird der Tod eher als Passage denn als Ende verstanden. Interessant ist an dieser Stelle weniger, ob das tatsächlich *für den Toten* so sei (sinnvoller: welche Eschatologie eine solche Kontinuität vorsieht). Vielmehr ist zu fragen, wieweit dem notwendigen *Abschiedsprozess der Angehörigen* mit Modellen eines bloßen Transitus in eine andere/bessere Welt gedient ist.

Nicht zuletzt kann eine konsequent *passive* Rede vom Toten Ernst damit machen, dass er aufgehört hat, handelndes Subjekt zu sein. Er ist ja nunmehr reines Objekt der Trauer, der Erinnerung wie der Bewältigungsversuche (auch aller Ansätze zur Schuldbereinigung) – kurz: Er ist den Trauernden fortan auf Gedeih und Verderb ausgeliefert. Und er ist zugleich Adressat von Gottes schöpferischer Anrede, die das Nichtseiende ruft, dass es sei (Röm 4,17). Es ist darum nicht nur präziser, sondern stellt sich auch mehr der Realität, den Satz „Er lebt bei Gott" in ein klassisches *Passivum divinum* zu transformieren: „Er wird (von Gott) ins Leben gerufen". Eine Traueransprache könnte auf diesem Weg die Kunst einüben, vom Toten als wahrhaftig Toten zu reden, ohne die Hoffnung auf den lebensschaffenden Gott zu verschweigen.

2 Mit dem Tod leben lernen. Zum Modellcharakter der Traueransprache

Mit dem Tod eines nahen Menschen leben zu lernen ist ein langer Prozess. Kirchliche Begleitung findet dabei in vielen Fällen eher punktuell als kontinuierlich statt; ihr Schwerpunkt liegt in der Trauerfeier, die, außer bei Urnenbeisetzungen, relativ am Anfang der Trauerarbeit steht. Die Ansprache im Rahmen der Beisetzung kann Verlauf und konkrete Gestalt des Trauerprozesses nicht voraussehen. Sie kann aber Wege ins Spiel bringen, um zu lernen, mit dem Tod zu leben. Dabei liegt das Ziel eines solchen Lernens, anders als es der landläufige Lernbegriff suggeriert, weder in einem Zuwachs an Wissen noch in der Fähigkeit, bestimmte Probleme zu lösen. Trauer wird nicht leichter dadurch, dass die Trauernden mehr wissen über den Tod, über die Eschatologie etc.; als Informationsquelle wird die Traueransprache nicht benötigt. Und den Tod eines Angehörigen zu bewältigen heißt nicht, früher oder später eine Lösung für die aufgeworfenen Fragen zu finden. Eine Traueransprache mit Lösungstendenz liefe Gefahr, zur billigen Vertröstung zu werden. Lernen heißt in diesem Fall vielmehr, Spannungen als unter den Bedingungen dieser Welt unlösbare Spannungen wahrzunehmen und zu akzeptieren; damit zurechtzukommen, dass im Tod ein Leben partiell abgeschlossen und partiell abgebrochen wird, dass der Verstorbene mit seinen Ambivalenzen im Gedächtnis bleibt, schließlich, dass alle eschatologische Hoffnungen nicht von dem bitteren Umstand absolvieren können, dass dieser Mensch für die in dieser Welt Bleibenden unwiderruflich tot ist. Wenn es gelingt, diese Spannungen in der Traueransprache behutsam aufzunehmen, wenn sie deutlich macht, dass Glaube nicht heißt, Lösungen zu haben, sondern offenkundige Fragen im Horizont einer Hoffnung auszuhalten und so die Würde des Verstorbenen wie des Trauernden zu wahren, dann kann sie durch ihren Modellcharakter ausgesprochen lehrreich sein, ohne belehren zu müssen.

XII. Bestattungen in der Gegenwartsliteratur

Lutz Hagestedt
Ein Zentralfriedhof für den Planeten: Bestattungskultur als Lebensthema im Werke Ernst Jüngers

Meine zentralen Beispiele aus dem erzählerischen Werk Ernst Jüngers, aus seinem Roman *Heliopolis* (1949) und aus seiner späten Novelle *Aladins Problem* (1983), habe ich mir ausgesucht, weil Jünger sich zeitlebens für Bestattungen, Beerdigungs-Riten und Friedhöfe aller Art interessiert und eine kulturmorphologische Betrachtungsweise damit verknüpft hat. Als Teilnehmer zweier Weltkriege ist der Verfasser bedeutender Tagebücher (*In Stahlgewittern, Strahlungen, Siebzig verweht*) und Essays (*Der Arbeiter, Der Weltstaat, Annäherungen*) oft mit dem Tod konfrontiert worden — und hat selbst auch getötet. Die Frage, was vom Einzelnen bleibt, wenn etwas bleibt, das sich bestatten lässt, hatte er sich schon auf den Schlachtfeldern des Ersten Weltkrieges gestellt. Denn viele Einheiten der kämpfenden Truppe waren vollständig aufgerieben worden, und so manche Spur des Soldaten hatte sich im Nichts verloren. Später war er froh, dass er das Grab seines ältesten Sohnes, der achtzehnjährig 1944 gefallen war, von Turigliano bei Carrara in die Heimat überführt hatte:

> Ich pflückte einen Strauß für Ernstel, der heut Geburtstag hat.
> Gerade an einem schönen Tag wie diesem wächst an den Gräbern das Gefühl der Schuld, in der wir bei den Toten stehen.[1]

Zugleich faszinierte ihn die Idee einer Waffe, die das Subjekt als ihr intelligentes Zentrum restlos zerstört; mit ihr beschäftigte sich der Autor in seinem Essay *Über den Schmerz* (1934):

> Vor kurzem ging die Nachricht über einen neuen Torpedo durch die Zeitungen, der in der japanischen Kriegsmarine entwickelt werden soll. Das Erstaunliche an dieser Waffe liegt darin, daß sie nicht mehr durch mechanische, sondern durch menschliche Kraft gesteuert wird, und zwar durch einen Steuermann, der in eine kleine Zelle eingeschlossen ist und den man zugleich als ein technisches Glied und als die eigentliche Intelligenz des Geschosses betrachten kann. Der Gedanke, der dieser seltsamen organischen Konstruktion zugrunde liegt, treibt das Wesen der technischen Welt ein wenig vor, indem er den Menschen selbst, und zwar in einem buchstäblicheren Sinn als bisher, zu einem ihrer Bestandteile macht. [...]

---

[1] Ernst Jünger, *Siebzig verweht I*, in: ders., Sämtliche Werke, Band 4: Tagebücher IV. Strahlungen III (Stuttgart: 1982), 19.

> Es ergibt sich so das Bild eines Menschen, den man zu Beginn einer Auseinandersetzung wie aus Kanonenmündungen abfeuert. Das wäre freilich das furchtbarste Symbol eines Herrschaftsanspruches, das man sich vorstellen kann.[2]

Bei der „organischen Konstruktion" stellt sich das Individuum in den Dienst einer Idee. Dieser Idee wird der eigene Lebenswille untergeordnet — der „Soldat" wird zum „Arbeiter" transformiert, wird funktionierendes Rädchen einer Maschinerie. Fritz Langs Monumentalfilm *Metropolis* (1927) hat entsprechende Visionen eindrucksvoll ins Bild gesetzt. Der Grundgedanke einer solchen „l'homme machine" ist jedoch älter — er geht auf Julien Offray de La Mettrie zurück und datiert auf das Jahr 1748: der Tod des Menschen, planvoll in Szene gesetzt, hinterlässt nichts als Zerstörung. Eine Bestattung ist da unmöglich gemacht.

1 Autorschaft, Zeit

Man kann es als Zynismus abtun, wenn jemand von solchen Vorstellungen fasziniert ist, noch dazu, wenn er sich als Günstling emotionaler Kälte inszeniert. Die Jünger-Rezeption gefällt sich darin, in diesem Anschein von Indifferenz gegenüber dem Tod auch eine moralische Insuffizienz des Autors zu vermuten.[3] Allerdings lässt sich sowohl im Werk wie auch in privaten Zeugnissen (wie den Briefwechseln) noch ein anderer Jünger beobachten, einer, der sich dem Leid zuwendet und aussetzt. Dieses Alter ego lässt sich, stärker noch als vom Tod selbst, von der morphologisch reichen und vielfältigen Bestattungskultur affizieren, die der Tod überall auf der Welt auslöst. Der Tod wird in seinen Requisiten, Ritualen und Objekten zum Sujet mannigfaltiger Grenzüberschreitungen — nicht nur des finalen Lebenswechsels. So fungiert, ähnlich wie in Heinrich Bölls Roman *Gruppenbild mit Dame* (1971), in Jüngers Roman *Die Zwille* der Kirchhof als Ort des geheimen Stelldicheins zweier Liebender. Sibylle, die Frau des Pastors, die schon immer „nachts auf den Friedhof gegangen" war, „um auf den Wegen zu wandeln und zwischen den Gräbern allein zu sein", trifft sich hier mit dem Vikar.[4] „Der Friedhof", so der Titel des entsprechenden Kapitels, ist ein romantischer Ort:

---

2 Ernst Jünger, *Über den Schmerz*, in: ders., Sämtliche Werke, Band 7: Essays I. Betrachtungen zur Zeit (Stuttgart: 1979), 143–191, 160–161.
3 Siehe Helmut Lethen, *Verhaltenslehren der Kälte. Lebensversuche zwischen den Kriegen* (Frankfurt/M.: 1994).
4 Ernst Jünger, *Die Zwille*, in: ders., Sämtliche Werke, Band 18: Erzählende Schriften IV (Stuttgart: 1983), 9–269, 66.

> Es gab dort schöne Grabsteine. Die alten Bauern waren auf Sandsteintafeln ausgehauen in den langen Röcken mit vielen Knöpfen, wie man sie früher trug. Die Mütter, die im Kindbett gestorben waren, hielten das Wickelkind im Arm. Die „ehr- und tugendsamen Junggesellen" bezeugten durch eine Rose ihren Stand. Nachts, wenn der Mond schien, konnte man die pompösen Lobschriften entziffern; man sah die Sanduhren und Sensen, die Schädel mit den gekreuzten Knochen, Lieblingsembleme der alten Steinmetzen. Die neuen Grabsteine waren demgegenüber nüchtern: Quadrate aus schwarzem Marmor mit goldener Inschrift, selbst Photographien kamen auf. Der Achtungsverlust macht mit dem Tod keine Ausnahme.
>
> Die Bauern mieden den Ort, wenn die Sonne untergegangen war. Sie machten lieber einen Umweg, wenn sie spät im Pfarrhaus zu tun hatten. Sie sahen die weiße Gestalt zwischen den Gräbern nicht gern.⁵

Vielleicht hört man hier schon Jüngers Vorliebe für den Aphorismus, das Bonmot, die Sentenz heraus, wenn es da heißt: „Der Achtungsverlust macht mit dem Tod keine Ausnahme." Solche Einsichten verbindet er häufig mit einer kulturkritischen Überlegung. Im Mai 1938 besucht er mit seinem Bruder, dem Lyriker Friedrich Georg Jünger, die Insel Rhodos. Er vermerkt in seinem Tagebuch:

> Nachmittags wie gewöhnlich in der Stadt, insbesondere auf dem großen Judenfriedhofe. Hier war nicht ein stehendes Ornament zu finden, nur Platten, oft verwittert und sehr alt, zuweilen mit runden Vertiefungen, etwa von der Größe eines halben Apfels, zu mir unbekanntem kultischem Sinn. Auch hier waren die Platten zum Teil zusammengetragen; in den Nekropolen herrscht Wohnungsnot. Starke Wirkung der hebräischen Buchstaben, der ich schon als Kind unterlag. Diese Buchstaben sind für mich von solcher Kraft, daß ich noch vor einigen Jahren ein hebräisches Buch entfernte, das in meine Bibliothek geraten war. Übrigens sind die Juden hier Spaniolen, alt eingesessen, und man findet Gesichter, die sehr gut geschnitten sind.⁶

Die „Starke Wirkung der hebräischen Buchstaben" ist ein beliebtes Motiv der fantastischen Literatur der Frühen Moderne; und das hebräische Schriftbild von bezwingender Kraft dürfte nicht nur eine Quelle in der Bibel haben, ich denke an das Menetekel, sondern auch in den orientalischen Märchen, die im 19. Jahrhundert auch ins Deutsche übersetzt und mit großem Erfolg verbreitet wurden. Die bekannteste Sammlung, die *Märchen aus Tausendundeiner Nacht*, enthält natürlich die Sage von Aladin und der Wunderlampe, die — siehe unten — für Jünger einen wichtigen Referenztext darstellt.

Mit seinem Bruder Friedrich Georg läuft Jünger 1938 einen Strandweg entlang, „den alte Grabstätten säumen. Wir schauten in die Grabhöhlen hinein, in denen kleine Sarkophage standen, auch Tränenkrüge aus Ton und silbrigem

---

5 Ebd., 66–67.
6 Ernst Jünger, *Drei Mal Rhodos. Die Reisen 1938, 1964 und 1981*. Lutz Hagestedt und Luise Michaelsen (Hg.), (Marbach am Neckar: 2010), 25–26.

Glas. Rechts ein moham‹m›edanischer Friedhof; überhaupt wandert man auf einer seit so langer Zeit besiedelten Insel immer auch zwischen mehr oder minder sichtbaren Gräbern einher."[7]

Die Insel Rhodos ist, aufgrund ihrer wechselvollen Geschichte, reich an unterschiedlichen Zeugnissen historischer Bestattungskulturen. Der folgende Eintrag in Jüngers Tagebuch stammt vom 6. Mai 1938:

> Strand, Richtung Calitea. Auf dem Wege traten wir in den großen moslemitischen Friedhof ein. In fast unübersehbaren Reihen standen dort die weißen Marmorstelen mit den verflochtenen Schriftzeichen, oft vom Turban geschmückt — ja, eine Mittelreihe, die wir durchschritten, war ganz von solchen Beturbanten würdig bestellt. An Symbolen sah ich eine Art von einfachem, spitzem Lebensbaum, der auch auf den türkischen Brunnen wiederkehrt, sodann eine Palme mit Frucht, wohl den Dattelbaum. Ein Grab war noch frisch, die Erde feucht, wohl erst in der Frühe auf das Grab gebracht, in ihr halb vergraben ein runder Tontopf mit Blumen darin. Auf der Mauer trafen wir ein Käu‹z›chen an, mit schwarz-weiß gescheckten und gestreiften Gefieder, das uns nahe herankommen ließ, und dann mit sammetartigem, unhörbarem Fluge entwich.
>
> An den Mauern weitere Heere von Stelen, die dort mit oder ohne Turban vorläufig aufbewahrt sind. Das ist die letzte Veränderung in der menschlichen Rangordnung, die Entfernung unseres Grabsteines für neue Tote — dann freilich tritt auch unser Andenken in jenes unbewegte Reich ein, das jenseits der Historie liegt.[8]

Solche Beobachtungen finden sich in großer Zahl, und immer geht es dem Autor um das Verhältnis von historischer und transhistorischer Zeit. Der Mensch, so seine Überzeugung, wird Gestalt und tritt dann wieder in (s)eine Substanz ein, die unvergänglich ist. Auf diese Substantiation kann sich der Einzelne durch „Annäherung" vorbereiten, durch Annäherung an die „Linie", die Leben und Tod voneinander trennt. Jünger ist der Überzeugung, diese Trennungslinie oftmals berührt zu haben, dem Tode nahe gewesen zu sein. Schon im Ersten Weltkrieg ist er ihm mehrfach knapp von der Schippe gesprungen. Kein Wunder, dass ihn die Frage, weshalb er verschont geblieben ist, beschäftigt hat. Bereits damals studiert er fasziniert Grabinschriften — „Heldentaten, Heldengräber reihen neu sich an die alten, | Künden, wie das Reich erstanden, künden, wie das Reich erhalten"[9] —, und gern besucht er einsame Gärten:

> Als ich dann durch einen runden, von einer Granate in die Mauer geschlagenen Durchbruch trat, befand ich mich wieder in einer anderen Welt. Es war ein Kirchhof, auf den

---

7 Ebd., 22.
8 Ebd., 25.
9 Ernst Jünger, *In Stahlgewittern*, in: ders., Sämtliche Werke, Band 1: Tagebücher I. Der Erste Weltkrieg (Stuttgart: 1978), 9–300, 200.

wie ein Jüngstes Gericht die Verwüstung niedergegangen war. Die Grabsteine waren zersplittert, die gußeisernen Kreuze zerbrochen, die kupfernen Tafeln, auf denen Namen und fromme Sprüche standen, von Schrapnellkugeln durchbohrt und wie Blätter aufgerollt. Schwere Sandsteinplatten von Erbbegräbnissen mit Wappen und Inschrift hatte die Wucht der Geschosse aus ihren Lagern gerissen und in der Mitte gespalten; in den Grüften, die sie bedeckt hatten, lagen Trümmer von metallenen Särgen und zerfetzte Kränze aus schwarzen Glasperlen zerstreut. In der Mitte ragte neben einem gestürzten Engel eine dunkle, kegelförmige Zypresse auf, die sonderbarerweise noch gut erhalten war. Die Reihen der Kindergräber waren wie von Raubtiertatzen aufgewühlt, die Porzellantäfelchen, die am Kopfende gesteckt hatten, in alle Winde zerstreut. Überall hatten Ratten ihre Gänge gebohrt und vermoderte Zeugfetzen ans Licht gezerrt. Auf einem über den Weg geworfenen Granitblock stand eingemeißelt die Formel: „Concession à perpétuité". Nachdem ich diesen sonderbaren Friedhof, der an einen mit Särgen bespülten Strand erinnerte, durchschritten hatte, strebte ich dem höchsten Punkt des Dorfes zu, um auch noch die Kirche zu sehen. Es war nichts mehr von ihr geblieben als der rohe Stein.[10]

Diese „Concession à perpétuité", die eine Grabstelle für die Ewigkeit verspricht, ist ein zentraler Beweggrund für Jünger, dem Thema Bestattungskultur eine eigene Erzählung zu widmen. Denn auf den Gräbern beobachtet er Pflanzen, die sich dort dauerhaft angesiedelt haben, und Kirchhöfe sind für ihn auch bevorzugtes Jagdgebiet – hier kann er seiner Käferleidenschaft frönen und ungestört auf Buprestidenjagd gehen. Auf der Peloponnes beobachtet Jünger 1964, also gut 25 Jahre nach seinem Rhodos-Aufenthalt, einen solchen Prachtkäfer:

Sehr schöner sonniger Tag; das Meer zum ersten Mal wirklich angenehm, zugleich warm und still. [...] bei glosender Hitze in das Dorf am Hang und darüber hinaus den Berg hinauf. Wir hatten es auf Buprestiden abgesehen und wurden nicht enttäuscht. Bereits auf dem Friedhof erbeutete ich die purpurn und grün gezeichnete Anthaxía – eine größere Species derselben Gattung, die ich bereits von Rhodos kannte, entging leider meinem Griff.[11]

Er beobachtet einen Friedhof, der „kaum instand gehalten war. Unkraut überwuchert die Gräber. Indessen war dort eine Frau am Werk, die Öl auf die Totenlampen füllte, indessen sie nicht anzündete."[12] Der Gräberdienst gehört für ihn zu den großen Kulturleistungen der Menschheit, mit diesen beginnt und endet alle Zivilisation. Der Friedhof ist für ihn ebenso ein Ort des Todes wie des Lebens:

---

10 Ernst Jünger, *Das Wäldchen 125. Eine Chronik aus den Grabenkämpfen 1918*, in: ders., Sämtliche Werke, Band 1: Tagebücher I. Der Erste Weltkrieg (Stuttgart: 1978), 301–438, 347–348.
11 Jünger, *Drei Mal Rhodos* a.a.O., 51.
12 Jünger, *Drei Mal Rhodos* a.a.O., 48.

> Auf dem Friedhof [von Kirchhorst], der in voller Blüte war. Immer erfreut mich auch das Bild von Kindern, die dort spielen, während die Mütter an den Gräbern tätig sind. Auf einem der Hügel eine Staude von Tränenherzen, die sich sehr gut als Gräberpflanzen eignen, in reichem Flor. Die roten Tropfenblüten schaukelten wie Medaillons im zarten Wind. Ich dachte über meinen eigenen Grabstein nach, auf dem ich nur den Namen und die beiden Daten wünsche, und das Sinnen darüber war mir angenehm.[13]

Jünger möchte sein Grab schmucklos, doch kennt er es auch anders:

> Nachmittags Spaziergang nach Belly; mitten im Waldgrund stieß ich auf ein bescheidenes Grab, dessen Kreuz als Abschluß eine Konservenbüchse trug. Es scheint im menschlichen Instinkt zu liegen, das Grab zu krönen; dieser Gedanke kam mir zum ersten Male, als ich die steinernen Turbane auf den mohammedanischen Friedhöfen sah.[14]

Die Grablegung erscheint hier als tröstliche Menschheitsidee und als erstrebenswertes Ziel — in ihr rundet sich das Leben und versöhnt das Subjekt mit seiner Endlichkeit. So heißt es in *Heliopolis*, einem utopischen Roman aus dem Jahre 1949, der nach der „Epoche der Großen Feuerschläge",[15] dem Atomzeitalter, spielt:

> Die Zeit uranischer Gefährdung hatte nicht nur das Vertrauen in die Festigkeit der Städte und Wohnungen erschüttert; sie hatte auch die Hoffnung auf die Sicherheit des Grabes als der letzten Ruhestatt zerstört. Die Gräber sind ja die eigentlichen Fix- und Richtungspunkte im tieferen System der Welt. Und dieses Bewußtsein breitete sich in der Nähe des Todes mächtig aus.
>
> Veränderungen in der Bestattungsweise deuten die größten Phasen der Geschichte an; der bloße Wechsel der Stile bleibt ihnen gegenüber ephemer. Bis zu den Feuerschlägen hatte man die Toten in der Erde beigesetzt. Doch hatte auch die Sekte jener ständig zugenommen, die die Verbrennung vorzogen. Man hatte das erst später als eines der Vorzeichen der Vernichtungswelt erkannt.[16]

Jünger beschreibt, wie sich „eine neue Panik" in der Bevölkerung ausbreitet, weil selbst von den Friedhöfen nichts bleibt, weil die „Totenfelder" zu Glas verglüht sind und die Überlebenden weder Kreuz noch Stein mehr finden. Sie beginnen jetzt, die Grabanlagen unter die Erde zu verlegen, in den Pagos, den Burgberg von Heliopolis, hinein:

---

13 Ernst Jünger, *Gärten und Straßen*, in: ders., Sämtliche Werke, Band 2: Tagebücher II. Strahlungen I (Stuttgart: 1978), 25–221, 51.
14 Ebd., 204.
15 Ernst Jünger, *Heliopolis*, in: ders., Sämtliche Werke, Band 16: Erzählende Schriften II. Heliopolis (Stuttgart: 1980), 9–343, 174.
16 Ebd.

> So wurde die östliche Schlucht des Pagos zum großen Totenweg. Der Eingang in dieses Reich war feierlich; die hellen Klippen stiegen in Säulen- und Orgelformen zu Höhen, die nur der Adler überflog. Hier hatten längst versiegte Gletscherwasser gewaltige Monolithe ausgespart. Sie säumten als von der Natur geschaffene Obelisken das Felsental, so daß es wie zu Triumphen aufwärts zog.[17]

Vor dem inneren Auge des Sprechers erscheint das Bild der Pyramiden als ungeheures „Reich der Grüfte", dessen Urbild den „Waben eines dunklen Bienenstockes" gleicht, in die die „Abgeschiedenen" quasi eingelagert wurden:

> Von den Kapellen und Felsenkirchen, in denen die Zeremonien begangen wurden, zweigten Gänge zu den Krypten ab, vor allem zu den Kolumbarien. Hier spiegelte sich die dürftige Enge volkreicher Quartiere in der letzten Ruhestatt. Die Wände waren mit einem Mosaik von Schlußplatten gemustert, in deren jede ein Name mit zwei Daten eingegraben war. Sie trugen eine Höhlung für geweihtes Wasser, in der man meist ein Buchsbaumzweiglein sah. Ein schmaler Sockel war mit Wachs verkrustet von all den Totenlichtern, die darauf gebrannt hatten. Während der Mütter- und Ahnenfeiern herrschte Trubel in diesen Galerien wie an großen Empfangstagen.[18]

Diese Totenstätten sind begehbar, sie werden lebensweltlich genutzt und sind auch ein Ort sozialer Kontrolle: Hier kann man erleben, wer seiner Toten noch gedenkt. Es sind wohl wenige, verglichen mit den „Totenheeren" sonder Zahl, die keine „Seele" mehr haben, für die noch ein „Kerzenlicht" angesteckt würde:

> Kaum je verirrte sich ein Besucher in die obsolet gewordenen Grüfte, die wie verlassene Waben in den Klüften schlummerten. Dort war das Schweigen ungeheuer tief. Es flackerte kein Kerzlein mehr, und nur die Leuchtspur, die als Ariadnefaden durch die Labyrinthe führte, erhellte diese Residenz des Todes mit schattenlosem Glanz. Das konnte sich ändern, wenn die Bedeutung eines längst Verstorbenen entdeckt wurde. Dann wurde Licht um ihn, als ob sich der Fels entzündete.[19]

Die meisten Toten aber bleiben namenlos, oder ihre Gräber können keinem Namen zugeordnet werden, so bei den Opfern „der großen Brände und Sturmfluten"; und auch die „Waisenhäuser und Asyle" entsorgen ihre Leichen anders als die bedeutenden Familien oder die Staatsführungen, die verdienstvolle Bürger zu beklagen haben:

> Auch gab es Fluchten, in denen die Toten nach Kategorien lagen – darunter das große Pantheon, in dem berühmte Namen glänzten, ein ödes Prachtgewölbe mit Gold und Marmor

---

17 Ebd., 174–175.
18 Ebd., 175.
19 Ebd.

und vielen Statuen. Ihm war das Heroon zugeordnet mit seinen von bekannten und unbekannten Kriegern erfüllten Sarkophagen und seinem mit Trophäen geschmückten Ehrensaal.[20]

Auch Aberrationen des Lebenswechsels sowie eine katastrophisch kulminierende „Todessehnsucht" einzelner Sekten werden hier beschrieben. Eine Form der „Todesverehrung" führt Jünger auf den Nihilismus zurück, während eine andere Form, der endemisch, ja epidemisch auftretende Selbstmord in den „östlichen Provinzen", seine Ursache in der „politischen Verfolgung" hat — hier ist unzweideutig auch der Holocaust mit angesprochen:

> Von diesen dichten Siedlungen des Todes sonderten sich die Mausoleen der Vornehmen und Reichen ab. Sie standen zu ihnen etwa im Verhältnis von Villenkolonien zu den überfüllten Straßen und Plätzen einer Stadt. Die klassische Form war jene einer mehr oder minder ausgeschmückten Kapelle mit Altar und Ahnenschrein. Ihr schlossen sich eine oder etliche Kammern an, je nach der Verzweigung der Familie.[21]

In den Kontext dieser ‚allegorischen' Dichtung *Heliopolis* gehört auch *Aladins Problem*.

Rainer Gruenter hat diese Form des epischen Erfassens und Bewältigens einer Problemkonstellation treffend als „Reflexions-Epik" bezeichnet.[22] Worüber wird hier reflektiert, und was wird hier erzählt? Die Jünger'schen Protagonisten sehen sich häufig einer technischen Welt gegenüber, die immer perfekter und zugleich auch seelenloser geworden ist. Dem einst „positiven Entwurf der Technik" ist Ernüchterung gefolgt, da sie, die Technik, global und planetarisch die Weltläufte mechanisierte. Sie droht, „unseren Planeten mit einer synthetischen ‚Natur' zu bescheren".[23] Die „Perfektion der Technik" gefährdet die Schöpfung, und daher wird sie verabscheut. Zugleich gewinnen „mit der Technisierung die theologischen Fragestellungen an Schärfe und Unausweichlichkeit".[24] Es gilt, die „Infamie" einer bloß noch „weltlichen Zukunft" zu verhindern, die uns „um die Lust an der Schöpfung betrügen will", indem sie uns verspricht, „das Universum dem Menschen verfügbar zu machen."[25] In seinem utopischen Werk, so die These, erzählt Jünger vom „Terror der Technik", der die „religiöse

---

20 Ebd., 175–176.
21 Ebd., 176.
22 Rainer Gruenter, *Reflexions-Epik*, in: Neue deutsche Hefte, 4. Jg. (1957) H. 41, 840–842, 841.
23 Ebd.
24 Ebd.
25 Ebd.

Entschlossenheit" seiner Protagonisten „steigert, die apokalyptischen Prüfungen zu bestehen".[26]

2 Geschäft, Kunst und Pietät

Wichtige Lebensthemen, auch des Autors, sind in Jüngers Erzählung *Aladins Problem* angesprochen: die Melancholie, der Ursprung der Kunst, unsere sittliche und soziale Verfasstheit. Friedrich Baroh ist 37 Jahre alt und arbeitet in der Bestattungsfirma Pietas, die seinem Onkel gehört. Das Unternehmen floriert, und der Ich-Erzähler hat die zündende Idee zu einem lukrativen Geschäft:

> Es begann mit einer Panne, wie so oft. Ich war mit dem Bildhauer Kornfeld und dem Fahrer Edwin auf dem Weg nach Verdun, der Capitale de la Paix, wo wir zu tun hatten. [...] an einem der Hügel vorm Schwarzwald ging uns der Treibstoff aus. [...] Auf dem Hügel stand eine Kapelle [...]. Eine graue Mauer umschloß den Grund; wir traten durch die Pforte und befanden uns auf einem verlassenen Friedhofe.[27]

In Jüngers später Erzählung, der sich mein Aufsatztitel verdankt, plant der Ich-Erzähler der zugleich ein spätmoderner Aladin zu sein scheint, „einen Zentralfriedhof für den Planeten".[28] Barohs Begleiter Kornfeld ist Bildhauer, vermutlich Arno Breker nachempfunden:

> Auf diesem Hügel war seit langem nicht mehr beerdigt worden und, wie Kornfeld meinte, stand die Einebnung bevor. Bald würde das Land nur noch aus Straßen und Tankstellen bestehen. Wir betrachteten die Grabsteine, entzifferten die Inschriften. Es war ein Hundertjähriger dabei. Von einem bescheidenen Denkmal mußten wir den Efeu abheben und sahen, daß es dem einzigen Gefallenen gewidmet war, den das Dorf in einem der Feldzüge des vorigen Jahrhunderts verloren hatte; über seinem Namen stand das Eiserne Kreuz.
>
> An der Wand der Kapelle waren die Grabsteine der Pfarrherren gereiht. Die Daten führten bis auf den Dreißigjährigen Krieg zurück. In rotem Sandstein wiederholten sich Kelch und Oblate vom Barock bis zum Jugendstil. Ein Herrschaftsrichter, ein Seminarist, ein vom Blitz Erschlagener, viele Kinder, in der Mehrzahl Bauern, die den Acker bestellt hatten. Vielleicht waren ihre Familien ausgestorben, doch der Stein erhielt die Namen und gab Fremden zu sinnen, die, wie wir heute, zufällig vorbeikamen. Sogar eines Seiltänzers, der über dem Dorfplatz abgestürzt war, hatten sie gedacht.[29]

---

26 Ebd.
27 Ernst Jünger, *Aladins Problem*, in: ders., Sämtliche Werke, Band 18: Erzählende Schriften IV. Die Zwille (Stuttgart: 1983), 271–369, SW 18, 330.
28 Ebd., 350.
29 Ebd., 331–332.

Während der Fahrer Benzin holen geht, erfreuen sich Baroh und Kornfeld an Kirche und Gottesacker. Kornfeld sagt:

> Das war noch ein Friedhof, der seinen Namen verdient. Wenn ich dagegen an den meiner Vaterstadt denke, in dem ich vielleicht einmal liegen werde: ein Rangierbahnhof — schlimmer als in New York.[30]

Der Bildhauer führt aus, dass er seit Jahren für ein Erbbegräbnis Sorge trägt, in dem schon sein Urgroßvater ruht:

> Ich weiß nicht, wie lange ich mir das noch leisten kann. Kein Jahr vergeht, ohne daß ich von der Verwaltung sekkiert werde. Schon das Wort ‚Erbe' ist heut ein Ärgernis — ähnlich wie ‚Schicksal' und ‚der liebe Gott'. Ich befürchte, daß die Norddeutsche Tiefebene zu einem Erdbebengebiet geworden ist. Bald wackelt der eine Grabstein, bald der andere, obwohl sie an der Mauer stehen und wohl nur wackeln, wenn man ihnen Gewalt antut. Es kommen Rechnungen von Steinmetzen, Friedhofsgärtnern, verschiedene Gebühren — dabei hat der Urgroßvater vor hundertundzwanzig Jahren den Platz ein für alle Mal bezahlt, und zwar in Gold. Offenbar sind dort jetzt weniger Totenwächter am Werk als Bodenspekulanten; die meisten alten Familien geben daher ihre Rechte auf.[31]

Die Erbbegräbnisse werden ersetzt, die Friedhöfe wimmeln bald vor „Geschmacklosigkeiten", die sich freilich, wie auf dem Campo santo von Genua, „zu einem großartigen Bild" fügen. Mit seiner ambivalenten Philippika gegen die Auswüchse des modernen Bestattungs(un)wesens und die Geschichtsvergessenheit der Zeitgenossen steuert Jünger auf eine jener Sentenzen zu, die für seine Prosa typisch sind. Dem müsse er zustimmen, so Baroh:

> Der geschichtslose Mensch kennt keinen Frieden, vor allem keine ewige Ruh. Er hat noch die Gräber seinem Chauffeurstil angepaßt. Sie sind, wie alle seine Bauten, für dreißig Jahr bestimmt. Die Leidtragenden begnügen sich mit dem Dauerauftrag an eine Gärtnerei. Das ist ihre Pietät.[32]

Jetzt kommt der entscheidende Gedanke, wiederum spricht Kornfeld, der Bildhauer:

> So ist es, [...] die alte Waschfrau, die für ihr Begräbnis sparte und sonntags ihr Totenhemd aus der Truhe nahm, um es zu streicheln — die finden Sie nur in halb vergessenen Gedichten noch. [...] Und doch ist etwas geblieben — Sie entdecken es, wenn Sie an der Politur

---

30 Ebd., 332.
31 Ebd.
32 Ebd., 332–333.

kratzen: eine Trauer wie im November, wenn die Blätter fallen und es doch schon in der Erde zu keimen beginnt. Glauben Sie mir: hier wird ein Verlust gefühlt, hier schlummert ein Bedürfnis, das jeden beunruhigt, das alle bewegt.[33]

Kornfeld spielt hier auf ein Flugblatt-Gedicht von Adelbert von Chamisso an, *Die alte Waschfrau* (ca. 1838), hochberühmt, es steht in zahllosen Anthologien. Im Typus der „alten Waschfrau" ist noch das Modell von Sorge erfahrbar, das es zu bewahren gilt — der Sorge um den eigenen Heimgang, nachdem sich das Leben erfüllt und gerundet hat. Eine Idealvorstellung zugleich, aus der sich für die beiden Sprecher überraschende Perspektiven ergeben.

Bei dieser Panne auf der Fahrt nach Verdun, zu einem der großen Friedhöfe, haben die beiden „eine wichtige Frage berührt", die ihnen in Erinnerung bleibt; sie denken dabei nicht ans Geschäftliche — Kornfeld ohnehin nicht, er ist Künstler, und auch Baroh fühlt eine „vage Passion"[34], die über sein berufliches Interesse weit hinausgeht. Somit bleiben sie im Gespräch und suchen nach Bündnispartnern, um die Idee einer dauerhaften Bestattungsmöglichkeit für die Menschheit weiterverfolgen und dann auch in die Tat umsetzen zu können. Was wie ein phantastischer Plan klingt, „einen Zentralfriedhof für den Planeten" anzulegen, wird gleichwohl mit Feuereifer betrieben. Die schwierige Aufgabe besteht darin, ein geeignetes Gelände für den Weltfriedhof zu finden:

> Zunächst war ein Terrain zu erkunden — ein möglichst billiger, vielleicht sogar kostenloser Grund. Auch an eine Beteiligung der Eigentümer konnte gedacht werden. [...] Ihm schlossen sich die Erwerbung, sei es des Bodens oder der Rechte, und Verträge mit der Landesregierung an. Waren sie unter Dach gebracht, mußte die Propaganda einsetzen und das Angebot vorlegen. [...] Abschließend sagte Jersson: „Beim Begräbnis ist die Hauptsache das Graben — gut wäre es, wenn uns davon durch Vorleistungen möglichst viel erspart bliebe." Offenbar schwebte ihm vor, was der Schwabe ein „gemähtes Wiesle" nennt. Sonst ließ er sich auf Einzelheiten nicht ein. Doch wir erfuhren, wie wichtig gerade dieser Hinweis gewesen war.[35]

Das geeignete Terrain für das weltumspannende Bestattungsunternehmen „Terrestra" ist noch gar nicht gefunden, als bereits das Marketing beginnt. Statt Marketing sagt Jünger allerdings „Propaganda". Die neue Firma entwickelt sich, dank des Geldes anderer Leute — als stille Teilhaber fungieren Bankiers —, rasend schnell.[36] Zunächst wird ein repräsentatives Bürohaus gebaut:

---

33 Ebd., 333.
34 Ebd., 334.
35 Ebd., 341.
36 Ebd.

> Mein neues Büro war geräumig wie ein Tanzsaal, sein Boden von einem Kirman bedeckt. Die Wände ließ ich mit rotem Leder ausschlagen, Regale mit schwarzen Aktenordnern reihten sich davor. Als Bertha mich dort zum ersten Mal besuchte, meinte sie: „Dein neuer Stil erinnert mich an eine Vorhölle."[37]

Doch je erfolgreicher die Firma agiert — vorerst ist es nur die Kunden-Acquise, die sich zum Selbstläufer entwickelt, noch nicht das eigentliche Bestattungsgeschäft —, desto mehr zieht sich Friedrich Baroh zurück. Etwas beunruhigt ihn, es ist sein Problem, Aladins Problem, denn Friedrich Baroh ist gewissermaßen ein moderner Aladin. Freilich hat er auf den ersten Blick wenig gemein mit den Problemen des morgenländischen Namensvetters, der unverhofft in den Besitz der Wunderlampe gerät, die ihm jeden Wunsch erfüllt. Aladins Problem, das der Erzählung den Titel gibt, wird wie folgt beschrieben (und als Lesart der Erzählung aus *Tausendundeiner Nacht* angeboten):

> Aladin war der Sohn eines Schneiders in einer der zahllosen Städte Chinas, ein verspielter Knabe — doch nur er konnte den Schatz heben. [...] Aladins Problem war die Macht mit ihren Genüssen und Gefahren.[38]

Ist es also so, dass Friedrich Baroh, dieser abendländische Aladin, die Verführungsmittel der Macht und die Machtausübung selbst fürchtet? Jedenfalls quält und „bedrückt" ihn sein Problem, sein Interesse an der Firma tritt in den Hintergrund:

> Ich hatte mit dem Totenprunk zu schaffen, hinter dem sich das Elend, die Flüchtigkeit der Welt, verbirgt. Trotz der Routine rüttelte es an mir. Zuweilen kam zwischen zwei Besuchern aus der Stille ein Grollen wie der ferne Donner des Gerichts. Bertha hatte einen Widerwillen schon gegen meinen Eintritt in die „Pietas" gespürt. Hier hätte sie auch an den Nobiskrug denken können: das ist die Wirtschaft am Rande der Welt, in der die Toten zusammen zechen und ihre Erfahrungen austauschen, bevor sie in die Tiefe hinabsteigen.[39]

Im Bilde des Nobiskruges wird hier also die Bestattungsfirma als (letzte) Herberge am Ende des Lebensweges imaginiert. Ein Gasthaus, das der Hölle, der Unterwelt, dem Inferno, dem Limbus entspricht. Von einer solchen Vorhölle fabuliert beispielsweise Arno Schmidt in seiner Erzählung *TINA oder über die Unsterblichkeit* (1956). Dort, bei Schmidt, gelangen alle Schriftsteller nach ihrem Ableben in einen Limbus, in dem sie solange verbleiben müssen, bis alle Erinnerung an

---

37 Ebd., 342.
38 Ebd., 362 u. 367.
39 Ebd., 342.

sie erloschen ist, bis keine Zeile mehr von ihnen und keine mehr über sie existiert, kein Lexikoneintrag, gar nichts. Manche Schriftsteller, das Beispiel Goethes sticht hervor, haben keinerlei Aussicht, jemals erlöst zu werden und ewigen Seelenfrieden zu finden – von ihnen und über sie sind ganze Bibliotheken verfasst worden und werden immer existieren. Einige Autores minores jedoch haben die Chance, vergessen und ausgelöscht zu werden, und sie fiebern ihrem endgültigen Ableben entgegen.

Es ist vermutlich keine gar so seltsame Vorstellung für einen Bestattungsunternehmer, sich die eigene Firma als Vorhölle zu denken, und abwegig ist sie schon gar nicht. In der Welt der Bestatter ist auch das Makabre zu Hause, und der Pietät ist die Pietätlosigkeit verschwistert. Und sich die Vorhölle als Gastwirtschaft zu denken, in der die Toten zechen und sich ihre Geschichte erzählen, das ist doch – bei Licht besehen – allerliebst. Denn es ist eine weithin bekannte Erfahrung, dass Sterbende vor dem Heimgang zu Erzählern werden und von ungeheurem Mitteilungsdrang erfüllt sind. Das Problem des Erzählers und seiner Autorschaft wird uns noch beschäftigen – es ist nämlich das entscheidende Problem. Meines Erachtens.

Während die Firma floriert, wird Baroh zum Schatten seiner selbst. Er hat offensichtlich das Krankheitsbild des Melancholikers entwickelt:

> Wir hatten ein tiefes Bedürfnis erkannt. Der Andrang ist kaum zu bewältigen. Jeden Morgen kommen Berge von Post und werden auf die Büros verteilt. Seitdem mich mein Problem beschäftigt, verbringe ich Stunden in untätiger Träumerei. Mein Blick fällt auf die dunklen Aktenordner: ein ganzes Fach ist unter der Aufschrift URNE eingereiht. Das ist für uns ein wichtiger Gegenstand.[40]

Viele Aufgaben delegiert unser Held, doch manches muss er selbst erledigen:

> Ich hatte die Propagandisten zu beraten; die Post wurde mir nur in einem Ausschnitt vorgelegt. Die Masse erledigte das Sekretariat durch Telefonate und Drucksachen. Zu mir kamen Anfragen von Kirchen, Sekten, Vereinen und wichtigen Privatleuten. Auch die heraldische Beratung hatte ich mir vorbehalten; sie entsprach meinen historischen Neigungen. Selbst wenn die alten Familien in der Gesellschaft keine Rolle mehr spielten und auf die Titel verzichtet hatten, wollten sie doch standesgemäß begraben sein.[41]

Obwohl physisch und seelisch angeschlagen, versieht Baroh seine Aufgaben gewissenhaft. Während sich der Ruf der „Terrestra" rasch über die nationalen

---

40 Ebd., 343.
41 Ebd., 342.

Grenzen hinaus verbreitet, versucht er, „mit den Wünschen einer weltweiten Kundschaft Schritt [zu] halten".[42] Sorgsam bereitet er sich auf das Kommende vor:

> Das änderte meine Nachtlektüre; ich studierte Werke wie Klemms „Allgemeine Cultur-Geschichte der Menschheit", „Jüdische Sitten und Symbole" von De Vries, „Die Todten-Gebräuche der verschiedenen Völker der Vor- und Jetztzeit" des Pfarrers Andreä und andere.[43]

Baroh öffnet sich seiner Kundschaft und ihren Wünschen, die offenbar bizarre Züge annehmen können:

> Erstaunlich war der Andrang von Sonderlingen, die zum Teil absurde Ausstattungen verlangten, auf die ich nicht näher eingehen will. Verglichen mit manchen davon, war die berühmte Kapelle der Marie Bashkirtseff ein Kinderspiel. Da es sich meist um sehr reiche Leute handelte, richteten wir eine eigene Abteilung „Curiosa" ein.[44]

Auch die Zulieferer werden kreativ, wie das Beispiel der Urnenbestattung belegt:

> Ich ziehe einen Ordner heraus und blättere in ihm. Ein junger Keramiker hat einen Vorschlag eingereicht. Am Rande steht „Wichtig!" von Onkel Fridolins Hand. Der Keramiker meint, daß die übliche Rundform der Urne zwar uralt, doch unpraktisch sei. Man möchte ja vor allem wissen, wen diese Urne berge, zudem möchte man die Daten des Verblichenen erfahren, gern einen Spruch, ein Wappen, einen symbolischen Schmuck sehen. Zu denken sei auch an ein Profil des Verstorbenen. So könnte eine neue Gattung von Kunstwerken entstehen. Hier hatte Kornfeld an den Rand geschrieben: „Hoffentlich verfallen nicht Sammler darauf."[45]

Man hat vieles zu bedenken und ein Geschäft zu führen, aber bisweilen erscheint es Baroh, als sei er selbst in einen Orden eingetreten und Teil einer Priesterschaft geworden. Zwar muss man keine Wunder vollbringen, aber etwas zaubern muss man schon: Bestatter sind wie gute Floristen oder geschickte Illusionisten auch Künstler, der mit technischen Mitteln ihr Publikum bei Laune halten.

Durch seine reisefreudige Ehefrau bekommt er den ersten Hinweis auf ein geeignetes Gelände:

> Historische und insbesondere archäologische Neigungen sind ja eng mit den Gräbern verflochten; im Grunde ist die Welt ein Grab, in das die Zeiten versinken und aus dem sie

---

42 Ebd.
43 Ebd..
44 Ebd., 342f.
45 Ebd., 343.

> asphodelisch auferstehen. Das ist Saat und Ernte, und Orpheus lebt in jedem Historiker. Einmal, sie [scil. Bertha] war gerade aus Kleinasien zurückgekehrt, sagte sie: „Daß Kornfeld Knossos, Mykene und Troja besucht hat, versteht sich — aber warum war er noch nicht in Kappadokien? Das wäre für euch das Gelobte Land."[46]

Damit ist endlich auch der passende Landstrich gefunden: In Kappadokien in der Zentraltürkei existieren bereits weitläufige unterirdische Städte, die man nutzen kann. Denn selbst von Grabungsarbeiten ist man dort weitgehend dispensiert. Es ist historischer Boden:

Seit bald zweitausend Jahren haben erst versprengte Christen, dann Araber, schließlich Türken eine imposante Höhlenarchitektur geschaffen und bewohnt, und die ausgedehnten Höhlensysteme von Kappadokien umfassen neben Wohn- und Wirtschaftsräumen auch Sakralgebäude wie Kirchen und Klöster, die aus dem weichen Tuffgestein herausgearbeitet wurden. Um die vulkanisch angelegten, von Menschenhand unterirdisch erweiterten, ehemaligen Siedlungen nun als Friedhofsgelände in Besitz nehmen und nutzen zu können, bedarf es der Zustimmung des Landesherrn. Der ist ein korrupter Militär:

> Wieder einmal war in Anatolien eine Militärregierung ans Ruder gekommen; der General, der gut und schlecht Wetter machte, hieß Humayum. Zu ihm gab es alte Verbindungen, unter anderem durch eine Bank, die Jersson in Istanbul unterhielt. Der General befand sich innen- wie außenpolitisch in mißlicher Lage; es fehlte an Öl und Devisen, die Gefängnisse waren überfüllt. Er mußte sich mit den Demokratien auf guten Fuß stellen. So war zu erwarten, daß wir mit ihm ins Geschäft kamen.[47]

Die Verhandlungen führt Sigi Jersson, weil der „eine levantinische Ader" hat; die „halbe Gaunerei", denn so muss man das Levantinische wohl interpretieren, führt, so Jüngers Lesart, „innerhalb der Korruption meist weiter als hanseatische Gewissenhaftigkeit".[48] Mit einem „Schweizer Scheck" in der Tasche und „einer stattlichen Summe für wohltätige Zwecke" ist das Grundstücksgeschäft bald getätigt — „Terrestra" kann loslegen.[49] Die Sondierungen waren notwendig und haben sich gelohnt — nun kann das allgemeine Bedürfnis befriedigt werden, eine Grabstelle nicht nur für einige Jahre oder Jahrzehnte zu erwerben, sondern für die Ewigkeit. Das eine, das äußere Problem, ist also gelöst, doch das andere besteht weiter. „Aladins Problem", wir hatten es schon gehört, „war die Macht mit ihren Genüssen und Gefahren." Es ist ein mentales Problem, unser Protagonist ist see-

---

46 Ebd., 346.
47 Ebd., 348–349.
48 Ebd., 349.
49 Ebd.

lisch angeschlagen, vielleicht ist er sogar psychisch erkrankt. Das Wort „Wahnsinn" fällt:

> ich müßte mich wohl oder übel mit ihm abfinden. Ich grüble über eine andere Möglichkeit. Sie lautet: „Wahnsinn oder mehr?" [...] Dahinter der Abgrund; vielleicht trägt ein Sprung darüber hinweg.
>
> Ich muß darauf achten, daß meine Notizen sich nicht überkreuzen, denn ich fahre nun zweigleisig: einmal in den Kurven meines Fiebertraumes und dann in der Realität. Da drohen Zusammenstöße, aber vielleicht glückt die Konvergenz. Es heißt ja: die Parallelen schneiden sich im Unendlichen. Sollte das auch in der Zeit, also im Leben, möglich sein, und sei es in Anklängen?[50]

3 Das bist du

Ein dunkles, fast unverständliches Selbstgespräch. Der E. T. A. Hoffmann-Leser Ernst Jünger setzt seinen Protagonisten hier einer besonderen Belastungsprobe aus. Als die Arbeit nicht mehr zu bewältigen ist, als neue Mitarbeiter eingestellt werden müssen, als auch Friedrich Baroh Bewerbungsunterlagen studiert, kommt es zu einem seltsamen Moment der Selbstbegegnung:

> Etwas will sich niederlassen — ein Adler, ein Nußhäher, ein Zaunkönig, ein Spaßvogel? Warum gerade bei mir? Vielleicht ein Geier — ich habe jetzt auch mit der Leber zu tun. Es gibt Übergänge, in denen Traum und Wirklichkeit verschmelzen — meist kurz vor dem Einschlafen, auch vor dem Aufwachen. [...] Es fliegt etwas an, Reichtum strömt zu. Ich muß entscheiden, wie ich ihn bewältige. Doch soll es nicht auf Aladins Weise geschehen.[51]

Solche Momente sind selten und bedeutsam; man gewinnt einen Schimmer von: „Das bist Du."[52] Friedrich Baroh erlebt ein Traumbild, ein Trugbild, einen Augentrug, eine Art Autosuggestion.[53] Anders ist es wohl nicht zu erklären, dass er eine Bewerbung zugeschickt bekommt, die Daten enthält, die nur er selbst wissen kann. Ein gewisser „Phares" bewirbt sich und möchte sich vorstellen kommen. Doch so sehr er auch für den Posten geeignet wäre, Baroh lädt ihn nicht ein — er würde sich selbst zum Vorstellungsgespräch bestellen:

---

50 Ebd., 360.
51 Ebd., 360–361.
52 Ernst Jünger, *Kaukasische Aufzeichnungen*, in: ders., Sämtliche Werke, Band 2: Tagebücher II. Strahlungen I (Stuttgart: 1978), 407–492, 434.
53 Jünger, *Aladins Problem* a.a.O., 363.

> Wenn ich im Büro der „Terrestra" oder, besser noch: zu Hause in der Nacht geschrieben hatte und die Augen schloß, erschien das Nachbild des Blattes mit den Buchstaben vor dem inneren Gesicht. Das entspricht der allgemeinen Erfahrung; die Schrift ist dann nicht mehr lesbar, sondern wirkt ornamental. Mir aber erschienen lesbare Sätze, und zwar solche, die nicht mit meinem Text übereinstimmten — Mitteilungen, als ob sie in automatischer Schrift diktiert würden. Sie waren meist unangenehm. „Du hast schmutzige Hände" oder: „Die Hunde rufen nach Dir". Auch: „Denk an Liegnitz" und: „Du hast Bertha verkannt". Oft wußte ich nicht, ob ich das hörte oder las.
>
> Ähnlich war es mit den Visionen; sie folgten einer Trübung, die in Wachträume überging. Stufenweis verlor der Alltag und gewann der Traum an Überzeugungskraft.
>
> Ich ahnte eine Welt, in die Phares mich führen würde, und hörte seine Stimme: „Bald wirst du erfahren, was du noch nicht weißt."[54]

Jüngers Erzählung entwickelt sich zur romantischen Doppelgängergeschichte, zur Geschichte eines psychischen Zerfalls. Doch der Fall geht glücklich aus: Phares, Friedrich Barohs Alter Ego, ist kein Dämon wie im Märchen, sondern ein Sendbote. Die Begegnung mit ihm führt dazu, dass Friedrich den Nihilismus, zu dem er sich seit langem bekennt, ablegen kann:

> Ich denke an den Park von Liegnitz und meine nihilistische Grundstimmung. Dem Nihilismus darf kein neuer Idealismus folgen — dann wäre der Ansatz verfehlt, oder er führte besten Falls in eine romantische Sackgasse. Der Abbruch muß bis auf den Grund gehen.
>
> Und dann die Gräberwelt. Ich habe bemerkt, daß der ständige Umgang mit Toten selbst den niederen Diensten eine mediale Aura verleiht. Zu ihrer Verdichtung mochte beitragen, daß mit der „Terrestra" mehr als bloß eine Fortsetzung der „Pietas" gelungen war. Mit den Gräbern beginnt die Menschheit, nicht nur die Kultur.
>
> Wie auch immer, die Begegnung mit Phares mußte, wenn auch auf traumhafte Weise, vorbereitet gewesen sein. Ich spürte schon bei der Begrüßung ein starkes déjà-vu.[55]

Durch Phares wächst ihm Einfluß zu, und die Begegnung mit dem anderen Ich kann ausgehalten werden, weil es Baroh gelingt, von seinem Leiden, seiner Angst, seiner Krise zu erzählen. Am Ende legt er einen Bericht vor, den er nur für sich selbst verfasst haben will — und hat seine Last abgeworfen. Er ist durch den Leidensdruck zum Schriftsteller geworden.

Für seine Heiterkeit, die aus der Krise erwächst, gibt es also einen Grund, der wohl so subtil erzählt ist, dass er bislang übersehen worden ist. Friedrich Baroh wird nämlich dank dieser Idee und kraft seines Rechenschaftsberichtes zum Autor, zum Künstler. Er lernt durch die große Aufgabe seinen „Schöpfungsgedanken" kennen, der nicht etwa darin besteht, diesen globalen Friedhof zu rea-

---

54 Ebd., 364–365.
55 Ebd., 365.

lisieren, sondern darin, durch diese Aufgabe zum Schriftsteller zu werden. Wie begründet sich das? Als der Plan gefasst ist, heißt es:

> Wir hatten zwar eine Idee, doch mußten wir, wie jeder Erfinder, jeder Autor, um sie zu realisieren, nach einem soliden Partner auf die Suche gehen.[56]

Der Erfinder benötigt den Industriellen, der seine Idee realisiert und vermarktet; der Autor bedarf des Verlegers und des Lesers. Und weiter heißt es bei Jünger, ganz zu Beginn der Erzählung:

> Nun bin ich kein Dichter; das muß ich zugeben, obwohl ich, „was ich leide", ausdrücken kann — freilich nur im Selbstgespräch. „Ausdrücken": das ist schon das Wort dafür, wie immer es gelingen mag. Es läuft also auf eine Befreiung hinaus, auf eine Art von Beichte in der Hoffnung auf Selbstabsolution. Kein andrer Richter, kein Priester über mir.[57]

Hier bieten sich mehrere Lesarten an. Nach Hans Jonas kann es „die Selbstabsolution des politisch Handelnden" nicht geben; denn dann würde jeder Diktator von sich sagen, „daß er nur Vollstrecker der Geschichtsnotwendigkeit sei", und dass er eigentlich gar nicht selbst handle, sondern bloß Instrument der Geschichte sei, die durch ihn tätig werde.[58] Das ist jedoch nicht gemeint. Hier ist tatsächlich von der Autorschaft die Rede, die als „Selbstgespräch" angelegt ist und sich auch selbst genügt. Eine Vorstellung, die wir aus der Genieperiode kennen. „Kein andrer Richter, kein Priester über mir", das entspricht in etwa der Prometheus-Gebärde in Goethes gleichnamiger Hymne. Friedrich Baroh wird nicht durch seine Aufgabe, sondern durch den „Bericht", den er darüber verfasst, zum Autor. Er nobilitiert sich quasi selbst, indem er sich als Schriftsteller erfindet — er schreibt seinen Bericht und ist am Ende „grundlos heiter".[59] Grundlos? Er hat etwas vollbracht, ganz ohne Zutun anderer, denn für seine Autorschaft bedurfte er nicht einmal eines Gottes:

> Das Problem ist unteilbar; der Mensch ist allein. Letzthin ist auf die Gesellschaft kein Verlaß. Obwohl sie meist schädigt, ja oft vernichtet, kann sie auch helfen, doch nicht mehr als ein guter Arzt — bis zur unvermeidlichen Grenze, an dem seine Kunst versagt.
> Vor allem keine Melancholie. Der Einzelne kann sich Trost spenden, indem er seine Lage erkennt. Früher trugen die Religionen dazu bei. Ihre enge Verbindung mit der Kunst

---

[56] Ebd., 334.
[57] Ebd., 277.
[58] Hans Jonas, *Das Prinzip Verantwortung. Versuch einer Ethik für die technologische Zivilisation* (Frankfurt/M.: 1979), 211.
[59] Jünger, *Aladins Problem* a.a.O., 369.

ist nicht zufällig, denn sie sind deren höchste Erfindungen. Nun, da die Götter uns verlassen haben, müssen wir auf ihren Ursprung, die Kunst, zurückgreifen. Wir müssen eine Idee von dem gewinnen, was oder wen wir darstellen. [...] Unsere soziale oder moralische Stellung spielt keine Rolle dabei. Wir mögen ein Fürst oder ein Tagelöhner sein, ein Schafhirt, eine Hure, ein Taschendieb — meist aber, wie ich, ein gewöhnlicher Mensch.[60]

Jeder, so Barons „Bericht" (und Jüngers Buch), hat ein Amt zu übernehmen: Mit der Aufgabe eines jeden verbindet sich sein „Schöpfungsgedanke", seine Berufung — wer uns davon auch nur eine Ahnung vermittelt, hat uns nobilitiert. Hier läuft eine (literarische) „Beichte" auf eine „Befreiung" heraus, am Ende ist der Erzähler „heiter" und „aufgeräumt", als habe er sich einer Last entledigt.[61] Die Aufgabe als Erlösung, der Beruf als Berufung, die Lebensbeichte als Nobilitierung. Der Totenkult als Stimmungsmesser.

Jüngers Protagonist ist, im Gegensatz zum Firmengründer, ein musischer Geist. Er verehrt die Religion und ihre Manifestationen als Kunst, und diese Kunst ist ihm heilig, selbst wenn sie das Geschäft von Bestattungsunternehmern geworden ist: „Ich hatte mit dem Totenprunk zu schaffen", heißt es an einer Stelle,[62] und das Wort „Totenprunk" ist bewusst gewählt, da seine Firma die erste am Ort sein will: „Je aufwendiger das Begräbnis sein sollte, desto eher dachte man an uns."[63]

Die wohlhabenden und die gesellschaftlich exponierten Kunden werden sogar eigens geschröpft:

> Einmal, als ich Onkel Fridolin einen Auftrag vorlegte, sagte er: „Die hätten liebend gern für ihren Vater das Doppelte aufgewendet und sind sogar dazu verpflichtet: ein General. Schließlich sind wir kein Wohltätigkeitsverein."[64]

Ein Bestattungsunternehmen soll Gewinn abwerfen und nicht die Kirche ersetzen oder den Glauben repräsentieren. Baroh glaubt ohnehin an nichts, wie sein Steckbrief belegt, den er eingangs zum besten gibt:

> Religion protestantisch, doch besuche ich seit meiner Konfirmation die Kirchen nur aus besonderen Anlässen. Dennoch achte ich sie in ihrem innersten Wesen, also als Kunstwerke.

---

60 Ebd., 276–277.
61 Ebd., 369.
62 Ebd., 342.
63 Ebd., 318.
64 Ebd., 319.

> Zuweilen war ich versucht, aus der Kirche auszutreten, aber es kam nicht zum Entschluß. [...] Außerdem würde es mich im Beruf schädigen.[65]

4 Grabsteine und Orientalia

Rationalisierung und Routine bestimmen den Alltag des Bestattungsunternehmers, aber die eigentliche Schattenseite der „Routine" im Umgang mit dem Kunden ist, nach Barohs Dafürhalten, die Erstarrung von „Sprache, Gestik und Mimik" zur „Maske".[66] Das Individuelle geht verloren, eine große Menschheitsidee verblasst zur Chimäre, mögen die Hausbesuche auch Abwechslung bringen:

> Was würde wieder bevorstehen? Wer würde die Tür öffnen — die gespenstische Witwe oder das weinende Dienstmädchen? Kein Schweigen kann tiefer sein als das im Totenhause, in dem die Spiegel verhängt werden. Ich geriet in turbulente Szenen, sah die Familie um das Totenbett stehen, hatte Menschen zu sufflieren, die nicht antworteten. Auch fehlte es nicht an Infamien: den Erben, die sich schon im Nebenzimmer stritten, den Gläubigern, die sich wie nach Balzacs Heimgang vor der Tür drängten, dem kaum versteckten Händereiben des Nachfolgers im Kontor, im Geschäft, im Ehebett.[67]

Die Rationalisierung im Beerdigungsgeschäft geht an die Grenzen der Pietät, geht im Grunde schon über sie hinaus. Gleichwohl sondieren Baroh und seine Mitstreiter den Globus für ihren Weltfriedhof mit Enthusiasmus. Mit dabei ist Sigi Jersson, der jüdische Freund und Partner:

> Wir hatten uns auf einem jüdischen Friedhof kennen gelernt, der erst vor kurzem eröffnet worden war. Die Grabsteine dort gaben mir zu denken: sie hatten die Form eines aufgeschlagenen Buches mit ein, zwei Namen als Inschrift; darunter stand eine Liste von Vermißten — nicht von Gefallenen, sondern von Verschleppten und Ermordeten.[68]

Durch diese Begegnung bleibt das „Beerdigungsgeschäft" doch nicht bloß äußerlich: Das aufgeschlagene Buch, das Buch des Lebens, hinterlässt tiefen Eindruck. Ihm stehen zwei Referenztexte zur Seite: die Bibel „als das Buch der Bücher, pro-

---

65 Ebd., 277.
66 Ebd., 319.
67 Ebd., 318.
68 Ebd., 334–335.

phetisch auch für unsere Zeit",⁶⁹ und das „arabische Märchen"⁷⁰ von Aladin und der Wunderlampe aus *Tausendundeine Nacht*. Beiden Werken ist Wissenswertes über den Tod zu entnehmen, beide sind „Orientalia"⁷¹, und wenn man auf die sprichwörtliche einsame Insel „nur zwei Bücher mitführen"⁷² dürfte, dann wären es wohl diese beiden. Stolz vermerkt Jünger im Pariser Tagebuch: „Pfingstsonntag. Nach dem Frühstück beendete ich die Lektüre der Offenbarung und schließe damit die erste Gesamtlesung der Bibel ab, mit der ich am 3. September 1941 begann."⁷³ In diesem Buch ist ihm der Tod in seinen ganz unterschiedlichen Bedeutungen begegnet, „je nachdem er den Narren oder den Weisen trifft": Dem einen „bringt er Vernichtung", der andere „wird wie Gold im Ofen geläutert und geprüft."⁷⁴

Jünger betrachtet die Bibel als „Urstoff aller Schriften; sie brachte Literaturen hervor und wird weitere hervorbringen."⁷⁵ Seiner Hauptfigur wächst daraus moralische Stärkung und sittliche Kräftigung zu: „Hume, Macchiavelli, Flavius Josephus, Ranke in langen, braungoldenen Reihen – es gibt eine Stimmung, in der die Bücher unmittelbar Substanz ausstrahlen."⁷⁶ Diese Begegnung mit den Klassikern, durch die er zu sich selbst findet, so dass er aufgeräumt seiner Tätigkeit weiter nachgehen kann, stellt eine Erfahrung dar, die der Arbeit an Barohs eigenem Bericht gleicht, der bald zur Lebensbeichte tendiert. In ihr ist die Sprache der Bibel in Gestalt ihrer bildlichen Wendungen präsent, soweit diese Eingang in Barohs Wortschatz gefunden haben – so diente er in einer osteuropäischen Volksarmee unter einem Schinder, der ihm ein „Pfahl im Fleische" war.⁷⁷

Die eigentliche Erweckung als Schriftsteller aber erfährt Jüngers Protagonist nicht aus der Bibel, sondern aus Aladins märchenhafter Begegnung mit der Wunderlampe. Der Leser wird empfänglich für die Botschaft, die diese Erzählung für ihn bereithält: Anderen mag Aladins Lampe nur dazu nützlich (gewesen) sein,

---

69 Ernst Jünger, *Strahlungen. Vorwort*, in: ders., Sämtliche Werke, Band 2: Tagebücher II. Strahlungen I (Stuttgart: 1978), 9–23, 13.
70 Ebd., 12.
71 Ernst Jünger, *Das zweite Pariser Tagebuch*, in: ders., Sämtliche Werke, Band 3: Tagebücher III. Strahlungen II (Stuttgart: 1979), 9–294, 188.
72 Ebd.
73 Ebd., 271.
74 Ebd., 49.
75 Ebd., 71.
76 Jünger, *Aladins Problem* a.a.O., 335.
77 Ebd., 285.

ihr „Stübchen zu beleuchten".[78] Baroh aber hat die Kraft erahnt, „die tief im Innern schlummert und, wenn sie geistergleich hervortritt, Städte erhellen oder auch verbrennen kann."[79] Dank dieser Lektüren lässt sich auch die Versuchung der „Macht" mit ihren „Genüssen und Gefahren" bestehen.[80] Die beiden Orientalia sind ihm Stützen in Zeiten „schwerer Anfechtung" und „naher Todesgefahr".[81]

Die Technisierung der Welt macht die „Natur" synthetischer, lässt aber im Gegenzuge die Physiker (als Techniker) auch zu Metaphysikern werden: Sie drücken ihr Unbehagen an der „Perfektion" der Technik darin aus, dass sie nach Daseinszwecken, nach Optionen sittlichen Handelns, nach der Fortdauer im Tode suchen. In der Sepulkralkultur entdecken sie ein Bilderreservoir der Transzendenz — wenn nicht des eigenen Leibes, so doch der Schöpfungsidee und ihrem Heilsversprechen. Der globale Friedhof von Anatolien ist ein „Gegenzug zur motorischen Welt"[82]: Hier gibt es noch das Grab für die Ewigkeit, für alle Zeit unantastbar — genau wie im Judentum. Einebnungen und Verkäufe, die Bestattung „gewissermaßen in Rotation"[83], sind ausdrücklich untersagt, Exhumierungen nur in Ausnahmefällen möglich. Am reinsten hat sich diese Idee in einem Teil der Welt erhalten, der noch am wenigsten technisch erschlossen ist.

---

[78] Ernst Jünger, *Die Hütte im Weinberg. Jahre der Okkupation*, in: ders., Sämtliche Werke, Band 3: Tagebücher III. Strahlungen II (Stuttgart: 1979), 403–659, 591.
[79] Ebd.
[80] Jünger, *Aladins Problem* a.a.O., 367.
[81] Ebd.
[82] Ebd., 338.
[83] Ebd., 334.

Oliver Sill
Todesbilder in der Literatur der Gegenwart[1]

Was können wir – streng genommen – über den Tod sagen? Im Grunde nichts. Denn der Tod als das definitiv Ungewisse, das Unbestimmte schlechthin, entzieht sich unserer Erfahrung. Wenn uns denn die Zeit gewährt sein sollte, dann werden wir bis zu einem bestimmten Punkt unser eigenes Sterben beobachten können, so wie sich das Sterben anderer beobachten lässt. Erfahrungen sind zu machen im Umgang mit Krankheiten und Sterbeprozessen, mit gewaltsam herbeigeführten Toden und mit der Leiche, dem toten Körper. Über den Tod selbst aber wissen wir Lebenden nichts.

Aus der spezifischen Perspektive ihrer Disziplin haben die Soziologen Armin Nassehi und Irmhild Saake diesen Sachverhalt folgendermaßen zum Ausdruck gebracht: „Die Soziologie ist eine Erfahrungswissenschaft und versteht den Genitiv dieses Kompositums in doppelter Weise: Sie kontrolliert ihre Ergebnisse durch eine spezifische Form wissenschaftlicher Erfahrung, und sie hat empirische Erfahrungsformen in der Gesellschaft zum Gegenstand. Mit dem Tod freilich ist keine Erfahrung zu machen [...]."[2] – „Aber gerade deshalb", fahren die beiden Autoren fort, „zieht der Tod den Gedanken an das Übersinnliche, das Metaphysische, das Außeralltägliche geradezu an. Und wer denkt nicht beim *Tod* zunächst an ein Geheimnis, an Transzendenz oder wenigstens an eine Natur, die unser je kleines Leben transzendiert? Jenseits aller Fixierung auf Religiöses, auf Unsterblichkeitsglauben und Jenseitshoffnung, auf Wiedererweckung oder Reinkarnation verweist der Tod also auf Transzendenz – auf die Transzendenz des jeweiligen Sprechers nämlich, der nur um den Preis einer unaufhebbaren Paradoxie sagen könnte. *Ich bin tot*."[3] Über den Tod, der ebenso geheimnisvoll wie unabweisbar ist, muss also gesprochen werden. Weil er sich aber jeglicher Erfahrung entzieht, kann dies, so Nassehi und Saake, nur geschehen im Rückgriff auf kulturell verfügbare Vorstellungswelten, also im Rückgriff auf die geschichtlich je gegebenen

---

[1] Im Grunde genommen kennt die Literatur nur zwei große Themen: die Liebe und den Tod. Mit beiden Themenbereichen habe ich mich jeweils in einem Buch beschäftigt: Oliver Sill, *Sitte – Sex – Skandal. Die Liebe in der Literatur seit Goethe* (Bielefeld: 2009); *Das unentdeckte Land. Todesbilder in der Literatur der Gegenwart* (Bielefeld: 2011). Dort findet sich in aller gebotenen Ausführlichkeit, was an dieser Stelle nur verkürzt, auf einige Hinweise und Resultate beschränkt, dargelegt werden kann.
[2] Armin Nassehi/Irmhild Saake, *Kontexturen des Todes. Eine Neubestimmung soziologischer Thanatologie*, in: Thanatosoziologie. Tod, Hospiz und die Institutionalisierung des Sterbens, herausgegeben von Hubert Knoblauch/Arnold Zingerle (Berlin: 2005), 31–54, 31.
[3] Ebd. – Hervorhebung im Original.

Sinnangebote und Deutungsmuster: „Im Tod kulminiert die Erfahrung, dass wir keinen anderen Zugang zur Welt haben, als es unser jeweiliger sprachlicher, kultureller, gesellschaftlicher Zugang ermöglicht."[4]

Was die beiden Soziologen in Vorbereitung ihrer Theorie einer soziologischen Thanatologie hier äußern, ist nicht weit entfernt von dem, was der Literaturwissenschaftler Wolfgang Iser im Rahmen seiner Fiktionstheorie dargelegt hat. Fiktionen, so Iser, gehören zum unverzichtbaren Grundbestand menschlichen Daseins. Jede Fiktion sei eine historisch konditionierte Antwort auf eine anthropologische Disposition, die sich als die Fiktionsbedürftigkeit des Menschen bezeichnen lasse. Die grundlegende Ursache einer solchen Bedürftigkeit, die zu allen Phasen der Menschheitsgeschichte Fiktionen hervorgebracht habe, sieht Iser wiederum in den konstitutiven Ungewissheiten des menschlichen Lebens, seinem Anfang und seinem Ende. Die definitiv nicht zu beantwortende Frage nach dem Woher und dem Wohin erlaube immer nur ein „Mittendrinsein" im Leben. Damit aber werde nicht nur das Leben selbst mit einem „ständigen Auslegungsbedarf"[5] versehen; Resultat sei auch der zu allen Zeiten vorgenommene Entwurf von Bildern, die den für Menschen nicht fassbaren Zusammenhang zwischen Anfang und Ende imaginativ herstellen: „Der griechische Arzt Alkmaion soll mit Zustimmung des Aristoteles bemerkt haben, dass die Menschen sterben müssen, weil sie nicht in der Lage sind, Anfang und Ende miteinander zu verknüpfen. Erwiese sich der Tod als Resultat einer solchen Unmöglichkeit, so könnte er ebensogut zum Antrieb dafür werden, Vorstellungen zu entbinden, die auf seine Aufhebung drängten. Das würde bedeuten, Anfang und Ende als die Ungewissheiten des menschlichen Lebens imaginativ besetzen zu müssen, um jenen verweigerten Zusammenhang herzustellen, der dann auch das Leben selbst verändern dürfte. Wenn solche Besetzungen zu einer Mannigfaltigkeit geraten, so deshalb, weil die Verbindung von Ungewissheiten kein Maß möglicher Zulässigkeit für die herzustellenden Zusammenhänge in sich trägt. Statt dessen werden historisch konditionierte Bedürfnisse für das imaginative Verspannen der konstitutiven Ungewissheiten des menschlichen Lebens maßgebend sein."[6] Historisch konditionierte Bedürfnisse – nichts anderes meinen Nassehi und Saake, wenn sie hervorheben, dass über den Tod, der keinerlei Erfahrung erlaubt, nicht nur gesprochen werden müsse, sondern dieses Sprechen zugleich radikal

---

[4] Ebd., S. 32.
[5] Wolfgang Iser, *Das Fiktive und das Imaginäre. Perspektiven einer literarischen Anthropologie* (Frankfurt am Main: 1991) 161.
[6] Ebd., S. 158.

gebunden sei an die geschichtlich und gesellschaftlich gegebenen „kulturellen Zeichenuniversen"[7] einer Zeit.

Nun gehört es fast schon zu den Gemeinplätzen, dass die christlich geprägten Todesbilder und Jenseitsvorstellungen, ungeachtet ihrer Jahrhunderte umfassenden Tradition, ihre Verbindlichkeit in der Moderne weitgehend eingebüßt haben. So wie es der Arzt ist, der heute den Sterbenden begleitet, und nicht mehr der Priester, so sind auch die kirchlichen und theologischen Angebote einer Sinngebung des Todes weniger denn je von Überzeugungskraft und Attraktivität. Und so ist die christliche Deutungstradition in der Moderne in Konkurrenz getreten zu anderen Deutungsversuchen von Anfang und Ende, ob sie nun anderen Religionsformen angehören oder entlehnt sind, in den Horizont atheistischer Weltanschauungen gestellt werden oder eher privaten, gleichsam individualisierten Charakter besitzen. Die Literatur – auch die der Moderne – ist noch immer jenes Archiv, in dem in zahllosen unterschiedlichen Ausprägungen der Versuch unternommen wird, das Leben in seiner Endlichkeit zu begreifen und zu deuten – mit anderen Worten: Antworten zu geben auf die konstitutiven Ungewissheiten menschlichen Daseins. Und in diesem Punkt ist kein Ende abzusehen.

Einen – oft erstaunlichen – Erfolg bei der Kritik wie beim Publikum konnten in den letzten Jahren gerade literarische Prosatexte verbuchen, und zwar Erzählungen, Novellen und Romane, in denen das Thema Tod in thematischer und struktureller Hinsicht im Mittelpunkt steht – und dies, obwohl diese Texte literarisch anspruchsvoll sind und keine verbindlichen Antworten vorzugeben versuchen. Der Erfolg dieser Texte annonciert nicht nur ein derzeit großes Interesse an dieser Problematik, sondern verweist auch auf einen – womöglich wachsenden – Orientierungsbedarf in einer Moderne, in der mittlerweile auch die großen weltanschaulichen Systeme ihre Wirkungsmacht eingebüßt haben. Und es ist offenbar für viele noch immer die Literatur, deren vorläufige Antworten auf definitiv nicht zu beantwortende Fragen gesucht und geschätzt werden. Vor jeder näheren Beschäftigung mit diesen Texten lässt sich also schon jetzt festhalten: Die oft wiederholte Behauptung, dass der Tod in der modernen Gesellschaft ‚verdrängt' werde, erscheint – zumindest mit Blick auf die Literatur – wenig stichhaltig.

Auffällig ist darüber hinaus, dass die fiktiven Szenarien dieser Texte vielfach zurückgreifen auf allegorische Konfigurationen nicht nur des christlichen Mittelalters, sondern gerade auch der griechischen und römischen Antike. Ganz offenkundig behaupten Todesbilder und Jenseitsvorstellungen, wie sie in der Literatur und Philosophie der Antike entfaltet worden sind, ihre Stellung im weiten Spektrum soziokulturell verfügbarer Vorstellungswelten, mit deren Hilfe

---

[7] Nassehi und Saake, *Kontexturen des Todes*, a.a.O., S. 32.

in der Moderne die Endlichkeit menschlichen Lebens bedacht und literarisch gestaltet wird. Folglich sind diese Prosatexte in hohem Maße intertextuell aufgeladen: ein literarisches Sprechen, das die geduldige Entschlüsselung der jeweils eingewobenen Textvorlagen verlangt. Zu diesen literarischen Werken gehören Cees Nootebooms *Die folgende Geschichte* (1991), John Bergers *Auf dem Weg zur Hochzeit* (1995), Dieter Wellershoffs Novelle *Zikadengeschrei* (1995) sowie jener Prosatext, mit dem der bereits 2001 verstorbene W.G. Sebald seinen ersten großen literarischen Erfolg erzielte: *Schwindel. Gefühle* (1990). Andere Texte entwickeln dagegen ihre je eigene Bildsprache: Romane, die sich nur begrenzt ins Allegorische vorwagen und in denen ein realistischer Erzählgestus dominiert. Zu ihnen gehören Philip Roths *Empörung* (2008), Antonio Tabucchis *Erklärt Pereira* (1994), aber auch Urs Widmers *Der Geliebte der Mutter* (2000) sowie *Das Buch des Vaters* (2004). Und schließlich wäre da noch Judith Hermann mit ihrem jüngsten Prosaband *Alice* (2009). Ihr Blick richtet sich ausschließlich auf die Bewältigungsversuche derer, denen der Tod einen Menschen genommen hat. Der Tod selbst, über den wir nichts wissen, bleibt unerzählt.

Die folgende Geschichte des niederländischen Autors Cees Nooteboom greift zurück auf antike und auch mittelalterliche Jenseitsvorstellungen, auf Homers *Odyssee*, Vergils *Aeneis* und Dantes *Göttliche Komödie*, um das Erzählte, die Geschichte des Altphilologen Herman Mussert, in der Schwebe zu halten zwischen realistischem Handlungsgefüge und allegorisierenden Konfigurationen. Wie jeden Abend in Amsterdam zu Bett gegangen, erwacht Mussert in einem Lissabonner Hotelzimmer – eben jenem Zimmer, in dem er vor vielen Jahren seine einzige glückliche Liebesnacht verbracht hat. Bald darauf schifft er sich ein für eine lange Reise, die über den Atlantik hinweg ins Amazonasdelta führt, um sich irgendwo im Dschungel stromaufwärts zu verlieren. Zuletzt wird Mussert, wie zuvor schon seine Mitreisenden, von einer Frau fortgeleitet, um ihr seine Geschichte zu erzählen: „Die folgende Geschichte"[8]. Die dargestellte Reise des Protagonisten ist lesbar als Traum des schlafenden Mussert, als Vision eines Sterbenden, aber eben auch als Seelenwanderung bis zum Durchschreiten jenes äußersten Tores an der Grenze zur Ewigkeit. Hinter den realistischen Koordinaten der erzählten Geschichte wird Odysseus' Aufenthalt im Hades erkennbar, Aeneas' Reise in die Unterwelt unter Führung der Prophetin Sybille und die Jenseitswanderung Dantes an der Seite Vergils, bevor er auf dem Läuterungsberg von Beatrice in Empfang genommen wird. Zu Lebzeiten, dies zeigt die fiktive Autobiographie

---

[8] Cees Nooteboom, *Die folgende Geschichte*. Aus dem Niederländischen von Helga van Beuningen (Frankfurt a.M.: [7]1991), 147.

Herman Musserts, hatte er jeden Glauben an die Unsterblichkeit der Seele, wie sie Sokrates in Platons *Phaidon* zu erweisen versucht, entschieden abgelehnt. Was ihn, den völlig zurückgezogen lebenden und stets lesenden Altphilologen, gleichwohl für Platons Sokrates eingenommen hat, ist seine Weigerung, den Menschen allein unter naturwissenschaftlichem Blickwinkel zu sehen. Nicht im Glauben an die Unsterblichkeit zeigt sich für Mussert das genuin Humane, sondern in der menschlichen Fähigkeit, über sie nachdenken zu können. Darin zumindest stimmen auch der Autor Cees Nooteboom und sein Protagonist Herman Mussert überein. Denn *Die folgende Geschichte* ist literarisches Resultat eben dieser Fähigkeit, Resultat des menschlichen Vermögens, Fiktionen zu entwerfen, die den verweigerten Zusammenhang zwischen Anfang und Ende herstellen, ohne dem Irrglauben erliegen zu müssen, den Tod auf diese Weise enträtseln zu können.

Lange Zeit lässt Philip Roth seine Leser in dem Glauben, dem Tod Konturen verleihen zu wollen. Denn Marcus Messner, der fiktive Autobiograph im Roman *Empörung*[9], glaubt, bereits gestorben zu sein, wähnt sich in einem raum- und zeitlosen Jenseits, dazu verdammt, in alle Ewigkeit als pures Gedächtnis weiterexistieren zu müssen. Der Epilog erst klärt auf über die ‚realen' Hintergründe dieser fiktiven Erzählsituation. Derjenige, der da sein Leben erzählt, ist der erst neunzehnjährige Gefreite Marcus Messner, durch Bajonetthiebe im Koreakrieg 1951 tödlich verwundet, vollgepumpt mit schmerzstillendem Morphium, das seine Qualen in den letzten Stunden seines Lebens wenigstens lindern soll. Auf der Schwelle zum Tode, davon überzeugt, bereits tot zu sein, erzählt dieses Ich sein kurzes Leben; erzählt, wie es kam, dass er, an sich ein fleißiger und pflichtbewusster Student, sich mehr und mehr empörte gegen die unerträgliche Prüderie und verlogene Heuchelei auf dem Campus seines Colleges in Winesburg. Nicht gewillt, sich den Forderungen seines Deans zu unterwerfen, wird er schließlich der Schule verwiesen, bald darauf einberufen und in den Koreakrieg geschickt. Und so wird Marcus Messner schließlich zu dem, als den wir Lesende ihn kennen lernen: ein sterbender Autobiograph. Philip Roth, vielleicht der europäischste unter den US-amerikanischen Schriftstellern der Gegenwart, stellt mit diesem Kunstgriff seinen Roman in die lange Tradition des idealistisch fundierten, autobiographisch erfüllten Entwicklungs- und Bildungsromans. Denn sein Ich-Erzähler weiß um die Umstände seines (bald bevorstehenden) Todes, überschaut mithin das Ganze, weiß daher auch, wie und warum es so gekommen ist. Sein Erzählen, gekennzeichnet durch die Verschränkung von realistischem Kausalnexus und ‚idealistischem' Finalnexus, ruft noch einmal – wie gesagt – die Tradition des Bildungsromans auf, allerdings um sie sogleich radikal zu dementieren.

---

9 Philip Roth, *Empörung*. Roman. Aus dem Amerikan. von Werner Schmitz (München: 2009).

Denn Marcus Messner ist mitnichten die allseitig entfaltete Persönlichkeit, die der Bildungsroman intendierte, sondern ein tragisch-positiver Held, der durch die geschichtlich-gesellschaftlichen Bedingungen seiner Zeit um alle Entwicklungsmöglichkeiten gebracht wird. Zuletzt öffnet sich die dreistufig konstruierte Fiktion zur Wirklichkeit. Auf diese Weise wird der im Koreakrieg auf so grausame Weise ums Leben gekommene Protagonist zur exemplarischen Figur, mit deren Hilfe Philip Roth den Opfern amerikanischer Globalstrategien – und zwar den Opfern in den eigenen Reihen – Gesicht und Stimme verleiht: den Opfern vergangener, gegenwärtiger und zukünftiger Kriege.

Der Titel von John Bergers schmalem Roman *Auf dem Weg zur Hochzeit*[10] ist durchaus wörtlich zu verstehen. Denn auf dem Weg zur Hochzeit – und zwar ihrer Tochter Ninon – befinden sich der Franzose Jean Ferrero und die Slowakin Zdena Holecek. Die Hochzeit zwischen der vierundzwanzigjährigen Ninon, die seit einiger Zeit in Modena lebt, und ihrem etwa gleichaltrigen italienischen Freund Gino soll in dem Dorf Gorino im Mündungsdelta des Po gefeiert werden. Aus dem südfranzösischen Alpenstädtchen Modane kommend, fährt Jean Ferrero mit seinem Motorrad über Turin, dann den Po entlang bis Chioggia, um dort Zdena abzuholen, die mit dem Bus von Bratislava über Wien nach Venedig gereist ist. Die gegen Ende des Textes ausführlich geschilderte Hochzeit soll am 8. Juni vermutlich des Jahres 1994 stattfinden. Nicht sie bildet allerdings den thematischen Mittelpunkt des Romans, sondern der unglückliche Stern, unter dem diese Hochzeit steht. Denn kurze Zeit nach dem Beginn ihrer Liebesgeschichte mit Gino hat Ninon erfahren, dass sie drei Jahre zuvor bei einer flüchtigen Liaison mit dem HIV-Virus infiziert worden ist. Es ist Gino und seiner Liebe zu verdanken, dass Ninon in die Heirat einwilligt, wie Gino und ihre Eltern wohl wissend, dass sie im günstigsten Fall etwa drei Jahre Zeit hat, bevor die Krankheit ausbrechen wird. Soweit, in aller Kürze, das erzählte Geschehen. Dem Ganzen übergeordnet ist jedoch eine Erzählsituation, deren Analyse bereits zeigt, welche Funktion die zahlreichen impliziten und expliziten Anspielungen auf antike Textvorlagen in diesem Roman besitzen. Sie dienen dazu, die gestaltete Thematik, HIV-Infektion und AIDS-Erkrankung, als exemplarische Ausformung einer existentiellen Erfahrung kenntlich zu machen: der zu allen Zeiten von Menschen erlebten Ohnmacht angesichts von Krankheit und Tod. Tsobanakos, der übergeordnete Ich-Erzähler, ist halb realistische und halb mythologische Figur, ein in der Gegenwart lebender Athener Straßenhändler und blinder Seher bzw. Rhapsode in einem: ein moderner Teiresias, von dem einst Kallimachos in seinen *Hymnen* und natürlich Ovid in

---

10 John Berger, *Auf dem Weg zur Hochzeit*. Roman. Aus dem Englischen von Jörg Trobitius (München, Wien: 1996).

den *Metamorphosen* erzählten. Ihm ist es vorbehalten, Stimmen zu versammeln, die wiederum unterschiedliche, jedoch gleichermaßen paradigmatische Reaktionsformen auf die Drohung des Todes repräsentieren, sei es die Verzweiflung, die im Gebet und im Gelübde sich artikulierende Hoffnung oder der Versuch, im Schatten des Todes leben zu lernen, inmitten des Lebens sich der Allmacht des Todes zu widersetzen und ihn in die Schranken zu verweisen. Kaum anders als in Nootebooms Erzählung, ist es auch in John Bergers Roman die Liebe, die dazu den Weg weist. In deutlicher Anlehnung an das *Hohelied* des Alten Testaments wird die abschließend geschilderte Hochzeit zu einer Feier der Liebe, eine zeitgemäße Hochzeitsfeier und zugleich ein archaisch anmutendes, ekstatisch erlebtes Vereinigungsritual, hinter dem der bis in die Frühgeschichte zurückreichende Ritus der Heiligen Hochzeit erkennbar wird. Und so erleben Ninon und Gino, die Liebenden, eine Form der Erfüllung, die in der begrenzten Zeit menschlichen Daseins eine Ahnung davon verleiht, was Ewigkeit bedeuten könnte.

Erst seit kurzem muß Böhring widerwillig zur Kenntnis nehmen, dass er den Zenit seines Lebens überschritten hat. Vermeintlich fest verankert in den Koordinaten seiner bürgerlichen Existenz, gerät er, der Protagonist in Dieter Wellershoffs Novelle *Zikadengeschrei*, ausgerechnet im Urlaub an der spanischen Mittelmeerküste in eine Identitätskrise, in der erotische Impulse und diffuse Todesängste einander abwechseln. Das Geschehen wird daher überformt durch ein dicht geknüpftes Netz unterschiedlicher Motive, die sich den beiden Polen Eros und Thanatos zuordnen lassen. Mehr noch: In Gestalt einer geheimnisvollen Frau, deren durch einen Operationsfehler halbseitig entstelltes Gesicht für Böhring ebenso anziehend wie abstoßend ist, gehen beide Motivstränge eine widerspruchsvolle Symbiose ein. Gemeinsam mit ihrem unbefangen leutseligen Mann angereist, verbirgt sich diese Frau zumeist im tiefen Schatten des Nachbarbungalows, bevor es zu einer zufälligen Begegnung mit Böhring kommt: „Der linke Mundwinkel war hochgezerrt und entblößte einige speichelnasse Zähne. Wie versteinert durch eine unerwartete Bedrohung, starrte er auf die bleckende Grimasse [...] – da hatte sich die Frau brüsk von ihm abgewandt. Wie eine Spiegelfechterei sah er die unversehrte Seite ihres Gesichtes: ein schönes, kraftvoll gezeichnetes Profil, das zu ihrer Größe und stolzen Haltung passte [...]."[11] In der Gestaltung dieser Frau, ihrer konsequent durchgeführten Stilisierung zur Allegorie, überlagern sich Motive der antiken Mythologie mit christlich-mittelalterlichen Darstellungen des Memento mori. Hesiods Mythos der Gorgo Medusa, aber auch die Voluptas, die römische Personifikation lustvoller Begierde, die ins Verderben führt, werden mit ihr aufgerufen. Und zugleich ist sie eine moderne Neuauflage

---

11 Dieter Wellershoff, *Zikadengeschrei*. Novelle (Köln: 1995), 68f.

der mittelalterlichen Allegorie der Frau Welt, hinter deren schöner Maske der Tod lauert, mithin ein weiterer Baustein in der langen Tradition der Vanitas-Symbole. All das ist diese Frau: ein rätselhaftes Vexierbild, dessen Funktion allerdings ausschließlich darin besteht, den abgründigen Seelenzustand des Protagonisten auszuleuchten. Gefangen zwischen ekstatischen Gefühlen und peinigender Todesangst, entzieht sich Böhring zuletzt einer Verlockung, der zu erliegen für ihn gleichbedeutend gewesen wäre mit Selbstaufgabe und Vernichtung.

‚Mitten im Leben sind wir vom Tod umfangen.' Diese Worte, Notker I von Sankt Gallen zugeschrieben, sind zugleich die Eingangsverse eines alten lateinischen Kirchenliedes aus dem 11. Jahrhundert, das von Martin Luther ins Deutsche übertragen wurde. Mitten im Leben vom Tod umfangen sieht sich auch Pereira, Kulturredakteur der *Lisboa* und Protagonist in Antonio Tabucchis Roman *Erklärt Pereira*. Und in gewisser Weise hat er recht, denn wir schreiben das Jahr 1938: Diktator Salazar regiert in Portugal mit eiserner Hand und im benachbarten Spanien tobt der Bürgerkrieg, Präludium zum großen Gemetzel des zweiten Weltkriegs. *Erklärt Pereira* ist ein Entwicklungsroman. Zu Beginn ist es der Tod, aber auch eine durchaus eigenwillige Abwandlung katholischer Jenseitsvorstellungen, die das Denken des Protagonisten beherrschen. Gleich auf den ersten Seiten entfaltet der Roman eine ganze Reihe unterschiedlicher Motive, die im weiteren Verlauf leitmotivisch ausgearbeitet werden: all dies Indikatoren einer Entwicklung, die Pereira zuletzt als mutigen und entschlossenen Mann zeigen, der ins Leben zurückgekehrt ist und den Handlangern der Diktatur, diesen Agenten des Todes, furchtlos die Stirne bietet – getreu der Devise: Es gibt ein Leben vor dem Tod (Wolf Biermann). Dieses neue Leben beginnt für den vereinsamten Witwer Pereira, als er den jungen Monteiro Rossi und dessen Geliebte Marta kennen lernt, beide leidenschaftliche Gegner der Diktatur und im Untergrund tätig. Pereira hilft ihnen, ohne recht zu wissen warum, nimmt immer größere Risiken auf sich und versteckt zuletzt den verfolgten Monteiro Rossi in seiner eigenen Wohnung, um dort erleben zu müssen, wie Monteiro Rossi durch Geheimpolizisten zu Tode geprügelt wird. Durch eine List umgeht Pereira die Zensurbehörden und veröffentlicht in der *Lisboa* eine genaue Schilderung der Vorgänge, bevor er ins Ausland flieht. Antonio Tabucchi verzichtet darauf, das Erzählte kausallogisch bzw. kausalpsychologisch zu strukturieren. Statt dessen greift sein durchdachter und streng komponierter Roman zurück auf grammatikalisch-rhetorische Muster, mit deren Hilfe ein breites Spektrum unterschiedlicher Determinanten der gestalteten Entwicklung angeboten werden. Persönlich-private Aspekte spielen da ebenso eine Rolle wie moralisch-ethische Grundsatzfragen; literar-ästhetische Komponenten werden ebenso ins narrative Feld geführt wie wissenschaftlich-psychologische Theorieansätze. Doch zuletzt wird all das überformt durch eine Metapher, die vielleicht am präzisesten zum Ausdruck bringt, warum es Pereira schließlich gelingt, sich aus seiner Todesfixierung zu lösen und seinem Leben neuen Sinn zu verleihen. Er folgt der Stimme seines Herzens: „Das Problem ist, dass Sie sich nicht in Probleme stürzen sollten, die Ihnen über den Kopf wachsen, hätte Pereira gerne geantwortet. Das Problem ist, dass die Welt ein Problem ist, und wir es gewiss nicht lösen werden, hätte Pereira gerne gesagt. Das Problem ist, dass Sie jung sind, zu jung, Sie könnten mein Sohn sein, hätte Pereira gerne gesagt [...]. Aber er sagte nichts von alledem. Er zündete sich eine Zigarre an [...] und sagte: Es gibt nichts Wichtigeres, als die Stimme des Herzens, man sollte immer der Stimme des Herzens folgen, das steht zwar nicht in den Zehn Geboten, aber ich sage es Ihnen, trotzdem sollte man die Augen offenhalten, Augen schön offenhalten [...] und damit ist unser Mittagessen zu Ende."[12]

Kommen wir zu W.G. Sebalds Prosaband *Schwindel. Gefühle*.[13] Worum geht es in diesem Buch? Diese leicht gestellte Frage ist gar nicht so leicht zu beantworten. Denn es handelt sich um die autobiographisch anmutende Darstellung zweier Reisen des Ich-Erzählers unter anderem nach Oberitalien, aber auch in den Heimatort W. im Allgäu, allerdings unterbrochen durch zwei biographische Skizzen über die Schriftsteller Stendhal und Franz Kafka. Und zusammengehalten werden diese vier Teile des Buches durch die leitmotivische Wiederkehr einer rätselhaften Figur, die Kafka ersonnen hat. Ich meine den Jäger Gracchus, den zwischen Diesseits und Jenseits kreuzenden Jäger, der – nicht tot, nicht lebendig – auf alle Ewigkeit dazu verdammt zu sein scheint, mit einer Barke die irdischen Gewässer zu bereisen. Darüber hinaus gewinnt Franz Kafkas Erzählfragment vom Jäger Gracchus in Sebalds Prosaband die Funktion eines Fensters, das den Blick freigibt auch auf jenen Text, der in der Geschichte der literarischen Moderne immer wieder als paradigmatisches Muster menschlicher Daseinserfahrung zitiert oder angespielt worden ist: Homers *Odyssee*. Freilich fungiert die Irrfahrt und zuletzt glückliche Heimkehr des Odysseus bei Kafka wie bei Sebald als Antithesis heutiger Selbst- und Welterfahrung. Ist Kafkas Jäger Gracchus nach seinem Todessturz der Weg zurück in seine Heimat ebenso versperrt wie der Zugang zum Jenseits, das – wenigstens im Tode – Ankunft, womöglich Erlösung, bedeuten könnte, so erweist sich die Hoffnung auf Heimkehr in Sebalds Werk bereits zu Lebzeiten als vollends illusionär. Der Protagonist muss bei seiner Rückkehr in sein Heimatdorf die Erfahrung machen, dass die ‚wunderschöne Heimat', auf die zu blicken dem toten Jäger Gracchus bei Kafka immerhin noch einmal vergönnt ist, nur noch in der Erinnerung existiert. Denn schon nach wenigen Jahren ist

---

12 Antonio Tabucchi, *Erklärt Pereira. Eine Zeugenaussage*. Aus dem Italienischen von Karin Fleischanderl (München/Wien: 1995), 45f.
13 Winfried Georg Sebald, *Schwindel. Gefühle* (Frankfurt a.M.: 1990).

die eigene Heimat bis zur Unkenntlichkeit verwandelt durch einen Geschichtsverlauf, der sich dem ruhelos umherreisenden Ich als Prozess fortwährender Veränderung und Zerstörung präsentiert. Sinnbild einer solchen Welterfahrung sind die irdischen Gewässer, die der Jäger bei Kafka bereist. Als Sinnbild fungiert aber auch die Sintflut im Alten Testament. Denn allerorten glaubt das Ich in Sebalds Werk die Anzeichen einer neuerlichen Sintflut ausmachen zu können, die ihre Vorboten vorausschickt, obwohl Gott im Bund mit Noah die Rückkehr der Fluten für alle Zeiten ausgeschlossen hatte. Doch ist es nicht mehr die Zeit Gottes, die Heilsgeschichte, in der die Menschen, nun sich selbst überlassen, leben, sondern ihre eigene Geschichte, in der die Hoffnung auf Erlösung ebenso haltlos zu sein scheint wie die Hoffnung auf eine Heimkehr diesseits der Grenze zur Ewigkeit.

Der Tod beider Eltern ist für Urs Widmer die Voraussetzung dafür, sein Bild der Mutter bzw. des Vaters literarisch gestalten zu können. Das geht nicht in einem Buch, weil beide Bilder nicht miteinander harmonieren und daher eine je eigene ästhetische Form verlangen. Im Jahr 2000 erschien *Der Geliebte der Mutter*[14]. Vier Jahre später folgte *Das Buch des Vaters*[15]. Die literarische Annäherung an die Mutter, im Buch Clara genannt, wird vorgenommen in Gestalt eines hochgradig verdichteten, von Metaphern, Motivverbindungen, Symbolen und Allegorien getragenen Textes: ein Roman von novellenartigem Zuschnitt, dessen letztlich unauslotbare Tiefe ästhetisch angemessener Ausdruck jenes Rätsels ist, das die Mutter für den Sohn blieb. Unzweifelhaft scheint nur, was im Titel des Romans angedeutet wird: die zeitlebens während, ebenso leidenschaftliche wie verzweifelte, weil unerwiderte Liebe der Mutter zu einem berühmten Dirigenten. Im Buch heißt er schlicht Edwin; hinter der literarischen Gestalt verborgen ist der 1999 verstorbene Paul Sacher, Gründer des Basler Kammerorchesters und durch Einheiratung in die Hoffmann-La Roche-Dynastie einer der reichsten Männer der Schweiz. Insofern handelt es sich auch nicht nur um eine Biographie, sondern um eine Doppelbiographie. Denn das Leben beider wird in einzelnen Szenen alternierend geschildert: zwei Lebenslinien, die eine aufsteigend, die andere absteigend; zwei Lebenslinien, die – so will es die Dramaturgie des Romans – nur einmal einander kreuzen, weil sich beide nur in diesem Moment auf Augenhöhe begegnen. Ich meine die einzige für die Mutter glückliche Liebesnacht mit Edwin bei einem Gastspiel in Paris. Wie gesagt: eine glückliche Nacht – bevor der Tod kommt. Am nächsten Morgen erfährt die Mutter vom plötzlichen Ableben ihres Vaters: Auftakt eines unaufhaltsam erscheinenden sozialen Abstiegs der Mutter, während Edwin, der Geliebte, seinen steilen Weg nach oben fortsetzt. Anders

---

14 Urs Widmer, *Der Geliebte der Mutter*. Roman (Zürich: 2000).
15 Urs Widmer, *Das Buch des Vaters*. Roman (Zürich: 2004).

als *Der Geliebte der Mutter* ist *Das Buch des Vaters* fassbarer, in der Schilderung zeitgeschichtlicher Rahmenumstände auch breiter angelegt, weil der Vater – wie der Sohn ein Homme de lettres – eine umstandslosere Annäherung zu erlauben scheint. Bei ihm, im Buch Karl genannt, handelt es sich um Walter Widmer, der neben seiner Tätigkeit als Lehrer brillanter Literaturkritiker für die ZEIT gewesen ist und zahlreiche Werke der französischen Weltliteratur ins Deutsche übersetzte. Doch auch hier wird der an sich realistische Erzählgestus ansatzweise überformt durch ein allegorisches Erzählen. Im Mittelpunkt steht hier das Motiv des von Gott im Himmel geführten Buchs, wie es im 139. Psalm, in der Offenbarung des Johannes oder auch im Buch Exodus erwähnt wird. Bei Urs Widmer wird das Himmelsbuch zum Sinnbild der Literatur, die sich dem Tod widersetzt, weil sie aufbewahrt, was sonst unwiederbringlich dem Vergessen anheim fiele. Das schwarz eingebundene weiße Buch ist Teilmoment einer Allegorie, eines über mehrere Abschnitte hinweg erzählten Initiationsrituals, dessen Darstellung bestimmt wird durch die unversöhnliche Polarität von Tod und Leben. In der anschließenden Nacht findet sich Karl, eben eingeführt in die Gemeinschaft der Erwachsenen, in völliger Dunkelheit an der Seite eines ihm unbekannten jungen Mädchens. Es entwickelt sich ein glückliches Liebesspiel, bei dem es allerdings nicht bis zum Letzten kommt. Dieses Letzte, das vollendete Glück, glaubt Karl an der Seite Claras erleben zu dürfen. Wie sich doch schon bald nach der Hochzeit herausstellt, ist dies eine Illusion, die Karl allerdings zeitlebens zäh verteidigen wird gegen jede zuwiderlaufende Erfahrung. Und hier, genau hier findet sich, bei aller Gegensätzlichkeit, eine wichtige Entsprechung zum Buch über die Mutter. Als wäre der Tod der Preis, der für das Leben, die Liebe und das Glück zu zahlen ist (und ist er es nicht?), meldet sich auch dort der Tod genau in jenem Moment, in dem das Glück der einzigen erfüllten Liebesnacht vollkommen zu sein scheint. Urs Widmer errichtet beiden Eltern jeweils ein eigenes literarisches Denkmal – zwei unterschiedliche Kapitel im ‚Buch des Sohnes', der geworden ist, was der Vater so gerne gewesen wäre: ein Schriftsteller.

Konsequenter als alle anderen Autoren verzichtet Judith Hermann darauf, sprachliche Bilder zu entwerfen, die den Tod begreifbar machen sollen. Sämtliche Versuche, den Dingen und den Worten, zumal den vermeintlich letzten, tiefere Bedeutung zuerkennen zu wollen, sie als Fingerzeig des Schicksals zu interpretieren, werden ebenso abgelehnt wie der Griff ins verblassende Arsenal christlicher Sinngebungsversuche. ‚Es gibt da nichts zu wissen', so die grundlegende Einsicht – und folglich gibt es da auch nichts zu erzählen. Was sich allerdings mit Worten ausleuchten lässt, das ist die je individuelle Dimension des Verlustes, wenn der Mensch einen anderen Menschen durch den Tod verloren hat. Von diesem Verlust handelt Judith Hermanns Erzählung *Alice*. Alle fünf Kapitel tragen als Titel männliche Vornamen: Micha – Conrad – Richard – Malte – Raymond.

Und was jeweils erzählt wird, sind die Umstände ihres Sterbens: fünf männliche Figuren, aus dem näheren oder ferneren Umfeld der Protagonistin Alice, Männer unterschiedlichen Alters, ehemalige Liebhaber, Freunde, ein langjähriger Lebensgefährte und auch – im Falle Maltes – ein möglicher Onkel, den sie, die Nichte, nicht mehr hat kennen lernen können, weil er einen Monat vor ihrer Geburt, kaum zwanzigjährig, Selbstmord verübt hat. Auf die eine oder andere Weise sensibilisiert durch den Verlustschmerz erkennt die Protagonistin, in welchem Maße die wahrnehmbare Realität eine Wirklichkeit in beständigem Übergang ist. Mit dem Tod eines Menschen zerfällt die ohnehin fragile Ordnung seiner Dinge, und es bilden sich neue – wiederum flüchtige – Konstellationen. Genau deshalb wird auch nur solchen Metaphern Wahrheit zuerkannt, die das Transitorische einer Welt im beständigen Übergang zum Ausdruck bringen. Trost wiederum verspricht allein die Fähigkeit des menschlichen Geistes, die Dinge und die Menschen, die Lebenden wie die Toten, auf dem Wege über die Erinnerung und die Phantasie in neue Ordnungen zu integrieren. Vor dem Haus stehend, in dem Malte sein letztes Lebensjahr verbracht hat, überlässt sich Alice ihrer Phantasie: „Aber viel eher hatte sie sich vorgestellt, wie es sein würde, wenn plötzlich die Haustür aufginge, und er käme heraus mit den Händen in den Jackentaschen und einem prüfenden Blick zum Himmel [...]. Aber es wäre doch möglich gewesen. Alles war möglich. Es hätte auch sein können, dass Raymond aus dem Haus gekommen wäre. Oder der Rumäne. Oder Micha., der immer lebendiger wurde, je länger er gestorben war."[16] – Die zitierte Passage ist auch deshalb von besonderem Interesse, weil sie es erlaubt, den Bogen zurück zu spannen zum ersten der von mir vorgestellten Texte. Was Judith Hermanns *Alice* und Cees Nootebooms *Die folgende Geschichte* verbindet, und zwar ungeachtet aller ästhetisch-strukturellen Unterschiede, das ist das Vertrauen in die schöpferische Kraft des Menschen, die ihn dazu befähigt, Einspruch zu erheben gegen die Allmacht des Todes. Und dem würden auch die anderen in diesem Beitrag angesprochenen Autoren nicht widersprechen.

---

16 Judith Hermann, *Alice* (Frankfurt a.M.: 2009), 153f.

XIII. Bild

Jens Wolff
Public Viewing –
Fragmente einer Bildsprache des Todes

1 Die Bilder 2008: visuelle Manifestationen des ‚Todes'?

„Death portraits shared around the world" – diese Schlagzeile des britischen „The Guardian" führte zum größten Ansturm von Internet-Usern auf die homepage seit Beginn der Geschichte des Verlags. Ausgelöst wurde er durch Fotos sterbender und gestorbener Bewohner aus Hamburger und Berliner Hospizhäusern. Ab 1. April 2008 wurden die Bilder binnen dreier Tage etwa zwei Millionen Mal angeklickt. Eigentlich besaßen sie nicht allzu großen Neuigkeitswert: bereits zuvor waren sie als großformatige Museumsexponate[1] entweder als Einzelbilder oder als Diptychen an verschiedenen Orten gezeigt worden. Die hohen Klickzahlen zeigten neben anderem nicht-intentional ein weiteres: *death sells*. Der Tod ist nicht nur affektiv hochenergetisch, er ist ‚kommunikabel' wie eine Ware oder eine Nachricht, jedenfalls ‚rein' aus der Perspektive der Verkaufszahlen geurteilt – nur führt diese Sicht schnell zu Zynismen. Ist der, der klickt, auch der, der stirbt? Schnell wie der Tod ist der Klick? Der Wandel vom *observer* des Todes zu seinem ‚*user*' vollzieht sich auf unheimliche Weise. 2010 starben (allein in der Bundesrepublik) 858.768 Menschen – Europas Sterblichkeit oder die der Welt nicht einkalkuliert. Wer könnte diese Zahlen, ‚tote Seelen', wie die Alten sie nannten, auch nur annähernd interpretieren? Die sog. *Lebens*wissenschaften?

Deshalb ist es sinnvoll, die Totenbilder, ihre Genese und mögliche Geltung, genauer zu analysieren. Paradox bleibt ja schon die Schlagzeile selbst: geteilt wird etwas überall auf der *ganzen* Welt: das Bild des Todes. Aber wenn der Tod tatsächlich *shared death* ist, nicht nur teilbar oder mitteilbar: warum klicken ‚nur' zwei Millionen an? Gibt es neben den Klickzahlen noch eine eigene Medialität des Todes, die nicht in Zahlen oder Bildern aufgeht? Ist Tod ‚absoluter Begriff', wie Leben, Geschichte, Himmel, Zeit, Kultur? Dann bekäme es der ‚Betrachter' neben dem Bild mit einem transkulturellen Problem zu tun, das nicht nur auf die eigene

---

[1] Im gleichen Jahr machten sich anlässlich der Triennale der Fotographie etwa 10.000 Besucher zum Kunsthaus Hamburg auf, um dieselben künstlerischen Fotoarbeiten zu sehen. Bereits 2004 registrierte das Deutsche Hygiene-Museum Dresden bei der Ausstellung mehr als 50.000 Besucher.

Kultur beschränkt wäre: Das, was er sieht, blickt ihn an. Und es affiziert ihn möglicherweise mehr, als ihm lieb ist: ‚Taumeln hat mich gemacht der Geruch meiner eigenen Verwesung' (J. Bobrowski). Das Bild ist verstörenderweise zugleich Bild-Ende. Neben dieser möglichen Sicht kann das Bild mich aber kalt lassen, und in den meisten Fällen wird es das tun: lediglich ein Netzhauttod. ‚Der Tod' liegt im Auge des Betrachters, und er könnte vernachlässigbares Randphänomen bleiben. Eine Kulturtheorie, die sich nicht auf einen epistemisch idealisierten Raum einer ‚Lebenswissenschaft' beschränken will, bedarf einer Hermeneutik des Todes. Kulturtheorie ohne Todeshermeneutik ist blind und Kulturhermeneutik ohne Todes‚theorie' bleibt leer. Eine Kultur bleibt sc. nur lebensfähig, wenn es ihr gelingt, gegen den Tod zu arbeiten. Deshalb gilt: Kultur ist stark wie der Tod. Aber auch umgekehrt: Stark wie die Kultur ist der Tod. Das ‚starke' Bild der Kultur wird im Laufe der Zeit durch das schwache Bild des Todes unterlaufen. Tod und Kultur sind chiastisch miteinander verschränkt: Tod entmachtet Kultur, und Kultur entmachtet den Tod[2]. Die Kultur des Todes und der Tod der Kultur stehen in Relationen wechselseitiger Fremdwahrnehmung. Der Tod ist das der Kultur Fremde, obwohl er jede Kultur betrifft, und die Kultur ist das dem Tod Fremde, weil sie in der Regel eine Kultur der Lebenden und nicht der Verstorbenen ist. Eine Hermeneutik der Kulturen kann aber offensichtlich nicht restringiert werden auf ‚Lebenswissenschaften' oder auf den idealisierten Teilaspekt ‚gelebter Religion' oder ‚Altern' als Präludium zum Tod: ‚Leben' übt *fatal attraction* aus, wenn sein Anderes, der Tod, schon auf Theorieebene (in)konsequent ausgeblendet bleibt.

Der absolute Begriff des Lebens in den ‚Life sciences' konstruiert erst das, was wahrgenommen werden soll. Als monopolisierte Totalperspektive exkludiert er natürlich andere Perspektiven, etwa den Tod als das Andere des Lebens und das Andere der Kultur. Idealisierende Bilder des Lebens (und der Kultur) sind daher einer negativistischen Lektüre zu unterziehen, wie der Nietzsche des Nachlasses hellsichtig zeigte: ‚Leben' ist Simulakrum als ideales Bild der Vernunft. Es camoufliert das Phänomen des Todes. Deshalb sollen die ‚lebendigen' Zeichen der Zeit geöffnet werden auf den Tod hin (Umprägung Joh 1,4; 8,12): „Noch sehen wir unsren Tod, unsere Asche nicht, und dies täuscht uns und macht uns glauben, daß wir selber das Licht und das Leben sind – aber es ist nur das alte frühere Leben im Lichte, die vergangne Menschheit und der vergangne Gott, deren Strahlen und Gluthen uns immer noch erreichen – auch das Licht braucht

---

[2] Vgl. Thomas Macho, *Tod und Trauer im kulturwissenschaftlichen Vergleich*, in: Jan Assmann, *Der Tod als Thema der Kulturtheorie* (Frankfurt a.M.: 2000), 89–120.

Zeit, auch der Tod und die Asche brauchen Zeit!"[3]. Hier besteht *in theologicis* ein nicht unerheblicher Nachholbedarf angesichts eines höchst widerspenstigen Themas, aber auch die Möglichkeit, Anschlussfähigkeit an kulturwissenschaftliche Debattenlagen der Gegenwart wiederzugewinnen. Der Todeskulturexperte Thomas Macho notierte, „die Arbeit am kulturellen Gedächtnis" sei „ingesamt (zu charakterisieren) als eine höhere Form von Skelettierungspraxis: das Zufäl-

 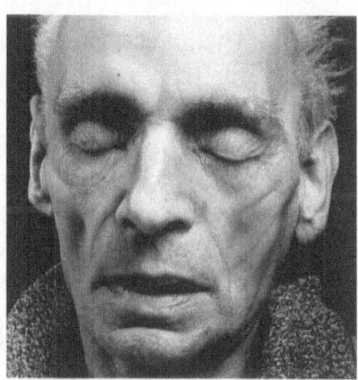

lige, Formbare, Weiche, aber auch das Fleisch lebendiger Erfahrung und Kommmunikation weicht im Laufe der Trauerzeit dem Notwendigen, Festgestellten und Harten – dem Ossuar, dem Skelett, dem Schädel mit seinen Ornamenten, Zeichen oder Namen"[4]. Verschleiert die Generalität dieser These eines Selbsterhalts des Todes über alle Epochengrenzen hinweg nicht gegenläufige Phänomene? Und ist der Übergang vom Weichen zum Harten nicht noch viel differenzierter, wenn man in Gesichter blickt, die umgekehrt von Harten zum Weichen und dann in diverse andere Stadien übergehen, die manche als ‚Formen' beschreiben würden? Zumindest beleuchtet die These des Todeskulturexperten überscharf einen Raum, der als Totenfeld erscheint – und damit *einen* Zuständigkeitsbereich theologischer Kulturdeutung (vgl. Hes 37).

---

[3] Friedrich Nietzsche, *Nachgelassene Fragmente 1880–1882*, KSA 9, hg. v. Giorgio Colli/Mazzino Montinari (Berlin: 1988), 631,26–632,3.
[4] Macho, *Tod und Trauer* (s. Anm. 2), 120. Obiges Foto zeigt Jens Pallas, 62 Jahre, geboren am 13. April 1941, erstes Porträt am 1. Dezember 2003, gestorben am 15. Dezember 2003, Hamburg Leuchtfeuer Hospiz. Vgl. Beate Lakotta/Walter Schels: Noch mal leben vor dem Tod. Wenn Menschen sterben (Frankfurt a. M.: 2010), 181.

2 Das Bildende des Todes in Bild und Text gepaart – was ist Tod und wann ist tot?

‚Tod' als düstere Universalie ist mehr als eine Medienpraktik, mehr als Sterbe-Begleitung und die verantwortliche Gestaltung des letzten Stündleins am Sterbebett und die Gestaltung einer Kasualie: eine Unmöglichkeit, die kaum punktuell auf den Augenblick eines vermeintlichen ‚Sehens des Todes' begrenzt werden kann. ‚Tod' hat offensichtlich eine Eigen-Medialität. Zu ihm gehören auch das Schweigen des Todes und seine Antwortlosigkeit[5]. Ich selbst bin ‚das Bild des Todes', oder, weil Universalien leicht in die Irre führen: ich werde selbst tot sein (*futurum exactum*). Jede/jeder trägt in sich das ‚Potential' des Nicht-Sein-Könnens: als Unmöglichkeit eines bestimmten Bildes meines Todes. Der Tod wird Autor – wenn man das nicht ontologisch übersteigert, sondern bildlich-individuell pointiert: Er entwirft ein unbestimmtes Bild von mir. Selbst das augenscheinlich Exakte der Grammatik des *futurum exactum* gerät hier an eine Grenze: die Suche nach der Zeit des Todes führt stets zu einem unbestimmten Bild-Ende, als Suche nach dem, was im Tod verloren wird. Was der Tod ist? Wenn man naturwissenschaftlich ‚exakt' argumentiert, dann entweder das Aufhören der Atmung (Aristoteles), das Aufhören des Herzschlags oder der Hirntod. Aber damit ist noch zu wenig gesagt vor einem Bild des Todes.

3 Konsenstheorie des Todes?

Die erwähnte Bildserie im „Guardian" geht konkret zurück auf eine mehrfach ausgezeichnete Buchpublikation eines Fotografen und einer SPIEGEL-Wissenschaftsredakteurin: Walter Schels und Beate Lakotta, seit einigen Jahren ein Paar. Das Projekt erschien unter dem Titel „Noch mal leben vor dem Tod: Wenn Menschen sterben"[6]. Sie führte Interviews mit den fünfundzwanzig ‚Portraitierten' während er (sc. zeitversetzt) fotografierte. Die Schwarz-Weiß-Fotografien entstanden, wie die Projektmacher betonten, mit Einverständnis der Sterbenden und dem ihrer

---

[5] Hartmut von Sass (Hg.), *Stille Tropen. Zur Rhetorik und Grammatik des Schweigens* (Freiburg: 2013). George Steiner, *Rückzug aus dem Wort*, in: ders., *Sprache und Schweigen. Essays über Sprache, Literatur und das Unmenschliche* (Frankfurt a.M.: 1969), 44–73.
[6] Schels/ Lakotta, *Noch mal leben* (s. Anm. 4).

Angehörigen, d. h. konsensuell[7]. Sie zeigen den Sterbenden und den Verstorbenen jeweils frontal als Doppelportrait in Vorher-Nachher-Anordnung. Das begleitende Fotobuch wurde zu einem Erfolg und erschien 2010 schon in siebter Auflage. Die Gesichter unheilbar Kranker wurden festgehalten in ihrer Wandlung zu ‚Totenmasken'. Die Fotoidee des Journalisten- und Fotografenpaares gründet auf der seit dem 19. Jahrhundert konventionell gewordenen Leichenfotografie. Mit ihr entstand nicht nur in Deutschland ein gewaltiges Bildrepertoire. Das hatte über die homiletische, liturgische und poimenische Begleitung von Sterben und Tod hinaus eine Ausweitung der Bildzone zur Folge.

Selbstverständlich ist der konkrete *rite de passage* der Beerdigung ein Visualisierungs- oder Symbolisierungsprozess. Weniger selbstverständlich ist, dass die Todeszone visuell ‚unbestimmt' schon vor der Beisetzung oder dem Eintritt des klinischen Todes beginnt[8]. Durch Portraitierung werden Verstorbene in die *memoria* integriert – wobei dem Bildakt selbst ein ‚Integrationsmoment' innezuwohnen scheint. Ohne das ‚Portraitbild des Todes' wird Erinnerung erschwert, wenn nicht gar unmöglich. Ist aber die Totenfotografie als Kommunikation, Kommerz und Konsum tatsächlich stets integrativ und inkludierend (augustinisch), oder grenzt sie allein schon durch Aufnahme auch aus? Löscht sie im Foto als Totem die Erinnerung möglicherweise aus? Und grundsätzlicher: Trägt die augustinische *memoria*-Spur bis in die Bildgedächtniskulturen der Gegenwart?

4 Erinnerung an Pierre Bourdieu († 2002): Entsakralisierung seiner Theorie des Fotos

Der Soziologe Pierre Bourdieu war der Auffassung, man könne Fotografie insgesamt als symbolische Geste des Tauschs verstehen (vgl. ähnlich Baudrillard). Der Transfer, der durch die Visualisierung vollzogen wird, tendiert zur Auflösung vom Individuellen ins Allgemeine: „Zentrierung und Frontalität sind in der Tat die wirkungsvollsten Mittel, dem festgehaltenen Objekt Bedeutung zu verleihen. So gesehen wird die Fotografie zu einer Art Ideogramm oder Allegorie, wobei die

---

[7] Zweifel an dieser Version des ‚Konsens' sind aber angebracht: wie soll ein sterbendes Kind im Säuglingsalter seinem Fotografiertwerden zustimmen? Vgl. unten „10. Risse der Sprache".

[8] Vgl. die aus unterschiedlichen Kulturen stammenden Beerdigungsfotos auf der Grenze von Soziologie und Ästhetik von Marrie Bot, *Eean Laatste Groet. Uitvaart- en rouwrituelen in multicultureel Nederland* (Rotterdam: 1998). Vgl. *Bestattungskultur in der Gegenwart*, Berliner Theologische Zeitschrift 02/2012.

individuellen und zufälligen Züge in den Hintergrund treten"[9]. Erst durch das Allgemeinwerden entsteht die Bedeutung, aber zugleich eine, die durch Typisierung das Individuelle auflöst: Vernichtung des Singulären durch einen Transfer. Wenn man das in ‚schwieriger Interdisziplinarität' auf das Bild vom Tod bezieht, wäre es der große Gleichmacher: wie in der alten Barock-Tradition oder mittelalterlichen Totentänzen. Das Bild des Todes wäre dann beschreibbar als Überindividuelles: ein Band der Analogie zwischen allen und jedem, das visualisierbar ist und in die Sichtbarkeit tritt: *public viewing* des Todes. Und für *alle* wäre dann überindividuell das Gefühl schlechthinniger Gleichheit in Bezug auf den Tod realisierbar – obwohl sich natürlich in solchen Verallgemeinerungen Unterdifferenzierung verbergen kann. Pierre Bourdieu spielte seine fototheoretische These nicht explizit im Register der Fotografien von Verstorbenen durch[10]. Die Bilder des Todes, wie sie Schels und Lakotta ausstellen, weisen aber als ein Moment des Überindividuellen eine deutliche Typisierung auf: sie sind jeweils als Doppelportraits (Diptychen) gestaltet und damit evidenter Ausdruck der Übertragung des Besonderen ins Allgemeine – in Serie verfertigt.

Bourdieu unterschied drei soziale Gebrauchsweisen von Fotografie: *erstens* die gemeinschaftsbildende Alltagsfotografie als Integration des Abgebilde-

---

9 Pierre Bourdieu, *Eine illegitime Kunst. Die sozialen Gebrauchsweisen der Photographie* (Frankfurt a.M.: 1983), 31.
10 Foto des Grabsteins von Pierre Bourdieu auf dem Pariser Friedhof Père Lachaise. Vgl. http://commons.wikimedia.org/wiki/File:Tombe_Bourdieu.JPG (10.5.2014).

ten in das Bild der Gemeinschaft (aber wer integriert einen Verstorbenen oder eine Totenmaske durch Aufnahme alltagsfotografisch wirklich)?, *zweitens* die private Fotografie als Intimisierung, Intensivierung und Individualisierung des Gedenkens, und *drittens* Kunstfotografie als Ästhetisierung des Abgebildeten. Die Verstorbenen, ehemals institutionell verankert in Hospizen in Hamburg und Berlin, scheinen aber durch alle diese Kategorien sozialer Gebrauchsweisen hindurchzufallen: sind sie als Privat-Verstorbene wirklich privat? Wird nicht gerade durch das ‚konsensuelle Einvernehmen' der Sterbenden, durch das sie die Bildrechte an Andere abgaben, eine neue Öffentlichkeit des Todes provoziert? Und ist ‚abgebildeter' Tod wirklich ‚nur' Kunst? Oder nicht auch Gebrauchs- und Alltagsphänomen? Die Kunst der Gegenwart verfremdet und unterläuft Bourdieus Dreifelder-Wirtschaft von Alltags-, Privat- und Kunstfotografie im Entstehen einer neuen Interikonizität bzw. Interskulpturalität: Der französische Künstler Christian Boltanski (geb. 1944) beispielsweise zeigt in seiner Archivinstallation „Les Suisses morts" (1990) Fotoportraits Verstorbener in Serie auf Archiv- oder Biskuitschachteln geklebt und von diversen Schreibtischlampen illuminiert. Eine neue Enzyklopädie der Toten, die weit über hergebrachte Gebrauchsweisen von Fotos Verstorbener hinausgeht. „Les Suisses morts" reißen die Grenzen zwischen privat und öffentlich sowie Alltags- und Kunstwelt in künstlerischer Gestaltung ein – fast als wären die Verstorbenen selbst aktiv in künstlerischer Produktion.

Pierre Bourdieus fototheoretische Nicht-Zuordnung des Todes in das (unzureichende) Dreier-Klassifikationsschema weist auf ein Problem: das der soziologischen Nicht-Erfassbarkeit des Todes, wenn man ihn positivistisch auf Statistik und empirische Sozialforschung begrenzt. Foto-Theorie als allumfassender Erklärungsanspruch für das Bild des Todes und den Tod des Bildes sollte massvoll entsakralisiert werden: Der ‚Tod' entzieht sich taxonomischen und temporalen Ordnungen. Er durchbricht vor allem Alltagsordnungen: Er kann zu jeder Zeit und an jedem Ort eintreten. Er erscheint unberechenbar – auch in Zeiten gestiegener Lebenserwartung kann ich mich nicht darauf verlassen, dass er erst am Ende eines erfüllten Lebens eintritt nach erfolgreich abgeschlossenem Alterungsprozess. Er lässt sich nicht verpflichten auf den Zeitpunkt seines Eintritts. Selbst noch im routinierten oder professionalisierten Umgang von Thanatopraktikern (Krematoriumsmitarbeiter, Beerdigungsunternehmer etc.) hinterlässt der Tod seine mächtige Spur, und sei es als Entlastung durch schwarzen Humor, der als schräge Todesspur in diesen Berufsgruppen nicht selten begegnet.

Es scheint trotz aller Routinen der Todespraktiker unmöglich, ‚den Tod' in bestimmte Bilder zu bannen. Das wäre letztlich eine Bagatellisierung des Todes. Die fototheoretische Zuordnungsunmöglichkeit des Todes sind Hinweis, dass der Tod sich nicht in ein bestimmtes Bild fassen lässt: ‚Es gibt' nicht nur ein einziges

Bild des Todes und einen einzigen Tod des Bildes[11]. Die Simultaneität des Todes bleibt im Vergehen der Zeit undarstellbar. Sein Eintritt ereignet sich außerhalb von Bildern und zwischen Bildern. Der Tod gibt erst nachträglich Visualität: er bringt den Gestorbenen ins Bild, zeigt aber weder die Abschiedlichkeit seines gesamten Lebens, die Krankheit zum Tode oder sein Gesamt-Sterben. Das ist in einem einzigen Bild nicht empirisch abbildbar und positivierbar. Der nicht-fotografierbare Tod tritt zwischen den Bildern ein. Insofern sind die Duotone-Doppelportraits von Schels und Lakotta Simulakren: Monumentalisiert zum größtmöglichen Museumsformat steigern sie im Bild den Tod des Gestorbenen. Der Tod als ‚Big brother is watching you' auf einem riesigen Monument? Sieht er mich wirklich? Oder blickt er nur als leere Maske? Könnte man ihn nicht verkleinern oder verzwergen? Ihn beispielsweise auf das Bildformat 9x13cm bringen? Die monumentalen Todesbilder würden dann schnell ihre erschlagende Wirkung verlieren, herausgelöst aus dem Bund mit einer Ästhetik der Überwältigung.

Ausstellungsbesucher konnten sich nach dem Gang durch die Ausstellung in bereitliegende Feedback-Bücher eintragen. Teilweise waren sie sehr ergriffen vom Gesehenen, äußerten sich aber nicht nur zustimmend. Neben Ergriffensein oder Ernüchterung stand der Eintrag eines anonymen Besuchers: ‚Ich habe noch nie so viele schöne Tote gesehen'. Das kann als intuitiver Hinweis auf die Grenze von Ästhetischem und Anästhetischem gelesen werden. Eine ‚rein' durchgeführte *interpretatio aesthetica* gelangt bei dem Bild des Todes (der zugleich ein Tod des Bildes ist) an eine empfindliche Grenze, wenn sie mit einer Überwältigungsästhetik des (schönen) Todes arbeitet.

5 Migrating images und migrating grief

Die Monumentalisierung der Totenbilder im Museum als einem neuen Ort des Todes bedeutet neben ihrem Transfer aus dem Kranken- und Sterbezimmer eine Ortsveränderung der Trauer. Aus dem *migrating image*, das vielerorts zirkuliert, kann *migrating grief* werden: Trauer, die einen Ort und viele Orte hat und damit ortlos wird. Der ‚abgebildete' Tod wird damit selbst zum Grenzgänger: er überschreitet die Grenzen von öffentlich und privat, von eigen und fremd, ‚Inland' und ‚Ausland'. Er wird wie Trauer ortlos. Aus der ‚Privatheit' der Trauer, die das Zeiterleben über die Jahre extrem verändern mag bis zu exzessiver Trauer (B. Liebsch), wird öffentliches Bild und ästhetisches Faszinosum. Nun könnte man das, unter

---

11 Jens Wolff, *Metapher und Kreuz. Studien zu Luthers Christusbild* (Tübingen: 2005).

der Flagge (theologischer) Kulturkritik segelnd, als Medienpraktik auf Distanz bringen. Weiterführend dürfte stattdessen die nüchterne Deutung und Interpretation der visuellen Phänomene sein: *Public viewing* der Bilder ist eine temporäre öffentliche Aufbahrung: die Entfaltung eines eigenartigen doppelten Nachlebens der Bilder in Konkurrenz und Kooperation von privatem und öffentlichem Gedächtnis: Riss und Rivalität zwischen privater Erinnerung und öffentlicher Aussstellung Gestorbener, Begrabenwerden auf einem Dorffriedhof/Kremiertwerden oder eine schöne Seebestattung: und doch ein mögliches ‚Weiterleben' im Kunstmuseum für die Dauer einer Ausstellung. Nach ihrem Ende werden die Bilder der Toten dann verstaut in Bildarchiven (oder auf der Umschlagseite einer Monographie untergebracht). Nicht zuletzt das wirft die konkrete Frage bildlicher Nachhaltigkeit auf[12]: Was geschieht mit den Bildern, nachdem sie gezeigt worden sind? Werden sie in Fotoarchiven beigesetzt?

Als Aussstellungsobjekt und ‚totes' Artefakt reist der Verstorbene möglicherweise weiter als *in personam* zu Lebzeiten (vgl. christliche Ikonographie). Das *migrating image* des Todes wird zum Metabild für den Bildglauben der Gegenwart in einer globalisierten visuellen Kultur. Bilder des Todes können wie Vagabunden unbemerkt über Grenzen wandern. Sie sind durch Internationalisierung geprägt und zu Migration und Mobilität bestimmt. Sie sind immer schon da und allgegenwärtig. Deshalb ist das Ausgestelltwerden des Todes eine Tautologie: *public viewing* meint ‚eigentlich' die Übertragung von Sportveranstaltungen auf Großbildwände. Der deutsche Scheinanglizismus bedeutet im angloamerikanischen Sprachraum die öffentliche Aufbahrung eines Verstorbenen zum Abschiednehmen (vgl. Susan Sontag). Dabei werden *open-casket viewing* und *closed casket viewing* unterschieden. Im Unterschied zum *public viewing*, an dem jeder teilnehmen kann, wird das *family viewing* oder *private viewing* begrenzt auf Familienmitglieder und Freunde des Verstorbenen. Ist sprachkulturelle Differenzierbarkeit noch mit Bourdieus Fotosoziologie des Todes abgleichbar? Als Differenzierung von Alltagsfotografie, Privat- und Kunstbild? *Public viewing* hat als ‚visualisierter Tod' einen erheblichen Öffentlichkeitsanspruch und ist nicht nur privat.

Diese möglichen sozialen Gebrauchsweisen von Bildern des Todes sind erweiterbar zu Tod und Spiel. Der Tod bedient sich diverser Medienpraktiken, er dringt unmerklich und unsichtbar nicht nur in die unmittelbaren Medien der Theologie ein, sondern kontaminiert unmerklich alle Medienpraktiken: *public viewing* als unkenntliche Spur des Todes oder sein Symptom – im Blick auf das Spiel in Erwartung des Todes. Fotografieren kann zum Hinsehen bis ans Ende werden:

---

12 Walter Benjamin, *Über den Begriff der Geschichte*, hg. v. Gérard Raulet, GA 19 (Berlin: 2010), 124. Vgl. Daniel Dayan, *Media and the Politics of Showing* (New York: 2013).

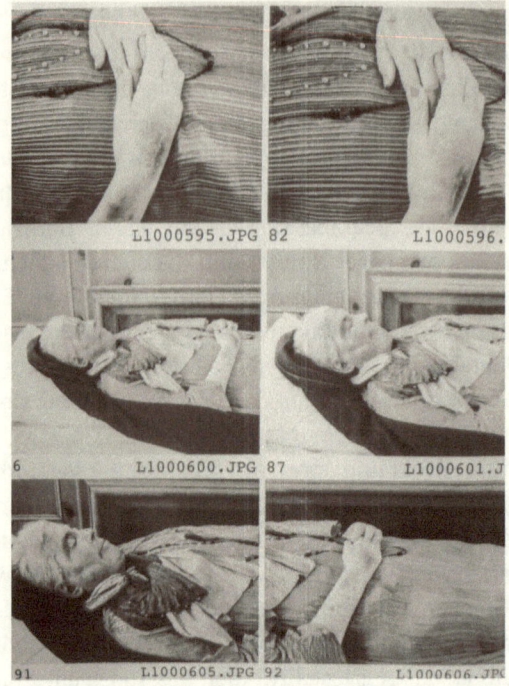

wie bei Susan Sontag, der Ikone der Foto-Theorie. Sie wurde am 29.12.2004 aufgebahrt und als Serien-Shot in grün-gelblichen Farbtönen fotografiert (in Rückenlage wie Hans Holbein: ‚Christus in der Grabnische'), dann von der Rock'n-Roll-Fotografin Annie Leibovitz publiziert in einem voluminösen Fotoband, der selbst fast die Grösse eines kompakten Grabsteins hat unter dem Titel „A Photographers Life": ein klassisches *public viewing*[13]. Aber ist mit dem Hinsehen auf das Ende wirklich der Tod *insgesamt* in den Blick genommen? Das wäre in barocker Fülle zu ‚Sichtbarkeiten des Todes' steigerbar[14]. Und ist das Ganze der Sichtbarkeit auch ‚das Wahre'? Tritt mit einem erloschenen Gesicht, und sei es noch so monumental gesteigert, tatsächlich ‚der Tod' ins Bild? Gilt nicht auch das Umgekehrte: ein Tod der Sichtbarkeit ‚angesichts' von millionenfachen Toden? Können Tod oder Zeit tatsächlich in Gesichter zeichnen (Extrembeispiel: Totenkopf)? Oder ist selbst noch der ausgestellte Schädel Stillstellung des Todes, dem immer etwas Artifizielles anhaftet?

---

13 Annie Leibovitz, *A Photographers Life*, hg. v. Mark Holborn (München: 2006), (Foto ebd., unpaginiert).
14 Thomas Macho/Kristin Marek (HG.), *Die neue Sichtbarkeit des Todes* (München: 2007).

6 Roland Barthes († 1980): ‚Es gibt nichts zu sagen' – Asymbolizität der Todes?

Der Tod ist kompatibel mit allen Medien- und Aufschreibsystemen. Keines, das von ihm frei wäre: CD, Telefonstimme, Zeitung, Television, Kino, Foto, Computerspiel[15]: Tod ist überall, nicht zuletzt im Todeskitsch (Saul Friedländer[16]). Im Medienwechsel zu wissenschaftlicher Behandlung dann präpariert, gesammelt, gesteigert und in ‚Ordnung' gebracht. Roland Barthes, einer der bedeutendsten Semiologen und Fotografietheoretiker Frankreichs (gest. an den Folgen eines Verkehrsunfalls)[17], hob die Affinität zwischen fotografischen Schnappschüssen und dem Stillstellen eines Augenblicks hervor: wir beträten mit dem Fotografieren insgesamt „die Ebene des *gewöhnlichen* Todes"[18]. Den Wissenschaftsstatus von Fotografie weiß der Theoretiker relativ genau zu bestimmen: „Die *Photographie* könnte als Erscheinung, die mit dem Schwinden der Riten einhergeht, vielleicht mit dem Vordringen eines *asymbolischen Todes* in unserer modernen Gesellschaft korrespondieren, eines *Todes* außerhalb von Religion und Ritual, einer Art von plötzlichem Eintauchen in den buchstäblichen Tod"[19]. Damit wird die Fotografietheorie zur Epochengroßtheorie einer modernden Moderne hypostasiert. Eine Moderne, die ihr modern generell verkenne. Kann aber das ‚Eintauchen' der Fotografie in den buchstäblichen Tod asymbolisch sein? Wenn gilt: an ihren Symbolen sollt ihr sie erkennen, dann bleibt das ‚Eintauchen' trotz behaupteter Asymbolizität hochsymbolisch. ‚Symbole' des Todes nominalistisch zu eliminieren oder zu liquidieren, ‚endet' final in neuer Metaphern-, Bild- und Symbolproduktion. Das deutet auf eine finale Nicht-Eliminierbarkeit des Bildes vom Tod. Selbst Buchstäblichkeit ist nie das Ende des Bildes vom Tod. Der Buchstabe des Todes kann das Verstehen des Todes limitieren, so, wie der Literalsinn eine hermeneutische Limitationsoperation ist. Es ist aber unmöglich, einen ‚buchstäblichen Tod' zu glauben, der finale Überwindung aller Symbolik wäre. Religionssoziologisch wäre das nicht zuletzt an sogenannten ‚atheistischen' Gesellschaften

---

15 Vgl. z.B. auf dem Nintendo „Monster High": dreidimensionales Inline-Skaten, bei dem das Hochgeschwindigkeitsteam auf dem Rundkurs hinter oder vor jeder Kurve von Särgen verschluckt werden kann. Die Verschluckten werden nach wenigen Sekunden wieder freigelassen und können den Lauf mit etwas Rückstand fortsetzen.
16 Saul Friedländer, *Kitsch und Tod. Der Widerschein des Nazismus* (München: 1984).
17 Vgl. das ‚Enthüllungsbuch' von Hervé Algalarrondo, *Der langsame Tod des Roland Barthes* (Berlin: 2010).
18 Roland Barthes, *Die helle Kammer. Bemerkungen zur Fotografie* (Frankfurt a.M.: [14]1989), 103.
19 Barthes, *Die helle Kammer*, 103.

aufweisbar, die in ‚radikaler' Ablehnung christlicher Symbolsets im Umgang mit dem Tod durch Neoritualität und Ausbildung eigener Neosymboliken gekennzeichnet sind, die wie barocke Festkulturen nicht selten quasireligiöse Züge annehmen (Abschiedsrituale, Mausoleen etc.[20]). Aber es ist schon Verkürzung, ‚Tod' nur als Symbol oder Einzelbild aufzufassen, das heute hier und morgen dort sporadisch und immer nur am Rande auftritt. Die Unverständlichkeit des Todes erstreckt sich nicht nur auf Personen und Symbole oder den Sensationalismus starker Einzelbilder (Schiffsuntergänge, Flugzeugabstürze, Erdbeben), sondern er ist so unverständlich, dass er noch in redundantester Entfaltung innerhalb der Narration Unverständlichkeit erzeugt: ein geradezu unüberwindliches ‚Kannitverstahn' selbst im allerschönsten Emplotment (Johann Peter Hebel). Der Tod bleibt durch ein Nicht-Verstehen seiner Bilder gekennzeichnet, er führt an die Grenzen der Repräsentation.

Das lässt sich tiefenscharf an der Fototheorie des vergangenen Jahrhunderts aufzeigen: Ein tödlicher Schrecken ist, „daß es nichts zu sagen gibt über den Tod des Menschen, den ich am meisten liebe, nichts über sein Photo, das ich betrachte, ohne es je ausloten, umwandeln zu können. Der einzige ‚Gedanke', zu dem ich fähig bin, ist der, daß am Grunde dieses ersten Todes mein eigener Tod eingeschrieben ist; zwischen diesen beiden bleibt nichts als das Warten; mein einziger Rückhalt ist diese *Ironie*: darüber zu sprechen, daß es ‚nichts zu sagen gibt'"[21]: Und das ist gerade nicht Asymbolizität einer angeblich als Endstadium erreichbaren Moderne, sondern Ironie in höchster Verdichtung: ‚absolute Allegorie'[22]. Sie ist nicht nur Allegorie des Lesens (Paul de Man), sondern Allegorie des Sprechens sterblicher Subjekte, die verurteilt scheinen, vom Sterben sprechend schweigen zu müssen. Eine kryptische Figur, die offensichtlich im Kontext religiöser Latenz verortet werden kann: denn der Todesverdacht, den der Sprecher nur ironisch und auf der Grenze zum Nichts im Blick auf Andere und auf sich zu artikulieren vermag, leiht sich Worte, die mit ‚ganz anderen' Bezügen

---

20 Michail Ryklin, *Kommunismus als Religion. Die Intellektuellen und die Oktoberrevolution* (Frankfurt a. M.: 2008).
21 Barthes, *Die helle Kammer*, 103.
22 Vgl. zur gegenwärtigen praktisch-theologischen Beschreibung des Problems fast wie Barthes: „Die Bestattungen finden statt, ohne jedes Ritual, ohne persönliche Ansprache, ohne geschmücktes Grab, ohne ein sichtbares Zeichen, das an den Namen, das Geburts- und Sterbedatum des Verstorbenen erinnert." Aber: „So sind die anonymen Urnenhaine, an denen Blumenschmuck hinterlegt werden kann, zu einem neuen, kollektiven Ort der Trauer auf den städtischen Friedhöfen geworden." (Wilhelm Gräb, *Die Bestattung und die Individualität gelebten Lebens*, in: ders., *Religion als Deutung des Lebens. Perspektiven einer Praktischen Theologie gelebter Religion* [Gütersloh: 2006], 139).

aus dem Römerbrief stammen könnten: auf dem ‚Grunde des ersten Todes' sei ‚mein eigener Tod *eingeschrieben*', meinte Barthes. Es sei durch einen ersten Menschen Sünde und dann der Tod in die Welt gekommen und der Tod sei zu allen Menschen gedrungen (vgl. Röm 5,12), meinte Paulus. Wo liegen die Differenzen? Barthes *intimisiert* (das als Immatrikulation [miß-?]verstehend), Paulus *singularisiert* und *universalisiert* ‚den Tod' – Apostel und Fototheoretiker stehen in Relation zu einem vorhergehenden Symbol des Todes, das auf die eine oder die andere Weise an die Anderen weitergetragen wird und auf sie abfärbt[23].

Der diskrete Charme ‚säkularer' Foto- und Bildtheorie besteht darin, dass sie diese ‚religiösen' Bezüge des Todes latent hält – und deshalb setzt sie keinen teleologischen Prozess einer angeblich final vollständig säkularisierten Gesellschaft voraus. Im angeblich asymbolischen oder säkularen Tod ereignet sich ein Sprechen ‚des Todes'. Die spekulative Korrespondenzthese zwischen Ritenschwund und nonsymbolischer Wiederkehr eines lebensweltlich angeblich verdrängten Todes greift zu kurz. Sie weist einen ähnlichen Mangel auf wie funktionalistische Religionstheorien. Sie ist zu allgemein und lässt gegenwärtige Medien- und Bildpraktiken des Todes in der Öffentlichkeit merkwürdigerweise unberücksichtigt. Vor diesem Horizont ist nicht zuletzt die zu schlichte These einer Verdrängung des Todes als ein Konstrukt zu beschreiben[24]. Denn genauso gilt umgekehrt, dass der Tod selbst es ist, der verdrängt und hinausdrängt: Er nimmt keine Rücksicht auf die Konstrukte funktionaler Umbesetzung zwischen ‚Todesverdrängung' und Ritenschwund.

7 Beschreibungsdefizite gegenwärtiger Religionssoziologie als Lebenswissenschaft

Zugespitzt: *alle* Fotografie ist Leichenfotographie *ante mortem*: ein letztlich vergeblicher Versuch, vergehendes Leben ins Bild zu bannen, ein Festhalten von Vergänglichkeit, das den vergangenen Eindruck des Lebens einfriert. Barthes verbindet das mit einer zu generellen Epochentheorie, indem er eine funktio-

---

23 Vgl. zum religionsphilosophischen Paulus-Revival Giorgio Agamben, *Die Zeit, die bleibt. Ein Kommentar zum Römerbrief*, Frankfurt a. M. 2006. Alain Badiou, *Paulus – Die Begründung des Universalismus* (München: 2002).
24 Vgl. zur Differenzierung der Rede von der Verdrängung Volker Drehsen, *Tod, Trauer, Trost. Christlich-religiöse Kultur des memento mori zwischen Verdrängung und Vergewisserung*, in: ders., *Wie religionsfähig ist die Volkskirche? Sozialisationstheoretische Erkundungen neuzeitlicher Christentumspraxis* (Gütersloh: 1994), 199–219.

nale Umbesetzung der Memorialkultur im Wechsel von Geschichte zu Fotografie annimmt. Der Historismus garantiere Dauer, die Fotografie dagegen sei nicht imstande, Dauer festzuhalten, sondern reiße das Dargestellte in den Fluss des Werdens und Vergehens. Geschichte ist *unsterblich*, Fotografie *sterblich*[25]. Denn statt den Denkmälern des Historismus (und den entsprechenden Heroisierungen seiner Hauptgestalten) entsteht eine Fotografie, die den Augenblick belichtet und erleuchtet, aber ebenso „eines Tages auf den Müll geworfen wird"[26]. Selbst das Buch, das gerade geschrieben wird (von Barthes, von Anderen), ist radikal nicht mehr als archaische Spur des Verschwindens. Widersprüchlich bleibt innerhalb der unzureichend differenzierten Dichotomie von sterblich und unsterblich, wie sehr der Autor seine ‚Erkenntnis' radikaler Vergänglichkeit aller Bilder durch einen Privatplatonismus unterminiert:

> „Beim Betrachten des einzigen Photos, auf dem mein Vater und meine Mutter gemeinsam zu sehen sind, die beiden, von denen ich weiß, daß sie sich liebten, denke ich: die Liebe als etwas Kostbares, das wird für immer verschwinden; denn wenn ich nicht mehr da bin, wird niemand mehr sie bezeugen können: nichts wird bleiben als die gleichgültige Natur. Das erzeugt einen Schmerz, der so stechend, so unerträglich ist, daß Michelet, allein gegen sein Jahrhundert, sich die Geschichte als einen Protest aus Liebe vorstellt: nicht nur dem Leben Dauer zu verleihen, sondern auch dem, was er mit seinen heute altmodisch gewordenen Begriffen das Gute, die Gerechtigkeit, die Einheit und so weiter nannte."[27]

---

25 Barthes, *Die helle Kammer*, 104: „Die Gesellschaften früherer Zeiten wußten es so einzurichten, daß die Erinnerung, Ersatz für das Leben, ewig wurde und daß wenigstens das, was den Tod zum Ausdruck brachte, selbst Unsterblichkeit erlangte: das Denkmal. Indem die moderne Gesellschaft aber die sterbliche Photographie zum allgemeinen und gleichsam natürlichen Zeugen dessen machte, ‚was gewesen ist', hat sie auf das Denkmal verzichtet. Ein Paradox: dasselbe Jahrhundert hat die Geschichte und die Photographie erfunden. Doch Geschichte ist ein nach positiven Regeln konstruiertes Gedächtnis, ein rein intellektueller Diskurs, der die mythische Zeit auslöscht; und die Photographie ist ein sicheres, jedoch vergängliches Zeugnis; so bereitet heute alles unser Geschlecht auf dieses Unvermögen vor: eines bald nicht mehr fassen zu können, weder affektiv noch symbolisch – die Dauer: das Zeitalter der Photographie ist auch das Zeitalter der Revolutionen, der Zwistigkeiten, der Attentate, der Explosionen, kurz: der Ungeduld und all dessen, was das Reifen leugnet"
26 Ebd., 104f.
27 Ebd., 105. Vgl. Roland Barthes, *Michelet*. Aus dem Franz. von Peter Geble (Frankfurt a. M.: 1980). Barthes spielt vermutlich an auf Michelets Einheitsspekulation zu den Revolutionsjahren 1789/90, vgl. Jules Michelet, *Geschichte der Französischen Revolution I/II: Die Ursachen der Revolution und die Ereignisse des Jahres 1789. Das zweite Jahr der Revolution* (1790), (Wien/Hamburg/Zürich: 1929, 355).

Das Aufrufen des anderen Autors verbirgt notdürftig das Rezidiv eines neuen Platonismus. Im Spiegel des Fremdzitats des anderen Autors kehrt dann (legitimiert durch Familienidylle) ein *kalon kai agathon* platonischer Provenienz wieder, das wunderlicherweise eine Wende von *sterblicher* Privatfotografie zu *unsterblicher* Geschichte ermöglicht: eine Platonodizee höherer Ordnung. Fotografie wird damit letztlich eine ‚neue' Retroversion von Geschichte. Das bildlich erinnerte Über-Ich als kindlicher Glaube ist deutbar als Repristination des Guten, Wahren und Schönen, das als zeitenthobenes Wunder alle Wunden zu heilen vermag: offensichtlich selbst die von Tod und Vergänglichkeit – letztlich ein kindlicher Glaube an die Allmacht der Eltern, die sich im Bild ‚verkörpert' findet. Die These von der Vergänglichkeit aller Bilder wird nicht durchgehalten, statt eines Antiplatonismus kehrt als schmerzstillendes Mittel die Geschichte in Gestalt eines verwandelten Platonismus zurück. Es genügt, in kindlichem Vertrauen das Foto der Eltern und das in der Beziehung zu ihnen verleiblichte Schöne, Wahre und Gute anzusehen[28].

Folgerungen für die Gestalt gegenwärtiger Theologie als Lebenswissenschaft liegen auf der Hand: Wo sind Residualplatonismen bei theologischen Autoren auffindbar und wie interpretierbar, etwa bei Luther oder Schleiermacher? Ist noch gegenwärtige Theologie als idealisierte Lebenswissenschaft Platonodizee, etwa wenn sie einen abstrakten Formbegriff voraussetzt, nach dem „wir uns [...] zum Tod *immer* als zu einer *Form* des Lebens (verhalten)"?[29] Vorausgesetzt, das kollektive ‚wir' hätte einen Referenten, dann wäre jede Beisetzung neoidealistisch restringiert ‚Form der Lebensdeutung'. Das ginge einher mit einem erheblichen Phänomenverlust und erscheint verbunden mit einem merkwürdigen Rekurrieren auf die Geschichte des Lebens Jesu (vgl. A. Schweitzer) – abgesehen davon, dass die Dilemmata der Form final nicht geklärt sind. Wenn einer den Anderen eingräbt oder genauer gilt: „Ich werde vom Anderen eingegraben werden", ist das als Phänomen nicht Leben, sondern Tod. Synoptische Evangelien sind *auch* Geschichten des Lebens, aber sc. nicht exklusiv. Es wäre schlechte Apologetik, wenn Lebensdeutung am Grab *nur* Lebensdeutung und *nie* Deutung der Gräber oder des Todes sein darf. Es könnte gegenüber den Leichen, d.h. den neoidealistischen Lebenschristologien des 19. Jahrhundert, eine öffnende Perspektive sein, die Evangelien *auch* als Todesgeschichten mit ausführlicher Einleitung zu lesen,

---

28 Zu den Grenzen der Repristination eines zeitlosen Platonismus vgl. Iris Därmann, *Tod und Bild. Eine phänomenologische Mediengeschichte* (München: 1998).
29 Gräb, *Die Bestattung* (s. Anm. 22), 141 (kursiv JW). Vgl. Charles Taylor, *Die Formen des Religiösen in der Gegenwart* (Frankfurt a.M.: 2002).

orientiert am merkwürdigen Faktum einer Passion, die nicht nur Passion des Lebens, sondern Passion des Todes ist.

Nicht selten ist die Kategorie der Individualisierung und Subjektivierung religionssoziologischer *common sense*. Aber das setzt, wie bereits J. Casanova bemerkte, einen Religionsbegriff voraus, der Modernisierung als Privatisierung von Religion versteht und teleologisch eine Abnahme der Religion in ausdifferenzierten Gesellschaften annimmt. Demgegenüber postulierte José Casanova einen Religionsbegriff, der Religion als öffentliche Sphäre wiederzuentdecken lehrt[30]. ‚Tod' ist aufgrund seiner weiten medialen Verbreitung, seiner weltweiten Anwesenheit in allen Räumen[31] und seiner hohen Energetik ein Kandidat, den öffentlichen Raum und seine Leere durch Wiederkehr des Verdrängten zu füllen – als Aufklärung des Todes, als *public viewing*, wirkungsmächtige Verleugnungsmechanismen aufdeckend, die ein monopolisierter Lebensbegriff mit sich bringt. Das wäre das Öffnen einer Krypta, die in der Regel öffentlich unzugänglich bleibt, aber in *jeder* Öffentlichkeit als Tödliches vorhanden ist. Die Entzifferung dieser *figura cryptica* und ihres verborgenen Sinns kann kein Einzelner (die ‚religiöse Subjektivität') vornehmen[32].

8 Eine Doppelprojektion: Still alive, yet dead

Die Vorher-Nachher-Portraits von Schels bzw. Lakotta sind bereits eine Ritualisierung und Zivilisierung des Todes. Die Totenbilder gehören, das zeigt der Weg in die Geschichte, in eine jüngere Vergangenheit, die zeitgeschichtlich wiederkehrt: Die sog. ‚Leichen-' oder ‚Memorialfotografie' war ein Kind des 19. Jahrhunderts[33]. Sie wurde ab ca. 1850 gepflegt: nicht nur in europäischen Großstädten, sondern auch in den USA, dort in der Regel ausgeführt von Berufsfotografen. Jay Ruby, führender Vertreter der Visual Anthropology in den USA, unterschied mehrere

---

[30] José Casanova, *Public Religions in the Modern World* (Chicago: 1994), 212–216.
[31] Philippe Ariès, *Geschichte des Todes* (München: 1980); kritisch Friedrich Wilhelm Graf, *Rez. von P. Aries, Geschichte des Todes*, Zeitschrift für Evangelische Ethik 28 (1984), 339–342.
[32] Jacques Derrida, *FORS*, in: Nicolas Abraham/Maria Torok, *Kryptonomie. Das Verbarium des Wolfsmanns* (Basel/Weil am Rhein: 2008), 44: „Kryptieren, das heißt chiffrieren, eine symbolische oder semiotische Operation, die darin besteht, einen geheimen Code anzuwenden, was man niemals allein machen kann".
[33] Katharina Sykora, *Die Tode der Fotografie. Totenfotografie und ihr sozialer Gebrauch*, Bd. I (München 2009); Ina König, *Die ›objektiven‹ Toten. Leichenfotografie als Spiegel des Umgangs mit den Toten* (Hamburg 2008).

Typen von Leichenfotografie[34]: *erstens* ,Last Sleep'-Fotos, die den Verstorbenen als Schlafenden abbilden, *zweitens* Sargfotografien, die ihn im offenen Sarg zeigen (*public viewing*), und *schließlich* die Doppelprojektion der ,Still alive, yet dead'-Fotos, die den Verstorbenen zweimal portratieren, d. h. kurz vor und kurz nach dem Eintritt des physischen Exitus – und genau dieses Bildprogramm wird von Schels und Lakotta wiederbelebt und auferweckt. Ihre Diptychen beziehen ihre bildliche Energie aus dem einfachen Gegenüber von lebend und gestorben. ,Entschlafene', nicht Verwesende werden gezeigt. Zwischen letztem Blick und friedlicher Totenmaske gilt: Tertium non datur, z.B. ein verwestes Antlitz. Der körperlose Kopf wirkt, wenn man das bildkritisch pointiert, fast wie eine platonische Idee, d.h. wie ein Phantasma, dem ein Teil seiner Materialität abhanden gekommen ist, spirituelle Entität ohne Leib – das Wahre, Gute und Schöne in Schwarz-Weiß, nur entschlafen. Das Portrait als absolutistische Bildrepräsentation grenzt alles aus, was aufgrund der Fokussierung des Gesichts nicht in den Rahmen passt. Das bedeutet bereits eine nicht unerhebliche Virtualisierung des Todes. Der programmatische Verzicht auf Ganzkörperdarstellung durch Schels und Lakotta bedeutet als massive Vorentscheidung die Ausblendung von Leiblichkeit, auf die sich das ,Begehren des Todes' richtet. Der Leib in seiner zukünftigen Auflösung bleibt unbegriffen. Selbst die berüchtigte Plastinatausstellung „Körperwelten"[35], der es ,gelungen' war, verstorbene Körper ins Dreidimensionale und Figürliche zu erheben, kämpft kritisch perspektiviert mit einem ähnlichen Darstellungsproblem, das nicht zum Verschwinden gebracht werden kann: die Massivität der Exponate/Plastinate aus ,echten' Leichenteilen bildet immer noch nicht ,den Tod' ab, als sei alles über ihn gesagt, wenn man ,ihn' bzw. die von ihm affizierten Körper anatomisch zeigt. Bedeutet das Zeigen als Souveränitätsgeste wirklich das Beherrschen des Todes? Ist nur der gezeigte Tod der aufgeklärte Tod? Das könnte ein Missverständnis sein: die Massivität und Souveränität von Plastinaten ist ein Witz gegenüber den tausendfältigen Ermächtigungsstrategien des Todes.

---

34 Jay Ruby, *Secure the Shadow. Death and Photography in America* (Cambridge/Mass.: 1995).
35 Die Ausstellung soll laut Angaben der Veranstalter von bis zu zwanzig Millionen Menschen gesehen worden sein. Vgl. Andreas Pesch, *„Die Auferstehung des hautnackten Leibes". Legitimationsstrategien der Ausstellung „Körperwelten"*, in: Macho/Marek (s. Anm. 14), 371–395.

9 Die Toten sprechen – sprechen die Toten? Öffnung einer versteckten Krypta und fröhliche Wiederkehr des *kalon kai agathon*

Walter Schels und Beate Lakotta gaben gewichtige Verständnishilfen im Blick auf das Selbstverständnis ihrer Arbeit und biographische Motivationen. Das Interview, das das Paar Thomas Macho gewährte, dem derzeit führenden kulturwissenschaftlichen Todesspezialisten[36], ist eine Öffnung der Krypta insbesondere des Fotografen: eine Krypta, die lange verschlossen war. Walter Schels wuchs mit Leichen auf:

> „Schon Zeit meines Lebens beschäftige ich mich mit meiner Angst [...] vor dem Tod. Ich habe den Krieg erlebt, bei seinem Ende war ich neun Jahre alt. In dieser Zeit habe ich viele Leichen gesehen, zerstückelte Körper, die um unser ausgebombtes Haus herum lagen. Auch Särge waren dort deponiert, kurzum: Seither hatte ich eine panische Angst vor dem Tod, vor Leichen und Särgen. Ich habe immer vermieden, mit all dem in Berührung zu kommen, mein ganzes Leben lang"[37].

Das ist nicht schlicht als apersonale und systemisch bedingte Verdrängung des Todes in der modernen Gesellschaft zu deuten, sondern schockierende Konfrontation mit dem Tod zur Unzeit: unbetrauerte Tode. Die glatten Diptychen verbergen die Unbetrauerbarkeit der Tode, das traumatisierte Kind, das zerfetzten Leibern schutzlos ausgeliefert war, Erlebnisintensität des Leichenschocks, Schrecken und Angst als Basalaffekte, die nicht durch distanzierende Rationalisierung aufgehalten werden konnten, sich als unauslöschliche Bilder einbrennend und im Flash-Back wiederkehrend – all das bleibt auf der Oberfläche der glatten Portraits unsichtbar. Erst im Erwachsenenalter baute Walter Schels allmählich Schutzmechanismen gegen das immersive Erleben des Kindes auf. Das offenbart der nur zu verständliche Versuch, sich der weiteren Auseinandersetzung mit dem Tod später nach Möglichkeit zu entziehen. *Der* Todesfotograf dieser Nation schlechthin kultiviert privat ein Unbehagen an der Kultur der Totenfotografie[38].

---

36 Vgl. *Beate Lakotta, Walter Schels und Thomas Macho im Gespräch. Noch mal Leben vor dem Tod*, in: Macho/Marek (s. Anm. 14), 185–208.
37 Ebd., 186.
38 Ebd.: „Sogar beim Tod meines Vaters blieb ich im Krankenhaus möglichst weit hinten an der Türe stehen, um ihm nicht nahe zu kommen. Und als im Jahr 1989 meine Mutter starb, habe ich sie zwar noch fotografiert, spät abends, kurz bevor sie starb. Ich hätte Gelegenheit gehabt, sie als Tote zu sehen und zu fotografieren, – aber ich habe es nicht gemacht, aus diesem Unbehagen heraus. Die Angst floss immer in meine Arbeit ein".

Tod im Bild, der uns (zu) nahe kommt und auf den Leib rückt, bedeutet Erschütterung oder Zusammenbruch von Professionalität. Der Tod im Bild ermöglicht umgekehrt aber eine vertiefte Auseinandersetzung mit dem jeweiligen Todesfall. Der Schatten des Todes zeigt sich nicht im Bild allein, sondern wird von bestimmten oder unbestimmten Sprachen begleitet. Beate Schels und Waler Lakotta kultivieren das zu zweit: „Nun, wir beide sind seit über zehn Jahren ein Paar. Ich bin mit 70 Jahren ja nicht mehr jung, und Beate Lakotta ist 40 Jahre alt. Also beschäftigen wir uns auch mit unserem eigenen Tod, wobei das Merkwürdige ist: Wir reden locker über den Tod, wenn wir nicht selbst betroffen sind. So wie wir leicht über Schmerz reden können, wenn uns nichts weh tut. Der Tod kommt am Ende – und das ist weit entfernt"[39]. Dabei treten in der (bemühten?) Lockerheit des Interviews erhebliche Beschreibungsdiskrepanzen auf[40]. In ihrer Berufsrolle als SPIEGEL-Wissenschaftsredakteurin betont Beate Lakotta statt der zerstückelten Leiber, die ihr Lebenspartner zu vergessen versuchte, ästhetische und harmonische Aspekte: „Die Bilder sprechen ihre eigene Sprache. Sie zeigen das Vorher und das Nachher. Viele Betrachter empfinden die Bilder als schön, weil sie den Eindruck eines friedlichen Todes vermitteln. Das war auch *unsere* Absicht. Es war uns wichtig, keine Gruselbilder zu erzeugen"[41]. Letztlich landet diese Sprache wieder bei einem platonischen *kalon kai agathon*, einer Kalokagathie, wie es für die Fototheorie bereits schon von Barthes erzeugt worden war, d.h. abermals der Vollzug einer Platonodizee. Selbst der als Kind traumatisierte Fotograf schwenkt zur ‚Legitimation' für die Produktion seines aktuellen Shooting überraschend auf diese platonische Spur ein. Und es ist verblüffend, wie punktgenau das Unbewältigbare des Todes wiederkehrt, nun aber getarnt als Deck-Erinnerung. Das aus Selbstschutzgründen Negierte, der widerfahrene Schock, kehrt wieder, nun aber abgefedert durch die Negation: „Es war auch für uns tröstlich, *nicht nur zu schockieren*, sondern mit den Porträts eine Verbindung zwischen ‚noch leben' und ‚schon gestorben sein' herzustellen."[42] Der erfahrene Todesschock wird nach den Lebensjahren, die den Erwachsenen vom Kind trennen, nachträglich rationalisiert. Er wird transferiert in die Vorher-Nachher-Ästhetik der aktuellen Produktion, die ‚nicht-traumatisch' ist. Nicht-intentional zeigt sich in dieser Sprache die bleibende Gegenwart des Todes als Bildproduzent über seine radikale Negation hinweg.

---

39 *Beate Lakotta, Walter Schels und Thomas Macho* (s. Anm. 36), 186f.
40 Schels schreibt kein „Tagebuch der Trauer".
41 *Beate Lakotta, Walter Schels und Thomas Macho* (s. Anm. 36), 187 (kursiv JW).
42 Ebd., 194.

Die Bilder werden phantasmatische Projektionsflächen, die dazu einladen, die eigene Phantasie spielen zu lassen[43]. Der portraitierte Tod soll im Auge der Betrachtenden ein phantasierter Tod sein – und damit wird die Interpretationsperspektive bereits massiv vorentschieden, nämlich zugunsten des Todes als Phantasma, nicht als Trauma – statt beides, was eine Möglichkeit wäre, miteinander zu kreuzen.

10 Risse der Sprache und die Spur des Todes – finale Platonodizee bei Sterbenden?

Die tödliche Konkretionen des Todes lassen sich nur in der Vielfalt der Todessituationen ‚darstellen', wobei auch das eine Technik bleibt, die dem Ereignis des Todes nie ganz wird ‚entsprechen' können. Gott – Wahrheit – Tod sind keine ‚Entsprechungen'. Beate Lakottas Interviews mit Sterbenden zeugen aber von einer fragmentierten Transzendenzbeziehung, die sich sprachlich im Tod des Anderen zeigt. Gott ist ein Wort in der Sprache Sterbender. In den Interviews an der Grenze zum Tod werden ‚Gott' oder ein erhofftes Weiterleben fragmentarisch, teils unausgesprochen und teils explizit benannt: „Ich stelle mir das Hinübergehen in eine andere Daseinsform sogar schön vor. Ich glaube, nach meinem Tod wird sich das Leiden nicht in meinem Gesicht zeigen. Wenn meine Seele entschweben darf, wie ich es mir wünsche, werde ich ganz friedlich da liegen"[44]. Das ist *kein* komplett verdrängter Tod, sondern einer, der im Bild des Hinübergangs als schön imaginiert wird. Die Selbstwahrnehmung der Sterbenden, die vier Kinder und ihren Partner hinterlässt, bleibt final geprägt von der Spur des Schönen – und doch bekommt die Platonodizee Risse. Friedlich, entängstigt und fast heiter wirkte auch die christliche Buddhistin Maria Hai-Anh Tuyet Cao, die im Alter von 52 Jahren verstarb. „Der Tod ist nichts", sagte sie (fast eine Echo von Barthes. ‚Es gibt nichts zu sagen'), und: „Ich lache über den Tod. Er ist nicht ewig. Danach, wenn wir zu Gott gehen, sind wir wunderschön. Nur wenn wir in der letzten Sekunde noch an einem Menschen hängen, müssen wir wieder

---

[43] Ebd., 187: „Für den Betrachter können diese Bilder zunächst Projektionsflächen sein – für eigene Phantasien, eigene Ängste, Hoffnungen und Vorstellungen. Das ändert sich allerdings, wenn er aus den Geschichten erfährt, welche Realität zwischen den beiden Bildern liegt. Nun geht es um die Person der Porträtierten selbst und um Empathie auf der Seite des Betrachters". Vgl. Isabel Richter, *Der phantasierte Tod. Bilder und Vorstellungen vom Lebensende im 19. Jahrhundert* (Frankfurt a. M.: 2011).
[44] *Beate Lakotta, Walter Schels und Thomas Macho* (s. Anm. 36), unpaginiert.

auf die Erde zurück'"[45]. Gelassenheit als gelebte Thanatopraktik lässt sich erreichen durch Abwerfen von Ballast. Die Hinterbliebenen sind Hindernisse auf dem Weg in die ewige Welt. Ein *kalon kai agathon* steht hier über dem abschiedlichen Noch-Dasein der Sterbenden.

Der harmonische oder schöne Tod, den Beate Lakotta als Interviewerin und Wissenschaftsspezialistin in ihrem Referenztext nahelegt, wird aber nicht von allen Angehörigen geteilt. Das Bild einer möglichen Platonodizee bekommt Risse im Interview mit einer islamischen Mutter. Sie verliert eine ihrer Zwillingstöchter, Elmira Sang Bastian, im Alter von achtzehn Monaten aufgrund einer Tumorer-

---

[45] Ebd. (unpaginiert). Das Foto zeigt links Elmira und im Hintergrund Maria Hai-Anh Tuyet Cao im Mori Art Museum „Medicine & Art" in Tokio. © Privatarchiv Beate Lakotta/ Walter Schels.

krankung. Während der Erkrankung wird sie trotz ständiger Lektüre der Heiligen Schriften mit der Antwortlosigkeit und der radikalen Negativität des Todes konfrontiert[46]. Ya Sin, die 36. Koransure, die von der Auferstehung der Toten berichtet, wird von den Eltern nach muslimischem Brauch für das verstorbene Kind gelesen[47]. Der Tod bleibt offene Wunde, die auch unter neoidealistischem Verband nicht heilen wird. Eine spiritualistisch (um)gedeutete Auferstehung, die den Tod lebensdeutend eskamotiert oder Anleihen bei irgendwelchen Platonismen macht, verliert diesseits der Zeichen an Plausibilität. Platonodizee ist *keine* Antwort im Umgang mit dem Tod[48]. Sie führt zur finalen Unbetrauerbarkeit des Todes, weil er immer schon als überwundener erscheint.

---

[46] Schels/ Lakotta, *Noch mal leben vor dem Tod* (s. Anm. 4), 88: „Lieber Gott, jetzt liegt es an dir! Wenn du nur willst, kann noch ein Wunder geschehen. Oder ist es egoistisch, dass ich meine Tochter behalten will? Hast du es so geplant, dass sie nicht lange bei uns sein kann? Aber warum hast du mit zwei Kinder geschenkt, um mir eines zu nehmen? Einige sagen, es ist eine Prüfung vor dir, die ich bestehen muss. Aber was für eine Prüfung? Ich habe versucht, ein guter Mensch zu sein. Ich lese jeden Tag im Koran, ich suche nach Antworten. Keiner kann sie mir geben".
[47] Ebd., 90. Kunstmuseum des Kantons Thurgau Kartause Ittingen. © Privatarchiv Beate Lakotta/Walter Schels.
[48] Umso machtvoller bricht sie sich dann in Trauerbüchern die Bahn, vgl. Roland Barthes, *Tagebuch der Trauer* (München: 2010). Vgl. Kentaro Kawashima, *Photographische Ästhetik in der Recherche II: Thanatographie*, in: ders., *Autobiographie und Photographie nach 1900. Proust, Benjamin, Brinkmann, Barthes, Sebald* (Bielefeld: 2011), 62–70. Vgl. ebd., 204–214: „Die helle Kammer als phototheoretische Wiederholung der Recherche". Vgl. Angela Oster/ Karin Peters (Hg.), *Jenseits der Zeichen. Roland Barthes und die Widerspenstigkeit des Realen* (München: 2012). Der Tod der Tochter Ciceros nach Augustin, *De civitate Dei XIX*, 4 (CSEL 40/2,373,8–11).

Matthias Marks
Trost im Angesicht des Toten?
Zur Bedeutung der Kasualfotografie in der heutigen christlichen Trauer- und Bestattungskultur

Seit einigen Jahren erleben evangelische Pfarrerinnen und Pfarrer[1], dass im Arrangement des funeralen Settings auch ein Porträtfoto des Verstorbenen platziert ist. Bei der Auswahl wird auf freundliche Ausstrahlung geachtet und darauf, dass die Person beim Fotografieren in die Kamera geschaut hat und so während der Trauerfeier quasi ‚aus dem Bild heraus' die Hinterbliebenen ‚anblickt'. An manchen Orten gehört diese Inszenierung bereits zum festen Bestandteil der Trauerfeier und erscheint sogar imstande, den bisherigen Stellenwert der Trauerpredigt zu überbieten. Oft wird das Bildnis mit an die Grabstätte getragen, bei der anschließenden Kaffeetafel noch einmal aufgestellt wie auch als Gedenkbild auf der Trauerkarte bzw. Danksagung abgedruckt.

Zumindest für die *protestantische* Wahrnehmung gegenwärtiger Trauer- und Bestattungskultur handelt es sich dabei um ein neues Phänomen, das mit anderen Beobachtungen korrespondiert: Während es früher hauptsächlich in *katholisch* geprägten Gegenden üblich war, Gräber oder Grabsteine mit einem Foto des Verstorbenen auszustatten, findet sich diese Praxis zunehmend auch auf *evangelischen* Friedhöfen.[2] Unterstrichen wird die wachsende Bedeutung des Porträtbildes im funeralen Kontext außerdem durch ein neu erwachendes Interesse am Toten- bzw. Leichenbild, der sog. Postmortem-Fotografie.

Mit dieser Thematik, die hier praktisch-theologisch untersucht werden soll, betritt man Neuland. Denn der Diskurs über Bilder, ihre Präsenz und ihre Wirkungen ist bislang weitgehend an der Praktischen Theologie vorbeigegangen.[3] Dieses Desiderat betrifft entsprechend auch den Bereich der Kasualtheologie und ihrer Handreichungen für die kirchliche Praxis der Bestattung[4]. Sogar in

---

1 Aus Gründen leichterer Lesbarkeit wird im Folgenden die inklusive Sprachform gewählt, bei der immer auch Bestatter*innen* und Pfarrer*innen* mit gemeint sind.
2 Dazu zählen z.B. auch Videos der verstorbenen Person im Grabstein, Grabsteine in Form eines Handys mit QR Code, Karikaturen und andere Bildphänomene.
3 Vgl. dazu Matthias Marks, *Menschwerden aus Passion. Das Religiöse in der Malerei von Rudolf Hausner (1914–1995)*, (Stuttgart: 2013).
4 Erste Schritte geht Philipp Stoellger, *Kulissenkunst des Todes. Zum Ursprung des Bildes aus dem Tod*, in: Performanzen des Todes. Neue Bestattungskultur und kirchliche Wahrnehmung, hg. v. Thomas Klie (Stuttgart: 2008), 15–40 (vgl. 2). Gestreift wird die Thematik bei Jan Peter

neueren evangelischen Bestattungsagenden wird die Bildthematik allenfalls am Rande gestreift, aber als mögliches Element der Gestaltung oder auch Verkündigung nicht reflektiert.[5] Die Fragen nach der Bedeutung des Porträtbildes in einer sich verändernden westlichen Bestattungs-, Trauer- und Erinnerungskultur sind vielfältig.[6] Hier sollen vor allem kulturgeschichtliche und bildhermeneutische Aspekte in den Blick genommen werden, mit einem religionspsychologischen Ausblick in kasualpraktischer Absicht.

1 Totenmaske und Fotografie

Das genannte Phänomen, das aus protestantischer Sicht als neu erscheint, hat tiefe kulturgeschichtliche Wurzeln und eine lange Tradition. Bereits in der Antike und im alten Ägypten wurde in Form der Totenmaske das Gesicht oder der ganze Körper des Verstorbenen als Bild festgehalten. Dies geschah aus unterschiedlichen Gründen.

1.1 Motive zum Brauch der Totenmaske

Ursprünglich diente die Abnahme und Herstellung von Totenmasken vor allem dem *Ahnenkult*, „der die Verstorbenen als Bindeglied zwischen der Welt der Lebenden und der Toten betrachtet."[7] In der kultischen Praxis, dessen Wurzeln

---

Grevel/Gerald Kretzschmar, *Die Kasualfotografie. Praktisch-theologische Erkundungen eines konfliktreichen Phänomens*, in: PastTh 93 (2004), 280–298. Dort werden erstmals Konfliktsituationen des Fotografierens bei Trauung, Taufe und Konfirmation praktisch-theologisch reflektiert, die Beerdigung bleibt ausgeklammert mit der Begründung: Sie scheint „keine Gelegenheit zu sein, die zum Fotografieren einlädt oder herausfordert." (a.a.O., 286).
5 Vgl. dazu Karl-Heinrich Bieritz, *Bestattungsrituale im Wandel. Tendenzen in neueren Bestattungsagenden*, in: Performanzen, a.a.O., 121–157.
6 Vgl. dazu Thomas. Klie, *Einleitung – die Imposanz des Todes und die Suche nach neuen Formen*, in: ders. (Hg.), Performanzen des Todes. Neue Bestattungskultur und kirchliche Wahrnehmung (Stuttgart: 2008), 7–13. – Klie erkennt im „Potpourri der neuen Formen unter dem Aspekt der ihnen zugrunde liegenden Motivationen" „drei übergeordnete Handlungslogiken": den *„naturreligiös-ökologischen Code"*, den *„ästhetisch-performativen Code"* und den *„anonymisierend-altruistischen Code."* Die Bildthematik ruft alle drei, besonders den zweiten Code auf.
7 Gisela Stiehler-Alegria, *Die Magie der Totenmasken. Eine Zeitreise zu den Ursprüngen*, in: Bestattungskultur, Fachzeitschrift des Bundesverbandes Deutscher Bestatter (BDB), H. 10 (2003), 8.

bis in jungsteinzeitliche Gemeinschaften des vorderen Orients zurückgehen[8], galt das rituelle Tragen einer Totenmaske als Vergegenwärtigung metaphysischer Wesen in Gestalt ihres Trägers. Den Verstorbenen wurde die Macht zuerkannt, die Lebenden beschützen zu können und somit den Erhalt und die Kontinuität der Gruppe zu sichern. Dem diente u.a. auch der *Schädelkult*, wie er z.B. aus Jericho[9] und von der melanesischen Insel Neuirland[10] belegt ist. Um dem Toten das lebendige Gesicht zurückzugeben, wurde der Schädel vom Skelett abgetrennt und auf ästhetisch-künstlerische Weise – mit Lehm oder Gips überformt, bemalt und mit Augen aus Muscheln versehen – ‚wiederbelebt'. Allerdings wurde diese posthume Behandlung nur denjenigen zuteil, „denen eine Vermittlerrolle zum Übernatürlichen zugesprochen wurde."[11] In Ägypten entwickelte sich der *Mumienkult*, zu dessen Ausstattung auch prächtige Totenmasken gehörten. Sie dienten vor allem als Schmuck des eingewickelten Leichnams. Unter Echnaton (14. Jh. v. Chr.) kam ein naturalistischer Stil in Mode, „der vermuten lässt, dass das lebende Gesicht unmittelbar abgeformt wurde. Diese realistischen Totenmasken dürften auch den individuellen Bildwerken dieser Epoche als Vorlage gedient haben."[12]

Seit dem 3. Jh. v. Chr. bildete sich eine Entwicklungsphase im Brauch der Totenmaske heraus, die vor allem von Griechen und Römern beeinflusst war und erste Spuren einer Individualisierung und Privatisierung im Umgang mit den Toten durch das Interesse an porträtgetreuen Bildnissen verstorbener Familienangehöriger erkennen lässt.[13] Aus echten Abdrücken des Gesichts entstanden Gipsmasken, die gesammelt und „in einer Art Ahnengalerie" ausgestellt wurden.[14] Dies hatte, noch bis ins 1. Jh. v. Chr., auch gesellschaftliche und politische Gründe. Als „adelig" galt, wer seine Herkunft beweisen, d.h. seine soziale Stellung „über Jahrhunderte hinweg von berühmten Personen ableiten" konnte. Die Totenmasken, verstanden als „imagines maiorum" der Ahnen, die stolz im Atrium des Hauses präsentiert wurden, dienten vor der Öffentlichkeit als Beleg der eigenen Abstammung, d.h. auch für eigene Leistungsfähigkeit und Regie-

---

8 Ebd.
9 Vgl. ebd.
10 Die Bedeutung des Ahnen- bzw. Schädelkults für heutige bildtheoretische Fragen hat Gottfried Boehm (2001) in die interdisziplinäre Bilddebatte eingebracht (vgl. 2).
11 Gisela Stiehler-Alegria, *Die Magie der Totenmasken*, a.a.O., 8.
12 Ebd.
13 Ebd.
14 Dominic Olariu, *Die Maske des Toten. Von der Physiognomie zum Portrait*, in: Bestattungskultur, Fachzeitschrift des Bundesverbandes Deutscher Bestatter, H. 10 (2003), 16.

rungsberechtigung.[15] Zu besonderen Anlässen wurden diese Ahnenmasken hervorgeholt, geschmückt und machtvoll inszeniert, z.B. bei Begräbnisfeiern.[16]

Aus anderen Gründen blühte der Brauch der Totenmaske im ausgehenden Mittelalter wieder auf. Zum einen entstand sie als „Nebenprodukt der Einbalsamierung": Um ein längeres Aufbahren einer verstorbenen Persönlichkeit (z.B. eines Papstes) zu erreichen, wurde der Leichnam mit flüssigem Wachs und Leinen behandelt. Während dieses Präparat, das einen nahezu naturgetreuen Abdruck des Körpers darstellte, nach der Aufbahrungszeit meistens nicht entfernt, sondern mit begraben wurde, blieb die Totenmaske als „Zwillingsschwester des konservierenden Wachskorsetts" erhalten. „Von außen betrachtet war sie mit ihm identisch, abgenommen aber entblößte sie auf ihrer Innenseite die getreue Spur des Antlitzes, von dem sie abgenommen worden war. (...) Die entfernte Gesichtspartie der Wachskonservierung wurde dann wie eine Reliquie behandelt und aufbewahrt."[17] – Zum anderen lebte im Europa des späten Mittelalters die Tradition der „effigies" (Bild, Abbild, Puppe) wieder auf[18], die vor allem im dynastischen Totenkult von Bedeutung war: Während der Bestattungszeremonie diente diese Puppe als Ersatz oder Stellvertreter für den toten Monarchen. Sie bildete ein Übergangsobjekt, „das zwischen dem Ableben des bisherigen Königs und der Amtsübernahme des neuen Königs die Institution des Königtums inklusive des damit verbundenen Rechts- und Machtanspruchs" verkörperte.[19]

Bei der Frage nach dem *ursprünglichen* Gebrauch der Totenmaske, der bereits vor Jahrtausenden und weltweit in unterschiedlichen Kulturkreisen praktiziert wurde, treten drei zentrale Motive in den Vordergrund: *Magie/Religion*, *Macht/Verehrung*, *Ästhetik/Kunst*: „Der ästhetische Zweck, den Verfall zu bedecken und das Bild des Toten zu bewahren, diente gleichzeitig dessen Unsterblichkeit. Die Maske war ein magisches Mittel, die Gesichtszüge noch zu bewahren, während

---

15 Vgl. Angelika Wulff, *Wer „in" sein will, braucht Ahnen. Römische Totenmasken als Eintrittskarten in die große Politik*, in: Bestattungskultur, Fachzeitschrift des Bundesverbandes Deutscher Bestatter, H. 10 (2003), 12.
16 „Nicht liebevolles Gedenken an die Verstorbenen wurde hier mit den Totenmasken gepflegt, sondern Machtpolitik." (a.a.O., 13f). Diese Sitte ist vermutlich durch die Unruhen der Völkerwanderung verloren gegangen (vgl. Dominic Olariu, *Die Maske des Toten*, a.a.O., 16).
17 Ebd., 17.
18 Vorläufer des „effigie"-Kults sind bereits Ende des 9. Jh. nachweisbar, z.B. in Gestalt der sog. „Leichensynode von Rom" im Jahre 897 (vgl. dazu Philipp Stoellger, *Die prekäre Präsenzpotenz des Bildes und das Visuelle als Entzugserscheinung*, in: ders./Thomas Klie (Hg.), *Präsenz im Entzug. Ambivalenzen des Bildes* (Tübingen: 2011), 221–253, 233.
19 Silke Eilers, *„Der König ist tot – es lebe der König". Effigies im dynastischen Totenkult seit dem Mittelalter*, in: Bestattungskultur, Fachzeitschrift des Bundesverbandes Deutscher Bestatter, H. 10 (2003), 18.

die Verwesung sie längst zerstört hatte."[20] Über die Maske ‚lebt' der Tote weiter und hat bleibenden Einfluss auf Geschicke der Gegenwart. Künstlerisch diente sie dem Maler oder Bildhauer als Vorlage für das zu fertigende Bildnis des Verstorbenen, als ein Übergangsobjekt, „das zeitlich und technisch zwischen der verfallenden Physiognomie des Leichnams und dem ausgeführten Portrait stand."[21]

Neben diese ursprünglichen Gebräuche trat in der Zeit der Aufklärung ein neues Motiv. Jetzt wurden Totenmasken vor allem deswegen abgenommen, um die *Erinnerung* an den Verstorbenen wach zu halten. Unter diesem Aspekt erfuhr die Totenmaske im 19. Jh. ihre Blütezeit, auch in der Kunst. In vielen bürgerlichen Wohnzimmern hingen Kopien von Masken deutscher Dichtergrößen an den Wänden. Aus der Totenmaske geformte Plastiken und Skulpturen erschienen auf Gräbern verstorbener Persönlichkeiten. Auch Gemälde, die der Erinnerung dienen sollten, entstanden vorwiegend mit Hilfe der Totenmaske. Nur wohlhabende Bürger konnten sich ein solches Erinnerungsstück leisten. Das Bild trat an die Stelle des Verstorbenen, indem es die Aufrechterhaltung der Kommunikation und eine ‚vorübergehende' Vergegenwärtigung des Abwesenden ermöglichte.

1.2 Motive zum Brauch der Totenfotografie[22]

Die beschriebenen Formen von Totenbildern erweiterten sich mit der Erfindung der Fotografie, die auch wesentlich zur Überwindung der sozialen Hierarchie der Toten beitrug. Nun hatte auch die gesellschaftliche Mittelschicht die Möglichkeit, bezahlbare Abbildungen ihrer verstorbenen Familienangehörigen anfertigen zu

---

20 Ebd., 9.
21 Dominic Olariu, *Die Maske des Toten*, a.a.O., 17.
22 Die wissenschaftliche Erforschung der Postmortemfotografie steht noch am Anfang. Die meisten Studien beziehen sich auf den angloamerikanischen Raum (vgl. Isabel Richter, *Der phantasierte Tod. Bilder und Vorstellungen vom Lebensende im 19. Jahrhundert* (Frankfurt a.M.: 2010). Theologisch wurde das Phänomen – so weit zu sehen ist – noch nicht diskutiert, kulturgeschichtlich bisher am ausführlichsten von Katharina Sykora, *Die Tode der Fotografie I, Totenfotografie und ihr sozialer Gebrauch* (München: 2009). – Als Hochschulschriften sind bekannt: Anna Moldenhauer, *Post Mortem Fotografie, Ursprung und Entwicklung der privaten Totenfotografie seit dem 19. Jahrhundert – abseits der Dokumentation in der Pathologie, Kriminalistik und den Medien*. Wissenschaftliche Abschlussarbeit Journalistik B.A. (Fachhochschule Hannover: 2012); Julia Pattis, *Totenmasken und postmortale Fotografien im 19. Jahrhundert* (Diplomarbeit), (Universität Hildesheim: 2007; Felix Hoffmann, *Das letzte Bild. Aspekte der Totenfotografie im 19. Jahrhundert* (Magisterarbeit), (Universität Berlin: 2001). Vgl. auch Christiane Arndt, *Der reproduzierte Tod. Leichenfotografie im 19. Jahrhundert*, in: Fotogeschichte 97/25 (2005), 47–56.

lassen, was von Anfang an eine große Nachfrage auslöste.[23] Der zeitliche Beginn der Postmortem-Fotografie fällt mit den Anfängen der Fotografie, ihrer Industrialisierung und massenhaften Bildproduktion zusammen.[24] Die entscheidenden Entdeckungen waren die „Camera obscura"[25] um 1826/27 und das Verfahren der „Daguerreotypie"[26], das ab 1839 angewandt wurde und erstmals fein strukturierte und haltbare Bilder hervorbrachte. Durch weitere Experimente und Erfindungen[27] kam es in den 1840er Jahren zum Aufstieg der kommerziellen Porträtfotografie.[28] Die Postmortem-Fotografie gehörte zu den Haupteinnahmequellen der ersten Fotografen.[29] Denn die langen Belichtungszeiten erforderten das „absolut reglose Objekt"[30], was bei der Totenfotografie erwartungsgemäß gegeben war.[31] Unerforscht ist bisher, warum die Postmortem-Fotografie von Anfang an in Amerika eine größere Konjunktur hatte als in Europa. Schon 1851 warben „Firmen in den USA (...) für Grabstein-Daguerreotypien: ‚Ohne ein solches schönes Etui haben Sie Ihre Pflicht gegenüber Ihren Lieben (...) nicht erfüllt."[32]

Untersuchungen von Totenbildern, die seit den Anfängen der Postmortem-Fotografie in Deutschland fotografiert worden waren, zeigen, dass die Nachfrage, Verbreitung und Kommerzialisierung in *katholischen* Regionen „signifikant

---

23 Vgl. Anna Moldenhauer, *Post Mortem Fotografie*, a.a.O., 5f., mit Bezug auf Katharina Sykora, *Die Tode der Fotografie*, a.a.O. und Thomas Macho/Kristin Marek (Hg.), *Die neue Sichtbarkeit des Todes* (München: 2007).
24 Vgl. Juliet Hacking (Hg.), *Fotografie. Die ganze Geschichte* (Köln: 2012), 18–85.
25 Vgl. ebd., 18f. – „Schon im 4. Jh. v. Chr. wusste Aristoteles um das Prinzip der Camera obscura: Licht von einer externen Quelle, das durch ein kleines Loch in einen abgedunkelten Raum fällt, wirft ein auf dem Kopf stehendes Abbild auf eine Oberfläche (...)" Um das Bild festzuhalten, benötigte man lichtempfindliches Material. Nach jahrelangen Experimenten gelang Joseph Nicéphore Niépce 1826/27 auf einer Zinnplatte die erste, noch unscharfe und stark körnige Fotografie.
26 Benannt nach den Erfindern Louis Jacques Mandé Daguerre und Joseph Nicéphore Niépce. Die Abbildung entstand auf einer mit lichtempfindlicher Silberjodschicht überdampften Kupferplatte, die in einer hölzernen Kamera belichtet und dann mit Quecksilberdämpfen und Kochsalzlösung behandelt wurde.
27 Vgl. in: Juliet Hacking, *Fotografie*, a.a.O., 26ff. Zu erwähnen ist das von William Henry Fox Talbot 1840/41 entwickelte Kalotypie-Negativ-Verfahren, was Papier-Abzüge erlaubte und somit die Zukunft der Daguerreotypie sicherstellte.
28 Vgl. Jakob W. Lewis, *Figurenstudien*, in: Juliet Hacking, *Fotografie*, a.a.O., 54.
29 Vgl. Katharina Sykora, *Die Tode der Fotografie*, 131ff: „Eine spezielle Profession".
30 Juliet Hacking, *Fotografie*, 34.
31 Vgl. dazu auch: Martin Kreuels (2011), Interview mit Postmortem-Fotograf Dr. Martin Kreuels, in: www.bestattung-zeitschrift (= online Fachzeitschrift des VDZB), Ausgabe vom 15. März 2011, o.S.
32 Ebd., 58. – Vgl. dazu kritisch hier unter 3.

höher" war als in *evangelischen* Regionen.[33] Über die Gründe wurde bisher kaum nachgedacht.[34] Das verwundert auch insofern, als in katholischen Häusern Totenbilder von Familienangehörigen wie selbstverständlich neben Bildern lebender Angehöriger an den Wänden hingen, Vitrinen und Kommoden zierten, und dies „bis weit in das 20. Jahrhundert".[35] Es war sogar üblich, Fotografien von Toten mit sich zu tragen und bei passenden Gelegenheiten öffentlich zu zeigen.

Die Art der Inszenierung und bildhaften Wirkung der fotografierten Leiche konnte sehr verschieden sein, z.B. dass der Tote noch auf dem Sterbebett liegt oder schon im Sarg aufgebahrt erscheint, dass er allein oder mit den Familienangehörigen fotografiert wird, dass er mit geschlossenen Augen wie ein Schlafender oder mit geöffneten (und befeuchteten) Augen wie ein Lebender wirkt. Die Arten der Darstellung und Verwendung geben Aufschluss über die unterschiedlichen Motive des frühen Interesses an privater Postmortem-Fotografie[36]: Die Illusion des Schlafes sollte tröstlich und befreiend von der Angst vor dem eigenen Tod wirken.[37] Die Darstellung von sog. „lebenden Toten" sollte die Schwere eines Schicksals erleichtern oder den Eindruck der Unversehrtheit vermitteln, z.B. bei Kinderleichen. Ziel solcher Inszenierungen war die Verharmlosung des Todes, während Aufbahrungsfotos mit der Wahrheit konfrontieren und den Trauerprozess motivieren sollten. Dabei signalisierte die Aufbahrung zuhause auf dem Sterbebett noch Nähe und Vertrautheit. Dort konnten noch symbolische Riten am Toten durchgeführt werden, z.B. das Aufsetzen der Totenkrone, was nicht nur in katholischen, sondern von Anfang an auch in protestantischen Bereichen verbreitet war.[38] Dagegen bewirkte die Aufbahrung im Sarg schon mehr Abstand und Fremdheit, was fotografisch dadurch verstärkt wurde, dass außer der Person auch Teile des Sarges und die Umgebung (z.B. Blumen-Buketts) mit auf dem Foto

---

33 Vgl. Anna Moldenhauer, *Post Mortem Fotografie*, a.a.O., 8. – Moldenhauer bezieht sich auf Heinz Gebhardt, *Leichenporträts in treffender Ähnlichkeit*, in: Sigrid Metken (Hg.), *Die letzte Reise. Sterben, Tod und Trauersitten in Oberbayern* (München: 1984), 128–135.
34 Erste Ansätze finden sich bei Katharina Sykora, *Die Tode der Fotografie*, a.a.O., 205ff.
35 Anna Moldenhauer, *Post Mortem Fotografie*, a.a.O., 9. – Moldenhauer bezieht sich auf Jens Guthmann, *Dem Tod ins Gesicht sehen – Bilder aus dem Leichenschauhaus in der zeitgenössischen Fotografie*, Vortrag auf der 8. Jahrestagung der Europäischen Totentanz-Vereinigung (Zürich: 2002).
36 Vgl. zum Folgenden ausführlicher und mit Bildmaterial: Katharina Sykora, *Die Tode der Fotografie*, a.a.O., 146–257.
37 Vgl. Anna Moldenhauer, *Post Mortem Fotografie*, a.a.O., 11–14.
38 Vgl. Gerald Bamberger, *Totenkronen von ca. 1750 bis 1850 im Großherzogtum Hessen*, in: Walter Stolle (Hg.), *Der Tod. Zur Geschichte des Umgangs mit Sterben und Tod* (Darmstadt: 2001), 99–111.

erschienen.[39] Auch die verschiedenen Verwendungsweisen geben Aufschluss über die Motive des frühen Interesses am Totenfoto, vor allem in katholischen Regionen: Ihm wurde – vergleichbar mit der magischen Funktion der Totenmaske – ein Abwehrmechanismus zuerkannt. In der prekären Interimssituation zwischen Tod und Beerdigung „verscheuchte" es „mit magischer Kraft dämonische Einflüsse", wie dies in höfischen Kreisen des 16. Jh. ähnlich von den sog. Totenbettbildchen angenommen wurde.[40] Eine weitere Verwendung fanden Postmortem-Fotos in Todesanzeigen als sog. „Toten- oder Sterbebildchen". Sie stellen „eine Besonderheit in katholischen Bevölkerungsteilen Europas und Nordamerikas" dar."[41] Was sie im Lebensraum katholischen Glaubens leisteten, wird im Folgenden dargestellt (vgl. c).

Die im 19. Jh. übliche Vielfalt an Darstellungsformen der Leichen trat in den 1930er Jahren zurück, bis dahin, dass sich Postmortem-Fotografie zuletzt nur noch auf das Foto des geschlossenen Sarges beschränkte[42] – und bis vor kurzem fast ganz aus der öffentlichen Wahrnehmung verschwunden war. Als Gründe für diesen Rückgang erkennt Anna Moldenhauer (2012) den „Fortschritt der Wissenschaft"[43], die „Entwicklung der Gesellschaft zur Moderne"[44], den „Fortschritt der Technik"[45] und die „Darstellung des Todes in den Medien"[46]. Zu ergän-

---

39 Anna Moldenhauer, *Post Mortem Fotografie*, a.a.O., 19–22.
40 Katharina Sykora, *Die Tode der Fotografie*, a.a.O., 197. – Sykora bezieht sich auf: Sigrid Metken (Hg.), *Die letzte Reise. Sterben, Tod und Trauersitten in Oberbayern* (München: 1984, 76). – Diese Abwehrfunktion erfüllten zuvor etwa das Totengeläut und andere Bräuche, z.B. dass der Leichnam selbst oder ein mit einem Ziegelstein beschwertes Kreuz aus Stroh auf die Türschwelle des Hauses gelegt wurde (ebd.).
41 Ebd., 203.
42 Ebd., 22. – Moldenhauer bezieht sich auf Jay Ruby, *Secure the shadow. Death and Photography in America* (Massachusetts: 1995).
43 Ebd., 22f: Hygienische Bedenken; Rückgang der Sterblichkeitsrate; Totenfotos in privaten Räumen nur noch auf gerichtliche oder polizeiliche Anordnung erlaubt.
44 Ebd., 23–26: Bedeutungsverlust der Religion und ihrer Riten; Rationalisierung und Tabuisierung des Todes; Entdogmatisierung, Globalisierung und Privatisierung der Deutungen des Todes.
45 Ebd., 26: Technischer Fortschritt der Fotoapparate; handlich und erschwinglich; jeder fotografiert selbst; Postmortem-Fotografie findet ohne Profis im Verborgenen statt.
46 Ebd., 26f: Nachrichtensendungen und Spielfilme vermitteln Schreckensbilder des Todes; Angst aus Unkenntnis vom wahren Bild des Todes. – Vgl. dazu Rüdiger Sachau über die „Unsichtbarkeit der Toten: Während der individuelle tote Mensch immer weniger Wahrnehmung erfährt, die Anonymisierung und Privatisierung von Bestattungen belegen diese Entwicklung exemplarisch, wird gleichzeitig der Tod zum massenhaften Produkt in medialer Darstellung. (...) Der Alltäglichkeit des Massentodes im Öffentlichen entspricht fast dialektisch das Ende der Würde des einzelnen sterbenden und toten Menschen. Diese Entwicklung schafft eine Bruch-

zen wären die Erfahrungen aus den Kriegen, wonach die Betrachtung von Toten stark mit Scham- und Schuldgefühlen einherging: „Totenbilder verloren den sozial akzeptierten Aspekt der Trauerbewältigung. (...) Wer Post Mortem Fotografien besaß, musste nun befürchten, in den Augen anderer als morbid oder schlimmer noch, als pervers zu gelten. Die Existenz der Fotografien im Familienbesitz wurde daher vermehrt verleugnet."[47]

Das gegenwärtig wiedererwachende Interesse an der Postmortem-Fotografie trägt ambivalente Züge. Die Anschauung von Toten und ihren Bildern stößt einerseits ab, weil sie eine doppelte Verunsicherung auslöst: „Zum einen wirkt der Kontrollverlust des Toten auf die Bewusstwerdung der eigenen Sterblichkeit. Zum anderen wird der voyeuristische Blick gebrochen, weil der Tote ihn nicht mehr erwidern kann."[48] Zugleich aber faszinieren Postmortem-Fotos den zeitgenössischen Betrachter und wirken anziehend auf ihn.[49] Über diese Ambivalenz wird näher nachzudenken sein (vgl. 2 und 3).

1.3 Motive des Interesses am funeralen Porträtbild

Bereits kurz nach Erfindung der Daguerreotypie entstand das fotografische Selbstporträt (1839). Durch die rasche technische Weiterentwicklung der Fotografie gewann es früh auch im funeralen Kontext an Bedeutung. Der Brauch, ein Porträtbild des Verstorbenen aufzustellen, zu verschicken oder bei sich zu tragen, verbreitete sich rasch über das gesamte katholische Europa, um 1840 erreichte er Bayern. Waren es zu Anfang kleinformatige Bilder, die einer Bitte um Gebet für den Verstorbenen beigefügt waren, wurden die Porträtfotos als (schmuckvolle) „Objekte des Andenkens"[50] im Laufe der Zeit größer, während das religiöse

---

linie in unserem Gefühl und Denken. Ich vermute, dass der Umgang mit den Toten und ihre Darstellung eine beredte Aussage über den Zustand unserer Kultur abgibt." (in: Rüdiger Sachau (Hg.), *Der tote Mensch in Medizin, Theologie und Bestattungskultur. Perspektiven und Probleme im Umgang mit dem menschlichen Leichnam*, Tagung der Ev. Akademie Nordelbien (Bad Segeberg: 1995), 20.–22.1.1995, Einführung, 1.
47 Anna Moldenhauer, *Post Mortem Fotografie*, a.a.O., 25.
48 Ebd., 26.
49 Vgl. etwa die vielbeachtete Fotoausstellung „Life Before Death" (Noch mal leben) von Walter Schels und Beate Lakotta (Frankfurt: 2008), die Porträts von Menschen zeigte, die kurz vor und kurz nach ihrem Tod fotografiert worden waren (vgl. den gleichnamigen Katalog und die Dokumentationen bei www.youtube.com), sowie die zahlreichen Dokumentionen von „Old Victorian Post Mortem Photography" unter www.youtube.com.; Vgl., auch den Beitrag von Jens Wolff in diesem Band.
50 Vgl. Katharina Sykora, *Die Tode der Fotografie*, a.a.O., 221ff.

Motiv im Zuge zunehmender Säkularisierungstendenzen seit den 1940er Jahren immer mehr zurücktrat oder ganz verschwand.[51] Eingeklebt in Fotoalben dienten sie kaum noch einem religiösen Anliegen oder der Trauerbewältigung, sondern wurden „zunehmend zu Objekten und Zeichen der Desintegration", von denen man sich verunsichert, schockiert, beschämt oder überwältigt abwandte.[52]

Unter dem gleichen Einfluss mentaler und räumlicher Verschiebungen im Zuge von Säkularisierung, Technisierung und Ökonomisierung in den westlichen Gesellschaften standen auch die Porträtbilder, die seit dem ausgehenden 19. Jh. auf vielen Friedhöfen auftauchten. Diese traten an die Seite der steinernen und erzenen Grabmalporträts, die ‚großen Männern' vorbehalten waren, und trugen somit zu einer Verbürgerlichung der Friedhöfe bei. Dass dies vor allem in *katholischen* Regionen erfolgte, wird als ein Erbe der katholischen Tradition der Toten- oder Sterbebildchen einsehbar, die die Kulturwissenschaftlerin Katharina Sykora (2009) so beschreibt:

Die Toten- oder Sterbebildchen nehmen in katholischen Regionen „eine vielseitige Schwellenfunktion ein. Einerseits wird der Verstorbene durch sie in ein gemeinsames Figurenarsenal mit den Heiligen eingefügt und damit gleichsam leiblich unter deren Schutz gestellt. Diese visuelle Konstruktion erfüllt bereits, was die Betrachter aufgerufen sind durch ihre Fürbitten und Stoßgebete zu erreichen: die Aufnahme des Toten in das Reich der Seligen. Doch die Porträtfotografie platziert die Verstorbenen nicht nur in himmlischen Gefilden, sie finden durch sie auch ganz praktisch Eingang in die Gemeinschaft der Lebenden. Vergegenwärtigt man sich den Gebrauch der Sterbebildchen, die üblicherweise in das Gebetbuch gelegt wurden und daher dem gläubigen Katholiken bei jeder Andacht und zu jedem Gottesdienst ins Auge und in die Hand fielen, verstärkt sich die Einbindung des Toten in eine fortgesetzte religiöse Praxis, die ihn auch unter den Schutz der Hinterbliebenen stellt. (...) Denn deren Gebete gewährleisten erst die rasche Passage des Sünders durch das Purgatorium. Daher bedarf es der insistierenden Anrufung der Lebenden, für die Toten zu bitten. Dies kommt zumindest in den Texten der Sterbebildchen massiv zur Sprache. Die Toten treten so nicht nur vor den Richterstuhl Gottes, sondern wenden sich zugleich an die Gemeinschaft der Lebenden, vor der sie sich ebenfalls rechtfertigen müssen. Daher die ausdifferenzierten Biografien, die beschwörend aus jedem Verstorbenen ein frommes und wertvolles Mitglied der Gesellschaft machen. Und daher auch die Porträtfotografien, die uns mit ihrem Blick direkt adressieren und uns auffordern, uns im Jenseits wie im Diesseits für sie zu verwenden. Das Tauschgeschäft wechselseiti-

---

51 Ebd., 208f.
52 Vgl. ebd., 237–258, 258.

ger Bürgschaft funktioniert hier in einem dichten Hin und Her. Die Toten bieten sich als integre Ahnen und potenzielle Fürbitter vor Gottes Thron an, sie fordern dafür aber deren Unterstützung bei ihrer *rite de passage* ins Paradies. Und während die Lebenden die Toten durch den fortgesetzten Ritus des Gebets in ein besseres Jenseits begleiten und sie in der Betrachtung des Porträts zugleich fest in ihrer Gegenwart installieren, verlangen sie noch posthum die Unterwerfung der Verstorbenen unter rhetorische und bildliche Konventionen bürgerlicher Wohlanständigkeit."[53] (...) „Diese wechselseitige Fürbitte, Gedenkaufforderung und Tröstung erhöht sich noch, wenn wir die weitere Nutzung der Sterbebildchen mit einbeziehen. So werden sie beim Beerdigungsgottesdienst von den Angehörigen verteilt oder zum Mitnehmen gegen eine Kollekte ausgelegt und fungieren als Anlass zur Fürbitte und zum Gedenken im unmittelbaren Trauerfall. Darüber hinaus finden sie sich (...) in den Gebetbüchern, Brieftaschen oder Nachtkästchen, (...), neben anderen Sterbebildchen wieder. Durch diese intime Aufbewahrung in einem persönlich zusammengestellten Archiv werden die fotografierten Gesichter auf den Sterbebildchen in eine ganz spezielle Gemeinschaft überführt. Sie bilden eine Gesellschaft der Toten, die allein durch die Biografie des Sammlers zusammengekommen ist. Er oder sie konstruieren sich ihr eigenes Postmortemfotoalbum als Summe aller Verstorbenen, die sie schätzten. Ihre Porträtkollektion wird zur Basis persönlicher Erinnerung und zugleich zum Symbol einer Resozialisierung ‚ihrer' Toten zu einer erinnerungswürdigen Gemeinschaft." – „Ein derart komplexes und ausgewogenes Geben und Nehmen zwischen den Lebenden und den Toten sowohl im persönlichen wie im kollektiven Umgang gewährleisten die Sterbebildchen jedoch nur so lange, wie die Bildprogramme (...) die religiösen Praktiken der Fürsprache wie der Erinnerung in vollem Umfang erlauben."[54] (vgl. hier unter 2).

Vor diesem Hintergrund leuchtet ein, warum Porträtfotos zunächst nur auf *katholischen* Friedhöfen auftauchten. Ähnlich unterlagen diese jedoch auch dem Funktionswandel, den solche Sterbebildchen seit den 1940er Jahren durch Säkularisierung und auch durch Veränderungen im katholischen Ritus[55] erfuhren:

„Zu seiner ursprünglichen Funktion, das Seelenheil des Verstorbenen durch eine imperative Gebetsaufforderung zu befördern, tritt in der Folgezeit die Funktion als Erinnerungs- und Gedenktafel, als Objekt der Totenehrung und Promul-

---

53 Ebd., 205ff.
54 Ebd., 208.
55 „So machte die Liturgiereform des Zweiten Vatikanischen Konzils die Handhabung eines Gebetsbuchs während der Messe überflüssig, so dass auch die Sterbebildchen langsam aus der religiösen Praxis verschwanden." (ebd., 208f.)

gation des Todesfalls mit fast offiziellem Charakter und, durch Ablassgebete, als Heilsmittel für die Hinterbliebenen. Es befriedigt im 19. Jahrhundert das bürgerliche Bedürfnis nach Selbstdarstellung und kann zum Prestigegut werden, darüber hinaus zu einem normativen Instrument im Zuge endogener Rekatholisierungstendenzen, schließlich in unserer Zeit zu einem vielfach aussageschwachen, austauschbaren Andenkenbildchen."[56]

Dass gegenwärtig im *protestantischen* Umfeld das Interesse am funeralen Porträt wächst, hat eher andere Gründe. Deutlich ist, dass es meistens bei Trauergottesdiensten mit Urne, bei Trauerfeiern ohne Bestattung und bei Totengedenkgottesdiensten zum Einsatz kommt. Bei der Trauerfeier mit Urne tritt das Bild an die Stelle des fehlenden Sarges. Die Trauergemeinde fühlt sich (auch aufgrund des fehlenden Abschiedssegens) „des Leichnams beraubt"[57]. Das Porträtbild wirkt kompensatorisch. Als „Gegenbewegung", die häufig „ein gesteigertes Inszenierungsbedürfnis" impliziert[58], findet es darum auch dort, wo *anonyme* Bestattungen zunehmen, verstärkt seinen Platz. Allerdings entspringt der Impuls zum Einsatz eines Porträts in der evangelischen Trauerfeier bisher noch weniger der Nachfrage Angehöriger als vielmehr dem Angebot moderner Bestattungsinstitute, dem sich die Kunden in ihrer Situation nicht immer leicht entziehen können. Dabei sind die Anbieter häufig noch nicht genügend darüber informiert, dass Bilder in der Situation von Abschied und Trauer – seelsorglich betrachtet – nicht nur konstruktiv, sondern auch dekonstruktiv wirken können[59] (vgl. 2 und 3).

Festzuhalten ist, dass das heutige Interesse am funeralen Porträtbild bzw. an privater Postmortem-Fotografie in Motiven gründet, die kulturgeschichtlich im *Vorfeld* kirchlich-konfessioneller Unterschiede liegen: Magie/Religion, Macht/Verehrung, Ästhetik/Kunst, Erinnerung/Trauerarbeit. In mehrfacher Hinsicht implizieren diese Motive bestimmte Bildprogramme. Im Folgenden sollen darum einige Aspekte zur Bildkategorie mit aufgenommen werden.

---

56 Burkhard Schwering, *Totenzettel. Zur Geschichte eines sepulkralkulturellen Brauchrequisits*, in: Rheinisches Jahrbuch für Volkskunde. Sterben und Tod, 34. Bd. (2001/2002), 49–66, 50, zit. n. Katharina Sykora, *Die Tode der Fotografie*, a.a.O., 217.
57 So gedeutet in der Bestattungsagende für Kurhessen (Agende IV. Die Bestattung, hg. v. Landeskirchenamt der Evangelischen Kirche von Kurhessen-Waldeck (Kassel: 2006), 61ff, zit. n. Bieritz, *Bestattungsrituale im Wandel*, a.a.O., 147; vgl. Bestattungsagende der UEK, 25.
58 Vgl. Thomas Klie, *Performanzen des Todes*, Covertext und *Einleitung – die Imposanz des Todes und die Suche nach neuen Formen*, a.a.O., 7–13.
59 Vgl. Karl-Heinrich Bieritz, *Bestattungsrituale im Wandel*, a.a.O., 148.

2 Bild und Tod

Seine spezielle Rolle gewinnt das Bild als *Übergangsphänomen* in seiner existenziellen und religiösen Dimension, wenn es anthropologisch und theologisch als ein dynamisches ‚Dazwischen' verstanden wird: *räumlich* zwischen innerer und äußerer Realität, *zeitlich* zwischen Leben und Tod, *bildlich* zwischen Immanenz und Transzendenz. Dieses Bildverständnis ist bereits im sozialen Brauch der Totenmaske erkennbar:
- im Ahnen-, Schädel- und Mumienkult als das Verbindende zwischen der Welt der Lebenden und der Toten und das Vermittelnde zum Übernatürlichen,
- in der Reliquienverehrung als Bürge der Anwesenheit des Abwesenden und seines bleibenden Einflusses auf Geschicke der Gegenwart,
- in der „effigies"-Tradition als Stellvertreter des verstorbenen Machthabers zur Sicherung des sozialen, politischen und rechtlichen Systems,
- in der Kunst als Hilfsmittel zwischen der verfallenden Physiognomie des Leichnams und dem ausgeführten Porträt,
- in der Trauerarbeit als Medium zur Aufrechterhaltung der Kommunikation mit dem Verstorbenen.

Ähnlich scheint auch der Gebrauch des funeralen und postmortalen Porträtfotos in der Bedeutung des Bildes als *Übergangsobjekt* zu gründen:
- in seiner frühen magischen Funktion, um in der prekären Interimssituation zwischen Tod und Beerdigung gefährliche Dämonen abzuwehren,
- in seiner vielseitigen Schwellenfunktion im Katholischen, um das ‚wechselseitige Tauschgeschäft' (s.o.) zwischen den Lebenden und den Toten zu gewährleisten,
- bei der Inszenierung der Leiche, wo es einerseits die Wirklichkeit des Todes leugnen oder verharmlosen, andererseits das Abschiednehmen befördern und den Trauerprozess in Gang setzen soll.

Offensichtlich beinhaltet das Bild also eine Dynamik, die Raum und Zeit zu transzendieren, das Trennende des Todes zu überwinden oder durchlässig zu machen, Kontingenzerfahrungen aufzunehmen, zu halten und zu verwandeln, d.h. menschlicher Not zu begegnen, religiöse Suchbewegungen zu tragen und lindernde Wirkung – Trost, Vergewisserung, Hoffnung – zu erzielen vermag. Die These ist hier, dass jene Dynamik, die so nur über das Bild und auf keine andere

Weise vermittelbar ist[60], im katholischen Christentum seit jeher seinen Platz hat, im Protestantismus aber erst heute, im Zeitalter des Bildes und mit neuen Erkenntnissen des wissenschaftlichen Bilddiskurses, langsam wiederentdeckt wird. Diese These soll nun im Rahmen unserer Fragestellung evident werden.

2.1 Impulse aus dem interdisziplinären Bilddiskurs

Kulturanthropologisch hat vor allem Hans Belting (2005) näher über das Bild nachgedacht: „Seinen wahren Sinn findet ein Bild darin, etwas abzubilden, was abwesend ist und also allein im Bild da sein kann. (...) Das Bild eines Toten ist also keine Anomalie, sondern geradezu der Ursinn dessen, was ein Bild ohnehin ist."[61] Dabei hat das Bild die Bedeutung einer „Zwischenform":

> „Mit einem Gesicht in physischen Kontakt getreten zu sein, ist etwas anderes, als das Gesicht selbst zu zeigen (...). Zwischen Abdruck und Abbild gibt es jedoch eine Zwischenform, die beides in sich vereint: *das ist die Maske*. Sie konnte sowohl von einer Mutterform, einem Gesicht, abgenommen wie auch anschließend als Bild eigener Art etabliert werden. Die Analogie von Bild und Gesicht tritt erst in der Maske zutage, die nur noch Bild ist, aber Bild von einem Gesicht. Sie zeigt das originale Gesicht in einem Zweitgesicht, so wie es Schauspieler haben, die in der Maske eine Rolle spielen, die man wiederum nur in der Maske wieder erkennt."[62]

Die Maske ist im Prinzip „eine Zwei-Seiten-Form, deren eine das Bild und deren andere das Medium ist, dessen materiale Bedingung der wahrnehmbaren Form uns nur über unsere eigene Körpererfahrung als Wahrnehmungsmedium zugänglich ist."[63] Ähnlich wird das Bild aus kunsttheoretischer Sicht von Gottfried Boehm (1999) begründet: als ein „Medium zweiter Stufe. Zu ihr gehört, dass wir die Differenz von Medialität und Formung ihrerseits in den Blick nehmen können."[64] Es

---

[60] Vgl. Gottfried Boehm, für den diese Erkenntnis aus kunstwissenschaftlicher Sicht der Grund war, 1994 den „iconic turn" auszurufen.
[61] Hans Belting, *Bild-Anthropologie. Entwürfe für eine Bildwissenschaft* (München: 2001). – Vgl. Katharina Sykora: „So ist der Leichnam jener Rest des lebenden Menschen, der zu seinem ersten posthumen Konterfei wird." (a.a.O., 23).
[62] Ders., *Das echte Bild. Bildfragen als Glaubensfragen* (München: ²2006), 74.
[63] Joachim Paech, Art. Medienwissenschaft, in: Bildwissenschaft, hg. v. Klaus Sachs-Hombach (2005), 83, 79–96. „Was in der Welt der Körper und Dinge ihr Stoff, das ist in der Welt der Bilder ihr Medium. Da ein Bild keinen Körper hat, braucht es ein Medium, in dem es sich verkörpert." (Hans Belting, *Bild-Anthropologie*, a.a.O., 17).
[64] Gottfried Boehm, *Vom Medium zum Bild*, in: Yvonne Spielmann/Gundolf Winter (Hg.), *Bild – Medium – Kunst* (München: 1999), 165–177, 169.

handelt sich um einen „Übergang vom Akt der Wahrnehmung in den der Darstellung beziehungsweise der Betrachtung des Dargestellten", der „keineswegs kontinuierlich" ist[65], weil sich dazwischen „die Rahmenbedingungen von Evidenz" verändern.[66] Anzunehmen ist ein *„missing link*, welches die Distanz, die wir in der Erkenntnis nehmen, zu überbrücken imstande ist (...)."[67] Am Beispiel des frühen Schädelkults (vgl. 1a) zeigt Boehm (2001), dass im kreativen Akt der (Neu-)Gestaltung des Schädels eine solche Überbrückung möglich werden kann, d.h. das Bild den Abwesenden auf andere, neue Weise zu *vergegenwärtigen* vermag: „Es geht um die gesteigerte Gegenwart eben dieses Verstorbenen. (...) Die Darstellung leiht dem verschwundenen Dargestellten seinen Bildwert, macht ihn damit präsent. Und umgekehrt leiht das Urbild des Dargestellten dem Bilde seine Kraft."[68]

> In kritischer Relecture dieser kataphatischen Bildtheorie erinnert Philipp Stoellger (2011) daran, dass im Ahnenkult „nicht nur die Schädel der eigenen Vorfahren gestaltet und exponiert wurden, sondern auch Schädel der Feinde (...). Denn der Geist besiegter Feinde musste gebannt werden, um sich vor dessen Wiederkehr und seiner bedrohlichen Präsenz zu schützen. Dann wäre solch ein Schädel ebenso für die Gegenthese" (d.h. einer apophatischen Bildtheorie) „anzuführen: Mit dieser Gestaltung als Bild sollte er *entgegenwärtigt*, gebannt und entzogen werden. (...)"[69]. Beim kinetischen Moment ikonischer Energie muss bildtheoretisch also differenziert werden: „Präsenzintensivierung, um den Entzogenen zu vergegenwärtigen, oder Präsenz, um den Entzug und die Exklusion des Feindes gegenwärtig zu inszenieren, sind verschiedene Performanztechniken. (...)"[70]

Das Bild *ist* und *will* mehr, als bloß Repräsentation eines Abwesenden zu sein. Wenn das Bild eines Toten der „Ursinn", ja der Ursprung des Bildes überhaupt ist[71], liegt genau dazwischen jener „missing link" als „Riss der Präsenz", der für

---

65 Ders. (2008), *Augenmaß. Zur Genese der ikonischen Evidenz*, in: Gottfried Boehm/Birgit Mersmann/Christian Spies (Hg.), *Movens Bild. Zwischen Evidenz und Affekt* (München: 2008), 15–43, 20.
66 Ebd., 25.
67 Ebd., 22 (Hervorhebungen im Original).
68 Ebd., 11.
69 Philipp Stoellger, *Die prekäre Präsenzpotenz des Bildes und das Visuelle als Entzugserscheinung*, in: *Präsenz im Entzug. Ambivalenzen des Bildes*, hg. v. Philipp Stoellger/Thomas Klie (Tübingen: 2011), 221–253, 229f.
70 Ebd., 231.
71 Vgl. Hans Belting, *Bild und Kult* (München 1990), insbes. 49ff., 92ff.; ders., *Bild-Anthropologie*, a.a.O., 143–188; ders. (2005), *Das echte Bild. Bildfragen als Glaubensfragen* (München: ²2006). – Entgegen der gängigen These vom Ursprung des Bildes in der Inkarnation (vgl. Marie-Jose Mondzain, *Können Bilder töten?* Aus d. Franzŏs. v. R. Voullié [Zürich/Berlin: 2006]), wird die These vom Ursprung des Bildes im Tod bzw. in der Kreuzigungsszene gegenwärtig in diszi-

unser Thema von besonderer Bedeutung ist. Philipp Stoellger (2008) umschreibt ihn treffend:

> „(...) der Ursprung des Bildes ist der Tote selber, der zum Bild des Verstorbenen wird; und alle folgenden Bilder sind Bilder des Toten wie gegen den Tod, zutiefst ambig. Wie der Tote dem Lebenden ähnlich sieht, ist er doch nicht der Lebende, sondern der Tote. Und als Toter wird er zum Ding, ähnlich nur noch dem Lebenden. Im Toten ersteht ein Bild von der Ähnlichkeit dessen, der abwesend ist. Und alle späteren Bilder des Abwesenden können diese Ur-teilung und den Riss der Präsenz nicht mehr tilgen (...)"[72].

Um diese „Ur-teilung" zu erfassen, rückt im interdisziplinären Bilddiskurs immer mehr das Phänomen des „Blicks" in den Mittelpunkt. Schon Belting (2005) fiel auf, dass bei seiner Begründung des Bildes als „Zwischenform" etwas fehlt, was das ehemals lebendige Gesicht in Form der Maske zum „echten" Bild werden lässt. Dies geschieht „durch den Blick", der „den mechanischen Abdruck gleichsam animierte."[73]

Der Bezug zu unserem Thema liegt auf der Hand: Der Blick dessen, den das Porträtfoto in der Trauerfeier bzw. am Grab zeigt, animiert den Gegenblick der betrachtenden und betrachteten Hinterbliebenen. Im lebendigen Hin und Her von Projektion und Introjektion keimt die ‚Arbeit des Bildes'. Solche Fotos sind daher als „starke Bilder" zu bezeichnen, weil sie im Akt ihrer ästhetischen Performanz die Trauer- und Abschiedssituation beeinflussen. Entweder wirken sie kataphatisch, indem sie „dem Dargestellten ein Surplus, einen ‚Zuwachs an Sein' (verleihen)"[74]; es kommt zu einer Intensivierung der Präsenz durch *Vergegenwärtigung* des Abwesenden.[75] Oder sie wirken apophatisch, indem sie den Rezipien-

---

plinär spezifischer Weise vertreten durch: (Kulturanthropologisch:) Hans Belting (s.o.); (philosophisch:) Maurice Blanchot (1971), *Le musée, l´art et le temps*, in: ders., *L´Amitié*, Paris, 42f; (bildtheoretisch:) Georges Didi-Huberman, *Der Tod und das Mädchen. Literatur und Ähnlichkeit nach Maurice Blanchot*, in: Trajekte 9/2004, 27–37, bes. 33f; (theologisch:) Philipp Stoellger, *Ikonische Energie*, a.a.O., 27 (danach zitiert).
72 Philipp Stoellger, *Ikonische Energie. Das Bild als Medium des Begehrens?*, in: Kunst und Kirche, Ökumenische Zeitschrift für zeitgenössische Kunst und Architektur, 71. Jg., H. 1 (2008): bild – körper – raum, 24–27, 27.
73 Hans Belting, *Das echte Bild*, a.a.O., 81.
74 Ebd.
75 Darin schwingt noch das magisch-religiöse Verständnis aus den Anfängen der Postmortem-Fotografie mit, als man im Blick auf die Verstorbenen annahm, „durch den Akt des Fotografierens werde gleichsam Schicht für Schicht die Körperlichkeit von ihnen abgetragen und ins Bild aufgenommen. (...) Die auf Trägerelemente wie Schmuckbroschen oder Amulette aufgebrachten Postmortemfotografien konnten daher als mit einer dreidimensionalen Substanz versehene,

ten die Gegenwart entziehen; es kommt zur *Ent*gegenwärtigung des Angehörigen, verbunden mit dem unlösbaren Bedürfnis, den Tod zu durchschauen.[76]

Die Wahrnehmung des funeralen Porträtfotos ist also keineswegs eindeutig. Es kann *enthüllend* und *verhüllend* wirken, auch im Wechsel, je nach dem Blickereignis, ob die Visualpräsenz des Dargestellten gegen die Realität des Todes antritt[77] oder die Entzugserscheinung die Lücke, die der Verstorbene hinterlässt, öffnet. Seine Kraft bezieht das funerale Porträtfoto daraus, „dass sich der Tod selbst dem ‚Regime der Visualisierung' (...) entzieht. (...) Es bleibt also nichts anderes als der mehr oder weniger hilflose Versuch, sich ein Bild vom nicht vorstellbaren Tod zu machen". Das Bild fügt sich damit in die Rolle eines notdürftigen Ersatzes. Fraglich ist jedoch, ob es dabei bleiben muss. Denn als Übergangsobjekt, das eine Gestalt von Präsenz *im* Entzug initiiert, kann es „die prinzipielle Unanschaulichkeit des Todes akzeptabel machen", weil es das Begehren nach einem „Unerwarteten im Erwarten"[78] impliziert, d.h. den Zugang zu jenem anderen, fremden Bild eröffnet, das den Tod „zum Zeichen seines Gegenteils: des Lebens" werden lässt.[79]

Um dies zu erläutern, muss differenziert werden: der Blick des Dargestellten, der aus dem Foto ‚herausschaut', und der ‚Blick', der im Bilddiskurs auch als Metapher für eine *implizite* ikonische Dynamik steht, die verwandelnde Kraft haben kann. Bisher[80] haben vor allem Bernhard Waldenfels (2001), Philipp Stoellger (2008) und Hans Belting (2013) näher darüber nachgedacht. Phänomenologisch ist dieser Zwischenraum, wenn man „das Bildgeschehen insgesamt, (...)

---

letzte Hülle des einstmals lebenden Körpers verstanden werden." (Anna Moldenhauer, *Post Mortem Fotografie*, 9, zit. n. Sykora).

76 Mit den Begriffen „kataphatisch"/„apophatisch" sind gegensätzliche Bildtheorien markiert, vgl. dazu Philipp Stoellger, *Das Bild als unbewegter Beweger? Zur effektiven und affektiven Dimension des Bildes als Performanz seiner ikonischen Energie*, in: Movens Bild. Zwischen Evidenz und Affekt, hg. v. Gottfried Boehm/Birgit Mersmann/Christian Spies (München: 2008), 182–223, 208f.

77 Die Schau hat dann etwas Geisterhaftes. Unter dem Gesichtspunkt müssen Grabfotos gespenstisch wirken, Friedhöfe wie Geisterbahnen.

78 Bernhard Waldenfels, *Ungleichzeitigkeiten des Lebens*, Vortrag auf der Tagung des ifi Rostock „Bild und Tod II. Zu einer Grundfrage der Bildanthropologie", Rostock 11.4.2013.

79 Thomas Klie, *Einleitung – die Imposanz des Todes und die Suche nach neuen Formen*, a.a.O., 12.

80 In Vorbereitung ist eine Untersuchung zum „Bild als Blickgeschehen" in theologischer Perspektive, die weitere Erkenntnisse bringen wird (vgl. Hannes Langbein, laufendes Dissertationsprojekt, Uni Rostock, Bildinstitut).

das Ins-Bild-Treten und das Ins-Bild-Setzen" bedenkt, in drei *Dimensionen* als „Spiegel, Spur und Blick"[81] zu erfassen:

> „In der Spiegelung (...) wird etwas zu dem, was es ist und niemals endgültig sein wird – so wie der Blick in den Spiegel uns (...) mit uns selbst konfrontiert und nicht nur ein bekanntes Bild zurückwirft."[82] Waldenfels spricht von einer „*Selbstverdopplung* des Sichtbaren." „Die Rolle, die das Bild an dieser Stelle übernimmt, besteht nicht darin, Kontraste zu überbrücken, sondern Ferne in Nähe zu verwandeln und zu vergegenwärtigen, was nicht gegenwärtig ist."[83] In seiner „repräsentativen" Funktion „erinnert" es an das Urbild, dem es „ähnlich" sieht. „Während die Verähnlichung durch Spiegelungen initiiert wird, lässt sich die Vergegenwärtigung von *Spuren* leiten."[84] Bilder, die auf diese Weise Fernes vergegenwärtigen, spielen mit einer „raumzeitlichen *Selbstverschiebung*". „Ein Foto ist kein Fernbild, weil es einen Abwesenden darstellt, sondern weil es jemanden (...) als abwesend darstellt. Ähnliches gilt für Kultbilder (...) oder für Ahnen- und Totenbilder, die Abgeschiedene anwesend sein lassen."[85]

Auch funerale Porträtfotos sind in dem Sinne *Fernbilder*, als sie „sich mit der unmöglichen Aufgabe abmühen, etwas ins Bild zu bringen, was jeden Bildrahmen sprengt"[86]: ein Lebendiges jenseits der Todesstarre. Das Bild als Spiegel und Spur kann das nicht. Beide kulminieren jedoch in einer dritten Dimension des Bildes als „Sehereignis": „Sehen bedeutet hier das Ereignis des Sichtbarwerdens, das Zum-Vorschein-kommen, und speziell das Ins-Bild-treten"[87]:

> Insofern dieses Sehereignis selbst „ins Auge fällt und ins Bild eindringt", ist der im Bild als gegenwärtig erscheinende Abwesende „nicht mehr der Spiegel, der eines dem anderen ähnlich macht, nicht die Spur, die uns an Fernliegendes erinnert, sondern der *Blick*, der uns trifft als fremder Blick." Das Bild wird zu einem „*Fluchtbild*", „in dem das Sehen sich selbst entgleitet und ein unendliches Sehbegehren auslöst, das in keiner Augenlust Befriedigung findet."[88]

„Wenn es um das Seh- und Blickgeschehen als solches geht, haben wir es nicht nur mit dem Produzentenblick dessen zu tun, der etwas ins Bild setzt" (*hier*: die Person des Verstorbenen, die bei der Entstehung des Fotos in die Kamera

---

[81] Bernhard Waldenfels (2001), *Spiegel, Spur und Blick. Zur Genese des Bildes*, in: *Homo Pictor*, hg. v. Gottfried Boehm (München/Leipzig: 2001), 14–31, 17.
[82] Ebd., 21.
[83] Ebd., 22f.
[84] Ebd., 24.
[85] Ebd., 25.
[86] Ebd., 27.
[87] Ebd.
[88] Ebd., 29.

geschaut hat, bzw. der Fotograf, der in einem bestimmten Augenblick den Auslöser gedrückt hat), „auch nicht mit dem Rezipientenblick dessen, der etwas dem Bild entnimmt" (*hier*: der Hinterbliebene, der das Foto während der Trauerfeier oder am Grab betrachtet), „sondern mit einem *Anblick*, der der Anrede, dem Appell vergleichbar ist, der unseren *antwortenden Blick* herausfordert. Dieser Blick ist nur als *Seitenblick* möglich, als Blick, der sich nicht frontal auf etwas heftet, das er ins Auge fasst und das ihm vor Augen steht, sondern ein Blick, der von dorther kommt, wo etwas uns beunruhigt und uns hinterrücks im Eigenen heimsucht."[89]

Mit diesem Bildverständnis gewinnen wir ein Kriterium zum Umgang mit dem funeralen Porträt: Über alle Projektions- und Introjektionsmechanismen hinaus, *kann* es den kasualen Dienst an Trauernden unterstützen, *insofern* es jenen „Seitenblick" ermöglicht, der sich *räumlich* zwischen innerer und äußerer Realität, *zeitlich* zwischen Leben und Tod, *bildlich* zwischen Immanenz und Transzendenz realisiert. Aber dies dürfte kaum möglich sein bei einem Porträtfoto, das in der Trauerfeier so ästhetisch aufwendig und performativ aufdringlich den Hinterbliebenen „vor Augen steht", etwa direkt neben der Urne oder vor dem Rednerpult, so dass diese gar nicht anders können, als ihren Blick „frontal" darauf zu richten. Auf diese Weise wirkt das Bild – in seelsorglicher Hinsicht – eher dekonstruktiv, indem es magische Vorstellungen einer „Wiederbelebung der Toten durch visuelle Repräsentation"[90] bzw. säkularisierte Vorstellungen „der Unsterblichkeit der Menschen (in der Erinnerung der Überlebenden)" heraufbeschwört.[91] Damit wird die Grenze zwischen Leben und Tod, die im sozialen Brauch der Totenmaske exakt markiert war, verwischt oder als irrelevant erklärt. Nicht unerheblich ist also die Frage der Präsentation, d.h. der richtigen Auswahl und Aufstellung des Fotos in der Trauerfeier (vgl. 3). Doch das allein genügt nicht. Auch mit der besten Präsentation ist der notwendige „Seitenblick" nicht herstellbar, weil er wesentlich von der individuellen, je persönlichen Verfassung des Rezipienten, den am Ort der Trauergemeinde vielfältigen Bildwahrnehmungen, d.h. Antwortmöglichkeiten zwischen Spiegel, Spur und Blick abhängig ist, die nie vorauszuwissen und nicht zu garantieren sind. Sollte man aufgrund dieser Bedenken auf den Einsatz eines Porträtfotos im funeralen Kontext also sicherheitshalber verzichten?

---

89 Ebd., 30 (Hervorhebungen MM).
90 Anna Moldenhauer (2012), *Post Mortem Fotografie*, 18; zit. n. Isabel Richter, *Der phantasierte Tod*, a.a.O., o.S.
91 Ebd., 5; zit. n. Isabel Richter, *Der phantasierte Tod*, a.a.O., o.S.

Um nicht vorschnell zum Ikonoklasten zu werden, soll hier mit Stoellger (2008) im Anschluss an Blanchot[92] und Didi-Huberman[93] auf die *Chancen* des Bildes angesichts des Todes hingewiesen werden. Ähnlich wie Belting erkennt auch Stoellger den Ursprung des Bildes im Tod, öffnet den Diskurs jedoch zudem für die christlich-protestantische Perspektive:

> „das ‚Urbild' des Bildes als Präsenzereignis – ist ursprünglich der Tote selbst und dessen Abdruck in der Totenmaske. Das klingt unheimlich und ist es auch. Aber was ist der Tote, den alles Leben verlassen hat, anderes: ein Bild seiner selbst. Das manifestiert sich am deutlichsten in der Aufbahrung, in der das Bild des Toten den Lebenden vertritt, der Körper den Leib. Und in christlicher Tradition zeigt das nichts klarer als das Urbild aller Bilder: die Kreuzigungsszene. Die ikonische Energie des Bildes gründet – in christlicher Perspektive – in Passion und Tod. Und das in doppeltem Sinn: der Ursprung des Bildes ist der Tote selber, der zum Bild des Verstorbenen wird; und alle folgenden Bilder sind Bilder des Toten wie gegen Tod (...)."[94]

Nach christlicher Begründung der ikonischen Energie des Bildes kann das funerale Porträt also kreative Kräfte bei den Hinterbliebenen freisetzen, ungeahnte Möglichkeiten zur Gestaltung des Trauerprozesses in Gang bringen, indem die Lücke, die der Verstorbene hinterlässt, *unausgefüllt* bleibt. Darauf hatte in einer Trauerpredigt auch Dietrich Bonhoeffer (1943) hingewiesen. Er beschreibt dieses Potential protestantischen Glaubens so:

> „Es gibt nichts, was uns die Abwesenheit eines lieben Menschen ersetzen kann, und man soll das auch gar nicht versuchen; man muss es einfach aushalten und durchhalten; das klingt zunächst sehr hart, aber es ist doch zugleich ein großer Trost; denn indem die Lücke wirklich unausgefüllt bleibt, bleibt man durch sie miteinander verbunden. Es ist verkehrt, wenn man sagt, Gott füllt die Lücke aus; er füllt sie gar nicht aus, sondern er hält sie vielmehr gerade unausgefüllt und hilft uns dadurch, unsere echte Gemeinschaft miteinander – wenn auch unter Schmerzen – zu bewahren. (...)"[95]

Auf diese Weise wirkt das Porträtfoto nicht schließend, der „Anblick" nicht als Medium, um den Dargestellten nachzuahmen, sondern *öffnend*, um ihn *unerreichbar* zu machen. Stoellger spricht im Anschluss an Waldenfels von einer „*Paradoxierung* der Präsenz, die dem Betrachter ‚vor einem Bild' die Gegenwart entzieht,

---

92 Vgl. Maurice Blanchot, *Le musée, l´art et le temps*, in: ders., *L´Amitié* (Paris: 1971).
93 Vgl. Georges Didi-Huberman, *Der Tod und das Mädchen. Literatur und Ähnlichkeit nach Maurice Blanchot*, Trajekte 9, 2004, 27–37.
94 Philipp Stoellger, *Kulissenkunst des Todes*, a.a.O., 38.
95 Dietrich Bonhoeffer (1943), *Widerstand und Ergebung*, GW Bd. 8, hg. v. Bethge u.a. (Gütersloh: 1998), 255f.

die der Blick begehrt." *"Was wir sehen, blickt uns an, aber zugleich durch uns hindurch. Und was wir sehen, blicken wir an, aber zugleich durch es hindurch."*[96] „Das so gesehene Bild ist ursprünglich nicht bloße Abbildung, sondern Präsenz im Entzug, Manifestation des Abwesenden: das Bild des Lebenden als Totem. Gälte das am Ende gar für Gott am Kreuz?"[97]

Die Rolle der Kasualfotografie geht nicht im Repräsentativ-Performativen auf. Sie kann auch Teil der christlichen Verkündigung sein. Das wird noch deutlicher, wenn man bedenkt, dass die Fotografie – im Unterschied etwa zum Gemälde – eine *eigene* Art von Bildlichkeit evoziert. Darüber hat aus philosophischer Sicht vor allem Roland Barthes (1980)[98] näher nachgedacht, dessen bildtheoretischer Ansatz von Katharina Sykora (2009)[99] und Hans Belting (2013) aufgenommen wird:

> „Roland Barthes brachte das Problem der Fotografie auf den Punkt, als er bemerkte, eine Fotografie könne ‚nur dann Bedeutung annehmen, wenn sie eine Maske zeigt.' (...) Eine Maske setzt voraus, dass man sie nicht als Maske sichtbar macht, sondern für das Gesicht hält." Darin besteht für Barthes „‚der schwierigste Teil der Fotografie' (...)." Denn eine Maske verhüllt und enthüllt zugleich. „Wir sehen jemanden, der dort gar nicht ist." (...)[100] Oder doch?

Barthes spricht von „air" und meint damit so etwas wie „Beseelung und körperliche Ausstrahlung eines Menschen im Bild." Belting erklärt das Phänomen mit Walter Benjamins Begriff der „Aura" als „ein sonderbares Gespinst von Raum und Zeit, einmalige Erscheinung einer Ferne, so nah sie sein mag."[101] Das Foto-Gesicht wirkt „konsubstantial"[102] zu dem lebendigen Gesicht der Person. Es kommt zu einem „Substanztausch", indem das Foto Lebendiges zum Tragen bringt, das in der erstarrten Maske verloren ging.

> „Damit tritt eine Umwertung des Porträts in Kraft. Es geht Barthes im fotografischen Akt nicht mehr um Repräsentation eines Gesichts, sondern darum, die Spur eines körperlichen Lebens zu legen."[103] Ähnlich hatte bereits Benjamin gefordert, die Möglichkeiten der Foto-

---

96 Philipp Stoellger, *Die prekäre Präsenzpotenz des Bildes*, a.a.O., 247.
97 Ders., *Kulissenkunst des Todes*, a.a.O., 39.
98 Roland Barthes, *La Chambre claire. Note sur la photographie* (Paris: 1980).
99 Katharina Sykora, *Die Tode der Fotografie*, a.a.O., 3. Vervielfältigte Paradoxien, 297–427.
100 Hans Belting, *Faces. Eine Geschichte des Gesichts* (München: 2013), 193f.
101 Ebd., 195. – Vgl. Walter Benjamin, *Kleine Geschichte der Fotografie*, in: ders., *Das Kunstwerk im Zeitalter seiner technischen Reproduzierbarkeit. Drei Stufen zur Kunstsoziologie* (Frankfurt/M.,: 1963), 83.
102 Vgl. Roland Barthes, *La Chambre claire*, a.a.O., 168f.
103 Hans Belting, *Faces*, a.a.O., 196.

grafie nicht auf das Repräsentative zu beschränken. Denn dann kann sie die Menschen „*in der namenlosen Erscheinung ausdrücken, die sie im Antlitz haben.*"[104]

Das ist ein ‚Mehr' der Wirklichkeit *des* Bildes einer Person gegenüber der Wirklichkeit dieser Person *in* den Bildern (d.h. Gefühlen, Erinnerungen, Anmutungen, Vorstellungen, Gedanken etc.), die sie selbst und andere sich von ihr gemacht haben. Es handelt sich um eine „gesteigerte Gegenwart"[105] des Entzogenen im Anblick eines Anderen, Fremden, „der von dorther kommt, wo etwas uns beunruhigt und uns hinterrücks im Eigenen heimsucht"[106], ein „*Wesen im Dazwischen*"[107], in dem der sogenannte „Thanatos-Effekt" des Bildes *überwunden* sein kann. Damit meint Barthes den Effekt, dass jedes Foto, das zu Lebzeiten entstand, letztlich einer Totenmaske gleichkommt, weil sie vom Leben einer Person Besitz nimmt, sie auf ein bestimmtes Gesicht festlegt, eine tödlich-tötende Dynamik, die bei jedem Bildermachen, besonders aber beim Fotografieren machtvoll am Werk ist.[108] Beim „konsubstantialen" Tausch aber wird diese Dynamik entmachtet. Liegen diese Überlegungen nicht außerordentlich dicht bei der paulinischen Rede vom Bild, die sich auch schon in den hermeneutischen Kategorien von Spiegel und Blick bewegt?

> „Wir sehen jetzt durch einen Spiegel ein dunkles Bild;
> dann aber von Angesicht zu Angesicht.
> Jetzt erkenne ich stückweise;
> dann aber werde ich erkennen, wie ich erkannt bin." (1. Kor 13, 12).

2.2 Protestantische Akzentuierungen

In seinem Versuch, dass Verbindende und das Trennende am Ort der Person im Übergang vom Leben zum Tod zu denken, spricht Paulus im ältesten Auferstehungszeugnis der Bibel vom Geheimnis einer *Verwandlung* (1. Kor 15, 51), das er mit Hilfe der Bildkategorie verdeutlicht (V. 49): Zur Auferstehung bestimmt ist der „geistliche Leib", der das „Bild des himmlischen" und „Unverweslichen" verkörpert, während der „natürliche Leib" dem „Bild des irdischen" und „Verwesli-

---

104 Walter Benjamin, *Kleine Geschichte der Fotografie*, a.a.O., 84f, zit. n. Hans Belting, *Faces*, a.a.O., 197 (Hervorhebung MM).
105 Gottfried Boehm, *Augenmaß*, a.a.O., 11.
106 Bernhard Waldenfels, *Spiegel, Spur und Blick*, a.a.O, 30.
107 Jorge Molder, *Kritisches Lexikon der Gegenwartskunst* 57, H. 6 (2002), 14; zit. n. Hans Belting (2013), *Faces*, 205f (Hervorhebung MM).
108 Vgl. Roland Barthes (1980), *La Chambre claire*, 30ff, 56.

chen" entspricht, der, von Erde gemacht, wieder zu Erde werden, d.h. überwunden werden muss: „dies Verwesliche muss anziehen die Unverweslichkeit, und dies Sterbliche muss anziehen die Unsterblichkeit." (V. 53). Um den Übergang zu erklären, nutzt Paulus das Bild von Saat und Ernte: Der „natürliche Leib" *ist* wie das Korn, das gesät wird, woraus aber erst *werden* muss, was in ihm steckt (V. 36f). Auf der Grundlage dieser Metapher lässt sich das Verbindende und das Trennende am Ort der Person im Übergang zwischen Leben und Tod *theologisch* zusammen denken:

> „*Gott* sät, und *er* lässt auferstehen, so dass die den Tod übergreifende Kontinuität *in ihm* begründet ist, nicht im ‚Korn', also nicht in einer den Tod überdauernden Qualität des Menschen. Zugleich drückt das Bild aber doch eine Identität aufseiten des Menschen aus: Es ist dasselbe Korn, das gesät wird und aus dem das neue Leben hervorgeht."[109]

Die Rede vom Geheimnis der Verwandlung in der Auferstehung basiert auf der paulinischen Kreuzestheologie, die auch ein metaphorisches Verständnis von Tod impliziert. ‚Tod' meint bei Paulus primär das ‚Getrenntsein von Gott', den Fall des Menschen unter die Macht der Sünde. Auferstehung bedeutet deswegen vor allem Vergebung, die Befreiung des Menschen von seiner Schuldverstrickung, d.h. die Erlösung von einem Leben unter sündhaften Bedingungen durch den Kreuzestod Jesu. Eckart Reinmuth (2004) formuliert die protestantische Sichtweise so:

> „Mit der Metapher ‚Tod' ist (sc.: bei Paulus) ein ‚tödlicher', Leben mindernder und beschädigender, unterbindender Zusammenhang gemeint, der in der Wirklichkeit der Schuld und ihrer Folgen gründet. – Vor diesem Hintergrund versteht Paulus den Tod Jesu: Er ist aus der Perspektive Gottes ein Sinnbild des Todes der Schuldigen. Damit ist eine wichtige Voraussetzung der paulinischen Christus-Logik wiedergegeben: Die Struktur der Stellvertretung. Sie ist nicht magisch zu verstehen – dann gäbe es für Glaubende keinen physischen Tod mehr –, und auch nicht heroisch – im Sinne eines heldenhaften Opfertodes, mit dem ein Einzelner andere vor einem schlimmen Tod bewahrt. (...) Sie ist aus der Perspektive Gottes zu verstehen. (...) Paulus spricht davon, was dieser Tod in der Perspektive Gottes für alle Menschen bedeutet. Es ist ihr Tod, der in dem einen Tod zum Ausdruck kam; es ist ihr Tod, der in der Hinrichtung Jesu vollzogen wurde. Darum sind in diesem – übertragenen – Sinn alle gestorben (2Kor 5,14b); sie können leben mit dem Wissen, dass ihr Tod bereits hinter ihnen liegt – nicht also ihr physischer Tod, sondern seine ‚tödliche' Bedeutung."[110]

---

109 Eberhard Winkler, *Tore zum Leben* (Neukirchen: 1995) 182 (Hervorhebungen MM).
110 Eckart Reinmuth, *Paulus. Gott neu denken* (Leipzig: 2004), 107f.

Dieser kreuzestheologische Topos fundiert die protestantisch-funerale Praxis, den kirchlich-pastoralen Dienst, der ja nicht an Toten geschieht, sondern sich auf die Lebenden beschränkt: „Sie können ein völlig neues Verhältnis finden zu all den lebensmindernden, tödlichen Zusammenhängen von Schulden und Folgen, von Fehlern, Bosheit, Lügen, Gewalt und ihren irreversiblen, nicht wieder gutzumachenden Wirklichkeiten – sogar zum Tod selber."[111] Denn das Leben hat bereits begonnen, das nicht enden wird. „Leben mit Gott ist schon jetzt ewiges Leben, obwohl seine biologische Komponente durch den Tod beendet wird."[112] Die Vermittlung und Aneignung dieser Glaubenswahrheit geschieht nach protestantischer Überzeugung sola gratia, sola fide, solus christus. Im ‚Bilde des Christus' *ist* und *bleibt* das Leben des Gläubigen auch im Tod durch die Taufe mit dem Grund alles Lebendigen, also mit Gottes, d.h. dem ewigen Leben verbunden.

> „Die Geschichtlichkeit der Auferstehung Jesu bewährt sich in ihrer Wirkung auf Menschen, die vorher deprimiert und verängstigt waren. Genau darin erweist sich zu jeder Zeit die Wahrheit des Auferstehungsglaubens. Traurige werden getröstet, Niedergeschlagene gewinnen Lebensmut, Verzweifelte finden einen neuen Anfang. ‚Das Alte ist vergangen, siehe, Neues ist geworden' (2. Kor 5, 17). Wo Menschen das erfahren, erschließt sich ein Zugang zum Auferstehungsglauben. Die Auferstehung *vor* dem Tod muss erfahren, wer zum Glauben an die Auferstehung der Toten finden will."[113]

Martin Luther hätte auf den heutigen Trend zur Inszenierung grundsätzlich weder ikonodulisch noch ikonoklastisch reagiert. Im Gegensatz zu Andreas Karlstadt, dem schärfsten Bilderskeptiker unter den Reformatoren, verstand Luther das alttestamentliche Bilderverbot nicht so gesetzlich-moralisch und hegte keine Befürchtung, dass die ikonische Energie eines Bildes dem Wort Gottes gefährlich werden kann. Gleichwohl hätte er zu bedenken gegeben, dass ein *äußeres* Bild, wenn es im gottesdienstlichen Rahmen zu dominant platziert ist, auf die Genese der für den Glauben wichtigen *inneren* Bilder unnötigerweise hinderlich wirken kann. Nach Luther sollte am besten jeder aus seinem Glauben heraus sein eigenes Bild entwickeln können; es wird, wenn das Wort Gottes nur recht verkündigt wird, so oder so ein Bild des gekreuzigten Christus sein.[114] Dem entsprechen Luthers Bildaussagen im „Sermon von der Bereitung zum Sterben" (1519). Der

---

111 Ebd.
112 Eberhard Winkler, *Tore zum Leben*, a.a.O., 180.
113 Ebd., 179.
114 Vgl. dazu das Gemälde „Luthers Predigt" von Lucas Cranach, Predella des Reformationsaltars in der Stadtkirche St. Marien, Wittenberg; dazu die Interpretation von P. Stoellger, *Die prekäre Präsenzpotenz des Bildes*, a.a.O., 239ff.

Tod ist allein im Anblick des Christus zu überwinden. „Je tiefer und fester du dir das Bild einprägst und ansiehst, je mehr des Todes Bild abfällt und von ihm selbst verschwindet."[115] Angesichts des Todes sollen die Betroffenen also nicht nur auf das *Wort* Christi hören, sondern auch auf sein *Bild* schauen. Entsprechend mahnt Luther in einer Leichenpredigt: „Lieber, siehe den toten Leichnam hier nicht an, du hast etwas höhers und bessers anzusehen, nämlich Jesus Christus Tod und Auferstehung."[116] Man muss lernen, „den Toten ansehen nicht im Grab und Sarg, sondern in Christo."[117]

Kann ein Porträtfoto in der Trauerfeier oder am Grab dies ohne weiteres vermitteln, etwa im Stil eines „offenen Kunstwerks"?[118] Indem es innere Bilder der beteiligten Rezipienten aus ihren Beziehungen zum Verstorbenen anregt bzw. herausfordert, können diese sich mit dem angebotenen Bild des gekreuzigten und auferstandenen Christus zu *neuen*, je eigenen Trost- und Hoffnungsbildern *verbinden*. Inwiefern das funerale Porträtbild auf diese Weise Anteil an der christlichen Verkündigung gewinnen kann, sei abschließend am Beispiel eines zentralen Trostaspektes erläutert.

3 Vergebung und Neubeginn

Handelt es sich bei der christlichen Trauerfeier in erster Linie um einen seelsorglichen Dienst an den Lebenden (und nicht an den Toten), tritt im Rahmen unserer Betrachtungen zur Kasualfotografie vor allem *ein* Aspekt des Trostes ins Zentrum, der – wie schon Eberhard Winkler (1995) betonte – heute oft vernachlässigt wird: „das durch den Zuspruch und die Annahme der *Vergebung* getröstete Gewissen."[119] Denn nicht selten hängt „die tödliche Bedeutung" des Todes, die in der christlichen Trauerfeier zu überwinden ist, mit Umständen zusammen, die in *Schuld* und *Scham* gründen.

Die Bildkategorie beinhaltet Möglichkeiten, diese Problematik aufzunehmen und zu transzendieren, aber leider auch Mechanismen, diese zu verdrängen, d.h. unbewussten, unbewältigten und deswegen durch auslösende Situationen

---

[115] Martin Luther (1519), *Sermon von der Bereitung zum Sterben*, WA 2, 689.
[116] Ders., WA 36, 243, 21.
[117] Ebd., 244, 3. – Vgl. die Bitte des Sängers in Paul Gerhardts Passionslied (EG 85, 10).
[118] Vgl. Umberto Eco, *Das offene Kunstwerk* (Frankfurt/M.,: ⁸1998); vgl. zur praktisch-theologischen Rezeptionsgeschichte: Matthias Marks, Menschwerden aus Passion, 38ff., dort weitere Literaturhinweise.
[119] Eberhard Winkler, *Tore zum Leben*, a.a.O., 178.

‚wiederbelebten' inneren Konflikten aus früherer Lebenszeit mit archaischen Handlungsmustern zu begegnen, die nicht helfen und nicht trösten. Der „Thanatos-Effekt" in der Bildrezeption wird übermächtig, weil die *Beziehung* der Hinterbliebenen zum Verstorbenen, die im Rückblick dahin drängt, resümiert, geklärt, bereinigt ... – kurz: auf einen ‚zuFriedenen' Nenner gebracht zu werden. Dass ein bedrängtes Gewissen nach (Er-)Lösung strebt, wussten schon die ersten Postmortem-Fotografen für ihre Werbung zu nutzen: „Ohne ein solches schöne Etui haben Sie Ihre Pflicht gegenüber Ihren Lieben (...) nicht erfüllt."[120] Die Werbestrategie heutiger Bestattungsunternehmen sieht anders aus, gleichwohl auch sie Situationen vorfinden, in denen Trauernde eine Last mit sich herumtragen, die um so schwerer wiegen muss, als der Verstorbene schweigt, sich nicht mehr rechtfertigen, entschuldigen oder wehren kann.[121] Als Beispiele nennt Eberhard Winkler (1995):

> „Hätten wir die Mutter nicht öfter besuchen sollen?
> Wäre es nicht besser gewesen, den Vater zuhause sterben zu lassen?
> War es richtig, ihn noch einmal zu operieren?
> Ist es in ihrem Sinn, sie einäschern zu lassen?
> Hätten wir nicht doch offen mit ihm über seine Krankheit und das nahende Ende reden sollen?"[122]

Gerade in der Trauerphase, die Yorick Spiegel (1973) die „regressive" nennt, wo Menschen „auf eine frühere Entwicklungsstufe zurückgehen", um den Ansturm der Krise bewältigen zu können, wo „(m)agische Vorstellungen, Schuld- und Angstgedanken (...) zeitweise in den Vordergrund treten (können)" und der Verstorbene nicht selten „glorifiziert" wird[123], kann die Auswahl eines besonders ‚schönen' Porträts Ausdruck von Wiedergutmachung und Selbstrechtfertigung sein. Zugleich gewährleistet das Bild in dieser Phase jedoch einen gewissen Schutz vor der Öffentlichkeit: einerseits Schutz für den Toten vor den hinter dem Schein des nur Guten und Schönen verborgenen Wahrheiten, andererseits Schutz für die Hinterbliebenen, weil vor einem ‚schönen' Bild die Ambivalenz der Trauer,

---

[120] Jackie Higgins, *Die Natur des Menschen*, a.a.O., 58.
[121] Vgl. Philipp Stoeller, *Kulissenkunst des Todes*, a.a.O.: „Über das Bild, das man wird, wenn man tot ist, will man verständlicherweise selbst entscheiden oder zumindest mitbestimmen (souverän oder demokratisch). Selbstbestimmtes Sterben heißt zuletzt auch selbstbestimmtes Totsein – so der nahe liegende Fehlschluss. Denn nichts ist fremdbestimmter als der Tote, ob er will oder nicht." (ebd., 39f).
[122] Eberhard Winkler, *Tore zum Leben*, a.a.O., 178f.
[123] Yorick Spiegel, *Der Prozess des Trauerns. Analyse und Beratung* (Gütersloh: 1973). Zit. n. Bestattungsagende der UEK, 36f.

der Ansturm widerstreitender Gefühle in den Extremen von Liebe, Hass, Mitleid, Wut, Angst, Schuld, Weinen, Lachen etc., leichter zu kontrollieren ist. Schon deswegen macht das Porträtfoto in der Trauerfeier Sinn, weil sich über das Bild das ‚vorübergehend' ‚not-wendige' Spiel der (Un-)Wahrheiten inszenieren kann.

Darüber hinaus führen kann es allerdings so ohne weiteres nicht. Was den konstruktiven Verlauf des Trauerprozesses angeht, bedarf es eines höheren Ansehens, das imstande ist, ungelöste Beziehungskonflikte zu (er-)tragen, offengebliebene Fragen oder Probleme auszuhalten, Schuld zu vergeben, Frieden zu stiften und somit den Eintritt in die „adaptive Phase" zu fördern. Dieser ist dadurch charakterisiert, dass die Ambivalenzen der Trauer bewusst und ertragen werden können, verbunden damit, dass der Verstorbene „realistischer gesehen" wird.[124] Doch wie kommt es dazu? Die landläufige christliche Antwort auf der Basis der paulinischen Rechtfertigungslehre lautet:

> „Trost im Glauben an die Vergebung befähigt dazu, Versagen und Versäumtes einzugestehen und diese Last zu Gottes Füßen abzulegen. Nehmen Menschen den Trost an, der aus der Vergebung kommt, wird jede Form von Unwahrhaftigkeit am Grab und Sarg überflüssig. Es hat dann keinen Sinn mehr, die Beziehungen zum Verstorbenen zu idealisieren. Man kann ‚getrost' Schwächen der verstorbenen Person und des eigenen Verhaltens eingestehen und das Urteil Gott überlassen."[125]

Dies ist – auch im Predigtstil – leichter gesagt, als dass die Auferstehungsbotschaft als etwas Befreiendes, Erlösendes und Tröstendes von Trauernden auch *angeeignet* werden kann.[126] Mit wachsendem Bedeutungsverlust christlich-kirchlichen Wirklichkeitsverstehens drängt das Verlangen nach Selbstrechtfertigung in den Vordergrund. Dies bleibt im destruktiven Kreislauf von Schuld und Wiedergutmachung gefangen. Das ist die Kehrseite der Freiheit des Menschen, der in seiner Bedrängnis unbefreit, in seiner Not unerlöst, in seiner Trauer ungetröstet bleiben kann.

Als tiefer Grund für diese Problematik tritt hier im Zusammenhang der Bildthematik (Gesicht, Maske, An-Blick) der Aspekt der *Scham* ins Zentrum. Sie dürfte für viele auffällige, performativ geprägte Handlungslogiken in der heutigen Trauer- und Bestattungskultur verantwortlich sein. In kirchlicher Wahrnehmung

---

124 Yorick Spiegel, *Der Prozess des Trauerns*, a.a.O., 37.
125 Eberhard Winkler, *Tore zum Leben*, 178f.
126 Man kann dieses Problem als ein Erbe aus der Reformationszeit bezeichnen, weil in der reformatorischen Begründung des Heils ‚extra nos' die Frage der *Aneignung* offen geblieben ist. Vgl. dazu im Anschluss an Paul Tillich: Anne M. Steinmeier, *Wiedergeboren zur Freiheit. Skizzen eines Dialogs zwischen Theologie und Psychoanalyse*, Göttingen: 1998), 69–111, 99.

erscheinen diese vielleicht fremdartig, bei näherem Hinsehen aber gehören sie zur ‚conditio humana' und dürfen auch ‚religiös' genannt werden, weil sie um den (An-)Blick einer höheren oder höchsten (richterlichen) Instanz ringen. Schon das frühe Brauchtum der Totenmaske enthält Motive, die diesem urmenschlichen Bedürfnis entspringen, dem ‚Gesicht' einer verstorbenen Person ‚genüge zu tun': entweder das (Ver-)Fallende, Lebensverneinende, Destruktive, Gottwidrige der Todeswirklichkeit zu überformen und zu übermalen, die ‚Nacktheit' zu bedecken, die ‚Schande' zu verhüllen, oder umgekehrt durch Präsentation desselben zu bestrafen, zu verhöhnen, zu schänden, zu vernichten (vgl. 1a). Wenn der Ursprung des Bildes der Tote selber ist, der zum Bild des Verstorbenen wird, kommt es bei diesem „Riss der Präsenz", der vor einem Porträtfoto wahrgenommen wird, immer auch in moralischem Sinne zur „Ur-teilung"[127], weil bei jedem Blick, der auf das Bild des Verstorbenen fällt, die *Integrität* seiner Person, seine *Würde* als die eines Schuldiggewordenen, der *Verbleib* seines Namens auf dem Spiel steht, wenn auch nur – wie oft auf Traueranzeigen und -kränzen zu lesen – „in unseren Herzen".

Vor diesem Hintergrund wird die katholische Tradition der Toten- und Sterbebildchen – Vorläuferin der Praxis der Porträtfotos auf katholischen Friedhöfen (vgl. 1c) – als ein veritabler, religionspsychologisch sinnvoller Umgang mit der Ambivalenz der Trauer verständlich: Im „Tauschgeschäft wechselseitiger Bürgschaft", d.h. im Glauben an die Wirkkraft gegenseitiger Fürbitte der Lebenden und der Toten um Vergebung, ist der Umgang mit Schuld institutionalisiert, worin die Scham gehalten, bei den Trauernden gar nicht erst zum Problem wird, vielleicht sogar transzendiert werden kann. Deswegen sind solche Praktiken, trotz ihrer magischen Züge, ernst zu nehmen, auch wenn nach protestantischer Auffassung das göttliche Heil des ewigen Lebens und der Trost betrübter Seelen nicht durch ein Geschäft zwischen Toten und Lebenden zu regeln ist, sondern – sola gratia, sola fide, solus Christus – von Gott geschenkt wird.

Der Protestantismus setzt auf Mündigkeit und Verstehen des christlichen Glaubens, auch angesichts des Todes. Der Seelenkenner Sören Kierkegaard (1847) empfiehlt die Überwindung der Scham über die Schuld.[128] Möglich ist dies durch den Eintritt einer gemeinsamen Wahrheitsdimension. Diese kann im Blickereignis des Bildes als ein unverfügbares Drittes im Dasein wirksam werden. Kierkegaard ist der Überzeugung, dass *im Blick* deutlich wird, ob jemand sein Gegenüber in *Wahrheit* aushalten und in *Liebe* akzeptieren kann. Auch vor einem

---

127 Philipp Stoellger, *Ikonische Energie*, a.a.O., 27.
128 Vgl. zum Folgenden: Sören Kierkegaard (1847), *Der Sieg der Versöhnlichkeit in Liebe, welche den Überwundenen gewinnt*, in: ders., Der Liebe Tun, GW, 19. Abt., Düsseldorf (Köln: 1966), 372ff.

Porträtfoto kann sich das zeigen. Dabei könnte sich erweisen, was Barthes mit der „konsubstantialen Umwertung" des Porträts und Waldenfels mit jenem „Seitenblick" meinte, der uns beunruhigt und uns hinterrücks im Eigenen heimsucht, ein Prozess, den Anne Steinmeier (2013) für die Bedeutung von Bildern in der Seelsorge so formuliert:

> „Ein äußeres Bild kann innere Bilder sichtbar werden lassen und die Suche nach eigenen Innen-Bildern initiieren. Bilder vom Leben, von sich selbst, von Beziehungen zu anderen Menschen, von Gott. Bilder, die noch Gestalt suchen, Bilder im Möglichkeitsraum. Vielleicht auch vergessene Bilder, Bilder, die verschüttet und wie verloren sind. Abwesende Bilder."[129] „In der Begegnung mit dem Bild ereignet sich etwas Neues, nicht Ableitbares, das nicht übertragbar und also anwendbar ist, sondern das sich in einem unverfügbaren Raum eines ‚Dritten' vollzieht."[130]

Ist dieser Prozess über ein Bild- bzw. Blickereignis erst einmal in Gang gekommen, rechnet Kierkegaard jedoch mit einem *Abwehrmechanismus*. Denn Scham verursacht eine *Asymmetrie* im Kommunikationsverhältnis, die unerträglich werden kann. Vonnöten ist daher ein Blick, der das Schamgefühl *zulässt*, d.h. „zugleich derart streng (...), wie die Wahrheit es heischt, und dennoch derart mild, wie die Liebe es wünscht."[131]

> „Ein Mensch ist ja schamhaft, wenn ein anderer auf ihn blickt; aber wenn dieser andere (...) selbst dabei schamhaft ist, so gibt es ja niemanden, der auf ihn blickt. Aber wenn niemand da ist, der auf einen blickt, so kann auch nichts Demütigendes darin liegen, dass man sich vor dem Guten oder vor Gott demütigt."[132]

Kierkegaard spricht vom „Liebenden", der die Augen niederschlägt, also Solidarität angesichts eigener Angewiesenheit auf Vergebung signalisiert und durch diese paradoxe Geste bildhaft zur Überwindung des Abstoßeffektes beiträgt. Herstellbar ist das nicht, aber doch möglich, wenn so ‚hinter' dem schamhaft abgewandten Blick, *räumlich* zwischen innerer und äußerer Realität, *zeitlich* zwischen Leben und Tod, *bildlich* zwischen Immanenz und Transzendenz, jene Wahrheits-

---

[129] Anne M. Steinmeier, *Die Rolle des Bildes bei der Konstruktion der Persönlichkeit. Kunst als Sorge für die Seele*, in: *Imaginationen der inneren Welt. Theologische, psychologische und ästhetische Reflexionen zur spirituellen Dimension der Kunst*, hg. v. Wilhelm Gräb (Frankfurt/M. u.a.: 2013), 21–40, 25.
[130] Ebd., 27.
[131] Ebd., 372.
[132] Sören Kierkegaard, *Der Sieg der Versöhnlichkeit in Liebe*, a.a.O., 375.

dimension ins Spiel kommt, die den Weg des Trostes, der Vergewisserung und der Hoffnung frei macht: das leuchtende Angesicht der vergebenden Gnade Gottes.

In diesem Bildwerdungsakt des Trauerprozesses – dem christlichen – kann Wahrheit ankommen, weil die Würde der Person nicht an deren eigener Integrität hängt, sondern am Bilde des gekreuzigten Christus. Wird der Tote *in ihm* (also auf den Auferstandenen hin) angesehen bzw. schaut der Tote *in ihm* (also auf ihn verweisend) aus dem Bild heraus, ist die menschliche „Ur-teilung" im „Riss der Präsenz" nicht mehr nötig. Das Fragmentarische, Brüchige und Widersprüchliche, auch Zweifelhafte und Abgründige einer Person, kurz: „die tödliche Bedeutung des Todes" *ist* dadurch aufgehoben (bewahrt, erhöht, überwunden). Erkennbar und glaubhaft wird dies durch einen innerseelischen Reifungsprozess, der das Unannehmbare in Annehmbares verwandelt.[133] Dazu gehört hier, dass sich die dekorative Materialität eines all zu ‚schönen' Porträts langsam in den Sinn des dreimaligen Erdwurfs am Grab fügt („Erde zu Erde, Asche zu Asche, Staub zum Staube"), während der Verbleib des *Namens*, der *Person* des Verstorbenen als jenseits dieses (wie jedes anderen) festen, abgeschlossenen, toten Bildes Gewissheit erlangt: im offenen Geheimnis der unabschließbaren Menschenfreundlichkeit Gottes.[134] D.h.: Im Stil eines Übergangsobjekts *kann* das Porträtfoto in der heutigen christlichen Trauer-, Bestattungs- und Erinnerungskultur dazu beitragen, den Tod nicht als Abbruch, sondern als Vollendung des Lebens in Gott hinein zu begreifen. Dabei muss die Botschaft des Kreuzes nicht unbedingt nur in Gestalt des gepredigten ‚Wortes' hörbar, sondern kann auch – wie schon Luther meinte (vgl. 2b) – über ein Bild- bzw. Blickgeschehen sichtbar werden. Allerdings kämen dann bei der Auswahl eines Porträtfotos für die Trauerfeier andere Kriterien zum Zuge als die bisher üblichen:

Entscheidend ist nicht das ‚schöne' Bild, auf dem der Fotografierte Positiv-Freundliches ausstrahlt. Auch ist von einem Foto abzuraten, auf dem die Person quasi ‚aus dem Bild heraus' die Hinterbliebenen frontal anblickt. Seelsorglich angemessener ist ein Bild mit *indirektem* Blick, das dem Betrachter die Gegenwart

---

[133] Dieser wäre im Einzelnen zu erklären mit Hilfe von Modellen psychoanalytischer Objektbeziehungstheorien, z.B. von Melanie Klein (1937ff), Donald W. Winnicott (1951) und Wilfred R. Bion (1965), was aus Platzgründen hier nicht möglich ist.

[134] Vgl. Max Frisch (1965): „Eben darin besteht ja die Liebe, das Wunderbare an der Liebe, dass sie uns in der Schwebe des Lebendigen hält, in der Bereitschaft, einem Menschen zu folgen in allen seinen möglichen Entfaltungen. ‚Du bist nicht', sagt der Enttäuschte oder die Enttäuschte, ‚wofür ich dich gehalten habe.' Und wofür hat man sich denn gehalten? Für ein Geheimnis, das der Mensch ja immerhin ist, ein erregendes Rätsel, das auszuhalten wir müde geworden sind. Man macht sich ein Bildnis. Das ist das Lieblose, der Verrat." – Max Frisch, *Tagebuch 1946–1949* (München/Zürich: 1965), 26f.

entzieht und der tödlichen Tendenz zur Verewigung des Verstorbenen in begehrten Inszenierungen und Performanzen entgegen wirkt. Dies kann auch dadurch geschehen, dass bewusst ein altes ‚unschönes' (zerknittertes, geknicktes, eingerissenes, verstaubtes, verwittertes) Bild ausgewählt wird, weil somit das Sehereignis für die Kreuzesdimension bzw. das christliche Paradox zumindest *offen* ist: Der Geliebte erscheint vergänglich, verfallen, entzogen, aber doch gerade dadurch unendlich kostbar, im Geiste eines kreativen Mitgestalters des Neubeginns bleibend wertvoll. In christlicher Perspektive verweist diese Erfahrung auf die Erwartungsgewissheit des Gottesglaubens als Möglichkeitsraum jenes unverfügbaren Dritten, der die Liebe mit in den Tod hineingenommen hat. Durch ihn – Christus – kann die Lücke, die der Verstorbene hinterlässt, *aus gutem Grund* unausgefüllt bleiben, weil im Neubeginn erwiesen ist, dass das Trennende und Destruktive des Todes am Ende nicht stärker gewesen sein kann als das Bewahrende und Lebendige darin.

> Als Anregung für Trauerpredigten, die die verschiedenen Bildwahrnehmungen im funeralen Kontext *konstruktiv* berücksichtigen möchten, sei als ein Beispiel folgender Textbaustein genannt: „Wer war N.N.? Was war sie/er für Sie persönlich? Als Mutter/Vater, Schwester, Freund, Kollege etc. – Manche dieser Bilder ließen sich vielleicht zu einem Ganzen zusammenfügen. Andere mögen sich unterscheiden oder in Spannung zueinander stehen, andere sich vielleicht sogar widersprechen. Und manche Seiten ihrer/seiner Person sind vielleicht ganz verborgen geblieben. Denn ein Menschenleben ist immer mehr, als andere – auch die Nächsten – von ihm sehen ..."

Besonderen Stellenwert gewinnt im Kontext einer christlichen Trauerfeier mit Porträtbild das in vielen evangelischen Bestattungsagenden vorgesehene „persönliche Gedenken".[135] Auch beim Porträtbild am Grab, sei es als Lebend- oder als Postmortem-Foto, würde es seine seelsorgliche Kraft entfalten:

> „Wir denken an N.N. Wer sie/ihn geliebt und geachtet hat, trage diese Liebe und Achtung weiter. Wer von ihr/ihm geliebt wurde, danke ihr/ihm alle Liebe. Wer ihr/ihm etwas schuldig geblieben ist an Liebe in Worten und Taten, bitte Gott um Vergebung. Und wer sich von ihr/ihm verletzt fühlt, vergebe ihr/ihm, wie Gott uns vergibt, wenn wir ihn darum bitten."
> *So nehmen wir Abschied mit Dank für all das Gute, das der/dem Verstorbenen im Leben zuteil geworden ist und was andere durch sie/ihn an Gutem erfahren haben, und im Geist des Ver-*

---

[135] Dieser Ritus, der mit der wechselseitigen Aktivität innerer und äußerer Bilder und der darin verheißenen Kommunikation des Evangeliums rechnet, hat den seelsorglich weitaus höheren Stellenwert als z.B. die Kasualfotos vom funeralen Setting, die heute viele Bestattungsunternehmen in einer Erinnerungsmappe anbieten.

zeihens, so wie wir darauf angewiesen sind, dass uns verziehen wird. (Lasst uns in der Stille beten ...), Gott schenke uns seinen Frieden.[136]

---

136 Zit. n. d. Bestattungsagende für die UEK, hg. v. d. Kirchenkanzlei der UEK (Bielefeld: 2004) – mit einer Erweiterung (= kursiv) vom Autor (MM). – Wenn es schnell gehen muss, eignet sich auch die Kurzform: „Am Grab von N.N. denken wir an das, was wir in guter Erinnerung haben, was uns an Schönem mit ihr/ihm verbindet. Wir denken auch an das, was uns bedrückt, was wir gern noch gesagt hätten, was wir gern noch getan hätten. Das bringen wir in der Stille vor Gott." (ebd.).

Christoph Klimmt
Du bist tot, nur noch zwei Leben übrig! Sterben im Computerspiel

1 Zur Funktion der Verhandlung von Tod und Sterben in Unterhaltungsmedien für säkularisierte Publika

Die Menge von Todesereignissen, denen heutige Generationen tagtäglich in medialen Unterhaltungsangeboten beiwohnen können, steht in bemerkenswertem Gegensatz zur Expositionswahrscheinlichkeit der gleichen Menschen, wenn es um reales Sterben geht[1]. Einige der beliebtesten Unterhaltungsgenres, namentlich Kriminalfilme, -serien und -romane, widmen sich mit geradezu irritierender Vorliebe (denn es gäbe so viele andere Verbrechen zu betrachten) Tötungsdelikten. Inhaltsanalysen zeigen denn auch, dass beispielsweise amerikanische Spielfilme voll von Tötungshandlungen und Darstellungen von Leichen sind[2]. Bei den im vorliegenden Kapitel thematischen Computerspielen sieht es nicht viel anders aus – hier stehen indes weniger Tod und Sterben durch Verbrechen im Vordergrund (Ausnahmen wie „Grand Theft Auto" bestätigen die Regel), sondern der (gewaltsame) Tod in bewaffneten Konflikten, seien es historische, aktuelle oder fiktive. Das Medienpublikum setzt sich seit langer Zeit in stabiler Weise einer massiven Überdosis von Todesdarstellungen aus. So schätzte die American Academy of Pediatrics[3], dass ein Durchschnittsamerikaner im Alter von 18 Jahren bereits 200.000 „acts of TV violence" beobachtet habe, wovon ein Großteil tödliche Gewalt betreffen dürfte. Die gesellschaftlich-normative Debatte betrachtet diesen Umstand mit großer Sorge[4]; aus kommunikationswissenschaftlicher Sicht wie auch aus der Perspektive des vorliegenden Bandes heraus drängt sich hinge-

---

1 Armin Nassehi, *Sterben und Tod in der Moderne zwischen gesellschaftlicher Verdrängung und professioneller Bewältigung*, in: *Sterben und Tod: Probleme und Perspektiven der Organisation von Sterbebegleitung*, Armin Nassehi und Reinhard Pohlmann (Hg.), (Münster: 2002), 11–26.
2 Z. B. Ned W. Schultz und Lisa M. Huet, *Sensational! Violent! Popular! Death in American Movies*, in: Omega. The Journal of Death and Dying 42 (2000), 137–149.
3 American Academy of Pediatrics, Policy Statement: *Media Violence*, in Pediatrics 108 (2001), 1222–1226.
4 Vgl. dazu etwa Tobias Rothmund und Christoph Klimmt, *Kämpfen und ‚Killen' in Computerspielen: Ergebnisse der Medienwirkungsforschung und Folgerungen für die Gewaltprävention*, in: Kämpfen-Lernen als Gelegenheit zur Gewaltprävention?! Interdisziplinäre Analysen zu den Pro-

gen (auch) die Frage nach den Ursachen für diese dauerhafte starke Nachfrage nach dem Medientod auf[5].

Darauf lassen sich natürlich höchst unterschiedliche Antworten finden, gerade in einem interdisziplinären Kontext. Mit direktem Bezug zu den geschilderten Eigenschaften des medialen Angebots bieten sich zunächst Theorien der Medienunterhaltung an[6]. Ein Großteil der Unterhaltungsangebote „funktioniert" nur dann, wenn es gelingt, das Publikum emotional zur Anteilnahme zu bewegen: Es darf dem Publikum nicht egal sein, was im Krimi, im Actionfilm, im Shooter-Computerspiel geschieht. Denn ist es ihm egal, finden auch keine Gefühlsprozesse statt, die das Unterhaltungserleben erst ausmachen, namentlich Spannung oder *Suspense*.[7] Um eine emotionale Beteiligung des Publikums zu erreichen, setzen Medienangebote auf eine Vielzahl inhaltlicher und formaler Elemente, beispielsweise attraktive Charaktere (und Darstellerinnen und Darsteller), aktivierende Musik und Soundeffekte und eben eine „dramatische", mitreißende Erzählung. Ist das Publikum emotional dabei, so wird es das Geschehen (im Buch, auf dem Bildschirm) mit Aufmerksamkeit verfolgen und sich in die geschilderte Situation hineinversetzen. Als Folge fiebern die Zuschauerinnen und Zuschauer mit, wenn der Krimiheld von den Schergen des Bösewichts umringt wird oder wenn das Leben der Protagonistin wieder einmal am seidenen Faden hängt. Gewiss ist die gefühlte Angst um die (vom Tode) bedrohten Medienhelden nicht so stark, wie die Angst wäre, wenn eine reale uns nahestehende Person in Gefahr schwebte. Aber die Qualität der Emotionen (Ängste und zugleich Hoffnungen auf ein gutes Ende, so unwahrscheinlich es situativ auch scheinen mag) ist die Gleiche, und sie macht den Großteil des Unterhaltungswerts für das Publikum aus[8].

Vor diesem Hintergrund kommt der (häufigen) Darstellung von Tod und Sterben in Unterhaltungsangeboten eigentlich nur die Funktion zu, eine leicht verständliche Form der Extremsituation darzustellen. Wenn es um Leben und Tod geht, ist es offenkundig ernst, und als Publikum sollte man sich nun unbedingt

---

blemen der Gewaltthematik und den präventiven Möglichkeiten des „Kämpfen-lernens", Harald Lange und Thomas Leffler (Hg.), (Hohengehren: 2010), 77–92.

5 Vgl. auch Sill und Wolff in diesem Band sowie Christoph Klimmt, *Was ist die Funktion von Tod und Sterben in medialer Unterhaltung?*, Publizistik 54 (2009), 415–430.
6 Jennings Bryant und Peter Vorderer, Hg., *Psychology of Entertainment* (Mahwah, NJ: 2006).
7 Peter Vorderer, Hans J. Wulff und Mike Friedrichsen, Hg., *Suspense: Conceptualizations, Theoretical Analyses, and Empirical Explorations* (Mahwah, NJ: 1996).
8 Keith Oatley, *A Taxonomy of the Emotions of Literary Response and a Theory of Identification in Fictional Narrative*, in: Poetics 23 (1994), 53–74; Dolf Zillmann, *Mechanism of Emotional Involvement with Drama*, in: Poetics 23 (1994), 33–51.

Gedanken (und Sorgen) machen! Dass in medialer Unterhaltung so viel gestorben wird, dient also vor allem dazu, gemeinsam mit anderen Darstellungselementen wie etwa der untermalenden Musik (man denke an Hitchcocks „Psycho"-Szene mit Schere und kreischenden Streichern) für emotionale Beteiligung des Publikums zu sorgen. Wir sind offenbar eher bereit, uns affektiv einzulassen, Sympathien, Hoffnungen, Ängste zu durchleben, wenn es drastisch und tödlich zugeht im Roman, Film oder Computerspiel.

Ein zweiter unterhaltungstheoretischer Baustein zur Klärung der medialen Besessenheit von Tod und Sterben besteht in der moralischen Dimension. Moralische Urteile des Publikums sind für klassisches Unterhaltungserleben – gerade bei Krimis – von erheblicher Relevanz[9]. Es ist die Wiederherstellung von Moral und Gerechtigkeit, die vom Publikum immer wieder nachgefragt wird, woraus sich auch die massiv unausgewogene Verteilung von „Happy Ends" und nicht so glücklichen Ausgängen in medialen Erzählstoffen erklärt[10]. Einer Wiederherstellung von Moral und Gerechtigkeit beiwohnen zu können setzt aber erst einmal zu Beginn der Unterhaltungsnutzung eine Verletzung von Moral und Gerechtigkeit voraus. Tötungsdelikte eignen sich aus dieser Perspektive ganz hervorragend für Unterhaltungsproduzenten: Sie sind leicht verständlich, gut mit anderen emotional involvierenden Elementen kombinierbar (schöne Frau, laute Musik etc.), beanspruchen nur begrenzt Platz (ein paar Sekunden zu Anfang eines TV-Krimis genügen im Bedarfsfall) – und sie stellen die massivste Form moralischer Transgression dar. Wenn also die Wiederherstellung von Moral eine Säule des Unterhaltungserlebens darstellt, sollte diese Wiederherstellung nach einer besonders schweren Moralverletzung besonders befriedigend sein für das Publikum. Dass der Täter das Opfer nicht einfach bestohlen, sondern umgebracht hat, sorgt also für einen Mehrwert an Empörung beim Publikum, und die Bedienung des empörten Bedarfs nach Gerechtigkeit stiftet dann das gewünschte Unterhaltungserleben. Dass so viel in den Medien gestorben wird, lässt sich demnach so erklären, dass Töten eben moralisch besonders abscheulich ist und damit aus Produzentenperspektive das benötigte Maß an moralischem Entsetzen des Publikums besonders zuverlässig auszulösen vermag. Alternativ ließe sich auch vermuten, dass das krimierfahrene und feierabendmüde Publikum mit moralisch weniger intensiven Verbrechen ohne Tote emotional kaum noch hinter dem Ofen hervorzulocken wäre – es geht also vielleicht nicht immer gleich um die Maximierung

---

9 Arthur A. Raney und Jennings Bryant, *Moral Judgement and Crime Drama: An Integrated Theory of Enjoyment*, in: Journal of Communication 52 (2002): 402–415.
10 Dolf Zillmann, *Mechanism of Emotional Involvement with Drama*, in: Poetics 23 (1994), 33–51.

von Empörung, sondern erst einmal um das Wecken von moralischen Gefühlen bei reizüberfluteten und oftmals zu Beginn nur gering involvierten Publika[11].

Verlässt man die medienpsychologische Sphäre der Erklärung, so bieten sich freilich auch aus Sicht von Sozialpsychologie und Theologie Perspektiven an, die die Nachfrage nach dem medialen Tod aus dem Bedürfnis der Menschen erklären, sich mit ihrer Sterblichkeit auseinanderzusetzen[12]. Diese Herangehensweise kann hier natürlich nicht angemessen ausführlich verhandelt werden. Doch liegt es nahe zu vermuten, dass für Publikumsgenerationen, die sich zunehmend abwenden von klassischen Deutungs- und Trostangeboten zur menschlichen Sterblichkeit, wie sie etwa die christlichen Kirchen vorhalten, der häufig thematisierte Medientod eine Möglichkeit zur Auseinandersetzung mit diesem unangenehmen Thema darstellt. Denn auch wenn Witwen, Waisen, Trauer und Bestattungsrituale nur selten ausführlich in fiktionalen Unterhaltungsangeboten auftauchen (Ausnahmen wie die Bestatter-Mafia-Serie „Six Feet Under" bestätigen die Regel), so bietet der vielfache Medientod doch Bausteine oder „Häppchen" der Befassung mit den großen Fragen des Sterbens und dem, was danach passiert. Dass amerikanische Heldenbegräbnisse mit der obligatorischen Faltung der US-Flagge und ohrenbetäubenden Salutschüssen den trauernden Hinterbliebenen nur begrenzt Trost spenden, aber dass anschließend beim Bier in der Gaststätte wertvolle soziale Trauerarbeit stattfindet, sind Beispiele für solche Häppchen des Sepulkralwissens, das Hollywood und Co. zu vermitteln im Stande sind. Folgt man der sozialpsychologischen Theorie des Terror-Managements[13], so besteht sogar in der Aufklärung und Bestrafung des Täters eine zentrale Trosterfahrung im Angesicht der eigentlichen Sterblichkeit[14]. Noch plausibler lassen sich trostspendende Erfahrungen für komplexere Unterhaltungsangebote annehmen, die in jüngster Zeit unter dem Schlagwort „eudaimonische Unterhaltung" (als Gegensatz zu hedonistischer Unterhaltung) in der Medienpsychologie untersucht werden, beispielsweise mit Blick auf Angebote wie die Tragikomödie „Das Leben ist schön"[15].

---

[11] Peter Vorderer, *Audience Involvement and Program Loyalty*, in: Poetics 22 (1993): 89–98.
[12] Christoph Klimmt, *Was ist die Funktion von Tod und Sterben in medialer Unterhaltung?*, in: Publizistik 54 (2009), 415–430.
[13] Jeff Greenberg, Tom Pyszczynski und Sheldon Solomon, *The Causes and Consequences of the Need for Self-Esteem: A Terror Management Theory*, in: Public Self and Private Self, Roy F. Baumeister (Hg.), (New York: 1986), 189–212.
[14] Christoph Klimmt, *Was ist die Funktion von Tod und Sterben in medialer Unterhaltung?*, in: Publizistik 54 (2009), 415–430.
[15] Z. B. Christoph Klimmt, *Media Psychology and Complex Modes of Entertainment Experiences*, in: Journal of Media Psychology 11 (2011), 34–38; Mary Beth Oliver und Anne Bartsch, *Apprecia-

Diese einleitende Reflexion zu den Ursachen des allgegenwärtigen Medientods dient für das vorliegende Kapitel zur Kontextualisierung der Betrachtung von Sterben und Tod in einem spezifischen Unterhaltungsmedium. Es hat für einige Teilpublika die Popularität von Film und Fernsehen überflügelt und stellt heute eine besonders wichtige Säule im Komplex der Entertainment-Branche dar: Computer- und Videospiele. Denn auch wenn Computerspiele eine Reihe von Besonderheiten aufweisen, die sie von konventionellen Unterhaltungsmedien abgrenzen – Besonderheiten auch und gerade mit Blick auf die Thematisierung von Tod und Sterben, wie nachfolgend zu zeigen sein wird –, so folgt dieses nicht mehr ganz „neue Medium" doch den gleichen Gesetzen massenmedialer Zerstreuung wie Roman, Film und Fernsehen. Die geschilderten Funktionen von Spannungserzeugung, moralisch-emotionaler Publikumsaktivierung und (vielleicht) auch der portionsweisen Bewältigungsarbeit im Umgang mit Tod und Trauer sollten also auch für Computerspiele und ihre Nutzerinnen und Nutzer ihre Relevanz haben. Im folgenden Abschnitt werden typische Muster der Verhandlung von Tod und Sterben in Computerspielen systematisiert und beschrieben. Daraus ergeben sich interpretatorische Ansätze für Überlegungen und Forschungsperspektiven zur Sepulkralsozialisation der (derzeitigen und künftigen) Spielergenerationen: Aus der Art, wie Sterben und Trauer in Computerspielen (nicht) stattfindet, ergeben sich Fragen am interdisziplinären Kontaktfeld zwischen Theologie, Kultur- und Kommunikationswissenschaft, Sozial- und Medienpsychologie.

2 Eigenheiten des Sterbens in Computerspielen

2.1 Popularität des Mediums und Erscheinungsformen von „todesaffinen" Spielgenres

Computerspiele gehören insbesondere für Kinder, Jugendliche und junge Erwachsene zu den beliebtesten Unterhaltungsmedien. Für das Jahr 2013 ergab die Repräsentativstudie *Jugend, Information, Multimedia*[16], dass rund jede/r fünfte Jugendliche in Deutschland täglich oder mehrmals pro Woche ein Computer- oder Videospiel nutzt, für Online-Games beträgt der Vergleichswert sogar 29 %.

---

tion as Audience Response: Exploring Entertainment Gratifications Beyond Hedonism, in: Human Communication Research 36 (2010), 53–81.
[16] Medienpädagogischer Forschungsverbund Südwest, *Jugend, Information, Multimedia 2013* (Stuttgart: 2014).

Drei Viertel aller Jugendlichen spielen zumindest gelegentlich mit ihrem Handy. Da die jungen Spieler von einst mittlerweile erwachsen sind und ein Gutteil von ihnen ihr Hobby von damals wieder oder immer noch betreibt, ist indes die Beliebtheit von Computerspielen – gerade solcher Titel mit expliziten Gewaltdarstellungen und Altersfreigabe „ab 18" – nicht auf Jugendliche beschränkt[17].

Seit dem Beginn seiner Erfolgsgeschichte in japanischen und US-amerikanischen „Arcades" (Automatenspielstätten) hat sich das Medium enorm weiterentwickelt und ausdifferenziert. Heute steht eine Vielzahl von Geräten zum Spielen zur Verfügung, vom Windows-PC über „Playstation"-Konsolen und tragbare Spielsysteme („Nintendo DS") bis hin zu Smartphones und Tablet-Computern. Die Bandbreite von in Spielen verhandelten Themen, Inhalten und Aufgabenstellungen ist mittlerweile nur noch schwer zu überblicken und hat durch die Kompliziertheit des Internets nochmals stark zugenommen[18]. Empirisch gesichert ist jedoch die starke Prävalenz von Gewaltdarstellungen und Tötungsereignissen[19], die vor allem durch die Zentrierung des Titelangebots auf konfliktlastige Themen wie Krieg und Terrorismusbekämpfung bedingt ist. Anstelle einer systematischen Bestandsaufnahme sollen einige Beispiele aus den meistverkauften Spielreihen der vergangenen Jahre die Bandbreite der Erscheinungsformen von Tod und Sterben illustrieren:

- Unter dem altbacken-patriotischen Titel „Call of Duty" erscheint eine regelmäßig erweiterte Reihe von Kriegscomputerspielen, die insbesondere durch eine verblüffende audiovisuelle Darstellung der „Action" berühmt geworden ist. Die Spielerinnen und Spieler kämpfen sich durch fiktionale, teil-authentische historische, aktuelle oder künftige Kriegsgebiete, zumeist mit speziellem Auftrag im Stile von „Weltrettung" und unter Einsatz aller denkbaren wehrtechnischen Möglichkeiten. Gestorben wird entsprechend zuhauf; zumeist nutzen die Spielerinnen und Spieler ihr virtuelles Sturmgewehr, um die meistens (wie im echten Krieg) anonym bleibenden Feinde zu dezimieren. Besonders erfolgreich sind die Mehrspieler-Modi von „Call of Duty", in denen mehrere Personen über das Internet verbunden sind und jeweils einen Soldaten in virtuellen Gefechten miteinander und gegeneinander antreten

---

17 Z. B. Thorsten Quandt, Ruth Festl und Michael Scharkow, *Digitales Spielen – Medienunterhaltung im Mainstream*, in: Media Perspektiven o. Jg. (2011), 414–422.
18 Thorsten Quandt und Sonja Kröger, Hg., *Multi-Player: The Social Aspects of Digital Gaming* (London: 2014); Mark J. P. Wolf, Hg., *The Video Game Explosion: A History from PONG to Playstation and Beyond* (Westport: 2008).
19 Z. B. Stacy L. Smith, Ken Lachlan und Ron Tamborini, *Popular Video Games: Quantifying the Presentation of Violence and Its Context*, in: Journal of Broadcasting & Electronic Media 47 (2003), 58–76.

lassen. Hier besteht also die Hauptaktivität darin, die virtuellen Repräsentanten anderer realer Spieler zu töten, denn dafür winken Punkte, Auszeichnungen, bessere Waffen und andere Erfolgsinsignien.
- Die Reihe „Grand Theft Auto", ebenso populär wie „Call of Duty", thematisiert das Gangsterleben in US-amerikanischen Großstädten. Die Spielerinnen und Spieler lenken die Geschicke eines Kleinganoven, der sich durch alle erdenklichen (Kapital-)Verbrechen, einschließlich Tötungsdelikten, in einem von Natur aus feindseligen Milieu behaupten muss. Hier sterben entsprechend vor allem Zivilisten und (seltener) Polizisten. Die aus Kriegsspielen bekannte (zumeist hauchdünne) Rechtfertigung des Kampfes „Gut gegen Böse" entfällt hier interessanterweise, weil praktische alle Akteure (auch die Polizei) nicht frei von Makel sind. Auch „Grand Theft Auto" gewann seine Popularität vor allem durch die technisch beeindruckende Darstellung – Städte, Fahrzeuge und Figuren wirken zumindest visuell höchst authentisch.
- Die Reihe „Starcraft" versetzt die Spielerinnen und Spieler in die Rolle von Feldherren, die riesige High-Tech-Armeen auf fernen Planeten dirigieren, um strategische Ziele zu erreichen. Aus der Vogelperspektive beobachten und befehligen sie ihre Truppen (Soldaten, Fahrzeuge, Schiffe, ...) und verursachen damit den massenhaften (teils sehr genau, teils kaum erkennbaren) Tod gegnerischer und eigener Einheiten. Gerade in Deutschland waren und sind diese Echtzeit-Strategie-Spiele, auch solche mit historischen Settings, besonders populär. Hier wird rein zahlenmäßig besonders intensiv gestorben, allerdings fällt jedes einzelne Sterbensereignis angesichts des auf der Schlachtenkarte verkleinert dargestellten Kampfgeschehens recht unspektakulär aus. Ein paar hundert Infanteristen zu „verlieren" ist in diesem Kontext ein taktisches Ärgernis, nicht aber eine menschliche Tragödie.

2.2 Tod der eigenen Spielfigur: The Show Must Go On

Diese einführenden Beispiele mögen für die Aufgabenstellung des vorliegenden Kapitels genügen; wichtiger erscheint hingegen eine detaillierte Analyse der Art und Weise, wie der Tod produzentenseitig ins Spielgeschehen eingebettet wird. Dass der Kampf auf Leben und Tod ein ständig wiederkehrendes Motiv in Computerspielen darstellt und erfahrene „Gamer" schon tausendfach virtuelles Leben genommen haben, dürfte bereits ersichtlich geworden sein. Zudem illustrieren die Beispiele, dass die Konflikte auf Leben und Tod auch in Computerspielen den oben erläuterten Zwecken der Herstellung von emotionaler Publikumsbeteiligung und der Spannungserzeugung dienen. Was aber die Darstellung von Tod und Sterben in Computerspielen von konventioneller Medienunterhaltung unterscheidet, ist im Kern durch ihre Interaktivität bedingt[20]. Denn bei Computerspielen handeln die Nutzerinnen und Nutzer selbst und beobachten nicht einfach andere beim Handeln. Konflikte auf Leben und Tod betreffen also die eigene Spielfigur, man führt (virtuelle) Todesereignisse also selbst herbei – und wird in virtueller Weise auch selbst getötet. Auch und gerade der eigene Tod wird im virtuellen Gefecht simuliert, dargestellt, erfahrbar. Denn der inszenierte Kampf auf Leben und Tod geht notwendigerweise häufig mit einer *Niederlage* zu Ende, etwa weil der Gegner zu stark oder der Spieler kurz abgelenkt war. „Du bist gestorben" ist eine häufig hör-, sicht- und/oder lesbare Botschaft in Computerspielen. Kein anderes Medium kann diese auf den Nutzer selbst gemünzte simulierte Todeserfahrung herstellen – das Gefühl, selbst gekämpft zu haben und dabei getötet worden zu sein, entsteht so nur beim Gaming.

Allerdings ist gerade mit Blick auf den Kontext des vorliegenden Bandes noch interessanter, was Computerspiele *nach* solchen virtuellen Todesereignissen veranstalten. Denn aus ökonomischen Gründen – die Spieler haben zumeist viel Geld für das Spiel bezahlt! – kann und darf mit dem ersten Tod der Spielfigur nicht alles zu Ende sein. Der virtuelle Tod des Spielers ist niemals so einmalig und endgültig wie der (drohende und selten ja auch eintretende) Tod des Film- oder Romanhelden. Die Spieler wollen schließlich weiterspielen, notfalls von vorn beginnen, aber einen absoluten Spieltod im Sinne von „Du hast nur einen Versuch, wenn Du dabei stirbst, ist alles vorbei" werden sie nicht akzeptieren. Zumindest ist das eine geteilte Annahme der Spielebranche; noch niemand hat meines Wissens versucht, die übliche Relativierung des Todes in Computerspielen ernsthaft in Frage zu stellen.

Im Folgenden wird eine kleine Systematik davon entworfen, wie genau Computerspiele das Todesereignis der Spielerfigur „bewältigen", also von seiner Absolutheit befreien und ein „neues virtuelles Leben nach dem Tod" inszenieren. Denn es hat sich eine interessante Vielfalt von Darstellungsformen des Lebens nach dem Tod in Computerspielen entwickelt, von denen einige aufgrund ihrer häufigen Verwendung auch begrifflich in das Alltagsverständnis von Gamern eingewandert sind, beispielsweise der Begriff „Respawn" für das Wiedereintreten einer zuvor getöteten Spielfigur in ein Mehrspieler-Kampfgetümmel (vgl. genauer unten).

---

[20] Christoph Klimmt, *Computer-Spiel: Interaktive Unterhaltungsangebote als Synthese aus Medium und Spielzeug*, in: Zeitschrift für Medienpsychologie 13 (2001), 22–32.

2.2.1 Tod als ‚Zurück auf Anfang'

Eine weitverbreitete Form der Inszenierung in Computerspielen rahmt den Spielertod als Ereignis des Scheiterns, das einen Neubeginn verlangt. In Kampfvideospielen, die insbesondere in Japan äußerst beliebt sind (z. B. die Reihen „Tekken", „Soul Calibur"), durchlaufen die Spielenden beispielsweise Wettkämpfe mit Auseinandersetzungen „Mann gegen Mann" in der Logik eines K.O.-Turniers – wer gewinnt, überlebt und kommt eine Runde weiter, wer aber stirbt, muss entweder den gleichen Kampf erneut ausfechten oder ganz von vorne beginnen. Diese „sportliche" Metaphorisierung des Sterbens als „Verloren – versuch es noch einmal" ist charakteristisch auch für sehr viele andere Computer- und Videospiele. Während auf der narrativen Ebene von einem Sterbensereignis die Rede ist, wird auf der interaktiv-ludischen Ebene der nächste Versuch eingeläutet. Alle nachfolgend beschriebenen Inszenierungsformen stellen im Kern Varianten und Konkretisierungen dieses Grundprinzips dar.

2.2.2 Ein Vorrat an Leben

Viele frühe Videospiele, die ihren Ursprung in Automatenspielen hatten oder auf einfachen Spielkonsolen zu Hause waren, inszenierten das Verhältnis von Spielertod und virtuellem Leben ähnlich wie Karussellfahrten: Zu Beginn stehen dem Spieler „mehrere Leben" zur Verfügung; stirbt die Spielfigur etwa durch Feindeinwirkung, steht „ein Leben weniger" zur Verfügung, aber das Spiel beginnt mit dem „nächsten Leben" wieder von vorn oder von einem Zwischenabschnitt aus. Der Spielertod beendet also eine (erfolglose) Runde und markiert den Übergang zur nächsten Spielrunde, in der die Karten wieder neu gemischt, neue Chancen auf Erfolg und Weiterkommen genutzt werden können. Durch besonderes Geschick lassen sich in vielen solcher Spiele auch „Extra-Leben" ergattern, die den Vorrat an aufbrauchbaren Leben wieder vergrößern. In mit Münzen betriebenen Automatenspielen war und ist es zudem oftmals möglich, nach Verbrauch des letzten Lebens durch einen zusätzlichen Geldeinwurf ein weiteres „Leben" hinzuzukaufen („Continue"). Allerdings sind die Spielenden in jedem Fall gezwungen, sorgsam mit ihrem Vorrat an Leben umzugehen – zu viele Tode bringen den Vorrat unweigerlich auf null, so dass alle erreichten Spielfortschritte (und das kann zum Teil stundenlang errungene Erfolge beinhalten) verloren gehen. Metaphysisch ausgedrückt bedeutet der Spielertod in solchen Videospielen gewissermaßen das Ende einer von mehreren virtuellen Existenzen, eine Niederlage im Kreislauf des Lebens mit begrenzten und weitgehend kontrollierbaren Folgen. Wer unter solchen Umständen einen virtuellen Tod erleidet, muss sich ärgern, weil der Tod ein Zeichen des Scheiterns ist, aber zugleich ist der Tod Anlass, es beim nächsten Versuch besser zu machen und namentlich auf die Ursache des vorangegangenen Todes besonders aufzupassen – im nächsten Leben sollte man nicht am gleichen Gegner scheitern. Außerdem müssen die Spielenden ihren Lebensvorrat sorgfältig bewirtschaften; der Tod wird zum Schadensfall an einer begrenzten Ressource. Typische emotionale Reaktionen auf einen derart inszenierten virtuellen Tod sind Überraschung, Ärger, Frustration und Entschlossenheit (bei häufigem „Sterben" an der gleichen schwierigen Stelle auch Ungeduld), nicht aber Traurigkeit oder Verlustgefühle.

2.2.3 Todesbewältigung durch Zurückspulen an einen früheren Lebenszeitpunkt

Wieder andere Computerspiele, insbesondere solche mit großen zur Erkundung offen stehenden virtuellen Welten (z. B. „Skyrim", „Grand Theft Auto"), erlauben es den Nutzerinnen und Nutzern, ihren Spielstand zu speichern, bevor sie ihr Abenteuer fortsetzen. Erfahrene Gamer sichern auf diese Weise häufig ihren erreichten Fortschritt, insbesondere bevor sie eine größere Herausforderung beginnen, also etwa die Höhle eines furchterregenden Monsters betreten. „Stirbt" die Spielfigur dann im Kampf mit diesem Monster, spult das Spiel gewissermaßen zurück zum Speicherpunkt – was nach dem Speichern passiert ist (also der Tod) wird ungeschehen gemacht, die Spielenden setzen das virtuelle Leben von jenem Punkt aus fort, der vor dem letzten Bildschirmtod lag. Vielleicht gelingt der Sieg beim nächsten Versuch; das Zurückspulen der Lebenszeit im todesbedingten Bedarfsfall kann aber beliebig oft wiederholt werden. Diese Art der Todesdarstellung erkennt in gewisser Weise die Endgültigkeit des Todes an, denn ist die Spielfigur gestorben, kann es nicht einfach an Ort und Stelle weitergehen; die Spieler setzen ihr Leben nicht einfach nach dem Tod fort, sondern das Spiel bietet einen Weg des Rückgängigmachens. Das Wissen um diese Möglichkeit nimmt aus Spielersicht dem Todesereignis einiges an Schrecken, stehen doch letztlich unbegrenzte Versuche zur Verfügung, auch mit schlimmster Todesgefahr fertig zu werden. Doch immerhin wird deutlich, dass mit dem Bildschirmtod die Sage des virtuellen Helden (eigentlich) erst einmal zu Ende ist.

2.2.4 Der heilbare Tod – mystische Wiederbelebung gestorbener Spielfiguren

Insbesondere in Spielwelten, in denen sehr viele Spielende zeitgleich und teils gemeinsam unterwegs sind, ist das Zurückspulen im Lebensverlauf keine technisch machbare und narrativ überzeugende Lösung, wenn eine virtuelle Spielfigur umkommt. Hier wird der Spielertod vielmehr als kritisches Ereignis dargestellt, das besondere Maßnahmen erfordert, um es zu überwinden. In Fantasy-Spielen, die zumeist diverse Formen der Magie kennen, werden oftmals aus populärer Literatur geborgte Figuren von Geistheilern, Schamanen, Beschwörern und dergleichen bemüht, um nach dem Spielertod eine kleine Episode der mystischen Wiederbelebung zu inszenieren. Besonders anschaulich beschreibt das eine Fanseite des über viele Jahre weltweit erfolgreichsten Mehrspieler-Universums „World of Warcraft" (Quelle: http://wow.4fansites.de/kampf_tod.php):

> Wenn ein Charakter stirbt, öffnet sich das Dialogfenster „Geist freisetzen". Durch Anklicken dieses Buttons wird der Charakter automatisch zu einem nahe gelegenen Friedhof transportiert. Damit wird der Spieler in einen Geist verwandelt.
>
> Geister haben drei Optionen:
>
> Der Geist kann zu seinem Körper zurückkehren und ihn wiederbeleben. Das kann eine Weile dauern, da zwischen Körper und Friedhof unter Umständen eine ziemlich weite Strecke liegen kann, aber bei dieser Option finden keine weiteren Abzüge [gemeint sind Fähigkeitspunkte der Spielfigur, Anm. des Autors] statt.
>
> Der Geist kann einen befreundeten Spieler (Paladin, Schamane, Priester) bitten, ihn wiederzubeleben, oder den Seelenstein eines befreundeten Hexenmeisters benutzen. Der Spieler wird dann in der Nähe seines Körpers wiedererweckt. Es gibt auch Gegenstände im Spiel, mit deren Hilfe Spieler aller Klassen einen Verstorbenen Charakter wiedererwecken können. Wenn ein Spieler von einem anderen Spieler wiedererweckt wird, verliert er zwar nicht an Erfahrung, leidet jedoch ein paar Minuten lang unter einer Art „Auferstehungsvertigo". Bei an Vertigo leidenden Spielern sind vorübergehend deren Charakterwerte reduziert. Spieler können selbst dann wiedererweckt werden, wenn sie ihren Geist freigesetzt haben.
>
> Der Geist kann mit dem Geistheiler-NSC [einer vom Spielsystem gesteuerten virtuellen Figur, Anm. des Autors] sprechen (derzeit auf Friedhöfen zu finden), um am Aufenthaltsort des Geistheilers sofort wiedererweckt zu werden. Das ist allerdings mit einem Verlust an Erfahrung verbunden. Mit Erfahrungsverlust verbundener Tod wird nur selten vorkommen, vor allem wenn man in einer Gruppe kämpft; Paladine, Schamanen, Hexenmeister, oder Priester [Berufe mit je spezifischen Fähigkeiten, die für Spielfiguren zur Wahl stehen; Anm. des Autors] können gefallene Gruppenmitglieder wiederbeleben. Es dürfte normalerweise auch nicht zu schwierig sein, als Geist zu seinem Körper zurückzuwandern.

Hier wird also die Fortsetzung des Spielgeschehens nach einer Niederlage (Tod der Spielfigur) durch einen (rudimentären) mystischen Narrativ verbrämt: Es bedarf magisch geschulten Personals (Mitspieler oder andere Figuren in der Spielwelt), um den Toten wiederauferstehen zu lassen. Das ist teils mit Aufwand verbunden (etwa die virtuelle Wanderung zu einem Friedhof), klappt aber sehr zuverlässig. Die Wiederbelebung nach dem eigenen Tod ist planbar. Ist man in einer Spielergruppe unterwegs, stellt der eigene Tod allerdings dennoch eine Belastung für die Gruppe dar, denn jemand muss sich um den Toten kümmern (also etwa einen zeitraubenden Zauber sprechen – in dieser Zeit kann der Mitspieler nicht weiter am Kampfgeschehen teilnehmen), und der virtuell Getötete fällt selbst natürlich auch als aktive Ressource der Gruppe für eine Weile aus. Theologen und Religionshistoriker werden angesichts der Hemdsärmeligkeit, mit der manche Game Designer beim Umgang mit Kategorien von Diesseits und Jenseits umgehen, erschaudern; letztlich ist die magische Wiederbelebung von toten Spielfiguren eine technische Maßnahme, die den Fortgang des Spielgeschehens ermöglicht und die zugleich halbwegs kohärent zur sonstigen Spielerzählung sein soll (in der es auch viele andere Formen der Zauberei gibt).

2.2.5 „Respawn" – Tote dürfen nach einer Zwangspause wieder mitspielen

Bei vielen der heutzutage besonders populären Mehrspieler-Kriegstitel wie „Call of Duty" ist das Getötetwerden im Schlachtengetümmel ein häufig eintretender Normalfall. In solchen Settings stehen aber keine narrativen Elemente zur Verfügung, die eine mystische Wiederbelebung wie etwa bei „World of Warcraft" auch nur ansatzweise plausibel erscheinen lassen würden. Deswegen hat es sich bei solchen Titeln eingebürgert, im Falle des Bildschirmtods eines der Spieler in ähnlicher Weise zu verfahren, wie es beim Profifußball mit verletzten Kickern geschieht: Die betroffene Spielfigur wird aus dem Spiel genommen, kann also vorübergehend nicht am Wettkampfgeschehen teilnehmen. Nach einer vordefinierten Karenzzeit (zum Beispiel 30 Sekunden) wird die Spielfigur dann wieder an einem bestimmten Punkt ins Spiel gebracht („Respawn"), analog dazu, dass erfolgreich behandelte Fußballer von der Seitenlinie aus auf den Rasen laufen und wieder mitspielen dürfen. Der Tod der Spielfigur ergibt sich hier als technisch und nach strengen Regeln gehandhabtes Spielereignis des Versagens; das Team wird vorübergehend geschwächt, der betroffene Spieler für eine Weile zur Untätigkeit verdammt. Im Grunde wird der Spieler für das virtuelle Sterben mit einer Zeitstrafe wie beim Handball für ein Foul bestraft. Für eine Reflexion der Bedeutung von Sterben auf dem Schlachtfeld, von menschlichem Verlust, Heldentum und dergleichen ist in den auf Hochgeschwindigkeit getrimmten Multiplayer-Arenen keine Zeit. Wer stirbt, muss es sportlich nehmen, den Ärger runterschlucken, die genervten oder sarkastischen Funkkommentare der Teammitglieder ertragen und sich nach dem „Respawn" wieder auf die hektische Aufgabe konzentrieren. In der „Respawn"-Methode wird der drastische Unterschied zwischen Kriegsspiel und echtem Krieg – so authentisch er mittlerweile auf audiovisueller Ebene inszeniert werden kann – überdeutlich.

2.3 Der Tod der anderen in Computerspielen: Untote, Rache und nirgendwo Trauer

Neben den geschilderten Eigentümlichkeiten im „Handling" des Sterbens der Spielerfigur finden sich weitere typische Muster des Umgangs mit dem Tod in Computerspielen. Zum einen bevölkern zahlreiche Un-Tote, Halb-Tote oder anderweitig zwischen Diesseits und Jenseits wandelnde Figuren die virtuellen Spielwelten. Handelt es sich um an das Mittelalter angelehnte Fantasy-Spiele (wie etwa „Skyrim" oder „World of Warcraft"), erscheinen zumeist „Untote" in Form von (irgendwie) lebendigen Skeletten oder Geistern; in aller Regel führen solche Charaktere nichts Gutes im Schilde. In moderneren Settings tauchen dagegen bevorzugt Zombies auf – seelenlose, meist aggressive, teils ansteckend kranke Humanoiden, die den Spielern ans Leder wollen. Solchen „postmortalen" (jedenfalls nicht so richtig lebendigen) Gegnern ist nicht nur gemein, dass sie zumeist an literarisch bekannte Vorlagen („John Sinclair, Geisterjäger") anknüpfen und intuitive Ängste des Publikums ansprechen können (der Verfasser dieses Kapitels hat trotz umfangreicher Spielerfahrungen stets die Finger von Zombie-Shootern gelassen, weil diese virtuellen Wesen eine kaum überwindbare Angstreaktion bei ihm hervorrufen). Vielmehr besteht die Besonderheit der Untoten oder teilweise Toten in Computerspielen darin, dass ihnen schwieriger beizukommen ist als „normalen", lebendigen Gegnern. Schwerthiebe bereiten ihnen keine Schmerzen, gegen Angriffszauber sind sie oft resistent. Wer mit bereits toten Gegnern fertig werden will, muss sich daher häufig etwas Besonderes einfallen lassen, Waffen oder Munition aus Silber oder besondere Zaubersprüche zum Beispiel. Fragmente des altbekannten Narrativs vom Tode als etwas Unheimlichen werden hier ganz pragmatisch in das Regelwerk von Computerspielen überführt – „Untote" sterben nur endgültig, wenn sie fachmännisch bekämpft werden.

Gerade mit Blick auf den vorliegenden Band ist zudem die Beobachtung relevant, dass sich Computerspiele bei Todesdarstellungen wie die meisten „action-orientierten" konventionellen Unterhaltungsangebote auch stark auf den *Moment* des Sterbens konzentrieren, die dem Todesvorfall nachfolgenden Ereignisse jedoch weitestgehend ausblenden. Fortgeschrittene Rechnertechnologie ermöglicht es beispielsweise, das erfolgreiche Töten von Gegnern in „Zeitlupe" zu zelebrieren; auch mit anderen Effekten wird der Augenblick, in dem der Feind sein Leben aushaucht, ästhetisiert. Ist indessen die Leiche zu Boden gesunken, wendet sich die Inszenierung schnell anderen Dingen zu. Witwen und Waisen gehören nicht zum Stammpersonal von Kriegscomputerspielen[21], die Trauer von Hinterbliebenen oder wenigstens Kampfgefährten eines Gefallenen war praktisch noch nie in Computerspielen zu sehen. Die Ausblendung postmortaler Ereignisse geht so weit, dass in den meisten Kampfspielen die Leichname gefallener Feinde und Kameraden nach einer Weile von alleine verschwinden. Dass sich die Leichen in Luft auflösen, hat vor allem die technische Bewandtnis, dass dadurch die erforderliche Rechnerleistung reduziert wird – es sind dann schlicht weniger 3D-Objekte zu berechnen. Aber im Ergebnis erleben die Spieler, dass die Entsorgung der im Verlauf des Kampfes angefallenen Toten automatisch erfolgt – gewissermaßen durch unsichtbare Bestatter oder von alleine eintretende Transzendenz, man könnte viele Metaphern für diese Eigentümlichkeit finden.

Vielleicht die einzige in Computerspielen nennenswert häufig auftretende Variante der Darstellung von Trauer und persönlichem Verlust ist der Todesfall als Ausgangspunkt für einen Rachefeldzug. Ähnlich wie in Krimis, in denen Polizisten persönlich betroffen sind und deshalb die Grenzen der ihnen auferlegten Vorschriften gerne einmal übertreten, existieren auch Computerspiele, in denen der Verlust eines der Spielfigur nahestehenden Menschen die narrative und moralische Legitimation für eine Gewaltorgie liefert. Ein prototypischer Vertreter dieser Spielanlage ist der Shooter „Max Payne" aus dem Jahr 2001: Unbekannte ermorden Ehefrau und Tochter eines New Yorker Polizisten (die Spielfigur), der daraufhin eine beispiellose Vendetta verübt. Teils erscheinen die Helden solcher Rachegeschichten als gebrochene Charaktere, die auch vom Verlust geliebter Menschen gezeichnet sind (so auch „Max Payne"), aber zugleich führen diese Spiele fast ausschließlich dysfunktionale und unproduktive Formen der Trauerbewältigung vor, vor allem die Illusion, durch erfolgreiche Rache inneren Frieden zu finden.

---

21 Christoph Klimmt, Till Fischer und Tim Kuhrcke, *Mittendrin statt nur dabei: Kriegsdarstellungen in Computerspielen*, in: War Visions: Bildkommunikation und Krieg, Thomas Knieper und Marion G. Müller (Hg.), (Köln: 2005), 276–292.

3 Schlussfolgerungen und Forschungsperspektiven: die Instrumentalität des Todes für die Unterhaltung des Publikums

Der kleine Rundgang durch die typische Inszenierung und Nicht-Inszenierung von Tod und Sterben in Computerspielen sollte veranschaulichen, dass das so beliebte interaktive Unterhaltungsmedium ein spezielles Verhältnis zu den Kategorien Leben, Tod und Leben nach dem Tod entwickelt hat. Es ist geprägt von einem instrumentellen Umgang mit dem Sterben – in dem Sinne, dass ein Todesereignis einen Zweck erfüllt, etwa ein Scheitern des Spielers zu signalisieren. Es ist zudem geprägt durch die Zwängung des Sterbens in Regelwerke und Spielmechanik, die den Tod zu einer verlässlich planbaren Größe für die Spieler macht (etwa: „Ich habe nur noch 50 Gesundheitspunkte, das Monster dort wird mich daher umbringen" oder „Ich wurde erschossen, nun muss ich eine Minute auf mein ‚Respawn' warten"). Besonders wichtig erscheint die Loslösung des Todes von seiner Einmaligkeit, Absolutheit und terminierenden Qualität: Nach dem Tod im Computerspiel geht es dennoch weiter, teils gegen Gebühr (Münzen am Automaten, Verlust von Punkten o. Ä.), aber es geht zuverlässig weiter. Einen Tod kann der Spieler in Kauf nehmen, als Ergebnis eines empirischen Tests ansehen („So kann ich diesen Feind also nicht besiegen") oder für einen Moment tatsächlich als Erfahrung eines zu Ende gegangenen Heldenlebens auskosten – das Versprechen des Mediums ist es, dass das Spiel danach fortfährt, der Spaß kein Ende hat. Um diese Muster der Sterbensinszenierung mit narrativen Elementen zu verknüpfen, finden sich unterschiedliche, den jeweiligen Rahmengeschichten angepasste Erzählungen zur Wiedererweckung der Toten, teils aber auch eher rechnerisch-mechanisch gehandhabte „Neustarts nach Ableben". Manche Spiele bieten (teils krude zusammengestellte) Fragmente von aus populärer Literatur und/oder laientheologisch gebräuchlichen Vorstellungen (Wunderheiler etc.), um ihr instrumentelles Verhältnis zum Tod narrativ zu verbrämen. Und schließlich fällt auf, dass Trauer und Verlustbewältigung keinen Platz in Computerspielen haben – sicherlich auch deswegen, weil der Tod ja seiner Absolutheit beraubt wird und die Spielenden mit einer wiederbelebten Figur weitermachen können anstelle einen unwiederbringlichen Verlust erdulden zu müssen. So regen Computerspiele ein spezifisches und eigentümliches Set von Emotionen in Verbindung mit dem Tod an: Sterben ist frustrierend, eine Bestrafung, nervig (weil er Aufwand zur Wiederherstellung des *status ante* bedingt) und eine Spaßunterbrechung. Aber er ist kein Grund zur Traurigkeit – im Spiel erfolgt gewissermaßen eine Umlenkung, Umwidmung, Umdeutung negativer Emotionen im Angesicht des Sterbens weg von menschlichem Verlust hin zu leistungsbezogenen Gefühlen.

Wenn man davon ausgeht, dass die hier zusammengestellten Muster der Todesinszenierung für ganze Generationen jüngerer Menschen zum Repertoire häufig gesammelter medialer Alltagserfahrungen gehören, ergeben sich interessante Frageperspektiven für die interdisziplinäre Erforschung von Tod und Trauer. Denn es ist mehr als plausibel, dass die „Game-Version" von Tod und Sterben Folgen für die Sepulkralsozialisation haben kann, zumal entsprechende Inszenierungen gerade in solchen Altersstufen und Entwicklungsphasen beliebt sind, in denen Gedanken an den eigenen Tod noch vage, abstrakt und unwichtig erscheinen[22].

Hier ist zunächst zu bedenken, dass sich die Kommunikationswissenschaft von monokausalen Wirkungsperspektiven im Stile von „Der Gebrauch eines Mediums hat für sich genommen eine Wirkung" weitgehend verabschiedet hat. Diese Perspektive ist praktisch nur noch für die Aufklärung psychologisch rekonstruierter Wirkmechanismen und den Vergleich der relativen statistischen Stärke von Wirkzusammenhängen relevant; soziale Wirklichkeit und ihre Beeinflussung durch Medien werden dagegen zunehmend durch komplexe Modelle abgebildet, die sowohl (typische) Eigenschaften der Medien (hier: Darstellung von Tod und Sterben in Unterhaltungsangeboten, einschließlich Computerspiele) als auch Eigenschaften von Personen (hier z. B.: Alter, Lebenserfahrung, reale Trauererfahrung) einbeziehen und offen sind für Meso- und Makrofaktoren wie etwa säkularisierte Trauerkulturen.

Eine an solchen komplexen Medienwirkungen ansetzende Forschungsperspektive bezieht sich auf die Ausbildung von *Erwartungen* und *Normen* bezüglich des Todes von nahestehenden Menschen und des eigenen Todes in derzeit jüngeren Generationen, die a) im Laufe ihrer Sozialisation Unterhaltungsangebote mit den hier geschilderten typischen Inszenierungsmustern von Tod und Sterben intensiv und häufig rezipiert haben und die b) zugleich relativ wenig Kontakt mit konventionellen (in Deutschland: christlichen) Sinn- und Trostangeboten sowie Begräbnis- und Trauerritualen (gehabt) haben[23]. Wie sieht der gute Tod aus für junge Männer, die schon tausendfach „Respawn"-Erfahrungen gemacht haben? Welche Bewältigungsstrategien stehen ihnen zur Verfügung, wenn wirklich ein nahestehender Mensch verstirbt? Wie wollen sie Trauerrituale gestalten, wenn

---

22 Z. B. Steven J. Kirsh, *The Effects of Violent Video Games on Adolescents: The Overlooked Influence of Development*, in: Aggression and Violent Behavior 8 (2003), 377–389.
23 Vgl auch Armin Nassehi, *Sterben und Tod in der Moderne zwischen gesellschaftlicher Verdrängung und professioneller Bewältigung*, in: Sterben und Tod: Probleme und Perspektiven der Organisation von Sterbebegleitung, Armin Nassehi und Reinhard Pohlmann (Hg.), (Münster: 2002), 11–26.

ihnen dafür die realen (nicht besuchte Gottesdienste) und medialen (zugunsten der „Action" nicht inszenierte Trauer) Vorbilder fehlen? Mit Blick auf Normen lässt sich diese Frageperspektive auch formulieren als Forderung an das eigene soziale Umfeld und die Gesellschaft, wie sie mit Tod und Trauer umgehen sollten. Was erscheint säkularisierten „Gamern" als angemessene, würdige, dem Verstorbenen gerecht werdende Trauerbewältigung? Hier ergeben sich also offenkundige Anschlussperspektiven an Fragen der (künftigen) Bestattungskultur[24].

Eine zweite, verbundene Frageperspektive bezieht sich darauf, dass die säkularisierten Unterhaltungskonsumenten ihre Medienerfahrungen aktiv-produktiv in die Trauerbewältigung und Trauerkommunikation einbringen (könnten). Gerade aus praktisch-theologischer Perspektive könnte es in Zukunft interessant werden zu beobachten, ob und wie Begrifflichkeiten und Inszenierungsmodi aus Computerspielen und anderen Unterhaltungsmedien Eingang finden in die Gestaltung von (alternativen) Trauerzeremonien. Womöglich verabschieden sich Trauernde in der Zukunft von „gefallenen Call of Duty-Kameraden" und wünschen ihnen ein erfolgreiches „Respawn" in der „Hall of Fame" (Spieler-Jargon für die virtuelle Ruhmeshalle der erfolgreichsten Spieler) des Lebens? Vielleicht wird von Bestattungsunternehmern in Zukunft verlangt werden, sich wie ein „World of Warcraft"-Geistheiler zu kostümieren, weil damit die Trauerzeremonie der Persönlichkeit eines verstorbenen Vielspielers am besten gerecht wird?

Und schließlich ist vor dem Hintergrund der großen Popularität und alltagskulturellen Bedeutung von Unterhaltungsangeboten wie den Computerspielen auch nach dem Wandel der Todesinszenierungen in den Medien selbst zu fragen. Denn natürlich steht hinter den hier als prototypisch gekennzeichneten Eigenheiten der Darstellung von Tod und Sterben und der Nicht-Darstellung von Trauer und Bewältigungsarbeit in medialer Unterhaltung eine sehr viel größere Vielfalt. Zudem orientieren sich Medienproduzenten stets an Zeitgeist und Publikumswünschen, so dass Veränderungen im Zeitverlauf (etwa: eine Besinnung hin zu einem ausgewogeneren Verhältnis der Darstellung von Todesereignissen und Todesbewältigung) durchaus denkbar wären. Auch auf der Ebene der Medieninhalte folgen also aus den hier vorgestellten Überlegungen forschungsprogrammatische Perspektiven.

Für die Untersuchung dieser Fragekomplexe ist es zweifelsohne erforderlich, die interdisziplinäre Zusammenarbeit zu verstärken. Parallele Makroentwicklungen wie Säkularisierung und Mediatisierung (die Durchdringung aller Alltags-

---

24 Etwa Lüddeckens, Schlott und Uden in diesem Band.

und Lebensbereiche mit Mediengeräten und Medienlogiken[25]) müssen mit Konzepten und empirischen Studien auf Mikroebene verbunden werden, will man die Rolle der medialen Verhandlung von Tod und Trauer vollständig verstehen und valide einordnen. Die Kombination und bestenfalls Integration von Konzepten und Methoden verschiedener Disziplinen, die sich für den Tod und die Medien interessieren, bieten gewiss die größten Chancen, um den vielen Facetten sich wandelnder Vor- und Einstellungen, Handlungsweisen und kulturellen Praktiken rund um Sterben und Trauer wissenschaftlich nachzuspüren.

---

25 Vgl. Nick Couldry und Andreas Hepp, *Conceptualizing Mediatization: Contexts, Traditions, Arguments*, in: Communication Theory 23 (2013), 191–202.

Die Autorinnen und Autoren

Christian Binder, Jg. 1967, Pfarrer, Referent am EKD-Zentrum für Qualitätsentwicklung im Gottesdienst, Hildesheim.

Cäcilie Blume, Jg. 1980, Dr. theol., Vikarin in der Evangelischen Kirche in Hessen und Nassau.

Christian Brouwer, Jg. 1979, Dr. theol., Pastor in der St.-Dionysius-Kirchengemeinde Steimbke und an der Evangelischen Akademie Loccum.

Kristian Fechtner, Jg. 1961, Professor für Praktische Theologie an der Johannes-Gutenberg-Universität Mainz.

Lutz Friedrichs, Jg. 1963, Dr. theol., Referent für Theologie, Gottesdienst und Kirchenmusik im Landeskirchenamt in Kassel und Studienleiter der Arbeitsstelle Gottesdienst am Predigerseminar Hofgeismar; Privatdozent für Praktische Theologie an der Theologischen Fakultät Göttingen.

Christian Grethlein, Jg. 1954, Professor für Praktische Theologie und Religionspädagogik an der Evangelisch-theologischen Fakultät Münster.

Hans-Martin Gutmann, Jg. 1953, Professor für Praktische Theologie am Fachbereich Evangelische Theologie der Universität Hamburg, Universitätsprediger.

Lutz Hagestedt, Jg. 1960, Professor für Neuere und neueste deutsche Literatur an der Universität Rostock.

Dagmar Hänel, Jg. 1969, Dr., Leiterin Abteilung Volkskunde im LVR-Institut für Landeskunde und Regionalgeschichte Bonn.

Barbara Happe, Dr, Jg. 1951, Kulturwissenschaftlerin und Lehrbeauftragte im Fach Volkskunde und Kulturgeschichte an der Friedrich-Schiller-Universität Jena.

Thomas Klie, Jg. 1956, Professor für Praktische Theologie an der Theologischen Fakultät Rostock, Universitätsprediger.

Christoph Klimmt, Jg. 1976, Universitätsprofessor für Kommunikationswissenschaft an der Hochschule für Musik, Theater und Medien in Hannover.

Martina Kumlehn, Jg. 1966, Professorin für Religionspädagogik an der Theologischen Fakultät Rostock.

Ralph Kunz, Jg. 1964, Professor für Praktische Theologie an der Theologischen Fakultät Zürich.

Dorothea Lüddeckens, Jg. 1966, Professorin für Religionswissenschaft mit sozialwissenschaftlicher Ausrichtung am Religionswissenschaftlichen Seminar der Universität Zürich.

Swantje Luthe, Jg. 1985, Doktorandin am Institut für Praktische Theologie am Fachbereich Ev. Theologie der Universität Hamburg, Konviktsinspektorin am Bugenhagen-Konvikt in Hamburg e.V.

Frank M. Lütze, Jg. 1970, Professor für Religionspädagogik an der Universität Leipzig.

Matthias Marks, Jg. 1964, Dr. theol., Pfarrer in der Evangelischen Kirche von Westfalen in Bielefeld.

Andreas Marti, Jg. 1949, Dr. theol., Kirchenmusiker in Köniz bei Bern, Titularprofessor für Kirchenmusik an der Theologischen Fakultät Bern, Dozent für kirchenmusikalische Theoriefächer an den Musikhochschulen Bern, Zürich, Lausanne und Graz, Gastdozent an der Universität Zürich.

Antje Mickan, Jg. 1966, Diplom-Theologin, Promovendin, Dozentin an den Berufsfachschulen Dr. Heinemann, Braunschweig.

Andrea Morgenstern, Jg. 1962, Dr. theol., Evangelisches Seminar Blaubeuren.

Ilona Nord, Jg. 1966, Dr. theol., Juniorprofessorin für Praktische Theologie am Fachbereich Evangelische Theologie der Universität Hamburg.

Simone Ripke, Jg. 1985, Dipl.-Theologin (Ev.), BA Min. Psychologie, Leiterin des Unibator-Projektes „Institut für Trauerseelsorge", Goethe-Universität Frankfurt a. M.

Thomas Schlag, Jg. 1965, Professor für Praktische Theologie mit den Schwerpunkten Religionspädagogik und Kybernetik an der Theologischen Fakultät Zürich.

Oliver Sill, Jg. 1957, Dr. habil., Dozent an der Universität Münster und der VHS Münster.

Reiner Sörries, Jg. 1952, Direktor des Museums für Sepulkralkultur, Kassel; apl. Prof. für Christliche Archäologie, FB Theologie Uni Erlangen.

Sieglinde Sparre, Jg. 1981, Doktorandin am Lehrstuhl für Praktische Theologie/ Rostock.

Johannes Stückelberger, Jg. 1958, PD Dr. phil., Kunsthistoriker, Theologische Fakultät, Universität Bern.

Ronald Uden, Jg. 1955, apl. Professor für christliche Publizistik an der Universität Erlangen-Nürnberg.

Birgit Weyel, Jg. 1964, Professorin für Praktische Theologie an der Evangelisch-theologischen Fakultät der Eberhard Karls-Universität Tübingen.

Jens Wolff, Jg. 1968, Dr. theol., Wissenschaftlicher Angestellter im DFG-Projekt „Bild und Tod" und Kollegiat des GRK „Deutungsmacht", Theologische Fakultät, Universität Rostock.

www.ingramcontent.com/pod-product-compliance
Lightning Source LLC
Chambersburg PA
CBHW030328240426
43661CB00052B/1561